HATIER CONCOURS
CONCOURS DE PROFESSEUR DES ÉCOLES

MATHÉMATIQUES

ÉPREUVE ÉCRITE D'ADMISSIBILITÉ

TOME 2

DIRECTEURS DE COLLECTION
Micheline Cellier
Roland Charnay
Michel Mante

AUTEURS
Roland Charnay
Michel Mante
Agrégés de Mathématiques

www.concours-hatier.com

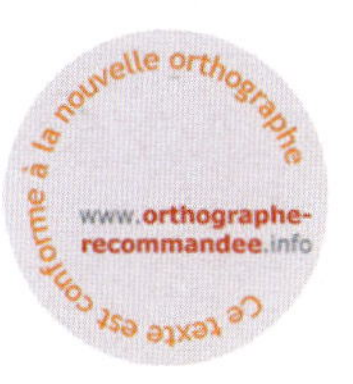

Édition : Françoise Frenay
Maquette : Sophie Duclos
Mise en page et schémas : Jouve

ISBN : 978-2-401-05761-6

SOMMAIRE

PRÉPARATION AU CONCOURS

PARTIE 1 Connaissances didactiques et pédagogiques de référence

NOMBRES

CALCULS

PRÉPARATION AU CONCOURS

Ce tome 2 est destiné à préparer aux questions du concours relatives à l'enseignement et à l'apprentissage des mathématiques.

• **Le tome 1 de cet ouvrage** est centré sur les connaissances mathématiques que doivent maitriser les candidats. Il prépare notamment aux questions posées dans les deux premières parties de l'épreuve.

• **Le tome 2 vient en complément du tome 1**. Il a pour objectifs de vous préparer à répondre à deux types de questions posées au concours, relatives respectivement à :

– **l'analyse d'erreurs-types dans des productions d'élèves** (cf. exercices indépendants de la 2e partie du concours) ;

– **l'analyse d'un dossier** « *composé d'un ou plusieurs supports d'enseignement des mathématiques, choisis dans le cadre des programmes de l'école primaire qu'ils soient destinés aux élèves ou aux enseignants (manuels scolaires, documents à caractère pédagogique), et productions d'élèves de tous types* » (cf. 3e partie du concours).

1. Les questions sur l'enseignement des mathématiques qui peuvent être posées au concours

Analyse d'erreurs : les questions types

Concernant l'**analyse d'erreurs**, on peut envisager plusieurs questions[1] :

– À quel niveau peut être proposée cette activité ?

– Analyser les erreurs de ces élèves ou bien faire des hypothèses concernant la procédure que chacun de ces élèves a mise en place et/ou émettre des hypothèses concernant l'origine de ces erreurs...

– Quelle aide pourriez-vous apporter à cet élève ?

Analyse d'un dossier : les questions types

Concernant l'**analyse d'un dossier**, on peut également envisager plusieurs questions[2] :

– À quel niveau peut être proposée cette activité ?

– Quels objectifs peuvent être visés en proposant cette activité ?

– Quelles compétences peuvent être travaillées dans cette activité ?

– Dans quelle catégorie peut être situé ce problème ?

– Indiquer deux (trois...) éléments qui peuvent avoir une influence sur les procédures mises en œuvre par les élèves ou identifier les variables didactiques de cette situation.

– Justifier ou discuter les choix didactiques du manuel ou de l'enseignant.

1. Cette liste n'est évidemment pas exhaustive. On peut, par exemple, envisager des questions spécifiques au thème abordé.

2. La diversité des questions est évidemment encore plus grande que pour l'analyse d'erreurs. Nous listons ici les questions les plus fréquemment rencontrées.

– Indiquer les procédures que les élèves peuvent mettre en place pour répondre à une question.

– Décrire la procédure que l'élève a mise en place.

– Proposer une synthèse ou une trace écrite suite à une activité.

– Quelles erreurs les élèves peuvent-ils faire ?

– Quelles difficultés peuvent-ils rencontrer ?

– Quelle aide apporter dans le cadre d'une activité (résolution de problèmes, exercice, construction géométrique) ?

2. Les connaissances qu'il faut maitriser pour répondre à ces questions

■ Connaitre parfaitement les programmes : finalités, enjeux et contenus.

Des rapports de jury signalent que beaucoup de candidats ne semblent pas connaitre les programmes de l'école primaire.

➤ DANS LA PARTIE 2 DE CET OUVRAGE :

Vous trouverez, pour chaque domaine lié au programme de l'école primaire, les extraits des programmes, les compétences et des repères pour organiser la progressivité des apprentissages relatifs à ce domaine.

■ Maitriser les concepts de didactique et des données relatives à la psychologie.

Par exemple : conceptions, contrat didactique, variables didactiques, modèles d'apprentissage/enseignement...

➤ DANS LA PARTIE 1 DE CET OUVRAGE :

Vous trouverez cinq chapitres qui font le point sur ces notions théoriques.

■ Connaitre, pour chaque domaine lié au programme de l'école primaire, les principales compétences que l'élève doit acquérir et les difficultés qu'il peut rencontrer.

En particulier, il faut connaitre :

– les types de problèmes qu'il doit maitriser, les savoir-faire qu'il doit automatiser, les compétences langagières qu'il doit savoir utiliser ;

– les grands types de difficultés qui peuvent apparaitre et savoir en déterminer les origines possibles.

➤ DANS LA PARTIE 2 DE CET OUVRAGE :

Vous trouverez, pour chaque notion enseignée à l'école, des informations relatives à tous ces éléments.

Il faut enfin se doter d'une méthodologie.

C'est l'objet des fiches méthodes qui suivent.

3. Les fiches méthodes pour répondre aux questions sur les analyses d'erreurs et de documents pédagogiques

FICHE MÉTHODE 1

■ **Décrire deux (trois...) procédures que les élèves peuvent mettre en place pour répondre à cette question (exercice ou problème).**

Ce qui est donné : *un extrait de manuel, la description d'une activité, un énoncé de problème...*

Étapes	Commentaires
1. Il est tout d'abord nécessaire de résoudre le problème en imaginant le plus de procédures possibles* pour des élèves du niveau concerné. *Attention !* Beaucoup de rapports de jury signalent la difficulté des candidats à se décentrer de leur propre procédure et à imaginer des procédures accessibles à des élèves de l'école. **2. Il faut ensuite décrire les procédures trouvées.**	Pour chaque domaine d'enseignement (cf. partie 2 de cet ouvrage), nous listons les principaux problèmes associés à ce domaine et détaillons les procédures que les élèves peuvent utiliser pour les résoudre. Pour la description des procédures, deux écueils sont à éviter : – faire une description trop contextualisée (exemple : « l'élève a divisé 345 par 5, puis ensuite il a multiplié le résultat par 17 ») ; – faire une description trop décontextualisée (exemple : « l'élève a utilisé la propriété multiplicative de la linéarité »).

* Ne pas hésiter à donner plus de procédures qu'il n'en est demandées car certaines d'entre elles, trop proches, peuvent n'être comptabilisées qu'une fois.

FICHE MÉTHODE 2

■ **Quels objectifs peuvent être visés en proposant cette activité ?**

■ **Quelles compétences peuvent être travaillées dans cette activité ?**

■ **À quel niveau peut être proposée cette activité ?**

Ce qui est donné : *un extrait de manuel, la description d'une activité.*

Étapes	Commentaires
1. Il est tout d'abord nécessaire de résoudre le problème en imaginant le plus de procédures possibles (voir fiche méthode 1). **2. Pour chacune de ces procédures,** il faut identifier les connaissances (savoir, savoir-faire, stratégie) nécessaires à leur mise en place. **3. Il faut mettre en relation ces connaissances avec les programmes.** Ici l'enseignant souhaite favoriser une procédure ou une connaissance. Il faut donc déterminer, parmi les procédures ou connaissances possibles, celle qui peut être objet d'apprentissage (ou d'évaluation) au niveau considéré.	Voir partie 1, chap. 3. *L'analyse a priori*. Il est indispensable de connaître les programmes. Pour chaque domaine d'enseignement (cf. partie 2 de cet ouvrage), figurent les extraits des programmes correspondants.

FICHE MÉTHODE 3

■ Dans quelle catégorie peut être situé ce problème ?

Ce qui est donné : *un énoncé de problème.*

Étapes	Commentaires
1. Pour répondre à ce type de question, il faut se référer à une typologie des problèmes. Selon le contexte, la question peut être comprise de deux façons possibles :	
• **La question incite à situer le problème parmi ceux qui relèvent d'un concept donné.** Il faut alors en analyser la structure et se référer à une classification comme celles proposées par Gérard Vergnaud pour le champ conceptuel de l'addition ou pour celui de la multiplication. Dans ce cas la classification est souvent donnée avec la question posée au concours.	Voir chap. 10. *Addition et soustraction* et chap. 11. *Multiplication et division.*
• **La question est plus large et incite à préciser quelle place ce problème occupe dans le processus d'enseignement.** S'agit-il alors d'un problème dont le but est : – d'amener les élèves à réinvestir des connaissances déjà travaillées ; – de mettre en place une connaissance nouvelle (on parle alors souvent de « situation-problème ») ; – de développer les capacités de recherche des élèves (on parle alors souvent de « problème pour chercher » ou de « problème ouvert »).	
2. Pour répondre, une analyse a priori est nécessaire : • Si les élèves ont étudié les connaissances nécessaires à la résolution du problème (comme le résoudrait un expert), il s'agit d'un **« problème de réinvestissement »**.	Voir chap. 3. *L'analyse a priori.*
• Si ce n'est pas le cas et que l'intention de l'enseignant est d'utiliser ce problème pour mettre en place un concept nouveau (ou un aspect nouveau d'un concept déjà rencontré), alors il s'agit d'une **« situation-problème »** (il faut encore vérifier que certaines conditions spécifiques sont présentes). • Si les élèves ne peuvent pas résoudre ce problème comme le ferait un expert et qu'il n'est pas envisageable de mettre en place les connaissances les plus adaptées pour le résoudre, alors il s'agit probablement d'un **« problème pour chercher »**.	Voir chap. 5. *Les problèmes et leur rôle dans l'enseignement.*

FICHE MÉTHODE 4

■ **Indiquer deux (trois...) éléments qui peuvent avoir une influence sur les procédures mises en œuvre par les élèves.**

■ **Identifier les variables didactiques de cette situation.**

Ce qui est donné : *un extrait de manuel, la description d'une activité, un énoncé de problème...*

Étapes	Commentaires
Les variables didactiques* sont à chercher au niveau : – **des données numériques :** leur nature (entiers, décimaux...), leur « taille » (grand nombre, petit nombre)... ; – **du matériel donné :** calculatrice, papier quadrillé, compas..., la facilité de manipulation du matériel... ; – **des contraintes :** réussir la tâche en un seul voyage, ne pas avoir accès à telle ou telle information...	Dans chaque domaine d'enseignement, nous présentons différentes variables didactiques pour chaque type de problèmes. *Attention !* Pour chaque variable identifiée, bien préciser la procédure ou celle(s) qui est(sont) favorisée(s) ; l'erreur ou les erreurs qui peuvent être provoquée(s).

* Comme cela a été précisé pour les procédures, il ne faut pas hésiter à donner plus de variables qu'il n'en a été demandées.

FICHE MÉTHODE 5

■ **Analyser les erreurs des élèves dont on trouvera les productions en annexe et faire des hypothèses sur leur origine.**

Ce qui est donné : *des productions d'élèves.*

Étapes	Commentaires
1. Il s'agit de décrire ou de faire des hypothèses* sur la procédure que l'élève a mise en place. **2. Il faut faire des hypothèses sur l'origine de cette erreur.** La procédure erronée mise en place peut provenir : – **de conceptions erronées** que l'élève a des concepts en jeu dans la question (exemple : il pense qu'un nombre décimal est constitué de deux nombres entiers séparés par une virgule) ; – **de règles du contrat didactique** qu'il applique (exemple : l'élève pense qu'il faut utiliser la notion qu'il est en train d'étudier ou bien il pense qu'il faut utiliser toutes les données de l'énoncé) ; – **de la compréhension de l'énoncé :** « Tout se passe comme si l'élève avait compris que... ».	Voir chap. *4*. *L'analyse d'erreurs et les dispositifs de remédiation.* Attention aux difficultés de description de procédures mises en évidence dans la fiche-méthode 1. Dans la mesure du possible, il faut éviter d'analyser les erreurs des élèves avec des phrases du type : « L'élève ne savait pas ... » ou « L'élève n'a pas vu que... ».

* Parfois il n'est possible que de faire des hypothèses, car on n'a aucune information quant à cette procédure.

FICHE MÉTHODE 6

■ Quelles sont les erreurs que les élèves peuvent faire dans le cadre de cette activité ?
■ Quelles difficultés peuvent-ils rencontrer ?

Ce qui est donné : *un extrait de manuel, la description d'une activité.*

Étapes	Commentaires
1er cas L'activité est un problème Pour identifier a priori les difficultés des élèves dans le cadre du traitement d'un problème, on peut s'appuyer sur **les différentes étapes de la résolution d'un problème** : • **Compréhension de l'énoncé :** – difficultés de lecture : difficultés de décodage, mots ou expressions dont la signification n'est pas connue, syntaxe non familière ; – non-prise en compte de certaines contraintes ; – contresens concernant certaines données ou le but à atteindre.	Pour plus de détails sur ces étapes, voir chap. 5. *Les problèmes et leur rôle dans l'enseignement.* Pour chaque domaine d'enseignement, nous identifions les principales erreurs que les élèves peuvent faire et nous analysons ces erreurs.
• **Stratégie de recherche / Élaboration de la procédure :** – l'élève s'appuie sur **les règles du contrat didactique** sans prendre en compte le sens de l'énoncé (exemple : il cherche à utiliser une opération pour résoudre le problème alors que celui-ci ne peut se résoudre qu'en passant par une procédure de tâtonnement organisé) ; – l'élève met en place une procédure induite par des **mots « inducteurs »** (exemple : s'il y a « plus » dans l'énoncé, il additionne les nombres de l'énoncé).	Pour la notion de « contrat didactique », voir chap. 4. *L'analyse d'erreurs et les dispositifs de remédiation*
• **Exécution d'une procédure :** – **erreurs de calcul** ; – **erreur d'origine conceptuelle** : par exemple si la procédure consiste à comparer des nombres décimaux, les élèves peuvent comparer les parties entière et en cas d'égalité comparer les nombres figurant à droite de la virgule ; – procédures arrêtées ou modifiées en cours d'exécution par effet de **surcharge cognitive.**	Pour la notion de « surcharge cognitive », voir chap. 5. *Les problèmes et leur rôle dans l'enseignement.*
• **Communication du résultat et de la procédure*** : – l'élève ne conclut pas ou ne le fait pas sous la forme attendue (il ne donne que le résultat sans faire de phrase réponse) ; – l'élève prend pour résultat final un résultat intermédiaire ; – l'élève ne rédige pas les étapes de la procédure…	
2e cas L'activité est un exercice Dans ce cas se reporter aux erreurs d'exécution d'une procédure ci-dessus.	

* Les erreurs relatives à la communication du résultat sont évidemment fonction des exigences du professeur que nous ne connaissons généralement pas.

FICHE MÉTHODE 7

■ Quelle aide apporter à l'élève qui a fait cette erreur ?
■ Quelle aide apporter à un élève qui bloque face à cette question ?

Ce qui est donné : *des productions erronées d'élève ou l'énoncé d'une activité.*

L'aide est fonction :

– **du niveau où se situe la difficulté** : compréhension de l'énoncé, stratégie de recherche à mettre en place, élaboration de la procédure, exécution de la procédure, communication du résultat et de la procédure ;

– **de l'objectif visé à travers cette activité** : introduction d'une connaissance nouvelle (situation-problème, activité guidée), réinvestissement d'une ou de plusieurs connaissances déjà travaillées, développement de certaines stratégies de recherche (problème de recherche).

Étapes	Commentaires
1. Compréhension de l'énoncé **• Difficulté de lecture :** – Reformuler ou faire reformuler oralement l'énoncé. – Dans certains cas, illustrer la situation à l'aide de matériel. – Expliciter ou faire expliciter la signification des mots ou expressions inconnus. **• Non-prise en compte de certaines contraintes :** – Proposer quelques réponses au problème qui ne vérifient pas ces contraintes et demander aux élèves si elles sont acceptables. – Inciter les élèves à contrôler leur résultat en relisant l'énoncé. **• Contresens, en particulier sur le but à atteindre :** – Faire vivre (si possible) la situation de l'énoncé aux élèves. – Demander ce qu'il faut chercher.	Voir chap. 4. *L'analyse d'erreurs et les dispositifs de remédiation.*
2. Élaboration de la procédure : Il s'agit ici de savoir si l'origine de l'erreur est en lien avec une conception erronée pour un concept donné ou avec une règle du contrat didactique.	Pour les pistes d'aide relatives à cette étape, voir chap. 4.
3. Exécution de la procédure **• Difficulté au niveau de la maîtrise de certaines opérations :** – Signaler les erreurs de calcul. – Autoriser l'usage d'une calculatrice. **• Difficulté au niveau du tracé géométrique ou d'un mesurage :** – Aider l'élève à effectuer ces tracés en en lui montrant comment tenir la règle ou l'équerre par exemple*. **• Surcharge cognitive qui entraîne un arrêt ou une modification de la procédure avant la fin :** – Les aides précédentes (calcul, tracés, mesurage...) peuvent être mobilisées. – Faire verbaliser ce qui a déjà été fait et trouvé jusqu'à l'arrêt ou la modification.	

* Il va de soi que cette aide n'est que ponctuelle afin qu'elle n'empêche pas l'élève d'atteindre l'objectif visé à travers la situation proposée. Il s'agit ensuite de l'aider à automatiser les techniques (opératoires ou géométriques) qu'il ne maîtrise pas suffisamment.

4. Les conseils pour se préparer au concours

A. Comment travailler les connaissances nécessaires

■ S'approprier les outils d'analyse liés à l'enseignement et à l'apprentissage des mathématiques à l'école primaire

Nous vous conseillons tout d'abord de vous approprier les outils d'analyse d'erreurs et d'analyse d'activités présentés dans les chapitres de la première partie « **Les connaissances didactiques et pédagogiques de référence** ». Ces outils d'analyse développés, entre autres, par les recherches en psychologie cognitive et en didactique ont un caractère transversal. Ils sont indispensables pour répondre aux questions d'analyse d'erreurs et de documents pédagogiques.

■ Réinvestir ces outils dans chacun des domaines enseignés à l'école primaire

Vous réinvestirez ensuite ces outils dans les chapitres 6 à 16 de la seconde partie de l'ouvrage « **Les domaines d'enseignement des mathématiques à l'école** ». Chacun de ces chapitres comporte trois parties :

1. **Les documents officiels** avec des extraits de programmes relatifs au domaine abordé (voir aussi chap. 1. *Le savoir, les programmes*).

2. **Repères pour l'enseignement et l'apprentissage** avec, pour chacun des domaines abordés, les principales compétences que les élèves doivent acquérir (en particulier les types de problèmes qu'ils doivent maîtriser, les savoir-faire qu'ils doivent automatiser, les compétences langagières qu'ils doivent savoir utiliser), les principales difficultés qu'ils peuvent rencontrer et l'origine de ces difficultés. Pour faciliter l'acquisition de ces apports, nous vous proposons, au fil du texte, des exercices d'entraînement qui sont corrigés à la fin du chapitre.

3. **Au concours** avec des exemples d'épreuves de concours relatives à l'analyse d'erreurs et à l'analyse de documents. Les corrigés de ces épreuves sont accompagnés de conseils méthodologiques.

B. Conseils pour le jour de l'épreuve

■ Lire l'ensemble des sous-questions posées et prendre connaissance de tous les documents annexés

Les sous-questions sont souvent complémentaires et se recoupent parfois. Cette lecture préalable permet d'éviter les redondances dans les réponses.

■ Être précis et rigoureux

La longueur de la réponse n'est pas un gage de sa pertinence. Soyez précis, argumentez, référencez ce que vous avancez avec les documents fournis. Evitez les propos généraux que n'importe qui pourrait tenir. N'hésitez pas à réaliser un tableau pour décrire des procédures d'élèves, identifier les erreurs et les analyser :

Production	Description de la procédure	Erreurs	Hypothèse sur l'origine de la procédure
Élève A			
…			

PARTIE 1

CONNAISSANCES DIDACTIQUES ET PÉDAGOGIQUES DE RÉFÉRENCE

CHAPITRE 1

Le savoir, les programmes

Pour la partie du concours relative à l'analyse de documents, il est indispensable de parfaitement connaître les **programmes de l'école** pour savoir à quel niveau une activité peut être proposée et en identifier le ou les objectifs.

1 Les programmes

Les deux textes de référence sont « Le socle commun de connaissances, de compétences et de culture » et « Programmes d'enseignement de l'école maternelle et Programmes d'enseignement du cycle des apprentissages fondamentaux (cycle 2), du cycle de consolidation (cycle 3) et du cycle des approfondissements (cycle 4) »[1].

Les objectifs de l'enseignement à l'école primaire sont déterminés par les programmes qui, pour chaque cycle, donnent les orientations générales de l'enseignement des mathématiques, indiquent les contenus étudiés et précisent les compétences attendues à la fin du **cycle 2** (cycle des apprentissages fondamentaux) et du **cycle 3** (cycle de consolidation) en vue de la **maîtrise du socle commun de connaissances et de compétences**. Ils sont complétés par des indications qui donnent des repères pour organiser la progressivité des apprentissages :

http://www.education.gouv.fr/pid25535/bulletin_officiel.html?cid_bo=86940

http://www.education.gouv.fr/cid95812/au-bo-special-du-26-novembre-2015-programmes-d-enseignement-de-l-ecole-elementaire-et-du-college.html

On trouvera ces différents documents officiels sur Internet à l'adresse suivante :
http://eduscol.education.fr/pid23391/programmes-de-l-ecole-et-du-college.html

C'est à partir de là que l'enseignant, aidé par les ouvrages qui lui sont destinés, peut préciser les objectifs à atteindre. Dans ces textes, le lecteur est confronté à des termes comme connaissances, savoirs, compétences. Il est utile de préciser ce qu'ils recouvrent et les significations qui peuvent leur être données dans le cadre de l'enseignement des mathématiques.

Les programmes de mathématiques des cycles 2 et 3 font explicitement référence au socle commun, en détaillant **six grandes compétences** en lien avec les cinq domaines du socle. Ces cinq domaines sont ainsi libellés : **1.** Les langages pour penser et communiquer ; **2.** Les méthodes et outils pour apprendre ; **3.** La formation de la personne et du citoyen ; **4.** Les systèmes naturels et les systèmes techniques ; **5.** Les représentations du monde et l'activité humaine. Ces six grandes compétences caractérisent le travail mathématique demandé aux élèves. Il est donc important de toujours les garder à l'esprit. Elles sont intégralement reproduites ci-dessous :

1. Dans chaque chapitre consacré à un domaine des mathématiques (partie 2), ces textes sont largement repris (textes du programme et repères de progressivité).

Chercher (domaines du socle : 2, 4)

Cycle 2	Cycle 3
• S'engager dans une démarche de résolution de problèmes en observant, en posant des questions, en manipulant, en expérimentant, en émettant des hypothèses, si besoin avec l'accompagnement du professeur après un temps de recherche autonome. • Tester, essayer plusieurs pistes proposées par soi-même, les autres élèves ou le professeur.	• Prélever et organiser les informations nécessaires à la résolution de problèmes à partir de supports variés : textes, tableaux, diagrammes, graphiques, dessins, schémas, etc. • S'engager dans une démarche, observer, questionner, manipuler, expérimenter, émettre des hypothèses, en mobilisant des outils ou des procédures mathématiques déjà rencontrées, en élaborant un raisonnement adapté à une situation nouvelle. • Tester, essayer plusieurs pistes de résolution.

Modéliser (domaines du socle : 1, 2, 4)

Cycle 2	Cycle 3
• Utiliser des outils mathématiques pour résoudre des problèmes concrets, notamment des problèmes portant sur des grandeurs et leurs mesures. • Réaliser que certains problèmes relèvent de situations additives, d'autres de situations multiplicatives, de partages ou de groupements. • Reconnaitre des formes dans des objets réels et les reproduire géométriquement.	• Utiliser les mathématiques pour résoudre quelques problèmes issus de situations de la vie quotidienne. • Reconnaitre et distinguer des problèmes relevant de situations additives, multiplicatives, de proportionnalité. • Reconnaitre des situations réelles pouvant être modélisées par des relations géométriques (alignement, parallélisme, perpendicularité, symétrie). • Utiliser des propriétés géométriques pour reconnaitre des objets.

Représenter (domaines du socle : 1, 5)

Cycle 2	Cycle 3
• Appréhender différents systèmes de représentations (dessins, schémas, arbres de calcul, etc.). • Utiliser des nombres pour représenter des quantités ou des grandeurs. • Utiliser diverses représentations de solides et de situations spatiales.	• Utiliser des outils pour représenter un problème : dessins, schémas, diagrammes, graphiques, écritures avec parenthésages... • Produire et utiliser diverses représentations des fractions simples et des nombres décimaux. • Analyser une figure plane sous différents aspects (surface, contour de celle-ci, lignes et points). • Reconnaitre et utiliser des premiers éléments de codages d'une figure plane ou d'un solide. • Utiliser et produire des représentations de solides et de situations spatiales.

Raisonner (domaines du socle : 2, 3, 4)

Cycle 2	Cycle 3
• Anticiper le résultat d'une manipulation, d'un calcul, ou d'une mesure. • Raisonner sur des figures pour les reproduire avec des instruments.	• Résoudre des problèmes nécessitant l'organisation de données multiples ou la construction d'une démarche qui combine des étapes de raisonnement.

• Tenir compte d'éléments divers (arguments d'autrui, résultats d'une expérience, sources internes ou externes à la classe, etc.) pour modifier son jugement. • Prendre progressivement conscience de la nécessité et de l'intérêt de justifier ce que l'on affirme.	• En géométrie, passer progressivement de la perception au contrôle par les instruments pour amorcer des raisonnements s'appuyant uniquement sur des propriétés des figures et sur des relations entre objets. • Progresser collectivement dans une investigation en sachant prendre en compte le point de vue d'autrui. • Justifier ses affirmations et rechercher la validité des informations dont on dispose.

Calculer (domaine du socle : 4)

Cycle 2	Cycle 3
• Calculer avec des nombres entiers, mentalement ou à la main, de manière exacte ou approchée, en utilisant des stratégies adaptées aux nombres en jeu. • Contrôler la vraisemblance de ses résultats.	• Calculer avec des nombres décimaux, de manière exacte ou approchée, en utilisant des stratégies ou des techniques appropriées (mentalement, en ligne, ou en posant les opérations). • Contrôler la vraisemblance de ses résultats. • Utiliser une calculatrice pour trouver ou vérifier un résultat.

Communiquer (domaines du socle : 1, 3)

Cycle 2	Cycle 3
• Utiliser l'oral et l'écrit, le langage naturel puis quelques représentations et quelques symboles pour expliciter des démarches, argumenter des raisonnements.	• Utiliser progressivement un vocabulaire adéquat et/ou des notations adaptées pour décrire une situation, exposer une argumentation. • Expliquer sa démarche ou son raisonnement, comprendre les explications d'un autre et argumenter dans l'échange.

2 Savoir, connaissances, compétences

Le tableau suivant résume les distinctions qui peuvent être faites entre les termes **savoir, connaissance et compétence.**

Savoir	Connaissances[2]	Compétences[3]
Le savoir mathématique correspond, pour un domaine donné, à l'ensemble des concepts, propriétés, procédures, résultats... établis et codifiés dans des ouvrages de référence.	La connaissance, dans un domaine donné, est relative à chaque individu. Elle correspond à ce qu'il a construit, retenu, compris du savoir correspondant, bref à ce qu'il s'en est approprié. Attention : Certaines connaissances peuvent être incomplètes ou erronées.	On peut définir une compétence comme la faculté d'agir efficacement dans un type défini de situations, en s'appuyant sur des connaissances qui peuvent être mobilisées à bon escient. La compétence peut être inférée en observant l'action, la performance de l'élève confronté à une tâche.

2. Le terme « **connaissances** », défini ici, est à rapprocher de celui de « **conceptions** » : chap. 2 p. 36 et chap. 4 p. 57.

3. La notion de **compétence**, loin d'être précise, varie selon les auteurs. La définition assez large donnée ici recouvre les différentes formulations des textes officiels.

Exemple : La proportionnalité		
Savoir	**Connaissances**	**Compétences**
La proportionnalité a été formalisée par les mathématiciens à l'aide de la notion de fonction linéaire, elle-même située dans le cadre plus général des fonctions numériques *(voir tome 1, chap. 7 et 8)*.	Un élève a pu s'approprier différentes connaissances, plus ou moins formalisées, relatives à la proportionnalité. Il peut par exemple connaître les propriétés additive et multiplicative de linéarité exprimée à l'aide d'un tableau de proportionnalité, mais sans connaître leur expression dans le langage des fonctions *(cf. tome 1, chap. 8 p. 162)*.	En rapport avec les connaissances relatives à la proportionnalité, on peut citer deux compétences de niveaux différents : – savoir compléter un tableau donné comme tableau de proportionnalité ; – savoir résoudre un problème relevant de la proportionnalité.
	Une connaissance erronée souvent constatée au début du travail sur la proportionnalité est liée à l'idée qu'on passe nécessairement d'un nombre à un nombre plus grand par une addition. Si on dit, par exemple, que 4 gâteaux coûtent 3 € et si on demande le prix de 6 gâteaux (donc 2 gâteaux de plus), certains élèves répondent 5 € (donc 2 € de plus).	La seconde compétence nécessite que l'élève détermine lui-même que ses connaissances relatives à la proportionnalité peuvent être utilisées.

Attention ! Pour certains auteurs, seul ce deuxième énoncé est considéré comme une compétence.

Dans les programmes, le terme « **savoir** » en tant que substantif n'est pas utilisé. Il est cité une seule fois dans le socle commun de connaissances, de compétences et de culture. En revanche, les auteurs des programmes et du socle commun utilisent fréquemment les termes « connaissances » et « compétences ».

- Le terme « **connaissance** » est généralement utilisé dans le sens du terme « savoir » défini dans le tableau qui précède.

- Le terme « **compétence** » est défini dans le socle commun : « Une compétence est l'aptitude à mobiliser ses ressources (connaissances, capacités, attitudes) pour accomplir une tâche ou faire face à une situation complexe ou inédite ». Pour chaque domaine, les auteurs déclinent un certain nombre de compétences. En voici un exemple pour le domaine 1 : « L'élève utilise les principes du système de numération décimal et les langages formels (lettres, symboles...) propres aux mathématiques et aux disciplines scientifiques, notamment pour effectuer des calculs et modéliser des situations ». Il se rapproche donc de la définition que nous en donnons dans le tableau p. 19.

- On trouve également le terme « **compétence** » dans les programmes des cycles 2 et 3 :

– Après une présentation générale des programmes, les auteurs établissent un **tableau de compétences** (au sens défini ci-dessus) qu'ils classent en **six catégories** (cf. p. 18 et 19) ;

– Dans le tableau des attendus de fin de cycle, beaucoup de « compétences » sont citées, mais leur usage ne correspond plus à la définition donnée dans le socle commun. En effet, elles ne renvoient pas à des situations « *complexes ou inédites* », mais plutôt à des savoir-faire ponctuels.

C'est par exemple le cas des « compétences » suivantes : « Associer un nombre entier à une position sur une demi-droite graduée, ainsi qu'à la distance de ce point à l'origine » (cycle 2) ; Composer, décomposer les grands nombres entiers, en utilisant des regroupements par milliers » (cycle 3) ; « Calcul instrumenté : utiliser une calculatrice pour trouver ou vérifier un résultat ».

- Dans le socle commun, on trouve également le terme « **représentations** » dont la signification se rapproche de ce que nous appelons ci-dessus « connaissances », comme dans la phrase suivante : « Leur acquisition [en parlant de compétences et connaissances] suppose de prendre en compte dans le processus d'apprentissage les vécus et les représentations des élèves, pour les mettre en perspective, enrichir et faire évoluer leur expérience du monde ».

L'important, à la lecture d'un texte, est de déterminer si on se réfère aux **mathématiques savantes**, aux **mathématiques envisagées par les programmes** ou à **ce qu'un élève en a appris**. Dans beaucoup de textes, y compris ceux de cet ouvrage, la signification à donner aux termes « savoir » et « connaissance » est fournie par le contexte.

3 La notion de « concept mathématique »

La **question de la compréhension est centrale** pour l'élève comme pour l'enseignant : « Il ne comprend rien ! », « Il n'a pas compris ce qu'est un nombre décimal », « Avez-vous compris ce qu'est un parallélogramme ? ».

Une façon d'aborder la **question de la compréhension** consiste à considérer que les **mathématiques sont constituées de concepts** qu'elles visent à organiser et dont elles étudient les propriétés dans le but de mieux les connaître et de les rendre opératoires. L'enseignement vise, lui, à assurer chez les élèves une certaine maîtrise d'un certain nombre de ces concepts.

A. Qu'est-ce qu'un concept mathématique ?

Pour plus de détails sur la notion de **concept**, se reporter aux Ressources à consulter p. 25.

Vous pouvez en avoir une idée en essayant, par exemple, de répondre à la question suivante : « *Vous avez travaillé, avec vos élèves, sur les nombres décimaux. Comment pouvez-vous vérifier qu'ils ont compris le concept de nombre décimal ?* »

Les réponses peuvent être très diverses. Certains diront, par exemple, qu'un élève a compris le **concept de nombre décimal** s'il est capable d'en donner une **définition**. D'autres ajouteront qu'il doit être capable d'exhiber des **exemples de nombres** qui sont décimaux et de nombres qui n'en sont pas. D'autres encore vérifieront qu'il connaît des **propriétés** de ces nombres (par exemple, le fait qu'on peut toujours trouver des nombres décimaux situés entre deux nombres donnés) ou encore qu'il est capable de **les utiliser** pour exprimer la mesure d'une aire, de les comparer, de les utiliser pour repérer des points sur un axe gradué...

Pour les besoins de l'enseignement, **quatre composantes** permettent de **caractériser un concept**.

Le schéma suivant est inspiré du cadre proposé par Gérard Vergnaud[4] pour rendre compte des différents aspects qui caractérisent un concept et qui permettent d'organiser les réponses à la question de la compréhension d'un concept.

4. Le schéma proposé par Gérard Vergnaud regroupe les définitions, propriétés... (désignées par le terme *invariants*) et les techniques (désignées par le terme de *schème*, lequel évoque « l'organisation invariante de la conduite pour une classe donnée de problèmes »).

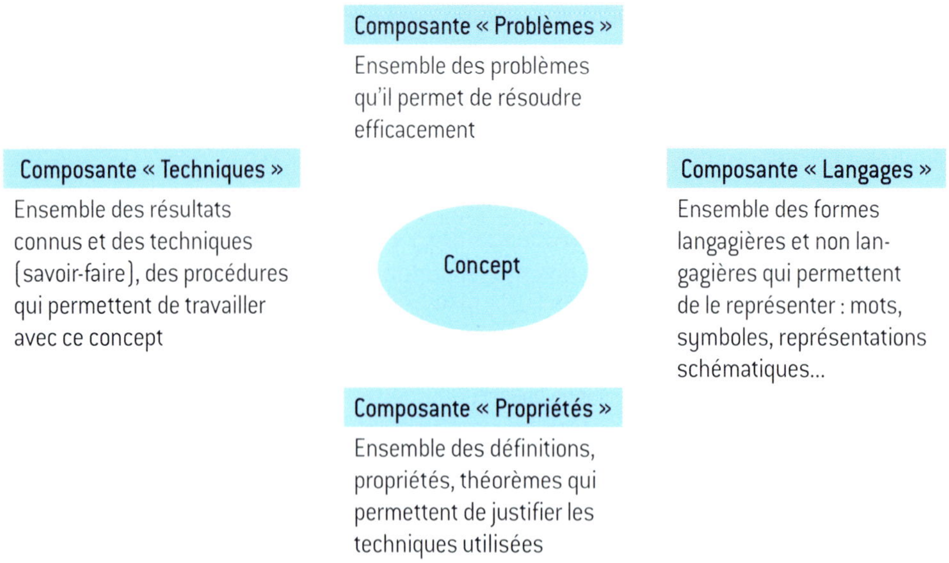

Composante « Problèmes »

Ensemble des problèmes qu'il permet de résoudre efficacement

Composante « Techniques »

Ensemble des résultats connus et des techniques (savoir-faire), des procédures qui permettent de travailler avec ce concept

Concept

Composante « Langages »

Ensemble des formes langagières et non langagières qui permettent de le représenter : mots, symboles, représentations schématiques...

Composante « Propriétés »

Ensemble des définitions, propriétés, théorèmes qui permettent de justifier les techniques utilisées

Ce schéma sera utilisé pour présenter les principaux concepts enseignés à l'école primaire dans la seconde partie de cet ouvrage.

B. Composantes de ce schéma appliquées à un concept

Reprenons ces différentes composantes pour les exemplifier à l'aide du concept de « **nombre entier naturel** ».

Les différentes composantes du schéma	Le concept de nombre entier naturel
Composante « Problèmes » Les problèmes qui peuvent être résolus avec un même concept sont variés et souvent nombreux. D'où la nécessité de disposer d'une **classification** qui tient compte de la structure mathématique sous-jacente et qui peut être organisée en tenant compte du développement psychologique des élèves.	Pour l'école primaire, on peut citer l'utilisation de ces nombres pour : – exprimer des quantités et des mesures de grandeurs (longueurs, aires...) ; – repérer un point sur une ligne régulièrement graduée ; – anticiper le résultat d'une action sur ces grandeurs (augmentation, diminution, partage...) ou sur ces positions (déplacement, écart...).
Composante « Propriétés » Une **définition** permet de caractériser un concept, notamment par rapport à d'autres concepts. Les **propriétés** et les **théorèmes** permettent une meilleure connaissance du concept et fournissent des arguments pour mettre au point ou justifier des techniques liées au concept.	Une **définition d'un nombre entier** n'a été proposée que très tardivement par les mathématiciens et n'est pas envisageable à l'école primaire. Parmi les **propriétés**, on peut évoquer le fait que « tout nombre entier naturel a un successeur » ou que « le plus petit nombre entier naturel est 0 »... Concernant les **théorèmes**, ils ne peuvent pas faire l'objet d'une explicitation à l'école primaire, mais les élèves seront amenés, par exemple, à **utiliser en acte** le fait que « $a < b$ et $b < c$ entraîne $a < c$ »...

Composante « Techniques » Les techniques permettent de rendre le **concept opératoire**. Elles peuvent être soit routinisées (car mémorisées), soit produites en mobilisant un raisonnement. Elles s'appuient sur des **résultats connus et mémorisés**.	L'une d'entre elles, importante, est la **pratique du dénombrement** (appelée « schème du dénombrement » par Gérard Vergnaud) : elle est fondée sur la stabilité de la suite des nombres mise en relation avec une série d'objets (un pour celui-là, deux pour cet autre, trois pour celui-ci…), le dernier mot-nombre prononcé exprimant la quantité d'objets.
Composante « Langages » Le langage **verbal**, **schématique** ou **symbolique** a une triple fonction : – de communication pour désigner un objet mathématique, une relation, une propriété… ; – calculatoire pour organiser un traitement (effectuer des calculs, conserver des résultats…) ; – d'accompagnement de la pensée : figures à main levée en géométrie, schémas en arithmétique…	On peut citer l'**écriture des nombres** dans un système de numération, leur **expression verbale** du type *quatre-vingt-treize*, leur représentation sur un boulier… Selon le **système adopté**, la comparaison des nombres, les calculs n'utilisent pas les mêmes techniques.

4 La notion de « champ conceptuel »

A. Qu'est-ce qu'un champ conceptuel ?

Gérard Vergnaud considère que, pour comprendre le **développement d'un concept**, il faut le replacer dans un système qu'il appelle « **champ conceptuel** » et qu'il caractérise comme :
– un ensemble de situations dont le traitement appelle une variété de concepts, de procédures et de représentations symboliques en étroite connexion ;
– l'ensemble des concepts qui contribuent à la maîtrise de ces situations.

Un **champ conceptuel** est donc à la fois un réseau de concepts et un réseau de situations qui sont en étroite corrélation.

B. Exemples de champ conceptuel

Si on considère les situations dans lesquelles des **groupements sont réalisés** et comportent tous le **même nombre d'objets**, on peut poser différents problèmes :

Problème 1

On a réalisé 15 paquets qui contiennent chacun 24 objets.
Combien a-t-on utilisé d'objets ?

Problème 2

Avec 300 objets, on a réalisé le plus possible de paquets de 24 objets.
Combien a-t-on réalisé de paquets ?

Problème 3

Avec 300 objets, on a réalisé 24 paquets identiques.
Combien a-t-on mis d'objets dans chaque paquet ?

Problème 4

Sachant que 4 paquets contiennent au total 60 objets, combien faut-il d'objets pour remplir 6 paquets identiques aux précédents ?

Ces problèmes trouvent leur origine dans la même situation et peuvent être résolus en mobilisant les concepts de **multiplication**, de **division** et de **proportionnalité** qui sont reliés les uns aux autres. C'est à partir du constat qu'une même situation peut générer une variété de problèmes dont la résolution peut être envisagée en faisant appel à ces trois concepts que Gérard Vergnaud envisage le **champ conceptuel des structures multiplicatives**.

➤ **Chap. 11** *Multiplication et division.*

➤ **Chap. 12** *Proportionnalité.*

Cette approche est féconde dans la mesure où elle permet d'envisager une **programmation de l'enseignement sur le long terme**. Elle prend en compte à la fois les relations entre des concepts et les difficultés des catégories de problèmes qui relèvent du même champ conceptuel. Elle est également fondée sur l'idée qu'un concept prend et enrichit son sens dans une grande variété de situations qu'il est nécessaire d'inventorier et d'organiser à des fins d'apprentissage.
Gérard Vergnaud souligne, par exemple, qu'une dizaine d'années sont nécessaires pour envisager la maîtrise des connaissances relatives au **champ conceptuel des structures additives**. Ainsi vers **7 ans**, les élèves sont capables de résoudre un problème comme « Jean a 9 bonbons. Il en mange 4. Combien lui en reste-t-il ? » *(problème qui renvoie à la soustraction, mais qui peut être résolu par d'autres moyens)*, alors que, **vers 15 ans**, il est difficile à certains de résoudre cet autre problème : « Ce matin, Pierre a joué aux billes et il en a gagné 4. A la fin de la journée, il fait le bilan de ses gains et déclare : aujourd'hui, j'ai perdu 9 billes. Que s'est-il passé l'après-midi ? » *(problème qui pourtant renvoie à l'addition)*.

5 Les objectifs d'enseignement

Le terme « **objectif** » est fréquemment utilisé dans l'enseignement pour préciser ce qui est attendu des élèves au terme d'une séquence d'enseignement.

Un objectif peut être formulé en référence aux différentes composantes d'un concept ou de la connaissance qui en est attendue. Il peut donc être référé à :

- **Une connaissance déclarative**

EXEMPLE : L'élève devra être capable d'énoncer les propriétés du rectangle relatives aux côtés et aux angles ou encore de dire combien il y a de centimètres dans un mètre et de mètres dans un kilomètre.

- **Une connaissance langagière**

EXEMPLE : L'élève devra être capable d'utiliser convenablement les mots « faces », « sommets », « arêtes ».

- **Une connaissance procédurale pour laquelle on parlera aussi de procédure ou de technique ou de savoir-faire**

EXEMPLE : L'élève devra être capable de calculer un produit en posant l'opération en colonnes, ou de mesurer une ligne brisée en utilisant un double-décimètre, ou encore de faire une conversion en kilomètres d'une mesure exprimée en mètres...

- **Un type de problème à traiter**

EXEMPLE : L'élève devra être capable d'utiliser la division dans une situation où on cherche combien de paquets on peut faire en répartissant un nombre donné d'objets dans des paquets devant tous contenir un nombre déterminé d'objets.

On peut également rajouter :

- **Une justification**

EXEMPLE : L'élève devra être capable d'expliquer pourquoi un nombre comme 2,15 n'est pas plus grand qu'un nombre comme 2,7 ou encore pourquoi la figure tracée est bien un rectangle.

➤ **Chap. 5** *Les problèmes et leur rôle dans l'enseignement.*

- **Une stratégie**

EXEMPLE : L'élève devra être capable de résoudre un problème en procédant par essais et ajustements ou en mobilisant la démarche scientifique.

RESSOURCES À CONSULTER

– Yves Chevallard, *La Transposition didactique - Du savoir savant au savoir enseigné*, La Pensée Sauvage, 1985.

– Yves Chevallard, cours donné en M1 en 2009-2010, consultable à l'adresse :

http://yves.chevallard.free.fr/spip/spip/IMG/pdf/Didactique_fondamentale_M1_2009-2010_3_.pdf

et

http://yves.chevallard.free.fr/spip/spip/IMG/pdf/Didactique_fondamentale_M1_2009-2010_4.pdf

- **À propos de la notion de « concept »**

– Gérard Vergnaud, « La Théorie des champs conceptuels », *RDM* n° 10/2-3, La Pensée Sauvage, 1987.

– Gérard Vergnaud, « Au fond de l'action, la conceptualisation », in J.-M. Barbier, *Savoirs théoriques et savoirs d'action*, PUF, 1996.

– Des éléments sont fournis dans divers articles en ligne, par exemple à l'adresse suivante :

http://eduscol.education.fr/cid46598/la-conceptualisation-clefde-voute-des-rapports-entre-pratique-et-theorie.html

CHAPITRE 2

Les modèles d'enseignement-apprentissage

Les enseignants comme les auteurs de manuels, une fois qu'ils ont défini les **objectifs** et les **prérequis d'une séquence d'enseignement**, doivent engager une réflexion sur la manière de permettre aux élèves d'atteindre les objectifs qu'ils se sont fixés. Vont-ils commencer par communiquer, eux-mêmes, le savoir visé ou bien commenceront-ils par engager les élèves dans une activité qui leur permettra de s'approprier au moins partiellement ce savoir ? Si c'est le cas, est-ce une activité guidée ou au contraire un problème pour les élèves avec des obstacles à surmonter ?...

Pour pouvoir trancher, il faut tout d'abord apporter une réponse (éventuellement implicite) à chacune des deux questions suivantes :

- **Comment les élèves apprennent-ils ?**
- **Qu'est-ce qui favorise l'apprentissage ?**

Les recherches en psychologie tentent d'apporter des réponses à la première question qui renvoie à l'apprentissage, tandis qu'il faut regarder du côté des « recherches » (et /ou innovations) pédagogiques et didactiques qui ont donné naissance aux grands courants pédagogiques (pédagogie Freinet par exemple) pour la deuxième question qui renvoie à l'enseignement.

Nous présenterons cinq types de réponses qui peuvent être rattachées à **trois courants principaux** qu'on peut sommairement caractériser ainsi :

1er courant Enseigner, c'est transmettre le savoir.

2e courant Enseigner, c'est faire découvrir le savoir

Les modèles de ce type d'enseignement font en sorte que les élèves découvrent le savoir par eux-mêmes, en leur évitant de faire des erreurs grâce à un guidage très fort de l'enseignant (ce dernier ne leur communique pas directement le savoir).[1]

3e courant Enseigner, c'est aider l'élève à construire le savoir

Les modèles de ce type d'enseignement ont pur but de faire élaborer des éléments du savoir par les élèves en les confrontant dès le début de l'apprentissage à des problèmes (la résolution de ces problèmes passe par la construction des connaissances que l'on souhaite enseigner).[2]

Précisons qu'il ne s'agit pas ici de montrer qu'une réponse est plus performante qu'une autre, mais plutôt de caractériser ces différentes réponses que nous appellerons **modèles d'enseignement /apprentissage** et d'en montrer les avantages et les limites. On fait explicitement ou implicitement appel à ces modèles, surtout lorsqu'on introduit une connaissance nouvelle ou que l'on remédie à des erreurs (phase de « première rencontre » de l'élève avec l'élément enseigné, plus communément appelé « phase d'introduction »).

1. Derrière ce **2e courant**, on peut reconnaitre une conception idéaliste du savoir défendue entre autres par **Platon** pour qui le savoir existe indépendamment de la réalité.

2. Derrière ce **3e courant**, on peut identifier une conception constructiviste défendue entre autres par **Aristote** pour qui le savoir est une construction du chercheur qui n'existe pas avant cette construction.

Nous avons choisi ici de présenter **cinq modèles** appartenant à ces trois grands types d'enseignement :

Enseignez, c'est transmettre le savoir :
1. Le modèle transmissif

Enseigner, c'est faire découvrir le savoir
2. Le modèle « maïeutique scolaire »
3. Le modèle behavioriste / induction guidée

Enseigner, c'est aider l'élève à construire le savoir
4. Le modèle socio-constructiviste
5. Le modèle de l'« apprentissage de l'abstraction »

Par la suite, deux modèles seront privilégiées, notamment dans la partie « Analyse de dossier » des épreuves du concours : l'induction guidée/behavioriste et le socio-constructivisme.

Pour illustrer chacun de ces modèles, nous donnerons un exemple d'activité qui peut être proposé en CM2 et dont l'objectif est le même : « Savoir agrandir[3] (réduire) des figures géométriques en lien avec la proportionnalité ».

3. On rappelle que pour agrandir une figure géométrique, il faut en respecter les proportions et donc multiplier toutes ses dimensions par un même nombre et conserver ses angles.

Enseigner, c'est transmettre le savoir

Dans ce type de réponse, on peut identifier un modèle :
1. Le modèle transmissif

1 Le modèle transmissif

1.1 Caractéristiques

- La tête de l'élève est « vide » de connaissance.

Ce modèle s'appuie sur l'hypothèse que l'apprenant à qui on s'adresse ne sait rien concernant le contenu enseigné ou le connaît de façon incomplète. L'enseignant cherche alors à remplir cette « tête vide » en expliquant ou en montrant le savoir ou le savoir-faire. Cette approche paraît très naturelle à toute personne qui a la charge d'enseigner un savoir ou un savoir-faire. Elle peut être schématisée de la façon suivante :

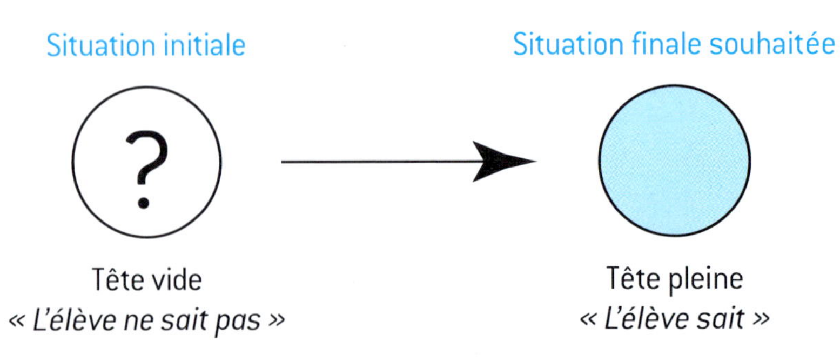

• C'est sur ce modèle que s'appuie la pratique du cours magistral.

C'est également à ce modèle qu'on se réfère lorsque, face à une erreur d'élève, nous apportons immédiatement la bonne réponse, éventuellement assortie d'explications : « Non ! écoute, je vais t'expliquer » ou bien « Non ! Regarde je vais te montrer ».

Exemple d'une séance d'enseignement sur l'agrandissement de figures construite sur le **modèle « transmissif »**, décrite ici en 3 phases.

EXEMPLE D'ACTIVITÉ

Phase 1

L'enseignant demande aux élèves de prendre leur cahier. Il écrit au tableau le titre de la nouvelle leçon : *Agrandissement d'une figure géométrique*. Après que les élèves ont écrit ce titre, il donne la définition qu'ils doivent également noter : *Pour agrandir (ou réduire) une figure géométrique, on multiplie toutes ses dimensions par un même nombre*. La conservation des angles n'est pas abordée ici.

Phase 2

Il distribue à ses élèves une fiche sur laquelle il y a trois couples de figures :

– le 1er couple est formé de deux rectangles de dimensions respectives 8 cm × 6 cm et 4 cm × 3 cm ;

– le 2e couple est constitué de deux rectangles qui ne sont pas un agrandissement l'un de l'autre ;

– le 3e couple est constitué de deux triangles dont l'un est l'agrandissement de l'autre, le coefficient est 1,5.

L'enseignant demande à ses élèves de coller cette fiche sur leur cahier. Il explique ensuite, en faisant le lien avec la définition, que dans le 1er exemple « le rectangle (2) est un agrandissement du rectangle (1), car $8 = 2 \times 4$ et $6 = 2 \times 3$ ». Il invite les élèves à noter cette phrase en dessous de cet exemple.

Il explique ensuite pourquoi, dans le deuxième exemple, les deux figures ne sont pas des agrandissements l'une de l'autre, il fait noter cette explication. Il traite le troisième exemple comme les précédents.

Phase 3

Il propose ensuite aux élèves des exercices de consolidation.

• Le rôle du professeur est de communiquer le savoir le plus clairement possible.

L'enseignant met l'accent sur la clarté de ses explications, sur le fait qu'elles sont adaptées aux élèves concernés, sur la façon de poser sa voix... Le rôle de l'élève est d'écouter attentivement ce que dit l'enseignant ou d'observer ce qu'il fait. Tout au long de ce processus les erreurs sont évitées.

1.2 Avantages et inconvénients du modèle transmissif

A. Avantages

• La pratique pédagogique qui s'appuie sur ce modèle d'apprentissage / enseignement permet d'acquérir des connaissances. En effet, pour beaucoup d'entre nous, c'est la pratique sur laquelle se sont appuyés certains de nos enseignants avec succès.

• Ce modèle permet parfois de gagner du temps car on peut enseigner à de nombreuses personnes en même temps.

B. Inconvénients

- Cette pratique suppose que les apprenants sont attentifs et qu'ils ont les prérequis nécessaires à la compréhension du discours de l'enseignant. Ces deux conditions ne sont pas toujours réunies !

- Enfin, nous avons tous fait l'expérience d'utiliser ce modèle avec des élèves très attentifs qui a priori avaient les prérequis nécessaires pour nous comprendre et qui pourtant faisaient ensuite des erreurs. N'est-ce pas dû au fait que, contrairement à l'hypothèse sur laquelle s'appuie cette conception, la tête de l'élève n'est pas vide et qu'une connaissance n'en remplace pas facilement une autre que l'élève possède de façon plus ou moins consciente (il a par exemple déjà des idées sur ce que signifie le mot « agrandir ») ? Nous reviendrons sur ce point au § 4.1.

Enseigner, c'est faire découvrir le savoir

Dans ce type de réponse, on peut identifier deux modèles :
2. Le modèle « maïeutique scolaire »
3. Le modèle « behavioriste /induction guidée »

2 Le modèle « maïeutique scolaire »

2.1 Caractéristiques

- Ce modèle a été à l'origine développé par le philosophe Socrate.

Il est fondé sur l'hypothèse que toute personne a en elle-même la connaissance car son âme a traversé le monde de la connaissance.

Le rôle de l'enseignant consiste alors à aider l'apprenant à accoucher de cette connaissance[4]. Cette aide passe par un questionnement. Dans son livre *Le Ménon*, Platon met en scène Socrate qui permet à un esclave de résoudre le problème de la duplication du carré grâce à un questionnement « serré ».[5]

- L'enseignant procède par questionnement pour amener l'élève à donner les bonnes réponses.

Cette pratique se retrouve fréquemment dans le cadre de situations de remédiation. Pour aider l'élève à rectifier une erreur qu'il a faite, l'enseignant lui pose de nombreuses questions pour l'amener à dire la bonne réponse.

Cette pratique se retrouve également lorsque l'enseignant, pour introduire une connaissance nouvelle, pose des questions à la classe pour faire dire aux élèves cette connaissance. Dans cette pratique, l'enseignant ne prend pas en compte les réponses fausses ; dès qu'un élève a trouvé la bonne réponse, il passe à la question suivante. On passe d'un « accouchement personnel » (décrit par Platon) à un « accouchement collectif ».

4. « Maïeutique » vient du terme grec *maieutikè* qu[i] signifie « art de faire accoucher ». La mère de Socrat[e] était elle-même sage-femme, ce qui a certainement influencé la conception de l'apprentissage chez ce dernier.

5. Pour cet apprer[n]tissage, Socrate avait tracé un car[ré] sur le sable en posant cette ques[-]tion : comment construire un carr[é] d'aire double ?

Exemple de moment d'enseignement sur l'agrandissement de figures construit sur le **modèle « maïeutique scolaire »**. Il ne s'agit pas d'une séance complète comme précédemment.

EXEMPLE D'ACTIVITÉ

L'enseignant précise : « Aujourd'hui, nous allons aborder une nouvelle notion : l'agrandissement d'une figure géométrique ». Prenez vos cahiers et notez le titre : *Agrandir une figure géométrique.*

L'enseignant dessine au tableau un rectangle avec l'indication de ses dimensions : 40 cm pour la longueur et 30 cm pour la largeur. L'enseignant pose ensuite des questions aux élèves :

M : Voilà j'ai dessiné un rectangle et j'ai écrit les dimensions de ce rectangle. Alors, selon vous, comment va-t-on faire pour construire un rectangle qui sera un agrandissement de celui-ci ?

E1 : C'est facile on va faire un rectangle plus grand.

M : C'est-à-dire ?

E1 : Bin plus grand.

M : Il faut tenir compte des dimensions du rectangle de départ. Les autres qu'est-ce que vous en pensez ?

E2 : On peut faire un rectangle de 50 cm sur 35 cm, il sera plus grand.

M : Mais quelle opération tu as utilisée pour passer des dimensions du rectangle ici (il montre celui qu'il a tracé au tableau) et celui que tu proposes ?

E2 : J'ai pas fait d'opération

M : Les autres, est-ce que vous avez une idée ?

E3 : On peut ajouter 5 cm aux dimensions du rectangle de départ.

M : Une autre idée ? Vous connaissez d'autres opérations ?

E4 : La multiplication.

M : Oui, alors pour agrandir une figure, qu'est-ce qu'il faut faire ?

E4 : Il faut multiplier.

M : Oui, mais multiplier quoi ?

E3 : La longueur et la largeur.

M : Et on multiplie cette largeur et longueur par quoi ?

Les élèves hésitent…

M : Par un même nom…

Des élèves : « bre ».

M : C'est très bien, on va noter ça sur le cahier avec des exemples et après vous ferez des exercices d'application.

- Dans ce modèle, les réponses erronées sont évitées, voire ignorées.

Le rôle de l'enseignant est de poser les bonnes questions afin que l'élève trouve les bonnes réponses. Il évite les erreurs en posant des questions très fermées et, si des propositions erronées sont formulées (comme « on peut ajouter 5 cm aux dimensions du rectangle de départ »), il les ignore.

Il va de soi que la pratique de classe décrite ci-dessus est assez éloignée de la maïeutique de Socrate[6], même si l'hypothèse de base reste la même : « l'élève peut découvrir la connaissance ».

6. **Dans le dialogue socratique**, il y a plusieurs étapes. La première consiste à aider son interlocuteur à prendre conscience de ce qu'il pensait savoir mais que, contrairement à ce qu'il pensait, il ne sait pas. Dans la pratique « maïeutique scolaire » décrite ci-dessus, cette étape qui est proche du modèle constructiviste n'existe pas.

2. 2 Avantages et inconvénients du modèle « maïeutique scolaire »

A. Avantages

- Ce modèle permet une certaine participation des élèves (au moins de certains d'entre eux).

- Penser que les élèves ont la connaissance en eux est une preuve de confiance de l'enseignant qui a une répercussion sur la confiance que les élèves ont en eux-mêmes.

B. Inconvénients

- Ce n'est pas parce que l'élève a donné la réponse attendue par l'enseignant qu'il a compris.

Cet inconvénient majeur vaut pour l'élève qui répond, mais encore plus pour les autres élèves de la classe qui n'ont été souvent que témoins du dialogue. En effet, dans ce modèle, si l'enseignant n'arrive pas rapidement à faire « accoucher » l'élève ou la classe de la bonne réponse, il va avoir tendance à recourir à des effets de contrat. Par exemple, il va essayer de négocier à la baisse les conditions d'obtention de la bonne réponse. Ainsi, dans l'exemple ci-dessus, pour faire découvrir le fait qu'agrandir consiste à multiplier toutes les dimensions par un même « nombre », l'enseignant finit par donner la première syllabe de ce mot.

Pour évoquer cette négociation à la baisse, on parle de **l'effet Topaze**. Cet effet renvoie à la pièce de Marcel Pagnol, *Topaze*, au cours de laquelle un instituteur fait faire une dictée à un élève en difficulté. L'enseignant dicte : *Les moutons étaient dans le pré...* L'élève ne met pas de « s » à mouton. L'enseignant est ennuyé car s'il dit à l'élève de mettre un « s », c'est un échec pour l'élève qui n'a pas mis de lui même un « s » et c'est un échec pour l'enseignant qui n'a pas su lui éviter cette erreur. L'enseignant insiste alors sur la liaison (*les moutons zétaient...*), mais comme cela n'amène pas l'élève à mettre la marque du pluriel, il décide de dire les *moutonssss* en insistant sur le son « sse ». L'élève finit par mettre un « s ». Il va de soi que ce « s » n'est pas lié à la compréhension de la marque du pluriel pour certains noms. A la fin de l'échange de l'exemple ci-dessus, on a un exemple d'effet Topaze.

Un cas particulier de l'effet Topaze consiste à reconnaître (ou feindre de reconnaître), derrière une réponse correcte d'élève à une question simple, l'attestation de la compréhension d'une connaissance savante. C'est **l'effet Jourdain**[7], en voici un exemple (un peu caricatural !) :

EXEMPLE D'ACTIVITÉ

Un enseignant aide un élève à effectuer des exercices de conversion des unités de longueur.

L'enseignant : 2,3 m, c'est combien de cm ?
L'élève est bloqué.

L'enseignant : 2,3 × 100, c'est égal à combien ?
L'élève : 230.

L'enseignant : Donc 2,3 m, c'est combien de cm ?
L'élève : 230.

L'enseignant : Très bien, tu vois ce n'est pas difficile d'effectuer des conversions.

7. **L'effet Jourdain** vient de la pièce de Molière, *Le Bourgeois gentilhomme*, au cours de laquelle M. Jourdain veut apprendre la prose. Son maître de philosophie lui indique que c'est ce qu'il fait tous les jours et il considère donc que M. Jourdain sait ce qu'est la prose.

- Souvent l'élève ne répond pas à la question mais plutôt à une autre question, puis finalement à l'enseignant qui l'interroge, en faisant des hypothèses sur la réponse attendue.

Dans les deux cas (effets Topaze et Jourdain), la réponse de l'élève est induite non par les connaissances conceptuelles de l'élève (connaissances mathématiques), mais par ses connaissances contextuelles : « qu'est-ce que l'enseignant veut me faire dire ? qu'attend-t-il de moi ?... ». Les réponses à ces questions définissent des règles qui régissent les relations maître / élèves. Beaucoup de ces règles sont implicites et caractérisent ce que les didacticiens appellent des « règles du **contrat didactique** ».

➤ **Contrat didactique**, chap. 4, p. 62.

- Ce modèle présente des inconvénients au niveau de la gestion de la classe.

Tous les élèves ne cherchent pas à répondre aux questions de l'enseignant, c'est en particulier le cas des élèves en difficulté, de ceux qui ont de la peine à s'exprimer, des élèves timides...
Ceux qui cherchent à donner la bonne réponse le font souvent sans attendre que l'enseignant leur donne la parole. Il y a en effet un risque pour eux qu'un camarade donne la bonne réponse avant eux ; dans ce cas, le « jeu » sera terminé sans qu'ils puissent faire savoir qu'ils avaient la réponse juste. Tout ceci engendre souvent du bruit dans la classe.

3 Le modèle behavioriste / induction[8] guidée

3.1 Caractéristiques

- Ce modèle s'appuie sur un courant de recherche en psychologie : le « behaviorisme »[9].

Ce courant s'est développé au début du XXe siècle. Il ne s'intéresse pas aux états mentaux des individus, mais uniquement aux comportements observables. Pour les tenants de cette théorie, apprendre c'est acquérir un comportement nouveau. Celui-ci est acquis uniquement par l'expérience de l'apprenant à partir de stimuli qui se reproduisent et de renforcements. Il n'y a pas de comportement inné. Ce processus d'apprentissage correspond au **conditionnement**.

Ce modèle a donné lieu à une théorie de l'enseignement qui consiste à créer les **stimuli** et **renforcements** (positifs ou négatifs) adéquats pour obtenir les **comportements** (ou modifications des comportements) souhaités. Il peut être schématisé de la façon suivante :

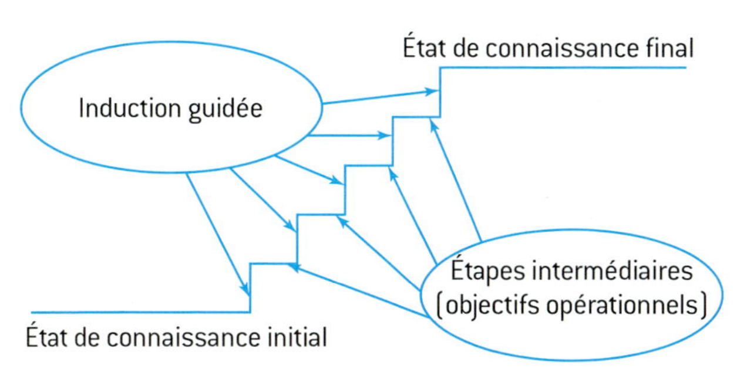

8. Rappelons que l'**induction** est un type de raisonnement qui permet, à partir de cas particuliers, de trouver une règle générale. Elle s'oppose à la **déduction** qui applique une règle générale à un cas particulier. L'induction ne permet pas d'être sûr de la validité de la règle générale.

9. Ce terme est tiré de l'anglais *behavior* qui signifie « comportement ».

- C'est ce modèle qui est derrière la « pédagogie par objectifs ».

Cette conception de l'apprentissage est présente derrière le courant pédagogique appelé « pédagogie par objectifs » ou derrière les nombreuses **fiches dites « de découverte »** de certains manuels scolaires.

Exemple de séance d'enseignement sur l'agrandissement de figures construite sur le **modèle « behavioriste/ induction guidée »**.

EXEMPLE D'ACTIVITÉ

1. L'enseignant distribue la fiche ci-dessous aux élèves. Ces derniers travaillent individuellement.

L'enseignant passe dans les rangées pour aider les élèves en cas de nécessité.

2. A la fin, il organise une correction et projette une copie de cette fiche qu'il complète.

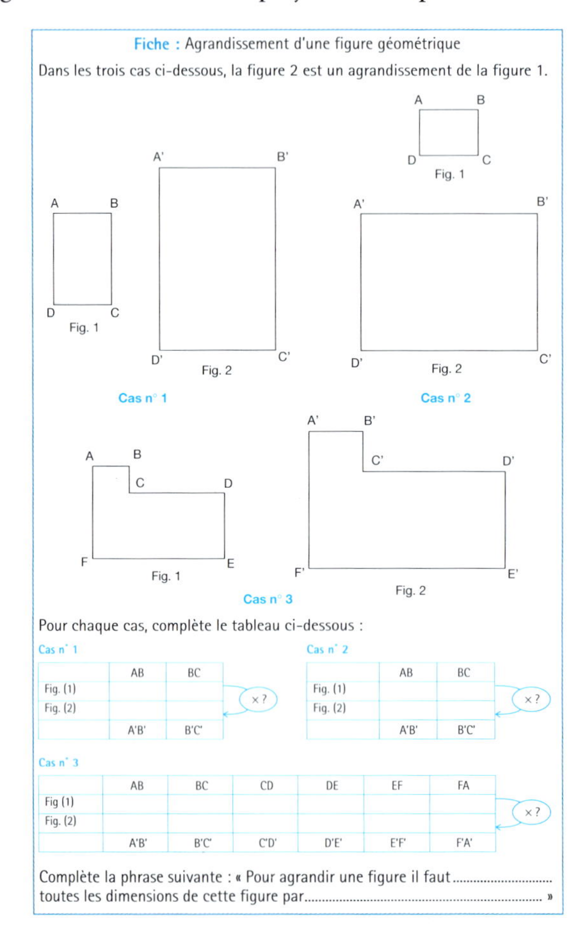

Fiche : Agrandissement d'une figure géométrique

Dans les trois cas ci-dessous, la figure 2 est un agrandissement de la figure 1.

Pour chaque cas, complète le tableau ci-dessous :

Cas n° 1

	AB	BC
Fig. (1)		
Fig. (2)		
	A'B'	B'C'

× ?

Cas n° 2

	AB	BC
Fig. (1)		
Fig. (2)		
	A'B'	B'C'

× ?

Cas n° 3

	AB	BC	CD	DE	EF	FA
Fig (1)						
Fig. (2)						
	A'B'	B'C'	C'D'	D'E'	E'F'	F'A'

× ?

Complète la phrase suivante : « Pour agrandir une figure il faut .... toutes les dimensions de cette figure par.. »

Remarque :

Attention, cette fiche a été réduite ! Les coefficients sont :
2 pour le cas n° 1 ; **3** pour le cas n° 2 et **1,5** pour le cas n° 3.
Ces informations ne sont évidemment pas communiquées aux élèves ! Les différentes dimensions sont toujours des dimensions entières ou du type « ...,5 » de cm.

- Le rôle de l'enseignant dans cette approche est très important.

– Il définit les objectifs en terme de comportements observables : « l'élève doit être capable de ... ».

– Il classe ces objectifs du simple au complexe : si un objectif est trop complexe, il doit être décomposé en objectifs plus élémentaires (cf. les petites marches du schéma p. 33).

– Il trouve des situations pour permettre à l'élève de réaliser le comportement souhaité et ce sans faire d'erreurs (ces dernières sont supposées laisser des traces indélébiles). Cela suppose que l'élève soit guidé vers la bonne réponse. Dans cette approche, l'**induction** joue donc un rôle fondamental.

➤ **Rôle de l'induction**, note 8 de la page 33.

3. 2 Avantages et inconvénients du modèle behavioriste

A. Avantages

- Ce modèle est centré sur l'apprenant.
- Il rationalise la préparation des cours et l'évaluation grâce à l'explicitation des objectifs.
- Il permet à l'élève d'accéder à une certaine forme de réussite (les activités proposées sont conçues pour qu'il aille de réussite en réussite vers les connaissances visées).
- Ce modèle est bien adapté pour l'acquisition d'automatismes.

B. Inconvénients

- Ce n'est pas parce que l'élève a atteint les objectifs intermédiaires qu'il atteint l'objectif général (savoir débrayer, savoir accélérer, savoir freiner, savoir tourner le volant ne signifie pas que l'on sache conduire !).
- On s'aperçoit, en utilisant ce modèle, que, même si l'élève à atteint l'objectif général, il a beaucoup de peine à transférer les nouveaux comportements à un domaine nouveau : dès qu'on cesse de le guider, l'élève ne sait plus où aller.
- L'élève a de la peine à donner du sens aux connaissances enseignées.

Enseigner, c'est aider l'élève à construire le savoir

Dans ce type de réponse, on peut identifier deux modèles :
4. Le modèle « constructiviste (socio-constructiviste) »
5. Le modèle de « l'apprentissage de l'abstraction »

4 Le modèle socio-constructiviste

Ce modèle s'est développé contre le courant behavioriste en faisant l'hypothèse que les comportements mentaux jouent un rôle fondamental dans l'étude du comportement humain et en particulier dans l'apprentissage. Empruntant à différents courants de **recherche en psychologie cognitive** (psychologie génétique de Piaget, psychologie sociale génétique de Perret-Clermont, Doise, Mugny...), le courant de recherche en didactique des mathématiques français a développé un modèle d'apprentissage appelée « socio-constructiviste ».

4.1 Les hypothèses du modèle socio-constructiviste

Voici la métaphore suivante :

LE PROBLÈME DU BRICOLEUR

Imaginons un bricoleur confronté à un problème de bricolage qui est nouveau pour lui.

Sa première réaction, face à ce problème nouveau, est d'ouvrir sa boîte à outils et d'essayer de trouver l'outil qui lui semble le plus adapté à la situation. Si cet outil ne convient pas (c'est-à-dire s'il ne lui permet pas de résoudre son problème ou si l'utilisation de l'outil risque d'être très coûteuse en temps), il va alors en chercher un autre et l'essayer…

C'est seulement après plusieurs tentatives infructueuses qu'il va prendre conscience que, dans sa boîte à outils, il n'y a pas l'outil adéquat et qu'en conséquence il va falloir, pour résoudre son problème, construire un outil nouveau ou bien s'approprier celui que lui proposera un ami ou un spécialiste !

Cette métaphore permet d'illustrer un certain nombre d'hypothèses du modèle socio-constructiviste.

- La tête de l'élève n'est jamais vide de connaissance.

Contrairement à ce qu'on pourrait penser spontanément (de même que la boîte à outils du bricoleur n'est pas vide), l'élève se construit ou possède déjà une certaine **conception** de toutes les notions qu'on se propose de lui enseigner.[10]

- On acquiert une nouvelle connaissance que si on prend conscience de l'insuffisance des ses acquis précédents.

L'apprentissage de connaissances ne se fait pas par empilement de connaissances, ni de manière linéaire. Tant que l'élève, par rapport à une notion donnée, ne prend pas conscience de l'insuffisance de ses conceptions ou de leur caractère erroné, il les gardera. Même si on réussit à lui vendre un nouvel élément de savoir (même s'il donne l'impression de l'avoir acquis), il reviendra à ses conceptions plus économiques pour lui (au sens de « plus sûres ») s'il n'a pas pris lui-même conscience de leur insuffisance.[11]

- On n'acquiert une nouvelle connaissance que si elle s'avère utile.

Le bricoleur (pardon l'élève) n'arrive véritablement à donner du sens à un outil (un élément de savoir) que s'il lui apparaît nécessaire. L'élève ne souhaitera acquérir un nouvel élément de savoir que s'il lui apparaît d'abord comme plus pertinent ou plus performant que ceux dont il dispose déjà pour résoudre un problème qu'il s'est approprié.

- L'acquisition de nouvelles connaissances déstabilise.

Quand on prend conscience de l'insuffisance de ses connaissances par rapport à un problème donné, il y a généralement une phase de déstabilisation, voire de régression. L'acquisition d'un nouvel élément de savoir (outil) oblige à une réorganisation de ses connaissances (sa boîte à outils). On peut illustrer ces hypothèses à l'aide du schéma suivant :

10. Comme le dit **Bachelard** : « Quel que soit son âge, l'esprit n'est jamais vierge, table rase ou cire sans empreinte. »

11. Voici deux citations qui résument bien cette hypothèse : **Bachelard** : « On connaît contre une connaissance antérieure, en détruisant des connaissances mal faites. » **Hameline** : « Apprendre, c'est autant perdre les idées qu'on se faisait qu'en acquérir de nouvelles. »

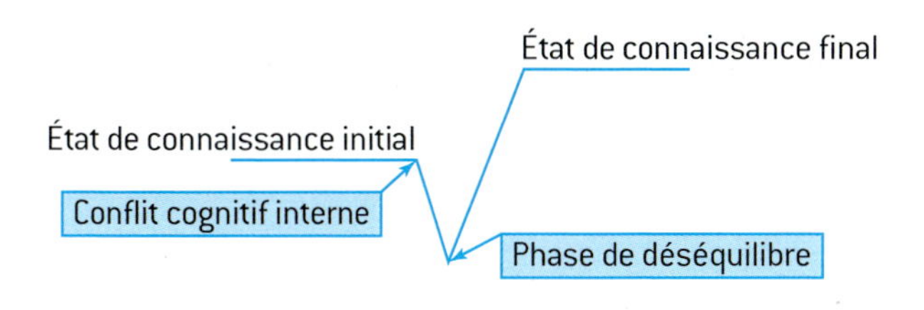

- La mise en place de conflits entre les élèves, portant sur des connaissances, peut faciliter leur acquisition.

Cette dernière hypothèse n'est pas mise en évidence à travers la métaphore précédente. On parle ici de **conflits socio-cognitifs** sur le modèle des travaux de l'école genevoise de psychologie sociale génétique (cf. W. Doise). Le travail de groupe ou l'organisation de débats collectifs peuvent, dans certaines conditions, favoriser la mise en place de ces conflits : le fait que des élèves essaient de se convaincre mutuellement du bien fondé d'un élément de savoir peut amener certains d'entre eux à remettre en cause leurs conceptions erronées.

- Apprendre, c'est donc passer d'une conception ancienne à une nouvelle conception plus performante.

Cette nouvelle conception permet à l'élève de résoudre davantage de problèmes ou de les résoudre plus efficacement. Ce passage se fait par une remise en cause de connaissances anciennes qui peuvent être constituées en obstacles[12]. La stratégie consiste à provoquer chez l'élève un **conflit cognitif interne**. Ce conflit est provoqué par une contradiction entre une anticipation (élaborée à partir de ses connaissances anciennes) et un démenti. Ce démenti peut être apporté par la situation (on parlera de **validation interne**) ou par les autres (on parlera de **conflit socio-cognitif**). Les situations de classe qui favorisent la mise en place de ce processus sont appelées des **situations-problèmes** (R. Douady).

12. Un **obstacle** est ici pris dans le sens d'une connaissance de l'élève qui a une forte résistance au changement et dont la mobilisation est à l'origine d'erreurs qu'on retrouve régulièrement.

Exemple de séance d'enseignement sur l'agrandissement de figures construite sur le **modèle « socio-constructiviste »**.

EXEMPLE D'ACTIVITÉ

Phase 1

Le **puzzle ci-contre** est remis à chaque équipe (un seul exemplaire par équipe de 4 élèves). Un exemplaire est affiché au tableau. Entre parenthèses figurent les dimensions des pièces en cm, elles ne sont pas données aux élèves.

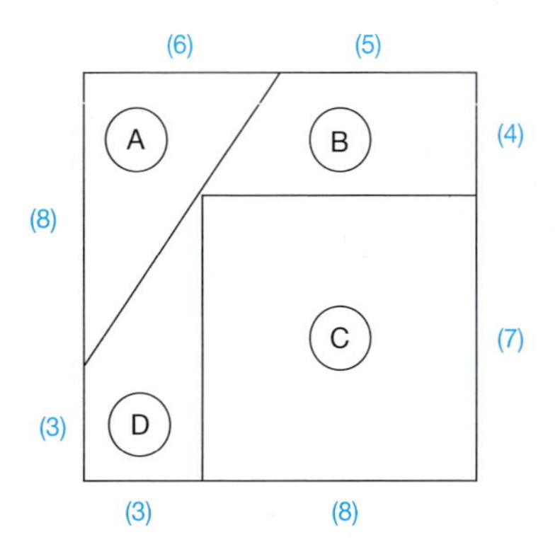

Le puzzle est découpé, chaque élève reçoit une pièce. Il doit en mesurer les dimensions et les noter sur la pièce.

Vient ensuite une vérification collective des mesurages.

Phase 2

L'enseignant dispose d'un agrandissement correct du puzzle (coefficient 1,5 non communiqué aux élèves).

Consigne : « J'ai fait un agrandissement de ce puzzle, le voilà. Vous devez, dans chaque équipe, faire le même agrandissement de votre puzzle. Chaque élève fera l'agrandissement de sa pièce. Attention, à la fin, il faut pouvoir reconstituer le carré agrandi. Je vous donne une seule information : ce côté (il montre le côté correspondant) qui mesure 4 cm sur votre puzzle devra mesurer 6 cm sur le puzzle agrandi. »

Phase 3

Dans un premier temps, les élèves de chaque équipe doivent se concerter sur la procédure à mettre en œuvre ; puis chaque élève réalise seul sa pièce agrandie ; enfin, l'équipe essaie de reconstituer le carré. Dans un second temps, les élèves sont invités, à l'intérieur de chaque équipe, à discuter du résultat obtenu et de la méthode utilisée par chacun d'eux… et, en cas d'échec, à rechercher ensemble une nouvelle méthode commune à tous les élèves de l'équipe. Un nouvel essai de reconstitution du puzzle est tenté.

Phase 4

Au bout d'un certain temps de recherche, l'enseignant organise une mise en commun au cours de laquelle chaque équipe présente ses essais de procédures en précisant si elles ont permis de reconstituer le puzzle ou non.

Au cours de cette mise en commun, deux cas peuvent se produire :

– des équipes ont trouvé une méthode qui permet de reconstituer le puzzle : l'enseignant ne donne pas son point de vue mais propose à toutes les équipes d'essayer la méthode ;

– aucune équipe n'en a trouvé : dans ce cas il propose une aide, par exemple en demandant aux élèves de mettre les différentes dimensions des pièces du puzzle dans un tableau comme celui-ci :

Dimensions des pièces du puzzle	4	5	6	...
Dimensions des pièces du puzzle agrandi	6			

Phase 5

Suite à une nouvelle mise en commun, l'enseignant en prenant appui sur les productions des élèves donne la définition d'un agrandissement d'un polygone.

Cette activité est bien une situation-problème. En effet :

– **Dans un 1er temps**, les élèves vont certainement mettre en place une procédure erronée qui consiste à additionner 2 cm à toutes les dimensions des figures qu'ils ont à construire. Le fait de leur indiquer qu'on passe de 4 cm à 6 cm induit cette procédure. Cette erreur est souhaitée car, selon le modèle d'apprentissage socio-constructiviste, l'élève ne comprendra vraiment ce qu'est un agrandissement de figure que s'il prend d'abord conscience qu'agrandir une figure ne demande pas d'ajouter à chaque dimension de la figure un nombre constant de cm. On dit que cette erreur et son dépassement sont constitutifs du sens que l'élève donne à l'agrandissement de figures.

– **Ensuite**, les élèves ont un moyen de valider leur production sans l'intervention du professeur en essayant de reconstituer le puzzle (validation interne).

– **Enfin**, la seule façon de réussir la tâche proposée est de passer par une des procédures attendues de l'agrandissement (ici multiplier par 1,5 ou ajouter à chaque dimension des pièces la moitié de cette dimension).

4. 2 Les situations-problèmes

A. Caractéristiques d'une situation-problème

Une situation-problème se caractérise par un type de problème et une gestion de la classe.[13]

- Le type de problème doit être conçu pour que l'élève puisse s'investir dans les 3 phases suivantes :

1. **S'engager dans la résolution du problème** en investissant ses conceptions anciennes.
2. **Prendre conscience de l'insuffisance de ses conceptions** (l'élève seul peut en prendre conscience). Cela suppose que l'élève ait pris en charge la responsabilité de la résolution du problème (dévolution[14] du problème à l'élève).
3. **Construire** (en partie au moins) **et s'approprier une nouvelle connaissance** qui lui permette de résoudre le problème.

- La gestion de la classe comporte souvent les phases suivantes :

1. **Travail individuel** : cette 1re phase peut être précédée d'une phase de familiarisation pour permettre à tous les élèves de s'approprier le problème (ce qui ne signifie pas savoir le résoudre, mais comprendre les consignes et le but à atteindre). La phase de travail individuel est indispensable car elle permet à chacun de s'approprier la situation à son rythme.
2. **Travail de groupe** : la recherche individuelle se termine par une production commune du groupe.[15]
3. **Mise en commun et débat.**
4. **Institutionnalisation des connaissances** : au cours de cette phase, l'enseignant officialise parmi toutes les connaissances que les élèves ont rencontrées celles qu'ils doivent maintenant apprendre et savoir utiliser.

Il est possible que, dans la réalité, certaines phases reviennent plusieurs fois.

13. Voir les caractéristiques plus détaillées d'une situation-problème (annexe à la fin de ce chapitre, p. 49)

14. La **dévolution** est un terme juridique qui signifie « transfert de responsabilité », p. 40.

15. Ce n'est bien sûr pas toujours le cas, cela dépend de la nature du problème et de l'âge des élèves. Par exemple, en PS ou MS de maternelle, on ne mettra pas en place de travaux de groupe. On sera dans une conception plutôt « constructiviste » et non « socio-constructiviste ».

B. Les deux types de situations-problèmes

On peut distinguer deux types de situations-problèmes :

- Les situations-problèmes qui visent à dépasser un obstacle.

Cet obstacle est souvent identifié grâce aux erreurs « classiques » que les élèves font. C'est le cas de l'activité du puzzle, décrite ci-dessus.

- Les situations-problèmes qui visent à donner du sens à un concept.

Elles permettent à l'élève de prendre conscience que les outils qu'il a à sa disposition sont très lourds et source d'erreurs (sans pour autant être faux). C'est le cas lorsqu'on propose un **problème multiplicatif** que l'élève ne peut pas résoudre avec l'addition itérée car il y a beaucoup trop d'additions à effectuer.

➤ **Multiplication et division,** chap. 11.

4.3 Avantages et inconvénients du modèle socio-constructiviste

A. Avantages

- C'est la seule approche qui prend réellement en compte les connaissances initiales des élèves, en particulier leurs erreurs (dans la phase introductive).
- C'est la seule approche qui pose, au départ, la question du sens des connaissances.
- Le développement des connaissances est en accord avec le développement historique des savoirs[16] (cf. Bachelard).
- Cette approche développe aussi la socialisation des élèves : apprendre à écouter, à prendre en compte l'avis de l'autre, à s'entraider, à argumenter.

16. Certains pourraient douter de cet avantage en avançant le fait qu'a priori il n'y a pas forcément de lien entre le développement des connaissances chez l'individu et celui du point de vue historique.

B. Inconvénients

- On ne connaît pas forcément de situations problèmes pour l'enseignement de tous les concepts.
- Cette approche est plus complexe à gérer en classe. Le rôle de l'enseignant dans la gestion d'une situation-problème sera d'ailleurs précisé au § 4.5.
- Le fait qu'un groupe d'élèves ait trouvé ne prouve pas que tous les élèves du groupe ont compris, ni que les autres vont comprendre au moment de la mise en commun.

4.4 Les 5 phases de l'apprentissage socio-constructiviste

Ce sont : la dévolution, l'action, la formulation, la validation, l'institutionnalisation.

Dans la perspective socio-constructiviste, l'enseignant, par le biais de problèmes bien choisis, souhaite provoquer chez l'élève une adaptation des connaissances acquises ou une remise en cause de celles-ci en vue de l'appropriation de connaissances nouvelles. Il élabore ou choisit un problème considéré comme fondamental par rapport à la connaissance visée, le propose à ses élèves qui doivent le faire leur. La résolution du problème par les élèves est l'occasion pour eux de construire des éléments de la connaissance visée. Celle-ci prendra le statut de savoir culturel partagé, identifié lorsque l'enseignant l'aura officialisé comme tel.

En nous inspirant de la **théorie des situations didactiques**[17], nous donnons ici les repères qui nous semblent les plus utiles à la conception, la conduite et l'analyse de séquences d'enseignement, ainsi qu'un certain nombre de temps ou de situations qui déterminent les conditions de réussite de ce projet d'enseignement.

17. Théorie élaborée par Guy Brousseau, entre autres dans l'ouvrage *Théorie des situations didactiques*, La Pensée Sauvage, Grenoble 1998.

Phase 1 Dévolution du problème à l'élève

L'enseignant doit faire accepter aux élèves qu'ils ont la responsabilité de la résolution du problème. Il faut non seulement que les élèves comprennent la situation évoquée et le but à atteindre, mais qu'ils n'attendent pas de l'enseignant des indications sur la stratégie ou la procédure à mettre en œuvre ou les connaissances à utiliser. Le problème de l'enseignant doit devenir leur problème. Le processus par lequel l'enseignant confie cette responsabilité à l'élève est appelé **processus de dévolution.**

Dans la situation du puzzle à agrandir, les élèves doivent ainsi comprendre le but à atteindre (réaliser un puzzle agrandi), les conditions de réalisation (une pièce agrandie par chaque élève) et l'enjeu (trouver eux-mêmes les moyens de réaliser cet agrandissement).

En utilisant le langage de Brousseau, la situation doit devenir **a-didactique**[18] pour l'élève, dans la mesure où il admet que l'enseignant n'interviendra pas au cours de la résolution pour proposer des connaissances et que la validation du résultat ne sera pas le fait de l'enseignant, mais résultera soit d'une expérience (ici la possibilité de reconstituer ou non le puzzle agrandi), soit d'une argumentation fondée sur des connaissances partagées.

18. Dans une **situation a-didactique**, « l'élève sait bien que le problème a été choisi pour lui faire acquérir une connaissance nouvelle mais il doit savoir aussi que cette connaissance est entièrement justifiée par la logique interne de la situation et qu'il peut la construire sans faire appel à des raisons didactiques », c'est-à-dire sans essayer de décoder ce que l'enseignant attend de lui.

Phase 2 Dialectique de l'action

Cette dialectique intervient chaque fois que l'élève tente de résoudre un problème et que la situation peut lui apporter une réponse sur la validité de sa solution.

Dans le cas de l'agrandissement du puzzle, à partir de l'indication « une longueur de 4 cm devient une longueur de 6 cm », l'élève commence par exemple par ajouter 2 cm à chaque dimension des pièces. La tentative de reconstitution du puzzle lui montre que cette solution ne convient pas. Il peut alors essayer une autre procédure.

La dialectique de l'action peut être caractérisée par le schéma suivant :

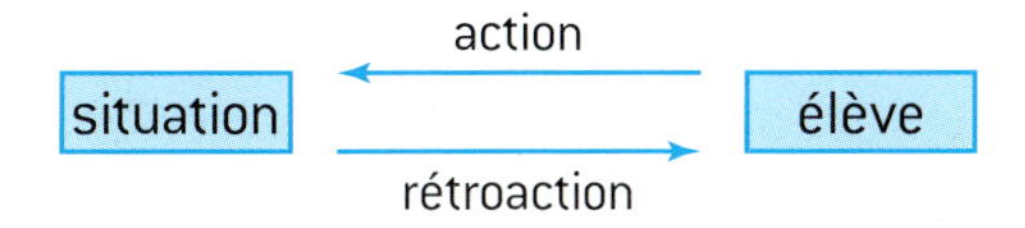

L'élève élabore une modalité de réponse. Il la teste. La situation « répond », retourne une information sur la validité de cette modalité de réponse. L'élève peut en essayer une nouvelle… Dans cette dialectique de l'action, l'élève dialogue en quelque sorte avec la situation, l'enseignant n'intervenant que pour organiser les conditions de ce dialogue.

Phase 3 Dialectique de la formulation

Cette dialectique est organisée pour placer les élèves en situation d'utiliser ou de mettre au point un langage dans le cadre d'un échange avec d'autres élèves.

Par exemple, les élèves disposant tous du même lot de figures dessinées, un élève doit choisir une figure et envoyer un message à un autre élève pour que celui-ci identifie la figure choisie. Si le récepteur peut trouver la figure choisie par l'émetteur à l'aide du message, on peut supposer que le message comporte des éléments d'information suffisants.

La dialectique de la formulation peut être caractérisée par le schéma suivant :

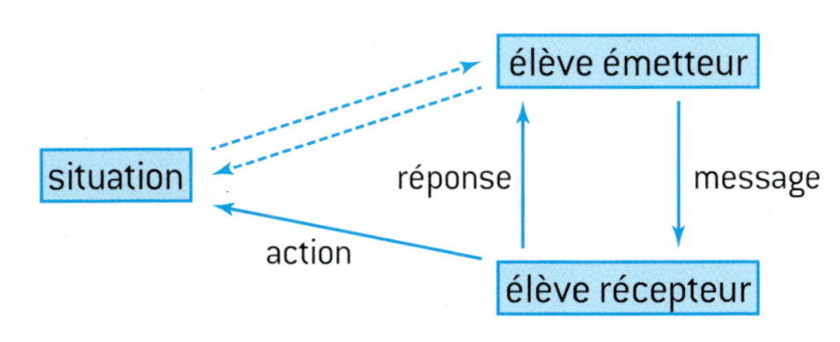

L'élève émetteur explicite une information en utilisant un langage (verbal, symbolique ou schématique) qu'il pense adapté. Il la soumet à l'élève récepteur qui, s'il la comprend, est chargé de l'utiliser et d'en évaluer l'efficacité. En retour, il renvoie une information à l'émetteur sur la compréhension et l'efficacité de son message.

Pour établir son message, l'élève émetteur peut prendre appui sur la situation (toujours disponible pour lui) et doit élaborer ou utiliser un langage (vocabulaire, symboles, schéma...) pour rédiger son message. Ce qui pouvait demeurer implicite dans une situation d'action doit devenir explicite dans une situation de communication.

Phase 4 Dialectique de la validation

Cette dialectique met en œuvre un échange d'arguments entre élèves chargés d'établir la preuve d'une assertion.

Par exemple, dans le cadre de la justification d'une méthode pour comparer deux nombres décimaux, un élève de CM2 peut être capable de rétorquer à un camarade, qui assure que 2,3 < 2,17 car 3 < 17, que c'est faux car le « 3 » représente 3 dixièmes ou 30 centièmes, ce qui est plus grand que les 17 centièmes de 2,17. Cet argument peut être de plus illustré à l'aide de surfaces composées d'une surface unité et de surfaces d'un dixième d'unité et d'un centième d'unité.

➤ **Comparaison de nombres décimaux,** chap. 8, p. 173.

La dialectique de la validation peut être caractérisée par le schéma suivant :

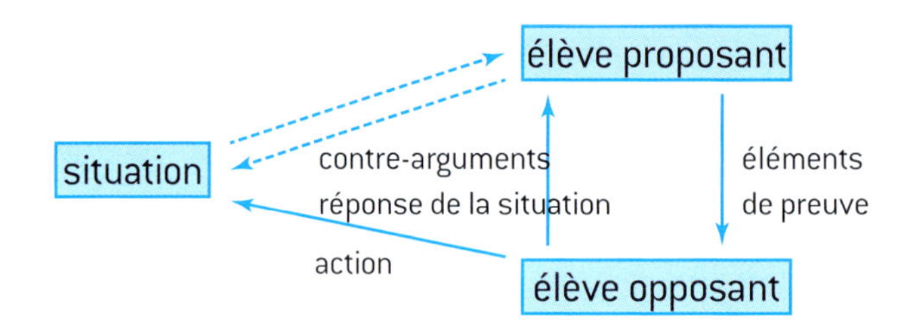

La validation empirique est insuffisante pour assurer la consistance mathématique d'une connaissance. Dans la dialectique de la validation, l'élève doit justifier la validité ou la non-validité d'une solution en étant amené à convaincre quelqu'un d'autre par des éléments de preuve mathématiques reconnus comme acceptables (argumentation, contre-exemple...). La dialectique de la validation suppose donc le dépassement de la seule validation expérimentale pour arriver à une validation fondée sur des connaissances mathématiques partagées.

Phase 5 Institutionnalisation

Le savoir visé doit être officialisé d'une part pour indiquer à l'élève ce qu'il est important de retenir du travail qui a été fait, d'autre part pour indiquer qu'il fait partie maintenant des connaissances qui devraient être communes à tous. Enfin, ce savoir doit être désigné, codifié selon les conventions mathématiques (vocabulaire, symboles, syntaxe...). Il est également précisé ce que les élèves doivent mémoriser et ce qu'ils pourront maintenant utiliser dans d'autres situations (par exemple une méthode pour comparer deux nombres décimaux quelconques). C'est l'enseignant qui est garant de ce qui doit être mémorisé et des conventions de désignation de ce savoir.

L'institutionnalisation peut être caractérisée par le schéma suivant :

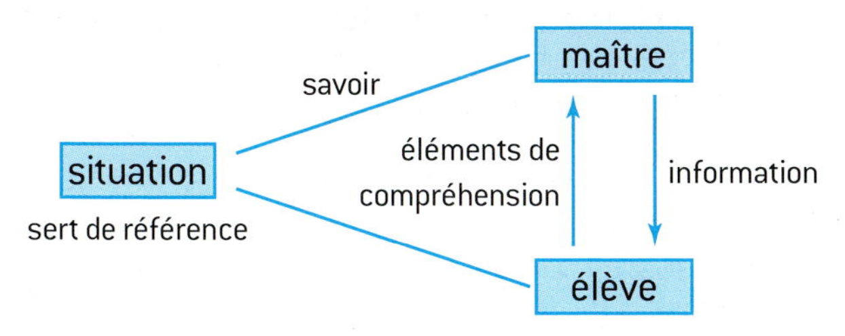

Comme pour les autres modèles, des exercices de consolidation et d'approfondissement sont nécessaires pour fixer la nouvelle connaissance.

En classe, ces cinq éléments (dévolution, action, communication, validation, institutionnalisation) ne sont pas à considérer comme des étapes obligatoires pour tout apprentissage. Ils peuvent être imbriqués dans une même séquence, en totalité ou partiellement (action et institutionnalisation ou formulation, validation et institutionnalisation par exemple).

Il est également possible de créer des situations centrées sur un seul de ces éléments (sauf pour l'institutionnalisation). On parlera alors de :
– de **situation d'action** : reproduction de figures, par exemple ;
– de **situation de formulation** : échange de messages pour faire reproduire une figure par un autre élève ;
– de **situation de validation** : débat autour d'une proposition comme par exemple « un quadrilatère qui a 3 angles droits est un rectangle ».

4.5 Le rôle de l'enseignant dans la gestion d'une situation-problème

Si l'enseignant intervient trop fortement au cours des phases de recherche, les élèves risquent de ne produire des réponses qu'en fonction des attentes supposées de l'enseignant, ce qui les empêchera d'investir leurs connaissances « anciennes » et donc de prendre conscience de leur insuffisance (on retrouve les effets de contrat décrit dans le modèle maïeutique[19]).

19. Dans ce cas, la dévolution n'est pas assurée.

Mais cela ne signifie pas pour autant qu'une fois que les consignes sont données, il ne doit pas intervenir. Précisons donc le rôle de l'enseignant dans la mise en place d'une situation-problème.

Phase 1 Recherche individuelle

Il est indispensable que tous les élèves s'approprient la situation, c'est-à-dire qu'ils puissent comprendre les données du problème et le but à atteindre. Il est donc nécessaire que, au cours de cette phase, l'enseignant observe le travail des élèves et en cas de difficultés de compréhension de l'énoncé qu'il précise à nouveau le sens de certaines données.
Mais cette intervention ne doit apporter aucune indication sur la façon de résoudre le problème. Si l'on pense a priori que les élèves risquent de rencontrer des difficultés,

il est préférable de mettre en place une phase de familiarisation avec le contexte du problème avant de proposer la situation-problème. C'est tout particulièrement vrai pour les élèves de l'école maternelle.

Phase 2 **Recherche en groupe et production commune**

L'enseignant ne doit pas intervenir sur le contenu (donc en particulier ne pas préciser si les productions sont justes ou fausses, ne pas guider les élèves vers la bonne solution) ; par contre, il faut qu'il s'assure que les groupes fonctionnent correctement, c'est-à-dire que tous cherchent, que tous les avis sont pris en compte dans le groupe... Il peut donc être amené à intervenir par rapport aux consignes qu'il a données.

Phase 3 **Mise en commun et débat**

L'enseignant anime le débat en essayant d'être le plus neutre possible sur le contenu mathématique. À l'issue de cette phase, il peut conclure par une phase d'institutionnalisation ou bien proposer un nouveau temps de recherche en groupe.

Dernière phase **Institutionnalisation**

L'enseignant reprend l'initiative concernant le contenu mathématique. Cette phase est indispensable dans la mesure où l'élève a traversé une situation très riche, au cours de laquelle il a fait des essais, il a conjecturé des solutions, il a utilisé de nombreux savoirs et savoir-faire (certains étant des savoirs anciens d'autres des savoirs nouveaux dont il n'est pas forcément conscient[20]), il a été confronté à d'autres solutions, il en a validé certaines, invalidé d'autres. Il ne peut pas savoir parmi toutes les connaissances auxquelles il a été confronté celles qui sont importantes (c'est-à-dire celles qui sont à connaître pour la suite du cours de mathématiques, celles dont il pourra se resservir). Seul l'enseignant le sait. Cette phase est indispensable pour que les élèves puissent transférer ces connaissances dans des situations nouvelles.

20. On parle de savoir en acte.

Ainsi, le rôle de l'enseignant dans une approche socio-constructiviste est délicat puisque, pendant un moment, il doit assurer le transfert de la responsabilité de la recherche et de la validation aux élèves, et donc ne pas intervenir sur les procédures des élèves (phases de recherche et mise en commun). Ensuite, dans la phase d'institutionnalisation, il doit reprendre la main pour apporter ou officialiser un élément de connaissance.

5 Le modèle de l'« apprentissage de l'abstraction »

5.1 Caractéristiques

- Apprendre, c'est acquérir des concepts.

Ce modèle, que l'on doit à Brith-Mari Barth[21], s'inspire des travaux de Piaget et du psychologue américain Jérôme Bruner. Dans cette approche, apprendre c'est acquérir des concepts (perpendicularité, proportionnalité, polyèdre...). Cette acquisition passe par l'appropriation de leurs caractéristiques, ce que B.-M. Barth appelle « les attributs essentiels d'un concept », par exemple : « deux droites perpendiculaires se caractérisent par le fait qu'elles sont sécantes et forment quatre angles droits ».

21. Brith-Mari Barth, *L'Apprentissage de l'abstraction*, Retz, 2001.

- Cette appropriation des concepts se fait en trois phases.[22]

Phase 1 **Recherche des caractéristiques du concept enseigné**

L'enseignant propose des exemples et généralement au moins un contre-exemple du concept et demande aux élèves de trouver les caractéristiques du concept enseigné (les consignes sont adaptées aux élèves). Les premiers exemples doivent contenir tous les attributs essentiels du concept et peu d'attributs non essentiels. L'enseignant note au tableau les propositions de caractérisation du concept formulées par les élèves ; elles sont ensuite débattues. De nouveaux exemples et contre-exemples sont proposés qui permettent de valider ou d'invalider certaines propositions.

Phase 2 **Représentations mentales**

Quand les élèves arrivent à des attributs corrects, l'enseignant propose aux élèves, à partir de nouveaux exemples, de préciser si ce sont des exemples corrects ou non du concept et de justifier leurs réponses. Cela peut amener les élèves à compléter les attributs essentiels du concept.

Phase 3 **Abstraction**

Il s'agit de vérifier si l'apprentissage est effectivement complet et si la nouvelle acquisition est transférable. Dans cette phase, qui peut être considérée comme une évaluation finale, l'élève doit non seulement savoir faire la distinction entre exemple et contre-exemple en justifiant ses choix, mais il doit aussi être capable de produire des exemples et contre-exemples du concept enseigné et d'utiliser le concept dans un autre contexte.

22. Phases proposées par B.-M. Barth.

Exemple de séance d'enseignement sur l'agrandissement d'une figure construite sur le **modèle « apprentissage de l'abstraction »**.

EXEMPLE D'ACTIVITÉ

Phase 1

L'enseignant distribue une fiche sur laquelle figurent des couples de dessins géométriques.

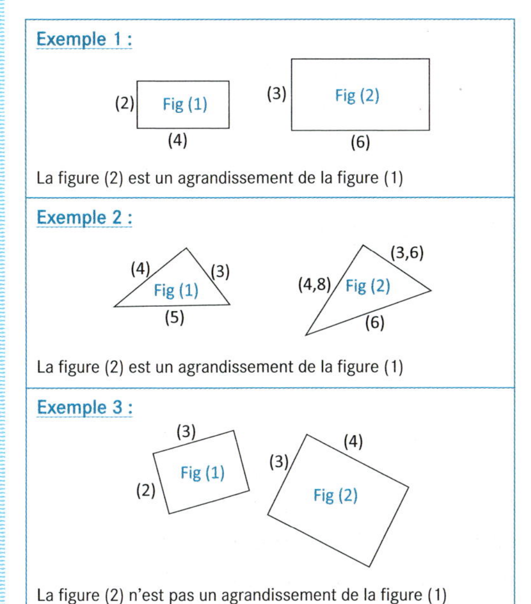

Entre parenthèses figurent les dimensions des longueurs des côtés, elles ne sont pas données aux élèves. Certains couples sont formés de figures qui sont des agrandissements l'une de l'autre, d'autres non. Chaque fois l'indication est donnée aux élèves.

L'enseignant précise : « Aujourd'hui nous allons aborder la notion d'agrandissement d'une figure géométrique. Pour cela, je vais dans un 1er temps vous donner des exemples et des contre-exemples d'agrandissement d'un certain nombre de polygones. A partir de là, vous devez faire des hypothèses sur les caractéristiques d'un agrandissement de figures. Ensuite vous testerez ces hypothèses sur de nouveaux exemples que je vous donnerai. »

Phase 2

Après un temps individuel, les élèves confrontent les hypothèses en sous-groupes. Une mise en commun permet de tester les différentes hypothèses. Ensuite, l'enseignant donne d'autres exemples et contre-exemples.

Phase 3

Suite à une nouvelle mise en commun, l'enseignant en prenant appui sur les productions des élèves donne la définition d'un agrandissement d'un polygone.

5.2 Avantages et inconvénients de l'« apprentissage de l'abstraction »

A. Avantages

- Ce modèle met l'élève dans une situation complexe, lui permet de développer une démarche de recherche (raisonnement inductif, puis déductif) et de prendre en compte certaines erreurs caractéristiques.

B. Inconvénients

- Cette approche n'aide pas vraiment les élèves à donner du sens aux concepts enseignés : par exemple, à quoi servent les droites perpendiculaires ?

- Ce modèle est surtout adapté aux concepts « classificateurs », c'est-à-dire qui permettent de classer des objets.

- Ce modèle d'apprentissage ne convient pas pour toutes les connaissances mathématiques, par exemple, le concept de multiplication n'est pas enseignable de cette façon. En effet, donner des exemples de multiplications correctes ne permet pas aux élèves de trouver l'algorithme de cette opération.

CONCLUSION POUR L'ÉPREUVE DU CONCOURS ET POUR ENSEIGNER

A. Quel modèle choisir ?

Il n'y a pas de réponse-type, mais différents éléments peuvent aider à faire un choix :

- Se référer aux textes des programmes

Les auteurs des programmes insistent sur le rôle des problèmes dans l'acquisition des connaissances, en particulier dans la phase d'introduction : « Les problèmes permettent d'aborder de nouvelles notions, de consolider des acquisitions, de provoquer des questionnements » (BO n° 11 du 26 novembre 2015 p. 44).

Mais on peut toutefois lire également :

– dans le texte du **socle commun** : « La maîtrise des principaux éléments de mathématiques s'acquiert et s'exerce essentiellement par la résolution de problèmes, notamment à partir de situations proches de la réalité » ;

– dans les **programmes** : « La résolution de problèmes joue un rôle essentiel dans l'activité mathématique. Elle est présente dans tous les domaines et s'exerce à tous les stades des apprentissages. »

➤ **Socle comun et Programme** BO nº 3 du 19 juin 2008, p. 3.

• Tenir compte du temps dont on dispose pour enseigner un concept, des caractéristiques des élèves de sa classe

Ce sont certes des facteurs qui peuvent influer sur le choix d'un modèle d'enseignement, mais ce ne sont évidemment pas des critères à mettre en avant le jour de l'épreuve d'admission !

• Tenir compte des erreurs associées habituellement à l'apprentissage d'un concept

Ce sont des éléments importants à prendre en compte. Or, on a vu que seule l'approche socio-constructiviste prenait vraiment en charge les erreurs caractéristiques associées à un concept. D'où l'importance, une fois que les objectifs et les prérequis d'une séquence ont été définis, d'établir la liste des principales erreurs. En tant qu'étudiant vous n'avez pas suffisamment d'expérience pour établir cette liste de façon exhaustive, c'est pour cela que pour chaque **domaine d'enseignement** nous avons établi cette liste. La présence d'erreurs caractéristiques très prégnantes peut inciter à choisir le modèle constructiviste.

➤ **Les domaines d'enseignement**, partie 2.

B. Etre capable d'identifier le modèle d'enseignement dans les documents proposés

Certains documents proposés au concours dans l'analyse de dossier sont des activités destinées à introduire des notions nouvelles. Le fait d'être capable d'identifier sur quel modèle d'enseignement/apprentissage elles ont été élaborées est une aide pour répondre à de nombreuses questions.

Pour identifier le modèle d'enseignement/apprentissage utilisé pour élaborer une activité d'introduction ou un dispositif de remédiation, il est nécessaire d'imaginer les procédures que les élèves vont mettre en place, d'anticiper les erreurs qu'ils peuvent faire, les éventuels blocages qu'ils peuvent rencontrer. Ce travail d'anticipation est appelée « **analyse a priori** ».

Dans le cadre de l'**analyse d'erreurs** comme lors de l'analyse de documents, il est parfois demandé d'envisager une aide possible pour des élèves dont on a analysé des erreurs. Le fait de se référer à un modèle d'apprentissage/enseignement est également une aide pour imaginer ces situations.

➤ **Analyse a priori,** chap. 3.

➤ **Analyse d'erreurs,** chap. 4.

Les modèles « behavioriste » et « socio-constructiviste » sont privilégiés dans les épreuves d'analyse de documents du concours.

RESSOURCES À CONSULTER

– P. Astolfi, *La Saveur des savoirs*, ESF, 2008.

– G. Bachelard, *La Formation de l'esprit scientifique*, Vrin, 12e éd., 1983.

– B.-M. Barth, *L'Apprentissage de l'abstraction*, Retz, réédition, 2001.

– S. Boimare, *Ces enfants empêchés de penser*, Dunod, 2008.

– G. Brousseau, « Fondements et méthodes de la didactique des mathématiques », *RDM* vol. 7 n° 2, La Pensée Sauvage, Grenoble, 1986.

– R. Charnay, *Pourquoi des mathématiques à l'école ?*, ESF, 1996.

– G. De Vecchi, *Un projet pour... enseigner par situations-problèmes*, Delagrave, 2007.

– M. Develay, *De l'apprentissage à l'enseignement*, ESF, réed. 2004.

– W. Doise, G. Mugny, *Développement social de l'intelligence*, Inter Editions, 1981.

– R. Douady, « Jeux de cadres et dialectique outils objets », *RDM* vol. 7 n° 2, La Pensée Sauvage, Grenoble, 1986.

– I. Lakatos, *Preuves et réfutations*, Hermann, 1984.

– P. Meirieu, *Apprendre... oui mais comment ?*, ESF, 1re édition 1987, nombreuses rééditions.

– G. Vergnaud, « La Théorie des champs conceptuels », *RDM* vol. 10 n° 2-3, La Pensée Sauvage, Grenoble, 1991.

– A. Weill-Barais (sous la direction de), *L'Homme cognitif*, PUF, 1993.

– A. Siety, *Qui a peur des mathématiques ?*, Denoël, 2012.

Annexe

Caractéristiques d'une situation-problème

Caractéristiques	Commentaires
1. L'élève doit pouvoir s'engager dans la résolution du problème. L'élève peut envisager ce qu'est une réponse possible du problème.	Il ne faut pas que les élèves restent « secs » sinon ils n'investiront pas leurs connaissances et ne pourront donc pas percevoir qu'elles sont insuffisantes. D'où l'importance d'un travail sur la compréhension de l'énoncé avec un travail préliminaire de familiarisation ou une mise en commun partiel à la fin du travail individuel : « Qu'est- ce que vous avez compris de cet énoncé ? Quel est le but à atteindre ? »
2. Les connaissances de l'élève sont en principe insuffisantes pour qu'il résolve immédiatement le problème.	Sinon, il n'y a pas d'acquisition nouvelle, il y a réinvestissement de connaissances anciennes (ce qui, évidemment est utile aussi, mais n'est pas l'objectif ici).
3. La situation-problème doit permettre à l'élève de décider si une solution trouvée est convenable ou pas.	Cette caractéristique est essentielle : une fois que l'élève a investi ses connaissances, il faut qu'il prenne conscience de leur insuffisance, sinon, d'après le principe d'économie, il ne les fera pas évoluer, il cherchera seulement à les adapter. Cette insuffisance, c'est lui et lui seul qui peut en prendre conscience. Elle se constate par le fait que la réponse trouvée est fausse ou que la méthode utilisée est trop lourde.
4. La connaissance que l'on désire voir acquérir par l'élève doit être l'outil le plus adapté pour la résolution du problème au niveau de l'élève.	Cette condition est évidente compte tenu de ce qui a été dit précédemment, mais elle n'est pas toujours facile à obtenir. L'élève peut découvrir un outil qui s'avère adapté pour résoudre le problème, mais qui ne correspond pas à la connaissance visée. Une analyse a priori du problème est nécessaire : « Que va faire l'élève face à ce problème ? »
5. L'élève, après avoir fait le constat de l'insuffisance de ses connaissances, peut construire une connaissance nouvelle.	Cette construction n'est souvent pas aussi simple. Dans la pratique, pour certaines situations-problèmes, il arrive à l'enseignant, après que les élèves aient perçu l'insuffisance de leur modèle, de les aider à construire le nouvel outil.

CHAPITRE 3

L'analyse a priori

Voici des questions qui sont fréquemment posées au concours :

– Quels objectifs peut-on viser en proposant cette activité aux élèves ?
– À quel niveau (cycle et classe) cette activité peut-elle être proposée ?
– Quelles procédures les élèves peuvent-ils mettre en place pour résoudre ce problème ou cet exercice ?
– Quelles difficultés les élèves peuvent-ils rencontrer pour résoudre ce problème ou cet exercice?
– Quelles sont les erreurs que les élèves risquent de faire ?
– Quelles sont les variables didactiques de cette situation ?
– Comment l'enseignant peut-il gérer la fin de cette activité ?

Pour répondre à ces questions, il est nécessaire d'anticiper ce que les élèves vont dire et faire face à une activité. Cette anticipation est appelée « **analyse a priori** » **de** l'activité.

L'analyse a priori prend appui sur trois questionnements :

1. Quelles procédures correctes les élèves peuvent-ils utiliser pour résoudre la tâche ?
2. Quelles erreurs les élèves risquent-ils de faire ?
   Quels obstacles peuvent-ils rencontrer ?
3. De quelle façon les élèves vont-ils pouvoir investir les éléments de savoir visés ?

Les réponses à ces questions sont souvent fonction de choix faits par l'enseignant (données numériques, figures, matériels donnés aux élèves...) qui définissent des variables didactiques. Nous allons préciser et analyser ces différentes questions.

1 Quelles procédures correctes les élèves peuvent-ils utiliser pour résoudre la tâche ?

Dans toute activité, le résultat est évidemment important. Mais, plus encore que le résultat, ce sont les procédures que les élèves mettent en œuvre qui sont essentielles et, à travers elles, les éléments de savoir (vocabulaire, propriétés) qu'ils investissent. Là se situe l'enjeu principal de l'activité.

Il faut donc savoir **se mettre à la place des élèves** et essayer de **lister le plus de procédures possibles correctes** pour résoudre la tâche présentée.

AU CONCOURS : Cette anticipation se heurte à deux difficultés :
– se contenter de la procédure à laquelle on pense en tant qu'adulte ou qu'on attend des élèves en oubliant celles que des élèves peuvent mobiliser ;
– présenter une procédure experte hors de portée des élèves.

A. Des procédures aux objectifs

C'est la **mise en correspondance des programmes avec des procédures possibles et des éléments de savoir associés** (vocabulaire, propriétés) qui permet de déterminer les **objectifs** que l'on peut viser en proposant une activité à des élèves, ainsi que le niveau de ces élèves (cycle et classe).

Si l'objectif est annoncé, certaines procédures peuvent ne pas être en correspondance avec cet objectif. L'enseignant doit alors les bloquer en jouant sur certaines données ou contraintes qu'on appelle les **variables didactiques** de l'activité.

EXEMPLE

On propose l'**activité « Billes »** dont l'objectif est d'amener les élèves à effectuer des additions de deux nombres entiers : L'enseignant dispose d'une boîte et de billes. Devant les élèves, il place en deux fois des billes dans la boite en annonçant chaque fois le nombre de billes qu'il met. Il annonce par exemple « Je mets trois billes », puis « maintenant j'en mets cinq ». Les élèves doivent trouver le nombre de billes qu'il y a dans la boîte.

La recherche des procédures possibles permet de constater que, si les élèves ont accès à la boite, ils peuvent dénombrer les billes sans recourir à l'addition. Il en est de même s'ils peuvent dessiner les billes. Pour atteindre l'objectif annoncé, il faudra que l'enseignant bloque ces procédures. Ainsi l'accès ou non à la boite est une variable didactique de cette situation.

B. Les procédures peuvent être induites par des effets de contrat.

Il faut, dans ce cas, modifier le contrat. En effet, si un élément de savoir est induit par des effets de contrat, cela pose problème car l'élève ne le met pas en place en fonction de sa pertinence, mais d'une attente supposée de l'enseignant. Lorsque les effets de contrat auront disparus, l'élève sera bloqué.

EXEMPLE

Dans une activité, l'élève va mobiliser à bon escient l'**addition** parce qu'il y a le mot « Addition » en titre de la page du manuel.

C. Certaines procédures fausses peuvent donner des réponses correctes.

Parfois certaines procédures fausses permettent tout de même aux élèves de trouver le résultat juste. Si c'est le cas il faut évidemment modifier la tâche proposée aux élèves. C'est évidemment un problème didactique grave dans la mesure où l'élève aura beaucoup de peine, par la suite, à abandonner cette procédure erronée.

EXEMPLE

Pour **comparer deux nombres décimaux**, les élèves peuvent comparer les parties entières des deux nombres et, si ces parties sont égales, comparer les parties « à droite de la virgule » comme des nombres entiers, pour conclure que le plus grand nombre est celui qui a la plus grande partie décimale.

Cette procédure erronée peut conduire à un résultat juste dans de nombreux cas. Par exemple, si les nombres à comparer ont le même nombre de chiffres dans la partie décimale comme 2,17 et 2,43.

2 Quelles erreurs les élèves risquent-ils de faire ? Quels obstacles peuvent-ils rencontrer ?

A. Les sources d'erreurs ou de blocages

Les erreurs comme les sources de blocages sont à anticiper par rapport à :
– la construction de la représentation de la situation et de la tâche ;
– l'élaboration de la procédure ;
– l'exécution de la procédure ;
– la communication du résultat.

➤ **Chap. 5** *Les problèmes et leur rôle dans l'enseignement*, p. 78.

Le tableau ci-dessous présente quelques sources d'erreurs ou de blocages en lien avec ces différentes étapes :

Étapes	Sources d'erreurs ou de blocages
La construction de la représentation de la situation et de la tâche	• Si la situation est communiquée oralement ou par écrit, l'élève ne comprend pas certains mots ou fait un contresens. • Le contexte de la situation n'est pas familier de l'élève. • Les données sont nombreuses et l'élève n'arrive pas à toutes les prendre en compte. • La solution suppose la prise en compte de plusieurs contraintes.
L'élaboration de la procédure	• Pour résoudre l'activité, il faut passer par une étape intermédiaire non demandée dans l'énoncé. • Pour résoudre le problème, il faut utiliser une stratégie inhabituelle pour l'élève : par exemple, la démarche scientifique (faire des essais, conjecturer, tester la conjecture, prouver) ou le tâtonnement. • L'élève induit la procédure à partir de mots inducteurs « trompeurs » : par exemple, il mobilise l'addition car il y a « plus » dans l'énoncé alors qu'il faut mobiliser la soustraction. • L'élève induit la procédure en appui sur des règles classiques du contrat didactique : par exemple, il se sent obligé d'utiliser toutes les données de l'énoncé alors que certaines sont inutiles en appliquant la règle « pour résoudre un problème, il faut utiliser toutes les données de l'énoncé ». • L'élève ne maitrise pas une technique indispensable pour la mise en place de la procédure ad hoc.
L'exécution de la procédure	• L'élève fait des erreurs au niveau de l'application de certaines techniques : erreur de calculs, erreur de tracés... Certaines de ces erreurs peuvent être dues à la surcharge cognitive occasionnée par le fait que la procédure comporte de nombreuses étapes que l'élève n'a pas automatisées. • L'élève s'arrête au milieu de la procédure pensant qu'il a terminé. C'est généralement dû à la surcharge cognitive.
La communication du résultat	• Les erreurs sont directement liées aux exigences de l'enseignant. Remarque : Dans les analyses de documents donnés au concours, généralement on ne connait pas ces exigences. Il n'est donc pas possible d'anticiper les erreurs des élèves relatives à cette étape.

B. Les erreurs ou obstacles à éviter

D'une façon générale, on ne souhaite pas que les élèves fassent des erreurs dans la construction de la représentation de la situation et de la tâche. Pour les éviter, l'enseignant peut :
– faire en sorte dans un premier temps que l'énoncé de la situation soit le plus compréhensible possible puis, après un petit temps de recherche, demander aux élèves de reformuler cet énoncé ;
– mettre en place une phase de familiarisation.
Si, dans une situation, l'élément de savoir visé est une procédure, on ne souhaite pas que les élèves fassent des erreurs dans l'exécution de cette procédure.

EXEMPLE 1

En géométrie, dans une activité dont l'objectif est de trouver **comment tracer une droite perpendiculaire**, un élève peut avoir découvert une procédure correcte (utilisation de l'équerre par exemple) ; mais, n'ayant pas l'habitude d'utiliser cet instrument, il réalise des tracés imprécis qui l'amène à invalider son résultat et du coup, peut-être, sa procédure (c'est-à-dire le recours à l'équerre). Dans ce cas, on peut lui proposer de repasser au feutre la droite obtenue de façon à rendre moins visibles (voire invisibles) les imprécisions.

EXEMPLE 2

Dans un **problème numérique**, un élève trouve une procédure correcte, mais fait des erreurs de calcul. Quand il prend conscience que son résultat est faux, il peut invalider sa procédure plutôt que de remettre en cause l'exécution de celle-ci. Dans ce cas, il est souhaitable de lui donner une calculatrice.

C. Les erreurs ou obstacles souhaités

Toutefois, dans le cadre d'activités d'introduction et selon l'approche constructiviste, certaines erreurs ou blocages peuvent être souhaités. Cela permet en effet aux élèves de prendre conscience de la nécessité de construire une connaissance nouvelle. Dans le cas où l'élève fait une erreur, cela suppose qu'il se rende compte que son résultat est faux.

EXEMPLE 1

C'est parce que les élèves se rendent compte que l'**addition itérée** est beaucoup trop longue à effectuer, dans certains contextes, qu'ils prennent conscience de la nécessité de construire (ou de s'approprier) une nouvelle opération.

EXEMPLE 2

Dans l'**activité « Puzzle »**, c'est parce que les élèves vont dans un premier temps ajouter 2 cm à toutes les dimensions des pièces et se rendre compte que cela ne permet pas de réaliser le puzzle qu'ils vont essayer de trouver une nouvelle procédure.

➤ **Activité « Puzzle »**, p. 37.

Dans le modèle constructiviste, l'élève peut prendre conscience de ses erreurs soit par l'invalidation interne, soit par le conflit socio-cognitif.

● Invalidation interne

Dans le modèle constructiviste, il est souhaitable que la prise de conscience d'une erreur se fasse grâce à la situation elle-même. On parle alors d'invalidation interne. Cette prise de conscience se fait :

– **soit par l'expérience :**

EXEMPLE 1 : Dans l'activité « Billes », pour introduire l'addition de deux entiers, le décompte effectif des billes dans la boite permet aux élèves de valider (ou d'invalider) leur résultat ; par exemple, $5 + 4 = 8$ est faux car le comptage des billes le montre.

EXEMPLE 2 : Dans l'activité « Puzzle », c'est en essayant de reconstituer le puzzle avec les pièces « agrandies » que les élèves peuvent invalider leur procédure.

– **soit par une argumentation appuyée sur des connaissances partagées :**

EXEMPLE 3 : $5 + 4 = 8$ est faux car c'est $4 + 4$ qui est égal à 8.

Mais attention, l'invalidation repose sur des connaissances. Si l'élève ne possède pas ces connaissances, le processus d'invalidation ne fonctionnera pas. Dans l'exemple 3, si l'élève ne sait pas dénombrer une collection, le retour à la quantité ne l'aidera pas à invalider $5 + 4 = 8$.

● Conflit socio-cognitif

S'il n'y a pas de possibilité d'invalidation interne à l'activité, alors on peut aussi jouer sur le conflit socio-cognitif. Ces conflits entre élèves sur la validité de leur résultat peuvent amener ceux qui ont produit des erreurs à en prendre conscience.

➤ **Validation ou invalidation interne,** chap. 2, p. 37.

➤ **Activité « Billes »,** p. 52.

➤ **Activité « Puzzle »,** p. 37.

➤ **Conflit socio-cognitif,** chap. 2 p. 37.

3 De quelle façon les élèves vont-ils arriver à investir les éléments de savoir visés ?

Quand les élèves ont pris conscience de l'insuffisance de leur connaissance, deux cas peuvent alors se présenter :

– **Certains élèves ont trouvé un résultat juste en mobilisant les éléments de connaissances attendues.**

Dans ce cas, une mise en commun permet aux équipes qui ont trouvé de communiquer leur découverte aux autres élèves. Cela donne à ces derniers une possibilité de s'approprier ces nouveaux éléments de savoir, mais cela ne fonctionne pas pour tous les élèves !

– **Aucun élève n'a trouvé le résultat juste.**

Dans ce cas, l'enseignant peut fournir des aides en partant du travail des élèves ou, dans certains cas, il peut apporter la solution. Cette dernière possibilité est à envisager si on juge qu'il est impossible que les élèves trouvent l'élément de savoir visé. C'est par exemple le cas du passage de l'addition itérée à la multiplication où il est utopique de penser que les élèves peuvent inventer une opération qu'ils ne connaissent pas.

CONCLUSION POUR L'ÉPREUVE DU CONCOURS ET POUR ENSEIGNER

L'analyse a priori est un outil indispensable pour répondre avec succès aux questions d'analyse d'erreurs et d'analyse du dossier (voir les questions qui reviennent souvent dans les sujets du concours présentées au début de ce chapitre), mais également pour la pratique des enseignants. Cette analyse permet en effet de choisir au mieux les variables didactiques d'une activité afin que l'enseignant ait le maximum de chance, d'atteindre les objectifs visés.

Il est indéniable que, lorsqu'on débute dans l'enseignement, il est difficile d'anticiper les procédures des élèves, les erreurs qu'ils peuvent faire, les difficultés et obstacles qu'ils peuvent rencontrer. C'est pour cela que, dans la seconde partie de l'ouvrage, pour chaque thème, nous identifions les principaux problèmes qui donnent sens au concept et, pour chacun d'eux, nous listons les procédures possibles des élèves et les erreurs qu'ils font fréquemment en lien avec les variables didactiques choisies.

L'analyse d'erreurs et les dispositifs de remédiation

Au concours, généralement dans un des exercices, parfois au cours de l'analyse de document, on demande d'analyser des erreurs d'élèves. Suite à ce travail, on peut demander de décrire un dispositif d'aide (de remédiation). L'enjeu de ce chapitre est de vous aider à répondre à ces questions.

1 Analyser les erreurs des élèves

1.1 Un exemple pour commencer

EXEMPLE 1

Analyser l'erreur ci-dessous :

Complète avec $<$ ou $>$: 3,4 … 3,12.

Réponse : $3{,}4 < 3{,}12$.

On suppose ici que l'élève sait utiliser correctement les symboles $<$ *et* $>$.

Avant de poursuivre la lecture de ce chapitre, prenez un instant pour analyser cette erreur.

Cette réponse d'élève peut être analysée de deux façons.

ANALYSE 1 Analyse en terme de manque de connaissances

L'analyse en terme de manque de connaissances est classique, elle consiste à identifier ce que l'élève n'a pas compris, ce qu'il n'a pas fait. On émet l'hypothèse que, derrière une erreur, il y a un manque.

Pour l'exemple 1, cela peut se traduire par « l'élève ne sait pas comparer des décimaux » ; « l'élève n'a pas compris ce qu'est un nombre décimal » ; « l'élève ne sait pas que $3{,}4 = 3{,}40$ ».

- Analyse de l'erreur

On parle d'une analyse d'erreurs en terme de « manque de connaissances ». Ce « manque » peut parfois être identifié par rapport à une **liste d'objectifs de difficulté croissante**. On essaie d'identifier le 1er objectif de cette liste que l'élève n'a pas atteint.

Voici une liste d'objectifs concernant la **comparaison des nombres décimaux** :

– savoir comparer des nombres décimaux qui n'ont pas la même partie entière ;

– savoir comparer des nombres décimaux qui ont la même partie entière et qui ont le même nombre de chiffres dans la partie décimale ;

– savoir reconnaître si deux nombres décimaux sont égaux (par exemple comparer 3,4 et 3,40) ;

– savoir comparer des nombres décimaux qui ont la même partie entière et pas le même nombre de chiffres dans la partie décimale…

L'erreur précédente permet de constater que le dernier objectif n'est pas atteint, des exercices complémentaires permettraient de savoir s'il y a d'autres objectifs non atteints.

- Aide et remédiation

Quand on cherche **l'origine du manque**, on est conduit à penser que l'élève n'a pas été attentif au moment du cours, n'a pas assez travaillé... Ce type d'analyse n'est évidemment pas à rejeter, mais il conduit généralement à des dispositifs de remédiation qui consistent à « réexpliquer » la connaissance ou à « remontrer » le savoir-faire.

Il est bien évident qu'une nouvelle explication permet souvent à l'élève de réussir à court terme, mais il arrive que, quelque temps plus tard, la même erreur réapparaisse. On est alors, en tant qu'enseignant, très démuni et conduit à penser que l'élève a accumulé trop de retard et que l'on ne peut plus rien pour lui !

ANALYSE 2 Analyse en terme de procédures de l'élève

L'analyse en terme de procédures de l'élève consiste à émettre des hypothèses sur la procédure que l'élève a mise en place.

- Hypothèse(s) sur la procédure mise en place par l'élève

Pour l'exemple 1, voici deux hypothèses possibles :

– **hypothèse 1** : l'élève a tout d'abord comparé les parties entières des deux nombres ; constatant qu'elles sont toutes deux égales à 3, il a comparé les parties à droite de la virgule qu'il considère comme des nombres entiers. Comme 4 est inférieur à 12, il en a conclu que $3{,}4 < 3{,}12$.

– **hypothèse 2** : l'élève a comparé le nombre de chiffres de l'écriture décimale de ces deux nombres : 3,4 a deux chiffres ; 3,12 en a trois, donc $3{,}4 < 3{,}12$.

On parle alors d'une analyse en terme de « **procédures de l'élève** ». Ce type d'analyse consiste à faire l'hypothèse que l'erreur est le résultat d'une procédure qui s'appuie sur des connaissances, peut-être erronées, mais ayant une origine « logique » d'un certain point de vue.

- Origine de la procédure

Reprenons l'**hypothèse 1** avec cette question : **Quelles sont les connaissances sur lesquelles s'appuie la procédure décrite de l'élève ?**

Avant de poursuivre la lecture de ce chapitre, essayez de répondre à cette question.

Remarquons d'abord que l'élève mobilise une connaissance mathématique correcte, celle de la technique de comparaison des entiers. Mais il sollicite également une autre connaissance (erronée, elle) qui consiste à concevoir le nombre décimal (ou plutôt son écriture à virgule) comme deux entiers séparés par une virgule : « 3,4 est ainsi vu comme la juxtaposition de deux nombres entiers (3 et 4) séparés par la virgule. »

Cette « connaissance » ou « conception du nombre décimal » est évidemment fausse, mais elle n'est pas le fruit du hasard et l'on peut en chercher différentes origines possibles :

➤ **Conception du nombre décimal,** chap. 8, p. 175

– Lorsque l'élève rencontre pour la première fois des nombres décimaux, il connaît l'usage de la virgule en français : elle sert à séparer deux parties d'une phrase.

– Il a l'habitude de lire 3,4 « trois virgule quatre », qui insiste sur la séparation des nombres entiers « trois » et « quatre ».

– Dans son expérience sociale, l'élève utilise les nombres décimaux principalement avec la monnaie ; or, dans ce cas, la partie entière correspond à un nombre entier d'euros et la partie décimale à un nombre entier de centimes d'euros.

– L'activité utilisée lors de la première rencontre avec les nombres décimaux a pu contribuer à renforcer cette séparation. C'est par exemple le cas si l'enseignant a présenté les décimaux à partir des unités de mesure : « 3 m et 12 cm s'écrit 3,12 m » ; l'élève induit alors que la partie entière représente un nombre entier (de mètres) et que la partie décimale représente un autre nombre entier (de centimètres).

– Des exercices d'entraînement conduisent à isoler le 3 et le 12. Par exemple : *Quelle est la partie entière de 3,12 ? Quelle est sa partie décimale ?* Il en va de même de la définition souvent donnée, à tort, de la partie décimale comme « partie après la virgule » (ici 12) plutôt que comme complément de la partie entière (ici 0,12).

– Le fait que la procédure qui consiste à comparer séparément les parties entières et les parties « à droite de la virgule » donne souvent des résultats justes renforce la connaissance erronée sur laquelle s'appuie l'élève. C'est par exemple le cas chaque fois qu'il y a le même nombre de chiffres dans les parties à droite de la virgule des deux nombres à comparer (3,41 et 3,29) et dans beaucoup d'autres cas (comme 3,4 et 3,57).

Une analyse analogue serait à faire sur l'**hypothèse 2**. Elle conduirait à mettre en évidence que, dans ce cas, l'élève s'est appuyé sur une autre conception erronée du nombre décimal : « **Un nombre décimal est un entier avec une virgule qu'on peut négliger** ».

Trois conséquences peuvent être tirées de l'analyse en terme de procédures de l'élève :

1. La procédure de l'élève possède une « logique ».
Elle renvoie à une connaissance que l'on pourrait libeller ainsi : « De deux nombres décimaux qui ont la même partie entière, le plus grand est celui dont la partie située à droite de la virgule est interprétée comme un entier plus grand que pour l'autre nombre décimal ». Ce type de connaissance, qui s'énonce comme un théorème, mais qui n'en est pas un, est appelée « **théorème en acte** » ou « **théorème élève** ».

2. Certaines activités et exercices peuvent renforcer des conceptions erronées d'élève.

3. La façon d'analyser les erreurs renvoie aux modèles d'apprentissage / enseignement.
La première façon de les analyser (analyse 1, p. 55) renvoie aux approches transmissive ou béhavioriste, tandis que la seconde façon (analyse 2, p. 56) renvoie à l'approche socio-constructiviste[1].

1. Les trois autres modèles (voir chap. 2) s'avèrent moins pertinents pour analyser les erreurs des élèves. Par contre, le modèle « maïeutique scolaire » est très utilisé dans les classes pour remédier aux erreurs.

1.2 Analyse d'erreurs et modèles d'enseignement / apprentissage

➤ Chap. 2 *Les modèles d'enseignement / apprentissage.*

L'analyse que nous faisons d'une erreur est directement fonction de la conception de l'apprentissage à laquelle nous nous référons, c'est-à-dire des réponses que nous apportons à la question : « Comment les élèves apprennent-ils ? »

A. Modèle transmissif

Dans ce modèle, l'analyse de l'erreur est faite en termes de manque. On se limite à faire le constat que l'élève n'a pas acquis les savoirs ou savoir-faire nécessaires pour répondre correctement à la question posée. La responsabilité de l'erreur est alors renvoyée à l'élève (qui n'a pas écouté ou pas appris...) ou, plus rarement, à l'enseignant (qui a mal expliqué).

B. Modèle béhavioriste

Dans ce modèle, on distingue différents types et niveaux d'erreurs :
– **maîtrise des connaissances,** en distinguant les connaissances **déclaratives** (définitions, règles, théorèmes...) et les connaissances **procédurales** (techniques, algorithmes...) ;
– **disponibilité des connaissances** : capacité à les mobiliser à bon escient, à les réinvestir... ;
– **capacités logiques, raisonnement** : gestion des données d'un problème, articulation de sous-problèmes, conduite d'une procédure par essais-erreurs...

Cette grille d'analyse permet une description plus fine des erreurs. Souvent, on est amené proposer une évaluation complémentaire pour savoir exactement où se situe la difficulté de l'élève. À partir de là, une intervention différenciée est possible.

C. Modèle socio-constructiviste

Dans ce modèle, l'erreur est l'expression d'une forme de connaissance.

> « L'**erreur** n'est pas seulement l'effet de l'ignorance, de l'incertitude, du hasard que l'on croit dans les théories empiristes ou béhavioristes de l'apprentissage, mais l'effet d'une connaissance antérieure, qui avait son intérêt, ses succès, mais qui, maintenant, se révèle fausse ou simplement inadaptée. Les erreurs de ce type ne sont pas erratiques et imprévisibles, elles sont constituées en obstacles. Aussi bien dans le fonctionnement du maître que dans celui de l'élève, l'erreur est constitutive du sens de la connaissance acquise. »

Source : G. Brousseau, « Les obstacles épistémologiques et les problèmes en mathématiques », *RDM* vol. 4.2, *La Pensée Sauvage,* 1983.

Si l'on s'appuie sur ce modèle, on ne s'intéresse pas à ce que l'élève n'a pas fait ou n'a pas dit, mais on essaie plutôt d'expliciter la procédure qu'il a mise en place. Dans certains cas, cette procédure est visible (c'est par exemple le cas lorsque l'élève rédige sa solution) ; dans d'autres cas, il faut faire des hypothèses sur cette procédure (cf. erreur sur les nombres décimaux), essayer d'identifier les connaissances (exactes ou erronées) sur lesquelles s'appuient ces procédures et en déterminer les origines possibles.

1.3 Les connaissances des élèves à l'origine des erreurs

Trois types de connaissances peuvent être à l'origine des erreurs des élèves :
– les conceptions que les élèves se sont construites des concepts en jeu dans le problème ;
– les règles du contrat didactique ;
– la représentation que l'élève s'est construite de la tâche proposée ou du problème.

Nous allons passer en revue chacune d'elles.

A. Les conceptions des élèves relatives aux concepts en jeu dans l'activité

Les conceptions erronées ont principalement deux origines : une origine constitutive de la connaissance ou une origine liée au dispositif d'enseignement[2].

- Conceptions erronées constitutives de la connaissance elle-même

Il s'agit alors généralement de conceptions que l'on retrouve dans l'histoire de la connaissance. On parle dans ce cas d'« **obstacle épistémologique** ».

Ainsi, pour le concept de nombre négatif, la conception des nombres comme nécessairement associés à **l'expression de mesures** a constitué un obstacle pendant plus de quinze siècles, avec le fameux paradoxe du produit de deux nombres négatifs qui donne un résultat positif et qui peut s'énoncer ainsi : comment en multipliant deux pertes peut-on obtenir un gain ?

De même, pour les élèves confrontés aux nombres décimaux, leur **usage social** est un obstacle à la construction d'une conception correcte. En effet, celle-ci suppose la capacité à comprendre que :

2,35 € est équivalent à 2 € et 35 c ;

mais aussi à $2\,€ + \frac{35}{100}\,€$ ou $2\,€ + \frac{3}{10}\,€ + \frac{5}{100}\,€$.

- Conceptions erronées liées au dispositif d'enseignement utilisé

Cela peut se faire soit dans le cadre du découpage opéré dans le savoir pour le présenter aux élèves, soit dans le cadre du choix des situations d'enseignement. On parle alors d'« **obstacle didactique** ».

- Beaucoup de conceptions erronées d'élèves renvoient aux deux origines.

C'est par exemple le cas de la conception des nombres décimaux comme « deux entiers séparés par une virgule »[3].

– **Erreur constitutive de la connaissance** : Les élèves arrivant au CM1 sont familiarisés avec un seul type de nombres (les nombres naturels qui sont les seuls à avoir été utilisés jusque-là) et ils ont acquis des règles qu'ils ont tendance à prolonger à tous les nombres. Par exemple, la règle « tout nombre possède un successeur et entre deux nombres consécutifs on ne peut en intercaler aucun » peut expliquer des erreurs du type : « entre 2,5 et 2,7 il n'y a que 2,6 » ou « entre 2,5 et 2,6 il n'existe aucun nombre décimal ».

2. On peut ajouter une troisième origine : certaines conceptions sont liées au développement physiologique de l'élève ; on parle alors **d'obstacle « ontogénique »** (§ 1.4 Limitation du sujet).

La notion de **conception** a été définie dans les chapitres 1 et 2.

3. Les origines de cette conception erronée ont été analysées dans l'exemple du § 1.1, p. 57.

– **Erreur liée au dispositif d'enseignement** : Les situations parfois utilisées pour « introduire » les nombres décimaux ne cherchent pas à provoquer une rupture avec cette conception erronée, mais sont plutôt de nature à la renforcer dans la mesure où elles insistent sur les « continuités » entre naturels et décimaux. Par exemple, les nombres décimaux sont présentés en relation avec le système métrique : **7,16** est une autre écriture de **716** lorsqu'on choisit le mètre comme unité à la place du centimètre ou encore une écriture qui se substitue à l'écriture complexe **7 m 16 cm**.

B. Les règles du contrat didactique

Analysons tout d'abord deux réponses d'élèves :

Avant de poursuivre la lecture de ce chapitre, essayez d'analyser ces deux réponses.

EXEMPLE 2

Dans un bateau, il y a 13 chèvres et 18 moutons.
Quel est l'âge du capitaine ?

Réponse : 31 ans.

EXEMPLE 3

Un fleuriste réalise 7 bouquets identiques composés de 4 roses rouges et 3 roses jaunes.
Combien utilise-t-il de roses ?

Réponse : 49.

Analyse de l'exemple 2

– **Procédure mise en place** : L'élève a additionné les deux nombres de l'énoncé.

– **Origine de cette procédure** : Quelles sont les connaissances mises en jeu ? Ici, ce ne sont pas des connaissances conceptuelles que l'élève a mobilisées, mais des connaissances contextuelles. Il s'est sans doute dit : « Le maître me pose une question, c'est un problème mathématique, il y a donc une réponse. Cette réponse doit s'obtenir en faisant une opération avec les nombres de l'énoncé. Quelle opération ? Une addition, car c'est l'opération qu'on travaille en ce moment ». Il a pu utiliser également le fait que l'addition est l'opération qui donne le résultat le plus plausible : le recours à une connaissance sociale conforte, dans ce cas, la connaissance contextuelle utilisée.

On constate qu'ici l'élève fait appel à un certain nombre de règles de fonctionnement de la classe. **Ces règles sont implicites** : l'enseignant n'a jamais dit à ses élèves : « Pour tous les problèmes que je vous donne, il y a une solution » ! Mais ces règles se sont imposées à l'élève suite à son expérience scolaire. Au fil des problèmes rencontrés, il a, en quelque sorte, appris que tout problème proposé en classe a une solution (sans que cela lui soit explicitement enseigné). On parle dans ce cas de **« règle du contrat didactique »**.

Analyse de l'exemple 3

Non, ne cherchez pas davantage ! 49 est bien le nombre de roses, **il n'y a pas d'erreur au niveau mathématique**. Mais certains enseignants n'acceptent pas cette réponse. Ils souhaitent en effet que l'élève explique comment il est arrivé à 49 et qu'il conclut par une phrase reprenant en partie le texte de la question : « Il utilise 49 roses. » Il y a au moins deux arguments en faveur de cette exigence :

– elle permet de s'assurer que l'élève n'a pas copié (sans certitude toutefois...) ;

– l'élève apprend à s'exprimer et à répondre complètement à une question, en indiquant la démarche qu'il a utilisée pour parvenir à la réponse.

Finalement, l'élève n'a pas respecté les exigences de rédaction. **Il s'agit d'exigences qui renvoient au contrat didactique**, mais qui sont explicites, contrairement aux règles évoquées pour le problème de l'âge du capitaine. Qu'est-ce qui est à l'origine du non-respect des exigences de l'enseignant ? Peut-être, l'année précédente, cet élève avait-il un enseignant qui n'avait pas les mêmes exigences ou bien l'élève n'arrive-t-il pas à en comprendre la nécessité : « Pourquoi c'est faux ? J'ai trouvé juste ! ».

Ces deux exemples mettent en évidence que des erreurs peuvent avoir pour origine non pas des connaissances « conceptuelles » de l'élève (conception), mais des **connaissances « contextuelles »** qui peuvent se décliner en règles appelées **règles du contrat didactique**.

• Contrat didactique et fonctionnement de la classe

« Le contrat didactique se définit comme « l'ensemble des comportements de l'enseignant qui sont attendus de l'élève et l'ensemble des comportements de l'élève qui sont attendus de l'enseignant.
Le contrat est donc ce qui détermine explicitement pour une petite part, mais surtout implicitement, ce que chaque partenaire va avoir à gérer et dont il sera, d'une manière ou d'une autre, comptable devant l'autre. »

Source : G. Brousseau, *op. cit.*, p. 60.

C'est donc un ensemble de règles qui régissent le fonctionnement de la classe et les rapports maître-élève : Qu'est-ce qui est réellement demandé ? Qu'est-ce qui est attendu ? Qu'est-ce qui est permis ? Qu'est-ce qui est interdit ?

Ces règles, en grande partie implicites, sont valables pour un type de tâche déterminé (résolution de problèmes, par exemple) et sont perçues par l'élève comme des constantes repérées au fil des activités qui lui sont soumises. Dans ce sens, certaines réponses d'élèves en apprennent beaucoup sur le contrat maître-élève. C'est par exemple le cas du célèbre problème de l'âge du capitaine.

➤ **Exemple 2** (erreur de l'âge du capitaine), p. 62.

• Contrat didactique et analyse d'erreurs

Face à toute réponse d'un élève, il faut se demander si ce dernier a bien répondu à la question posée ou s'il a répondu au maître qui l'a posée. On peut, dans cette perspective, considérer **deux catégories d'erreurs** :

– les erreurs qui sont produites à partir de règles du contrat élaborées par l'élève et qui fonctionnent comme des obstacles à une représentation correcte de la tâche demandée (c'est le cas de l'erreur de l'âge du capitaine) ;

– les erreurs qui sont produites à la suite de la non-appropriation des règles spécifiques à une activité donnée. L'élève ne sait pas exactement ce que le maître attend de lui dans des domaines comme la demande d'une explication ; la rédaction de la solution d'un problème ; le degré de précision dans les constructions géométriques...

C. La représentation que l'élève s'est construite du problème

Prenons un exemple :

EXEMPLE 4

Sur le quadrillage ci-contre, on a fait trois dessins.

Ces trois dessins doivent se trouver à l'intérieur d'un carré que tu dois tracer.

Trace ce carré en t'aidant du quadrillage.

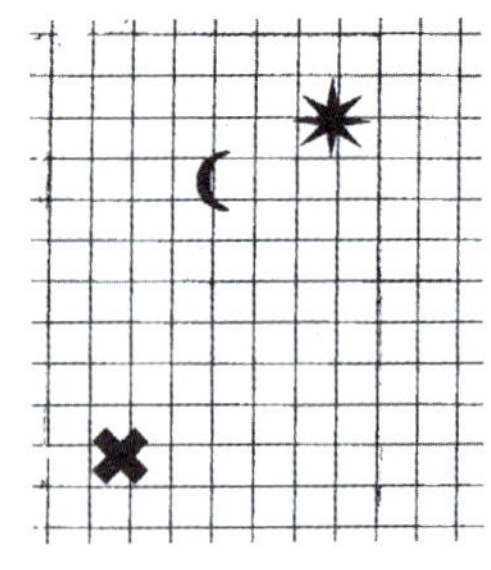

Réponse :

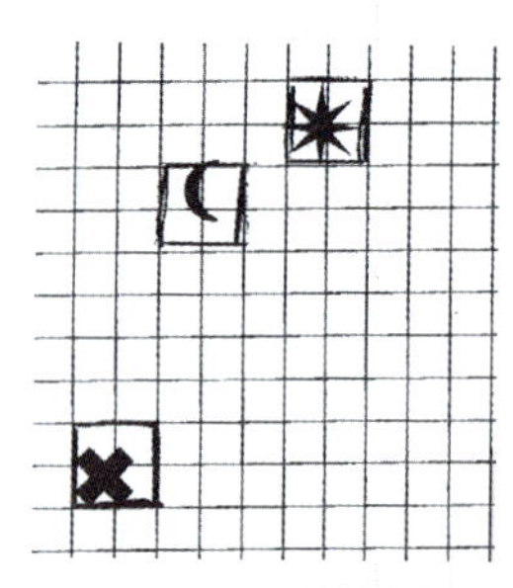

Analyse de l'erreur

– **Procédure mise en place** : L'élève a réalisé 3 carrés, un autour de chacune des figures.

– **Origine de cette procédure** : La première pensée est de se dire que l'élève n'a pas compris l'énoncé. Essayons plutôt de comprendre ce qu'il a compris : trois dessins doivent se trouver à l'intérieur d'un carré qu'il doit tracer ; et pour tracer les carrés, il faut suivre le quadrillage. On est en fait très proche du texte de l'énoncé. Finalement, c'est éventuellement la dernière phrase de l'énoncé qui peut amener l'élève à penser qu'il faut réaliser un seul carré. Mais même cette phrase est ambigüe ! De plus, elle est en italique et elle vient après une phrase qui peut conduire l'élève à estimer qu'il a déjà toutes les informations nécessaires ; aussi, pourquoi lirait-il cette phrase qui semble redire la même chose ?

Finalement, entre deux interprétations possibles, l'élève n'a pas choisi celle de l'auteur. C'est donc au niveau de la « construction de la représentation de la tâche » que se trouve la difficulté. Cette construction est en partie due à la part d'ambigüité que contient la consigne.

➤ **Construction de la représentation de la tâche**, chap. 5.

Il va de soi que l'élève, qui se construit une représentation erronée, incomplète ou non attendue d'un énoncé, a toutes les chances de trouver un résultat faux ou non attendu. Une représentation erronée peut aussi être due à des difficultés de lecture[4].

4. Nous développerons cet aspec[t] dans le chapitre [5] sur la résolution de problèmes, ca[r] on ne peut pas se contenter de dire que l'élève a des difficultés de lecture.

1.4 Les limitations du sujet

De nombreuses limites du sujet (ici l'élève) peuvent être à l'origine d'erreurs :
– la représentation que l'élève a des mathématiques ;
– la représentation qu'il a de lui-même comme mathématicien ;
– **la surcharge cognitive**
– des problèmes psychologiques ;
– son développement : par exemple, à certains stades de son développement, l'enfant ne parvient pas à distinguer les notions de quantités et d'espace occupé, et pense par exemple qu'il y a plus d'objets dans la ligne A que dans la ligne B :

*   *   *   *   *   *   *   A
**********   B

Nous allons étudier l'une de ces limites : la surcharge cognitive.

A. L'importance de la mémoire dans les tâches de résolution de problèmes

Certains psychologues cognitivistes ont tenté de modéliser le fonctionnement du sujet dans les tâches de résolution de problèmes. Ils ont été amenés à distinguer plusieurs types de mémoire parmi lesquelles nous retenons les deux suivantes :

- La mémoire permanente (ou mémoire à long terme)

Elle est durable et possède une très grande capacité, mais une information qui y est stockée peut ne pas être facilement récupérable.

- La mémoire de travail

Elle est utilisée pour le stockage temporaire d'informations et l'exercice d'activités non automatisées (inférences, activités de contrôle, recherche en mémoire à long terme...). Mais elle a une double limitation : de capacité (faible **empan mnésique**[5]) et de durée (stockage transitoire, effacement rapide des informations). En particulier, si la mémoire de travail est mobilisée par des activités cognitives non automatisées, la capacité de stockage est réduite du fait de la concurrence qui s'établit alors entre activités de traitement et activités d'autorépétition mentale[6].

5. **L'empan mnésique** est le nombre d'éléments que l'on peut restituer juste après les avoir entendus. Cet empan est souvent calculé à partir de la donnée d'une succession de nombres. On estime qu'il ne peut dépasser 6 ou 7 unités d'information.

6. J.-F. Richard, *Les Activités mentales*, Armand Colin, 2005.

B. La surcharge cognitive

Ces psychologues cognitivistes ont également évoqué l'idée de « **charge mentale de travail** » qui peut devenir excessive du fait de plusieurs facteurs :
– la gestion simultanée de plusieurs activités ;
– le manque de procédures automatisées et donc la nécessité de les reconstruire partiellement ou totalement ;
– le maintien du sujet sur des algorithmes coûteux (division par soustractions successives, par exemple) ;
– le manque de « faits » disponibles en mémoire à long terme (résultats numériques, schémas de problèmes, figures « prototypiques »)...

Prenons un exemple dans le cadre du calcul mental pour analyser cette surcharge cognitive.

EXEMPLE 5

On propose à un élève de CE2 de calculer mentalement **36 + 24**.

Voici les étapes de mémorisation qu'il devra faire :
– stocker en **mémoire de travail** (MT) les deux nombres de l'opération et l'opération elle-même ;
– utiliser cette MT pour rechercher en **mémoire à long terme** (MLT) la décomposition appropriée de **36 (30 + 6)** en considérant que le second nombre se termine par 4 (ce qui demande également un traitement) ainsi que la décomposition de **24 (20 + 4)** ;
– conserver ces deux décompositions en MT ;
– récupérer en MLT les résultats de **4 + 6** et de **30 + 20** s'ils sont disponibles ; sinon les reconstruire, ce qui suppose un traitement en MT, etc.

➤ **Surcharge cognitive,** voir aussi chap. 5, p. 79.

On perçoit comment la **surcharge cognitive** peut intervenir dans la mesure où certains résultats numériques ne sont pas disponibles en MLT ou bien certaines procédures ne sont pas automatisées.

Ce phénomène de surcharge cognitive peut également être source de difficultés dans le **cadre de la résolution de problèmes**.

EXEMPLE 6

On range 160 œufs dans des boites de 12.
Combien peut-on remplir de boites ?

Réponse :

12+ 12+12+12+12= 60
60 + 60= 120
120+ 12 +12 = 144
144 + 12 = 156
Il ya 156 boites

– **Procédure mise en place** : L'élève met en place une procédure d'additions itérées qui consiste à additionner des 12 pour se rapprocher le plus possible de 160 sans le dépasser. Cette procédure s'appuie sur une action évoquée (remplir les boites une à une). Pour diminuer le nombre d'additions, l'élève regroupe des résultats partiels (ici 60). Il conclut avec le dernier résultat obtenu.

– **Origine de cette procédure** : La procédure est correcte au départ, puis semble « déraper ». Que s'est-il passé ? On peut penser que, à un certain moment, l'élève a perdu le fil de sa procédure.

On peut avancer l'**hypothèse suivante** : l'élève ne dispose pas de solution experte pour ce problème (ses apprentissages antérieurs ne lui permettent pas de le reconnaître comme un problème de division) ; il doit donc inventer une procédure personnelle en fonction de la représentation qu'il se fait de la situation. Mais ce choix l'oblige à gérer simultanément la procédure, en gardant la référence à la situation concrète, et les calculs. Il est probable qu'à un moment la charge mentale devienne trop importante et que l'élève n'arrive plus à tout maîtriser. Il ne garde alors du but initial que la volonté de se rapprocher le plus possible de 160 par valeur inférieure. On parle alors de « **surcharge cognitive** ». Notons qu'ici on analyse en partie l'erreur en termes de « **manque** ». On parlera de « limitation du sujet ».

Pourquoi conclut-il « 156 boites » ? Sans doute en utilisant une règle, elle aussi souvent valide, selon laquelle la réponse à la question posée dans l'énoncé se trouve après le dernier signe « = ».

AU CONCOURS

Beaucoup d'étudiants évoquent la surcharge cognitive (parfois de manière abusive) pour analyser des erreurs. Il est important de justifier cette hypothèse en mettant en évidence ce qui est à l'origine de cette surcharge.

2 Les dispositifs de remédiation

Les dispositifs de remédiation sont fonction de l'analyse que l'on a faite de l'origine de l'erreur[7]. Comme nous venons de le voir, les erreurs peuvent être liées :
– aux conceptions de l'élève ;
– à des règles du contrat didactique ;
– à une surcharge cognitive.

7. C'est dans le chapitre 5 que nous aborderons le cas des erreurs liées à une représentation erronée du problème.

2.1 Remédiation dans le cas d'erreurs liées aux conceptions de l'élève

Le dispositif de remédiation[8] est fonction du modèle d'enseignement / apprentissage sur lequel on s'appuie.

8. Au concours, on parle souvent d'aide plutôt que de remédiation. Précisons que, pour nous, remédier c'est mettre en place une nouvelle médiation entre l'élève et le savoir après un premier apprentissage mal réussi et non apporter un remède.

A. Modèle transmissif

Pour un exercice, on redonne l'explication. Dans le cas d'une méthode, on peut la montrer à nouveau à l'élève : « Regarde bien, je vais ... ».

B. Modèle « maïeutique scolaire »

On questionne l'élève jusqu'à ce qu'il donne la bonne réponse.

C. Modèle béhavioriste

On repère, dans la liste des objectifs classés par difficulté croissante, ceux que l'élève n'a pas atteints. On fait ensuite travailler les élèves sur le premier objectif non atteint, puis sur le suivant... en lui donnant des exercices de difficulté progressive.

D. Modèle constructiviste

On passe par les étapes suivantes :

– **Étape 1 :** Aider l'élève à expliciter la procédure qu'il a mise en place. On peut, pour cela, utiliser l'« **entretien d'explicitation** », technique de questionnement mise au point par P. Vermesch[9] qui consiste, entre autres, à ne pas poser de questions qui conduisent à une justification (comme par exemple « Pourquoi tu as écrit que 3,4 < 3,12 ? ») mais plutôt des questions qui encouragent la description (« Comment tu t'y es pris pour comparer ces deux nombres décimaux ? », « Qu'est-ce tu t'es dit ou tu as vu quand tu as commencé à comparer ces deux nombres décimaux ? »).

9. P. Vermesch, *L'Entretien d'explicitation*, ESF, 2006.

– **Étape 2 :** Aider l'élève à prendre conscience de l'insuffisance de cette procédure et des conceptions sous-jacentes à cette procédure. La stratégie consiste à l'amener à une contradiction entre une anticipation et un démenti. Dans la mesure du possible, le démenti doit être apporté par le milieu lui-même (situation de conflits cognitifs internes).

– **Étape 3 :** Aider l'élève à construire (ou reconstruire) une procédure nouvelle qui lui permettra de lever la contradiction précédente. Dans cette pratique, toute la difficulté est d'arriver à provoquer cette contradiction[10] et un conflit interne.

10. Il s'agit d'une **contradiction** qui doit être perçue par l'élève. Il se peut que l'expert voie une contradiction entre une anticipation faite par l'élève et le résultat trouvé sans pour autant que ce dernier la voie.

REPRISE DE L'EXEMPLE 1 p. 55

Complète avec $<$ ou $>$: $3{,}4 \ldots 3{,}12$.

Réponse : $3{,}4 < 3{,}12$.

Proposition de remédiation

- Si l'élève sait passer d'une écriture décimale à une écriture sous forme d'une somme d'un entier et de fractions décimales, on lui demandera de comparer :

$$3 + \frac{4}{10} \quad \text{et} \quad 3 + \frac{1}{10} + \frac{2}{100}.$$

Puis, en supposant qu'il réponde correctement à cette question, le faire revenir sur la comparaison de 3,4 et 3,12. Si le résultat erroné est remis en cause, il s'agit ensuite d'aider l'élève à remettre également en cause sa procédure (éventuellement en en comprenant l'origine), pour l'aider ensuite à mettre en place une procédure correcte.

- On peut aussi provoquer un conflit avec une expérience : réaliser des segments de longueurs 3,4 et 3,12 avec une unité arbitraire (éviter les m et cm…) et comparer leurs longueurs, par exemple par superposition.

Une des difficultés de cette phase de conflit est de s'assurer que les connaissances qui sont sous-jacentes au démenti sont parfaitement installées, sinon l'élève ne percevra pas de contradiction ou la gérera en remettant en cause le « démenti ». C'est le cas, par exemple, si face à la contradiction présentée ci-dessus, l'élève décide de remettre en cause le résultat de la comparaison de $3 + \frac{4}{10}$ et $3 + \frac{1}{10} + \frac{2}{100}$.

E. Modèle « apprentissage de l'abstraction »

On propose à l'élève une succession d'exemples et de contre-exemples et on l'invite à « redécouvrir » la règle de comparaison des nombres décimaux.

EXEMPLE 7

Pour comparer les nombres décimaux, on peut proposer l'exercice suivant :

Observe ces comparaisons, certaines sont fausses (elles sont barrées), d'autres sont justes. Trouve une règle pour comparer deux nombres décimaux qui ont la même partie entière.

a. $12{,}24 > 12{,}21$ *b.* $12{,}5 < 12{,}8$ ~~*c.* 12,45 > 12,6~~

~~*d.* 7,84 > 7,9~~ *e.* $7{,}62 > 7{,}5$ ~~*f.* 7,34 > 7,4~~

À PROPOS DE REMÉDIATION

• Il convient de distinguer deux types de connaissances :

– les **connaissances nouvelles** qui sont en train d'être construites dans le cadre d'un premier enseignement et pour lesquelles l'erreur et sa prise de conscience peuvent constituer un moment de l'apprentissage parfois voulu par l'enseignant, dans le cadre d'une situation-problème par exemple (dans ce cas on n'est pas dans l'optique d'une remédiation) ;

– les **connaissances enseignées antérieurement**, pour lesquelles l'apprentissage n'a pas été complètement réussi : c'est dans ce cadre-là que l'on peut parler de « remédiation» dans le sens de ré-apprentissage.

2.2 Remédiation dans le cas d'erreurs liées à des règles du contrat didactique

On a vu qu'il y avait deux types d'erreurs liées à des règles de contrat didactique.

A. Erreurs liées à des règles appropriées au fil des activités scolaires

Dans ce cas, on peut mettre en place un dispositif proche de celui présenté pour les erreurs liées aux conceptions des élèves. Par exemple pour le problème de l'âge du capitaine :

➤ **Exemple 2** (erreur de l'âge du capitaine), p. 62.

1° **Recenser les réponses des élèves**, ce qui leur permet de constater qu'il y a deux réponses : « 31 ans » et « c'est impossible ».

2° **Demander aux élèves d'expliciter leurs procédures**. Ceux qui ont répondu « 31 ans » expliquent qu'« on doit répondre au problème posé », « il faut utiliser les données », « il faut faire une opération »... Les autres avancent l'argument qu'« il n'y a pas de lien entre l'âge du capitaine et les animaux qu'il a dans son bateau ». Un débat s'engage que l'enseignant tranche en expliquant que, lorsqu'il pose des problèmes, il peut y en avoir certains « qui sont impossibles à résoudre ». Il installe ainsi **une nouvelle règle du contrat**.

B. Erreurs liées au non-respect de règles explicités auparavant

Dans ce contexte, il faut aider les élèves à s'approprier les critères de réussite d'une tâche. Pour cela, l'enseignant peut :

1° **Préciser les critères de réussite de la tâche.**

Par exemple, pour l'erreur du « problème du fleuriste », il faut que l'élève clarifie les critères qui lui permettent de dire si la rédaction de la solution est correcte. Par exemple :

➤ **Exemple 3** (problème du fleuriste), p. 62.

– il ne doit pas y avoir de fautes d'orthographe ;
– s'il y a plusieurs questions, elles doivent être numérotées ;
– pour chaque question, il faut rédiger une phrase réponse qui sera suivie de la réponse ;
– les opérations à effectuer doivent être notées ; s'il y a des opérations intermédiaires, elles doivent figurer et vous devez indiquer ce qu'elles permettent de calculer.

Ces exigences peuvent être rédigées sur une affiche avec un exemple qui permet d'illustrer les principales exigences.

2° **Proposer aux élèves une « tâche à erreurs ».**
L'enseignant donne aux élèves un problème à chercher, puis réalise un montage de leurs réponses pour une ou deux questions. Dans chaque extrait, certains éléments ne correspondent pas aux critères annoncés, mais les réponses sont mathématiquement correctes.

L'enseignant photocopie ce montage, le distribue aux élèves et leur demande ensuite, pour chaque extrait, de dire ce qui convient et ce qui ne convient pas. Il peut y avoir, avant la mise en commun, un travail de confrontation en sous-groupes. L'enseignant a préparé un tableau comme celui-ci :

Productions	Ce qui va	Ce qui ne va pas
A		
B		
...		

Il le remplit sous la dictée des élèves. Mais à la fin, il donne son point de vue car lui seul peut trancher. Cela permet aux élèves d'être acteur face aux critères de l'enseignant. Ils sont d'ailleurs généralement très critiques, découvrant parfois qu'ils viennent juste de critiquer leur propre production !

2.3 Remédiation dans le cas d'erreurs liées à une surcharge cognitive

Des études réalisées par des psychologues montrent que l'empan mnésique ne peut être que très difficilement amélioré ; en revanche, il est possible **d'alléger la charge de travail de l'élève** :

– **en l'aidant à se construire des automatismes** : techniques opératoires, reconnaissance de figures géométriques, lecture... ; c'est le rôle des exercices de consolidation (appelée aussi exercices d'application, d'entrainement) d'aider les élèves à acquérir des automatismes ;

– **en l'aidant à mieux organiser son travail** : noter des éléments importants, utiliser des schémas pour construire des figures (cf. chap. 14) ;

– **en lui permettant d'utiliser des outils comme la calculatrice**.

L'acquisition d'automatismes passe par un entraînement régulier, progressif et systématique. Il va de soi que l'enseignement d'un concept ne peut se ramener à la seule acquisition d'automatismes, mais certains d'entre eux sont incontournables. Par exemple, dans l'erreur du **problème des œufs**, si l'élève avait automatisé le calcul mental de sommes, il aurait pu davantage se concentrer sur la signification et l'interprétation de ses calculs... et peut-être répondre correctement.

➤ **Exemple 6** (problème des œufs), p. 66.

CONCLUSION POUR L'ÉPREUVE DU CONCOURS ET POUR ENSEIGNER

Nous avons mis en évidence le fait que l'analyse d'erreurs et les dispositifs de remédiation sont fonction de la conception d'apprentissage / enseignement sur laquelle on s'appuie. Nous avons également mis en évidence comment l'approche socio-constructiviste permettait d'élargir notre regard sur l'erreur et l'éventail des possibles dans les dispositifs de remédiation.

Nous pouvons résumer ces dispositifs d'analyse et de remédiation par le schéma de la page 72.

On comprend dès lors l'intérêt qu'il y a à identifier a priori les erreurs caractéristiques des élèves (erreurs liées à des problèmes de conception) au cours de la phase d'élaboration de séquence d'enseignement afin de pourvoir les prendre en compte dès l'introduction des éléments de savoir.

Au concours

Il faut dans la mesure du possible analyser les erreurs en décrivant la procédure qui est (ou semble être) mise en place par l'élève et en émettant des hypothèses concernant des origines possibles. Pour faciliter ce travail d'analyse, nous présentons dans la seconde partie de cet ouvrage, pour chaque thème mathématique enseigné à l'école primaire, les principales erreurs caractéristiques et leur analyse.

Lorsqu'au concours il est demandé de décrire un scénario d'aide pour un élève qui a fait une erreur en lien avec une conception de l'élève, il est préférable, dans la mesure du possible, de s'appuyer sur une **approche socio-constructiviste**.

RESSOURCES À CONSULTER

- **Ouvrages généraux sur l'erreur**

– A. Mikolajczak, Luc de Brabandere, *Petite philosophie de nos erreurs quotidiennes : Comment nous trompons-nous ?*, Eyrolles, 2009.

– C. Morel, *Les Décisions absurdes : Sociologie des erreurs radicales et persistantes,* Gallimard, 2004.

- **Analyse d'erreurs**

– J.-P. Astolfi, *L'Erreur, un outil pour enseigner,* ESF, 1997.

– S. Baruk, *L'Âge du capitaine,* Le Seuil, 1985.

– S. Baruk, *Si 7 = 0 : Quelles mathématiques pour l'école ?*, Odile Jacob, 2004.

– A. Siety, *Mathématiques, ma chère terreur,* Calmann-Lévy, 2001.

– A. Siety, *Qui a peur des mathématiques ?*, Denoël, 2012.

ANNEXE
Les dispositifs d'analyse et de remédiation

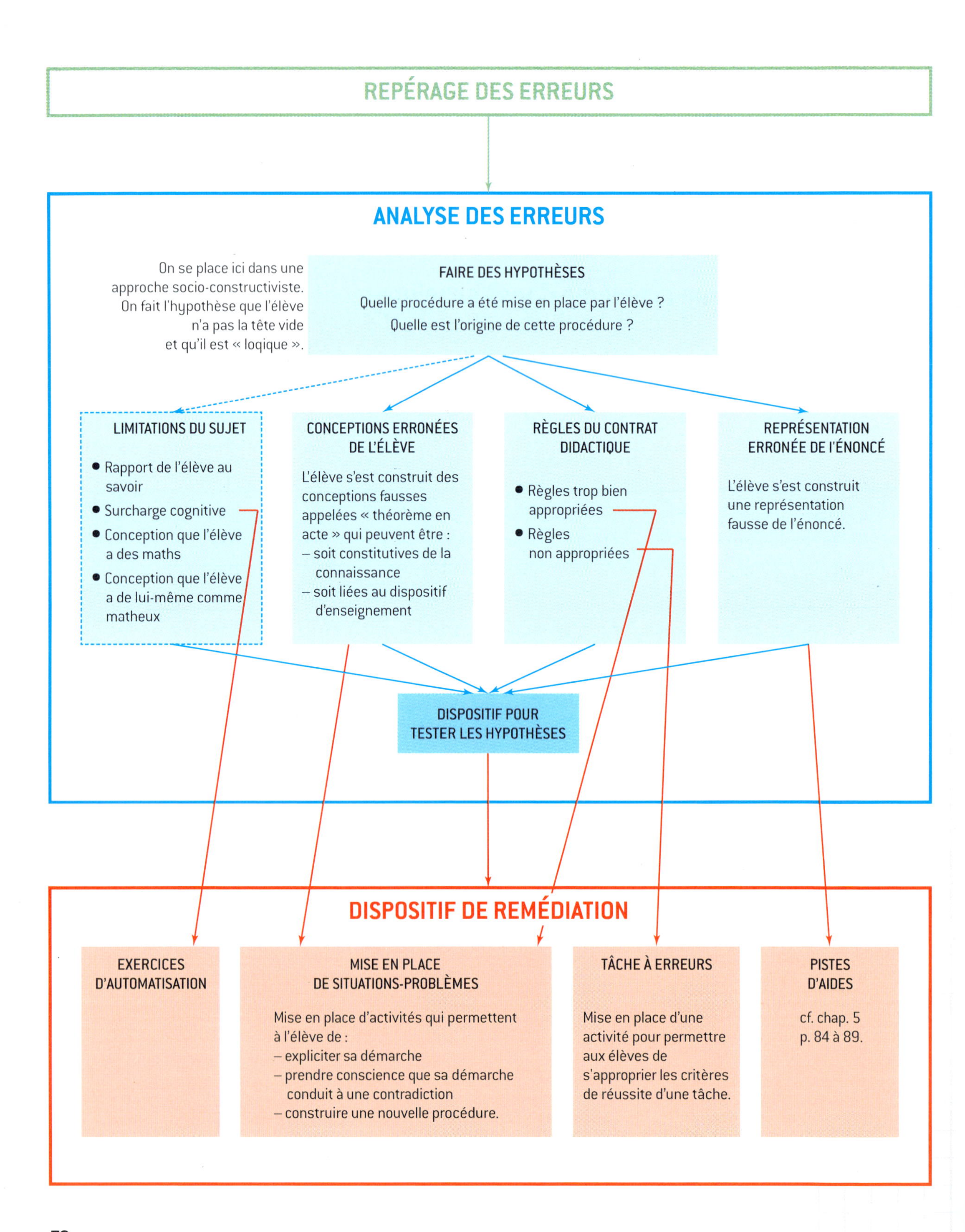

Les problèmes et leur rôle dans l'enseignement

Les problèmes sont au cœur de l'enseignement des mathématiques. Ce sont eux qui donnent tout leur sens aux **concepts que l'on enseigne**. Ainsi dans les épreuves du concours il y a très souvent des problèmes ou des erreurs d'élèves relatives à la résolution de problèmes à analyser. Ce chapitre présente des outils qui facilitent l'**analyse a priori d'un problème** et aide à **l'analyse des erreurs des élèves**.

1 Qu'est-ce qu'un problème dans l'enseignement ?

Nous appellerons **problème** (dans l'enseignement[1]) toute activité proposée à l'élève, constituée de **données** qui renvoient à un contexte, de **contraintes** (éventuelles) et d'un **but à atteindre**.

Pour atteindre ce but, l'élève doit mettre en place une suite d'opérations ou d'actions (qu'on appellera « **procédure** ») qui ne sont pas immédiatement disponibles pour lui.

1. Par la suite on parlera de « **problème scolaire** ».

Selon cette définition, une activité proposée à l'élève est un problème s'il y a quelque chose à chercher et si elle « fait problème » pour lui. Ainsi, elle peut être un problème pour un élève et ne pas l'être pour un autre. Elle peut également, pour le même élève, être un problème à un moment donné et ne plus l'être quelque temps plus tard.

Il est à noter que cette distinction ne correspond pas exactement à celle généralement faite par les auteurs de manuels. En effet dans la rubrique « problèmes » de ces manuels, on trouve parfois des activités qui ne devraient plus être des problèmes au sens où on les a définis ci-dessus.

Prenons des exemples et des contre-exemples :

ACTIVITÉ 1

Devant les élèves, l'enseignant place dans une boîte opaque **5 billes** puis **3 billes** et leur demande de trouver le nombre de billes placées dans la boîte.

En maternelle, cette activité est un problème (au sens de « faire problème ») pour tous les élèves car ils doivent imaginer une procédure (recours à un dessin, utilisation des doigts, surcomptage…). On peut légitimement penser que, après avoir vécu cette activité plusieurs fois, beaucoup d'élèves n'hésiteront plus sur la procédure à mettre en place. Restera bien sûr la difficulté de l'exécution de cette procédure. Si, au CP par exemple, on place 89 billes dans la boîte et qu'on en rajoute 8, la procédure figurative ne convient plus. Les élèves, qui n'avaient que cette procédure à leur disposition, ne peuvent plus l'utiliser et se retrouvent confrontés à un nouveau problème : il faut qu'ils construisent une nouvelle procédure. On voit, à travers cet exemple, qu'en jouant sur les nombres de l'énoncé on peut transformer une activité pour qu'elle redevienne un problème (ou pour qu'elle fasse à nouveau problème).

ACTIVITÉ 2

Convertir : 25 cm = … m.

On peut penser que cette activité, proposée à des élèves de CM2, ne devrait plus être un problème (au sens de faire problème pour les élèves). Si elle leur est proposée, ce sera au titre d'exercice d'application, d'automatisation ou de consolidation (terme qui sera privilégié dans la suite de cet ouvrage) ou encore d'évaluation.

ACTIVITÉ 3

Des points sont placés sur un cercle. Trouver une méthode pour calculer le nombre total de cordes que l'on peut tracer en joignant deux de ces points.

ACTIVITÉ 4

Sur le terrain de handball, l'enseignant a placé une baguette de bois d'environ 3 m de long dont les extrémités sont sur deux lignes de limitation du terrain.

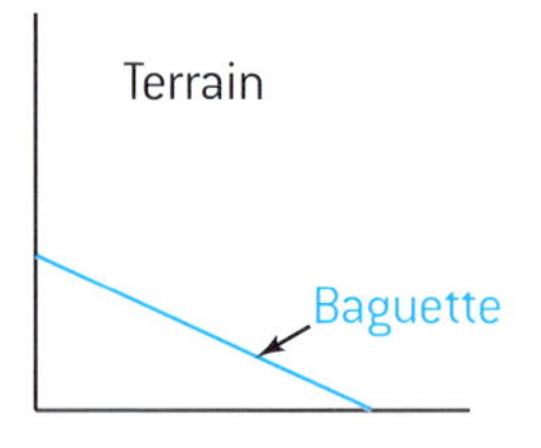

Consigne : « Il faut trouver une méthode pour déterminer la longueur de cette baguette, mais attention on ne peut aller sur le terrain, on peut juste rester au bord. Si vous souhaitez du matériel, vous pouvez venir me le demander. »

La dimension de la baguette (même approximative) n'est évidemment pas donnée aux élèves, pas plus que le schéma. L'enseignant peut mettre à disposition des élèves un mètre en bois, du papier et des instruments de dessin géométrique (crayon, double décimètre, compas, équerre...) mais évidemment pas un décamètre !

A l'école primaire, il est plus difficile de transformer les activités 3 et 4 de façon à ce qu'elles ne posent plus problème aux élèves. On peut donc considérer que ce sont des problèmes quelle que soit la situation de l'élève.

ACTIVITÉ 5

Léo achète au marché 3 kg de pommes à 1,75 € le kilo et 2 kg d'oranges à 2,30 € le kilo. Il paie avec un billet de 20 €. Combien le commerçant doit-il lui rendre ?

De même, l'activité 5 restera un problème pour les élèves même si on peut penser que la détermination des étapes pour résoudre le problème devrait, à la fin de l'école primaire, se faire rapidement.

2 Une grande diversité de problèmes scolaires

Un problème est donc défini par des **données** qui renvoient à un contexte, des **contraintes** (éventuelles) et un **but à atteindre** ainsi que par les **connaissances** de ceux à qui il est proposé.

2.1 Diversité des contextes

Pour les problèmes scolaires, on peut identifier **trois types de contexte** :

A. Contexte dit de « vie courante »

Ces problèmes, parfois appelés « **problèmes concrets** », sont très nombreux. Ils évoquent soit des activités familières aux élèves (tirés par exemple de la vie de la

Exemple de problème : **activité 4**, ci-dessus.

classe ou de l'école ou encore des jeux pratiqués par les enfants), soit des activités de la vie quotidienne des adultes (achats, voyages, vacances...).

B. Situations relevant d'autres disciplines

Ces problèmes sont moins fréquents. Les disciplines peuvent être : l'astronomie, la physique, la biologie, l'histoire, la géographie... Il est rare cependant que l'aspect interdisciplinaire soit réellement présent ; le plus souvent le contexte choisi n'est que « prétexte » à un problème classique.

C. Contexte purement mathématique

Les objets évoqués sont alors des objets mathématiques (nombres, figures...) sans relation avec une réalité extérieure.

Exemple de problème : **activité 3**, p. 74.

2.2 Diversité dans la façon de communiquer les données, le but et les contraintes

A. Sous forme d'un énoncé écrit

Dans les manuels, les informations relatives à un problème sont communiquées sous forme d'un énoncé écrit parmi lesquels on peut distinguer :
– les énoncés fournis uniquement sous forme d'un texte écrit ;
– les énoncés dans lesquels une partie de l'information est donnée sous forme organisée (tableau, diagramme...) ;
– les énoncés associant texte et image (photo, dessin, bande dessinée...), l'illustration pouvant être ou non source d'informations pour la résolution du problème ;
– les énoncés associant texte et document réel (publicité, extrait de tarif...).

B. Sous forme orale et/ou à partir d'un dispositif matériel

D'autres formes peuvent être utilisées :
– informations données oralement pour partie ou entièrement ;
– questions posées à propos d'un dispositif matériel.
Le fait de fournir l'information nécessaire à la résolution du problème sous des formes diverses n'est pas anodin. D'une part, il exige de la part des élèves des stratégies de prise d'information appropriées. D'autre part, il leur permet d'avoir accès à des problèmes sans être nécessairement confrontés à la lecture d'un énoncé. De plus, un problème construit à partir d'un dispositif matériel peut faciliter la mise en place d'une **validation interne**.

Exemple de problème dont la question est posée à partir d'un dispositif matériel : **le problème du puzzle**, p. 37.

➤ **Validation interne,** chap. 2 p. 37.

C. Avec des données inutiles ou manquantes

Il est également possible de proposer des problèmes avec des données inutiles ou des données manquantes, voire sans aucune donnée (seule une question est posée). C'est alors à l'élève d'aller rechercher les informations nécessaires.

3 Pourquoi des problèmes dans l'enseignement ?

3.1 Principaux extraits des programmes qui font référence aux problèmes

- **Dans les programmes de l'école maternelle :**

Extrait du BO spécial n° 2 du 26 mars 2015.

2.2. Apprendre en réfléchissant et en résolvant des problèmes
Pour provoquer la réflexion des enfants, l'enseignant les met face à des problèmes à leur portée. Quels que soient le domaine d'apprentissage et le moment de vie de classe, il cible des situations, pose des questions ouvertes pour lesquelles les enfants n'ont pas alors de réponse directement disponible.

- **Dans l'introduction des programmes de mathématiques des cycles 2 et 3,** les auteurs insistent sur l'importance de la **résolution de problème** :

Extrait du BO n° 11 du 26 novembre 2015.

– Au cycle 2 :

Au cycle 2, **la résolution de problèmes**[1] est au centre de l'activité mathématique des élèves, développant leurs capacités à chercher, raisonner et communiquer. Les **problèmes** permettent d'aborder de nouvelles notions, de consolider des acquisitions, de provoquer des questionnements. Ils peuvent être issus de situations de vie de classe ou de situations rencontrées dans d'autres enseignements, notamment « Questionner le monde ». Ils ont le plus souvent possible un caractère ludique. On veillera à proposer aux élèves dès le CP des **problèmes** pour apprendre à chercher qui ne soient pas de simples problèmes d'application à une ou plusieurs opérations mais nécessitent des recherches avec tâtonnements.

1. Les mots en gras ont été soulignés par les auteurs de l'ouvrage.

– Au cycle 3 :

Dans la continuité des cycles précédents, le cycle 3 assure la poursuite du développement des six compétences majeures des mathématiques : chercher, modéliser, représenter, calculer, raisonner et communiquer. **La résolution de problèmes** constitue le critère principal de la maitrise des connaissances dans tous les domaines des mathématiques, mais elle est également le moyen d'en assurer une appropriation qui en garantit le sens. Si la modélisation algébrique relève avant tout du cycle 4 et du lycée, la résolution de problèmes permet déjà de montrer comment des notions mathématiques peuvent être des outils pertinents pour résoudre certaines situations.
Les situations sur lesquelles portent les problèmes sont, le plus souvent, issues d'autres enseignements, de la vie de classe ou de la vie courante. Les élèves fréquentent également des problèmes issus d'un contexte interne aux mathématiques. La mise en perspective historique de certaines connaissances (numération de position, apparition des nombres décimaux, du système métrique, etc.) contribue à enrichir la culture scientifique des élèves. On veille aussi à proposer aux élèves des problèmes pour apprendre à chercher qui ne soient pas directement reliés à la notion en cours d'étude, qui ne comportent pas forcément une seule solution, qui ne se résolvent pas uniquement avec une ou plusieurs opérations mais par un raisonnement et des recherches par tâtonnements.

Les auteurs explicitent ensuite, dans un tableau, les **compétences à développer**, en lien avec la résolution de problème : **chercher, modéliser, représenter, raisonner, calculer, communiquer.**[2]

2. Ces six grandes compétences sont intégralement décrites pour les cycles 2 et 3 p. 18 et 19.

3.2 Les objectifs visés par les problèmes

- Construire une connaissance nouvelle

Cette construction se fait souvent avec une **situation-problème**. C'est par exemple le cas de l'activité 1 qui peut servir, au CP, à introduire le concept d'addition de nombres entiers.

➤ **Concept d'addition de nombres entiers,** chap. 10.

- Approfondir une connaissance

On peut identifier deux sous catégories :

– les **problèmes de transfert** : ce sont des problèmes qui permettent à l'élève d'utiliser un élément de savoir dans un domaine (contexte) différent de celui (ou ceux) dans le(s)quel(s) il a l'habitude de rencontrer cet élément ;

– les **problèmes de synthèse** : ce sont des problèmes destinées à faire fonctionner un nouvel élément de savoir avec d'autres éléments préalablement étudiés. C'est par exemple le cas de l'activité 4 qui oblige l'élève à utiliser un plan, la notion d'échelle...

➤ **Activité 1,** p. 73 ; **activités 3 et 4,** p. 74.

- Apprendre à chercher

On parle alors de **problème ouvert**. C'est le cas de l'activité 3.

3.3 Les intentions didactiques

Un même problème peut être utilisé avec des intentions didactiques différentes. Considérons le problème suivant :

> Je veux répartir **756** œufs dans des boites de **12** œufs.
> Combien me faut-il de boites ?

- Ce problème est proposé à des élèves de CE2.

Proposé en début d'année à des élèves de CE2 qui connaissent encore mal la division et sans l'aide d'une calculatrice, ce problème exigera qu'ils imaginent, pour le résoudre, **des procédures originales, personnelles** (soustractions successives, essais de produits par 12...). Ils seront ensuite amenés progressivement à améliorer ces procédures initiales et à les faire évoluer vers la division.

➤ **Procédures élèves pour résoudre ce type de problème,** chap. 11, p. 253.

Ce problème est alors un **problème pour apprendre**, c'est-à-dire un problème destiné à permettre l'appropriation par les élèves d'une notion nouvelle. Ce type de problème peut alors prendre la forme de ce qu'on appelle une « **situation-problème** ».

➤ **Situation-problème,** chap. 2 p. 39.

- Ce problème est proposé à des élèves de CE1.

Des élèves de CE1 peuvent également être confrontés à ce problème. Ils devront eux aussi imaginer des procédures originales, personnelles..., mais l'enseignant n'aura pas la volonté, à ce moment-là, de les faire évoluer vers la division. Son intention sera simplement de mettre les élèves en situation de chercher une solution à un problème inédit.

La résolution du problème a alors plutôt comme objectif principal d'**apprendre à chercher**. Il entre dans la catégorie « **problème ouvert** ».

➤ **Problème ouvert,** § 6 p. 90.

4 Comment résout-on un problème ?

Deux problèmes à résoudre pour commencer :

Pour mieux vous approprier les contenus de ce paragraphe, nou vous invitons à résoudre ces deux problèmes, puis à identifier les étapes de résolution.

Problème 1

M. Ducreux possède un magnifique verger qui est un terrain rectangulaire de 150 m sur 125 m. Dans ce verger, les pommiers sont plantés régulièrement. Il y a 12 rangées de 25 pommiers. Chaque pommier permet de récolter en moyenne 75 pommes. M. Ducreux place ses pommes dans des cagettes qui mesurent 75 cm sur 50 cm sur 40 cm. Chaque cagette peut contenir 50 pommes. Dans un kilogramme, il y a 8 pommes en moyenne. Combien peut-il remplir de cagettes avec sa récolte ?

Problème 2

Un entier naturel possède plusieurs décompositions additives, par exemple :

$45 = 20 + 20 + 5$

$45 = 16 + 10 + 17 + 2$

$45 = 15 + 30$...

Parmi toutes les décompositions additives d'un entier naturel, quelle est celle dont le produit des termes est le plus grand ?

Pour ces deux problèmes, des éléments de correction figurent au fil du texte qui suit.

Pour résoudre un problème, on peut passer par des étapes schématisées ainsi :

Attention ! **Ce schéma est réducteur**, en particulier parce qu'il met l'accen sur une approch très linéaire de la recherche de problème. Il va d soi qu'il y a des allers-retours entre les différentes étapes : p exemple, on peu commencer à se construire une représentation d problème, puis s'engager dans la démarche de l'élaboration de l procédure avant de relire l'énonc

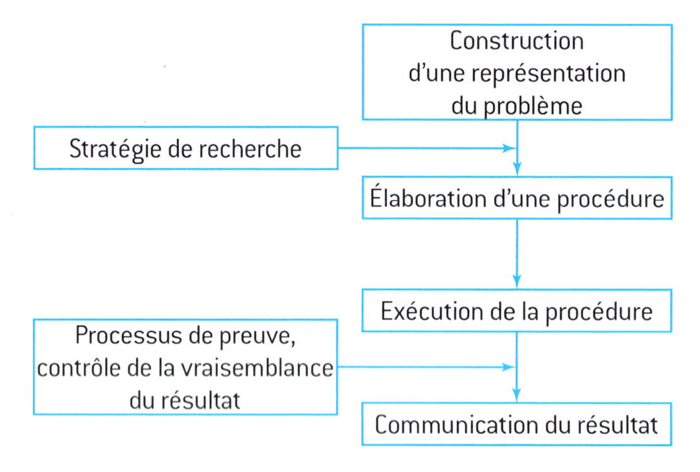

Nous allons reprendre chacune de ces étapes.

4.1 Construction d'une représentation du problème

Un **problème** est une situation qui se caractérise par un ensemble de données, un (des) but(s) à atteindre, et un ensemble de contraintes qui délimitent l'action du sujet. Quand l'élève prend connaissance des informations qui lui sont communiquées, il essaie de leur donner du sens et de les relier entre elles : on dit qu'« **il se construit une représentation du problème** ».

Si on se place dans le cas d'une communication par le biais d'un énoncé écrit, l'élève construit cette **représentation du problème** à partir de la **compréhension du texte** qui lui est donné, en selectionnent des indices et en stockant des informations en mémoire.

A. Sélection des indices (numériques et non numériques)

Cette sélection se fait par anticipation sur le sens du texte, en fonction des premiers mots rencontrés dans l'énoncé, des consignes données, des expériences scolaires et sociales du lecteur et bien sûr de la question posée.

B. Stockage des informations en mémoire

• La mémoire de travail (MT)

Au fur et à mesure de la lecture, les indices sélectionnés sont stockés dans cette mémoire, appelée aussi **mémoire à court terme**. Elle permet de stocker des informations pendant un laps de temps très court. Sa capacité est limitée (on parle de 7 ou 8 unités d'information), mais aucun effort n'est nécessaire ni pour stocker ces informations ni pour les traiter.

Quand cette mémoire est saturée, on parle de **surcharge cognitive**. Cela se traduit par le fait que certaines informations sont effacées ou que d'autres ne sont pas stockées.

➤ **Surcharge cognitive**, voir aussi chap. 4, p. 65.

• La mémoire à long terme (MLT)

Les expériences scolaires et sociales sont stockées dans cette mémoire qui, disponible en permanence, a une capacité de stockage considérable.

Trois types de connaissances y sont stockées :

– les **connaissances déclaratives** : ce sont par exemple les définitions, les propriétés... ;

– les **connaissances procédurales** : ce sont des savoir-faire liés à notre expérience ;

– les **connaissances sociales** qui sont liées aux expériences sociales de l'élève et qui lui permettent, dans le cas d'un problème s'appuyant sur un contexte concret, d'associer les informations fournies avec un vécu.

Mais il est difficile de récupérer certaines informations dans la mémoire à long terme. Cela concerne en particulier le cas des savoirs procéduraux, qui sont souvent stockés de façon implicite (avons-nous fait un effort particulier pour mémoriser notre façon de lire ?) ou qui sont fortement contextualités, donc difficiles à envisager dans un nouveau contexte.

Les **expériences scolaires** stockées dans la mémoire à long terme sont constituées de problèmes déjà résolus, de procédures de résolution automatisées, de résultats mémorisés, de règles du contrat didactique.

➤ **Contrat didactique**, chap. 4, p. 62.

Les **expériences sociales** de l'élève jouent bien sûr un rôle considérable dans la résolution des problèmes dits « concrets ».

Voici quelques exemples de règles du contrat didactique[3] qui fonctionnent souvent dans le cadre de résolution de problèmes :

– Tout problème que l'enseignant donne a une solution.

– Pour résoudre un problème, il faut utiliser toutes les données de l'énoncé.

– Pour résoudre un problème, il faut faire des opérations.

– Pour résoudre un problème, il faut utiliser les dernières notions étudiées...

Ces règles établies entre le professeur et les élèves n'ont jamais été énoncées, c'est l'expérience qui les a installées. Certaines d'entre elles sont évidemment source de difficultés.

3. Il va de soi que ces règles n'ont pas un caractère de fatalité. Par exemple, si un enseignant a l'habitude de proposer des problèmes avec des données inutiles, la deuxième règle ne fonctionne pas dans sa classe. Mais, dans tous les cas, il y a toujours des règles.

Revenons sur la manière dont vous avez procédé pour résoudre les problèmes 1 et 2.

Problème 1

Au fur et à mesure de la lecture des informations de l'énoncé, vous avez sélectionné des informations qui vous semblaient importantes, par exemple le fait que le verger est rectangulaire, qu'il fait 150 m sur 125 m. Par contre, vous n'avez peut-être pas stocké le fait que ce verger est « magnifique ». C'est évidemment l'expérience que vous avez des problèmes scolaires qui vous a amené à faire cette sélection.

Au fur et à mesure de la lecture, constatant qu'il y a de très nombreuses informations, vous avez peut-être décidé de souligner celles qui étaient importantes ou des les schématiser (dessin d'un rectangle avec les dimensions...). Vous avez certainement été gêné par des informations relatives au nombre de pommes récoltées par pommier après les informations concernant le nombre de rangées de pommiers, car vous aviez commencé à anticiper la question : « ce doit être un problème d'intervalle », mais l'information suivante ne cadre pas avec cette anticipation. C'est peut-être à ce moment que vous êtes passé directement à la question... (nous y reviendrons). C'est ce travail de lecture qui vous a permis de vous construire une (première) représentation du problème.

Problème 2

La construction de la représentation du problème consiste à comprendre ce qu'est une décomposition additive, à constater qu'il y en a plusieurs, à donner du sens à l'expression « produit des termes » et enfin à comprendre le but à atteindre (trouver le plus grand « produit des termes »).

4.2 Stratégies de recherche et élaboration d'une procédure

➤ **Schéma** des étapes pour résoudre un problème p. 78.

Une **procédure** peut être définie comme l'ensemble des opérations (éventuellement des actions) que l'élève élabore pour atteindre le but assigné par le problème.

La **stratégie** est le processus que l'on met en place pour élaborer la procédure de résolution d'un problème.

Ces opérations renvoient généralement à des schémas généraux de résolution ou **schémas généraux de procédure**. Ce sont des procédures automatisées qui permettent de résoudre une famille de « problèmes »[4]. Par exemple, c'est la mobilisation d'un schéma général de procédure qui permet à de nombreux élèves en fin de CM de savoir que dans la situation « Il y 12 rangées de 25 pommiers » il faut multiplier 12 par 25 pour trouver le nombre de pommiers.

Problème 1

Une **procédure possible** consiste à calculer le nombre de pommiers dans le verger, puis le nombre de pommes et enfin à diviser ce nombre par le nombre de pommes par cagette pour obtenir le nombre de cagettes.

Toute la question est donc de savoir **comment on passe de la représentation de l'énoncé à l'élaboration d'une procédure de résolution**. Pour cela, on met en place de façon consciente ou non des stratégies de recherche.

4. On met « problèmes » entre guillemets car, arrivé à ce niveau d'automatisation, les situations qui sont résolues à l'aide de ces schémas ne sont plus des problèmes au sens où on les a définis en début de chapitre.

A. La stratégie du « chainage avant »

C'est une « stratégie descendante » qui tente d'aller des données vers la question.

Elle consiste, au fur et à mesure de la lecture, à exploiter les données ou tout au moins à envisager des exploitations possibles pour en déduire de nouvelles informations, puis à exploiter ces informations avec de nouvelles données, etc.

Problème 1
Par exemple, en lisant que le verger est un terrain rectangulaire de 150 m sur 125 m, vous vous êtes peut-être dit qu'on pouvait calculer l'aire et le périmètre du terrain. Vous avez peut-être fait les calculs correspondants. Puis avec l'information « il y a 12 rangées de 25 pommiers », vous vous êtes dit qu'on pouvait calculer le nombre de pommiers (ici encore peut-être l'avez-vous fait). Vous avez peut-être imaginé que les rangées des pommiers étaient dans la largeur et vous avez calculé la distance entre deux pommiers. Il est important de noter que le chainage avant prend appui sur des sous-procédures qui permettent de résoudre des classes de problèmes quasi automatiquement.
Ces sous-procédures peuvent être considérées comme des **schéma généraux de résolution** associées à des classes de problèmes, appelées aussi **schémas généraux de procédure**. Mais devant la quantité d'informations à traiter et le nombre de nouvelles informations qu'il est possible d'obtenir, vous avez peut-être arrêté de lire l'énoncé pour prendre connaissance de la question. Vous êtes peut-être alors passé à la deuxième stratégie, celle du « chainage arrière ».

B. La stratégie du « chainage arrière »

C' est une « stratégie remontante » qui tente d'aller de la question vers les données.

Cette deuxième stratégie consiste, en partant de la question, à essayer d'identifier ce qu'il faudrait connaitre pour y répondre, puis à continuer de remonter ainsi jusqu'à arriver à une ou plusieurs données.

Problème 1
Le chainage arrière consiste à se poser la question « qu'est-ce qu'il faudrait connaitre pour déterminer le nombre de cagettes à remplir ? » : le nombre de pommes. Comment connaitre le nombre de pommes ? Il faudrait que je connaisse le nombre de pommiers, puisque je connais le nombre de pommes par pommier...

Les limites de ces deux stratégies

- Le **chainage avant,** utilisé strictement, permet rarement, sauf dans le cas de problèmes très simples, d'arriver à la réponse du problème. En effet, avec cette stratégie, on ne prend pas en compte le but à atteindre ; de plus, dans certains énoncés, le nombre de conséquences qu'on peut tirer potentiellement est très important et conduit à une surcharge cognitive.
Le chainage arrière peut également rapidement conduire à une surcharge cognitive.

- **Lorsque leur utilisation est pertinente, l'efficacité réside souvent dans la capacité à mixer ces deux stratégies.** C'est ce que les spécialistes des systèmes experts appellent le « **chainage mixte** » qui consiste à commencer par le chainage avant, puis à s'arrêter dès les premiers blocages ou dès que la profusion des informations déduites à partir des données devient trop importante, pour passer au chainage arrière. Le risque de surcharge cognitive est ainsi diminué.

- **Ces deux stratégies ne sont pas adaptées à la recherche de tous les problèmes.** Nous allons le voir avec le problème 2.

Problème 2

On se rend compte que ces deux stratégies de recherche ne fonctionnent pas en ce qui concerne :

– le chainage avant (on ne peut guère tirer des conséquences des données) ;

– le chainage arrière (la question « qu'est-ce qu'il faudrait connaître pour trouver une méthode pour... » n'apporte rien).

Pour résoudre le problème 2, il faut utiliser une autre stratégie, celle de la démarche scientifique.

C. La démarche scientifique ou démarche d'investigation

Cette stratégie consiste à partir d'essais organisés, puis à émettre des conjectures[5] et les tester pour enfin prouver celles qui ont résistées au test. Cette démarche est également appelée « démarche expérimentale ».

5. Une **conjecture** est une proposition qu'on soupçonne d'être vraie sans qu'on l'ait encore prouvée. C'est l'équivalent de ce qu'on appelle une « hypothèse » en science.

Problème 2

On peut commencer par des exemples « simples », par exemple avec 5 ou 7 ou 15.

Cherchons avec 7 :

$7 = 6 + 1$ → le produit est **6**

$7 = 5 + 2$ → le produit est **10**

$7 = 5 + 1 + 1$ → le produit est **5**

$7 = 3 + 3 + 1$ → le produit est **9**

$7 = 3 + 2 + 2$ → le produit est **12**

$7 = 4 + 3$ → le produit est **12**

$7 = 4 + 2 + 1$ → le produit est **8**

$7 = 4 + 1 + 1 + 1$ → le produit est **4**

Ces premiers essais amènent à conjecturer qu'il faut éviter les 1 (et évidemment les 0). Puis on est incité à conjecturer qu'il faut qu'il y ait un maximum de termes dans la somme (sans utiliser 1). Après quelques tests, on se rend compte que cette conjecture est fausse.

Il semble qu'il faut un produit avec un maximum de 3. Ici encore des tests nous obligent à modifier cette conjecture car il ne faut pas de 1, du coup on arrive à la conjecture suivante :

Si r est le reste de la division euclidienne de n par 3 et q son quotient :

Si $r = 0$, il faut choisir la décomposition : $3 + 3 + 3 + ... + 3$ (q termes égaux à 3) ;

Si $r = 1$, il faut choisir la décomposition : $3 + 3 + ... + 3 + 2 + 2$ ($q - 1$ termes égaux à 3) ;

Si $r = 2$, il faut choisir la décomposition : $3 + 3 + 3 + ... + 3 + 2$ (q termes égaux à 3).

Il resterait maintenant à prouver cette conjecture qu'on a seulement testée avec des nombres, c'est-à-dire à la démontrer.

D. Les autres stratégies de recherche

- L'étude exhaustive des cas : Cette stratégie consiste à prouver qu'il y a un nombre fini de solutions possibles, puis à tester chacune de ces solutions possibles.

- Essais/erreurs : Il s'agit d'essayer une solution et en fonction des résultats du test de faire d'autres essais en tenant compte de l'information apportée par les essais déjà réalisés.

- L'analogie : Il s'agit de trouver des ressemblances entre un problème (a) que l'on cherche et un problème (b) que l'on sait résoudre. Cela permet alors d'établir la procédure de résolution du problème (a) en s'appuyant sur la procédure de résolution du problème (b).

- La généralisation : Cette stratégie consiste à résoudre le problème dans un cas particulier et, à travers la résolution de ce cas, d'induire une méthode générale. Par exemple dans le **problème des cordes**, on peut se placer dans le cas où il y a 7 points et déterminer le nombre de cordes total. Pour cela, on constate que d'un 1er point on peut tracer 6 cordes, du 2e point on peut tracer 5 nouvelles cordes, du 3e point 4 nouvelles cordes... jusqu'au dernier point à partir duquel on ne peut plus tracer de corde. Finalement on obtient $6 + 5 + 4 + 3 + 2 + 1$ cordes. Ce procédé peut évidement se généraliser pour *n* cordes, ce qui nous permet de trouver la formule générale.

➤ **Activité 3** (problème des cordes), p. 74.

- Le changement de cadre : Il s'agit de transformer l'énoncé pour résoudre le problème dans un autre cadre. Par exemple, on peut schématiser les données de l'énoncé pour résoudre le problème dans un cadre géométrique. Ainsi dans le **problème de la baguette de bois**, on peut réaliser un schéma de la situation concrète (c'est ce qu'on a fait ici pour aider le lecteur à comprendre l'énoncé, dans la pratique on ne donne pas de schéma). Ce schéma peut nous amener à penser à la symétrie ou à d'autres méthodes géométriques. On peut aussi passer un problème du cadre des grandeurs au cadre algébrique en utilisant la mise en équation. Ce n'est bien sûr pas du programme de l'école primaire.

➤ **Activité 4** (problème de la baguette), p. 74.

Il existe encore d'**autres stratégies**[6] et plusieurs d'entre elles peuvent être utilisées pour un même problème. Par exemple pour le problème des cordes, on peut commencer par une stratégie relevant de la démarche scientifique, puis passer à la généralisation. Nous verrons que les élèves développent des stratégies personnelles, parfois inattendues mais efficaces pour certains problèmes.

6. L. Poirier Proulx, *La Résolution de problèmes en enseignement*, De Boeck, 1999.

4.3 Exécution de la procédure

➤ **Schéma** des étapes pour résoudre un problème, p. 78.

Elle consiste tout d'abord à appliquer la procédure aux données du problème. C'est ce qu'on appelle l'« **instanciation** ».

Problème 1

Pour déterminer le nombre de pommiers, on reconnaît d'abord que la multiplication est adaptée, puis on l'applique avec 12 et 25 (c'est l'instanciation).

Cette étape (instanciation), qui peut sembler évidente ici, ne l'est pas toujours, comme nous le verrons plus loin. Ensuite il faut exécuter cette procédure.

4.4 Processus de preuve

➤ **Schéma** des étapes pour résoudre un problème p. 78.

La **preuve** est une explication qui permet de convaincre un locuteur de la validité d'une procédure et (ou) d'un résultat. Mais le **processus de preuve** n'est pas toujours un moment indépendant.

Pour beaucoup de problèmes, la présentation de la procédure et du résultat suffit à prouver la validité de la solution : par exemple, pour le problème 1, le fait de présenter les étapes de la procédure et de vérifier les différents calculs (calcul du nombre de pommiers dans le verger, calcul du nombre de pommes...) permet de convaincre le locuteur de la validité de la procédure et du résultat.

Pour d'autres problèmes, ce n'est pas suffisant. Il peut être nécessaire de produire une preuve spécifique : par exemple, le fait de donner des exemples et de présenter la conjecture pour le problème 2 ne permet évidemment pas de convaincre de la validité de cette conjecture.

Dans les problèmes à contexte « concret », le contrôle de la vraisemblance du résultat peut s'avérer utile pour détecter d'éventuelles erreurs dans l'exécution de la procédure (calculs, conversions...). Cela suppose, entre autres, une bonne connaissance du contexte du problème.

4.5 Communication de la réponse

➤ **Schéma** des étapes pour résoudre un problème p. 78.

La communication de la réponse est fonction des attentes du destinataire.

Les destinataires peuvent être des pairs, l'enseignant, les correcteurs de l'épreuve du concours... Dans tous les cas, il faut connaître les enjeux de la communication et les exigences du destinataire.

5 Difficultés des élèves à résoudre des problèmes et aides

Deux réponses d'élèves à analyser pour commencer :

Avant de continuer, prenez le temps d'analyser ces réponses. Le schéma de la p. 70 peut aider à analyser les difficultés des élèves.

Problème 3

On range **86** bouteilles dans des casiers de **12** bouteilles.
Combien faut-il de casiers pour ranger toutes les bouteilles ?

Réponse de l'élève :

Solution : Il faut 1032 casiers

Opérations :

```
   86
 x 12
 ----
  172
  86·
 ----
 1032
```

Problème 4

Mme Dupont va au cirque avec ses enfants. Elle paie **60 €** pour l'achat des billets. A l'entracte, elle achète pour **4 €** de friandises. Quelle somme a-t-elle dépensée ?

Réponse de l'élève :

```
   60
 + 60
 + 60
 +  4
 ----
  184
```

Elle a dépensé 184 €

Problème 3 : analyse de la réponse

- **Procédure** : L'élève a multiplié les deux nombres de l'énoncé.
- **Origine** : On peut émettre plusieurs hypothèses :

– L'expression « casiers de 12 bouteilles » a amené l'élève à mobiliser la multiplication. On parlera d'« **expression inductrice** » ou « **mot inducteur** ». C'est évidemment les expériences scolaires antérieures de l'élève qui sont à l'origine de cette stratégie. Ensuite il écrit une phrase réponse (en reprenant des éléments de la question) pour répondre aux exigences habituelles de l'enseignant.

– Le contexte n'est pas du tout familier pour cet élève ; il a interprété l'énoncé en pensant qu'il y a 12 cases et dans chacune d'elles on place 86 bouteilles !

– L'élève a mobilisé la multiplication parce qu'en ce moment l'enseignant propose beaucoup d'exercices qui utilisent la multiplication. Il a donc appliqué une règle du contrat didactique : « Pour résoudre un problème il faut utiliser la notion (ici l'opération) qu'on étudie ».

– L'élève pense qu'il faut utiliser une division mais, ne sachant pas les calculer, il préfère effectuer une multiplication.

Problème 4 : analyse de la réponse

- **Procédure** : L'élève a additionné trois fois 60 et une fois 4 en posant l'opération en colonnes. Il a fait une phrase réponse cohérente avec la question posée.
- **Origine** : La procédure révèle la représentation que l'élève s'est faite du problème. Ayant peut-être un frère ou une sœur, il imagine que Mme Dupont est accompagnée de deux enfants (il s'appuie donc sur son expérience sociale). La phrase de l'énoncé « 60 € pour l'achat des billets » pouvant être ambigüe, il complète cette représentation en pensant que 60 € est le prix du billet par personne (il n'a pas encore une expérience sociale suffisante pour mettre cela en doute). A partir de cette représentation du problème, la procédure qu'il utilise est correcte. C'est donc au niveau de la représentation du problème que se situe la difficulté de cet élève.

Ces exemples montrent qu'on peut analyser les erreurs des élèves en reprenant le **schéma** de la page 70. Ils montrent également qu'une même procédure erronée peut avoir des origines très différentes qui appellent des dispositifs de remédiation adaptés. Ainsi, pour le problème 3, ce n'est évidemment pas la même remédiation qu'il faut mettre en place suivant que l'élève a utilisé une expression inductrice, n'a pas de familiarité avec le contexte de l'énoncé, a mobilisé une règle du contrat ou a renoncé à la division parce qu'il sait ne pas être capable de la calculer.

➤ **Schéma** des dispositifs d'analyse et de remédiation, p. 72.

Dans la suite, pour chaque étape de la résolution d'un problème, nous identifierons les principales difficultés que peuvent rencontrer les élèves et nous proposerons des pistes d'aides possibles.

5.1 Difficultés liées à la représentation du problème

La représentation du problème peut être :

– **incomplète** : certains éléments ne sont pas pris en compte ;

– **inadaptée** : l'élève fait un contresens ou une autre interprétation que celle qui était attendue (c'est le cas du problème 3 pour deux hypothèses et du problème 4) ;

– **absente** : l'élève ne comprend pas l'énoncé.

A. Difficulté avec des mots difficiles, le contexte ou l'énoncé

Origine et analyse de la difficulté	Aide ou remédiation
• **L'élève ne connaît pas certains mots de l'énoncé** ou fait un contresens concernant certains d'entre eux. • **Le contexte social du problème** (s'il s'agit d'un problème « concret ») **ne lui est pas familier** (ou même inconnu) ou trop familier (dans ce cas, il peut rajouter des informations ou les modifier, cf. problème 1). • Il existe des **implicites** dans l'énoncé.	Il est essentiel que ces points ne soient pas une difficulté pour l'élève. Pour cela, il faut : • **Expliciter les mots difficiles**, essayer de lever les implicites (mais dans le cas d'un problème concret, ce n'est pas toujours facile). • **S'assurer que le contexte est familier à l'élève** car ce n'est pas à travers les problèmes scolaires que l'élève doit se familiariser avec des situations concrètes ! Si le contexte n'est pas familier, Il faut essayer de faire vivre ce contexte, prévoir une phase de familiarisation, sinon il faut changer de problème !

➤ **Problème 1** le verger, p. 78.

B. Difficulté à stocker ou sélectionner des informations

Origine et analyse de la difficulté	Aide ou remédiation
• **Il y a de très nombreuses informations que l'élève n'arrive pas à stocker** ou à sélectionner (**surcharge cognitive**). Cette situation est évidemment très fréquente quand l'élève a des difficultés de lecture.	Comme l'empan mnésique ne peut pas être augmenté, il faut apprendre à l'élève à : • **Schématiser ou noter les informations** qui paraissent utiles, à les regrouper. • **Développer le chainage mixte** car cette stratégie permet de tirer des conséquences des données et donc d'alléger la mémoire de travail. Exemple : Dans le problème du verger, « 25 rangées de 12 pommiers » peut se traduire, grâce au **chainage avant**, par « je calcule et je note le nombre de pommiers » ou simplement par « je sais que c'est possible ». Le **chainage arrière** permet d'identifier des informations utiles et allège également la mémoire de travail.

5.2 Difficultés liées à des stratégies inadaptées

Deux stratégies non expertes (stratégies A et B) sont souvent mises en place par les élèves car elles se révèlent être très « économiques », puisqu'elles évitent à l'élève de se construire une représentation du problème. De plus, si l'enseignant n'y prend pas garde, elles peuvent permettre aux élèves de résoudre le problème correctement.

A. S'appuyer sur les règles du contrat didactique

Origine et analyse de la difficulté	Aide ou remédiation
Certains élèves, face à un énoncé de problème, cherchent les données numériques, appliquent la règle du contrat « pour résoudre un problème, il faut utiliser la dernière notion étudiée avec ces données numériques », et écrivent la phrase réponse en reprenant des termes de la question.	Il s'agit alors d'aider les élèves à **abandonner cette stratégie**. Pour cela, il faut donner à résoudre : – des **problèmes impossibles** (comme par exemple l'âge du capitaine) ; – des **problèmes avec des données inutiles.**

B. S'appuyer sur la recherche de mots inducteurs ou d'expressions inductrices

Origine et analyse de la difficulté	Aide ou remédiation
Ces mots inducteurs peuvent être : – « plus », « total » (ils appellent l'addition) ; – « fois », « chacun », « par personne » (ils appellent la multiplication).	La remédiation est la même que celle pour la stratégie A. Il s'agit, comme ci-avant, d'aider l'élève à abandonner cette stratégie. Pour cela on peut lui proposer des problèmes avec des mots inducteurs pièges (par exemple, des problèmes contenant le mot « plus » dans lesquels il faut utiliser la soustraction).

C. Surinvestissement de l'usage du « chainage avant »

Origine et analyse de la difficulté	Aide ou remédiation
Un surinvestissement de la stratégie du chainage avant conduit souvent à un blocage car les élèves cherchent à tirer des conséquences des données sans se soucier de la question. **Trois facteurs** contribuent à ce surinvestissement : **a.** Les données du problème sont souvent fournies dans l'ordre dans lequel elles doivent être utilisées et du coup la rédaction de la solution du problème se fait sur la base du chainage avant. **b.** La question vient en fin d'énoncé. **c.** L'aide que l'on apporte aux élèves est généralement faite en s'appuyant (implicitement) sur le chainage avant. Par exemple, dans le problème du verger, si un élève bloque, on va lui proposer de calculer le nombre de pommiers puis, une fois ce calcul fait, s'il bloque encore, on lui demandera de calculer le nombre de pommes récoltées... Remarque : Les énoncés sans questions pour lesquels les élèves doivent trouver des questions et y répondre favorisent cette stratégie.	Il ne s'agit pas d'amener l'élève à remettre en cause le chainage avant, mais il faut aussi l'inciter à **mettre en place le chainage arrière**. Pour cela on peut : • **Aider l'élève en s'appuyant sur le chainage arrière** : *Qu'est-ce qu'on te demande ? Qu'est-ce qu'il faudrait que tu connaisses pour répondre ?...* • **Donner des problèmes avec des questions en début d'énoncé.** • **Demander aux élèves, en fin de correction de problème, comment ils ont cherché**, quelles questions ils se sont posés. C'est l'occasion de mettre en évidence qu'on peut partir de la question.

D. Difficulté à mettre en place une stratégie inhabituelle

Origine et analyse de la difficulté	Aide ou remédiation
Des élèves bloquent une fois qu'ils ont lu l'énoncé : « *Je ne sais comment m'y prendre !* ». C'est en particulier le cas lorsque le problème se résout en mobilisant une stratégie inhabituelle. Il faut bien sûr s'assurer que le blocage n'est pas dû à la non-compréhension de certains éléments de l'énoncé (si c'est le cas, voir § 5.1). Si ce n'est pas le cas, il s'agit généralement d'une difficulté liée à la mise en place des stratégies efficaces comme la démarche scientifique ou la démarche des essais/erreurs qui sont inhabituelles et donc source de difficultés pour les élèves.	Il faut aider l'élève à mettre en place une **stratégie adaptée au problème.** • **S'il s'agit du chainage mixte**, on peut : – engager l'élève dans le **chainage avant** en lui posant des questions : *Qu'est-ce que tu peux déduire de ces informations ? Avec ces données que peux-tu calculer ? Quelle (s) conséquence(s) tu peux tirer de ces informations ?* – développer le « **chainage arrière** » en lui posant des questions : *Qu'est-ce qu'on te demande ? Qu'est-ce qu'il faudrait connaître pour... ?* • **S'il s'agit de la démarche scientifique**, on peut l'inciter à faire des essais ou lui en proposer un, puis lui suggérer d'induire une règle... • A la fin de la résolution d'un problème, **faire un « retour métacognitif » sur les stratégies** : – **pour ceux qui ont réussi** : *Comment vous y êtes-vous pris pour passer de l'énoncé à la solution ?* – **pour ceux qui n'y sont pas arrivés** : *Est-ce que vous voyez ce qui est à l'origine de vos difficultés ? Que retenez-vous de la recherche de ce problème ?*

5.3 Difficultés liées aux procédures choisies par les élèves

Attention ! Une procédure peut être jugée incorrecte alors qu'elle est correcte par rapport à une représentation erronée ou non attendue du problème. On se place ici dans le cas où cette représentation est correcte mais donne lieu à une procédure incorrecte.

A. Absence de certains schémas généraux de procédures

Origine et analyse de la difficulté	Aide ou remédiation
L'élève ne dispose pas de certains schémas généraux de procédures qui interviennent dans la procédure de résolution du problème.	Il faut aider les élèves à **maitriser** et à **s'approprier ces schémas.**

Pour plus de précisions, nous vous renvoyons aux chapitres correspondants de la partie 2 de cet ouvrage. Dans cette partie, en effet, pour chaque domaine d'enseignement, nous identifions les problèmes « de base » que les élèves doivent maîtriser, avec les schémas généraux de procédures correspondants et des pistes pour aider les élèves à se les approprier.

B. Surcharge cognitive de l'élève

Origine et analyse de la difficulté	Aide ou remédiation
À cause de cette surcharge cognitive, l'élève s'arrête avant la fin de la procédure correcte à laquelle il avait pensé.	Automatiser les schémas généraux de procédures à l'aide d'exercices d'entrainement, de façon à alléger la mémoire de travail.

C. Non-maitrise de certains savoir-faire

Origine et analyse de la difficulté	Aide ou remédiation
Cette non-maitrise peut détourner l'élève d'une procédure correcte. Exemple : dans le problème des bouteilles, l'élève a peut-être utilisé la multiplication car il ne sait pas effectuer les divisions	• Il faut permettre à l'élève de **s'approprier le savoir-faire.** • Dans le cas de difficultés avec les techniques opératoires, on peut aussi donner une **calculatrice** pour pallier cette difficulté. Il va de soi qu'il faudra aussi travailler sur ces techniques.

5.4 Difficultés liées à la communication de la procédure et du résultat

A. Difficulté à prendre conscience de la procédure utilisée

➤ **Entretien d'explicitation**, chap. 4, p. 67.

Origine et analyse de la difficulté	Aide ou remédiation
La procédure a été obtenue par une succession de tâtonnements et les élèves n'arrivent plus à la reconstruire. C'est particulièrement le cas en géométrie.	On peut utiliser l'**entretien d'explicitation** afin que l'élève prenne conscience des étapes de sa procédure.

B. Difficulté à se mettre à la place de quelqu'un qui n'a pas travaillé dans le groupe

Aide ou remédiation : Il faut mettre en place une **situation de communication élève/élève** : chacun rédige sa solution et l'enseignant échange les productions avec comme consigne : *Comprenez-vous la solution de votre (vos) camarade(s) ?*

C. Difficulté à s'approprier les exigences de l'enseignant

Aide ou remédiation : Il faut :
- donner en les justifiant les **exigences de rédaction** ;
- proposer aux élèves une « **tâche à erreurs** » afin qu'ils s'approprient ces exigences.

➤ **Tâche à erreurs**, chap. 4, p. 69.

6 Le problème ouvert

6.1 Qu'est-ce qu'un problème ouvert ?

Nous avons vu l'importance de développer la stratégie relative à la démarche scientifique. Les problèmes ouverts (désignés sous l'expression « **problèmes pour chercher** » dans les documents d'accompagnement des programmes précédents parus en 2002) permettent, dans le cadre des mathématiques, de travailler cette stratégie de recherche. Nous allons les décrire et préciser comment les gérer en classe.

Le terme « problème ouvert » a été introduit par une équipe de l'IREM de Lyon[7] pour évoquer une catégorie de problèmes destinés à mettre en route, avec les élèves, une démarche scientifique : **faire des essais, conjecturer, tester, prouver**. Les activités proposées par l'équipe lyonnaise s'adressent à des élèves de collège ou lycée. Elles peuvent être rapprochées, dans leurs objectifs et dans leur mise en œuvre, d'autres propositions faites pour l'école primaire (dans les ouvrages de la collection ERMEL, par exemple).

7. G. Arsac, M. Mante, *Les Pratiques du problème ouvert*, CRDP, 2006.

Un **problème ouvert** est un problème qui possède les caractéristiques suivantes :
– **l'énoncé est court** ;
– **l'énoncé n'induit ni la méthode, ni la solution** (pas de questions intermédiaires, ni de questions du type « montrer que »). En aucun cas cette solution ne doit se réduire à l'utilisation ou l'application immédiate des derniers résultats présentés en cours ;
– **le problème se trouve dans un domaine conceptuel avec lequel les élèves ont assez de familiarité**. Ainsi, peuvent-ils prendre facilement « possession » de la situation et s'engager dans des essais, des conjectures, des projets de résolution, des contre-exemples.

Source : Définition donnée par l'équipe de l'IREM de Lyon.

6.2 Exemples de problèmes ouverts

A. Au cycle 2

– **Au CP, un problème de partage** illustré avec du matériel est un exemple de problème ouvert :

Le maître dispose de **18 images** qu'il montre aux élèves en début de séquence, puis range dans une boîte. Il remet à chaque enfant (ou à chaque groupe) **3 enveloppes** et donne la consigne suivante :
Je dois envoyer **18** images à **3** enfants. Pour cela, je vous ai donné **3** enveloppes, une par enfant. Vous devez écrire sur l'enveloppe le nombre d'images que je devrai mettre dans l'enveloppe. Attention, les 3 enfants doivent recevoir le même nombre d'images. Vous avez une feuille blanche pour chercher[8].

8. Dans cette présentation, les élèves sont dispensés du contrôle de l'une des variables : le nombre de parts.

– **Autre problème proposé en CE1 :**

Je pense à deux nombres qui se suivent. Je les additionne, je trouve **23**.
Quels sont ces deux nombres ?

B. Au cycle 3

Exemples de problèmes :

Quel est le plus grand produit de deux nombres que l'on peut calculer en utilisant une fois et une seule les chiffres 1, 2, 3,..., 9 pour former ces nombres ?

On a une ficelle de **26** cm de longueur. On veut construire avec cette ficelle un rectangle dont l'aire soit la plus grande possible. Quelles seront les dimensions de ce rectangle ?

6. 3 Arguments en faveur du problème ouvert

Cinq types d'arguments peuvent être évoqués en faveur de la pratique du problème ouvert, à tous les niveaux de l'école.

1. L'élève peut être confronté à une activité comparable à celle du mathématicien.
Cela vient du fait du caractère inédit du problème et de l'absence de solution immédiatement disponible.

2. Il permet de mettre l'accent sur des objectifs spécifiques d'ordre méthodologique.
Il exige, en effet, de l'élève la mise en œuvre d'une stratégie et de compétences peu travaillées par ailleurs : essayer, organiser une démarche, mettre en œuvre une solution originale, en évaluer l'efficacité, formuler des hypothèses et les tester, argumenter à propos de sa solution ou de celle d'un autre... Ces compétences ne sont développées ni dans les exercices d'application, ni dans les problèmes d'évaluation (dans les deux cas, il s'agit de reconnaître et d'utiliser des solutions déjà éprouvées), ni dans les problèmes de découverte, très guidés (qui servent souvent, dans les manuels, à introduire de nouvelles connaissances).

3. Il contribue à l'éducation civique de l'élève.
L'élève fait l'expérience de l'entraide à l'intérieur de son groupe, du rôle des idées proposées par chacun même quand elles sont fausses... Au cours des moments de débat, les élèves apprennent à argumenter, à s'écouter... (cf. compétences 6 et 7 du socle).

4. L'enseignant peut mieux prendre en compte et exploiter les différences cognitives entre élèves.
En effet, si l'énoncé est le même pour tous les élèves, les solutions peuvent être diverses, plus ou moins rapides, utilisant des connaissances et stratégies variées allant des procédures personnelles à des procédures expertes. C'est précisément cette diversité qui est ici intéressante et permet l'échange, la confrontation et le débat.

5. L'enseignant peut mieux faire connaître ses attentes en matière de résolution de problèmes.
En effet, pour résoudre de tels problèmes, l'élève perçoit rapidement qu'il est inefficace d'essayer d'appliquer directement des connaissances déjà étudiées. Au contraire, il s'agit de chercher (plutôt que de trouver rapidement), de prendre des initiatives (on peut essayer pour voir), l'originalité est encouragée et reconnue. La responsabilité de la solution appartient entièrement à l'élève. Dans cet esprit, certains

enseignants choisissent, pendant les deux premières semaines de l'année, d'axer les séquences de mathématiques sur la résolution de problèmes ouverts. Mieux que par des discours, ils font ainsi savoir aux élèves ce qu'ils attendent d'eux en mathématiques. Cela rejaillit sur leur attitude dans les autres activités mathématiques (comme en calcul mental, par exemple).

6.4 Gestion d'un problème ouvert

A. Étapes de la mise en œuvre en classe

Il est difficile de fournir des indications précises de mise en œuvre, valables quel que soit le problème et quel que soit le niveau de classe. Toutefois certaines caractéristiques générales peuvent être dégagées.

• La mise en œuvre comprend cinq phases :
– un temps de **familiarisation** avec le problème ;
– un temps de **recherche individuelle**, qui peut ne pas aller jusqu'à l'élaboration complète d'une solution, mais permet une appropriation du problème au rythme de chacun ;
– un temps de **travail en groupe**, avec comparaison et explicitation des premières ébauches de solutions, élaboration d'une solution commune et formulation de celle-ci ;
– un temps de **mise en commun** des solutions et procédures ;
– un temps où l'enseignant fait une **synthèse** sur des aspects méthodologiques qui pourront être réinvestis par les élèves.

• Le travail en groupe est une composante essentielle de la recherche.
Ce type de travail offre beaucoup d'avantages :
– il diminue les risques de blocage ou de découragement ;
– il oblige les élèves à formuler leurs idées ou leurs démarches ;
– il demande à prendre en compte les suggestions des autres et favorise l'argumentation.
Mais l'enseignant doit être vigilant sur certains inconvénients : phénomènes de leadership, incitations à s'en remettre trop vite à l'opinion d'autrui...

• La difficulté ne doit pas résider dans la compréhension de la situation.
La recherche ne doit commencer que lorsque tous les élèves se sont appropriés les termes et l'enjeu du problème. Facile à dire... plus difficile à réaliser ! Il faut donner toutes les indications pour que le problème soit clairement défini, mais en revanche ne donner aucune indication qui puisse induire une procédure possible de résolution. Ajoutons que le problème ne se présente pas nécessairement sous la forme d'un énoncé écrit : il peut être formulé oralement ou même illustré matériellement.

B. Rôle de l'enseignant durant ces étapes

La gestion par l'enseignant est, elle aussi, une caractéristique importante et conditionne l'atteinte des objectifs évoqués.

- La phase de recherche doit appartenir aux élèves.

Les interventions de l'enseignant doivent se limiter à des encouragements, à répondre à des questions portant strictement sur la compréhension de l'énoncé, mais en aucun cas sur le choix ou la validité d'une procédure… En revanche, il est important, pour l'enseignant, d'observer le travail des groupes, afin de recueillir en particulier des informations qui l'aideront à préparer la phase de mise en commun.

- La phase d'échanges et de débat s'organise à partir des solutions proposées par les élèves.

Le plus souvent, la mise en commun a lieu autour des affiches (ou des transparents) que les élèves ont réalisées à l'issue de leur recherche. Le rôle de l'enseignant est d'abord de permettre un véritable échange entre les élèves, et non pas entre les élèves et lui. L'idée directrice est qu'il s'agit de confronter des solutions, de les discuter, de les défendre, de les valider… et non pas d'arriver à exhiber « la bonne solution », celle à laquelle avait pensé l'enseignant ou celle élaborée par des élèves et considérée comme la plus efficace.

- La même situation peut à nouveau être proposée aux élèves.

Après la phase de mise en commun, la même situation peut être proposée avec des nombres différents par exemple. Cela permet à certains élèves d'essayer une solution qu'ils n'ont pas élaborée eux-mêmes, mais dont ils ont perçu l'intérêt au cours des échanges. Mais ce choix doit rester à leur initiative !

Les caractéristiques et la gestion d'un problème ouvert sont très proches de celles d'une situation-problème. Ce qui différencie ces deux types de problème utilisés en classe, c'est l'objectif visé. Une **situation problème** a pour objectif d'introduire une connaissance nouvelle en s'appuyant sur le modèle socio-constructiviste, un **problème ouvert** est destiné à permettre aux élèves de s'approprier la stratégie de la démarche scientifique.

➤ **Situation-problème**, chap. 2, p. 39.

CONCLUSION POUR L'ÉPREUVE DU CONCOURS ET POUR ENSEIGNER

Les outils que nous avons présentés dans ce chapitre apportent une aide à l'analyse a priori de problèmes, fournissent des repères pour l'analyse des erreurs d'élèves et donnent des pistes d'aide.

Ces outils qui s'appliquent à tout problème scolaire sont donc généraux. En fonction des thèmes, il y a des procédures de résolution et des erreurs spécifiques qu'il est important de connaitre. C'est pour cela que, dans la seconde partie de cet ouvrage, pour chaque domaine, on présente les différents types de problèmes associé au domaine ainsi que les erreurs caractéristiques.

RESSOURCES À CONSULTER

– G. Arsac, M. Mante, *Les Pratiques du problème ouvert*, CRDP, 2006.

– J. Julo, *Représentation des problèmes et réussite en mathématiques*, Presses Universitaires de Rennes, 1995.

– « Comment font-ils ?, l'élève et le problème de mathématiques », *Rencontres pédagogiques* n° 4 , INRP, 1984.

– Equipe ERMEL, *Vrai ? Faux ? On en débat ! De l'argumentation vers la preuve en mathématiques au cycle 3*, INRP, 1999.

– J.-F. Richard, *Les Activités mentales*, Armand Colin, 2005.

– L. Poirier Proulx, *La Résolution de problèmes en enseignement*, De Boeck, 1999.

– « Les Problèmes pour chercher » sur le site TFM :

http://www.uvp5.univ-paris5.fr/TFM/ (rubrique « Ressources »).

PARTIE 2

DOMAINES DE L'ENSEIGNEMENT DES MATHÉMATIQUES

CHAPITRE 6

Premier apprentissage des nombres

(maternelle et CP)

L'apprentissage des nombres naturels (souvent appelés nombres entiers à l'école primaire) débute dès l'école maternelle où les élèves les utilisent principalement pour évoquer des quantités (aspect cardinal), puis pour évoquer des rangs dans une liste ordonnée (aspect ordinal). A partir du CP, commence l'étude structurée de la numération décimale et du calcul.

De nombreuses études montrent que, très jeunes, les enfants ont le sens de la quantité, ce qui se traduit principalement par trois grandes habiletés (manifestées très tôt par le bébé pour de très petites quantités) :
– la discrimination des collections en fonction de leur taille ;
– la mise en relation de collections selon leur taille ;
– la manipulation des quantités (augmentation, notamment).

A partir de 2-3 ans, l'enfant devient capable de percevoir et d'exprimer en mots des petites quantités (souvent inférieures à 4).
À l'école maternelle, les enfants stabilisent la connaissance des petits nombres et construisent le nombre pour exprimer des quantités ou repérer des positions et en garder la mémoire. Ils maitrisent progressivement la suite orale des nombres et l'usage du dénombrement.

Il ne faut cependant pas se méprendre sur la portée des compétences manifestées par les très jeunes enfants. Certes, le bébé distingue déjà des quantités et, un peu plus tard, l'enfant qui commence à parler utilise des noms de nombres. Mais, ces derniers ne sont pas nécessairement reliés à l'idée de quantité et l'activité de dénombrement peut rester longtemps difficile. La question de la responsabilité de l'école dans le premier apprentissage des nombres est donc posée, en particulier à l'école maternelle et au début du CP.

DOCUMENTS OFFICIELS

PROGRAMME DE L'ÉCOLE MATERNELLE (extraits)

Extrait du BO spécial n° 2 du 26 mars 2015.

Les objectifs visés y sont répartis en quatre grandes rubriques :

- Construire le nombre pour exprimer les quantités ;
- Stabiliser la connaissance des petits nombres ;
- Utiliser le nombre pour désigner un rang, une position ;
- Construire avec rigueur des premiers savoirs et savoir-faire avec trois sous-rubriques :

– Acquérir la suite orale des mots-nombres

– Écrire les nombres avec les chiffres

– Dénombrer.

Ce qui est attendu en fin d'école maternelle :

Utiliser les nombres

- Évaluer et comparer des collections d'objets avec des procédures numériques ou non numériques.
- Réaliser une collection dont le cardinal est donné. Utiliser le dénombrement pour comparer deux quantités, pour constituer une collection d'une taille donnée ou pour réaliser une collection de quantité égale à la collection proposée.
- Utiliser le nombre pour exprimer la position d'un objet ou d'une personne dans un jeu, dans une situation organisée, sur un rang ou pour comparer des positions.
- Mobiliser des symboles analogiques, verbaux ou écrits, conventionnels ou non conventionnels pour communiquer des informations orales et écrites sur une quantité.

Étudier les nombres

- Avoir compris que le cardinal ne change pas si on modifie la disposition spatiale ou la nature des éléments.
- Avoir compris que tout nombre s'obtient en ajoutant un au nombre précédent et que cela correspond à l'ajout d'une unité à la quantité précédente.
- Quantifier des collections jusqu'à dix au moins ; les composer et les décomposer par manipulations effectives puis mentales. Dire combien il faut ajouter ou enlever pour obtenir des quantités ne dépassant pas dix.
- Parler des nombres à l'aide de leur décomposition.
- Dire la suite des nombres jusqu'à trente. Lire les nombres écrits en chiffres jusqu'à dix.

PROGRAMME POUR LE CYCLE 2 (extraits)

Extrait du BO spécial n° 11 du 26 novembre 2015

Les élèves consolident leur compréhension des nombres entiers déjà rencontrés au cycle 1. Ils étudient différentes manières de désigner les nombres, notamment leurs écritures en chiffres, leurs noms à l'oral, les compositions-décompositions fondées sur les propriétés numériques (le double de, la moitié de, etc.), ainsi que les décompositions en unités de numération (unités, dizaines, etc.).

Connaissances et compétences associées :

- Dénombrer, constituer et comparer des collections.
- Utiliser diverses stratégies de dénombrement.

– Procédures de dénombrement (décompositions/recompositions additives ou multiplicatives, utilisations d'unités intermédiaires : dizaines, centaines, en relation ou non avec des groupements).

- Repérer un rang ou une position dans une file ou sur une piste.
- Faire le lien entre le rang dans une liste et le nombre d'éléments qui le précèdent.

– Relation entre ordinaux et cardinaux.

- Comparer, ranger, encadrer, intercaler des nombres entiers, en utilisant les symboles $=, \neq, <, >$.

– Égalité traduisant l'équivalence de deux désignations du même nombre.

– Ordre.

– Sens des symboles $=, \neq, <, >$.

Précisions dans les repères de progressivité :

Au CP, l'étude systématique des relations numériques entre des nombres inférieurs à 10, puis à 20 (décomposition / recomposition) est approfondie durant toute l'année.

REPÈRES POUR ENSEIGNER

En prenant appui sur la **caractérisation d'un concept**[1], nous allons examiner :

1. Les problèmes qui peuvent être proposés aux élèves de maternelle et de début de CP et les procédures qu'ils peuvent utiliser pour les résoudre.
2. Les éléments de langage relatifs aux nombres que les élèves apprennent progressivement (représentation matérielle, expression orale, langage chiffré).

1. Notion de concept définie par Gérard Vergnaud, chap. 1, p. 21-22.

1 Typologie des problèmes que les élèves doivent savoir résoudre en fin d'école maternelle

Quels sont les différents usages possibles des nombres, en particulier chez les jeunes enfants ? Ou dit plus simplement : **à quoi servent les nombres ?**

On peut mettre en évidence six grandes classes d'usage des nombres, illustrées par le tableau suivant, avec quelques exemples de problèmes qui seront explicités ensuite :

	Aspect cardinal Les nombres pour exprimer et comparer des **quantités**	Aspect ordinal Les nombres pour repérer des **positions** dans une liste rangée
Mémoriser	Les nombres permettent d'exprimer une quantité et d'en garder la mémoire, par exemple en vue de la reproduire, de la communiquer, de la compléter...	Les nombres permettent d'exprimer une position dans une liste et d'en garder la mémoire, par exemple en vue de la retrouver, de la communiquer...
Comparer	Les nombres permettent de déterminer, parmi plusieurs collections, laquelle comporte le plus d'objets, laquelle en comporte le moins. Ils permettent aussi de les ranger de la moins nombreuse à la plus nombreuse.	Les nombres permettent de comparer les positions occupées par des objets dans une liste rangée (ce cas n'est pas détaillé par la suite).
Anticiper le résultat d'actions	Les nombres permettent de connaître, à l'avance, le résultat d'une augmentation, d'une diminution, d'un partage ou de retrouver une quantité avant qu'elle ne subisse une transformation...	Les nombres permettent de connaître, à l'avance, le résultat d'un déplacement (en avant ou en arrière) dans une liste d'objets rangés ou de retrouver la position d'un objet avant qu'il ne subisse un déplacement...

1.1 Problèmes de mémorisation

A. Problèmes liés à la reconnaissance ou la réalisation de collections équipotentes

Deux collections d'objets sont **équipotentes** si une correspondance un à un peut être établie entre les deux collections, donc si elles comportent autant d'objets l'une que l'autre.

Trois exemples de problèmes peuvent être évoqués :

Problème A
Construire une collection B équipotente à une collection A de référence.

EXEMPLE : Apporter autant de verres qu'il y a d'assiettes sur une table.

Problème B
Fournir une information à quelqu'un pour qu'il puisse construire une collection B équipotente à une collection A de référence.

EXEMPLE : Donner une information pour qu'une autre personne apporte autant de verres qu'il y a d'assiettes sur une table.

Problème C
Construire une collection C à partir d'une collection de référence A, de manière à ce que, à chaque élément de A, correspondent 2, 3,… *n* éléments de C.

EXEMPLE : Apporter deux ou trois verres pour chacune des assiettes placées sur une table.

➤ Un problème sur le modèle du problème A est analysé p. 101.

B. Problèmes liés au repérage d'objets dans une liste ordonnée

Dans ces problèmes, les nombres sont utilisés comme **mémoire de la position**, pour se repérer dans une suite de cases, une liste ou une suite d'objets alignés, etc.

Problème D
Se souvenir de la position d'un objet (placé par exemple dans une série de boites identiques) pour pouvoir le retrouver ou le remettre à sa place.

Problème E
Fournir une information à quelqu'un pour qu'il puisse trouver un objet situé, par exemple, dans une série de boites identiques.

➤ Un problème sur le modèle du problème E est analysé p. 106.

1.2 Problèmes de comparaison

Trois exemples de problèmes peuvent être évoqués :

Problème F
Comparer deux collections A et B du point de vue de la quantité d'objets qu'elles contiennent.

Problème G
Fournir une information à quelqu'un pour qu'il puisse comparer deux collections A et B du point de vue de la quantité d'objets qu'elles contiennent.

EXEMPLE : Donner une information qui permet de comparer la quantité de chaises situées dans deux salles différentes.

Problème H
Compléter une collection B pour qu'elle soit équipotente à une collection A.

1.3 Problèmes d'anticipation

À partir du CP, les élèves apprennent à résoudre les problèmes suivants en élaborant des **procédures de calcul**.

➤ **Procédures de calcul**, chap. 10.

A. Problèmes d'anticipation portant sur des quantités

De nombreux problèmes peuvent être évoqués. En voici quatre exemples :

Problème I

Trouver la quantité obtenue après qu'on a ajouté ou enlevé des objets dans une collection.

Problème J

Trouver la quantité obtenue par la réunion de deux ou plusieurs collections.

Problème K

Trouver le nombre d'éléments d'une des parties d'une collection en connaissant le nombre d'éléments de la partie complémentaire.

Problème L

À propos du partage d'une collection en collections équipotentes ou non, chercher la valeur d'une part en connaissant le nombre de parts à réaliser, ou le nombre de parts si la valeur d'une part est donnée.

➤ Un problème sur le modèle du problème I est analysé p. 107.

B. Problèmes d'anticipation liés au repérage d'objets ordonnés

Voici trois exemples de problèmes :

Problème M

Trouver le point d'arrivée d'un pion se déplaçant sur une piste graduée, le point de départ, le sens et la valeur du déplacement étant connus.

Problème N

Trouver le sens et la valeur du déplacement d'un pion se déplaçant sur une piste graduée, le point de départ et le point d'arrivée étant connus.

Problème O

Trouver le point de départ d'un pion se déplaçant sur une piste graduée, le point d'arrivée, le sens et la valeur du déplacement étant connus.

À l'école maternelle et en début de CP, les élèves ont déjà les moyens de traiter ces problèmes en utilisant leurs premières connaissances sur les nombres.

ENTRAINEMENT 1

Corrigé p. 115.

Au début d'un jeu, des élèves de Grande Section d'école maternelle disposent chacun d'un petit trésor de 4 perles. A tour de rôle, ils lancent un dé dont les faces portent 1 point, 2 points ou 3 points. L'enseignant leur remet les perles qu'ils ont gagnées seulement s'ils peuvent dire combien ils auront de perles au total après leur gain. A la fin du jeu, les élèves sont invités deux par deux à comparer leur trésor.

A quel(s) type(s) de problèmes présentés précédemment peut-on référer les questions posées aux élèves dans le cadre de ce jeu ?

L'analyse des trois problèmes qui suivent permet de mettre en évidence des exemples de **procédures** et de **variables didactiques** qui peuvent être adaptées pour d'autres types de problèmes.

➤ Problèmes :
– d'équipotence, § 2 p. 101
– de repérage, § 3 p. 106
– de modification de quantités, § 4 p. 107.

2 Étude d'un problème d'équipotence

Dans ce problème, les élèves doivent construire une collection qui possède autant d'objets qu'une collection donnée :

Problème 1

Les élèves disposent de gobelets. Ils doivent préparer une collection de pailles pour qu'une paille et une seule puisse être placée dans chaque gobelet.

Exemple sur le même modèle que le problème A p. 100.

2.1 Variables didactiques et procédures de résolution

- **Les principales variables didactiques** de la situation sont les suivantes :

– place respective des deux collections : sont-elles éloignées ou proches l'une de l'autre ? ;

– organisation des objets en jeu : sont-ils fixes ou déplaçables ? comment sont-ils disposés ? ;

– nombre d'objets de la collection de référence : ce nombre est-il petit, par exemple inférieur à 5, ou compris entre 5 et 10, ou supérieur à 10 ? ;

– conditions de réalisation de la tâche : notamment, combien d'essais sont possibles ?

- **Les diverses procédures de résolution** de ce problème dépendent des choix des variables didactiques, comme le montre le tableau suivant :

Valeurs données aux variables didactiques	Procédures
Cas 1 – collections proches, – objets déplaçables, – quantité d'objets supérieure à 5.	• Le problème peut être résolu par deux procédures qui ne nécessitent pas l'utilisation des nombres : – par **correspondance terme à terme**, en plaçant directement une paille en face de chaque gobelet (voir précisions p. 101 sur cette procédure) ; – par **correspondance paquet par paquet**, en préparant un paquet de pailles pour un paquet de gobelets facilement identifié et en répétant l'opération (par exemple 3 pailles pour 3 des gobelets, puis 2 pailles pour 2 autres gobelets...). • Le problème peut également être résolu par des procédures faisant appel aux nombres, comme celles mentionnées pour le cas 4.
Cas 2 – collections proches, – objets non déplaçables, – quantité d'objets supérieure à 5. Ce cas est par exemple celui d'objets dessinés sur une feuille.	• Les mêmes procédures que dans le cas 1 sont possibles, mais avec la nécessité d'établir des liens entre objets ou entre paquets, puisque la mise en correspondance par rapprochement n'est plus possible. Exemple de correspondance paquet par paquet :
Cas 3 – collections éloignées, – objets qui ne peuvent pas être rapprochés, – quantité d'objets inférieure à 5 (3 gobelets, par exemple), – un seul essai.	• Le problème peut être résolu sans exprimer la quantité par un nombre, dans la mesure où une quantité de 3 objets peut être perçue directement et mémorisée (sans qu'il soit nécessaire de procéder à un comptage un par un ni de mémoriser un mot-nombre). Les Anglo-saxons parlent alors de **subitizing**. • Il peut également être résolu en « **mémorisant** » la quantité à réaliser à l'aide d'une collection intermédiaire, par exemple trois doigts levés. *Remarque* : Cette dernière procédure est envisageable pour des quantités plus importantes, par exemple en utilisant une collection intermédiaire (dessin d'autant de croix que de gobelets ou utilisation des doigts si la quantité ne dépasse pas dix) : la correspondance terme à terme ou paquet par paquet permet la gestion de cette collection intermédiaire.

Cas 4 – collections éloignées, – objets qui ne peuvent pas être rapprochés, – quantité d'objets assez importante, – un seul essai.	• La procédure la plus efficace consiste à **dénombrer** les gobelets (en particulier, **par comptage un par un**), à garder en mémoire le résultat de ce dénombrement et à dénombrer la même quantité de pailles. *Remarque* : Une procédure par dénombrement (expression de la quantité par un nombre) est utilisable dans tous les cas. Si elle peut facilement être évitée dans les cas précédents, elle s'impose comme particulièrement pertinente dans les conditions imposées pour le cas 4.

2.2 Procédures de base pour comparer des quantités

A. La correspondance terme à terme et la correspondance paquet par paquet

La **correspondance terme à terme** consiste à associer un à un les objets de deux collections.

La **correspondance paquet par paquet** en est une extension. Elle consiste à associer des paquets identiques d'objets de deux collections, en quantités souvent inférieures à 4, par exemple 3 objets de chaque collection, puis 2 objets de chaque collection *(voir schéma du cas 2 ci-dessus)*.

Ces deux procédures sont souvent les seules procédures de résolution disponibles pour des enfants qui ne savent pas encore dénombrer. Elles constituent également des procédures de validation par l'action lorsqu'une autre procédure a été utilisée pour la résolution du problème.

Elles présentent plusieurs difficultés d'utilisation :
– si les deux collections sont éloignées l'une de l'autre, des allers-retours entre les deux collections seront sans doute nécessaires (ce qui n'est pas le cas si les deux collections sont proches l'une de l'autre) ;
– si aucun élément n'est déplaçable, il faut imaginer un moyen de relier entre eux les divers éléments ou groupes d'éléments des deux collections ;
– certains objets, bien que déplaçables, peuvent poser d'autres problèmes, dus à leur trop grande mobilité : c'est le cas des billes, des perles, etc., que l'enfant ne parvient pas à faire tenir à la place qu'il leur a assignée. Rapidement, l'enfant ne repère plus les correspondances qu'il avait essayé d'établir.

B. Le dénombrement

Dénombrer, c'est utiliser un moyen qui permet d'exprimer une quantité par un nombre. Pour le jeune enfant, il existe deux moyens principaux de dénombrement : le « **subitizing** » ou le **dénombrement par comptage de un en un**.

• Le « subitizing »

Le **subitizing** est la reconnaissance perceptive immédiate (d'un seul coup d'œil) de la quantité.

Ce moyen est possible pour de **très petites quantités** (comportant moins de 4 ou 5 objets) ou encore pour des configurations géométriques particulières, souvent rencontrées et mémorisées (constellations du dé, des cartes à jouer...). Dans ce dernier cas, on parle parfois de « figures de nombres ».

De nombreuses études ont été menées dans les trente dernières années sur le « subitizing » chez les bébés, la question se posant de savoir si leur mode d'acquisition est inné ou acquis. Et s'il s'acquiert, que fait-on pour cela ? Comme l'écrit M. Fayol[2], « le subitizing se manifeste apparemment très tôt chez le bébé, mais, par ailleurs, il paraît moins simple qu'on l'avait initialement pensé. Il ne semble pas, en particulier, que l'on puisse retenir l'hypothèse d'un mécanisme physiologique automatique. On est donc conduit à envisager la possibilité d'un apprentissage et, par conséquent, à rechercher quelles sont les phases et les facteurs gouvernant son acquisition ». Cette reconnaissance immédiate de très petites quantités se met en place très tôt, dès la Petite Section d'école maternelle.

Des configurations peuvent relever de ce moyen lorsque l'enfant devient capable de reconnaître immédiatement 4 doigts levés ou 7 doigts levés (ou de les lever directement sans les « passer un par un »).

2. M. Fayol, *L'Enfant et le nombre*, Delachaux et Niestlé, 1990.

Le dénombrement par comptage de un en un[3]

La suite des mots-nombres est mise en correspondance terme à terme avec les éléments de la collection considérée, le dernier mot utilisé est suffisant pour garder la mémoire de la quantité :

Un *deux* *trois* *quatre* *cinq* *six* *sept* Conclusion : Il y a sept points dessinés.

● ● ● ● ● ● ●

3. Il faut différencier dénombrer et compter : **compter** c'est mettre en relation la suite des mots-nombre avec les éléments d'une collection.

Ce type de dénombrement[3] se met en place progressivement, le risque d'erreur étant important.

Deux chercheuses américaines, R. Gellman et C. R. Gallistel[4], ont mis en évidence les capacités indispensables au bon fonctionnement et à l'opérationnalité du **dénombrement par comptage de un en un**. Elles ont ainsi établi **cinq « principes »** :

4. On peut lire en français : « Les bébés et le calcul », in *La Recherche* n° 149, novembre 1983.

1. **Le principe d'adéquation unique** : chaque mot énoncé (*un, deux, trois*...) doit être mis en stricte correspondance terme à terme avec un et un seul élément de la collection que l'on cherche à dénombrer (le même objet ne doit pas être pointé deux fois et aucun objet ne doit être oublié).

2. **Le principe d'ordre stable** : les mots utilisés doivent être toujours les mêmes et énoncés dans un ordre strict (des enfants peuvent dire par exemple *un, deux, trois, six*... et, dans une autre occasion, *un, deux, trois, quatre, six*...).

3. **Le principe cardinal** : le dernier mot de la suite suffit pour exprimer la quantité, pour « cardinaliser » la collection.

4. **Le principe d'abstraction** : on peut compter des objets disparates, quelle que soit la spécificité de chacun.

5. **le principe de non-pertinence de l'ordre** : l'ordre dans lequel les éléments sont pris en compte est sans importance (si on recompte les objets dans un ordre différent, le dernier mot-nombre prononcé est toujours le même).

Lorsqu'un élève qui a dénombré une collection arrive à un résultat erroné, il y a donc lieu d'observer attentivement la façon dont il mène le dénombrement, de manière à identifier lequel (voire lesquels) de ces principes n'est pas encore maîtrisé.

Si la connaissance de la comptine orale peut être connue assez loin [jusqu'à dix, douze, quinze ou davantage] dès la Moyenne Section d'école maternelle, son usage pour dénombrer des quantités d'objets est souvent plus lent à se mettre en place, notamment à cause des erreurs liées aux principes qui viennent d'être énoncés.

Comme le précise le **programme pour l'école maternelle**, les activités de dénombrement doivent éviter le comptage-numérotage et faire apparaitre, lors de l'énumération de la collection, que chacun des noms de nombres désigne la quantité qui vient d'être formée [l'enfant doit comprendre que montrer trois doigts, ce n'est pas la même chose que montrer le troisième doigt de la main]. Ultérieurement, au-delà de **cinq**, la même attention doit être portée à l'élaboration progressive des quantités et de leurs relations aux nombres sous les différents codes. Les enfants doivent comprendre que toute quantité s'obtient en ajoutant un à la quantité précédente [ou en enlevant un à la quantité supérieure] et que sa dénomination s'obtient en avançant de un dans la suite des noms de nombres ou de leur écriture avec des chiffres.

Ainsi, lors du **dénombrement envisagé plus haut**, les enfants doivent comprendre que, par exemple, *six* indique qu'un nouveau point a été dénombré, qu'il y en a donc un de plus qu'auparavant [un de plus que *cinq*] et que *six* points ont donc été dénombrés...

DIFFICULTÉS RELATIVES AU PRINCIPE 3

Des difficultés apparaissent pour certains enfants, en particulier avant quatre ans. Ils ont compris que la récitation de la comptine orale est la bonne chose à faire lorsqu'on leur pose la question : « Combien y a-t-il d'objets ? » mais, après avoir énoncé une première fois *un, deux, trois, quatre, cinq, six, sept*, à la question : « Alors, combien y a-t-il d'objets ? » ne savent pas répondre « sept » et reprennent le comptage des objets : *un, deux trois, quatre, cinq, six, sept*. Le mot-nombre « sept » n'exprime pas pour eux la quantité d'objets, mais désigne seulement le dernier objet pointé. Ces enfants sont souvent en difficulté lorsqu'on leur demande de prendre sept objets dans une boîte qui en contient davantage.

C. L'estimation approximative

L'**estimation approximative** peut être considérée comme une forme de dénombrement qui permet **l'évaluation approximative d'une quantité**, avec la conscience que la quantification n'est pas nécessairement exacte, mais qu'elle donne un bon ordre de grandeur.

EXEMPLE : « Dans cette salle, il y a une dizaine de personnes ».

Les jeunes enfants répugnent à l'utilisation de cette procédure, qui ne leur donne pas de certitude et risque de produire ce qui pour eux est considéré comme une erreur.

ENTRAINEMENT 2

Corrigé p. 115

Claire Meljac[5] propose une épreuve dite « Épreuve des poupées », dont voici une description de la première phase.

MATÉRIEL : 9 poupées découpées dans du carton, de 10 cm de hauteur chacune et, pour les habiller, 20 robes.

TECHNIQUE D'OBSERVATION : Selon l'âge de l'enfant et ses possibilités, l'examinateur dispose 4, 6 ou 9 poupées en désordre sur la table (pas en ligne, mais formant plutôt une sorte de cercle irrégulier) devant l'enfant qui, pendant cette manipulation, a fermé les yeux ou regardé ailleurs. Puis, sur une autre table, il étale les 20 robes. Cette table doit se trouver le plus loin possible des poupées qui sont, elles, sous le regard de l'enfant.

5. C. Meljac, *Décrire, agir et compter*, PUF, 1979.

CONSIGNE :
« Ouvre les yeux, regarde ces poupées ; elles ont très froid. Tu vas aller chercher les robes pour les habiller. Mais attention :
– elles veulent toutes s'habiller en même temps ;
– il ne faut pas rapporter de robes en trop ;
– va chercher juste ce qu'il faut de robes. »

PRÉCISIONS TECHNIQUES : La consigne a été répétée autant de fois qu'il le fallait pour qu'elle soit réellement entendue par l'enfant, qu'on empêchait de se précipiter comme il en avait parfois l'envie.

On a essayé, de plus, de préciser le mieux possible les possibilités de chaque enfant. Des normes provisoires ont été fixées à la suite d'un sondage préalable (4 poupées jusqu'à 5 ans, 6 poupées jusqu'à 5 ans 6 mois, 9 poupées ensuite), mais on proposait le niveau le plus difficile en cas de réussite ; de même, on « redescendait » en cas d'échec.

Par ailleurs, en cas de difficultés, on laissait toujours aux enfants la possibilité de faire trois essais. Enfin, l'adéquation de la réponse était toujours vérifiée par l'enfant lui-même. Lors du premier essai, on l'incitait à compléter une première collection insuffisante ou à retirer les robes qu'il avait apportées en trop.

Les modifications de présentation ont toujours été opérées alors que l'enfant avait les yeux fermés (ou regardait ailleurs).

1. Que cherche-t-on à observer lors de cette épreuve ?

2. Pourquoi est-il précisé dans le protocole que la table sur laquelle sont disposées les robes « doit se trouver le plus loin possible des poupées » ?

3. Quelles sont les procédures permettant à un enfant de 5 ans de mener à bien la tâche demandée ? Quels savoirs et savoir-faire sont nécessaires pour mener à bien chacune de ces procédures ?

3 Étude d'un problème de repérage

Il s'agit de fournir une information pour retrouver la place occupée par un objet dans une liste rangée :

Exemple sur le même modèle que problème E p. 100

Problème 2

Les élèves disposent de boites fermées et alignées :

Un élève sort de la classe et un objet est mis dans l'une des boites aussitôt refermée. Il s'agit de communiquer à cet élève une information qui lui permette de trouver l'objet.

- **Les principales variables didactiques** de la situation sont les suivantes :

– nature des boites : sont-elles toutes identiques ou non ?
– modalités de repérage des boites : peut-on les désigner du doigts ? peut-on écrire sur les boites ?

- **Les diverses procédures de résolution** de ce problème dépendent des choix des variables didactiques, comme le montre le tableau suivant :

Valeurs données aux variables didactiques	Procédures
Cas 1 – boites identiques, – possibilité de les marquer…	• Le problème peut être résolu sans recours aux nombres : il suffit, par exemple, d'attribuer un signe distinctif à chaque boite et d'indiquer le signe de la boite qui contient l'objet.
Cas 2 – boites identiques – impossibilité de les marquer et de les désigner du doigt.	• Une procédure efficace consiste à **numéroter** (fictivement) les objets en récitant la suite des nombres en même temps qu'on pointe les boites et de dire, par exemple, que l'objet se trouve dans la boite numéro 6 ou dans la sixième boite, en partant de la gauche (cette dernière précision est évidemment importante).

L'utilisation des nombres pour numéroter des objets est familière aux enfants : numéros minéralogiques, numéros des maisons dans une rue… Mais ils ne pensent souvent pas spontanément à utiliser ce procédé pour résoudre le problème posé.

Progressivement, les enfants doivent également être amenés à comprendre que si un objet est désigné comme le *sixième* (ou comme le numéro 6), c'est que 5 objets le précèdent dans la rangée.

ENTRAINEMENT 3

Corrigé p. 116

Dans le problème 2 qui précède, l'enseignant se place dans le cas 2. Dans un premier temps, il n'apporte pas de contrainte supplémentaire, mais dans un deuxième temps il précise qu'il n'est plus permis de parler à l'enfant qui doit retrouver la boîte qui contient l'objet et il met à la disposition des élèves une demi-feuille A4 sur laquelle ils peuvent écrire ou dessiner.

Quel intérêt du deuxième temps ? Quelles évolutions l'enseignant peut-il en attendre dans les procédures utilisées par les élèves ?

4 Étude d'un problème de modification de quantités

La situation porte sur l'augmentation d'une quantité d'objets à la suite d'un ajout d'objets :

Problème 3

Exemple sur le même modèle que le problème I p. 101.

En **début de CP**, l'enseignant propose le déroulement suivant :
Il dispose seul d'une boite opaque posée sur le bureau et de jetons. Il met d'abord **x jetons dans la boite**, puis encore **y jetons** (il indique aux enfants le nombre d'objets mis successivement dans la boite). Il ferme ensuite la boite et demande **combien il y a de jetons dans la boite.**

4.1 Variables didactiques et procédures de résolution

• **Les variables didactiques de cette situation** sont principalement :
– la taille des nombres ;
– le fait que les objets sont disponibles en totalité, partiellement ou pas du tout.

• **Les diverses procédures de résolution** de ce problème dépendent des variables didactiques, comme le montre le tableau suivant :

Valeurs données aux variables didactiques	Procédures
Cas 1 – objets disponibles.	Le problème peut être résolu en comptant directement les objets accumulés. *Remarque* : Cette situation est intéressante pour familiariser les élèves avec le contexte. Elle est aussi utile pour vérifier les réponses élaborées par les élèves dans les cas 1 et 2.
Cas 2 – nombres très petits (inférieurs à 3), – objets non disponibles.	Le problème change de nature. Les élèves peuvent se représenter mentalement les objets ou les figurer sur les doigts et répondre par dénombrement direct.
Cas 3 – nombres plus grands (supérieurs ou égaux à 3), – objets non disponibles.	Les élèves peuvent soit figurer les objets par un dessin soit opérer avec les nombres (voir cas 1).

Parmi toutes ces variables didactiques, celle relative à la **disponibilité des objets** a donc des conséquences particulièrement importantes. En effet, le recours aux nombres n'a d'intérêt que dans la mesure où il s'agit de travailler sur des quantités que l'on ne peut pas manipuler directement. C'est donc l'**absence** des objets, des quantités... dans l'espace ou dans le temps qui crée la nécessité d'utiliser les nombres.

Dans les cas 2 et 3, une réponse par dénombrement direct des jetons n'est plus possible. Si l'enfant ne sait pas encore additionner (ce qui est probable en début de CP), il doit imaginer une procédure originale, personnelle, pour répondre. Il doit donc **anticiper** la quantité de jetons. Son anticipation pourra être ensuite validée... en ouvrant la boite et en lui permettant de dénombrer les jetons.

4.2 Procédures de base pour trouver une nouvelle quantité

Dans les problèmes d'anticipation, les procédures de résolution accessibles au jeune enfant qui n'utilise pas le calcul sur les nombres sont de plusieurs types.

A. Le recomptage

Le **recomptage** est la première de ces procédures de base.

Problème 3 (dans le cas où on ajoute 3 objets à 4 objets)

L'enfant représente chacun des jetons, par exemple par un dessin ou sur ses doigts, et compte l'ensemble des éléments ainsi représentés : il lève 4 doigts, puis 3 autres doigts et « compte » tous les doigts jusqu'à sept.

B. Le surcomptage (ou comptage en avant)

Le **surcomptage** est une évolution du recomptage.

Problème 3 (dans le cas où on ajoute 3 objets à 4 objets)

L'enfant retient le nombre 4 (sans le réaliser avec ses doigts) et compte en avançant de 3 au-delà de quatre : *cinq, six, sept*, éventuellement en s'aidant de 3 doigts levés.

Pour provoquer le passage du recomptage au surcomptage, on peut travailler avec une situation où la deuxième collection est visible alors que la première ne l'est pas. Par exemple, au lieu de lancer deux dés pour obtenir la somme des points, on demande de lancer deux fois le même dé : les enfants, qui ont fait l'effort de retenir le premier nombre avant de lancer à nouveau le dé, sont amenés à surcompter à partir de ce nombre.

Le surcomptage est une procédure que les enfants utilisent, mais ils doivent ensuite s'en libérer, par exemple en travaillant dans des cas où elle n'est plus fiable, notamment avec des nombres plus grands.

C. Le décomptage (ou comptage en arrière)

Le **décomptage** est voisin du surcomptage.

EXEMPLE

Le décomptage intervient lorsqu'il s'agit de trouver le nombre d'objets restants d'une collection qui contenait 8 objets après qu'on en a enlevé 3 ou quand on recule un pion sur une droite graduée : *sept, six, cinq* fournit la réponse.

Cette procédure présente cependant de bien plus grandes difficultés dans la mesure où il est plus difficile de « reculer » que d'« avancer » dans la suite des nombres (faites l'expérience avec l'alphabet !).

D. Le double comptage

Le **double comptage** consiste à faire avancer deux suites numériques décalées en même temps.

EXEMPLE

Pour savoir de « combien de cases mon pion doit avancer pour passer de la case 5 à la case 9 », il est possible de dire :

six *sept* *huit* *neuf*

un *deux* *trois* *quatre*

En admettant que l'enfant compte en avant : *six, sept, huit, neuf*, il doit compter le nombre de mots prononcés. L'accompagnement à l'aide des doigts lui facilitera grandement la tâche.

Les sources d'erreurs possibles se situent notamment :
– pour les procédures de comptage en avant ou en arrière dans un **mauvais départ** : dans l'exemple du surcomptage de 3 à partir de 4, l'enfant dit *quatre cinq six* au lieu de *cinq six sept* ;
– pour la procédure de double comptage dans une **difficulté à gérer simultanément les deux comptages sans s'y perdre**.

E. Les premières procédures de calcul

Elles peuvent apparaître en fin d'école maternelle dès que l'enfant commence à mémoriser certains résultats, par exemple « deux et deux, quatre », « trois et deux, cinq »...

Une étape importante est marquée par la prise de conscience du fait que, si on ajoute un à une quantité (par exemple une quantité de **sept objets**), la nouvelle quantité est représentée par le nombre qui suit (ici **huit**). Le résultat d'un **ajout de un** s'obtient donc en disant le nombre suivant. Cette compétence est à mettre en relation avec le fait que tout nombre s'obtient en ajoutant un au nombre précédent et que cela correspond à l'ajout d'une unité à la quantité précédente.

Ces premières procédures de calcul sont affirmées à partir d'un travail de composition et de décomposition de quantités associé à des expressions verbales. Leur traduction symbolique avec les symboles arithmétiques (+, -, =) sera mis en place au CP. L'enfant commence ainsi d'abord à remarquer qu'une quantité de 4 objets peut être décomposée en *deux et encore deux*, en *trois et encore un*, en *un encore un encore un et encore un* avant de le traduire plus tard, au CP, sous la forme 4 = 2 + 2, 4 = 3 + 1, etc.

MANIPULATIONS D'OBJETS :

À l'inverse d'une idée répandue, les manipulations d'objets réels ne favorisent pas toujours l'apprentissage, elles peuvent même le bloquer. Elles sont certes essentielles, dans une phase préliminaire, pour amener l'enfant à bien comprendre la situation qui lui est proposée (cf. situations ci-dessus). Mais lorsque le matériel est connu, que les consignes sont comprises (et l'on voit l'importance du langage dans ce premier temps !), l'enfant doit être confronté à un vrai problème, c'est-à-dire à une situation qui pose question et qu'il va chercher à résoudre « avec sa tête » et pas seulement « avec ses mains ou avec ses yeux ». Après que l'enfant aura élaboré une réponse, il lui sera proposé de la valider en ayant recours aux objets.

CONCLUSION

La résolution mathématique nécessite ici l'anticipation sur l'action.

Cette anticipation n'est cependant possible que si la situation évoquée a du sens pour l'enfant, l'évocation n'étant, par définition, elle-même possible que si elle fait appel au souvenir d'une situation réelle, identique ou proche, déjà vécue.

L'anticipation ne peut se faire qu'à l'aide des sollicitations du maître et le choix des situations est ici fondamental. En particulier, les situations fonctionnelles, telles que la préparation du goûter, ne sont pas toujours les plus adaptées. En effet, la prégnance de la solution pèse trop lourd pour que les enfants puissent accepter de s'investir dans la recherche laborieuse de ce qu'ils peuvent si facilement construire pas à pas, par la seule manipulation !

ENTRAINEMENT 4

Corrigé p. 117

Pour les problèmes suivants, indiquer les variables didactiques sur lesquelles il est possible de jouer et les procédures que peuvent utiliser les élèves du niveau indiqué.

- **Problème 1 :** recherche du point de départ d'un pion, connaissant le point d'arrivée, la valeur et le sens du déplacement (en avant), en GS.
- **Problème 2 :** recherche de la valeur de chaque part dans un partage équitable, en CP.

5 Langage des nombres

5.1 Maitriser les registres de représentation des nombres

A. Les trois registres

Il y a 3 registres de représentation des nombres : analogique, verbal et symbolique.

Une première maîtrise des nombres peut être caractérisée par la capacité des élèves à circuler entre ces 3 registres :

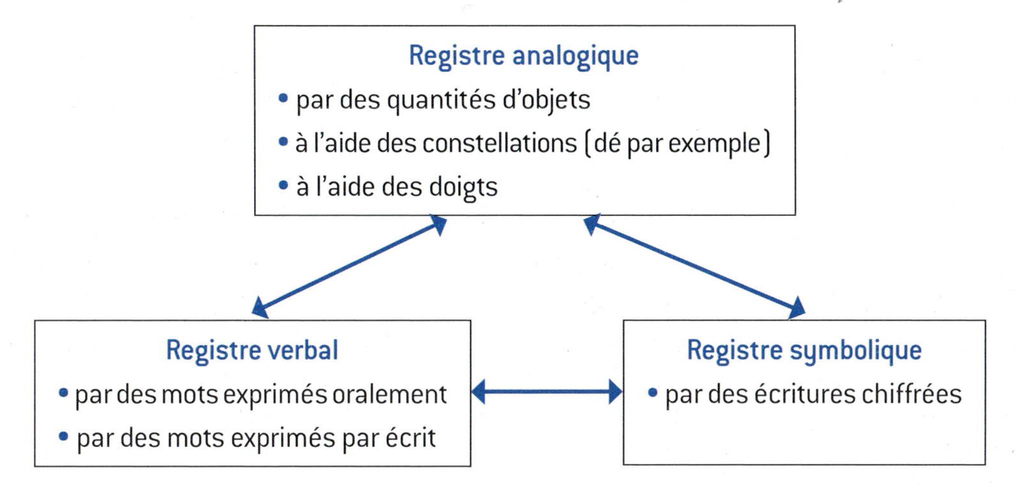

EXEMPLE AVEC LE NOMBRE 5 :

Registre analogique

IIIII

Registre verbal

cinq (en français)

five (en anglais)

Registre symbolique

5 (en numération arabe)

V (en numération romaine)

- **La représentation analogique** est susceptible de fournir aux élèves :

– des outils élémentaires permettant de résoudre de premiers problèmes arithmétiques et d'avoir des points de repères pour contrôler les résultats des calculs portant sur des petits nombres ;

– des images mentales relatives aux petits nombres.

- **La représentation verbale** est utilisée :

– pour communiquer oralement ;
– pour le comptage un par un ;
– pour l'apprentissage par cœur de faits numériques comme les tables de multiplication (par exemple, on retient les résultats sous la forme *six fois trois, dix-huit*, donc avec des mots).

- **La représentation symbolique** est utilisée :

– pour communiquer par écrit ;
– pour poser et calculer des opérations en colonnes ;
– pour obtenir un résultat avec une calculatrice.

B. Passage d'un registre à l'autre

On appelle « **transcodage** » le passage d'un registre à l'autre.

- **Passage d'une représentation analogique à une expression verbale**

EXEMPLE

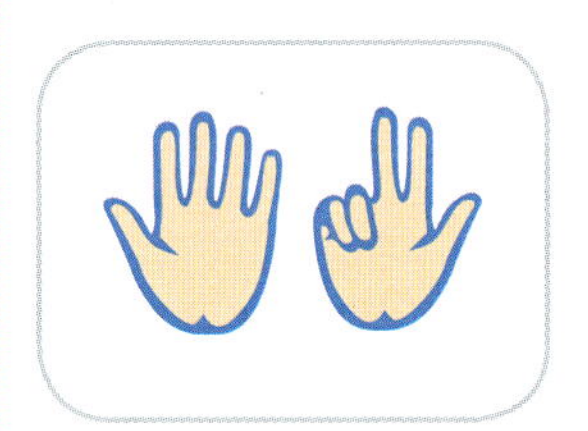

Dis combien de doigts sont levés ?[6]

- **Passage d'une représentation symbolique à une représentation analogique**

EXEMPLE

Réalise « 7 » (écrit sur une carte) à l'aide de deux dés.

- **Passage d'une expression verbale à une représentation symbolique**

EXEMPLE

Ecris en chiffres le nombre *douze* donné oralement.

5. 2 Reconnaitre les écritures chiffrées

Pour les nombres envisagés au début de la scolarité (école maternelle, début du CP), la relation entre les écritures chiffrées et les expressions orales ou analogiques n'a rien de naturel. En particulier, la reconnaissance des écritures chiffrées doit donc faire l'objet d'un **apprentissage progressif** au cours duquel les élèves ont besoin d'**étayage**.

A. Les jeux de cartes traditionnels

Leur fréquentation peut être un support utile, par exemple pour un jeu de **bataille** au cours desquels l'attention des élèves est attirée sur la relation entre l'écriture chiffrée et le nombre de dessins de chaque carte.

6. Concernant l'usage des doig Michel Fayol souligne dans u ouvrage récent qu'il pourrait y avoir « une relation entre calcu et utilisation de doigts » (Miche Fayol, *L'acquisit du nombre*, PUF 2012).

B. La file numérique

Elle peut être utilisée comme une sorte de dictionnaire qui permet de retrouver l'association entre l'expression orale d'un nombre et sa représentation chiffrée, comme le montrent les deux exemples suivants :

EXEMPLE 1

On demande à un élève d'écrire un nombre pour commander une certaine quantité d'objets (par exemple six objets). S'il ignore comment s'écrit ce nombre en chiffres, il peut utiliser la file numérique de la façon suivante :

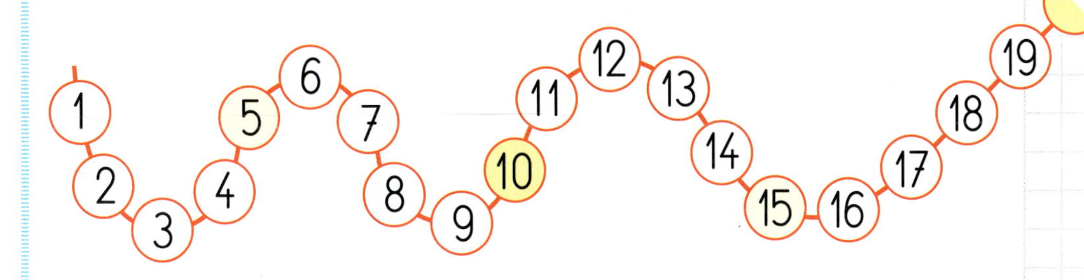

Il parcourt du doigt la file en énonçant la comptine orale (*un, deux, trois…*) qu'il connaît et le mot *six* se trouvera alors associé à l'écriture 6 qu'il pourra recopier.

EXEMPLE 2

Inversement, si l'élève reçoit la carte **7** et doit rapporter le nombre d'objets correspondant, il peut placer la carte sur la file numérique en face de la même écriture.

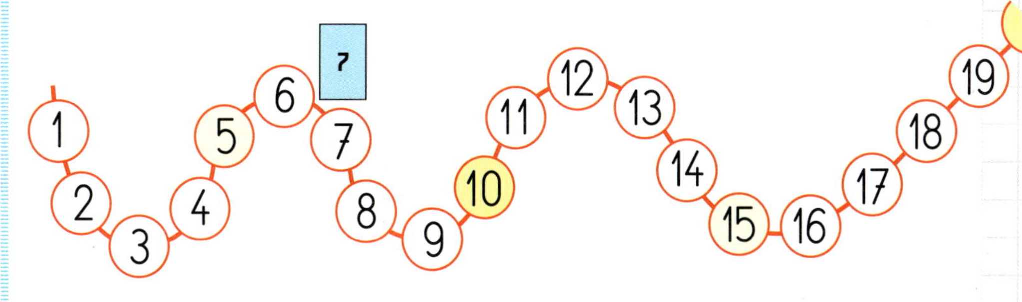

Il lui suffit alors de parcourir du doigt la file en énonçant la comptine orale (*un, deux, trois…*) et le chiffre 7 se trouvera alors associé au mot-nombre *sept* dont il connaît la signification.

D'une certaine manière, la **file numérique** devient un outil qui permet de « faire parler les écritures chiffrées ». Mais il ne faut cependant pas oublier que la lecture et l'écriture des écritures chiffrées doit devenir autonome et que, comme dans le cas d'un dictionnaire, il faut inciter un élève à ne recourir à la file numérique que dans les cas où il ne connaît pas l'écriture chiffrée ou bien encore pour vérifier qu'il ne s'est pas trompé.

RESSOURCES À CONSULTER

- **Premier apprentissage des nombres entiers (maternelle, CP)**

– « Vers les mathématiques en maternelle », document d'accompagnement des programmes 2002, toujours d'actualité, site TFM rubrique Ressources :

http://www.uvp5.univ-paris5.fr/TFM/aTFM.asp

– ERMEL, Grande Section d'école maternelle, Hatier.

– Roland Charnay, *Comment enseigner les nombres entiers et la numération décimale*, Hatier, 2013.

– Pierre Barouillet et Valérie Camos, *La Cognition mathématique chez l'enfant*, Solal, 2006.

– Michel Fayol, *L'Enfant et le nombre*, Delachaux et Niestlé, 1997.

– Dominique Valentin, *Découvrir le monde avec les mathématiques* (1 vol. pour PS et MS, 2004 ; 1 vol. pour GS, 2005), Hatier.

CORRIGÉS EXERCICES D'ENTRAINEMENT

ENTRAINEMENT 1

Énoncé p. 101

Les élèves sont confrontés à deux problèmes :
– déterminer leur avoir à la suite d'une augmentation (*ce qui correspond au problème I*) ;
– comparer deux avoirs (*ce qui correspond au problème F*).

ENTRAINEMENT 2

Énoncé p. 105

1. Ce que l'on cherche à observer lors de cette épreuve

Il s'agit d'observer quels types de procédures les élèves utilisent pour répondre à la question posée :

– Prennent-ils une information sur la quantité de poupées ? Si oui, cette information est-elle de nature numérique (les élèves disent par exemple : *il y a six poupées*) ou non numérique (par exemple, ils lèvent un doigt par poupée et gardent ainsi la mémoire de la quantité de poupées) ?

– La prise d'information sur la quantité de poupées est-elle immédiate (1er essai) ou intervient-elle après que d'autres tentatives aient échoué ?

VOCABULAIRE UTILISÉ PAR L'ENSEIGNANT

Pour savoir si les élèves ont spontanément recours à une prise d'information de nature numérique sur la quantité de poupées (par exemple par comptage des poupées), l'expérimentateur doit faire très attention au vocabulaire utilisé : il doit éviter les expressions qui induiraient un tel comportement telles que « quel est le nombre de poupées ? », « combien faut-il de robes ? »...

RÉPONSE DES ENFANTS

– La question peut être difficile pour certains enfants qui pensent qu'ils ont apporté « juste assez » de robes quand ils en ont « assez », c'est-à-dire la plupart du temps trop !

– La conduite immédiate de beaucoup d'enfants est de se lever, sans avoir pris aucune information sur la quantité de poupées et d'aller chercher un paquet de robes...

2. La distance entre le lot de poupées et le lot de robes

C'est une variable didactique de la situation dont le choix des valeurs (proche ou éloignée) est déterminant :

– **si les 2 lots sont proches**, l'utilisation d'une mise en correspondance terme à terme est possible ;

– **si les 2 lots sont éloignés**, l'enfant est obligé d'abandonner cette procédure qui devient inadéquate pour en choisir une autre souvent moins bien maîtrisée (voir question 3), ce qui justifie le choix de collections éloignées.

3. Procédures mises en place par un enfant de 5 ans

Si les quantités sont éloignées, l'enfant doit procéder en plusieurs étapes :

– prendre de l'information sur la quantité de poupées ;

– garder cette information en mémoire ;

– utiliser cette information pour prendre autant de robes que de poupées.

Plusieurs procédures sont possibles, chacune nécessitant la maîtrise de savoirs et de savoir-faire élémentaires :

Procédures	Savoirs et savoir-faire
Utiliser une collection intermédiaire (par exemple, l'enfant lève 6 doigts pour évoquer les 6 poupées).	• **Établir une correspondance terme à terme entre 2 collections** (par exemple, lever un doigt par poupée). ou • **Dénombrer les objets :** – soit par **subitizing** (s'il y a au plus 4 poupées) ; – soit par **comptage un par un** (et lever les doigts).
Déterminer le nombre de poupées, puis le nombre de robes.	• **Dénombrer les objets :** – soit par **subitizing** (s'il y a au plus 4 poupées) ; – soit par **comptage un par un** (et garder le nombre en mémoire), ce qui suppose la maîtrise des principes du dénombrement par comptage de un en un.
Décomposer la quantité de poupées et déterminer le nombre de poupées de chaque partie.	• **Décomposer une collection en sous-collections facilement dénombrables** (par exemple : trois et encore trois pour 6 poupées). • **Dénombrer les objets de chaque sous-collection par subitizing.**

Les procédures montrent la prise en compte par l'enfant de la quantité totale d'éléments de la collection initiale, mais elles peuvent être difficiles à mener à bien sans erreur.
Exemple : Des enfants peuvent dénombrer correctement la quantité de poupées, mais être incapables de prendre le même nombre de robes.

INFORMATION COMPLÉMENTAIRE : Claire Meljac a étudié une population de 85 enfants âgés de 4 à 9 ans, qu'elle qualifie de « tout venant ». En faisant varier le nombre de poupées selon l'âge, mais surtout les savoir-faire des enfants, elle a ainsi obtenu les résultats suivants :

Évolution des réussites d'âge en âge à « l'Épreuve des poupées »
L'indication « 4 – 4 ; 6 » se lit « entre 4 ans et 4 ans et 6 mois ».

Nombre de poupées	Ages	1er essai (en %)	2e essai (en %)
4 poupées	4 – 4 ; 6	40	65
	5 – 5 ; 6	64	72
6 poupées	4 – 4 ; 6	15	(1)
	5 – 5 ; 6	28	(1)
	6 – 6 ; 6	90	41
9 poupées	5 – 5 ; 6	14	(1)
	6 – 6 ; 6	25	70
	7 ans	55	100

(1) Pour ces âges, le 2e essai a été impossible à effectuer systématiquement suite à la difficulté excessive de l'épreuve.

ENTRAINEMENT 3

Énoncé p. 107

• **Intérêt du 2e temps :** Si les élèves ne peuvent plus dire le numéro de la boite qui contient l'objet, ils doivent trouver un autre moyen de désigner cette boite.

• **Evolution attendue :** On s'attend à ce que les élèves passent du nombre exprimé oralement au nombre exprimé par écrit, soit en mots (ce qui est peu probable à ce niveau de classe), soit en chiffres (ce que l'enseignant va chercher à institutionnaliser).

• Des élèves peuvent contourner cette procédure, par exemple en dessinant les boites et en marquant d'une croix la boite qui contient l'objet caché.

Énoncé p. 110

ENTRAINEMENT 4

Problème 1

Les **procédures** dépendent des valeurs données aux variables didactiques. En GS, le recours au calcul n'est guère envisageable.

Variables didactiques	Procédures
– La piste et le pion sont disponibles.	• **Résolution pratique** : – par essais de points de départ – ou par « marche arrière » du pion.
– La piste n'est pas disponible. – La valeur du déplacement est petite (< 5).	• **Dessin d'une portion de piste ou de toute la piste et résolution pratique** (comme ci-dessus). • **Résolution par essais** de points de départ, en avançant du nombre indiqué dans la suite orale des nombres, éventuellement en s'aidant des doigts pour le contrôler. • **Comptage en arrière**, depuis le point d'arrivée, de la valeur du déplacement, éventuellement en s'aidant des doigts pour le contrôler.
– La piste n'est pas disponible. – La valeur du déplacement est grande (> 5).	• Les deux dernières procédures du cas précédent deviennent difficiles à gérer. • Le recours au **dessin de la piste** ou à l'**écriture de la suite des nombres** est probablement nécessaire pour pouvoir revenir à une résolution pratique.

Problème 2

Dans les situations de partage, une variable essentielle est la matérialisation (ou non) du nombre de parts.

Variables didactiques	Procédures
– Le nombre de parts à réaliser est matérialisé (par exemple par des figurines représentant des enfants). – Les objets à partager sont présents.	• **Résolution pratique, par distribution effective.** Dans ce cas, la validation, qui consiste à vérifier que chacun a bien reçu le même nombre d'objets, est particulièrement nécessaire car la distribution peut avoir fourni un objet de plus à certains enfants (si le reste n'est pas nul).
– Le nombre de parts n'est pas matérialisé. – les objets à partager sont présents.	• **Recours possible à une représentation du nombre de parts** de manière à se ramener à la procédure précédente.
– Le nombre de parts n'est pas matérialisé. – Les objets à partager ne sont pas présents.	• **Distribution encore simulable** (à chaque tour de la distribution, dessin d'un objet près de chaque dessin représentant les enfants). • **Recours à une procédure par essai avec contrôle par un calcul** (selon le moment de l'année au CP). Par exemple, pour partager 18 gâteaux entre 3 enfants après un essai de 8 pour chacun : « $8+8+8=24$, 8 c'est trop ; essai de 7 : $7+7+7=21$, c'est encore trop ; $6+6+6=18$, ça va ».

Une variable didactique importante n'est pas mentionnée ici : le fait que **le nombre d'objets à distribuer est ou non un multiple du nombre de parts**. Dans le cas où le nombre d'objets à distribuer n'est pas un multiple du nombre de parts, il y a en effet une difficulté supplémentaire pour les élèves quelle que soit la procédure utilisée.
Avec de très jeunes enfants, on se situe le plus souvent dans le cas où le nombre d'objets à distribuer est un multiple du nombre de parts.

AU CONCOURS

ANALYSE D'ERREURS

Corrigé p. 122

En fin de Grande Section d'école maternelle, un enseignant a proposé l'exercice suivant, en indiquant aux élèves : *Vous devez entourer le bon nombre de canards.*

Un élève a produit cette réponse :

Formulez des hypothèses sur l'origine de l'erreur de cet élève.

ANALYSE DE DOSSIER 1

Corrigé p. 122

Les **annexes 1 et 2** se trouvent p. 119.

Les questions 1, 2 et 3 concernent l'**annexe 1** :

❶ Citer deux objectifs relatifs aux mathématiques et une compétence transversale.

❷ En se référant aux Instructions officielles, dire dans quel(s) cycle(s) et en quelle année de ce(s) cycle(s) cette activité peut être proposée.

❸ La présentation de l'activité comme la formulation des consignes occultent « cinq » et « 5 ». Pourquoi ?

❹ Analyse des productions d'élèves situées en **annexe 2**.

a. Les cartes proposées correspondent-elles aux consignes données ? Que peut-on remarquer dans le travail de Pierre ?

b. Quelles hypothèses peut-on émettre quant aux procédures de Pierre ?

ANNEXE 1 - DOSSIER 1

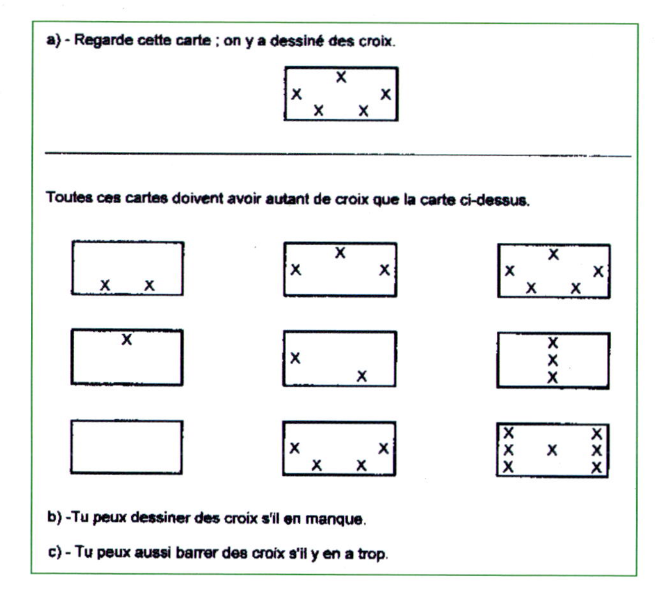
a) - Regarde cette carte ; on y a dessiné des croix.

Toutes ces cartes doivent avoir autant de croix que la carte ci-dessus.

b) -Tu peux dessiner des croix s'il en manque.

c) - Tu peux aussi barrer des croix s'il y en a trop.

Activité proposée.

ANNEXE 2 - DOSSIER 1

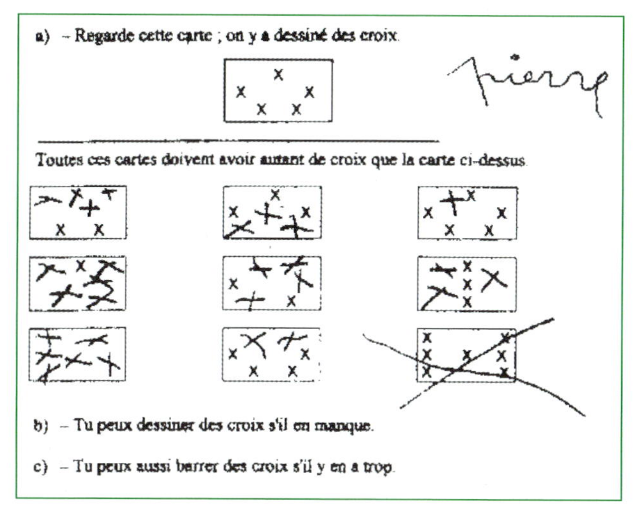
a) – Regarde cette carte ; on y a dessiné des croix.

Toutes ces cartes doivent avoir autant de croix que la carte ci-dessus.

b) – Tu peux dessiner des croix s'il en manque.

c) – Tu peux aussi barrer des croix s'il y en a trop.

Production de Pierre.

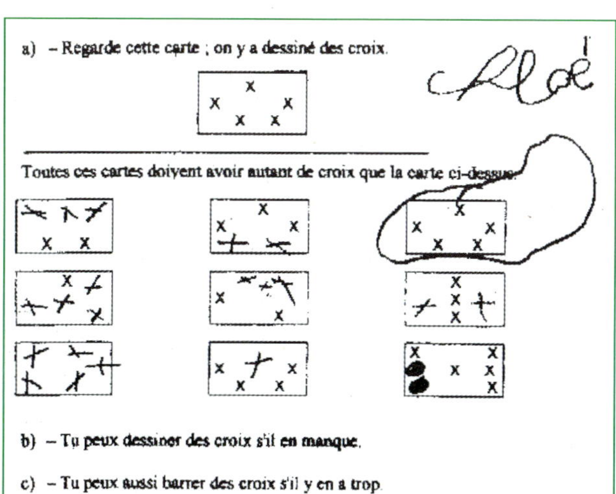
a) – Regarde cette carte ; on y a dessiné des croix.

Toutes ces cartes doivent avoir autant de croix que la carte ci-dessus.

b) – Tu peux dessiner des croix s'il en manque.

c) – Tu peux aussi barrer des croix s'il y en a trop.

Production de Chloé.

ANALYSE DE DOSSIER 2

Corrigé p. 123

On propose un jeu en Grande Section de maternelle, inspiré du manuel *Math en herbe*, collection Diagonale, éditions Nathan :

Matériel

– jeu de 52 cartes sans les figures (valet, dame, roi, joker).

Règle du jeu

– On joue à 2, 3 ou 4 joueurs.

– On distribue 5 cartes par enfant et le reste constitue la « pioche ».

– On retourne la première carte de la pioche et on la pose sur la table. Le but du jeu est d'aligner, dans l'ordre des nombres et sans nombre « sauté », le plus possible de cartes de la même famille (pique, cœur…). Le premier joueur qui n'a plus de cartes a gagné.

– Chaque joueur essaie à son tour de compléter la suite des cartes jouées en plaçant des cartes de son jeu, dans l'ordre, à droite ou à gauche. Il pose toutes les cartes possibles qu'il a dans son jeu. S'il ne peut pas poser de carte, il a le droit de prendre une seule carte dans la pioche pour essayer de poser une carte.

– Lorsqu'une famille est complète (de 1 à 10), on la retire et on retourne une nouvelle carte de la pioche.

1 Quel aspect du nombre ce jeu permet-il de mettre en évidence ?

2 Citez deux procédures permettant à un joueur de choisir et de placer correctement une de ses cartes et énoncez les compétences élémentaires qui sont indispensables à la mise en œuvre correcte de chacune de ces procédures.

3 Citez trois erreurs qu'un élève peut commettre en comptant les éléments qui figurent sur une carte.

4 Identifiez deux difficultés que les élèves peuvent éprouver au cours de ce jeu.

a. Décrivez et analysez chacune de ces difficultés.

b. Pour chacune de ces difficultés, citez une aide matérielle que l'enseignant peut proposer à l'élève. Précisez l'utilisation de cette aide.

5 a. Formulez un objectif que l'enseignant pourrait viser au cours du jeu.

b. Proposez une situation différente permettant de développer ce même objectif.

ANALYSE DE DOSSIER 3

Corrigé p. 126

L'activité est proposée en fin de Grande Section d'école maternelle :

Matériel

L'enseignant dispose d'étiquettes ou de jetons qui peuvent représenter les élèves de sa classe qui comporte habituellement 28 élèves.

Questions

Elles sont proposées à quelques jours d'intervalle :

1. Vous savez que dans la classe il y a 28 élèves. Nous venons de compter les présents, il y en a 26 (par exemple). Vous devez trouver combien il y a d'absents.
2. Vous savez que dans la classe il y a 28 élèves. Nous venons de compter les absents, il y en a 3 (par exemple) Vous devez trouver combien il y a de présents, sans vous compter un par un.

❶ Quelles sont les variables didactiques relatives à chaque question ? Quelles procédures de résolution correctes les élèves peuvent-ils mettre en œuvre pour répondre ?

❷ Pour la question 2, Fabien répond « 31 présents » et Léa répond « 26 présents ».

Quelles hypothèses explicatives de ces réponses erronées peut-on formuler ? Quelles aides possibles peuvent être apportées aux élèves par rapport à ces difficultés ?

CORRIGÉ — ANALYSE D'ERREURS

Énoncé p. 118

Pour répondre, les élèves doivent comprendre :

– qu'il faut entourer des canards : ils sont aidés dans cette compréhension par le fait que l'enseignant reformule oralement cet élément de la consigne ;

– que le nombre de canards entourés doit être égal à 5 : cet élément n' est pas reformulé par l'enseignant, les élèves doivent prendre l'information à partir de l'indication « 5 ».

• Il est probable que les auteurs de cet exercice s'attendaient que l'élève entoure un ensemble de canards et non pas des canards isolés, mais la consigne ne le précise pas explicitement et cet aspect de la réponse de l'élève ne peut donc pas être considéré comme une erreur.

Pour expliquer la réponse erronée, plusieurs hypothèses peuvent être envisagées :

Hypothèse 1 : L'élève a des difficultés à lire les écritures chiffrées et a interprété « 5 » comme « six ».

Hypothèse 2 : L'élève a bien lu « 5 » (reconnu comme « cinq »), mais n'a cependant pas réussi à entourer le bon nombre de canards :

– soit parce qu'il connaît mal la comptine (il énonce par exemple : *un, deux, trois, quatre, sept, cinq*) ;

– soit parce qu'il n'a pas respecté le principe d'adéquation unique (par exemple, un canard a été pointé deux fois) ;

– soit parce qu'il a mal compris les demandes de l'enseignant qui insiste pour que le nombre d'objets soit formulé à l'issue du comptage (pour 5 objets, l'enseignant demande qu'on dise : *un, deux, trois, quatre, cinq, il y en a cinq*) et il a entouré un canard supplémentaire pour « *il y en a cinq* ».

Hypothèse 3 : L'élève n'a retenu qu'une partie de la consigne (celle qui est reformulé oralement : entourer des canards) sans se soucier du nombre à respecter.

CORRIGÉ — ANALYSE DE DOSSIER 1

Énoncé p. 118

1 Objectifs et compétences

- **Objectifs relatifs aux mathématiques avec de « petites quantités »** (ici 5) :

– comparer deux collections dessinées ;

– modifier une collection pour la rendre équipotente à une collection donnée.

- **Compétences transversales :**

– savoir s'organiser ;

– comprendre une consigne (dessiner, barrer) ;

– maîtriser un langage spécifique (autant, manque, trop).

2 Cycle et année

Cette activité peut être proposée en **fin de cycle 1** (Grande Section, éventuellement Moyenne Section) ou en **début de cycle 2** (CP).

❸ Formulation des consignes

Utiliser « cinq » ou « 5 » ferait intervenir le nombre dans la consigne et inciterait probablement les élèves à recourir à une procédure utilisant le dénombrement pour répondre. Or, on souhaite probablement observer ici quelle procédure l'élève utilise « spontanément » (en dehors de toute indication) : la correspondance terme à terme ou le recours au dénombrement.

❹ Analyse des productions d'élèves (annexe 2)

a. Analyse des réponses

Chloé : réponse correcte.

Pierre : obtient 6 croix sur toutes les cartes. Cependant, il barre totalement la dernière carte… peut-être parce que la disposition des objets est nettement différente de celle de la carte de référence.

b. Hypothèse à propos de l'erreur de Pierre

Il a dénombré les croix de la carte en se trompant (6 au lieu de 5), puis il a répondu pour chaque carte toujours en dénombrant (mais cette fois sans se tromper). L'erreur de dénombrement « à un près » est fréquente (objet compté deux fois, erreur dans la suite orale des nombres…). Même la carte identique à la carte de référence n'est pas reconnue, ce qui peut confirmer le recours au seul dénombrement.

CORRIGÉ ANALYSE DE DOSSIER 2

Énoncé p. 120

❶ Aspects du nombre mis en en évidence par ce jeu

Il s'agit d'établir des suites de nombres de 1 à 10 à partir de leurs écritures en chiffres. Les notions de « nombre précédent » et de « nombre suivant » sont principalement sollicitées. C'est donc plutôt l'**aspect ordinal** du nombre qui est mis en relief, mais, pour trouver la carte qui précède ou qui suit une carte donnée, l'élève peut utiliser le fait qu'elle doit contenir un objet de moins ou un objet de plus et, pour cela, s'appuyer sur les quantités représentées et donc sur l'**aspect cardinal** du nombre.

❷ Procédures et compétences élémentaires

Procédures	Compétences élémentaires indispensables
1. **Comparaison des collections dessinées sur les cartes du joueur avec celles placées sur la table**, terme à terme ou paquets par paquets, par pointage effectif ou par association mentale des dessins (ce dessin avec celui-là, ce paquet de deux avec ce paquet de deux…). S'il ne reste qu'un dessin sur une des cartes au terme de la comparaison, c'est que les deux cartes sont voisines dans la suite. Remarque : cette procédure peut être longue et donc source d'oublis ou d'erreurs.	• Énumérer simultanément deux collections : pointage et association des objets (ou des paquets), jusqu'à épuiser une collection (sans oublier d'objets et sans considérer plusieurs fois le même). • Repérer une différence d'un objet entre deux cartes. • Savoir que « un de plus » correspond à « juste après » et que « un de moins » correspond à « juste avant ».

2. **Dénombrement des collections par reconnaissance immédiate** (subizing) ou **par comptage un par un**, puis examen des nombres trouvés pour savoir s'ils sont consécutifs ou non par exemple en récitant la suite des nombres ou en utilisant la bande numérique.	• Dénombrer par reconnaissance immédiate (subitizing) ou dénombrer un à un, c'est-à-dire en récitant la suite des nombres tout en énumérant la collection, en associant chaque nombre dit à un objet de la collection et en concluant que le dernier nombre cité représente le nombre d'objets de la collection. • Mémoriser chaque nombre obtenu. • Vérifier si les nombres sont consécutifs ou non, par exemple en récitant à nouveau la suite des nombres pour savoir si un nombre est dit juste avant l'autre.
3. **Identification des écritures chiffrées** sur les cartes et utilisation d'une bande numérique pour savoir si ces écritures y sont écrites à la suite l'une de l'autre.	• Identifier les écritures chiffrées.
4. **Lecture des nombres** figurant sur les cartes, puis vérification du fait qu'ils sont ou non consécutifs en récitant la suite.	• Lire les nombres écrits en chiffres sur les cartes (nombres inférieurs ou égaux à 10). • Mémoriser chaque nombre obtenu. • Réciter la suite des nombres pour savoir si les nombres obtenus sont consécutifs ou non.
5. **Lecture des nombres** figurant sur les cartes, puis **conclusion directe.**	• Lire les nombres écrits en chiffres sur les cartes (nombres inférieurs ou égaux à 10). • Mémoriser chaque nombre obtenu. • Connaître la suite écrite jusqu'à 10.

❸ Erreurs éventuelles

CONSEIL MÉTHODOLOGIQUE

• Pour répondre à cette question, on peut examiner les composantes de l'action « compter un par un » et associer à chaque composante les erreurs éventuelles.

Composantes de l'action	Erreurs éventuelles
Réciter la suite des nombres…	• Erreur dans cette suite, par exemple « *un, deux, trois, six, dix…* » ou « *un, deux, trois, quatre, cinq, six, trois, quatre…* ».
… en associant chaque mot de la suite à un objet.	• Dire un mot en pointant plusieurs objets ou dire plusieurs mots en pointant un seul objet.
… en énumérant la collection (c'est-à-dire en n'oubliant aucun objet et en ne pointant pas plusieurs fois le même).	• Oubli d'un objet ou de plusieurs objets de la collection. • Pointage d'un même objet à plusieurs reprises.
… en ne considérant que les objets de la collection envisagée.	• Comptage d'autres objets que ceux qui sont à prendre en compte (par exemple des chiffres écrits sur la carte).
… en terminant le comptage par la prise en compte du seul dernier « mot-nombre cité ».	• Après avoir compté correctement « *un, deux, trois, quatre, cinq* », à la question « combien d'objets ? », certains enfants répondent en recommençant le comptage « *un, deux, trois, quatre, cinq* » au lieu de répondre « cinq ».

❹ Difficultés éventuelles

CONSEIL MÉTHODOLOGIQUE

• Les difficultés possibles sont très nombreuses. Toutes ne sont donc pas citées ici. Nous ne considérons que celles qui sont relatives aux éléments des procédures envisagées ci-dessus.

Difficultés	Analyse	Aides
1. Difficulté à mettre en relation les objets lors de la correspondance terme à terme des objets dessinés sur les deux cartes	L'élève n'utilise qu'un procédé mental et ne se souvient plus des éléments déjà associés (la même difficulté peut être rencontrée dans le cas du pointage avec les doigts).	• Proposer à l'élève de « marquer » les objets déjà pris en compte (poser un jeton sur chaque objet pointé). • Proposer de constituer 2 collections équipotentes à celles des 2 cartes avec des jetons de couleurs, puis comparer les collections.
2. Difficulté dans le dénombrement	Voir question 3.	• Si l'élève ne connaît pas la suite des mots-nombres, mieux vaut, dans un premier temps, l'orienter vers une procédure de comparaison directe. • Si la difficulté vient de l'énumération des collections d'objets, on peut là encore proposer un « marquage » des objets pour ne pas en oublier et ne pas considérer deux fois le même.
3. Difficulté pour déterminer si les nombres obtenus par dénombrement se suivent ou non	L'élève ne maîtrise pas la suite des nombres.	• La bande numérique peut être proposée : en récitant la suite des nombres, l'enfant avance sur la bande et marque la position sur laquelle il dit le nombre obtenu lors du dénombrement.

❺ Objectif visé et autres situations possibles

a. Objectif visé au cours du jeu

L'**objectif principal** est la maîtrise de la suite écrite des nombres jusqu'à 10.

On peut citer un autre objectif lié au fait que les cartes portent des quantités : la reconnaissance que « le nombre suivant » correspond à « un objet de plus » et que « le nombre précédent » correspond à « un objet de moins » (première étape de la synthèse entre aspects ordinal et cardinal du nombre).

b. Autres exemples de situations possibles

– Remettre en ordre une série de cartes portant nombres et/ou quantités de 1 à 10.

– Trouver la ou les carte(s) manquante(s) dans une série de cartes portant nombres et/ou quantités de 1 à 10.

– Barrer les intrus dans une suite de nombres de 1 à 10.

– Écrire les nombres manquants dans une suite de nombres de 1 à 10.

CORRIGÉ **ANALYSE DE DOSSIER 3**

Énoncé p. 121

❶ Analyse des variables didactiques et procédures

Chaque question correspond au même problème mathématique : trouver le nombre d'éléments de la partie complémentaire d'une partie (connue) d'un tout (connu), chaque problème pouvant être schématisé ainsi :

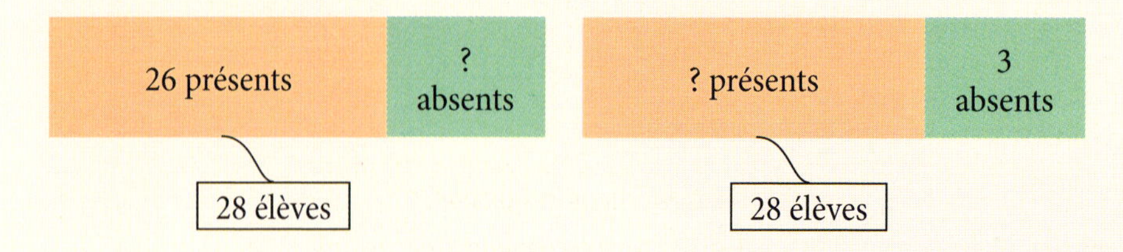

Pour ce type de problème les **variables didactiques** principales sont :

1. Le domaine numérique dans lequel le problème est posé. Le problème n'a de sens que s'il s'agit d'un domaine connu des élèves (en GS, le programme évoque les nombres jusqu'à 30).	• **Des nombres très petits** (inférieurs à 10 par exemple) permettent une résolution par matérialisation de la situation (représentation des données par des objets, par les doigts, par le dessin). • **Des nombres plus grands** rendent ces résolutions plus fastidieuses et incertaines, mais elles demeurent possibles.
2. L'écart entre le nombre associé à la quantité globale et le nombre associé à la sous-quantité. Il s'agit ici du nombre d'élèves de la classe et du nombre d'élèves présents ou absents.	• **Si cet écart est faible** (comme dans la question 1), la récitation de la suite des nombres en avant accompagnée éventuellement d'une concrétisation (sur les doigts, par dessin...) des éléments récités permet de répondre (*27, 28, il y a donc 2 élèves absents*). • **Si cet écart est important** (comme dans la question 2), le comptage en avant (ici en partant de 4 jusqu'à 28 et en comptant les nombres énumérés) devient très lourd à gérer, mais le comptage en arrière est possible (*27, 26, 25, il y a donc 3 élèves absents*), tout en sachant que compter en arrière est plus difficile pour les jeunes élèves.
3. La mise à disposition ou non d'un matériel permettant de représenter les éléments de la situation.	• **Si le matériel est disponible**, une résolution de type pratique est possible (et même suggérée).

❷ Analyse des réponses erronées

Analyse des réponses	Aides possibles
Réponse de Fabien Sa **réponse erronée 31** correspond au fait qu'il n'a pas compris la situation proposée et qu'il a « ajouté les nombres 28 et 3 », sans doute en avançant de 3 au-delà de 28 (le calcul sur les nombres n'étant pas disponible pour les élèves de maternelle).	Il s'agit d'aider l'élève à comprendre la situation proposée tout en lui fournissant un moyen d'élaborer la réponse. L'enseignant peut donner par exemple 28 jetons représentant les enfants ou 28 étiquettes portant des dessins d'enfants, demander à l'enfant ce qu'il faut faire pour les 3 absents (enlever 3 jetons), puis connaître le nombre de présents (dénombrer les jetons restants).
Réponse de Léa Sa **réponse erronée 26** vient du fait que, bien qu'ayant compris la situation, elle a commis l'erreur fréquente de reculer de 3 en commençant par dire 28 (au lieu de 27). Elle a donc dit « 28, 27, 26 » au lieu de « 27, 26, 25 ».	Cette élève a compris la situation. Il s'agit ici de l'aider à comprendre la procédure de comptage en arrière (et peut-être aussi en avant) liée au dénombrement d'objets. On peut imaginer une piste de nombres à laquelle on associe des quantités : 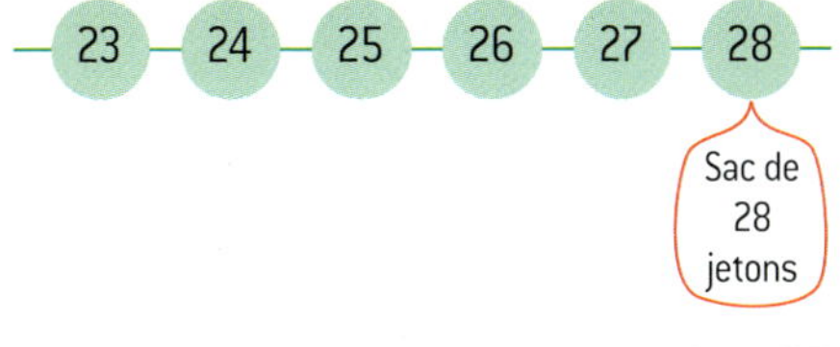 Enlever 1 jeton revient à reculer de 1 et à dire « 27 ». Enlever 2 jetons revient à reculer de 2 et à dire « 27, 26 ». Enlever 3 jetons revient à reculer de 3 et à dire « 27, 26, 25 ». Dans tous les cas, le comptage en arrière commence avec le nombre 27.

CHAPITRE 7

Numération décimale

Connaissances mathématiques de référence → Tome 1, chapitre 2

A partir du CP, commence l'étude structurée des différents modes de désignation des nombres, avec des **chiffres** (numération décimale de position) et avec des **mots** (énoncés oralement ou écrits en lettres). Cet apprentissage se termine à l'école élémentaire avec l'étude des grands nombres (exprimés en millions et en milliards).

L'enseignement de la désignation des nombres entiers naturels doit prendre en compte les deux systèmes que nous utilisons :

– le **système qui utilise des chiffres**, donc écrit (numération chiffrée) ;

– le **système qui utilise des mots** et qui donne lieu à une expression orale ou une expression littérale (numération orale).

Il s'agit d'amener les élèves à comprendre chacun de ces systèmes, à les mettre en relation et à les utiliser pour traiter différentes questions, notamment : comparer des nombres et calculer avec les nombres.

Extrait du BO spécial n° 11 du 26 novembre 2015

PROGRAMME DES CYCLES 2 ET 3 (extraits)

Nombres et calculs

CYCLE 2

Attendus de fin de cycle :

Comprendre et utiliser des nombres entiers pour dénombrer, ordonner, repérer, comparer

- Dénombrer, constituer et comparer des collections.
- Utiliser diverses stratégies de dénombrement.

– Procédures de dénombrement (décompositions/recompositions additives ou multiplicatives, utilisations d'unités intermédiaires : dizaines, centaines, en relation ou non avec des groupements).

- Repérer un rang ou une position dans une file ou sur une piste.
- Faire le lien entre le rang dans une liste et le nombre d'éléments qui le précèdent.

– Relation entre ordinaux et cardinaux.

- Comparer, ranger, encadrer, intercaler des nombres entiers, en utilisant les symboles =, ≠, <, >.

– Égalité traduisant l'équivalence de deux désignations du même nombre.

– Ordre.

– Sens des symboles =, ≠, <, >.

Nommer, lire, écrire, représenter des nombres entiers

- Utiliser diverses représentations des nombres (écritures en chiffres et en lettres, noms à l'oral, graduations sur une demi-droite, constellations sur des dés, doigts de la main…).
- Passer d'une représentation à une autre, en particulier associer les noms des nombres à leurs écritures chiffrées.
- Interpréter les noms des nombres à l'aide des unités de numération et des écritures arithmétiques.

– Unités de numération (unités simples, dizaines, centaines, milliers) et leurs relations (principe décimal de la numération en chiffres).

– Valeur des chiffres en fonction de leur rang dans l'écriture d'un nombre (principe de position).

– Noms des nombres.

- Associer un nombre entier à une position sur une demi-droite graduée, ainsi qu'à la distance de ce point à l'origine.
- Associer un nombre ou un encadrement à une grandeur en mesurant celle-ci à l'aide d'une unité.

– La demi-droite graduée comme mode de représentation des nombres grâce au lien entre nombres et longueurs.

– Lien entre nombre et mesure de grandeurs, une unité étant choisie.

CYCLE 3

Attendus de fin de cycle :

Utiliser et représenter les grands nombres entiers, des fractions simples, les nombres décimaux

- Composer, décomposer les grands nombres entiers, en utilisant des regroupements par milliers.

– Unités de numération (unités simples, dizaines, centaines, milliers, millions, milliards) et leurs relations.

- Comprendre et appliquer les règles de la numération aux grands nombres (jusqu'à 12 chiffres).
- Comparer, ranger, encadrer des grands nombres entiers, les repérer et les placer sur une demi-droite graduée adaptée.

REPÈRES DE PROGRESSIVITÉ (extraits)	
CYCLE 2	CYCLE 3
L'étude de la numération décimale écrite en chiffres (dizaines, unités simples), pour les nombres jusqu'à 100 et celle de la désignation orale, permet aux élèves de dénombrer et constituer des collections de plus en plus importantes (la complexité de la numération orale en France doit être prise en compte pour les nombres supérieur à 69). Au CE1, un temps conséquent est consacré à la reprise de l'étude des nombres jusqu'à 100, notamment pour leur désignation orale et pour les stratégies de calcul mental ou écrit. Parallèlement, l'étude de la numération décimale écrite (centaine, dizaines, unités simples) est étendue par paliers, jusqu'à 200, puis 600 et éventuellement 1 000, puis au CE2, jusqu'à 10 000 (l'absence de mot spécifique pour désigner le groupement suivant correspondant à 10 000 justifie ce palier).	En début du cycle, les nombres sont abordés jusqu'à 1 000 000 puis progressivement jusqu'au milliard. Ce travail devra être entretenu tout au long du cycle 3.

REPÈRES POUR ENSEIGNER

En prenant appui sur la **caractérisation d'un concept**[1], sont successivement examinés dans ce chapitre :

1. Les problèmes qui peuvent être proposés aux élèves pour assurer une bonne compréhension de la numération décimale de position et les procédures qu'ils peuvent utiliser pour les résoudre.

2. Les questions de transcodage entre le langage chiffré et le langage verbal pour désigner les nombres.

1. Caractérisation d'un concept définie par Gérard Vergnaud, chap. 1 p. 21-22.

1 Typologie des problèmes permettant de comprendre la numération chiffrée

Nous retenons **cinq types de problèmes** qui permettent aux élèves de comprendre la signification des écritures chiffrées et de la numération décimale.

Les problèmes A, B et C font intervenir la relation entre quantités et écritures des nombres en chiffres :

Problème A
Organiser une collection d'objets pour pouvoir écrire facilement le nombre d'objets qu'elle contient (problème de codage).

Problème B
Construire une collection dont le nombre d'objets est donné par son écriture chiffrée (problème de décodage).

Problème C
Comparer deux quantités d'objets à partir de la donnée des expressions chiffrées des nombres d'objets.

Les problèmes D et E concernent l'organisation de la suite des nombres écrits en chiffres :

Problème D
Produire la suite des nombres de un en un, de dix en dix...

Problème E
Placer des nombres sur une ligne régulièrement graduée.

Nous allons étudier ces cinq types de problèmes au travers des procédures de résolution que les élèves doivent être capables de maîtriser.

Ces problèmes font intervenir :
– la relation entre quantités et écritures des nombres en chiffres (problèmes A et B) ;
– la comparaison des nombres entiers (problème C) ;
– l'écriture des suites de nombres entiers (problème D) ;
– le placement ou le repérage des nombres sur une ligne graduée (problème E).

D'autres problèmes, concernant le calcul sur les écritures chiffrées de nombres, seront abordés dans les chapitres suivants.

1.1 Problèmes faisant intervenir la relation entre quantités et écritures des nombres en chiffres

A. Problème de codage (de la quantité à l'écriture chiffrée)

Sur le modèle du problème A, p. 131.

Organiser une collection importante pour pouvoir écrire facilement le nombre d'objets qu'elle contient.

L'enseignement vise à rendre les élèves capables d'utiliser deux grandes catégories de procédures :

• **Procédure 1 : représenter la quantité d'objets par des groupements successifs réguliers de dix**

Cette procédure, qui est fondamentale et doit absolument être maitrisée par les élèves, peut être décrite de la façon suivante :
– faire d'abord des groupements de 10 objets (dizaines) ;
– faire ensuite des groupements de 10 dizaines d'objets (centaines) ;
– faire ensuite des groupements de 10 centaines d'objets (milliers)...

EXEMPLE : Si on arrive à **3 milliers, 4 dizaines et 2 objets isolés** (unités), le nombre d'objets s'écrit : **3 042**.

• **Procédure 2 : représenter la quantité par un nombre limité d'objets choisis à l'avance qui permet de produire l'écriture chiffrée**

Cette procédure est fondée sur l'utilisation simultanée de **groupements par dix et d'échanges** de dix objets d'un certain type par un objet d'un autre type.

EXEMPLE : Il s'agit de **dénombrer un lot de carrés** en disposant d'un matériel composé de carrés, triangles, ronds et losanges. Ce type de procédure peut alors être décrit de la façon suivante :

– faire des groupements de 10 carrés (dizaines) et dès qu'on a un groupement de 10 carrés, l'échanger contre un objet d'un autre type (par exemple, un **triangle qui représente la dizaine**) ;

– faire ensuite des groupements de 10 triangles et dès qu'on a un groupement de 10 triangles, l'échanger contre un objet d'un autre type (par exemple, un **rond qui représente la centaine**) ;

– faire ensuite des groupements de 10 ronds et dès qu'on a un groupement de 10 ronds, l'échanger contre un objet d'un autre type (un **losange qui représente le millier**)...

Si à la fin on arrive à **3 losanges, 4 triangles et 2 carrés**, le nombre de carrés s'écrit **3 042**.

À chaque type d'objets est associée une valeur (la dizaine au triangle, par exemple) et une position dans l'écriture chiffrée. La numération égyptienne repose sur ce principe, mais sans déboucher sur l'écriture chiffrée.

Connaissances sur la numération décimale

À partir de ces deux types d'expériences (groupements par dix, groupements et échanges par dix), les connaissances suivantes sont établies avec les élèves :

- La **régularité des groupements successifs par dix** (base dix).
- Les **égalités** : 1 dizaine = 10 unités
  1 centaine = 10 dizaines
  1 centaine = 100 unités ...
- Le fait que **chaque type d'unité de numération** (unité, dizaine, centaine...) **correspond à une position** (un rang) **dans l'écriture du nombre**.
- Le **rôle de 0** pour marquer l'absence d'unité d'un certain type.
- Les **décompositions associées**, comme :

3 042 = 1 000 + 1 000 + 1 000 + 10 + 10 + 10 + 10 + 2
3 042 = (3 × 1 000) + (4 × 10) + 2.

Un lien est fait, à partir de la fin du cycle 2, entre unités de numération et unités du système métrique, par exemple entre les relations entre millier et unité et entre km et m.

Ces connaissances ont été élaborées très progressivement au cours de l'histoire : recours à des groupements, régularité des groupements, choix de groupements par dix, traduction chiffrée dans laquelle la position d'un chiffre détermine sa valeur... Ce sont tous des acquis culturels que les élèves ne peuvent pas réinventer. L'objectif de l'enseignement est donc de leur **proposer des activités** qui leur permettent de comprendre ce système dans toute sa complexité et de se l'approprier.

- **La monnaie** fonctionne selon ce principe de groupements-échanges, mais son utilisation pour travailler le système de numération suppose que l'on se limite aux pièces et billets de 1 €, 10 € et 100 €. Par exemple, un groupement de 10 billets de 10 € (10 dizaines d'euros) peut être échangé contre un billet de 100 € (1 centaine d'euros).

- **Le boulier**, en particulier dans sa version la plus simple, peut également être utilisé dans ce but, à des fins d'apprentissage :

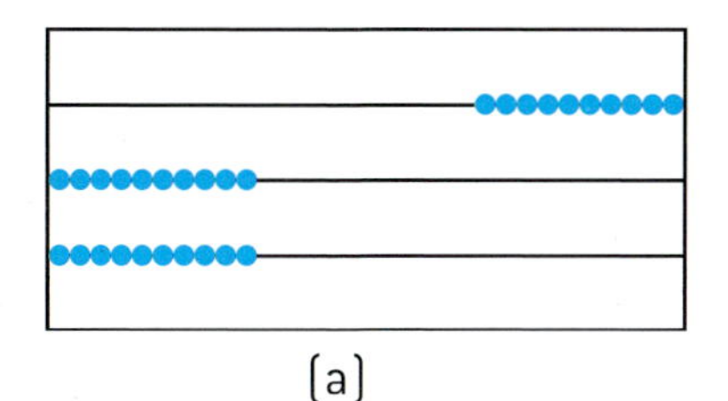
(a)

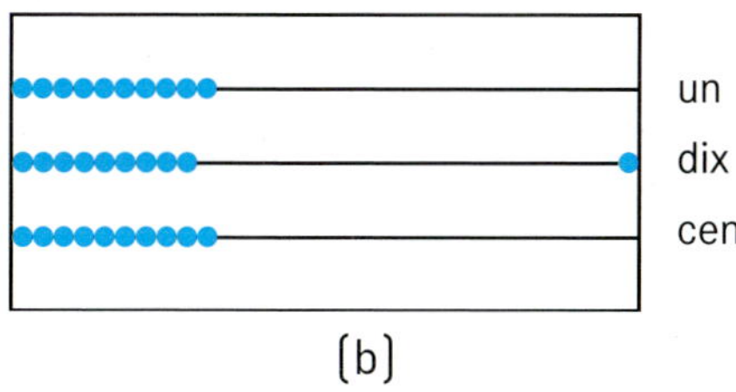

(b)

Chacune des boules « du haut », poussée à droite, vaut « un » ; chacune de celles de la ligne suivante, poussée à droite, vaut « dix » (une dizaine)... Les images (a) et (b) montrent comment on peut, sur le boulier, échanger un groupement de 10 unités contre 1 dizaine : elles représentent la même quantité (10).

B. Problème de décodage (de l'écriture chiffrée à la quantité)

Sur le modèle du problème B, p. 131.

Construire une collection dont le nombre d'objets est donné par son écriture chiffrée.

Ce problème de décodage sollicite les mêmes connaissances que le problème de codage, mais d'une autre manière.

EXEMPLE

Si les timbres sont vendus par pochettes de 100 timbres et carnets de 10 timbres, combien de pochettes et de carnets de timbres faut-il acheter pour avoir 2 340 timbres ?

Le décodage de 2 340 comme **2 milliers 3 centaines 4 dizaines** permet de trouver directement le nombre de carnets (**4 dizaines**). Pour trouver le nombre de pochettes (de centaines), on peut utiliser un décodage chiffre par chiffre (2 milliers et 3 centaines) et le fait que 1 millier est égal à 10 centaines : il faut donc **23 centaines** (20 + 3).

Il est également possible de « lire directement » les 23 centaines dans l'écriture de 2 340, mais cela est souvent plus difficile pour les élèves. Le fait que seulement 54 % des élèves soient capables de trouver que 25 dizaines = 250 unités à l'entrée en sixième témoigne de cette difficulté (évaluation nationale 2002).

Cette difficulté peut être reliée à une erreur classique qui consiste à confondre le nombre de centaines (ici 23) et le chiffre des centaines (ici 3).

Il est cependant important que les élèves deviennent capables de décoder l'écriture, non seulement chiffre par chiffre, mais également en considérant des groupes de chiffres. Il s'agit ainsi d'interpréter à la fois **2 340** comme **2 milliers, 3 centaines** et **4 dizaines**, comme 23 centaines et 4 dizaines ou encore comme 234 dizaines, etc.

Cela peut aussi se traduire par différentes décompositions comme :

$2\,340 = (2 \times 1\,000) + (3 \times 100) + (4 \times 10)$

$2\,340 = (23 \times 100) + (4 \times 10)$

$2\,340 = 234 \times 10$

Le recours à un **tableau de numération** peut être une aide pour les élèves :

millier	centaine	dizaine	unité
1 000	100	10	1
2	3	4	0

ENTRAINEMENT 1

Corrigé p. 144.

Source : D'après une activité de Ca Maths CE1, « Le collier de la reine ».

L'enseignant dispose de nombreuses cartes portant 1 perle, 10 perles ou 100 perles.

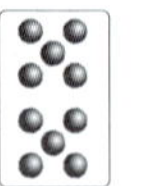

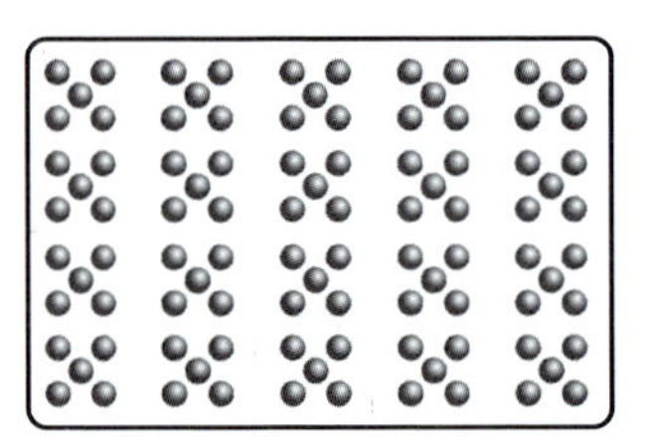

Les élèves de CE1 doivent rédiger une commande pour obtenir un nombre donné de perles exprimé par une écriture en chiffres, par exemple 243.

1. **Quel objectif d'apprentissage** peut être formulé pour cette activité ?
2. **Indiquer les principales variables** didactiques de cette situation.
3. **Quelles procédures** les élèves de CE1 peuvent-ils utiliser pour rédiger leur commande ?

Sur le modèle du problème C, p. 131.

1.2 Comparaison de nombres entiers

Au **cycle 1**, les problèmes de comparaison concernent surtout les **collections** elles-mêmes. À partir du **cycle 2**, la comparaison de quantités suppose la **comparaison de nombres à partir de leurs écritures chiffrées**. Les élèves élaborent d'abord des procédures personnelles de comparaison, puis ils apprennent une procédure experte (progressivement automatisée).

A. Procédures expertes de comparaison des nombres

• Procédure 1

Cette procédure, la plus souvent enseignée, peut être décrite ainsi :

1. **Si les deux nombres n'ont pas le même nombre de chiffres,**
le plus grand est celui qui a le plus de chiffres ;
2. **Si les deux nombres ont le même nombre de chiffres,**
on regarde le chiffre du rang le plus à gauche :
– si ces deux chiffres sont différents, le plus grand nombre est celui pour lequel ce chiffre est « le plus grand » ;
– si ces deux chiffres sont les mêmes, on regarde le chiffre suivant, ou le suivant du suivant, jusqu'à ce que deux chiffres de même rang soient différents : le plus grand nombre est celui pour lequel ce chiffre est « le plus grand ».

• Procédure 2

Cette procédure, plus simple, peut être adoptée en imaginant que les 2 nombres sont écrits l'un sous l'autre avec alignement à partir du rang des unités :

1. **On compare d'abord les chiffres figurant au rang le plus élevé.**

2 345	2 345	2 345	En l'absence de chiffre pour l'un des nombres,
732	3 000	2 362	considérer que le chiffre est 0 (c'est le cas pour 732).

2. **Si ces chiffres sont différents,** le plus grand nombre est celui qui a le chiffre de plus grande valeur pour le rang considéré.
$\underline{2}\,345 > 732$ et $\underline{3}\,000 > \underline{2}\,345$
3. **Pour les nombres qui comportent des chiffres identiques** au rang considéré, recommencer avec le rang immédiatement inférieur, puis, en cas d'égalité des chiffres, au rang encore inférieur...
$2\,3\underline{6}2 > 2\,3\underline{4}5$

B. Procédures personnelles de comparaison des nombres

Les procédures imaginées par les élèves contiennent en germe la justification de la procédure experte. Ainsi, pour comparer **2 345** et **2 362**, les élèves peuvent :

– **les représenter par des quantités** : ils « voient » alors qu'il y a 2 groupements de 1 000 et 3 groupements de 100 dans les deux cas, et que les 6 groupements de 10 (contre 4 groupements de 10) permettent de conclure que le deuxième nombre est le plus grand, en remarquant que les chiffres suivants ne permettent pas de compenser la différence entre les 6 groupements de 10 et les 4 groupements de 10 ;

– **utiliser un raisonnement du type** : il y a 2 milliers et 3 centaines dans chaque nombre, mais 6 dizaines dans le second contre 4 seulement dans le premier (et les 5 unités du premier valent moins qu'une dizaine), ce qui permet de conclure.

C. Erreurs fréquentes dans la comparaison des nombres

• Erreurs du type 46 > 203

L'élève compare les chiffres **4** et **2** « de gauche » sans se soucier de la valeur qu'ils représentent (4 dizaines pour l'un et 2 centaines pour l'autre). Cette procédure erronée peut être renforcée par le fait qu'elle donne un résultat correct si les nombres à comparer ont le même nombre de chiffres (comparaison de 460 et 203 par exemple).

• Erreurs du type 23 < 17

Cette erreur a parfois pour origine le fait que l'élève (au CP) n'a pas compris le principe d'écriture des nombres et pense que les « chiffres s'additionnent ». Il y a confusion, pour lui, entre **23** et **2** + **3** et entre **17** et **1** + **7**, ce qui conduit à **5** < **8**. L'origine de cette confusion entre 23 et 2 + 3 peut être due au fait que l'addition (2 + 3) est souvent associée au rapprochement de deux quantités (de 2 et 3 objets), 23 évoquant aussi ce rapprochement pour l'élève.

• Symbolisme de la comparaison non maitrisé (signes $<$ et $>$)

L'élève réussit si on lui demande d'entourer le plus grand des deux nombres **23** et **17**, mais échoue s'il doit coder la comparaison. Il est donc important, dans l'évaluation, de distinguer les deux compétences : savoir comparer deux nombres et savoir coder le résultat de la comparaison à l'aide des signes $<$ et $>$.

• Comparaison des nombres à partir des chiffres des unités

Après étude de la technique de l'addition et de la soustraction posée, la procédure erronée qui consiste à comparer les nombres à partir des chiffres des unités peut s'installer : **123** < **56** car **3** < **6**. C'est peut-être dû au fait que, pour les techniques de calcul posé, on insiste sur la nécessité de commencer à opérer avec les chiffres des unités.

Cette difficulté peut aussi expliquer la première erreur analysée (46 > 203).

ENTRAINEMENT 2

Corrigé p. 145

Il est demandé à un élève d'écrire ces 4 nombres du plus petit au plus grand :

32 102 23 200

Réponse de l'élève : 102 < 200 < 23 < 32.

Quelles hypothèses peut-on faire sur la procédure erronée que l'élève a utilisée et sur l'origine de celle-ci ?

1.3 Problèmes pour écrire des suites de nombres

Sur le modèle du problème D, p. 132.

L'organisation de la suite des nombres écrits en chiffres, parfaitement régulière, correspond aux effets des groupements en base dix.

A. Compétences à acquérir

• Suite des nombres de 1 en 1

– **Le passage de 209 à 210** est délicat pour les élèves car il correspond au fait que, en ajoutant un objet à une collection qui en contient déjà 209 (2 centaines et 9 unités), on obtient 10 unités qui, regroupées, donnent une dizaine. D'où l'écriture 210 (il y a maintenant 2 centaines et 1 dizaine).

– **Le passage de 299 à 300** s'explique de la même manière : en ajoutant un objet à 2 centaines, 9 dizaines et 9 unités, on obtient 10 unités qui donnent une dizaine supplémentaire, ce qui aboutit à 10 dizaines qui donnent la centaine supplémentaire… d'où les 3 centaines de 300.

Les élèves sont cependant capables d'apprendre à écrire le début de cette suite, puis de la prolonger dans un domaine numérique jusque-là inconnu d'eux, par la simple observation de son fonctionnement et l'utilisation de l'algorithme qui permet de la générer, bien avant d'avoir compris le rôle des groupements.

La simple observation d'un calendrier permet ainsi à des enfants de GS ou de début de CP d'écrire des nombres au-delà de 30 : 30 – 31 – 32 – … – 38 – 39 – 40 – 41… (comme 20 – 21 – 22 – 22 – 23 – … – 28 – 29 – 30 – …), avant de savoir les lire et de comprendre que 34 c'est 3 dizaines et 4 unités.

• Suite des nombres de 10 en 10, de 100 en 100

Les suites des nombres de 10 en 10, de 100 en 100 s'obtiennent de la même manière. Par exemple pour une suite de 10 en 10 :

– la suite 286 – 296 – 306… s'obtient en imaginant qu'on ajoute chaque fois 1 dizaine ;

– le passage de 296 à 306 s'explique par le fait qu'en ajoutant 1 dizaine aux 9 dizaines de 296, on obtient 10 dizaines qui sont transformées en 1 centaine.

B. Erreurs fréquentes pour écrire la suite des nombres de 1 en 1

• Après 29, l'élève écrit 39.

L'élève fait « avancer de 1 » le chiffre des dizaines et pas celui des unités. On peut faire l'hypothèse qu'il a retenu que pour augmenter de 1 un nombre qui se termine par 9 on augmente de 1 le chiffre situé à droite de 9 sans avoir perçu que le chiffre des unités passe à 0 .

Autre hypothèse : il peut être gêné par le fait que, pour lui, après 9, il n'y a pas de chiffre (souvent il a su écrire que, après 27, il y a 28).

• Après 29, l'élève écrit 210.

Pour lui, « après 9, il y a 10 » : les chiffres des unités et des dizaines fonctionnent de manière isolée.

• Après 310, l'élève écrit 320.

Il fait avancer le premier chiffre non nul à partir de la droite (ici passage de 1 à 2), ce qui peut être dû au fait que 0 n'est pas considéré comme un chiffre comme les autres (on compte effectivement à partir de 1 : 1, 2, 3…).

C. Aide et remédiation

Si ces suites écrites doivent être bien maîtrisées par les élèves, il est important, pour le maître, de ne pas confondre **la compréhension et la maîtrise de l'algorithme** avec celles des **fondements sémantiques** (le rôle des groupements et des échanges) de notre système de numération.

Certains enfants sont très vite capables de repérer les régularités alors que, pour d'autres, il faudra provoquer les prises de conscience et organiser des activités spécifiques. **Tous les outils permettant l'affichage de cette suite** (empruntés à la vie quotidienne ou fabriqués spécifiquement dans le cadre scolaire) **peuvent être proposés à l'observation des enfants** :

– mètres de couturière ;
– bandes numériques ;
– tableaux de nombres 10 × 10 ;
– droites numériques graduées de 1 en 1, de 10 en 10...

Les prises de conscience ne se font pas par tous les enfants au même moment ou à partir du même matériel.

1 • 4 Problèmes pour placer ou repérer des nombres sur une ligne graduée

Sur le modèle du problème E, p. 132.

A. Compétences à acquérir

La compétence relative au placement de nombres sur une ligne graduée apparaît dès le CE1. Elle fait suite aux travaux de la GS et du CP organisés autour de files numériques du type du jeu de l'oie.

Au CE1, les repères sont placés **de 1 en 1** et le placement revient à un travail sur la suite des nombres de 1 en 1. Plus tard, le pas de la graduation pourra être différent, par exemple **de 5 en 5**, **de 10 en 10** ou **de 100 en 100**, et il sera demandé d'associer des nombres et des positions sur la droite ainsi graduée, soit de manière exacte, soit de manière approchée.

EXEMPLE

Sur cette ligne graduée de 100 en 100, les nombres **250** ou **75** peuvent être placés **exactement**, alors que le nombre **287** ne peut être placé que de **manière approximative**, plus proche de 300 que de 200 ou encore plus proche de 300 que du milieu de l'intervalle [200 ; 300] :

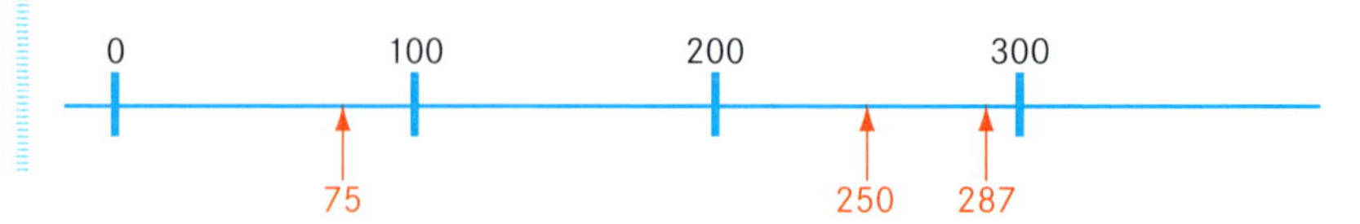

• Ce type d'activité renforce la maitrise :
– de la comparaison des nombres (par exemple de l'intercalation entre des centaines entières) ;
– des suites de nombres organisées selon un pas donné ;
– des relations de proximité entre les nombres.

A la fin du cycle 2 et au cycle 3, les élèves sont également invités à **placer des nombres approximativement sur une ligne graduée**.

EXEMPLE
L'élève doit placer **2 380** sur une ligne graduée de 100 en 100. Pour cela, il doit comprendre que 2 300 < 2 380 < 2 400 et que 2 380 est plus proche de 2 400 que de 2 300, en considérant par exemple que 2 380 > 2 350. Ce type d'activité constitue une approche de la notion d'**ordre de grandeur**.

B. Erreurs fréquentes pour placer des nombres

• L'élève ne tient pas compte du pas choisi.

Il considère, souvent sur la base des premiers exercices qu'il a eus à traiter, que ce pas est toujours égal à 1.

EXEMPLE
Sur une ligne graduée **de 10 en 10**, l'élève place, après **20**, le nombre **21** au lieu du nombre **30**, car il a attribué la valeur 1 au lieu de la valeur 10 au pas de la graduation.

• L'élève ne tient pas compte des relations entre les nombres.

EXEMPLE
Sur une droite graduée **de 100 en 100**, il place **325** au milieu de l'intervalle [300 ; 400] au lieu de le placer à la fin du premier quart de cet intervalle.

ENTRAINEMENT 3

Corrigé p. 145

Cet exercice a été proposé lors d'une évaluation nationale en fin de CE1.

☺ *Trace une flèche pour placer chaque nombre sur la droite graduée.*

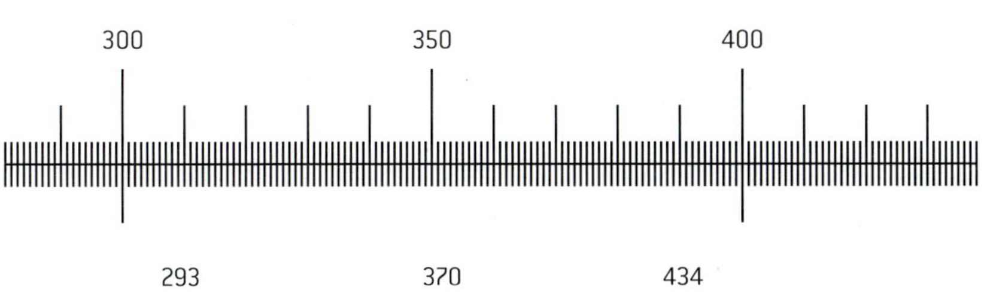

1. **Quelles procédures** les élèves peuvent-ils utiliser pour placer chaque nombre ?
2. **Pourquoi** le nombre 293 est-il plus difficile à placer que les deux autres ?

2 Désignation orale des nombres, et passage de l'oral à l'écrit et de l'écrit à l'oral

Trois types d'apprentissages peuvent être évoqués :
– apprentissage du début de la suite orale des nombres ;
– apprentissage de la correspondance entre désignation verbale et désignation chiffrée ;
– apprentissage de la comparaison de nombres exprimés verbalement.

2.1 Apprentissage du début de la suite orale des nombres

Un des premiers contacts des enfants avec les nombres passe par la **récitation de la suite orale** (souvent appelée comptine numérique). Mais ses **nombreuses irrégularités**, surtout présentes au début, n'en facilitent pas la mémorisation.

A. Suite des nombres de onze à dix-neuf

Une construction cohérente avec le système décimal servant à désigner les nombres aurait conduit à utiliser des expressions comme *dix-un*, *dix-deux*, ..., *dix-six*, comme cela est fait avec *dix-sept*, *dix-huit*... Ce n'est pas le cas pour les nombres entre dix et vingt.

Une mémorisation complète, sans point d'appui du côté de la compréhension, est donc nécessaire, même si *dix-sept*, *dix-huit* et *dix-neuf* répondent à une logique. Elle ne se fait pas sans difficultés pour une partie des élèves qui achoppent sur certains mots (*quatorze* et *quinze*, notamment).

B. Suite des nombres de vingt à cinquante-neuf

Cette partie de la suite orale est plus facile à mémoriser, car il existe une **sur-comptine des dizaines** (*vingt, trente, quarante, cinquante*) qui détermine toutes les autres dénominations, selon une construction régulière : *vingt-trois* est construit comme *trente-trois, quarante-trois...*

C. Suite des nombres de soixante à quatre-vingt-dix-neuf

A partir de ***soixante***, les difficultés deviennent plus importantes.

La **première difficulté** vient du fait que les régularités perçues auparavant ne fonctionnent plus car il n'y a plus un mot pour chaque dizaine : *soixante* est associé soit à 6 dizaines comme dans *soixante-deux,* soit à 7 dizaines comme dans *soixante-douze*.

La **seconde difficulté** tient à la nature de ces irrégularités, les mots que l'on rencontre alors ayant des compositions variées :

– *soixante-dix* obéit à une composition uniquement additive : $60 + 10$;

– *quatre-vingts* est composé de façon multiplicative : 4×20 ;

– *quatre-vingt-dix* cumule les deux types de composition : $4 \times 20 + 10$.

MÉMORISATION DE LA SUITE DES NOMBRES

Certains enfants mémorisent très vite les mots-nombres irréguliers, peut-être sans trop se poser de questions à l'égard de leur construction. Mais, pour d'autres, il faut envisager un travail spécifique et répété. Pour ces raisons, certaines progressions préconisent un premier apprentissage de la suite des nombres jusqu'à *soixante-neuf* (zone régulière), repoussant à plus tard la « zone difficile ». Nous ne pensons pas que cette stratégie didactique convienne. Au contraire, il faut envisager de travailler au même moment les mots-nombres de *soixante* à *soixante-dix-neuf*, puis de *quatre-vingts* à *quatre-vingt-dix-neuf*, de manière à bien insister sur les irrégularités, les différences et les ressemblances (voir paragraphe suivant).

2.2 Apprentissage de la correspondance oral - chiffré

A. Nombres inférieurs à 100

• Zone régulière des nombres de 20 à 59

La lecture des écritures chiffrées est assez simple : dans *trente-sept*, j'entends *trente* et *sept*, je vois « 3 » pour *trente* et « 7 » pour *sept* ; *trente* est associé à « 3 » (en réalité 3 dizaines).

• Zone irrégulière des nombres de 60 à 99

Il convient de travailler en deux temps :

– d'une part, la zone de **60 à 79** pour installer l'idée que « quand j'entends soixante... le chiffre des dizaines peut être 6 ou 7, cela dépend de ce qui suit soixante » ;

– d'autre part, la zone de **80 à 99**, avec le même type de remarque : « quand j'entends quatre-vingts... le chiffre des dizaines peut être 8 ou 9, cela dépend de ce qui suit quatre-vingts » et, de plus, le quatre entendu n'est pas traduit par un « 4 ».

B. Nombres au-delà de 100

• Le système de lecture des nombres devient systématique.

Le travail de décomposition des nombres sous forme canonique, c'est-à-dire en utilisant les puissances de dix, peut apporter une aide. Par exemple, la décomposition suivante de **2 393** explicite le passage de l'écriture chiffrée à la désignation orale :

$2\,393 = (2 \times 1\,000) \quad + \quad (3 \times 100) \quad + \quad 93$

deux-mille   trois-cent   quatre-vingt-treize

• Les grands nombres

À l'école primaire, ces nombres vont au-delà de *dix-mille* ou *cent-mille* et sont étudiés de façon systématique au cycle 3. Les écritures chiffrées sont organisées en tranches de trois chiffres (avec appui sur le millier), séparées par un court espace pour en faciliter la lecture.

Pour lire **53287709008490260**, il faut grouper les chiffres par tranches de six et sous-tranches de trois, en commençant par la droite (comme ci-dessous).

Il suffit ensuite de placer les mots suivants entre les paquets de six : *millions, billions, trillions, quadrillions* et *quintillions*..., en allant de la droite vers la gauche, soit ici :

Ce nombre se lit donc : cinquante-trois-mille-deux-cent-quatre-vingt-sept-**billions**-sept-cent-neuf-mille-huit-**millions**- quatre-cent-quatre-vingt-dix-**mille**-deux-cent-soixante.

B. Erreurs fréquentes pour lire et écrire les nombres

• Soixante-seize traduit par 616 ou par 6016

1er cas : *soixante* appelle 6 et *seize* appelle 16.

2e cas : *soixante* appelle 60 et *seize* appelle 16.

Dans les 2 cas, l'élève traduit ce qu'il entend ou ce qu'il lit.

- **Deux-mille-cinquante traduit par 250 ou par 200050**

1er cas : l'élève écrit le 2 et le 50 en ne tenant pas compte du « mille » qu'il ne sait pas comment écrire.

2e cas : écriture de chaque terme entendu.

➤ **Lecture des nombres**, tome 1, chap. 2, p. 28.

SYSTÈME DE LECTURE LÉGAL DES NOMBRES EN FRANCE DEPUIS 1961

Dans ce système, les milliards ne sont pas utilisés officiellement bien qu'ils soient restés dans l'usage pratique, un milliard correspondant à mille millions.
Ainsi, le nombre 709 008 490 260 est-il couramment lu :
sept-cent-neuf-**milliards**-huit-**millions**-quatre-cent-quatre-vingt-dix-**mille**-deux-cent-soixante.

L'utilisation du mot « **milliard** » est encouragée par le programme qui le mentionne explicitement.

NOUVELLE ORTHOGRAPHE POUR L'ÉCRITURE DES NOMBRES DEPUIS 1990

Un rapport du Conseil supérieur de la langue française de 1990 propose « qu'on lie par des traits d'union les numéraux formant un nombre. »
Exemples : elle a vingt-quatre ans ; cet ouvrage date de l'année quatre-vingt-neuf ; cette maison a deux-cents ans ; il possède sept-cent-mille-trois-cent-vingt-et-un francs.
Cette règle permet notamment de distinguer :

vingt-et-un tiers ($\frac{21}{3}$) vingt et un tiers ($20 + \frac{1}{3}$).

2.3 Comparaison des nombres à partir de leurs désignations orales

À l'oral, les comparaisons de nombres se font principalement par appui sur certains mots entrant dans la composition des mots-nombres étudiés.

EXEMPLE

Pour comparer ***deux-mille-cinq-cent-quarante-trois*** et ***douze-mille-huit-cent-treize***, seule la partie entendue avant le mot *mille* (ici contenu dans les deux nombres) doit être prise en compte.

Il est important que les élèves prennent conscience qu'à l'oral le nombre de mots utilisés ne joue pas le rôle joué par le nombre de chiffres dans les écritures chiffrées, la longueur de l'écriture ne donnant aucune indication sur la taille d'un nombre : *mille* qui n'utilise qu'un mot est plus grand que *trois-cent-quatre-vingt-dix-sept* qui en nécessite six !

Corrigé p. 146.

ENTRAINEMENT 4

Dans un exercice d'évaluation, des élèves de début CE2 sont invités à écrire en lettres le nombre **492** (donné en chiffres au tableau).

Dans les réponses des élèves, l'enseignant a relevé les erreurs suivantes :

Réponse A : quatre neuf deux

Réponse B : quatre-quatre-vingt-douze

Réponse C : quatre cents quatre vingt douze

Réponse D : quatre-cent-quatre-vingt-deux

Analyser chaque erreur et indiquer quel type d'aide l'enseignant peut proposer.

RESSOURCES À CONSULTER

– Roland Charnay, *Comment enseigner les nombres entiers et la numération décimale ?*, Hatier, 2013.

– ERMEL, *Apprentissages numériques et résolution de problèmes*, ouvrages pour le CP, CE1, CE2, CM1 et CM2, Hatier.

– *Cap Maths*, ouvrages pour les enseignants et les élèves, du CP au CM2, Hatier.

– Site Téléformation mathématiques : http://www.uvp5.univ-paris5.fr/TFM/

CORRIGÉS EXERCICES D'ENTRAINEMENT

ENTRAINEMENT 1

Énoncé p. 134

1. Objectif de l'activité

Comprendre et utiliser la valeur de chaque chiffre de l'écriture d'un nombre en relation avec son rang (nombres inférieurs à 1 000).

2. Variables didactiques

Trois variables didactiques interviennent principalement dans cette activité :

– **Nombre de chiffres du nombre de perles demandées :** les écritures à deux chiffres sont plus familières aux élèves de CE1, donc plus faciles à interpréter ;

– **Présence ou non de « 0 » dans l'écriture du nombre de perles à commander :** la présence de « 0 » perturbe certains élèves qui ne les prennent pas en compte en assimilant « 0 » à rien (par exemple, 302 est interprété comme 32) ;

– **Nombre de cartes disponibles pour chacune des 3 catégories :** si, par exemple, il ne reste que 2 cartes de 100 perles, mais beaucoup de cartes de 10 perles et qu'il faut obtenir 307 perles, les élèves ne peuvent pas demander 3 cartes de 100 perles et doivent utiliser le fait qu'une carte de 100 perles peut être remplacée par 10 cartes de 10 perles.

• Pour travailler la valeur de chaque chiffre en fonction de son rang dans l'écriture, d'un nombre il faudrait interdire aux élèves de commander plus de 9 cartes de chaque sorte.

3. Procédures sur l'exemple de 243 perles à commander

• Procédure 1 : ajouter des « 100 », des « 10 » et des « 1 » pour obtenir 243.

Exemples :

– 100 + 100 + 10 + 10 + 10 + 10 + 1 + 1 + 1 = 243

à interpréter comme 2 cartes de 100 perles, 4 cartes de 10 perles et 3 cartes de 1 perle ;

– 10 + 10 + 10… *(24 fois)* + 3

à interpréter comme 24 cartes de 10 perles et 3 cartes de 1 perle.

• Procédure 2 : interpréter directement le nombre 243.

Exemples :

– 2 centaines, 4 dizaines et 3 unités à reformuler dans le langage des cartes ;

– 24 dizaines et 3 unités, à reformuler dans le langage des cartes.

• **Les solutions du type 24 cartes de 10 et 3 cartes de 1** ne sont possibles que parce que le nombre de cartes disponibles pour chaque sorte est suffisant. Si ce nombre était réduit à 9, seule la solution dite « canonique » serait possible.

• **Pour les élèves qui ont utilisé la procédure** 2, au moment de la validation où on doit dénombrer le nombre de perles figurant sur les cartes commandées, la **procédure 1** (calcul) peut être utilisée comme moyen commode pour obtenir le nombre de perles réellement commandées.

ENTRAINEMENT 2

Énoncé p. 136

L'élève semble avoir comparé d'abord les chiffres de gauche : 1 vient avant 2 qui vient avant 3, puis le chiffre suivant ce qui l'a conduit a placé 200 avant 23 car 0 vient avant 3.

Tout se passe comme s'il avait utilisé la **procédure 2** décrite p. 139, mais en alignant les nombres à partir de la gauche plutôt qu'à partir de la droite :

Alignement de l'élève	Alignement correct
32	32
102	102
23	23
200	200

L'élève ne prend donc pas en compte la valeur des chiffres en fonction du rang qu'ils occupent dans l'écriture des nombres.

ENTRAINEMENT 3

Énoncé p. 139

1. Les procédures utilisées pour placer chaque nombre

Pour placer les nombres, les élèves peuvent prendre appui sur les nombres déjà placés et sur le fait que la ligne est graduée de 1 en 1 (petits traits) et de 10 en 10 (traits plus grands).

- **Pour placer 293**, ils peuvent numéroter réellement ou mentalement les traits :

– en reculant de 1 en 1 à partir de 300 ;

– en reculant de 10 à partir de 300 jusqu'à 290, puis en avançant de 1 en 1 jusqu'à 293.

- **Pour placer 370**, ils peuvent numéroter réellement ou mentalement les traits :

– en avançant de 1 en 1 à partir de 350 ;

– en avançant de 10 en 10 à partir de 350 ;

– en reculant de 1 en 1 à partir de 400 ;

– en reculant de 10 en 10 à partir de 400.

Pour placer 370, les deux dernières procédures sont moins probables que les deux premières.

- **Pour placer 434**, ils peuvent numéroter réellement ou mentalement les traits :

– en avançant de 1 en 1 à partir de 400 ;

– en avançant de 10 en 10 à partir de 400 jusqu'à 430, puis de 1 en 1 jusqu'à 434.

2. Placement du nombre 293

Le nombre **293** est plus difficile à placer que **370** et **434** parce qu'il est impossible de prendre appui sur la centaine précédente (aucun nombre placé n'a 2 pour chiffre des centaines) et parce qu'il faut reculer à partir d'un nombre donné (ce qui est moins familier et plus difficile que d'avancer à partir d'un nombre donné).

ENTRAINEMENT 4

Énoncé p. 143

	Analyse de l'erreur	Type d'aide
A	L'élève traduit chaque chiffre par sa dénomination verbale, sans tenir compte de sa valeur. 1) Soit l'élève a mal interprété la consigne et pensé qu'il fallait écrire en lettres chaque chiffre. 2) Soit il ne maîtrise pas les principes de la numération décimale.	**Aide pour l'hypothèse 1** Il faut mettre en évidence qu'il s'agit du nombre 492, par exemple en l'entourant*. **Aide pour l'hypothèse 2** Un réapprentissage du principe positionnel d'écriture des nombres paraît nécessaire (avec appui sur du matériel de numération), en commençant par des nombres de 2 chiffres où la dizaine se traduit par un mot particulier (quarante-trois pour 43), puis avec des nombres de 3 chiffres où la centaine se traduit par l'adjonction du mot « cent » (deux-cent pour le 2 de 243).
B	L'élève traduit correctement le groupe « dizaine-unité » mais oublie le mot « cent » qui indique la valeur du chiffre 4.	L'aide doit porter sur la nouveauté liée à la lecture des nombres de 3 chiffres où le chiffre des centaines ne se traduit pas par un mot (ou un groupe de mots) comme pour les dizaines mais par l'adjonction du mot « cent ». Il faut donc inciter l'élève à envisager la traduction verbale des nombres de 3 chiffres en isolant le chiffre des centaines des deux autres chiffres (en lien avec ce qu'il représente) : 4 9 2 ↑ cent
C	L'erreur porte seulement sur l'orthographe (tiret, pas de « s » à cent).	Une simple correction ou le renvoi à un dictionnaire sont suffisants.
D	L'élève maîtrise le principe de traduction verbale des nombres de 3 chiffres (adjonction du mot « cent » au chiffre des centaines), mais a des difficultés avec la traduction verbale des nombres de deux chiffres (sans doute ceux qui sont situés entre 60 et 99).	Pour que l'élève prenne conscience de son erreur, on peut lui demander de traduire en chiffres le nombre qu'il a écrit en lettres (il est possible qu'il écrive alors un nombre différent de celui qui lui a été donné, par exemple 482). Le renvoi à un écrit de référence pour les nombres concernés peut aider l'élève à surmonter cette difficulté.

* **Aide 1** : une remédiation de type constructiviste est complexe à mettre en place dans la mesure où il est difficile d'aider l'élève à prendre conscience que sa réponse est fausse. En effet, si on lui demande d'écrire quatre neuf deux, il va bien écrire 492 !

AU CONCOURS

ANALYSE D'ERREURS 1

Corrigé p. 152

L'exercice suivant a été proposé en évaluation au début du CE2 :

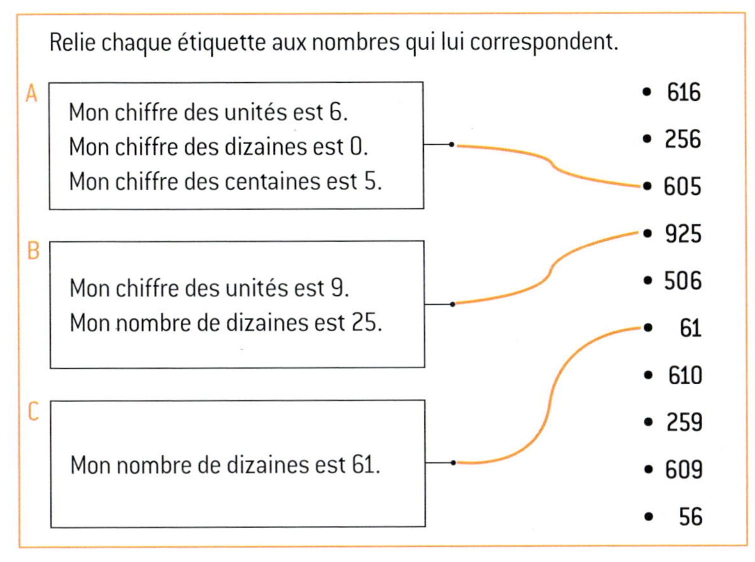

❶ Analyser cette réponse d'élève en faisant des hypothèses sur l'origine des erreurs.

❷ Quelles aides l'enseignant peut-il apporter à cet élève ?

ANALYSE D'ERREURS 2

Corrigé p. 153

L'exercice suivant a été proposé à des élèves :

Complète comme dans l'exemple :

	en chiffres	en lettres
exemple	12	douze
a	302	
b		quatre-vingt-dix-neuf
c		cinq-cent-trente-deux

Les erreurs suivantes ont été relevées :

Question a : trente-deux

Question b : 8019 ; 42019 ; 420109

Question c : 50032 ; 5132 ; 53200

❶ A quel niveau cet exercice a-t-il pu être proposé ?

❷ Analyser les erreurs des élèves en faisant des hypothèses sur leur origine.

ANALYSE DE DOSSIER 1

Corrigé p. 153

Les **documents 1 et 2** ci-dessous constituent les réponses de deux élèves, Marie-Victoire et Perrine, à une épreuve d'évaluation donnée par un enseignant.

❶ À quel niveau de l'école primaire cette évaluation a-t-elle pu être proposée ?

❷ Quels objectifs spécifiques sont évalués à travers les différents exercices de cette épreuve ?

❸ Analyser et expliquer l'évolution des procédures de résolution mises en œuvre par ces deux élèves dans l'exercice 1. Comparer et interpréter leurs réponses à la question c.

❹ Pour Perrine, analyser les réponses aux questions 2 et 4 du document 1 et indiquer quel bilan des connaissances de l'élève peut être réalisé à partir de cette analyse.

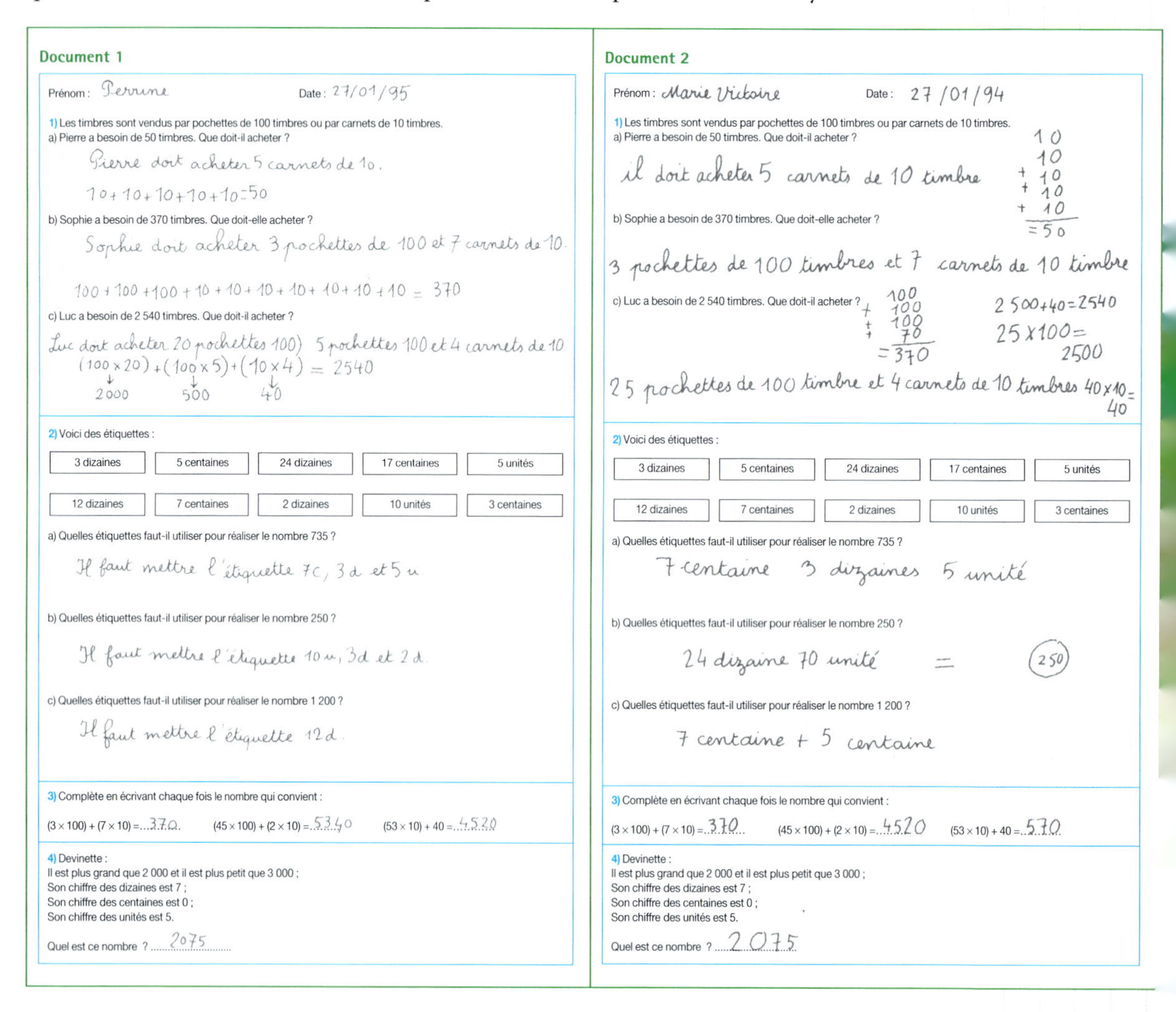

Document 1

Prénom : Perrine Date : 27/01/95

1) Les timbres sont vendus par pochettes de 100 timbres ou par carnets de 10 timbres.

a) Pierre a besoin de 50 timbres. Que doit-il acheter ?

Pierre doit acheter 5 carnets de 10.
10+10+10+10+10=50

b) Sophie a besoin de 370 timbres. Que doit-elle acheter ?

Sophie doit acheter 3 pochettes de 100 et 7 carnets de 10.
100+100+100+10+10+10+10+10+10+10 = 370

c) Luc a besoin de 2 540 timbres. Que doit-il acheter ?

Luc doit acheter 20 pochettes 100) 5 pochettes 100 et 4 carnets de 10
(100 × 20) + (100 × 5) + (10 × 4) = 2540
2000 500 40

2) Voici des étiquettes :

3 dizaines	5 centaines	24 dizaines	17 centaines	5 unités
12 dizaines	7 centaines	2 dizaines	10 unités	3 centaines

a) Quelles étiquettes faut-il utiliser pour réaliser le nombre 735 ?

Il faut mettre l'étiquette 7c, 3d et 5u

b) Quelles étiquettes faut-il utiliser pour réaliser le nombre 250 ?

Il faut mettre l'étiquette 10u, 3d et 2d.

c) Quelles étiquettes faut-il utiliser pour réaliser le nombre 1 200 ?

Il faut mettre l'étiquette 12d.

3) Complète en écrivant chaque fois le nombre qui convient :

(3 × 100) + (7 × 10) = 370 (45 × 100) + (2 × 10) = 5340 (53 × 10) + 40 = 4520

4) Devinette :
Il est plus grand que 2 000 et il est plus petit que 3 000 ;
Son chiffre des dizaines est 7 ;
Son chiffre des centaines est 0 ;
Son chiffre des unités est 5.

Quel est ce nombre ? 2075

Document 2

Prénom : Marie Victoire Date : 27/01/94

1) Les timbres sont vendus par pochettes de 100 timbres ou par carnets de 10 timbres.

a) Pierre a besoin de 50 timbres. Que doit-il acheter ?

il doit acheter 5 carnets de 10 timbre
10 + 10 + 10 + 10 + 10 = 50

b) Sophie a besoin de 370 timbres. Que doit-elle acheter ?

3 pochettes de 100 timbres et 7 carnets de 10 timbre
100 + 100 + 100 + 70 = 370

c) Luc a besoin de 2 540 timbres. Que doit-il acheter ?

2 500 + 40 = 2540
25 × 100 = 2500
25 pochettes de 100 timbre et 4 carnets de 10 timbres 40 × 10 = 40

2) Voici des étiquettes :

3 dizaines	5 centaines	24 dizaines	17 centaines	5 unités
12 dizaines	7 centaines	2 dizaines	10 unités	3 centaines

a) Quelles étiquettes faut-il utiliser pour réaliser le nombre 735 ?

7 centaine 3 dizaines 5 unité

b) Quelles étiquettes faut-il utiliser pour réaliser le nombre 250 ?

24 dizaine 10 unité = (250)

c) Quelles étiquettes faut-il utiliser pour réaliser le nombre 1 200 ?

7 centaine + 5 centaine

3) Complète en écrivant chaque fois le nombre qui convient :

(3 × 100) + (7 × 10) = 370 (45 × 100) + (2 × 10) = 4520 (53 × 10) + 40 = 570

4) Devinette :
Il est plus grand que 2 000 et il est plus petit que 3 000 ;
Son chiffre des dizaines est 7 ;
Son chiffre des centaines est 0 ;
Son chiffre des unités est 5.

Quel est ce nombre ? 2075

ANALYSE DE DOSSIER 2

Corrigé p. 155

Une séquence d'apprentissage est fondée sur trois problèmes proposés successivement aux élèves :

Problème 1
Combien de chiffres (caractères d'imprimerie) ont été imprimés pour numéroter les pages de votre livre de mathématiques, de la page 1 à la page 12 ?

Problème 2
Sans utiliser votre livre de mathématiques, trouver le nombre de chiffres qui ont été imprimés pour numéroter les pages, de la page 1 à la page 46.

Problème 3
Pour numéroter un livre à partir de la page 1, un imprimeur a utilisé 828 chiffres. Combien de pages a-t-il numérotées ?

❶ Indiquer les niveaux de classe auxquels ces problèmes peuvent être proposés.

❷ Préciser des objectifs possibles pour cette séquence.

❸ Justifier le choix de la suite des énoncés proposés aux élèves.

❹ Décrire les procédures que les élèves peuvent utiliser pour résoudre le problème 3.

❺ Donner les grandes étapes d'une mise en œuvre possible avec des élèves de CM1.

ANALYSE DE DOSSIER 3

Corrigé p. 157

Les **documents 1, 2 et 3** se trouvent p. 150.

❶ Quelle notion mathématique un enseignant peut-il travailler avec ses élèves en utilisant ces trois documents (extraits de *Maths en flèche*, cycle 3) ? Quels aspects de cette notion sont particulièrement travaillés dans cette séquence ?

❷ Quelles méthodes correctes les élèves peuvent-ils utiliser pour répondre aux questions posées dans chaque document ?

❸ Préciser ce que l'enseignant peut mettre en évidence, avec les élèves, à l'issue du travail, à l'aide de chaque document.

❹ Discuter de la pertinence des exemples proposés dans le document 2, en se référant aux objectifs visés par l'enseignant et à ce que l'enseignant peut mettre en évidence au cours de l'exploitation des réponses des élèves.

DOCUMENT 1 – DOSSIER 3

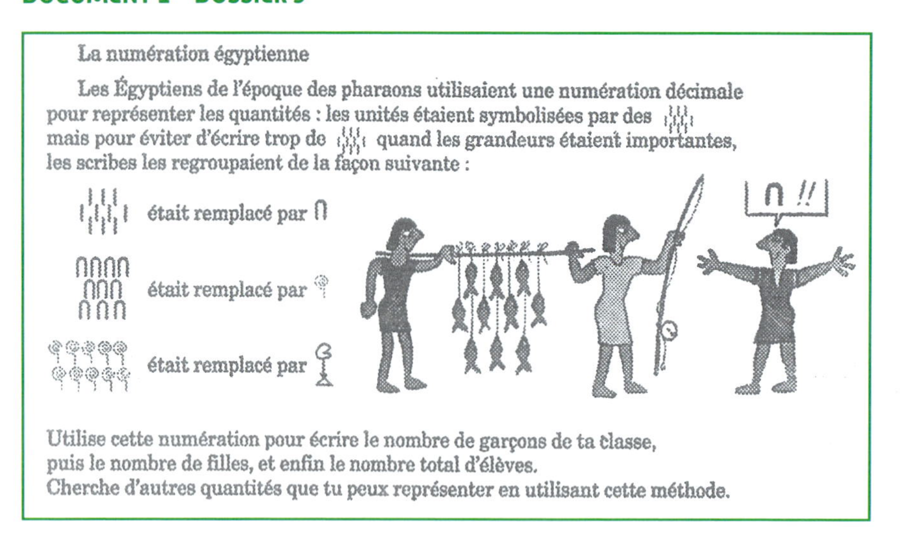

La numération égyptienne

Les Égyptiens de l'époque des pharaons utilisaient une numération décimale pour représenter les quantités : les unités étaient symbolisées par des mais pour éviter d'écrire trop de quand les grandeurs étaient importantes, les scribes les regroupaient de la façon suivante :

était remplacé par

était remplacé par

était remplacé par

Utilise cette numération pour écrire le nombre de garçons de ta classe, puis le nombre de filles, et enfin le nombre total d'élèves.
Cherche d'autres quantités que tu peux représenter en utilisant cette méthode.

Source :
Maths en flèche, cycle 3, coll. Diagonale, Nathan.

DOCUMENT 2 – DOSSIER 3

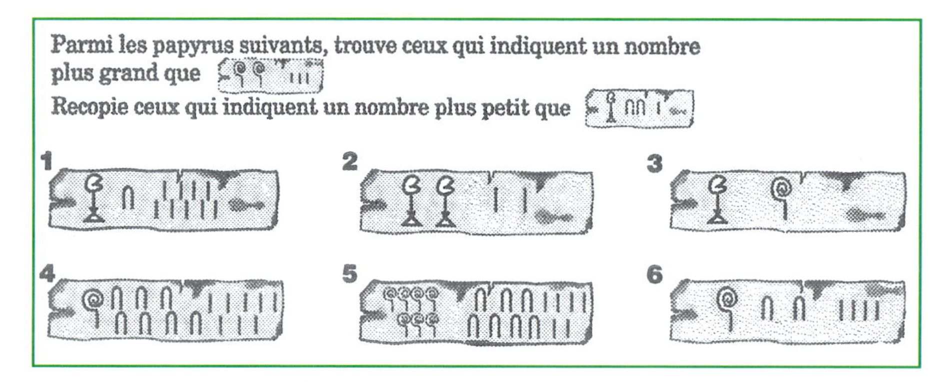

Parmi les papyrus suivants, trouve ceux qui indiquent un nombre plus grand que
Recopie ceux qui indiquent un nombre plus petit que

1 2 3

4 5 6

DOCUMENT 3 – DOSSIER 3

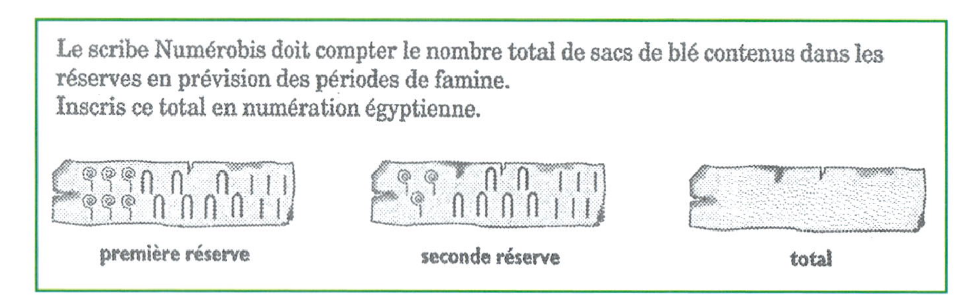

Le scribe Numérobis doit compter le nombre total de sacs de blé contenus dans les réserves en prévision des périodes de famine.
Inscris ce total en numération égyptienne.

Corrigé p. 159

ANALYSE DE DOSSIER 4

Les exercices suivants[2] ont été proposés dans une classe de CM1 au mois d'octobre. Les questions ont été écrites au tableau :

Exercice 1

Écrire en chiffres le nombre deux-millions-trois-cent-quarante-mille-cent-cinq.

Exercice 2

Écrire en chiffres le nombre dix-sept-millions-deux-mille-cinquante-huit.

L'exercice 1 est corrigé collectivement avant que l'exercice 2 ne soit donné aux élèves.

Dans les séances précédentes, les élèves ont travaillé l'écriture des grands nombres, ce qui a conduit à l'introduction, pour faciliter la lecture, d'un espace entre des tranches de trois chiffres, et l'enseignant a conclu : « On remplace les mots millions et mille par des espaces ».

Voici les productions relevées pour chacun des deux exercices :

Exercice 1		Exercice 2	
2 340 105	17 élèves	17 002 058	11 élèves
2 340 500	6 élèves	17 200 058	5 élèves
2 340 050	1 élève	17 200 58	2 élèves
200003004015015	1 élève	17 2 058	1 élève
		17 2000 058	11 élève
		17 2000 58	11 élève
		17 2 58	5 élèves

❶ Expliquez la différence de réussite entre les deux exercices.

❷ Faites une hypothèse d'interprétation des réponses dans le premier exercice :

a. Pour la réponse 2 340 500.

b. Pour la réponse 200003004015015.

❸ Dans l'exercice 2, pour les réponses 17 200 058 et 17 2 58, indiquer en quoi elles respectent ou non les conventions usuelles d'écriture et la conclusion du maître.

❹ Quel argument devrait permettre aux élèves de rejeter la réponse 17 200 058 ?

Permet-il de rejeter 17 2 58 ? Pourquoi ?

❺ Proposer un nombre qui pourrait poser problème aux adeptes de la réponse 17 2 58 et les inciter à repérer les inconvénients de leur proposition. Justifier la réponse.

2. C. Blanchard-Laville, *Variations sur une leçon de mathématiques*, L'Harmattan, 1997.

Énoncé p. 147

❶ Analyse des erreurs

L'élève associe chaque étiquette au nombre qui comporte dans son écriture les chiffres écrits dans le même ordre. Il ne tient pas compte de la valeur attribuée aux chiffres (unités, dizaines...). L'élève ne maîtrise pas le principe positionnel de notre système de numération (le rang étant indiqué ici par les termes centaines, dizaines et unités) et le rôle du 0.

On peut faire l'hypothèse que, dans les exercices qu'il a eu à traiter auparavant, les chiffres étaient donnés le plus souvent dans l'ordre décroissant de leur valeur (centaines, dizaines, unités).

On peut y ajouter une confusion entre chiffre des dizaines et nombre de dizaines (erreur pour l'étiquette C).

❷ Aides à apporter par l'enseignant

Dans un premier temps, on peut faire **expliciter par l'élève la procédure qu'il a utilisée** (cf. question 1) avant de l'amener à prendre conscience d'une contradiction entre son résultat et un élément de connaissance qu'il devrait maîtriser. Ici, par exemple (pour A), on peut écrire le nombre **605** et lui demander quel est le chiffre des unités, celui des dizaines et celui des centaines. S'il répond correctement, il faut alors lui demander de comparer le résultat qu'il vient d'obtenir avec sa réponse, ce qui peut lui permettre de percevoir une contradiction... Cela peut être suffisant pour l'aider à remédier à son erreur.

Si l'élève répond que, dans **605**, 6 est le chiffre des unités, alors d'autres aides sont nécessaires. **Trois pistes d'aide peuvent alors être évoquées :**

- **Recours au tableau de numération** pour préciser la place des unités, des dizaines et des centaines (mais cette aide peut n'être que formelle et ne pas permettre à l'élève de mieux comprendre la valeur positionnelle de chaque chiffre).

- **Recours à un matériel de numération** qui matérialise centaines et dizaines par des groupements de dix et de cent objets (mis en relation avec le tableau de numération) pour distinguer *chiffre de* et *nombre de* :

– pour 9 unités et 25 dizaines, les 25 dizaines peuvent être alors décomposées en 2 centaines (2 fois dix dizaines) et 5 dizaines ;

– de même 61 dizaines peuvent être alors décomposées en 6 centaines (6 fois dix dizaines) et 1 dizaine (avec 0 unité).

- **Recours aux décompositions associées**, par exemple :

– pour 9 unités et 25 dizaines :

$(25 \times 10) + 9 = (20 \times 10) + (5 \times 10) + 9 = (2 \times 100) + (5 \times 10) + 9$

– pour 61 dizaines :

$61 \times 10 = (60 \times 10) + (1 \times 10) = (6 \times 100) + (1 \times 10)$.

CORRIGÉ — ANALYSE D'ERREURS 2

Énoncé p. 147

❶ Niveau de classe possible

Les nombres étant inférieurs à 1 000, l'exercice peut être proposé au CE1 ou en début de CE2.

❷ Analyse des erreurs

Dans tous les cas (sauf la réponse 53200 pour la question c), les élèves traduisent en lettres des groupes de chiffres (trente-deux) ou en chiffres chaque mot ou groupes de mots entendu.

La réponse **53200** est de nature différente : l'élève a traduit correctement cinq-cent-trente-deux (par 532) puis a écrit deux 0 à droite, sans doute par similitude avec le nombre cent qui s'écrit 100.

On peut faire l'hypothèse que les élèves s'appuient sur des groupes de chiffres ou de mots qu'ils savent ben traduire en mots ou en chiffres.

CORRIGÉ — ANALYSE DE DOSSIER 1

Énoncé p. 148

CONSEILS MÉTHODOLOGIQUES

• **Les questions 1 et 2 sont classiques.** Pour y répondre, il faut commencer par imaginer la (les) procédure(s) correcte(s) que les élèves peuvent mettre en place. Dans le cas où il y a plusieurs procédures possibles, il faut identifier la plus économique. Cela permet alors de dégager les compétences nécessaires pour mobiliser cette procédure et en déduire le niveau. Cela suppose une bonne connaissance des programmes et que vous ayez résolu l'exercice (même s'il vous paraît évident). Pour déterminer le niveau, il faut aussi prendre en compte la taille des nombres.

• **Pour répondre aux questions posées, l'élève peut utiliser plusieurs procédures :**
- additions réitérées de 100 puis de 10 ;
- décomposition du nombre à l'aide des nombres 100, 10 et 1 ;
- utilisation de la valeur positionnelle des chiffres dans l'écriture d'un nombre en chiffres.

C'est évidemment les deux dernières procédures qui sont les plus économiques. Ces procédures supposent une bonne maîtrise des compétences évoquées sous forme d'objectifs en réponse à la question 2.

❶ Niveaux de classe possibles

Fin du cycle 2 (CE2). En effet, on peut lire dans les repères de progressivité que les nombres sont étudiés jusqu'à 1 000 au CE1 et jusqu'à 10 000 au CE2. Ici, certains des nombres sont supérieurs à 1 000.

❷ Objectifs spécifiques

Ces objectifs concernent la maîtrise des désignations écrites des nombres (en chiffres) :

– comprendre et déterminer la valeur des chiffres en fonction de leur position dans l'écriture des nombres ;

– connaître et utiliser la signification des termes « dizaines » et « centaines » ;

– décomposer un nombre en utilisant les puissances de 10 (donc en utilisant les nombres 10 et 100) ;

– connaître et utiliser les équivalences : 10 unités ↔ 1 dizaine, 10 dizaines ↔ 1 centaine.

Le dernier exercice fait également appel à la capacité de comparer les nombres, sans que ce soit une compétence spécifiquement évaluée.

❸ Évolution des procédures pour l'exercice 1

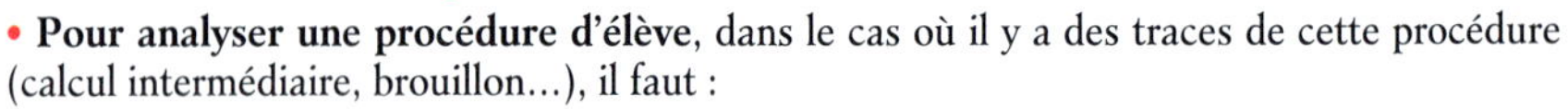

CONSEIL MÉTHODOLOGIQUE

• **Pour analyser une procédure d'élève**, dans le cas où il y a des traces de cette procédure (calcul intermédiaire, brouillon...), il faut :

– **tout d'abord la décrire :** cette description ne doit pas trop « coller » à la réalité (éviter par exemple de dire : « Il a ajouté des 10 cinq fois puis a écrit le résultat 50 et a écrit... ») ; il ne faut pas non plus résumer cette procédure par un seul mot ;

– **émettre des hypothèses sur l'origine de cette procédure** dans le cas où elle est fausse ou inattendue (cf. chap. 3).

Dans le cas où il n'y a pas de trace de la procédure, mais seulement la réponse, alors il faut émettre des hypothèses sur les procédures qui ont pu conduire à cette réponse.

• Chez Perrine

Question 1a : L'élève donne la réponse puis, en dessous, elle écrit une addition itérée de 10 dont le résultat est 50. Ce calcul venant après la réponse, on peut penser que Perrine a trouvé le nombre de timbres en utilisant la signification des chiffres dans un nombre, puis qu'elle a ensuite écrit l'addition, soit parce qu'elle n'est pas encore totalement sûre de la réponse (vérification), soit pour répondre aux exigences du contrat tel qu'elle le perçoit : « en mathématiques, il faut produire la trace d'un calcul ».

Question 1b : Idem avec 100 et 10.

Question 1c : Décomposition multiplicative faisant figurer chaque chiffre dans la décomposition et dans la réponse.

Évolution de la procédure : Le passage à une décomposition multiplicative est sans doute dû au fait que la décomposition additive serait trop longue à écrire.

Perrine cherche à interpréter chaque chiffre, d'où une réponse où le nombre de centaines (25) n'est pas récapitulé.

• Chez Marie-Victoire

Question 1a : Cf. Perrine (avec une addition en colonnes).

Question 1b : Addition de 100 (3 fois) et ajout de 70, obtenu mentalement et interprété correctement.

Question 1c : Décomposition additive : 2 500 + 40, puis reconnaissance des 25 centaines (avec écriture de la multiplication par 100) ; on notera l'écriture erronée : 40 × 10 = 40 (interprétée correctement !).

L'influence de la variable « taille des nombres » et de la longueur des écritures amène donc les élèves à une évolution sur le choix des opérations (écritures additives, puis multiplicatives).

• Comparaison des deux productions

Marie-Victoire perçoit directement le nombre de centaines, alors que Perrine a besoin d'interpréter chaque chiffre. Elles répondent toutes deux correctement à la question, en utilisant des décompositions multiplicatives.

Utilisation d'opérations « séparées » pour Marie-Victoire, utilisation d'une seule écriture pour Perrine.

❹ Analyse des réponses de Perrine aux questions 2 et 4

Question 2a : Réponse correcte, car elle correspond à une décomposition classique.

Question 2b : Ne disposant pas des étiquettes correspondant à la décomposition classique, Perrine essaie de prendre 10 unités pour obtenir le 0 de 250 et de fabriquer les 5 dizaines à l'aide des étiquettes 2 dizaines et 3 dizaines. Sa réponse est erronée.

Question 2c : Elle ne trouve que l'étiquette 12 dizaines qu'elle associe au « 12 » vu dans le nombre 1 200 : le sens semble perdu.

Cette élève ne semble pas être encore capable d'interpréter l'écriture d'un nombre en fonction des nombres d'unités, de dizaines ou de centaines qui le composent. Elle réussit l'activité dans le seul cas où les étiquettes fournies lui permettent d'utiliser un modèle de décomposition classique dans lequel le chiffre de chacune des unités est facilement repérable.

Question 4 : Réponse correcte. On se trouve dans un cas où chaque donnée correspond à un chiffre de l'écriture (un peu comme en 2a).

Bilan : Perrine maîtrise le repérage des chiffres en fonction de leur position (chiffres des dizaines, des centaines…). Par contre, des difficultés pour repérer les nombres de dizaines, de centaines... subsistent, avec peut-être quelques doutes sur l'équivalence entre 10 dizaines et 1 centaine.

CORRIGÉ ANALYSE DE DOSSIER 2

Énoncé p. 149

CONSEIL MÉTHODOLOGIQUE

• Des énoncés de ce type peuvent servir de support à un travail sur la numération décimale ou constituer de véritables problèmes pour chercher.

❶ Niveaux de classe possibles

Les deux premiers énoncés pourraient être proposés dès la fin du CP puisqu'ils font intervenir des nombres inférieurs à 100 et que l'élève peut y répondre en écrivant tous les nombres pour ensuite compter effectivement les chiffres utilisés. La difficulté à distinguer chiffre et nombre pourrait inciter à attendre la classe de CE1 pour poser de tels problèmes.

Le troisième problème est plus difficile et nécessite l'élaboration d'une stratégie organisée pour élaborer la réponse. Il est donc préférable d'attendre le CE2 ou le cycle 3 pour poser ce problème.

❷ Objectifs

Pour une séquence construite autour des 3 énoncés, donc au cycle 3 :

– connaître la suite des nombres et son organisation ;

– imaginer une solution originale dans un problème de recherche ;

– développer la curiosité, la créativité et l'envie de prendre des initiatives ;

– organiser les étapes de la résolution.

❸ Justification du choix de la suite des problèmes

Enoncé	Justification
1	Permettre aux élèves de comprendre la situation, en particulier de distinguer les dix chiffres utilisés (0, 1, 2,..., 9) et les chiffres imprimés (ici au nombre de 15).
2	Permettre aux élèves différentes entrées dans la résolution : – écrire tous les nombres et dénombrer les chiffres ; – raisonner par tranches et remarquer que chaque « tranche » (par exemple de 20 à 29) nécessite 20 chiffres.
3	L'écriture de tous les nombres devient fastidieuse. Une organisation et un raisonnement sont nécessaires. Cet énoncé débouche sur un véritable problème pour les élèves, nécessitant de mettre en œuvre une stratégie et des connaissances sur la suite des nombres écrits en chiffres.

❹ Procédures pour le problème 3

• Procédure 1

Les élèves peuvent commencer à écrire les nombres, par exemple jusqu'à 99 et chercher combien de chiffres ont été utilisés : 9 pour les nombres à un chiffre et 180 pour les nombres à deux chiffres, donc 189 chiffres. Il vont sans doute constater qu'ils sont alors loin de 828 chiffres et soit vont abandonner, soit vont passer à la procédure 2.

• Procédure 2

Une **procédure par le calcul** est envisageable, en considérant, par exemple que :

- il existe **9 nombres** à 1 chiffre ;

- pour les nombres à 2 chiffres, chaque dizaine « apporte » 20 chiffres, soit **180 chiffres** (20 × 9) ;

- pour les nombres à 3 chiffres, chaque centaine « apporte » **300 chiffres** (par exemple de 100 à 199, il y a 100 nombres, donc 100 × 3 chiffres).

Il faut chercher à s'approcher de 828 chiffres, avec par exemple :

300 + 300 + 180 + 9 = 789 chiffres pour les nombres jusqu'à 299.

- il manque 39 chiffres : de 300 à 309 (30 chiffres obtenus par 10 × 3), de 310 à 312 (9 chiffres obtenus par 3 × 3).

On a donc numéroté **312 pages**.

❺ Étapes pour une mise en œuvre

L'indication du niveau de classe (CM1) permet de déterminer que l'essentiel du travail portera sur le problème 3, les élèves ayant déjà, depuis le CE1, une bonne maîtrise des nombres inférieurs à 1 000. D'autres mises en œuvre sont possibles.

Étape 1 : *problème 1, avec résolution individuelle, livre disponible.*

Correction immédiate, sans mettre en évidence de méthode particulière de dénombrement de façon à ne pas influer sur la suite du travail des élèves.

Étape 2 : *problème 2, avec résolution par deux, livre non disponible.*

Recherche et réponse sur une feuille assez grande, de façon à pouvoir expliciter, dans l'étape suivante, différentes méthodes de dénombrement des chiffres imprimés.

Étape 3 : *mise en commun collective.*

– recensement des réponses ;

– affichage de quelques travaux d'équipes, explicitation des procédures utilisées et débat sur leur validité, analyse d'erreurs significatives.

Les deux types de procédures donnés en question 3 sont acceptés, sans valoriser l'une plutôt que l'autre. Cette étape donne l'occasion de fournir des points d'appui à la résolution du problème 3 (étapes suivantes).

Étape 4 : *problème 3, avec résolution par deux, livre non disponible.*

Recherche et réponse sur une grande feuille.

Étape 5 : *première mise en commun.*

2 équipes de 2 élèves doivent confronter leurs réponses et expliquer leurs procédures.

Étape 6 : *mise en commun collective.*

Elle est du même type qu'à l' étape 3 (pour les moments 1 et 2).

Étape 7 : *synthèse faite par l'enseignant.*

Elle met en évidence la nécessité de s' organiser et la méthode qui consiste à travailler par « tranches de nombres » ; cette synthèse est importante car elle permet à l'enseignant d'expliciter devant les élèves ce qu'il est essentiel de retenir de cette séquence de travail.

CORRIGÉ ANALYSE DE DOSSIER 3

Énoncé p. 149

❶ Notion étudiée

CONSEIL MÉTHODOLOGIQUE

• **Pour répondre à cette question**, il faut prendre connaissance de l'ensemble des documents et répondre aux questions posées aux élèves.

La notion étudiée est la **numération à base dix** et les aspects plus particulièrement travaillés concernent :

– **la mise en évidence des caractéristiques de la numération égyptienne** (à base dix, mais non positionnelle), ce qui permet une comparaison avec la nôtre, qui est une numération de position ;

– **la comparaison de nombres à partir de leurs écritures chiffrées** ;

– **le principe des retenues dans l'addition** en relation avec les notions de groupements et d' échange.

❷ Méthodes correctes que les élèves ont pu utiliser

Pour chaque question, deux stratégies sont possibles :

• **Traduire d'abord les nombres dans le système actuel de numération décimale**, trouver la réponse, puis la traduire en numération égyptienne : pour cela, les élèves doivent d'abord avoir déterminé la valeur de chaque symbole égyptien et compris qu'il faut additionner les valeurs obtenues.

• **Travailler directement dans le système égyptien** (sans passer par le système actuel) :

Document 1 : on associe une barre à chaque enfant dénombré, puis, chaque fois qu'on a 10 barres, on les remplace par une anse, etc. ;

Document 2 : on peut :

– utiliser la valeur relative des symboles et, pour chercher les nombres plus grands que le nombre donné, prendre en compte uniquement ceux qui ont un symbole de plus grande valeur que 𓍢 ; puis, parmi ceux qui ont aussi ce symbole comme symbole de plus grande valeur, ceux qui ont ce symbole en quantité plus importante que dans le nombre donné ;

– faire des échanges partiels pour se ramener à des symboles de niveau inférieur (voire uniquement à des barres) et en comparer les quantités par correspondance terme à terme ou paquets à paquets.

Document 3 : on peut utiliser les groupements de symboles identiques et les échanges de dix symboles d'un certain type contre un symbole de valeur immédiatement supérieure.

❸ Ce que l'enseignant peut mettre en évidence avec chaque document

> **CONSEIL MÉTHODOLOGIQUE**
> • **Pour répondre à cette question**, il faut garder à l'esprit que l'objectif ne peut pas être de comprendre la numération égyptienne, mais de renforcer celle de notre système de numération.

• **Document 1** :

– principe des groupements par 10, 100, et des échanges pour dénombrer une collection (principe de la base dix dans les deux systèmes) ;

– équivalence 1 dizaine = 10 unités ; 1 centaine = 10 dizaines, etc.
(principe commun aux deux systèmes) ;

– analyse des symboles dans les deux systèmes : nombre de symboles nécessaires (infini pour la numération égyptienne, dix pour notre système), types de symboles, signification, rôle éventuel de la position des symboles, présence ou non du 0 (absent dans la numération égyptienne car le système n'est pas positionnel) ;

– répétition des symboles dans le système égyptien pour une puissance de dix donnée, alors qu'il n'y a qu'un symbole pour chaque puissance de dix dans le système usuel ;

– nature additive du système égyptien et nature multiplicative et additive du système usuel.

• **Document 2** :

– algorithmes de comparaison des nombres dans les deux systèmes ;

– pertinence ou non de l'appui sur le nombre de symboles pour la comparaison (pertinent dans notre système, mais pas dans le système égyptien).

• **Document 3** :

– lien entre algorithme de calcul et valeur des chiffres ;

– explication de la retenue en référence aux groupements et aux échanges ;

– intérêt de commencer les calculs par la droite (surtout dans notre système usuel).

❹ Pertinence des exemples du document 2

Deux points peuvent être particulièrement examinés en prenant en compte l'objectif d'établir une mise en relation des méthodes de comparaison des nombres en écriture égyptienne et en écriture usuelle :

– **le choix fait concernant le nombre de symboles utilisés pour les différents nombres** permet de mettre en évidence que le nombre de symboles n'est pas significatif pour la taille du nombre, contrairement au système décimal actuel (le choix est donc pertinent) ;

– **l'ordre des symboles**, par valeur croissante de droite à gauche, a toujours été respecté dans le système égyptien, ce qui n'est pas une nécessité.

On aurait pu utiliser cette variable pour mettre en évidence la différence avec le système décimal actuel où la place des symboles (les chiffres) est fondamentale.

CORRIGÉ ANALYSE DE DOSSIER 4

Énoncé p. 151

CONSEIL MÉTHODOLOGIQUE

• **Avant de lire le corrigé des questions suivantes**, il faut se souvenir que, avant de proposer les exercices aux élèves, l'enseignant avait travaillé avec eux sur ces points :
– la lecture de « mille » et de « millions » se traduit par un espace ;
– trois chiffres doivent être inscrits entre deux espaces (sauf pour la dernière tranche à gauche).

1 Différence de réussite entre les deux exercices

• Exercice 1

Le nombre « **deux**-millions-**trois-cent-quarante**-mille-**cent-cinq** » s'écrit en chiffres **2 340 105**. Les nombres en gras se retrouvent traduits dans l'écriture en chiffres comme ils le seraient s'ils étaient isolés.

• Exercice 2

Le nombre « **dix-sept**-millions-**deux**-mille-**cinquante-huit** » s'écrit en chiffres **17 002 058**. Parmi les nombres en gras, seul le nombre dix-sept se trouve traduit dans son écriture usuelle ; deux devient 002 et cinquante-huit devient 058.

C'est donc le rôle joué par 0 dans l'écriture chiffrée (qui n'est pas explicité dans la désignation orale) qui peut expliquer la différence de réussite.

2 Analyse des réponses de l'exercice 1

a. La réponse **2 340 105** correspond à « deux-millions-trois-cent-quarante-mille-**cent-cinq** ».

La réponse **2 340 500** correspond à « deux-millions-trois-cent-quarante-mille-**cinq-cents** ».

Les élèves ont structuré correctement leurs écritures chiffrées et ont simplement inversé les deux derniers mots (cinq et cent).

b. Pour la réponse **200003004015015**, on peut supposer que l'élève a essayé d'écrire chaque nombre successivement entendu :

– « deux-millions » traduit 20000 (on aurait pu s'attendre à 2000000) ;

– « trois-cents » traduit 300 ;

– « quarante » traduit 40 ;

– « mille-cent-cinq » traduit 15015, ce qui laisse supposer des difficultés dans l'écriture des nombres plus petits que ceux proposés.

L'élève essaie de traduire directement ce qui est dit oralement. Appliquée strictement, sa procédure l'aurait conduit à écrire : 2000000300401105.

❸ Analyse des réponses de l'exercice 2

- La réponse **17 200 058** respecte la convention d'écriture introduite par l'enseignant : tranches de trois chiffres (sauf la première) et « millions » et « mille » remplacés par un espace. La réponse produite peut s'expliquer par le fait que les élèves ont traduit « deux-mille » par 2000 et « cinquante-huit » par 58, tout en respectant la règle des tranches de 3 chiffres !

- La réponse **17 2 58** montre que les élèves ont respecté à la lettre la conclusion du maitre (remplacer millions et mille par des espaces), mais pas celle d'écrire des tranches de trois chiffres.

❹ Arguments pour invalider des réponses à l'exercice 2

- Pour invalider l'écriture **17 200 058**, il suffit de replacer les mots « millions » et « mille » en face des espaces correspondants et de faire lire le nombre (on aura « deux-cent-mille ») :

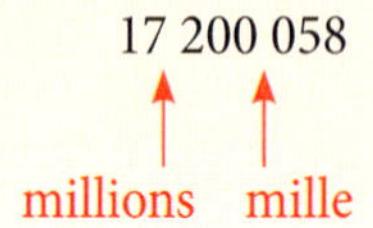

- Cela ne fonctionnera pas pour **17 2 58**. En remplaçant les espaces par les mots « millions » et « mille », la lecture donnerait « dix-sept-millions-deux-mille-cinquante-huit », c'est-à-dire le nombre énoncé au départ, ce qui risque de conforter la réponse au lieu de la mettre en défaut !

❺ Proposition d'un nombre à trouver pour l'exercice 2

Si on propose « **dix-sept-millions-cinquante-huit** », on aura **17 58** qui, avec le même principe, pourrait être lu également « dix-sept-mille-cinquante-huit ».

D'autres propositions peuvent être faites dans le même sens, avec des nombres plus familiers aux élèves et qui peuvent montrer l'inadéquation de leur choix, par exemple :

– « mille » qui se traduirait par un espace !

– « mille deux » qui se traduirait par « 1 2 » (reconnu comme douze)…

CHAPITRE 8

Fractions et nombres décimaux

Connaissances mathématiques de référence → Tome 1, chapitres 3, 4 et 5

L'étude des fractions et des nombres décimaux commencent au CM1 et se poursuit pendant les premières années de collège.

A l'école primaire, l'**étude des fractions** est limitée à des cas simples (notamment en en demi, tiers, quart, dixième, centième, millième) et a essentiellement pour but d'aider à la compréhension des nombres décimaux écrits avec une virgule. En particulier, le calcul sur les fractions n'est pas envisagé, en dehors de l'addition de fractions de même dénominateur.

➤ Chapitres 9, 10 et 11 consacrés au calcul.

L'enseignement de la **désignation des nombres décimaux** avec une virgule s'inscrit dans la suite de celle de la numération décimale de position pour les nombres naturels dont elle reprend les principes. Certaines particularités des nombres décimaux par rapport aux nombres entiers sont mises en évidence (par exemple le fait que l'idée de nombre suivant ou précédent établie pour les nombres naturels n'a pas de sens pour les nombres décimaux). Enfin, les élèves apprennent à calculer avec les nombres décimaux.

Extrait du BO spécial n° 11 du 26 novembre 2015

PROGRAMME DU CYCLE 3 (extraits)
Nombres et calculs

Introduction

Les fractions puis les nombres décimaux apparaissent comme de nouveaux nombres introduits pour pallier l'insuffisance des nombres entiers, notamment pour mesurer des longueurs, des aires et repérer des points sur une demi-droite graduée. Le lien à établir avec les connaissances acquises à propos des entiers est essentiel. Avoir une bonne compréhension des relations entre les différentes unités de numération des entiers (unités, dizaines, centaines de chaque ordre) permet de les prolonger aux dixièmes, centièmes… Les caractéristiques communes entre le système de numération et le système métrique sont mises en évidence. L'écriture à virgule est présentée comme une convention d'écriture d'une fraction décimale ou d'une somme de fractions décimales. Cela permet de mettre à jour la nature des nombres décimaux et de justifier les règles de comparaison (qui se différencient de celles mises en œuvre pour les entiers) et de calcul.

Attendus de fin de cycle :

Utiliser et représenter les grands nombres entiers, des fractions simples, les nombres décimaux

- Comprendre et utiliser la notion de fractions simples.

– Écritures fractionnaires.

– Diverses désignations des fractions (orales, écrites et décompositions).

- Repérer et placer des fractions sur une demi-droite graduée adaptée.

– Une première extension de la relation d'ordre.

- Encadrer une fraction par deux nombres entiers consécutifs.
- Établir des égalités entre des fractions simples.
- Comprendre et utiliser la notion de nombre décimal.

– Spécificités des nombres décimaux.

- Associer diverses désignations d'un nombre décimal (fractions décimales, écritures à virgule et décompositions).

– Règles et fonctionnement des systèmes de numération dans le champ des nombres décimaux, relations entre unités de numération (point de vue décimal), valeurs des chiffres en fonction de leur rang dans l'écriture à virgule d'un nombre décimal (point de vue positionnel).

- Repérer et placer des décimaux sur une demi-droite graduée adaptée.
- Comparer, ranger, encadrer, intercaler des nombres décimaux.

– Ordre sur les nombres décimaux.

REPÈRES DE PROGRESSIVITÉ (extraits)

Les **fractions** sont à la fois objet d'étude et support pour l'introduction et l'apprentissage des nombres décimaux.

Pour cette raison, on commence dès le CM1 l'étude des fractions simples (comme 2/3 ; 1/4 ; 5/2) et des fractions décimales. Du CM1 à la Sixième, on aborde différentes conceptions possibles de la fraction, du partage de grandeurs jusqu'au quotient de deux nombres entiers, qui sera étudié en Sixième.

Pour les **nombres décimaux**, les activités peuvent se limiter aux centièmes en début de cycle pour s'étendre aux dix-millièmes en Sixième.

REPÈRES POUR ENSEIGNER

En prenant appui sur la caractérisation d'un concept par Gérard Vergnaud[1], dans ce chapitre sont successivement examinés :

1. Les problèmes qui peuvent être proposés aux élèves pour assurer une bonne compréhension des fractions et des nombres décimaux.
2. Les questions liées aux difficultés des élèves dans l'utilisation des écritures fractionnaires et des écritures à virgule de nombres décimaux.
3. Les techniques de comparaison de nombres décimaux et les difficultés rencontrées par les élèves à ce sujet.

1. Caractérisation d'un concept définie par Gérard Vergnaud, chap. 1 p. 21-22.

1 Typologie des problèmes pour comprendre les fractions et les nombres décimaux à l'école primaire

	Insuffisance des nombres entiers naturels	**Apport des fractions et des nombres décimaux**
Mesure	La mesure d'une grandeur à l'aide d'une unité donnée s'exprime rarement par un nombre entier. Si, par exemple, on mesure la largeur d'une table avec le côté d'une feuille de papier pour unité (u), le résultat sera compris entre $4u$ et $5u$, mais rarement $4u$ ou $5u$ exactement ! La solution qui consiste à utiliser plusieurs unités a longtemps prévalu et reste en vigueur pour les durées : 2 h 24 min 47 s.	L'idée de fractionner l'unité, éventuellement plusieurs fois, permet d'exprimer une mesure en n'utilisant qu'une seule unité. Par exemple, on peut plier la feuille qui sert d'unité u en 2, en 4, en 8..., puis exprimer la largeur de la table sous la forme $4u + \frac{3}{4}u$, qui donne une meilleure précision. Le fractionnement de l'unité en 10, puis en 100... conduit aux fractions décimales et aux nombres décimaux.
Graduation	Pour le repérage des points sur une ligne, les nombres entiers laissent beaucoup de « vides »...	L'idée, encore, de fractionner chaque intervalle (par exemple en 10 ou en 100...) permet de repérer de nouveaux points de cette ligne à l'aide d'un nombre décimal.

Calcul	Certains calculs n'aboutissent pas à une réponse satisfaisante avec les entiers naturels. C'est en particulier le cas de la division. Le quotient exact de 15 par 3 est un entier naturel (5), mais pas celui de 16 par 3. Avec les nombres entiers naturels, on ne peut obtenir qu'un quotient entier (3) et un reste (1).	Les fractions apportent une solution simple au problème de 16 divisé par 3 : le quotient exact est $\frac{16}{3}$! Et les nombres décimaux permettent d'en donner une approximation aussi bonne que l'on veut, par exemple : 5,3 ou 5,333.

Reprenons les problèmes relatifs à ces différents domaines, en mettant en évidence les principales **variables didactiques** et les **procédures** que les élèves peuvent élaborer.

1.1 Fractions et nombres décimaux pour exprimer une mesure

A. Introduction des fractions à partir d'une bande unité

Les fractions sont introduites au CM1 comme des outils pour **exprimer et communiquer des mesures** (de longueur, d'aire...) **à partir d'une unité** (bande unité, surface unité), dans des cas où cette mesure ne s'exprime pas par un nombre entier d'unités.

Problème 1

Deux élèves disposent de la même bande unité. L'un des deux élèves doit permettre à l'autre de tracer un segment de même longueur que le segment [AB] à l'aide de la bande unité (sans règle graduée).

Bande unité

A B

- **Procédure de base :** Des élèves de CM1 ou CM2 vont chercher combien de fois il est possible de reporter la bande unité sur le segment [AB].

A B

- **Variables didactiques :**

– rapport entre la longueur du segment et celle de la bande unité (variable principale) ;

– nombre de bandes-unité disponibles pour l'élève, le report étant plus facile à gérer lorsque les bandes unités peuvent être mises bout à bout ;

– possibilité de plier les bandes de différentes façons car la tâche est ainsi facilitée (voir, par exemple, la 3e ligne du tableau suivant) ;

– longueur de la bande unité : plus celle-ci est longue, plus les parts obtenues par partage en 2, 3, 4 ou 5 peuvent être distinguées les unes des autres.

- **Procédures possibles :**

Variable didactique principale	Procédures
Rapport entier	• Report et comptage du nombre de reports : le résultat est un nombre entier.
Rapport fractionnaire avec un dénominateur multiple simple de 2 (par exemple 2 ou 4 comme dans le problème 1 ci-dessus) Cas particulier : La longueur du segment est inférieure à celle de la bande-unité. Les élèves peuvent être déstabilisés dans la mesure où le report de l'unité entière est impossible, ce qui remet en cause ce qu'ils avaient l'habitude de faire.	• Report d'un nombre entier d'unités, puis report de la bande-unité pliée en 2 ou en 4 (pliage facile à imaginer et à réaliser). La longueur du segment peut être exprimée par : → $1u + \frac{3}{4}u$, la fraction $\frac{3}{4}$ signifiant qu'on a pris 3 fois le quart de l'unité ; → $1u + \frac{1}{2}u + \frac{1}{4}u$ par report de l'unité, de la moitié de l'unité et du quart de l'unité ; → $\frac{7}{4}u$ par report 7 fois du quart de l'unité...

Rapport fractionnaire avec un dénominateur simple mais non multiple de 2 (par exemple 3 ou 5) Cas particulier : Un seul pliage est-il suffisant (en 3 par exemple) ou faut-il plusieurs pliages (en 2 et en 3) ?	• Même procédure que ci-dessus, mais le partage en 3 ou en 5 est moins naturel et plus difficile à réaliser que le partage en 2 ou en 4 (en particulier par pliage). Si le résultat est du type $2u + \frac{1}{2}u + \frac{2}{3}u$, il peut être difficile de penser à un 2e pliage et de le réaliser, notamment si l'élève dispose d'une seule bande-unité.
Rapport fractionnaire plus compliqué que les précédents ou rapport non fractionnaire	• Ce cas rend très difficile, voire impossible, la résolution du problème posé.

B. Passage des fractions aux nombres décimaux

Le travail sur les **fractions simples** (exprimées en demis, quarts, huitièmes, tiers, sixièmes) est prolongé par une étude des **fractions décimales** (exprimées en dixièmes, centièmes), puis par celle des **nombres décimaux** exprimés par une écriture à virgule.

Le passage des écritures fractionnaires aux écritures décimales nécessite l'apprentissage d'un nouveau codage :

$43 + \frac{2}{10} + \frac{5}{1\,000}$ est codé 43,205.

Ce codage peut être facilité par le recours à un **tableau de numération**, la virgule étant utilisée pour signaler que 3 est le chiffre des unités :

centaines	dizaines	unités ,	dixièmes	centièmes	millièmes
100	10	1	$\frac{1}{10}$	$\frac{1}{100}$	$\frac{1}{1\,000}$
	4	3	2	0	5

A partir de là, on retrouve les principes de la **numération décimale de position** (groupements par dix, échanges) avec les équivalences du type :

1 centième = 10 millièmes — 1 millième = $\frac{1}{10}$ centième

1 dixième = 10 centièmes — 1 centième = $\frac{1}{10}$ dixième

1 unité = 10 dixièmes — 1 dixième = $\frac{1}{10}$ unité

1 dizaine = 10 unités — 1 unité = $\frac{1}{10}$ dizaine

1 centaine = 10 dizaines — 1 dizaine = $\frac{1}{10}$ centaine

ENTRAINEMENT 1

Corrigé p. 177.

L'exercice suivant est proposé à des élèves de CM2. Les élèves ont à leur disposition des bandes de longueur de l'unité, de la moitié de l'unité, du quart de l'unité et du dixième de l'unité.

La longueur de cette bande sert d'unité. En utilisant cette unité de longueur, trace un segment de longueur 3,2 u.

u

Voici la réponse d'un élève :

Analyser cette réponse et faire des hypothèses sur les savoirs mobilisés et l'origine de l'erreur.

C. Nombres décimaux et système métrique

Les nombres décimaux, d'abord utilisés avec des unités de mesure non conventionnelles, permettent ensuite d'exprimer des **longueurs**, des **masses**, des **aires** et même des **durées** avec les **unités du système légal**.

Avant l'étude des nombres décimaux, des mesures ont été exprimées sous la forme d'expressions complexes faisant intervenir plusieurs unités (par exemple, **4 m 7 cm**). Désormais, il est possible de coder ces mesures avec une seule unité (le mètre par exemple) sous la forme **4,07 m**. Ce travail peut porter en particulier sur des mesures de longueurs, de masses ou d'aires, mais également (avec d'autres difficultés) sur des mesures de durées.

Mesure des longueurs

Pour exprimer avec une seule unité une expression comme **4 m 7 cm**, on utilise le fait que le système métrique usuel est fondé sur des relations décimales entre les unités :

$1\ \text{cm} = \frac{1}{100}\ \text{m}$ $1\ \text{dm} = \frac{1}{10}\ \text{m}$ $1\ \text{dam} = 10\ \text{m}$

On peut donc écrire : $\mathbf{4\ m\ 7\ cm} = 4\ \text{m} + \frac{7}{100}\ \text{m} = \mathbf{4{,}07\ m}$.

Mesure des aires

L'utilisation des différentes unités du système métrique est plus complexe. Pour comprendre une expression comme 2,4 m^2, il faut utiliser les égalités du type :

$1\ \text{dm}^2 = \frac{1}{100}\ \text{m}^2$ $1\ \text{mm}^2 = \frac{1}{100}\ \text{cm}^2$

On peut donc écrire : $\mathbf{2{,}4\ m^2} = 2\ \text{m}^2 + \frac{4}{10}\ \text{m}^2$ ou $\mathbf{2{,}4\ m^2} = 2\ \text{m}^2 + \frac{40}{100}\ \text{m}^2$

Soit **2 m² et 40 dm²** (et non 2 m² et 4 dm², comme l'écrivent certains élèves).
Ces relations entre unités sont abordées au cycle 3 et étudiées plus systématiquement au cycle 4.

- **Mesure des durées**

La situation est encore plus délicate car les relations entre unités ne sont plus liées à des puissances de 10 :

$\mathbf{1\ h\ 15\ min} = 1\ h + \frac{1}{4}\ h = \mathbf{1{,}25\ h}$.

$\mathbf{4\ min\ 24\ s} = 4\ min + \frac{24}{60}\ min = 4\ min + \frac{4}{10}\ min = \mathbf{4{,}4\ min}$.

Le premier exemple peut être envisagé en fin de cycle 3, lorsque les élèves ont mémorisé l'égalité entre $\frac{1}{4}$ et 0,25. Le second exemple est réservé au cycle 4.

1.2 Fractions et nombres décimaux pour repérer des points situés sur une droite

Les fractions et les nombres décimaux permettent d'apporter des réponses à la question du **repérage des points sur une ligne graduée**, dans le prolongement de ce qui est fait avec les nombres entiers.

Problème 2

Activité tirée de Ermel CM1, Hatier.

L'enseignant propose aux élèves deux questions :

1. Déterminer les fractions associées aux repères D et E.
2. Placer sur la bonne ligne et à la bonne place le repère J correspondant à $\frac{3}{2}$.

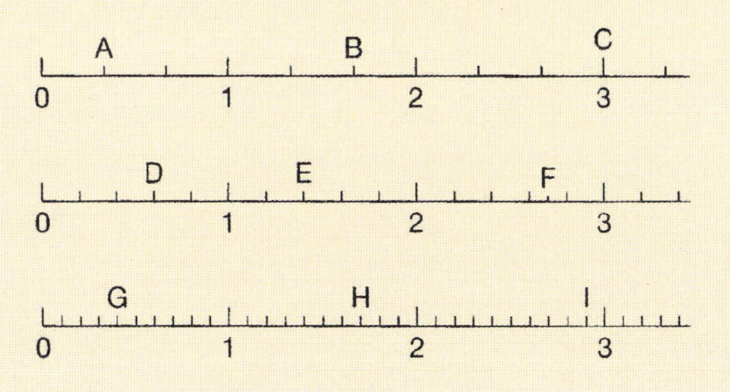

- **Procédures possibles** : Pour répondre aux deux questions, les élèves doivent identifier la longueur unité (qui correspond au segment joignant le repère 0 au repère 1 ou le repère 1 au repère 2...) et le type de partage de l'unité (en tiers, en cinquièmes ou en dixièmes).

Question 1 : On peut par exemple associer :

– **au repère D** : les fractions $\frac{5}{3}$ $\frac{6}{10}$...

– **au repère E** : les fractions $\frac{7}{5}$ $\frac{14}{10}$...

Ce type de questions appelle donc une multitude de réponses... et pose le problème de la production et de la reconnaissance des fractions égales.

Question 2 : Il peut également exister plusieurs procédures possibles.

Pour placer $\frac{3}{2}$: l'élève peut utiliser le fait que $\frac{3}{2} = 1 + \frac{1}{2}$ et choisir, sur chacune des lignes, le repère situé au milieu du segment d'origine 1 et d'extrémité 2. Il constatera que, sur la 1re et la 2e ligne, il s'agit d'un repère nouveau, alors que sur la 3e ligne c'est le 5e repère après le repère 1.

Il aurait pu aussi déterminer que $\frac{3}{2} = \frac{15}{10}$ et situer directement $\frac{3}{2}$ sur la 3e ligne.

TROISIÈME LIGNE GRADUÉE

Elle aurait pu être utilisée pour placer des nombres décimaux écrits avec une virgule : **0,4** pour **G** et **1,7** pour **H**.

ENTRAINEMENT 2

Corrigé p. 177

Dans l'exercice précédent :

À la **question 1** : un élève a associé la fraction $\frac{5}{2}$ au repère B.

En prolongement de la **question 2** :

– un élève place $\frac{6}{10}$ sur la deuxième ligne en face du repère qui précède le repère 2.

– un autre élève place $\frac{10}{6}$ sur la troisième ligne en face du 2e repère situé après le repère G.

Faire l'analyse des trois erreurs en émettant des hypothèses sur leur origine.

1.3 Fractions, nombres décimaux et quotients d'entiers

A. Fractions et quotients d'entiers

• À l'école primaire

La fraction $\frac{4}{3}$ est liée au fait qu'on a reporté 4 fois le tiers de l'unité.

Pour les élèves, $\frac{4}{3}$ (lu « quatre tiers »), c'est donc **4 fois** $\frac{1}{3}$ ou encore $\frac{4}{3} = \mathbf{4} \times \frac{1}{3}$.

En Sixième

Les élèves vont être confrontés à la résolution du problème suivant :

Trouver le nombre manquant pour que cette égalité soit vraie : $3 \times ... = 4$.

Ils pensent à diviser 4 par 3, division qui « ne se termine pas ». La fraction $\frac{4}{3}$ est solution du problème. $\frac{4}{3}$ est alors pensé comme quotient de 4 par 3 et donc comme « le tiers de 4 ».

L'enseignant de Sixième a donc à établir que « **4 fois** $\frac{1}{3}$ » est égal au « **tiers de 4** ».

De plus $\frac{4}{3}$ peut être approché par 1,3 ou par 1,33 ou par 1,333333, etc.

B. Nombres décimaux et quotients d'entiers

À l'école primaire

Des problèmes de ce type peuvent être proposés :

Quelle est la longueur obtenue en partageant un fil de 132 m en 48 morceaux identiques ?
(Le quotient 2,75 est un nombre décimal.)

Quelle est la longueur obtenue en partageant 132 m en 46 morceaux identiques.
(Le quotient n'est pas un nombre décimal, mais peut être approché au $\frac{1}{10}$*, au* $\frac{1}{100}$ *...)*

Les élèves comprennent que les nombres décimaux fournissent des résultats aussi précis que l'on veut pour la valeur du quotient.

L'idée d'**approximation décimale** est envisagée dans des cas particuliers au cycle 3.

2 Désignation des fractions et des nombres décimaux

La compréhension des fractions et des nombres décimaux suppose aussi celle des différents moyens de les exprimer.

2.1 Désignation des fractions

A. Compétences à acquérir

Au cycle 3, les élèves doivent essentiellement apprendre :

- **Une première signification de l'écriture fractionnaire**

Dans un contexte de mesure, $\frac{4}{3}u$ est associé au report 4 fois d'une longueur obtenue en partageant en 3 l'unité initiale.

➤ **Introduction et signification des fractions**, § 1.1.

- **La lecture des fractions**

– avec les mots *demi, tiers* et *quart* lorsque le dénominateur est 2, 3 ou 4 ;

– avec des mots en *-ième* lorsque le dénominateur est différent de 2, 3 ou 4 ($\frac{7}{6}$ se lit *sept sixièmes*, $\frac{8}{100}$ se lit *huit centièmes*).

- **Le fait qu'une fraction peut être décomposée en partie entière et partie fractionnaire inférieure à 1**

$\frac{8}{3} = 2 + \frac{2}{3}$ car dans $\frac{8}{3}$ il y a 2 fois trois tiers (donc 2) et encore 2 tiers.

B. Erreurs fréquentes dans l'écriture des fractions

- **Non-différenciation de $\frac{4}{3}$ et de $\frac{3}{4}$**

➤ **Non-différenciation, entrainement 1** p. 166.

L'élève inverse par exemple la fonction du dénominateur (qui indique en combien de parts égales l'unité est partagée) et celle du numérateur (qui indique combien de parts sont reportées).

- **Impossibilité à donner du sens aux fractions supérieures à 1**

C'est souvent due à la situation choisie au départ de l'apprentissage : il est difficile de concevoir ce que peut représenter $\frac{4}{3}$ d'une tarte (qui ne peut être découpée qu'en 3 tiers...).

- **Difficulté à concevoir que $\frac{2}{3} = \frac{4}{6}$**

4 et 6 étant supérieurs à 2 et 3, certains élèves pensent que $\frac{4}{6} > \frac{2}{3}$.

2.2 Désignation des nombres décimaux

A. Compétences à acquérir

Au cycle 3, les élèves rencontrent quatre types d'expressions des nombres décimaux.

• L'écriture décimale avec une virgule

Il s'agit essentiellement de permettre aux élèves de comprendre que la valeur d'un chiffre dépend de la position qu'il occupe dans l'écriture et de maîtriser les relations qui existent entre des chiffres situés à des rangs différents, en particulier les relations avec l'unité.

Dans **405,26** « 4 » représente 4 centaines d'unités, « 6 » représente 6 centièmes d'unité, « 2 » vaut « 100 fois moins » que s'il occupait la place de 0...

• Les décompositions associées à cette écriture

$405{,}26 = 405 + 0{,}26$ (qui fait apparaître la partie entière et la partie décimale)

$405{,}26 = 4 \times 100 + 5 + 2 \times 0{,}1 + 6 \times 0{,}01$.

• Les écritures utilisant des fractions décimales

$$405{,}26 = 405 + \frac{26}{100} = 405 + \frac{2}{10} + \frac{6}{100} = 4 \times 100 + 5 + \frac{2}{10} + \frac{6}{100} = \frac{40\,526}{100}.$$

• Les désignations verbales :

– **en lecture courante** :

405,26 est souvent lu *quatre-cent-cinq virgule vingt-six* (ce type de lecture renforce certaines erreurs s'il est privilégié) ;

– **en lecture « signifiante »** :

405,26 se lit *quatre-cent-cinq et vingt-six centièmes* ou *quatre-cent-cinq, deux dixièmes et six centièmes* (en lien avec les décompositions précédentes). Ces lectures signifiantes doivent être privilégiées à l'école.

B. Erreurs fréquentes dans l'écriture des nombres décimaux

• Confusion entre écriture décimale et écriture fractionnaire

Dans un exercice d'évaluation proposé en 2010 au CM2 :

> 2,10   0,2   0,02   20,00   2,0   2,00
>
> Entoure l'écriture décimale égale à la fraction $\frac{2}{10}$.

Près de la moitié des élèves d'un département répondent de manière erronée, souvent par l'écriture 2,10.

Pour ces élèves, l'écriture fractionnaire, comme l'écriture décimale, signale seulement une séparation entre deux nombres entiers, d'où l'égalité $\frac{2}{10} = 2{,}10$.

- **Ecriture décimale conçue comme représentant deux nombres entiers séparés par une virgule**

C'est ce que révèlent des erreurs comme $1{,}8 + 2{,}6 = 3{,}14$.

Les élèves font un traitement séparé des nombres entiers « avant la virgule » et de ceux qui sont « après la virgule ». Comme cela a déjà été dit, les lectures « *un virgule huit* » et « *deux virgule six* » renforcent cette conception erronée.

- **Mauvaise maîtrise de la signification des chiffres d'une écriture à virgule en fonction du rang qu'ils occupent**

Exemple avec la confusion des mots *dixième* et *dizaines.*

Les élèves imaginent une « symétrie » de ces termes par rapport à la virgule : ainsi, dans **754,61** le chiffre « 1 » est déclaré chiffre des dixièmes, les élèves estimant que si *dizaine* correspond à 2 chiffres avant la virgule, *dixième* correspond à 2 chiffres après la virgule.

- **Les mots *dizaine, dixième*... désignent des rangs plus que des valeurs**

Dixième est correctement associé au premier chiffre à droite de la virgule, mais sa valeur n'est pas reconnue comme associée à ce qu'on obtient en partageant l'unité en dix.

3 Techniques de comparaison des fractions et des nombres décimaux

Plusieurs savoir-faire ou techniques sont enseignés aux élèves (comparer des nombres décimaux, intercaler des nombres entre deux autres, multiplier un nombre décimal par 10, 100...). Nous nous limitons ici à envisager la question de la comparaison des fractions (qui ne fait l'objet que d'une première approche à l'école primaire) et celle de la comparaison des nombres décimaux (qui occupe une place importante au cycle 3).

3.1 Comparaison de fractions

La comparaison de fractions n'est envisagée au cycle 3 que dans des **cas simples** avec des fractions de même dénominateur ou pouvant s'y ramener facilement :

- **$\frac{5}{4}$ plus grand que $\frac{3}{4}$**

Le fait que $\frac{5}{4}$ soit plus grand que $\frac{3}{4}$ est facilement reconnu.

La lecture de ces deux nombres « *cinq quarts* » et « *trois quarts* » permet de conclure.

- **$\frac{5}{4}$ supérieur à 1**

Le fait que $\frac{5}{4}$ soit supérieur à 1 est plus difficile à établir.

Pour cela, les élèves peuvent prendre appui sur le fait qu'« il faut 4 quarts pour faire 1 ».

- **$\frac{3}{2}$ égal à $\frac{6}{4}$**

Reconnaître que $\frac{3}{2}$ est égal à $\frac{6}{4}$ nécessite de faire le raisonnement suivant :

– un quart est obtenu en partageant un demi en deux ;
– chaque demi donne deux quarts, donc 3 demis donnent 6 quarts.

Les élèves doivent pour cela dépasser l'idée initiale selon laquelle $\frac{6}{4}$ est supérieur à $\frac{3}{2}$ parce que les nombres qui composent $\frac{6}{4}$ sont plus grands que ceux qui composent $\frac{3}{2}$.

Pour toutes ces compétences, le recours à des représentations des fractions par des longueurs ou des aires est une aide précieuse, de même que le placement des fractions sur une droite graduée.

3.2 Comparaison de nombres décimaux

A. Algorithmes de comparaison

La comparaison des nombres décimaux occupe une place importante au cycle 3. Les élèves apprennent un **algorithme de comparaison** de ces nombres exprimés à l'aide d'une écriture à virgule en étant placés dans des situations qui les conduisent à comprendre et à justifier les procédures utilisées.

Problème 3

On propose à des élèves de CM cet exercice :
Comparer les nombres décimaux suivants :
2,038 0,54 2,17 2,05

Analyser les procédures de comparaison des nombres décimaux qui peuvent être enseignés pour résoudre ce problème.
Nous vous invitons à répondre à cette question, avant de poursuivre la lecture de ce chapitre.

À partir de cette activité, trois procédures de comparaison peuvent être enseignées :

- **Procédure 1**

Elle est identique à l'une de celle qui a été proposée pour les nombres naturels. Elle consiste a considérer la valeur de chaque chiffre en partant du chiffre de plus grand valeur (par exemple, en plaçant les nombres les uns sous les autres) :

2,038
0,54
2,17
2,05

Les nombres qui ont 2 pour chiffre des unités sont plus grands que **0,54**.

2,17 est plus grand que **2,038** et **2,05** car son chiffre des dixièmes est plus grand que 0 (chiffre des dixièmes de 2,038 et 2,05).

2,05 est plus grand que **2,038** car son chiffre des centièmes est plus grand que celui de **2,038** : 5 > 3.

Réponse : 0,54 < 2,038 < 2,05 < 2,17.

- **Procédures 2 et 3**

Ces deux procédures proposent d'abord de comparer les parties entières. Dans le cas où elles sont différentes, la conclusion est immédiate. Dans le cas où elles sont égales, deux démarches sont possibles :
– mettre les parties décimales « au même format », ici en les écrivant toutes avec 3 chiffres à droite de la virgule (2,050 = 2,050 et 2,17 = 2,170) ;
– examiner successivement chaque chiffre situé à droite de la virgule.

Le premier algorithme (procédure 1) est préférable aux deux autres, car il ne ramène pas la comparaison de décimaux à la comparaison d'entiers, assimilation qui est source d'erreurs.

B. Erreurs relatives à la comparaison de nombres décimaux

Elles sont fréquentes au cycle 3.
Lors des évaluations nationales à l'entrée en Sixième, voici ce que des élèves ont répondu à des exercices sur le rangement et la comparaison des nombres décimaux :

Exercice A

Réécris dans les cases les quatre nombres du plus petit au plus grand :
19,9 19,19 991 9,191.

58,8 % des élèves répondent correctement à cet exercice.
4,3 % écrivent **19,9** avant **19,19**.

Exercice B

En utilisant un nombre de la liste suivante :
3,12 3,092 3,1 3,0108
Complète : 3 < .... < 3,09.

43,3 % des élèves répondent correctement avec **3,0108**.
33,1 % donnent comme réponse **3,1**.

Plusieurs hypothèses peuvent être formulées à propos des difficultés rencontrées :

- **Non-prise en compte de la virgule.**

Pour l'élève, le nombre le plus grand est celui qui est écrit avec le plus de chiffres (comme cela fonctionne pour les nombres entiers) :

Exercice A : 19,19 > 19,9 car le premier nombre est écrit avec plus de chiffres que le second.
Exercice B : 3 < 3,1 < 3,09.

- **Les parties entières étant égales, comparaison des parties « après la virgule » comme s'il s'agissait de nombres entiers.**

L'élève utilise une règle implicite ou théorème-élève : « si deux nombres décimaux ont la même partie entière, le plus grand des deux est celui qui a le plus grand nombre à droite de la virgule. »

➤ **Théorème-élève,** chap. 4, p. 57.

Exercice A : De 19 > 9, l'élève déduit 19,19 > 19,9.

- **Tout nombre possède un successeur.**

Exercice B : L'élève considère 3,1 est considéré comme le nombre « qui vient après » 3.

- **Entre un nombre entier (aucun chiffre après la virgule) et un nombre écrit avec deux chiffres après la virgule, on ne peut placer qu'un nombre qui a un chiffre après la virgule.**

| Exercice B : 3 < 3,1 < 3,09.

- **« Plus on se déplace vers la droite, plus les chiffres ont une valeur faible. »**

L'élève en déduit que, si on écrit d'autres chiffres à droite, on obtient un nombre plus petit !

| Exercice B : ainsi 3,092 est plus petit que 3,09.

CONCLUSION

• **Toutes ces difficultés** (et celles relatives au calcul sur les nombres décimaux évoquées dans les chapitres 10 et 11) **sont révélatrices des conceptions que les élèves se sont forgées à propos des nombres décimaux, dans le prolongement de leurs connaissances sur les naturels.**

Pour de nombreux élèves, un nombre décimal est pensé, à partir des écritures à virgule, comme deux nombres naturels autonomes séparés par une virgule, voire comme un seul naturel muni d'une virgule. Cette conception est renforcée par le fait que, dans certains cas, ces « théorème-élèves » produisent des résultats corrects, ces règles fausses résistant d'autant plus qu'elles ont un domaine d'efficacité qui comprend celui des nombres entiers, par exemple la procédure erronée relevant des hypothèses 1 ou 2 aboutit à une réponse correcte pour comparer 4,3 et 4,5.

➤ **Conceptions erronées,** chap. 4, p. 61.

• **Ces difficultés sont aussi entretenues par les lectures courantes** du type « deux virgule cinquante-quatre » pour 2,54 (au lieu de « deux et cinquante quatre centièmes »), voire encore par la signification de la virgule dans les textes usuels.

• **Ces conceptions erronées peuvent avoir** :

– une **origine de type épistémologique** dans la mesure où les élèves prolongent naturellement sur les nombres décimaux certaines propriétés des entiers (règles d'action sur la comparaison, par exemple) ;

– une **origine de type didactique** provenant de choix d'enseignement. Par exemple, pour introduire les nombres décimaux, l'enseignant peut les présenter comme un autre moyen de coder des mesures s'exprimant au moyen de plusieurs unités comme 3 m 14 cm qui est alors traduit par 3,14 m. Une telle présentation peut induire chez les élèves le prolongement sur les décimaux des propriétés des nombres entiers. En effet, dans 3 m 14 cm, 3 et 14 sont bien des nombres entiers alors que dans 3,14 m, il faut interpréter 1 comme $\frac{1}{10}$ de m et 4 comme $\frac{4}{100}$ de m.

ENTRAINEMENT 3

Corrigé p. 178

Pour entraîner ses élèves à la comparaison de nombres décimaux, un enseignant propose d'abord des exercices dans lesquels il faut comparer des nombres écrits avec un chiffre à droite de la virgule (comme 3,5 ; 3,2 ; 6,5), puis des nombres écrits avec deux chiffres à droite de la virgule (comme 2,15 ; 0,32 ; 2,55).

Discuter les choix faits par l'enseignant.

RESSOURCES À CONSULTER

– ERMEL, *Apprentissages numériques et résolution de problèmes*, ouvrages pour le CM1 et CM2, Hatier.

– Cap maths, ouvrages pour les enseignants et les élèves de CM1 et de CM2, Hatier.

– site Téléformation mathématiques : http://www.uvp5.univ-paris5.fr/TFM/

CORRIGÉS EXERCICES D'ENTRAINEMENT

ENTRAÎNEMENT 1

Énoncé p. 166

Pour répondre correctement, il faut reporter 3 fois la bande unité et 2 fois un dixième de l'unité.

Le segment construit par l'élève correspond au report de 3 fois la bande unité et 1 fois la moitié de l'unité.

Pour répondre, l'élève doit interpréter l'écriture 3,2u comme 3 unités et 2 dixièmes de l'unité. On peut faire l'**hypothèse** qu'il a interprété correctement la partie entière (3 unités), mais qu'il s'est trompé sur la partie à droite de la virgule et qu'il a interprété 2 comme $\frac{1}{2}u$.

Autrement dit, il a implicitement décomposé 3,2 en $3 + \frac{1}{2}$ plutôt qu'en $3 + \frac{2}{10}$, sans doute suite au travail fait sur les écritures fractionnaires.

ENTRAÎNEMENT 2

Énoncé p. 168

- **Question 1 :** réponse $\frac{5}{2}$ au repère B

L'élève a compté 5 intervalles après le repère 0, ce qui correspond bien au numérateur de la fraction $\frac{5}{2}$. Il semble donc avoir compris que le numérateur indique le nombre de parts de l'unité qu'il faut reporter. L'erreur porte sur le dénominateur qui doit indiquer la nature du partage d'unité : $\frac{5}{2}$ indique qu'on a partagé l'unité en deux parts égales et qu' on a reporté 5 fois l'une de ces parts. Or, dans l'exemple, l'unité est partagée en 3.

La bonne réponse est donc $\frac{5}{2}$.

L'erreur peut provenir du fait qu'un travail important a été fait en classe à partir de partage en deux de l'unité ou que, dans les exercices précédents, l'élève devait placer des nombres fractionnaire dont le dénominateur « correspondait » à la graduation (par exemple placer des nombres dont le dénominateur est trois sur une droite graduée en tiers d'unité).

- **Question 2 :** réponse $\frac{10}{6}$ (1er élève et 2e élève)

– Le **1er élève** place $\frac{10}{6}$ sur la deuxième ligne en face du repère qui précède le repère 2.

On peut faire l'hypothèse qu'il a compté 10 repères à partir du repère 0 et qu'au lieu de considérer les 5 intervalles entre les repères 0 et 1, il a compté les 6 repères qui vont de 0 à 1, ce qui le conduit à utiliser des sixièmes.

On peut conclure de cette analyse que l'élève a compris le rôle du numérateur et du dénominateur, mais que l'origine de l'erreur se situe dans une confusion entre intervalles et repères (de 0 à 1, il y a 6 repères et 5 intervalles).

– Le 2e **élève** place $\frac{10}{6}$ sur la troisième ligne en face du 2e repère situé après le repère G, donc en comptant 6 intervalles à partir de 0 sur une ligne graduée en dixièmes.

On peut faire l'hypothèse que l'élève a confondu $\frac{10}{6}$ et $\frac{6}{10}$ ou, plutôt, la signification du numérateur et du dénominateur d'une fraction.

ENTRAÎNEMENT 3

Énoncé p. 175

CONSEIL MÉTHODOLOGIQUE

La première réponse qui vient à l'esprit est que l'enseignant a voulu graduer les difficultés. Pour discuter le choix de l'enseignant, il faut faire une analyse a priori des procédures que les élèves peuvent utiliser pour répondre correctement et des conséquences que cela peut entraîner.

Pour répondre correctement, les élèves peuvent :

– soit utiliser une **procédure correcte** qui pourra être généralisée à des cas où le nombre de chiffres à droite de la virgule n'est pas identique pour tous les nombres proposés ;

– soit utiliser une **procédure erronée** qui leur permettra de réussir ; elle consiste, lorsque les parties entières sont identiques, à comparer les parties à droite de la virgule comme s'il s'agissait de nombres entiers (3,5 > 3,2 car 5 > 2 ou 2,15 < 2,55 car 15 < 55). Le risque est qu'ainsi les élèves construisent (ou renforcent) une connaissance erronée qui les conduira à écrire 2,5 < 2,12 car 5 < 12.

Le choix de l'enseignant s'avère donc non pertinent.

➤ Les 3 procédures correctes sont évoquées au § 3.2 p. 173.

AU CONCOURS

ANALYSE D'ERREURS 1

Corrigé p. 186

L'exercice suivant a été proposé à l'entrée en Sixième :

Sur la graduation ci-dessous à quels nombres correspondent les flèches ?
Écris les réponses au-dessus des flèches.

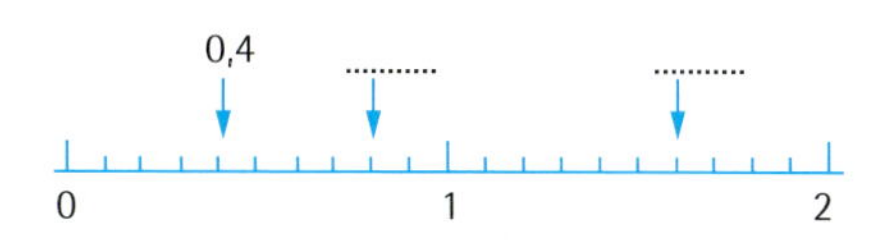

Les réponses de 5 élèves sont les suivantes :

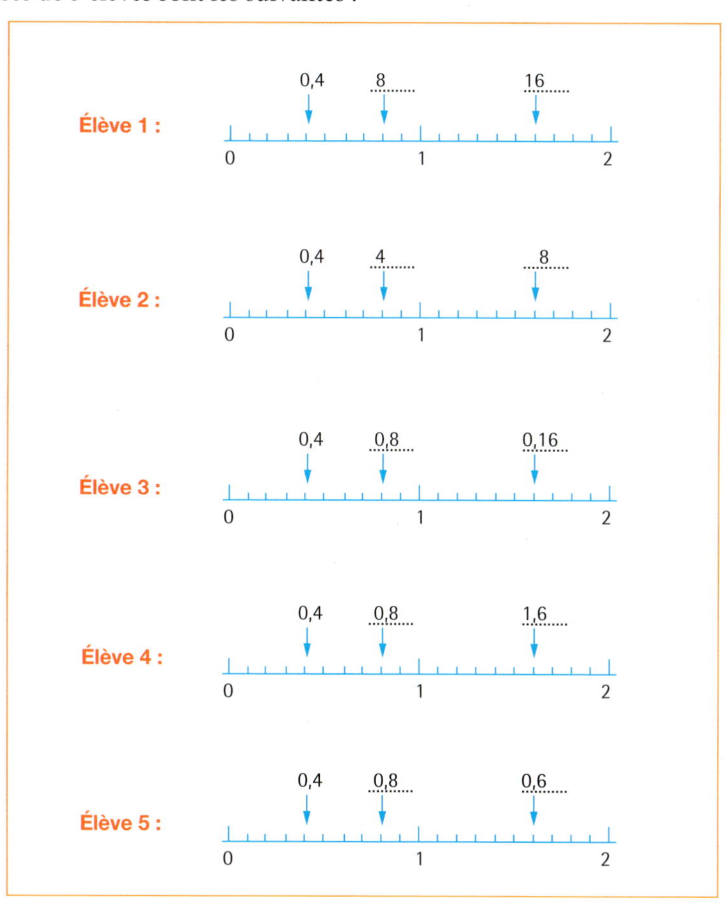

1. Pour chacun des élèves ayant commis une erreur, préciser cette erreur et expliquer d'où elle peut provenir.
2. Proposer des moyens que vous pourriez mettre en place pour les aider.

ANALYSE D'ERREURS 2

Corrigé p. 187

Après avoir fait quelques séances sur les nombres décimaux, une enseignante pose les questions suivantes à ses élèves :

> a. Écris le nombre entier qui suit immédiatement 54.
> b. Écris le nombre entier qui suit immédiatement 23,5.
> c. Écris le nombre décimal qui suit immédiatement 32,13.

	Question a	Question b	Question c
Réponse de l'élève **A**	55	24	32,14
Réponse de l'élève **B**	55	23,6	32,131

Analyser les éventuelles erreurs des élèves A et B en faisant des hypothèses sur leur origine.

ANALYSE D'ERREURS 3

Corrigé p. 189

Cette question porte sur les erreurs produites par des élèves lors d'évaluations proposées à l'entrée en Sixième :

Exercice 1

> Quelle écriture décimale est égale à la fraction $\frac{724}{100}$ parmi la liste suivante :
>
> 0,724 7,24 72,4 724,100 72 400.
>
> *Réponse :* 724,100.

Exercice 2

> Complète l'égalité : 7 unités 4 dixièmes = ... dixièmes.
>
> *Réponse A :* 4 *Réponse B :* 7,4.

Exercice 3

> Complète la phrase ci-dessous :
> Dans le nombre 134,678 le chiffre des dizaines est : ....
>
> *Réponse A :* 6 *Réponse B :* 7.

Analyser les réponses données à chaque question en faisant des hypothèses sur leur origine.

Proposer des pistes d'aide pour chaque difficulté identifiée.

ANALYSE DE DOSSIER 1

Corrigé p. 190

Les **activités 1 et 2** se trouvent p. 182-183.

Les questions portent sur deux séries d'activités extraites de l'ouvrage Ermel CM1, Hatier (voir **activités 1 et 2** ci-après).

1) Avant d'utiliser ces activités, l'enseignant a proposé aux élèves des situations destinées à introduire :

– des fractions dont le dénominateur est 2, 3, 4 et 8 ;

– des écritures additives du type $3 + \frac{1}{2}$; $1 + \frac{3}{4}$; $2 + \frac{1}{8}$

2) Les élèves ont ensuite travaillé sur la production de plusieurs écritures pour une même longueur.

Par exemple, pour une liste de nombres telle que $\frac{4}{8}$; $\frac{5}{2}$; $\frac{1}{2}$; $\frac{10}{4}$; $2 + \frac{1}{2}$,

ils devaient trouver, dans la liste, des écritures égales entre elles.

On attendait par exemple qu'ils reconnaissent que $\frac{10}{4} = \frac{5}{2}$ en utilisant le fait que, dans un demi, il y a deux quarts.

Les questions 1 et 2 portent sur l'activité 1

❶ À propos de l'étape 1

a. Pour chacun des points B et F, donner deux écritures correctes de fractions que les élèves peuvent trouver.

b. Les auteurs de la séquence parlent d'une « validation par pliage et reports de la bande unité ». Donner, en les justifiant, deux difficultés que l'enseignant peut rencontrer dans la gestion de la classe au cours de cette phase de validation.

❷ À propos de l'étape 2

a. Sur quel axe les auteurs attendent-ils que les élèves placent le point K ?

b. Imaginer deux erreurs que les élèves peuvent faire en plaçant le point K. Analyser ces erreurs.

Les questions 3 et 4 portent sur l'activité 2

❸ Quel est l'objectif principal de la première phase ?

❹ À propos de la deuxième phase :

a. Trouver trois procédures correctes que les élèves peuvent utiliser pour placer $\frac{714}{100}$.

b. Pourquoi les auteurs ont-ils choisi $\frac{3\,037}{1\,000}$?

Quelle question complémentaire l'enseignant peut-il poser par rapport à ce nombre ?

ACTIVITÉ 1 - DOSSIER 1

Source : extrait de Ermel CM1, Hatier.

Matériel

Chaque élève dispose d'une feuille 21 × 29,7 prise dans le sens de la longueur, avec trois demi-droites graduées, l'une en tiers, l'autre en cinquièmes, la dernière en dixièmes (voir ci-dessous). Sur chacun de ces axes, l'unité est de 7,5 cm.

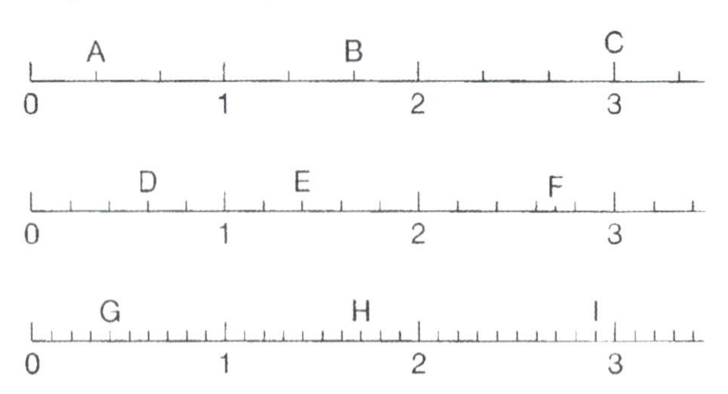

Déroulement de l'activité 1

Étape 1 :

L'enseignant précise que le trait 1 est situé à une unité du trait 0 ; le trait 0 s'appelle l'« origine » de la graduation ; le trait 2 est situé à deux unités de l'origine.

Puis il propose trois recherches aux élèves, sans que ces derniers disposent de bandes unités :

Recherche 1 : Quelles fractions correspondent aux points **A**, **B** et **C** ?

Recherche 2 : Quelles fractions correspondent aux points **D**, **E** et **F** ?

Recherche 3 : Quelles fractions correspondent aux points **G**, **H** et **I** ?

Les élèves les plus rapides sont invités à trouver plusieurs fractions ou plusieurs écritures des fractions trouvées. Chaque recherche est suivie d'une mise en commun au cours de laquelle les différentes réponses sont recensées, explicitées et discutées.

La validation se fait ensuite par pliage et reports de la bande unité (qui n'est donc fournie qu'à ce moment-là).

Lorsque plusieurs écritures associées à un repère ont été validées, l'enseignant les fait placer sous le point correspondant et il fait écrire les égalités correspondantes.

Étape 2 :

L'enseignant demande aux élèves de placer chacun des points indiqués ci-dessous sur un des trois axes, les élèves pouvant choisir l'axe sur lequel ils placent un point donné.

Il s'agit de placer **J** correspondant à $\frac{3}{2}$;

K correspondant à $\frac{10}{6}$;

L correspondant à $\frac{13}{5}$.

Les élèves travaillent individuellement sur leur feuille. La mise en commun se fait lorsque les trois points sont placés.

ACTIVITÉ 2 - DOSSIER 1

Source : extrait de Ermel CM1, Hatier.

Matériel

Chaque équipe de deux enfants dispose :

– d'une grande bande de papier de 2 m de long (et de 2,5 cm de large) sur laquelle est tracé un segment qui est gradué tous les 5 mm ;

– d'une bande d'environ 70 cm sur 2,5 cm découpée dans du papier uni.

Déroulement de l'activité 1

Première phase

Le maître donne les consignes suivantes : « Sur la grande bande de papier, les traits de la graduation sont espacés d'un centième d'unité (le maître écrit $\frac{1}{100}$). Dans la bande de papier uni, vous allez découper une bande de longueur égale à l'unité et une bande de longueur égale à un dixième de l'unité. »

Après une mise en commun des méthodes et des résultats et en s'assurant que tous les enfants ont des bandes de longueur correcte, l'enseignant passe à la deuxième phase.

Deuxième phase

Pour les étapes 1 et 2, les enfants utilisent les deux bandes fabriquées durant la première phase (la bande d'une unité et celle de $\frac{1}{10}$ unité). En vue des mises en commun, le maître affiche au tableau des bandes identiques à celles des enfants.

Étape 1 : Le maître fait écrire la lettre O et le nombre 0 à l'origine de la graduation, sur la grande bande de 2 m, puis il demande de placer au crayon les nombres 1, 2, 3.

Des élèves viennent au tableau montrer comment ils ont procédé ; les nombres sont placés en reportant la bande unité à partir de l'origine.

Étape 2 : Le maître demande aux enfants de placer sur leur graduation les fractions :

$\frac{32}{100}$; $\frac{15}{10}$; $\frac{27}{10}$; $\frac{147}{100}$; $\frac{3\,037}{1\,000}$.

Chaque placement est suivi d'une mise en commun des réponses et des procédures avec explicitation de celles-ci et discussion sur leur validité.

Étape 3 : Pour ce travail centré sur les écritures, les demi-droites graduées ne sont pas disponibles durant la phase de recherche.

Le maître demande aux enfants de trouver d'autres écritures, dont au moins deux avec le signe « + », pour $\frac{32}{100}$; $\frac{147}{100}$; $\frac{3\,037}{1\,000}$.

Lors de la mise en commun, on explicite les écritures faisant apparaître la partie entière et la signification des autres chiffres du numérateur.

ANALYSE DE DOSSIER 2

Corrigé p. 192

Un enseignant propose successivement deux activités à ses élèves.

Activité 1 : à partir de la fiche que les élèves remplissent individuellement.

Activité 2 : jeu proposé aux élèves par le biais d'un logiciel.

ACTIVITÉ 1 - DOSSIER 2

Prénom :

Si tu penses que les deux nombres sont différents, entoure le plus grand.

Si tu penses qu'ils sont égaux, souligne les deux nombres.

Explique pourquoi tu donnes cette réponse dans la case "explications".

Nombres		Explications
3,12	5,2	
2,4	2,8	
12,4	12,40	
5,37	4,37	
12,3	12,26	
13,01	12,99	
5,3	5,25	

ACTIVITÉ 2 - DOSSIER 2

L'ordinateur choisit aléatoirement un nombre en respectant des caractéristiques renseignées au préalable par l'enseignant. Le joueur doit trouver ce nombre (entier ou décimal) dans un intervalle donné.

A l'écran s'affichent deux questions : « Est-il plus petit que ... ? » ou « Est-il plus grand que ... ? » et la phrase-réponse : « Le nombre à trouver est ... ».

L'élève complète par un nombre soit l'une des deux questions et l'ordinateur fournit alors la réponse (oui ou non), soit la phrase-réponse et l'ordinateur fournit alors l'indication « gagné » ou « perdu ».

Exemple : L'ordinateur a choisi le nombre **18,25** (il est en mémoire, mais pas affiché). Si l'élève propose 25,2 à la question « Est-il plus petit que ... ? », la réponse « oui » s'affiche. Les deux questions apparaissent à l'écran tant que l'élève ne propose pas de nombre pour la phrase-réponse.

Les **activités 1 et 2** se trouvent p. 181.

Les questions 1 à 3 concernent l'activité 1

❶ Dégager trois variables didactiques relatives à une activité de comparaison de nombres décimaux, en justifiant leur rôle pour les élèves dans le résultat de la comparaison. Indiquer comment ces variables ont été prises en compte dans l'activité 1.

❷ Donner deux explications attendues (et correctes) que les élèves peuvent produire pour dire que 12,26 est inférieur à 12,3.

❸ Imaginer deux explications que les élèves peuvent mettre en place pour produire une réponse erronée à la question de la comparaison de 12,26 et 12,3.

Les questions 4 à 9 concernent l'activité 2

❹ En quoi est-il pertinent de proposer cette activité à la suite de l'activité 1 ?

❺ Quelles caractéristiques des nombres à trouver le concepteur du logiciel devrait-il proposer au choix de l'enseignant ?

❻ Quelles aides pour l'élève (affichables à l'écran) vous sembleraient utiles ?

❼ Quel est l'intérêt de pratiquer ce jeu sur ordinateur ?

❽ Que demanderiez-vous au concepteur du logiciel pour pouvoir exploiter ensuite le travail des élèves ?

❾ L'enseignant propose à ses élèves de formuler une stratégie efficace pour trouver le plus rapidement possible un nombre situé dans un intervalle donné, par exemple celui des nombres de 0 à 20. Quelle stratégie peut-il viser ?

CORRIGÉ **ANALYSE D'ERREURS 1**

Énoncé p. 183

❶ Analyse des erreurs des élèves

Il est possible que les élèves 1 et 2 ne prennent pas correctement en compte les indications fournies par les nombres déjà placés (0, 1 et 2) car ces nombres ne sont pas placés comme 0,4 : ils sont au-dessous de la ligne et ne sont pas associés au repère par une flèche.

Seul l'élève 4 n'a pas fait d'erreur.

Elève 1 : Il fait comme si la ligne était graduée de 1 en 1 : il a compté les graduations sans voir (ou sans prendre en compte) la contradiction entre le placement de 1, 8, 16 et 2. Il est possible qu'il assimile 0,4 avec 4 (le 0 ne compte pas). L'**origine de l'erreur** peut être due au fait que cet élève a été habitué à placer des nombres sur des axes graduées de 1 en 1 (ce sont les premiers axes qu'il rencontre et ceux sur lesquels il travaille le plus souvent) ou bien qu'il assimile nombres décimaux et nombres entiers. De plus, il ne contrôle pas la vraisemblance de son résultat car, pour lui, cela ne relève pas de sa responsabilité : il produit une réponse, à l'enseignant de dire si elle est juste ou pas.

Elève 2 : Il semble avoir compté les graduations de 1 en 1 en partant de « 0,4 » pour répondre 4 et en partant de « 4 » pour répondre 8 (8e graduation après 4). Il ne tient pas compte des nombres 1 et 2 déjà placés. On peut faire l'**hypothèse** qu'il n'a pas compris la consigne ou qu'il n'a pas compris le principe des graduations. Sa procédure peut être induite par des exercices résolus antérieurement dans lesquels il s'agissait de placer un ou plusieurs nombres sur un axe sur lequel figure 0, le 1er trait de graduation correspondant à 1.

Elève 3 : 0,8 est correct, mais pas 0,16. Cet élève a opéré sur la partie décimale en la considérant comme un nombre entier (après 0,9 il y a 0,10…). Sa réponse renvoie à la conception fréquente du nombre décimal comme couple d'entiers séparés par une virgule et sur lesquels on peut opérer séparément.

Elève 5 : 0,8 est correct, mais pas 0,6. Cet élève a décompté de 0,1 en 0,1 à partir de 1. On peut faire l'hypothèse qu'il a été influencé par les deux réponses précédentes dont la partie entière était 0.

❷ Mise en place des aides

CONSEIL MÉTHODOLOGIQUE

Le travail à mettre en place dépend d'abord de l'**analyse des erreurs** faite dans la question 1 : graduation conçue comme « allant de 1 en 1 » pour certains élèves et conceptions erronées des nombres décimaux.

Ensuite, il faut prendre appui sur une **conception de l'apprentissage** : dans la réponse proposée, nous nous appuierons sur la conception socio-constructiviste, dans la mesure où il s'agit d'aider les élèves à remettre en cause des conceptions erronées pour en élaborer de nouvelles, avant de pouvoir mettre en place des techniques. C'est donc par le **débat entre élèves** qui ont donné des réponses différentes et par la **proposition d'activités qui mettent en défaut les réponses des élèves** que nous tenterons de les aider à progresser.

1. Un premier travail peut être fait sur la nature de la graduation

Par exemple, un débat peut être organisé autour des réponses de l'**élève 1** (en vue d'un travail sur la nature de la graduation). Le débat peut faire apparaître deux éléments intéressants, en partant du fait que cet élève a compté de 1 en 1 à partir de 0 :

– 1 sera alors placé deux fois : au-dessus du repère à droite de 0, et là où il est écrit ;

– pour un repère déjà désigné, il y a deux nombres : 0,4 et 4.

Les arguments apportés par des élèves conduisent à conclure que la graduation ne va pas de « 1 en 1 », mais de 0,1 en 0,1.

2. **Un autre travail peut être conduit sur la relation entre graduation et mesure**

On peut faire découper **deux bandes** de même longueur que l'intervalle [0 ; 1] et une autre de la longueur d'un petit intervalle et poser des questions du type :

– Quelle bande représente l'unité de longueur pour que ce soit en accord avec la graduation ? Conclure que la « plus petite bande » n'est pas toujours l'unité.

– Comment exprimer la longueur de la petite bande en prenant la grande comme unité ? Conclure que sa longueur peut s'exprimer par « un dixième d'unité », « $\frac{1}{10}u$ », « $0{,}1u$ ».

3. **Ce matériel des bandes permet ensuite de contrôler les réponses apportées**, par exemple :

- Demander de tracer des segments ayant toutes les longueurs figurant sur la fiche (réponses des élèves 1 à 5).
- Comparer les productions entre elles : la réalisation de 16 unités et de 0,16 unités (nécessité de centièmes) est discutée quant à sa possibilité matérielle (pour 6 centièmes, certains peuvent utiliser le fait que c'est proche de 5 centièmes, donc à peu près la moitié d'un dixième).
- Comparer des segments avec les distances à 0 des nombres placés sur la ligne graduée.
- Mettre en évidence les contradictions et en déduire une procédure pour trouver chaque nombre :

– dans tous les cas, il faut d'abord comprendre le principe de la graduation (la valeur de chaque intervalle par rapport à l'unité déterminée par la longueur du segment dont les extrémités sont repérées par 0 et 1) ;

– compter de 0,1 en 0,1 à partir de 0, sans se tromper au passage de 0,9 à 1 et de 1 à 1,1 (le matériel construit peut y aider) ;

– pour les repères au-delà de 1, compter de 0,1 en 0,1 à partir de 1.

CORRIGÉ ANALYSE D'ERREURS 2

Énoncé p. 180

Question a Nombre entier qui suit un nombre entier donné

- Dans ce cas, les deux élèves répondent correctement.

Question b Nombre entier qui suit un nombre décimal donné

- Dans ce cas, seul l'**élève A** répond correctement.
- L'**élève B** répond en incrémentant de 1 le chiffre le plus à droite du nombre donné. Il n'obtient pas un **nombre entier**. On peut faire l'hypothèse qu'il prolonge au cas des décimaux la procédure utilisée pour les nombres entiers : pour écrire le nombre suivant, on avance de 1 le chiffre le plus à droite. Il est possible aussi que, dans la consigne, il n'ait pas pris en compte le fait qu'on demande un nombre entier.

Question c **Nombre décimal qui suit immédiatement un nombre décimal donné**

Aucun des deux élèves ne semble douter de l'existence du « nombre décimal suivant ». Or, on peut toujours trouver un autre nombre décimal entre le nombre donné et celui qui est estimé comme le suivant : entre 32,13 et 31,14, il y a par exemple 32,135 ou 32,1306… C'est l'idée de « nombre suivant », valable pour les nombres entiers, qui doit être remise en cause.

- **L'élève A** attribue un successeur à **32,13** en conservant le même nombre de chiffres après la virgule, soit **31,14**, comme si la partie à droite de la virgule (13) était un entier.

Il est possible aussi que l'élève A ait utilisé un « théorème-élève » du type « pour trouver le successeur d'un nombre, on ajoute 1 au dernier chiffre de l'écriture de ce nombre ». Peut-être est-ce ce théorème qu'il a appliqué à la question b et qui lui a permis dans ce cas d'obtenir la bonne réponse.

- **L'élève B** attribue un successeur à **32,13** en écrivant une décimale supplémentaire : il passe au millième et écrit le premier nombre qui est supérieur et qui comporte des milliers, soit **32,131**, en pensant sans doute que le suivant est celui qui s'obtient en écrivant 1 (peut-être pense-t-il en « ajoutant 1 » ?) à la droite de la partie décimale. On peut noter que l'élève B n'utilise pas la même procédure lorsqu'on demande « le nombre entier qui suit immédiatement un décimal » et lorsqu'on lui demande « le nombre décimal qui suit immédiatement un décimal ».

Il est possible que, pour l'élève B, l'origine se trouve dans la procédure utilisée pour répondre à des questions du type « trouver un nombre décimal entre 2 et 3 ».

Conclusion

Les **deux élèves** semblent avoir la même conception du nombre décimal selon laquelle la partie à droite de la virgule est considérée comme un entier, ce qui explique leur erreur. La réponse correcte de l'**élève A** à la **question b** peut s'expliquer par le fait que la consigne parle de « nombre entier », ce qui a pu le conduire à ne travailler que sur la partie entière. Pour eux, tout se passe comme si l'écriture à virgule d'un nombre décimal était celle de deux nombres entiers séparés par la virgule (conception fréquente du nombre décimal chez les élèves).

Même si l'**élève A** semble avoir une conception plus élaborée (cf. sa réponse à la question b), elle demeure erronée puisque l'idée de l'existence du successeur n'est pas remise en cause.

Il faut ajouter que la forme de la question ne laisse apparemment pas le choix entre répondre ou ne pas répondre. Les élèves peuvent donc estimer que, dans ces conditions, la question posée admet une réponse et qu'ils doivent répondre. Cette remarque conduit à identifier une origine complémentaire pour les erreurs analysées, origine située du côté d'une règle du contrat didactique (obligation de fournir une réponse aux questions posées).

Énoncé p. 180

CORRIGÉ ANALYSE D'ERREURS 3

	Analyse des erreurs	Pistes d'aide
Exercice 1	L'élève a remplacé la barre de fraction par une virgule. L'élève identifie la barre de fraction à la virgule, tous deux étant des séparateurs entre deux nombres entiers.	Il est sans doute nécessaire de revenir à la signification de chacune des expressions, par exemple en demandant aux élèves de réaliser $\frac{724}{100}$ et 724,100 avec un matériel évoquant des longueurs (ou des aires) et comportant des unités, des dixièmes, centièmes et millièmes d'unités…
Exercice 2	Réponse A : L'élève répond par le chiffre des dixièmes (4) alors qu'il faut répondre par le nombre de dixièmes représentés par 7 unités et 4 dixièmes (soit 74). On peut faire l'hypothèse que l'élève a été le plus souvent sollicité pour indiquer le chiffre des unités d'un nombre décimal et qu'il utilise cette connaissance ici à tort. Réponse B : L'élève répond en traduisant le nombre donné sous forme d'écriture à virgule. On peut supposer que, là encore, il répond de manière stéréotypée à un exercice qui lui paraît familier (complète : 7 unités 4 dixièmes = ….), sans tenir compte de l'unité précisée (dixièmes).	**Pour aider l'élève A** à prendre conscience de son erreur, on peut partir de sa réponse (4 dixièmes) en lui demandant de l'écrire sous forme fractionnaire ou décimale (on peut s'attendre à 4/10 et 0,4) puis faire de même avec le nombre donné (on peut s'attendre à 7,4). Le recours à un matériel (cf aide de l'exercice 1) sera ensuite peut-être nécessaire pour lui permettre d'obtenir la bonne réponse (74 dixièmes). **Pour aider l'élève B**, une même démarche peut être envisagée, mais elle risque de se heurter au fait que l'élève sera sans doute incapable de traduire sa réponse (7,4 dixièmes) sous une autre forme. On peut aussi lui demander d'écrire 7 unités 4 dixièmes avec un nombre à virgule. Il va certainement répondre 7,4. On lui demande alors si 7,4 = 7,4 dixièmes. Cela devrait l'aider à prendre conscience de son erreur. On peut ensuite travailler sur le sens de la question (avec l'aide du matériel) en faisant reformuler l'égalité par exemple sous la forme : combien faut-il de dixièmes d'unité pour obtenir 7 unités et 4 dixièmes ?
Exercice 3	Réponse A : L'élève répond par le chiffre des dixièmes (confusion entre les mots dizaine et dixième). L'hypothèse peut aussi être faite que l'élève a répondu par des dixièmes parce que le nombre donné comporte une virgule et que, pour ces nombres-là, il a été plus souvent interrogé sur les chiffres situés à droite de la virgule. Réponse B : L'élève répond par le chiffre des centièmes. On peut faire l'hypothèse que soit il fait abstraction de la virgule (et considère le nombre comme un nombre entier), soit il répond en ne considérant que la partie décimale qu'il traite comme un nombre entier.	**Pour chaque réponse**, on peut d'abord demander à l'élève ce que représente le chiffre (6 ou 7) qu'il a donné dans le nombre 134,678 de manière à faire apparaître une éventuelle contradiction avec sa réponse à la question posée. Il sera aussi sans doute nécessaire d'apporter d'autres types d'aide, notamment l'écriture des nombres dans un tableau de numération et la représentation des centaines, dizaines, unités, dixièmes, centièmes, millièmes à l'aide d'un matériel composé par exemple de bandes de longueurs « 1 unité », « 1 dixième d'unité », « 1 centième d'unité »…

➤ Tableau de numération p. 165.

CORRIGÉ **ANALYSE DE DOSSIER 1**

Énoncé p. 181

❶ À propos de l'étape 1

a. Repères B et F

• Abscisses possibles pour B

Pour toutes les procédures : l'élève doit d'abord déterminer la distance entre deux repères, soit $\frac{1}{3}$.

- $\frac{5}{3}$: comptage en avant de 5 intervalles (de tiers en tiers) à partir du repère 0.
- $1 + \frac{2}{3}$: comptage en avant de 2 intervalles (de tiers en tiers) à partir du repère 1.
- $2 - \frac{1}{3}$: comptage en arrière d'1 intervalle (un tiers) à partir du repère 2.

• Abscisses possibles pour F

Pour toutes les procédures : l'élève doit d'abord déterminer la distance entre deux repères (soit $\frac{1}{5}$) et voir que le repère F est situé au milieu d'un intervalle, donc à $\frac{1}{10}$ de l'intervalle qui le précède ou qui le suit.

- $\frac{27}{10}$: l'élève a soit construit une graduation supplémentaire en $\frac{1}{10}$ à partir de 0 et compté les intervalles (de dixième en dixième à partir de 0), soit cherché le nombre associé au repère qui précède F sous la forme $\frac{13}{5}$ qu'il a traduit en $\frac{26}{10}$ avant d'ajouter $\frac{1}{10}$.
- $\frac{13}{5} + \frac{1}{10}$: comptage en avant de 13 intervalles (de cinquième en cinquième) à partir du repère 0, puis de $\frac{1}{10}$ à partir du repère précédent F.
- $2 + \frac{3}{5} + \frac{1}{10}$: comptage en avant de 3 intervalles (de cinquième en cinquième) à partir du repère 2, puis de $\frac{1}{10}$ à partir du repère précédent F.

b. Deux difficultés peuvent être mentionnées

• La première difficulté concerne la relation entre longueurs et repères sur la ligne graduée. En effet, il faut comprendre que le nombre associé à un repère exprime aussi la longueur du segment ayant pour extrémités le repère marqué 0 et le repère considéré (en choisissant pour unité la longueur du segment déterminé par les repères codés 0 et 1). Si cette relation n'est pas comprise par les élèves, il leur sera difficile d'admettre que le pliage (qui correspond à un travail sur des longueurs de bandes) permet de valider les fractions trouvées pour repérer les points de l'axe.

- **La deuxième difficulté** est relative à la précision qui peut être obtenue pour obtenir par pliage des tiers, des cinquièmes ou des dixièmes de l'unité. Cela concerne particulièrement le point F et les points G et H. Certains élèves peuvent valider leur réponse alors qu'elle est fausse et, inversement, ils peuvent l'invalider alors qu'elle est correcte.

❷ À propos de l'étape 2

a. Placement du point K

K peut être facilement placé sur le premier axe, à condition de remarquer que $\frac{1}{6}$, c'est la moitié de $\frac{1}{3}$.

b. Erreurs possibles pour le placement de K

- **L'élève place K sur le deuxième axe, au point d'abscisse 2.**

Analyse : Ayant déjà placé J sur le premier axe, l'élève pense qu'il faut placer K sur le deuxième axe (contrat didactique) ; il compte alors 10 graduations à partir de 0, sans vérifier que l'axe n'est pas gradué en sixièmes.

Autre hypothèse expliquant ce placement : Pour déterminer le pas de la graduation, l'élève compte les repères (il y en a 6 de 0 à 1) au lieu de compter les intervalles.

- **L'élève place K sur le troisième axe, au point d'abscisse $\frac{6}{10}$.**

Analyse : l'élève remarque que le 3e axe est graduée en dixièmes, ce qui correspond au numérateur de la fraction (10) et il utilise ensuite le second nombre de la fraction (6) pour placer K. Il confond le rôle du dénominateur (qui détermine le fractionnement de l'unité) et le numérateur (qui indique le nombre de « parts » à considérer).

❸ Objectif principal de la première phase

Il s'agit de caractériser les relations entre centièmes et unités ($\frac{100}{100} = 1$) et entre centièmes et dixièmes ($\frac{10}{100} = \frac{1}{10}$) et d'en développer chez l'élève une image mentale.

❹ À propos de la deuxième phase

a. Trois procédures pour placer $\frac{147}{100}$

- Avancer de $\frac{47}{100}$ à partir de 1 : cela suppose de savoir que $\frac{147}{100} = 1 + \frac{47}{100}$.
- Partir de 1 et avancer de $\frac{4}{10}$, puis de $\frac{7}{100}$: cela suppose de savoir que $\frac{147}{100} = 1 + \frac{4}{10} + \frac{7}{100}$.
- Partir de $\frac{15}{10}$ et reculer de $\frac{3}{100}$: cela suppose de savoir que $\frac{147}{100} = \frac{150}{100} - \frac{3}{100}$ et que $\frac{150}{100} = \frac{15}{10}$.

PROCÉDURES

- La 3e procédure est sans doute plus rare.
- On peut aussi compter 147 centièmes à partir de 0, solution qui suppose d'avoir compris la signification de l'écriture $\frac{147}{100}$, mais qui peut être fastidieuse et donc source d'erreurs.

b. Choix du nombre $\frac{3\,037}{1\,000}$

Les auteurs ont choisi ce nombre car le repère correspondant ne coïncide pas avec un repère déjà placé. Cela permet d'introduire les millièmes comme centièmes partagés en dix.

L'enseignant peut aussi demander de placer $\frac{3\,037}{1\,000}$ entre deux repères consécutifs ($\frac{303}{100}$ et $\frac{304}{100}$), par exemple en s'appuyant sur la décomposition :

$\frac{3\,037}{1\,000} = 3 + \frac{3}{100} + \frac{7}{1\,000}$.

CORRIGÉ ANALYSE DE DOSSIER 2

Énoncé p. 184

❶ Variables didactiques de l'activité 1

Variables	Justifications	Exemples sur la fiche proposée aux élèves
Les nombres ont-ils même partie entière ou non ?	Si les nombres n'ont pas la même partie entière, les élèves peuvent se contenter de travailler uniquement avec les parties entières.	Trois couples sont formés de nombres qui n'ont pas la même partie entière (par exemple : **3,12** et **5,2**). Pour les quatre autres couples, les nombres ont la même partie entière.
Si les nombres ont la même partie entière, les nombres ont-ils ou non le même nombre de chiffres à droite de la virgule ?	Si les nombres (qui ont même partie entière) ont le même nombre de chiffres dans la partie décimale, alors l'algorithme de comparaison erronée des nombres décimaux qui consiste à comparer les parties à droite de la virgule comme s'il s'agissait d'entiers fonctionne.	Parmi les couples formés de nombres qui ont même partie entière, un seul est formé de nombres qui ont le même nombre de chiffres à droite de la virgule (**2,4** et **2,8**).
Présence ou non d'un zéro dans la partie décimale et position de ce zéro.	Si les nombres sont égaux et si l'écriture de la partie décimale n'est pas la même, des élèves conclurons que ces nombres ne sont pas égaux. Les élèves peuvent conclure que deux nombres décimaux dont l'écriture décimale ne diffèrent que par rapport à la position d'un 0 sont égaux.	Le couple formé de **12,4** et **12,40** est dans ce cas. Aucun couple n'est dans ce cas (on aurait pu proposer par exemple le couple formé de **2,05** et **2,5**), les élèves concluant à l'égalité car 05 = 5.
Les nombres ont-ils le même nombre de chiffres ou non ?	Si les nombres n'ont pas le même nombre de chiffres, les élèves peuvent appliquer le théorème en acte : « Plus un nombre décimal a de chiffres, plus il est grand ».	Pour trois couples, les nombres ont le même nombre de chiffres : **2,4** et **2, 8** ; **5,37** et **4,37** ; **13,01** et **12,99**.

❷ Explications possibles pour 12,26 < 12,3

• Sur la droite numérique, le repère correspondant à 12,26 est avant le repère correspondant à 12,3.

• $12{,}26 = 12 + \frac{26}{100}$ et $12{,}3 = 12 + \frac{3}{10} = 12 + \frac{30}{100}$. Or $\frac{26}{100} < \frac{30}{100}$.

• Les deux nombres ont 12 unités, mais 2 dixièmes, c'est moins que 3 dixièmes, quel que soit le nombre de centièmes qui peut suivre (en particulier, ici, 6 centièmes c'est moins que 1 dixième.) .

❸ Explications pour la réponse erronée 12,26 > 12,3

• 26 > 3.

• 12,26 a quatre chiffres alors que 12,3 en a trois.

• 1 226 > 123.

❹ Pertinence de l'activité 2

A la fin de l'activité 1, l'enseignant a pu institutionnaliser une procédure de comparaison des nombres décimaux. L'activité 2 peut alors être proposée en entraînement individualisé, ce que permet le travail sur ordinateur.

❺ Caractéristiques des nombres à trouver proposés par le logiciel

La question revient à chercher les variables didactiques principales de cette activité. On peut citer :

– étendue de l'intervalle où le nombre cherché est situé ;

– nombre de chiffres possibles à droite de la virgule ;

– nombre de questions que l'élève peut poser (variable qui est une conséquence des deux précédentes).

❻ Aides utiles à afficher sur l'écran pour l'élève

Ces aides affichées à l'écran peuvent être :

– la suite des questions posées et des réponses données ;

– morceau de droite numérique sur lequel l'élève pourrait, par exemple, placer les nombres demandés et effacer, avec le curseur, la partie de droite numérique devenue non pertinente suite à la réponse obtenue.

❼ Intérêt de pratiquer ce jeu

L'intérêt se situe à 3 niveaux :

– possibilité pour l'enseignant d'adapter l'activité aux possibilités et besoins de chaque élève (différenciation) ;

– possibilité pour l'élève de réfléchir à son rythme, de recommencer plusieurs parties ;

– caractère rétroactif de l'activité : la machine renvoie une information fiable à l'élève (ce qui pourrait ne pas être le cas dans un jeu identique à deux élèves, par exemple).

❽ Exploitation du travail des élèves

Pour pouvoir exploiter le travail des élèves, il faut que l'enseignant puisse analyser la stratégie adoptée par chaque élève (organisation de la suite des questions posées à l'ordinateur) et les erreurs (comparaison de décimaux) faites en vue de les proposer soit au cours d'un débat collectif, soit en aide personnalisée. Pour cela, il faut que le concepteur ait prévu que la partie jouée par un élève soit enregistrée et puisse être restituée à l'écran, sur vidéo-projecteur ou sur imprimante.

❾ Trouver une stratégie efficace pour trouver un nombre rapidement

La stratégie la plus économique est celle qui permet d'éliminer, à chaque question, la moitié des nombres possibles, par exemple :

Question 1 : Est-il plus grand que 10 ? *Réponse :* non (donc il est entre 11 et 20).

Question 2 : Est-il plus petit que 15 ? *Réponse :* oui (donc il est entre 11 et 15)...

La stratégie revient donc à proposer à chaque étape du jeu le nombre qui est situé au milieu de l'intervalle des nombres qui restent possibles.

CHAPITRE 9

Généralités sur l'enseignement du calcul

Connaissances mathématiques de référence → Tome 1, chapitre 4

Ce chapitre a un statut particulier. Il a pour ambition un premier éclairage sur les différents moyens de calcul enseignés à l'école primaire. Des développements spécifiques au domaine additif (addition et soustraction) et au domaine multiplicatif (multiplication et division) sont l'objet des chapitres 10 et 11. Les extraits suivants permettent de préciser les enjeux généraux de ces apprentissages.

DOCUMENTS OFFICIELS

Extrait du BO spécial n° 11 du 26 novembre 2015.

PROGRAMME DES CYCLES 2 ET 3 (extraits)
Nombres et calculs

CYCLE 2	CYCLE 3
Introduction La connaissance des nombres entiers et du calcul est un objectif majeur du cycle 2. Elle se développe en appui sur les quantités et les grandeurs, en travaillant selon plusieurs axes. **Des résolutions de problèmes contextualisés :** [...] prévoir des résultats d'actions portant sur des collections ou des grandeurs (les comparer, les réunir, les augmenter, les diminuer, les partager en parts égales ou inégales, chercher combien de fois l'une est comprise dans l'autre, etc.). Ces actions portent sur des objets tout d'abord matériels puis évoqués à l'oral ou à l'écrit ; le travail de recherche et de modélisation sur ces problèmes permet d'introduire progressivement les quatre opérations (addition, soustraction, multiplication, division). **L'étude de relations internes aux nombres :** comprendre que le successeur d'un nombre entier, c'est « ce nombre plus un », décomposer/recomposer les nombres additivement, multiplicativement [...]. **L'étude des différentes désignations orales et/ou écrites :** [...] double de, moitié de, somme de, produit de ; différence de, quotient et reste de ; écritures en ligne additives/soustractives, multiplicatives, mixtes, en unités de numération, etc. **L'appropriation de stratégies de calcul** adaptées aux nombres et aux opérations en jeu. Ces stratégies s'appuient sur la connaissance de faits numériques mémorisés (répertoires additif et multiplicatif, connaissance des unités de numération et de leurs relations, etc.) et sur celle des propriétés des opérations et de la numération. Le calcul mental est essentiel dans la vie quotidienne où il est souvent nécessaire de parvenir rapidement à un ordre de grandeur du résultat d'une opération, ou de vérifier un prix, etc. **Une bonne connaissance des nombres inférieurs à mille et de leurs relations** est le fondement de la compréhension des nombres entiers, et ce champ numérique est privilégié pour la construction de stratégies de calcul et la résolution des premiers problèmes arithmétiques.	**Introduction** Le calcul mental, le calcul posé et le calcul instrumenté sont à construire en interaction. Ainsi, le calcul mental est mobilisé dans le calcul posé et il peut être utilisé pour fournir un ordre de grandeur avant un calcul instrumenté. Réciproquement, le calcul instrumenté peut permettre de vérifier un résultat obtenu par le calcul mental ou par le calcul posé. Le calcul, dans toutes ses modalités, contribue à la connaissance des nombres. Ainsi, même si le calcul mental permet de produire des résultats utiles dans différents contextes de la vie quotidienne, son enseignement vise néanmoins prioritairement l'exploration des nombres et des propriétés des opérations. Il s'agit d'amener les élèves à s'adapter en adoptant la procédure la plus efficace en fonction de leurs connaissances mais aussi et surtout en fonction des nombres et des opérations mis en jeu dans les calculs. Pour cela, il est indispensable que les élèves puissent s'appuyer sur suffisamment de faits numériques mémorisés et de modules de calcul élémentaires automatisés. De même, si la maitrise des techniques opératoires écrites permet à l'élève d'obtenir un résultat de calcul, la construction de ces techniques est l'occasion de retravailler les propriétés de la numération et de rencontrer des exemples d'algorithmes complexes. Les problèmes arithmétiques proposés au cycle 3 permettent d'enrichir le sens des opérations déjà abordées au cycle 2 et d'en étudier de nouvelles. Les procédures de traitement de ces problèmes peuvent évoluer en fonction des nombres en jeu et de leur structure. Le calcul contribuant aussi à la représentation des problèmes, il s'agit de développer simultanément chez les élèves des aptitudes de calcul.

REPÈRES POUR ENSEIGNER

En prenant appui sur les propositions de Gérard Vergnaud[1], on peut s'intéresser à **l'enseignement d'un concept mathématique** en considérant plusieurs aspects :
– l'ensemble des situations qui donnent du sens au concept et qui correspondent aux problèmes que le concept permet de résoudre efficacement ;
– l'ensemble des propriétés du concept ;
– l'ensemble des traitements (calcul) qui peuvent être effectués ;
– l'ensemble des éléments langagiers qui permettent d'évoquer le concept, de décrire ses propriétés et d'organiser les calculs où il est en jeu : désignations verbales et représentations symboliques (avec leurs conventions d'écriture).

1. Caractérisation d'un concept définie par Gérard Vergnaud, chap. 1 p. 21-22.

Étudier l'enseignement et l'apprentissage des opérations dans cette perspective s'avère très fructueux. Le premier aspect correspond à ce qu'on désigne souvent comme l'étude du sens des opérations, les autres aspects se retrouvant dans les calculs qui font intervenir à la fois les désignations symboliques et leur syntaxe particulière (signes opératoires, signe =, parenthèses...) ainsi que les propriétés des opérations qui permettent de justifier les transformations sur ces écritures pour obtenir un résultat donné.

Dans ce chapitre, on se limite à mettre en évidence, classer et caractériser les différents moyens de calculer (les techniques de calcul), aujourd'hui disponibles et objets d'un enseignement à l'école primaire.

1 Classification des différents moyens de calculer

1.1 Première classification : calcul mental et calcul écrit

La tradition de l'école primaire conduit à opposer **calcul mental** (ou calcul « de tête », sans écrire) et **calcul écrit** (opérations posées). Cette dichotomie ne rend pas bien compte de la diversité des procédures de calcul que les élèves doivent acquérir. D'une part, elle laisse de côté l'usage des calculatrices, aujourd'hui largement répandu ; d'autre part, elle méconnaît le fait qu'un calcul conduit par écrit (comme l'exécution d'un algorithme opératoire) nécessite aussi une activité mentale (rappel de résultats en mémoire, gestion des retenues...).

1.2 Deuxième classification : calcul automatisé et calcul réfléchi[2]

Une autre classification, peut être proposée, illustrée par le tableau de la page suivante :

2. Le programme ne mentionne pas toujours explicitement les distinctions faites ici. Elles sont pourtant sous-jacentes aux attendus sur le calcul.

	Calcul automatisé résultats mémorisés algorithmes[3] mémorisés calcul confié à une machine	**Calcul réfléchi** calcul raisonné
Calcul uniquement mental	cas 1	cas 4
Calcul utilisant un support écrit	cas 2	cas 5
Calcul utilisant un instrument (boulier, calculatrice…)	cas 3	cas 6

3. Un **algorithme** est une suite finie de règles opératoires à appliquer dans un ordre déterminé afin d'effectuer un calcul numérique en un nombre fini d'étapes.

A. Calcul automatisé

Il y a calcul automatisé dans différentes circonstances[4] :

- **Lorsque nous faisons simplement appel à un résultat mémorisé.**

EXEMPLE

Pour **4 × 6**, nous savons que le résultat est 24, sans avoir à réfléchir. (cas 1)

- **Lorsque nous nous limitons à exécuter un algorithme lui aussi parfaitement mémorisé et valable quels que soient les nombres.**

EXEMPLE

Pour le calcul de **426 – 248**, nous pouvons poser l'opération en colonne, puis faire les calculs sans avoir à réfléchir aux étapes à respecter. (cas 2)

- **Lorsque nous confions à une machine munie d'un logiciel le soin d'exécuter les calculs.**

EXEMPLE

245 × 56 peut être calculé avec une calculatrice. Une moyenne peut être calculée à l'aide de la fonction « moyenne » d'un tableur. (cas 3)

4. Dans les deux premiers cas, nous agissons en quelque sorte par **réflexe**. N'oublions pas cependant que cela a nécessité un apprentissage et que, avant d'être automatisés, ces calculs nous ont demandé réflexion et attention.

B. Calcul réfléchi ou raisonné

Il y a calcul réfléchi ou raisonné chaque fois que nous avons à **élaborer une procédure spécifique** pour un calcul donné. C'est le cas chaque fois que nous devons **prendre des décisions personnelles** pour effectuer un calcul.

Considérons les deux calculs suivants à exécuter de façon purement mentale.

EXEMPLE 1

Pour 43 + 19, nous pouvons :

– ajouter 40 et 10 d'une part, 3 et 9 d'autre part et ajouter ensuite les deux résultats partiels obtenus ;

– ajouter d'abord 10 à 43, puis 9 à 53 ;

– ajouter 7 à 43, puis 12 au résultat obtenu (donc en passant par la dizaine supérieure) ;

– ajouter 20 à 43, puis soustraire 1 au résultat partiel obtenu.

Pour 2,5 – 0,8, nous pouvons :
– soustraire successivement 0,5 et 0,3 ;
– ajouter 0,2 aux deux termes pour obtenir une différence égale plus facile à calculer : 2,7 – 1 ;
– soustraire 8 dixièmes à 25 dixièmes (et nous ramener ainsi à un calcul plus familier sur des entiers)...

C. Caractéristiques de ces deux types de calcul

Le calcul automatisé et le calcul réfléchi ont des caractéristiques communes, mais aussi des caractéristiques propres à chacun d'eux :

<table>
<tr><th>Calcul automatisé</th><th>Calcul réfléchi</th></tr>
<tr><td colspan="2">Caractéristiques communes
• S'ils ne sont pas exécutés par une machine, ils nécessitent tous deux de disposer de résultats mémorisés : les tables, d'autres résultats comme par exemple ceux de 40 + 10 ; 25 × 4 ou le fait que 19 c'est 20 – 1...
• Les techniques de calcul posé et le calcul réfléchi s'appuient sur des propriétés des nombres liées à leur écriture en numération décimale et sur des propriétés des opérations en jeu.</td></tr>
<tr><td colspan="2">Caractéristiques propres</td></tr>
<tr><td>Le calcul posé s'appuie sur des propriétés des opérations, mais ces propriétés ne sont ni choisies ni nécessairement visibles pour le calculateur.</td><td>Le calcul réfléchi s'appuie sur des relations entre nombres et sur des propriétés des opérations que le calculateur décide de mobiliser : il les met en œuvre « en acte », de façon consciente (ce qui ne signifie pas pour autant qu'il est capable de les exprimer formellement).*</td></tr>
<tr><td>Le calcul automatisé est impersonnel : il est conduit de la même façon par tous les individus.</td><td>Le calcul réfléchi est très personnalisé. Le même calcul peut être réalisé de plusieurs manières selon le choix des individus, notamment en fonction de leurs connaissances sur les nombres et les opérations.</td></tr>
<tr><td>Le calcul automatisé nécessite peu d'effort, car il est exécuté par réflexe ; il peut être réalisé rapidement.</td><td>Pour un calcul réfléchi, la charge mentale de travail peut être importante... ainsi que le temps nécessaire pour répondre, en relation avec la plus ou moins grande familiarité avec le calcul proposé et les connaissances numériques du calculateur.</td></tr>
</table>

* Extrait du programme de cycle 3 (Introduction de la partie « Nombres et opération ») : « Ainsi, même si le calcul mental permet de produire des résultats utiles dans différents contextes de la vie quotidienne, son enseignement vise néanmoins prioritairement l'exploration des nombres et des propriétés des opérations. »

Un même calcul peut relever pour certains individus du **calcul automatisé** et pour d'autres du **calcul réfléchi**. Cela dépend des individus et du moment d'apprentissage. Insistons sur le fait que tout calcul automatisé a relevé, à un certain moment de l'apprentissage, du calcul réfléchi.

EXEMPLE 2

Au **CE1**, la plupart des élèves savent que **5 + 4 est égal à 9**.

Mais au **CP**, avant de l'avoir mémorisé, beaucoup d'enfants ont d'abord élaboré le résultat par des procédés divers :
– figuration de 5 et de 4 par des objets réels ou dessinés ;
– comptage sur les doigts ;
– surcomptage de 4 au-delà de 5 (6, 7, 8, 9) ;
– utilisation du fait que 5 + 4 c'est 1 de plus que 4 + 4 ou 1 de moins que 5 + 5 (ces doubles étant déjà mémorisés)...

2 Travail de mémorisation des résultats ou des procédures (calcul uniquement mental)

C'est le **cas 1** du tableau de classification des différents moyens de calculer, p. 197.

Pour exécuter un calcul sans machine, il est indispensable de pouvoir disposer immédiatement de certains résultats ou de certaines procédures. Cette mémorisation ne s'effectue pas sans difficulté et la simple répétition (ou récitation) n'y suffit pas.

Citons quelques facteurs favorables à la mémorisation :

- **On mémorise mieux ce qui a du sens.**

Mieux vaut donc travailler d'abord sur le sens des opérations (sur les problèmes qu'elles permettent de résoudre) que sur la mémorisation trop précoce des tables.

On trouve, dans les ouvrages ERMEL et Cap Maths aux éditions Hatier, à partir du CP, des activités structurées en vue de cet apprentissage de mémorisation.

- **Les conditions de l'apprentissage retentissent sur les conditions de récupération en mémoire.**

Combien d'enfants, pour retrouver 8×7, sont obligés de se réciter la table de 8 depuis le début parce qu'ils l'ont apprise de cette façon alors que la réponse devrait être immédiate.

- **Certains résultats sont plus faciles à mémoriser et constituent des points d'appui pour la suite de la mémorisation.**

Ce sont, par exemple, les doubles et les compléments à 10 (pour l'addition), les carrés, les tables de 2 et de 5 (pour la multiplication)...

- **La connaissance de relations entre les résultats à mémoriser ou de propriétés réduit le coût de la mémorisation.**

– L'élève, qui a pris conscience que la multiplication est commutative (que si 4×6 est connu, 6×4 l'est aussi), diminue sensiblement le nombre de résultats à mémoriser.

– L'élève qui dispose des points d'appui déjà évoqués peut les exploiter (par exemple retrouver $5 + 6$ à partir de $5 + 5$...).

- **La répétition est un facteur qui n'est pas à négliger.**

Cette répétition est d'autant plus efficace qu'elle s'inscrit dans un contexte motivant (par exemple dans le cadre de jeux).

3 Apprentissage des algorithmes opératoires

C'est le **cas 2** du tableau de classification des différents moyens de calculer, p. 197.

Le travail sur les techniques opératoires vise davantage la **réflexion sur les mécanismes en jeu** que la **virtuosité technique.**

Les algorithmes écrits de calcul (parfois appelé **calcul posé** ou encore **techniques opératoires**) ont longtemps constitué un objectif primordial de l'école primaire. La diffusion de nouveaux outils de calcul (calculatrice, ordinateur) en réduit considérablement l'intérêt social. La calculatrice et l'ordinateur sont aujourd'hui banalisés dans la vie courante, au collège ou au lycée, dans la vie professionnelle, dès qu'un calcul ne peut pas être exécuté mentalement.

L'école ne peut pas rester à l'écart de ce phénomène. Cependant, l'apprentissage des techniques de calcul posé demeure un objectif important de l'école primaire, moins pour l'usage qui sera fait de cet outil de calcul que pour la contribution que ce type de calcul peut apporter à la compréhension des nombres et des opérations.

4 Apprentissage du calcul instrumenté : calculatrices, tableurs

C'est le **cas 3** du tableau de classification des différents moyens de calculer, p. 197.

A. Le calcul instrumenté à l'école primaire

- **L'apprentissage d'une utilisation intelligente des calculatrices est prévu dès le cycle 2 de l'école primaire.**

Il s'agit de l'utiliser pour des calculs relevant des **quatre opérations**, mais aussi d'en connaître quelques particularités :
– calcul de division avec reste ;
– utilisation des parenthèses ;
– fonctions « mémoire » et fonctions « facteur constant »...

Pour chaque type de calculatrice, il faut se reporter à son mode d'emploi.

- **L'initiation au tableur ne figure en revanche qu'au programme du collège.**

B. La calculatrice constitue une variable didactique décisive

Citons deux exemples :

- **Lors de l'apprentissage d'une nouvelle opération**

Les élèves ne disposent évidemment pas encore de moyens de calcul mental ou écrit développés, notamment pour des nombres assez grands ; l'intérêt de la nouvelle opération s'en trouve grandement réduit. Le fait de pouvoir mettre à disposition des élèves, dès leur première rencontre avec une nouvelle notion, un outil de calcul performant permet de pallier cet inconvénient.

- **Lors de la résolution de problèmes un peu complexes**

L'effort de l'élève devrait être en priorité centré sur le raisonnement. Si la charge mentale de travail due aux calculs est trop importante, certains élèves peuvent perdre le fil de leur raisonnement ou même renoncer à utiliser tel calcul, jugé par eux comme trop difficile. Là aussi, la mise à disposition de calculatrices permet de surmonter cette difficulté.

5 Divers aspects du calcul réfléchi

Ce sont les **cas 4, 5 et 6** du tableau de classification des différents moyens de calculer, p. 197.

Le calcul réfléchi peut être utilisé pour produire un résultat exact ou un ordre de grandeur de ce résultat ; on parle alors dans ce dernier cas de **calcul approché**.

5.1 Le calcul réfléchi exact

A. Les trois types de connaissances sur lesquels repose le calcul réfléchi

- **Résultats et procédures de base stockés en mémoire**

Par exemple : tables, procédures de calculs comme « multiplier par 10 », relations entre certains nombres (25 est le quart de 100 par exemple), procédures fréquemment mobilisées...

- **Connaissances relatives à la numération écrite ou orale**

– exemple de connaissance à l'écrit : 27 c'est 20 + 7 ou 2 dizaines et 7 unités.
– exemple de connaissance à l'oral : dans « **trois-cent-vingt-sept** », le « **trois** » des centaines est plus explicite qu'en numération écrite chiffrée.

- **Connaissances relatives aux propriétés des opérations**

Ce sont par exemple la distributivité de la multiplication sur l'addition… Ces propriétés sont souvent connues implicitement.

➤ **Exemple 4** pour le calcul de 235 × 21, voir ci-dessous.

B. Les supports du calcul réfléchi

- **Ce type de calcul, souvent conduit uniquement mentalement, peut être soutenu par des traces écrites.**

Le calcul réfléchi occasionne souvent une charge mentale de travail importante qui peut être source d'erreurs. Pour l'alléger, il peut s'accompagner de **traces écrites** : résultats partiels, supports pour la procédure mise en œuvre…

EXEMPLE 3

Traces écrites d'élèves de CE2 pour le calcul de 857 – 438.

a. Traces de calculs auxiliaires effectués mentalement :

800 – 400 = 400
57 – 30 = 27 857 – 438 = 419
27 – 8 = 19

b. Utilisation du support de la droite numérique : l'élève calcule l'écart entre 438 et 857.

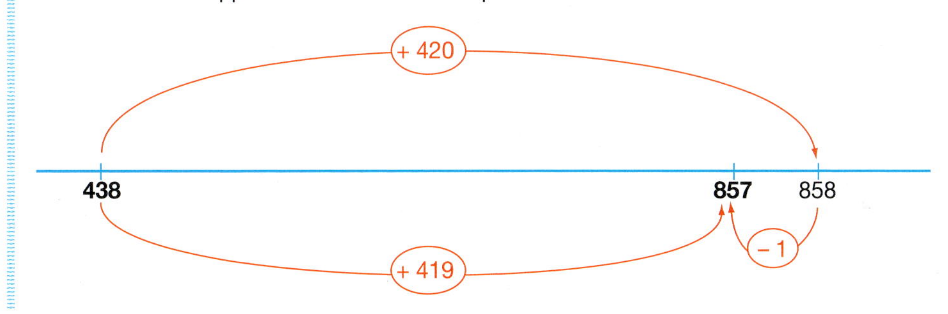

- **La calculatrice peut également être un support de calcul réfléchi.**

Pour conduire l'élève à réfléchir sur un calcul, on peut lui proposer des activités dans lesquelles un calcul ne peut pas être tapé directement sur la machine. Bien qu'assisté par une machine, le calcul nécessite alors un raisonnement et l'élaboration d'une procédure spécifique.

C'est le **cas 6** du tableau de classification des différents moyens de calculer, p. 197.

EXEMPLE 4

Comment obtenir le résultat de 235 × 21 avec une calculatrice dont la touche × ne fonctionne plus ?

Les élèves peuvent penser :

– à ajouter 21 fois le nombre 235, en utilisant le lien entre multiplication et addition itérée ;

– à calculer 2 350 + 2 350 + 235, en utilisant le fait que :

$235 \times 21 = 235 \times (10 + 10 + 1) = (235 \times 10) + (235 \times 10) + (235 \times 1)$.

Ils ont alors mis en œuvre la distributivité de la multiplication sur l'addition et la connaissance du fait que 235 × 10 = 2 350.

5.2 Le calcul approché

Il n'existe pas d'algorithme de calcul approché, puisque les décisions spécifiques sont à prendre pour chaque calcul en fonction des nombres donnés et de l'ordre de grandeur recherché.

Tout calcul approché est donc un calcul réfléchi qui exige toutes les compétences mises en œuvre dans le calcul réfléchi, auxquelles il faut en ajouter d'autres :

– **déterminer l'ordre de grandeur recherché,** souvent en fonction du contexte de la situation dans laquelle le calcul est conduit.

– **déterminer, en conséquence, les arrondis choisis pour les nombres en jeu**, en fonction de l'ordre de grandeur recherché et des possibilités de calcul mental.

EXEMPLE 5

On ne cherchera pas le même **ordre de grandeur,** et donc pas le même **arrondi** :

– pour le prix d'un rôti de **3,625 kg** à **13,50 €** le kg ;

– pour le prix de **4 756 l** de mazout à **0,83 €** le litre.

Dans le premier cas, on choisira comme arrondis **4** et **13** par exemple ;
dans le second cas **5 000** et **0,8**.

CHAPITRE 10

Addition et soustraction

Connaissances mathématiques de référence → Tome 1, chapitre 4

Amorcées dès l'école maternelle, les compétences concernant l'addition et la soustraction sur les nombres entiers naturels se construisent principalement entre le CP et le CE2. Elles sont ensuite étendues aux nombres décimaux en fin de cycle 3 (CM1 et CM2).

Ces compétences sont de deux types :

– **être capable de résoudre des problèmes relevant de ces deux opérations, d'abord par des procédures personnelles** (c'est-à-dire élaborées par l'élève pour chaque problème, notamment lorsqu'il ne reconnaît pas directement le calcul adéquat à réaliser ou qu'il ne l'a pas encore appris : recours à des dessins ou schémas, utilisation du comptage...), **puis en utilisant les procédures expertes** (à partir de la reconnaissance que tel problème relève de telle opération) ;

– **être capable de produire le résultat de tout calcul additif ou soustractif, en choisissant la méthode la plus appropriée** compte tenu des nombres en jeu et des outils disponibles (calcul réfléchi, utilisation d'un algorithme, utilisation d'une calculatrice, cf. chap. 9).

DOCUMENTS OFFICIELS

Extrait du BO spécial n° 11 du 26 novembre 2015.

PROGRAMME DE L'ÉCOLE MATERNELLE (extraits)

Attendus en fin d'école maternelle :

- Avoir compris que tout nombre s'obtient en ajoutant un au nombre précédent et que cela correspond à l'ajout d'une unité à la quantité précédente.
- Quantifier des collections jusqu'à dix au moins ; les composer et les décomposer par manipulations effectives puis mentales. Dire combien il faut ajouter ou enlever pour obtenir des quantités ne dépassant pas dix.
- Parler des nombres à l'aide de leur décomposition.

PROGRAMME DES CYCLES 2 ET 3

Nombres et calculs (extraits relatifs au domaine additif)

CYCLE 2

Attendus de fin de cycle :

Résoudre des problèmes en utilisant des nombres entiers et le calcul

- Résoudre des problèmes issus de situations de la vie quotidienne ou adaptés de jeux portant sur des grandeurs et leur mesure, des déplacements sur une demi-droite graduée..., conduisant à utiliser les quatre opérations.

– Sens des opérations.

– Problèmes relevant des structures additives (addition / soustraction).

- Modéliser ces problèmes à l'aide d'écritures mathématiques.

– Sens des symboles +, – .

Calculer avec les nombres entiers

- Mémoriser des faits numériques et des procédures.

– Tables de l'addition.

– Décompositions additives de 10 et de 100, compléments à la dizaine supérieure, à la centaine supérieure, etc.

- Élaborer ou choisir des stratégies de calcul à l'oral et à l'écrit.
- Vérifier la vraisemblance d'un résultat, notamment en estimant son ordre de grandeur.

– Addition, soustraction.

– Propriétés implicites des opérations :
2 + 9, c'est pareil que 9 + 2.

– Propriétés de la numération : « 50 + 80, c'est 5 dizaines + 8 dizaines, c'est 13 dizaines, c'est 130 ».

- Calcul mental : calculer mentalement pour obtenir un résultat exact ou évaluer un ordre de grandeur.
- Calcul en ligne : calculer en utilisant des écritures en ligne additives, soustractives, multiplicatives, mixtes.
- Calcul posé : mettre en œuvre un algorithme de calcul posé pour l'addition, la soustraction.

CYCLE 3

Attendus de fin de cycle :

Résoudre des problèmes en utilisant des fractions simples, les nombres décimaux et le calcul

- Résoudre des problèmes mettant en jeu les quatre opérations.

– Sens des opérations.

– Problèmes relevant :

– des structures additives ; [...]

Calculer avec des nombres entiers et des nombres décimaux

- Mémoriser des faits numériques et des procédures élémentaires de calcul.
- Élaborer ou choisir des stratégies de calcul à l'oral et à l'écrit.
- Vérifier la vraisemblance d'un résultat, notamment en estimant son ordre de grandeur.

– Addition, soustraction

– Propriétés des opérations : 2 + 9 = 9 + 2

– Faits et procédures numériques additifs et multiplicatifs.

– Multiples et diviseurs des nombres d'usage courant.

– Critères de divisibilité (2, 3, 4, 5, 9, 10).

- Calcul mental : calculer mentalement pour obtenir un résultat exact ou évaluer un ordre de grandeur.
- Calcul en ligne : utiliser des parenthèses dans des situations très simples.

– Règles d'usage des parenthèses.

- Calcul posé : mettre en œuvre un algorithme de calcul posé pour l'addition, la soustraction [...]

–Techniques opératoires de calcul [...].

- Calcul instrumenté : utiliser une calculatrice pour trouver ou vérifier un résultat.

– Fonctions de base d'une calculatrice.

REPÈRES DE PROGRESSIVITÉ (extraits)

CYCLE 2	CYCLE 3
Au CP, les élèves commencent à résoudre des **problèmes additifs et soustractifs** (...). Au CE2, les élèves sont amenés à résoudre des problèmes plus complexes, éventuellement à deux étapes, nécessitant par exemple l'exploration d'un tableau ou d'un graphique, ou l'élaboration d'une stratégie de résolution originale. Le réinvestissement dans de nombreux problèmes arithmétiques élémentaires permet ensuite aux élèves d'accéder à différentes compréhensions de chaque opération. En ce qui concerne le **calcul**, les élèves établissent puis doivent progressivement mémoriser : – des faits numériques : décompositions/recompositions additives dès le début de cycle (dont les tables d'addition) [...]. – des procédures de calculs élémentaires. Ils s'appuient sur ces connaissances pour développer des procédures de calcul adaptées aux nombres en jeu pour les additions au CP, pour les soustractions [...]. **Les opérations posées** permettent l'obtention de résultats notamment lorsque le calcul mental ou écrit en ligne atteint ses limites. Leur apprentissage est aussi un moyen de renforcer la compréhension du système décimal de position et de consolider la mémorisation des relations numériques élémentaires. Il a donc lieu lorsque les élèves se sont appropriés des stratégies de calcul basées sur des décompositions/recompositions liées à la numération décimale, souvent utilisées également en calcul mental ou écrit. Au **CP**, les élèves apprennent à poser les additions en colonnes avec des nombres de deux chiffres. Au **CE1**, ils consolident la maîtrise de l'addition avec des nombres plus grands et avec des nombres de taille différente ; ils apprennent une technique de calcul posé pour la soustraction. Au **CE2**, ils consolident la maîtrise de la soustraction [...]. Le choix de ces techniques est laissé aux équipes d'école, il doit être suivi au cycle 3.	**Le calcul** : La pratique du calcul mental s'étend progressivement des nombres entiers aux nombres décimaux, et les procédures à mobiliser se complexifient. Les différentes techniques opératoires portent sur des nombres entiers et/ou des nombres décimaux : – addition et soustraction pour les nombres décimaux dès le CM1 [...]. **La résolution de problèmes** : La progressivité sur la résolution de problèmes, outre la structure mathématique du problème, repose notamment sur : – les nombres mis en jeu : entiers (tout au long du cycle) puis décimaux ; – le nombre d'étapes de calcul et la détermination ou non de ces étapes par les élèves selon les cas, à tous les niveaux du cycle 3, on passe de problèmes dont la solution engage une démarche à une ou plusieurs étapes indiquées dans l'énoncé à des problèmes, en 6e nécessitant l'organisation de données multiples ou la construction d'une démarche ; – les supports envisagés pour la prise d'informations : la collecte des informations utiles peut se faire à partir d'un support unique en CM1 (texte ou tableau ou représentation graphique) puis à partir de deux supports complémentaires pour aller vers des tâches complexes mêlant plusieurs supports en 6e. La communication de la démarche et des résultats prend différentes formes et s'enrichit au cours du cycle. Dès le début du cycle, les problèmes proposés relèvent des quatre opérations, l'objectif est d'automatiser la reconnaissance de l'opération en fin de cycle 3.

REPÈRES POUR ENSEIGNER

En prenant appui sur la caractérisation d'un concept par Gérard Vergnaud[1], dans ce chapitre sont successivement examinés :

– Les problèmes qui peuvent être proposés aux élèves pour assurer une bonne compréhension de l'addition et de la soustraction

– Les éléments langagiers à mettre en place (signes opératoires, vocabulaire)

– Les modes de calcul à développer tout au long de la scolarité.

1. Caractérisation d'un concept définie par Gérard Vergnaud, chap. 1 p. 21-22.

1 Typologie des problèmes d'addition et de soustraction

Les problèmes envisagés dans ce chapitre sont ceux qui peuvent être résolus en utilisant une addition ou une soustraction. De nombreux problèmes supposent le recours à plusieurs opérations : pour être résolus, ils doivent être décomposés en « **sous-problèmes** »[2] que l'on peut résoudre à l'aide d'une opération.

L'extension de l'addition et de la soustraction aux nombres décimaux ne présentant pas de difficulté particulière du point de vue de la résolution de problèmes, nous nous situons donc dans des cas où les nombres sont des entiers naturels.

De nombreuses études ont souligné que la difficulté d'un problème ne dépend pas de l'opération sous-jacente : certains problèmes relevant de la soustraction sont, à un moment donné des apprentissages, plus facilement résolus que d'autres relevant de l'addition. Ainsi, le problème *Pierre a 15 images. Il en donne 8 à Paul. Combien lui en reste-t-il ?* est résolu plus tôt et plus facilement que le problème *Pierre a donné 8 images à Paul. Il lui en reste maintenant 15. Combien en avait-il auparavant ?*

2. Les difficultés liées à la décomposition d'un problème en sous-problèmes « élémentaires » sont évoquées dans le chapitre 5.

C'est du côté de la **structure des problèmes** qu'il faut chercher les principales causes de leurs difficultés, c'est-à-dire du côté des relations entre les éléments de la situation.

1.1 Classification des problèmes

En nous appuyant sur la classification des situations additives proposée par G. Vergnaud, nous retenons les **4 catégories** décrites ci-dessous[3]. Pour chacune d'entre elles, un exemple de schématisation possible est proposé, avec des questions qui peuvent être posées et quelques exemples d'énoncés.

3. Nous n'avons ici retenu que 4 des 6 catégories recensées par G. Vergnaud, suffisantes pour décrire les problèmes rencontrés à l'école primaire.

Dans les schémas proposés ci-après :

- □ représente un état : entier naturel ou décimal positif qui exprime une quantité, une mesure ou une position sur une graduation.
- ○ représente un nombre entier ou décimal, positif ou négatif qui exprime la valeur d'une transformation ou d'une relation.
- } représente la composition des deux états.
- → représente une transformation (changement d'état).
- | représente une relation (comparaison) entre états.

Catégorie 1 Composition de deux états

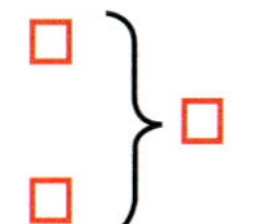

□ peut évoquer une quantité discrète (nombre d'objets) ou une mesure (longueur, masse...).

Exemples de problèmes			
1.1	□ } □ ? □ recherche du composé	• Dans un bouquet, il y a 8 roses et 7 iris. Combien y a-t-il de fleurs ?	8 } □ ? 7
1.2	□ ? } □ □ recherche d'une partie	• Dans un bouquet de 15 fleurs composé de roses et d'iris, il y a 8 roses. Combien y a-t-il d'iris ? • Un pot rempli de liquide pèse 2,450 kg. Vide, il pèse 0,585 kg. Quelle est la masse du liquide qu'il contient ?	8 } 15 □ ? 0,585 } 2,450 □ ?

Catégorie 2 Transformation d'un état

○
□ → □

□ peut évoquer une quantité (nombre d'objets), une mesure (longueur, masse...) ou une position sur une piste graduée par des nombres entiers naturels ou décimaux.

○ peut évoquer une transformation positive ou négative.

Exemples de problèmes			
2.1	○ □ → □ ? recherche de l'état final	• Jacques avait 17 billes. Il en a gagné 5. Combien en a-t-il maintenant ? • Sophie joue au jeu de l'oie. Elle est sur la case 17. Elle doit reculer de 5 cases. Sur quelle case va-t-elle arriver ?	+5 17 → □ ? −5 17 → □ ?
2.2	○ □ ? → □ recherche de l'état initial	• Jacques a gagné 5 billes. Il en a maintenant 22. Combien en avait-il avant la partie ? • Sophie joue au jeu de l'oie. Elle vient de reculer de 5 cases et se trouve sur la case 12. De quelle case est-elle partie ?	+5 □ ? → 22 −5 □ ? → 12
2.3	○ ? □ → □ recherche de la transformation	• Jacques avait 17 billes avant de jouer cette partie. Il en a 22 à la fin de la partie. Combien en a-t-il gagné ? • Sophie joue au jeu de l'oie. Elle était sur la case 17 et elle se trouve maintenant sur la case 12. De combien de cases a-t-elle reculé ?	○ ? 17 → 22 ○ ? 17 → 12

Catégorie 3 Comparaison d'états

□
| ❍
□

□ peut évoquer une quantité (nombre d'objets), une mesure (longueur, masse...) ou une position sur une piste graduée par des nombres entiers naturels ou décimaux.

❍ peut évoquer une comparaison positive (plus que..., plus loin que...) ou négative (moins que..., moins loin que...).

Exemples de problèmes			
3.1	□ | ❍ □ ? recherche de l'un des états	• Bernard possède 25 petites voitures. Il en a 5 de plus (ou de moins) que Charles. Combien Charles en a-t-il ?	25 | +5 (ou –5) □ ?
3.2	□ | ❍ ? □ recherche de la « comparaison »	• Dans un magasin un jouet vaut 9,45 €. Il vaut 6,60 € dans un autre magasin. De combien est-il moins cher dans le 2e magasin ?	9,45 | ❍ ? 6,60

Catégorie 4 Composition de transformations

❍ ❍
→ →
❍
⟶

❍ peut évoquer une transformation positive ou négative.

Exemples de problèmes La gamme des problèmes est très importante, compte tenu des combinaisons possibles de transformations positives ou négatives.			
4.1	❍ ❍ → → ❍ ? ⟶ recherche de la transformation composée	• Gérard a joué deux parties de billes. À la première partie, il gagne 7 billes et à la deuxième il en gagne 8. Combien en a-t-il gagné au total ? • Isidore a joué deux parties de billes. À la première partie, il gagne 7 billes et à la deuxième il en perd 12. Au total, a-t-il gagné ou perdu des billes ? Et combien ?	+7 +8 → → ❍ ? ⟶ +7 –12 → → ❍ ? ⟶
4.2	❍ ? ❍ → → ❍ ⟶ ❍ ❍ ? → → ❍ ⟶ recherche de l'une des composantes	• Au jeu de l'oie, Julie joue deux coups. Au deuxième coup, elle avance de 9 cases. Au total, elle s'aperçoit qu'elle a reculé de 4 cases. Que s'était-il passé au premier coup ? • Aujourd'hui je sais que j'ai dépensé 30,65 €. Ce matin, j'ai dépensé 19 €. Combien ai-je dépensé cet après-midi ?	❍ ? +9 → → –4 ⟶ –19 ❍ ? → → –30,65 ⟶

1 • 2 Importance de la place de l'inconnue dans la structure relationnelle

L'appartenance à l'une des catégories ne suffit pas pour apprécier la difficulté d'un problème, mais l'appartenance à une sous-catégorie le permet davantage. Il faut de plus s'intéresser à la place de la **valeur inconnue** (celle qui est à chercher).

Par exemple, pour la **catégorie 2**, les problèmes de type **2.1** sont plus faciles à résoudre que les problèmes de types **2.2** ou **2.3**, notamment parce que, dans le premier cas, les opérations (addition, soustraction) sont mobilisées dans leur sens premier :
– addition comme moyen de chercher le résultat d'une augmentation ;
– soustraction comme moyen de chercher le résultat d'une diminution.

Nous aurons l'occasion de revenir sur ce point dans le paragraphe suivant en analysant les raisonnements et les procédures que les élèves peuvent mettre en œuvre pour résoudre de tels problèmes. Soulignons simplement que des problèmes de type **2.1**, posés avec de petits nombres, peuvent être résolus par des enfants de Grande Section de maternelle (par des procédures personnelles) alors que certains élèves de CE2 ont encore des difficultés pour traiter des problèmes de types **2.2** ou **2.3**.

La **valeur du tout** dans un problème de composition d'états est également très tôt reliée à l'addition. La reconnaissance de l'opération (addition ou soustraction) qui permet de résoudre les autres problèmes s'élabore ensuite, progressivement, sur la base de ces significations premières et sur une longue période de temps (plusieurs années).

1 • 3 Autres schématisations possibles

Les schématisations proposées au § 1.1 sont très utiles pour l'enseignant, mais ne sont pas destinés à faire l'objet d'un enseignement. D'autres sont parfois utilisées en classe, comme celles ci-dessous.

➤ Schémas § 1.1 p. 206 et suivantes.

A. Arbres ou diagrammes

Ce type de schéma convient pour les problèmes de la catégorie 1.

EXEMPLE : 1er problème de la catégorie **1.1**

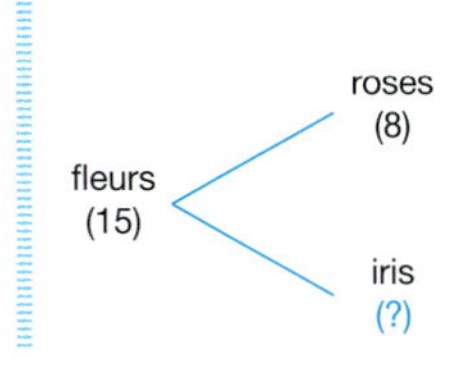

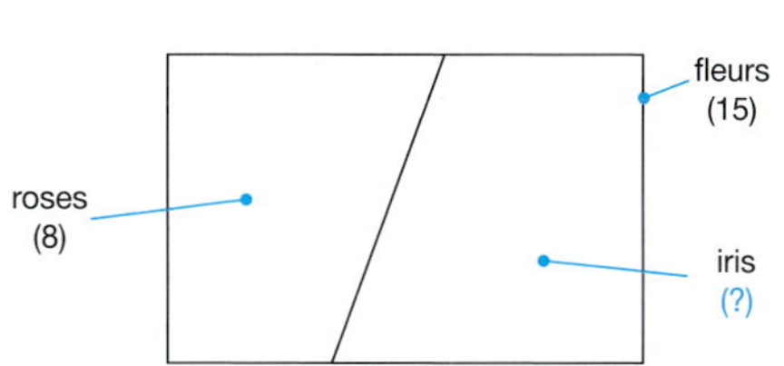

B. Droite numérique orientée

Ce type de schéma convient pour les problèmes de la catégorie 2.

EXEMPLE : 1er problème de la catégorie **2.2**

+ 5
(gain)

?
(avant la partie)

22
(maintenant)

C. Bâtons

Ce type de schéma convient pour les problèmes de la catégorie 3.

EXEMPLE : problème de la catégorie **3.2**

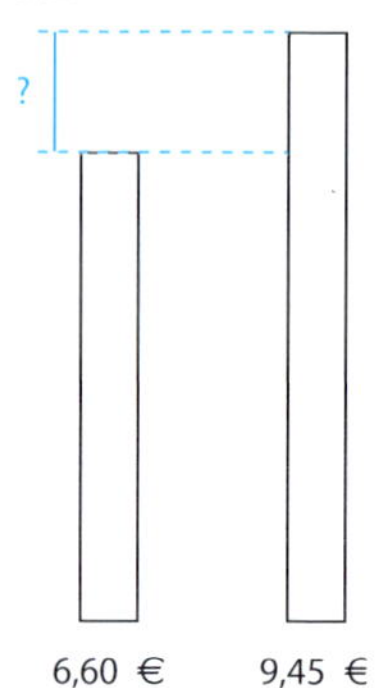

Mais les travaux conduits par l'équipe Ermel[4] en CE1 et CE2 montrent qu'il est très difficile, et même dangereux, d'imposer aux élèves un type de schématisation. Tout au plus, l'enseignant peut-il proposer tel ou tel schéma et observer ensuite l'utilisation qu'en font les élèves. Il semble préférable de laisser les élèves utiliser leurs propres représentations (dessins ou schémas).

4. Ermel CE1, *Thème 2 « Calculs additifs et soustractifs », Aspects théoriques*, Hatier.

ENTRAINEMENT 1

Corrigé p. 223

Voici une liste de problèmes, dont certains sont extraits de Ermel CE1.

1. Le compteur de la photocopieuse marque 132. La maîtresse tire 16 photocopies. Maintenant, que marque le compteur ?

2. Corinne a 37 images dans une boîte. Elle en colle 12 dans son album. Combien y en a-t-il dans la boîte maintenant ?

3. Paul joue au jeu de l'oie. Son pion est sur une case bleue. Il avance de 14 cases. Il arrive sur une case rouge marquée 37. Quel était le numéro de la case bleue ?

4. La maîtresse a 42 cahiers dans l'armoire. Le directeur lui apporte un carton de cahiers. La maîtresse a maintenant en tout 67 cahiers. Combien le directeur a-t-il apporté de cahiers ?

5. Dans une école, il y a 68 filles et 52 garçons. Combien y a-t-il d'enfants dans cette école ?

6. Dans une classe, il y a 28 enfants. Le maître a compté les garçons. Il y en a 12. Combien y a-t-il de filles dans la classe ?

7. Pierre a 25 billes. Marc a 32 billes. Marc a plus de billes que Pierre. Combien en a-t-il de plus ?

8. Marie a 39 ans ; elle a 23 ans de plus que son fils Thomas. Quel est l'âge de Thomas ?

9. Je pense à un nombre. Je lui soustrais 17. Je trouve alors 42. Quel était le nombre de départ ?

10. Hervé voit un téléphone qui lui plait. Il n'a que 45 €. Il dit : « Si j'avais 28 € de plus, je pourrai l'acheter ». Quel est le prix du téléphone ?

11. Pierre joue deux parties de billes à la suite. Au cours de la deuxième partie, il gagne 13 billes. Au total, après les deux parties, il se rend compte qu'il a perdu 7 billes. Que s'est-il passé au cours de la première partie ?

12. Entre 1970 et 1980, la population du village a diminué de 154 habitants. Entre 1980 et 1990, elle a augmenté de 78 habitants. Que s'est-il passé pour la période 1970-1990 ?

Situer chacun de ces énoncés dans la typologie décrite au § 1.1.

2 Procédures de résolution, variables didactiques et difficultés

2.1 Procédures de résolution utilisables par les élèves

Nous présentons ici une synthèse des différents types de procédures que les élèves peuvent utiliser, suivie de quelques exemples de raisonnement qu'ils peuvent mettre en œuvre.

Ces procédures et raisonnements dépendent à la fois de l'interprétation que l'élève fait de la situation, des « procédures expertes de résolution » qu'il connaît pour certains types de problèmes et de la taille des nombres (ou de la taille de l'écart entre les nombres donnés) qui sont des variables didactiques décisives.

Voir un exemple d'influence de la taille des nombres sur un problème, § 2.2, p. 213.

A. Types de procédures

Les procédures peuvent être organisées selon 3 grands types :

- **Procédures s'appuyant sur une figuration de la réalité et sur un dénombrement**

Les objets évoqués dans l'énoncé sont alors représentés par d'autres objets (doigts ou cubes, par exemple), par des dessins ou des schémas. À partir de là, l'élève peut avoir recours au dénombrement pour élaborer la réponse (subitizing, comptage un par un...).

Problème 1

Dans un bouquet de 15 fleurs composé de roses et d'iris, il y a 8 roses.
Combien y a-t-il d'iris ?

Reprise du problème de type 1.2, p. 207.

Procédure : l'élève peut par exemple dessiner 15 croix qui correspondent aux 15 fleurs, puis entourer 8 de ces croix (les roses) ; il lui reste alors à dénombrer les croix non entourées, ce qui lui donnera le nombre d'iris (connaissance mise en œuvre : le dénombrement sans doute par comptage un à un).

- **Procédures utilisant le comptage en avant ou en arrière**

Ces procédures peuvent consister en un comptage en avant ou en arrière de un en un (éventuellement aidé par les doigts), mais peuvent aussi prendre d'autres formes comme par exemple une suite de calculs (« sauts successifs » de 10 en 10, de 20 en 20...) qui rendent compte de l'élaboration progressive de la solution. Ce type de procédures peut être réalisé de façon purement mentale (si les nombres sont « petits ») ou prendre appui sur des traces écrites (droite numérique, par exemple).

Pour le comptage en avant, on parle aussi de surcomptage et, pour le comptage en arrière, de décomptage.

Problème 2

Sophie joue au jeu de l'oie. Elle est sur la case 17. Elle doit reculer de 5 cases. Sur quelle case va-t-elle arriver ?

Reprise du problème de type 2.1, p. 207.

Procédure : L'élève peut écrire la suite de 17 premiers nombres et barrer progressivement les 5 derniers nombres.

1 2 3 4 5 6 7 8 9 10 11 12 ~~13 14 15 16 17~~

Il peut aussi reculer mentalement de 5 dans cette suite de nombres (16, 15, 14, 13, **12**).

- **Procédures utilisant un calcul sur les nombres, après reconnaissance du calcul à effectuer**

Alors que dans les deux premiers types de procédures, l'élève s'appuie fortement sur le contexte de la situation évoquée au cours de son traitement, dans ce troisième type de procédure, il a d'abord recours à une traduction mathématique de la situation avant d'effectuer les calculs nécessaires.

Problème 3

Bernard possède 25 petites voitures. Il en a 5 de plus que Charles. Combien Charles en a-t-il ?

Reprise du problème de type 3.1, p. 208.

Procédure : L'élève traduit la situation par 25 = ... + 5 ou par 25 – 5 = ... (après avoir déduit de l'énoncé que Charles en a 5 de moins que Bernard).

B. Raisonnement et élaboration de procédures

Traduire la situation par un calcul exige souvent de l'élève la mise en œuvre d'un raisonnement sur les données de la situation ou le recours à une stratégie.

Problème 4

Jacques a gagné 5 billes. Il en a maintenant 22. Combien en avait-il avant la partie ?

Reprise du problème de type 2.2, p. 207.

Au terme d'un apprentissage (qui peut être long), l'élève se comporte comme nous, adultes : il reconnaît directement que pour résoudre ce problème il faut calculer 22 – 5. Il dispose alors, pour tous les problèmes de ce type, d'un « **schéma général de procédure** » (ou « schéma de solution ») qui lui évite tout raisonnement. Cette étape où il connaît l'équivalence entre la recherche de l'état initial (ce qu'il y avait avant une augmentation) et le calcul d'une différence marque un progrès important dans sa conceptualisation de la soustraction. Mais auparavant, **comment peut-il trouver « la bonne opération à faire » pour résoudre un tel problème, alors qu'il ne dispose pas encore d'un « schéma de solution » ?**

Pour résoudre ce problème (du type « combien avais-je avant une augmentation ? »), l'élève peut utiliser **plusieurs raisonnements** ou **schémas** :

- **Raisonner en s'appuyant sur le contexte évoqué**

Par exemple : « Jacques a gagné des billes, avant il en avait moins, je fais donc une soustraction » ou encore : « Pour retrouver les billes que Jacques avait au départ, il faut que j'enlève celles qu'il a gagnées ». Dans tous les cas, l'élève transforme le problème posé pour se ramener à un type de problème qu'il sait résoudre.

- **Faire un schéma intermédiaire**

L'élève peut par exemple s'appuyer sur ce schéma d'une droite numérique :

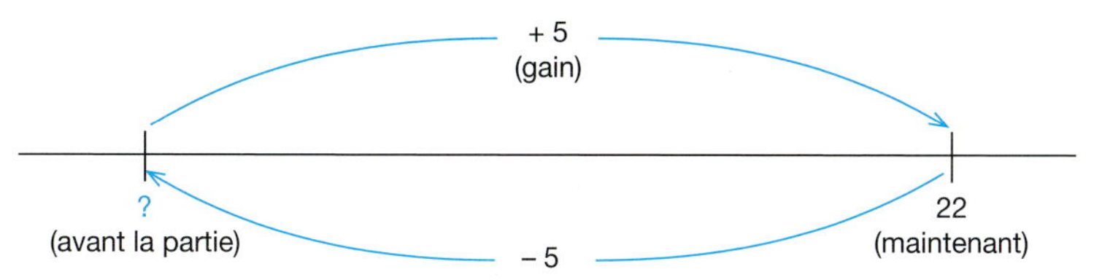

Ce schéma peut lui suggérer qu'il faut reculer (donc soustraire) pour trouver le nombre cherché.

- **Traduire l'énoncé par une équation**

Par exemple ici ... + **5** = **22** qu'il résout par une addition à trou ou par comptage en avant (surcomptage au-delà de 5, ce qui est très fastidieux et doit être abandonné) ou encore qu'il transforme en **22** – **5** = ... parce qu'il sait que les deux expressions sont équivalentes.

- **Procéder par essais en faisant une hypothèse sur la réponse**

Par exemple : « J'essaie **12**, il en aurait maintenant **17**, ça ne va pas, c'est trop petit... ».

On pourrait encore imaginer d'autres types de raisonnements.

L'important est ici d'être conscient du travail intellectuel auquel doit se livrer l'élève pour résoudre un problème « anodin » pour un expert. L'enseignement doit y aider le novice qu'est l'élève en lui permettant de s'approprier des procédures expertes.

2. 2 Variables didactiques et difficultés rencontrées par les élèves

A. Variables didactiques

Il y a plusieurs variables à prendre en compte dans les problèmes d'addition et de soustraction.

La taille des nombres, la taille de leur écart

Ce sont les variables didactiques principales. Examinons cela sur un exemple.

Problème 5

Il y a x cubes dans cette boîte, j'en enlève y. Combien y a-t-il maintenant de cubes dans la boîte ?

Reprise du problème de type 2.1, p. 205.

Valeurs de x et de y	Types de procédures
x et y « petits » $x=5, y=2$ $x=25, y=10$	Toutes les procédures sont possibles, y compris le dessin de chaque objet. Le calcul, s'il est reconnu par l'élève, peut être traité mentalement.
x « grand », y « petit » $x=93, y=5$	Le dessin devient difficile, mais les procédures de type comptage en arrière de **5** à partir de **92** (aidé éventuellement par les doigts) ou soustraction de **3** $(93-3=90)$ puis de **2** $(9-2=88)$ sont faciles à mettre en œuvre.
x et y très voisins $x=98, y=95$	L'élève peut être incité à transformer le problème posé en **95** +… = **98** et procéder par calcul mental ou par comptage en avant à partir de **96**.
x et y « grands » et non voisins $x=124, y=56$	Le recours au calcul apparaît nécessaire : – calcul réfléchi (ex. : l'élève enlève successivement **10**, **10**, **10**, **10** et **10** puis **6** en s'aidant éventuellement d'une droite numérique) – calcul posé ou utilisation de la calculatrice.

La configuration des nombres

– Les **nombres « ronds »**, par exemple, rendent les calculs plus faciles et peuvent donc favoriser le recours à des procédures utilisant ces calculs.

– Les **nombres décimaux**, au contraire, peuvent rendre les calculs plus difficiles (notamment dans le cas de la soustraction).

La mise à disposition ou non d'outils de calcul

La présence de la **calculatrice** permet à l'élève d'utiliser des procédures qu'il reconnaît comme pertinentes, même s'il n'est pas capable de les exécuter lui-même.

ENTRAINEMENT 2

Corrigé p. 223

Décrire différentes procédures correctes qu'un élève de CE2 peut utiliser pour résoudre les problèmes A, B et C.

A. Le compteur de la photocopieuse marque 132. La maîtresse tire 16 photocopies. Maintenant, que marque le compteur ?

B. Dans une classe, il y a 28 enfants. Le maître a compté les garçons. Il y en a 12. Combien y a-t-il de filles dans la classe ?

C. Hervé voit un téléphone qui lui plait. Il n'a que 45 €. Il dit : « Si j'avais 28 € de plus, je pourrai l'acheter ». Quel est le prix du téléphone ?

B. Difficultés rencontrées par les élèves

Ces difficultés sont liées à plusieurs facteurs.

- **Structure relationnelle du problème et place de l'inconnue dans cette structure**

Ce sont, comme nous l'avons vu, des **facteurs décisifs** pour expliquer les difficultés des élèves. D'eux dépendent notamment les raisonnements qu'ils peuvent mettre en œuvre. Ainsi les problèmes de la catégorie 4 (composition de transformations) sont souvent difficiles, même pour des adolescents (comme les problèmes de type 4.2), dans la mesure où les élèves doivent raisonner sur des transformations (par exemple des déplacements) sans pouvoir prendre appui sur les états (par exemple les positions du pion) qui sont inconnus.

Problème de type 4, p. 208.

- **Difficulté des calculs**

Cette difficulté est liée à la **taille** et à la **nature des nombres** : naturels ou décimaux. Elle est fonction de l'âge des élèves : beaucoup hésitent à mettre en œuvre une procédure qui nécessite des calculs qu'ils maîtrisent mal.

- **Ordre d'apparition des données dans le texte**

Si cet ordre ne correspond pas à la chronologie de l'histoire évoquée ou encore s'il ne correspond pas à l'ordre d'utilisation exigé par la résolution, des difficultés peuvent apparaître.

- **Présence de mots souvent inducteurs d'une opération déterminée**

Dans le 1er énoncé de type 2.2, le mot « gagné » est inducteur de l'addition alors qu'une résolution experte fait appel à la soustraction. : *plus, total, augmente* sont souvent des mots inducteurs de l'addition alors que *moins, différence, perd, reste* sont des mots inducteurs de la soustraction.

➤ **Description des techniques de calcul posé**, tome 1, p. 82.

ENTRAINEMENT 3

Corrigé p. 224

Voici les réponses de 3 élèves au problème suivant :

Pierre a 25 billes. Marc a 32 billes. Marc a plus de billes que Pierre. Combien en a-t-il de plus ?

Élève 1 : pas de trace écrite, réponse : 8 billes.

Élève 2 : il calcule en colonne 25 + 32 et trouve 57 billes.

Élève 3 : il pose en colonne 25 – 32 et trouve 13 billes.

Analyser ces trois réponses, en faisant des hypothèses sur l'origine des erreurs.

3 Langage relatif à l'addition et à la soustraction et ses difficultés

Pour exprimer des calculs et des résultats relatifs à l'addition et à la soustraction, les élèves doivent s'approprier des symboles et des expressions verbales.

A. Le symbolisme

Il est réduit aux **signes + et** –, mais il peut être source de plusieurs difficultés d'ordre sémantique et d'ordre syntaxique.

Au niveau sémantique

Des écritures comme **58 + 23** ou **58 – 23** peuvent être associées à diverses **catégories de problèmes**. La difficulté vient du fait que $a + b$ et $a - b$ sont, pour certains élèves, liés seulement à des problèmes d'augmentation ou de diminution, ce qui rend difficile la compréhension du fait que, par exemple, **58 + 23** permet de trouver ce que possédait un individu qui vient de dépenser **23** et à qui il reste **58 €**. Cette difficulté est renforcée par le fait que le signe « + » se lit « plus » et le signe « – » se lit « moins ».

On se trouve face à une difficulté de conceptualisation que l'école doit aider l'élève à surmonter : enrichir, pour l'élève, les catégories de problèmes qui peuvent être résolus par chacune de ces opérations.

➤ **Typologie des problèmes,** p. 206.

Au niveau syntaxique

Les difficultés sont de deux ordres :

– **pour la soustraction**, comprendre que seule l'écriture **58 – 23** est possible avec les nombres naturels alors que, **pour l'addition**, les deux écritures **58 + 23** et **23 + 58** sont possibles (et de plus égales), ce qui renvoie aux propriétés de ces opérations ;

– **pour les deux opérations**, les écritures lacunaires du type **3 + ... = 15** ou **... – 8 = 5** conduisent parfois, avec de jeunes élèves, aux réponses respectives **18** et **3**, l'élève considérant que la présence des signes « + » et « – » indique qu'il faut additionner ou soustraire les nombres donnés.

B. Les expressions verbales

Pour l'addition

Les termes « plus », « addition » et « somme » sont à connaître.

Le mot « plus » correspond à une lecture linéaire :

3 + 4 = 7 *trois plus quatre égale sept.*

Le mot « somme » désigne le résultat de l'addition *: 7 est la somme de 3 et de 4.*

Le mot « addition » désigne l'opération.

➤ **Somme et addition,** tome 1 p. 74.

Pour la soustraction

Les termes « moins », « soustraction » et « différence » sont à connaître.

Le mot « moins » correspond à une lecture linéaire :

7 – 3 = 4 *sept moins trois égale quatre.*

Le mot « différence » désigne le résultat de la soustraction *:*

4 est la différence de 7 et de 3.

Le mot « soustraction » désigne l'opération.

➤ **Différence et soustraction,** tome 1 p. 75.

La terminologie n'est acquise que progressivement par les élèves, avec des hésitations et des maladresses qui ne sont pas nécessairement liées à une incompréhension au niveau sémantique. Ainsi un élève dira qu'il a « *fait une plus* » pour savoir ce que possède Alex qui avait 10 billes et qui en gagné 3 au lieu de dire « *j'ai calculé la somme ou j'ai fait une addition* ».

Il est donc important de repérer les erreurs de type syntaxique et de type sémantique et de ne pas les confondre.

➤ **Les différents moyens de calculer des sommes et des différences**, chap. 9.

4 Calcul de sommes et de différences

Nous nous limitons ici à recenser les **principales difficultés** que peuvent rencontrer les élèves dans ces calculs et à les mettre en relation avec les compétences à travailler. Certaines difficultés concernent aussi bien le calcul réfléchi que les techniques opératoires usuelles.

4.1 Le répertoire additif (ou les tables d'addition)

A. Mémorisation du répertoire additif

Disposer en **mémoire à long terme** des résultats des tables ou de méthodes permettant de les fabriquer instantanément est évidemment indispensable pour alléger la charge de travail et donc diminuer les risques de surcharge cognitive. C'est vrai aussi bien pour le **calcul d'une opération posée** (qui peut être ralenti si ces résultats doivent être retrouvés) que pour la mise en œuvre d'un **calcul réfléchi** (pour lequel manquent alors des points d'appui essentiels).

Cette mémorisation ou cette capacité à donner instantanément des résultats des tables se fait sur une très longue période, avec beaucoup d'étapes, et n'est le plus souvent bien assurée qu'au début du CE2.

• La maîtrise du répertoire additif suppose de connaître l'équivalence de certains résultats.

Cette maîtrise n'est complète que si le fait de connaître par exemple $7 + 5 = 12$ implique immédiatement que $12 - 7$ soit reconnu comme égal à 5 ou que l'écart entre 7 et 12 soit reconnu comme égal à 5.

L'équivalence entre ces différents résultats ($7 + 5 = 12$, $12 - 7 = 5$, l'écart entre 7 et 12 est égal à 5) doit donc faire l'objet d'un apprentissage.

• Les résultats du répertoire doivent être mis en relation pour être plus facilement mémorisés.

En effet, si la répétition est un facteur important de la mémorisation, elle n'en constitue qu'un des différents ressorts et ne saurait suffire à elle seule. Il faut, en particulier, tenir compte des deux points suivants :

– la mémorisation est facilitée par la **compréhension de ce qui est à mémoriser** et par l'intérêt que l'on perçoit pour l'acte de mémoriser ;

– il est plus facile de **mémoriser un ensemble structuré de résultats** que des résultats isolés ; un travail en profondeur de mise en relation des résultats à mémoriser est donc indispensable. Par exemple : si je connais $7 + 7$, je peux retrouver facilement $7 + 8$.

B. Apprentissage du répertoire additif

Il repose sur **cinq points d'appui** importants :

- **L'ajout ou le retrait de 1 ou de 2 à un nombre inférieur ou égal à 10 :**

$8 - 2 \quad 7 + 1$.

- **La connaissance des doubles :**

d'abord pour les nombres jusqu'à 5, puis pour les nombres jusqu'à 10.

- **La connaissance des décompositions faisant intervenir le nombre 5 :**

8, c'est $5 + 3$.

- **Les compléments à 10 :** de 7 à 10, il y a 3.

- **La commutativité de l'addition :** si $8 + 3 = 11$ est connu, $3 + 8 = 11$ l'est aussi (ce qui réduit de moitié le nombre de résultats à mémoriser).

EXEMPLE

Un élève qui n'a pas encore mémorisé le résultat d'un calcul comme **5 + 7** peut :
– utiliser le fait qu'il est égal à **7 + 5** ;
– s'appuyer sur le fait que **7 = 5 + 2** pour transformer son calcul en **5 + 5 + 2** ;
– ajouter d'abord **3** à **7** pour obtenir **10** et ajouter ensuite **2** à **10**.

4.2 Le calcul posé

Il est nécessaire de bien comprendre la **numération décimale** pour assimiler les techniques opératoires du calcul posé. Une maîtrise insuffisante des principes de la numération décimale (notamment équivalence entre 1 dizaine et 10 unités, 1 centaine et 10 dizaines...) gêne la compréhension de l'utilisation des retenues aussi bien pour l'addition que pour la soustraction.

CONNAISSANCES SUR LA NUMÉRATION DÉCIMALE

Elles sont également mises en œuvre dans le **calcul réfléchi**. Par exemple, pour **ajouter 30 à 47**, il est utile de savoir repérer rapidement les chiffres des dizaines, de savoir que **30** c'est 3 dizaines et que **47** c'est 4 dizaines et 7 unités, ce qui permet par exemple d'ajouter directement les dizaines entre elles.

A. L'addition posée de nombres entiers

➤ **Technique opératoire de l'addition,** tomé 1 p. 82.

En ce qui concerne les nombres entiers, elle ne présente pas de difficulté importante. La seule difficulté réside dans le principe des retenues source d'erreurs pour certains élèves, au début de l'apprentissage.

B. La soustraction posée de nombres entiers

➤ **Techniques opératoires de la soustraction,** tomé 1 p. 83.

Elle nécessite la mise en œuvre de propriétés plus complexes qui diffèrent selon la technique choisie. Rappelons les trois techniques qui peuvent être enseignées à l'école.

Calcul de 724 - 56

Méthode « par emprunt » ou « par cassage de la dizaine, de la centaine... »	Méthode « par complément »	Méthode « traditionnelle »
6 11 ~~7~~ ~~2~~ 14 − 5 6 6 6 8	7 2 4 − 5 6 1 1 + 6 6 8	7 12 14 − 5 6 1 1 6 6 8
Comme pour les unités on ne peut pas soustraire 6 de 4, on « casse » une des 2 dizaines pour en faire 10 unités.	On remplace le calcul de 724 – 56 par celui de 56 + ... = 724.	Comme pour les unités on ne peut pas soustraire 6 de 4, on ajoute simultanément 10 unités au 1er terme et 1 dizaine au 2e terme...
Connaissances sous jacentes : – repérage des chiffres de chaque nombre ; – équivalence entre 1 millier et 10 centaines, 1 centaine et 10 dizaines... ; – connaissances des différences entre nombres inférieurs à 20 et nombres inférieurs à 10.	**Connaissances sous-jacentes :** – repérage des chiffres (unités, dizaines, centaines...) de chaque nombre ; – équivalence entre $a - b = ...$ et $b + = a$; – connaissances des compléments des nombres inférieurs à 10 aux nombres inférieurs à 20.	**Connaissances sous-jacentes :** – repérage des chiffres (unités, dizaines, centaines,...) de chaque nombre ; – propriété de la soustraction selon laquelle, en ajoutant un même nombre aux deux termes d'une différence, on obtient une différence égale à la première ; – connaissances des différences entre des nombres inférieurs à 20 et des nombres inférieurs à 10.

En dehors des difficultés liées à la gestion des retenues ou à une connaissance insuffisante du répertoire additif, la **conception de « 0 »** comme « rien » conduit parfois à des erreurs comme dans cet exemple :

```
  4 0 7
– 1 8 2
  3 8 5
```

Estimant ne pas pouvoir soustraire 8 de « rien », l'élève recopie 8.

C. L'addition et la soustraction de nombres décimaux

Les difficultés sont accrues lorsque des nombres décimaux sont en jeu.

Ainsi, pour la soustraction **7,24 – 4,3**, donnée lors d'un exercice d'une évaluation nationale à l'entrée en Sixième, seulement 60,2 % des élèves l'effectuent correctement.

Certains élèves effectuent cette soustraction en positionnant les nombres décimaux **« à partir de la droite »** (comme dans le cas des nombres naturels), sans prendre en compte correctement la virgule :

```
  7,2 4
–   4,3
  6,8 1
```

Le même type d'erreur se rencontre dans le cas de l'addition posée de décimaux et, plus encore, lorsque l'un des deux nombres est un entier.

Une autre difficulté typique est illustrée par l'exemple suivant :

```
   1 3 4, 7
–    5 2, 8 3 4
   8 1, 9 3 4
```

L'opération est bien posée, mais comme il n'y a pas de chiffre au-dessus de 3 et de 4, les élèves n'imaginent pas les « 0 » non écrits et reproduisent simplement 3 et 4 dans le résultat (pour eux, ils ne peuvent pas être soustraits). Ensuite, la soustraction est correctement poursuivie.

• Une **connaissance, en acte** (c'est-à-dire non nécessairement formalisée) de quelques propriétés des opérations est indispensable à la compréhension des techniques opératoires (cf. tome 1, p. 82 et 83).

ENTRAINEMENT 4

Corrigé p. 225

Le calcul suivant a été proposé aux élèves d'une classe de CE2 : **2 057 – 683**.

Voici les différentes erreurs relevées par l'enseignant :

Élève 1 :
```
  2057
– 683
  4827
```

Élève 2 :
```
  2057
– 683
  2474
```

Élève 3 :
```
  2057
– 683
  1364
```

Élève 4 :
```
  2057
– 683
  2634
```

Élève 5 :
```
  2057
– 683
  2074
```

Élève 6 :
```
  2057
– 683
  1484
```

Analyser ces erreurs en décrivant le fonctionnement de l'élève qui a produit chacune d'elles.

4.3 Le calcul mental réfléchi

A. Mise en en jeu des propriétés des opérations sous-jacentes

Si des connaissances relatives aux propriétés des opérations sous-tendent les techniques de calcul posé, elles sont également à l'œuvre dans le choix et la mise en œuvre de la plupart des procédures de calcul réfléchi. Ces propriétés sont utilisées « en acte » sans nécessairement être formalisées.

Calcul de 75 - 67

Pour effectuer ce calcul, il est possible de :

– Remplacer ce calcul par celui du complément de 67 à 75.
Pour cela, il faut savoir que ces deux calculs (celui d'une différence et celui d'un complément) sont équivalents.

– Enlever d'abord 70, puis ensuite ajouter 3.
Il faut, pour cela, avoir repéré implicitement que soustraire une différence revient à soustraire le premier terme puis ajouter le second, ce qui peut s'écrire :
$a - (b - c) = (a - b) + c$.
Le raisonnement de l'élève est souvent du type « j'ai enlevé 3 de trop, il faut maintenant que j'ajoute 3 ».

– **Remplacer ce calcul par celui de 78 – 70 en ajoutant simultanément 3 à chacun des termes de la différence.**
Ce nouveau calcul est possible car $78 = 75 + 3$ et $70 = 67 + 3$.
Pour cela, il faut savoir qu'on obtient une différence égale en ajoutant un même nombre aux deux termes de la différence initiale.

B. Choix d'une procédure de calcul réfléchi

Ce choix est souvent conditionné par les **relations connues et mémorisées entre certains nombres**. Décider de calculer **42 + 38** par addition séparée des dizaines et des unités est facilité par le repérage du fait que « 2 et 8 vont bien ensemble », alors que pour **42 + 39** on pourra préférer ajouter 40, puis soustraire 1...
Des difficultés peuvent être générées, par exemple, par le fait que l'élève ne sait pas que :

– **certains nombres facilitent les calculs** (nombres dont la somme est un nombre « rond », nombres terminés par 0...) ;

– **pour ajouter 19, il est souvent commode d'ajouter 20, puis d'enlever 1...**

Ces méthodes doivent cependant être présentées avec prudence (pour calculer **30 + 19** ou **31 + 19**, il existe d'autres procédés tout aussi fiables).

C. Difficultés récurrentes

Elles reposent sur des **conceptions erronées** que les élèves se sont construites à propos des nombres. Ainsi, l'interprétation de l'écriture à virgule comme adjonction de deux nombres entiers, dans le cas des nombres décimaux : 78,2 % des élèves sont capables de calculer mentalement « *trois virgule cinq plus un virgule cinq* » (entrée en Sixième, 2001), mais 8,8 % des élèves répondent 4,10 en ajoutant séparément partie entières et parties décimales.
De même, les élèves qui calculent mentalement **7,25 – 3,4** répondent souvent **4,21**, car ils soustraient les parties entières entre elles (7 – 3) et les parties décimales entre elles (25 – 4).

ENTRAINEMENT 5

Corrigé p. 226

Problèmes posés à l'entrée en Sixième :

a. Au calcul mental de :
deux virgule six plus un virgule quatre.
7 % des élèves ont répondu **3,10** ou **3,1**.

b. À la question écrite :
Pose et effectue **7,24 – 4,3**.
– 4 % des élèves ont répondu **294** ;
– un peu plus de 6 % ont répondu **3,21** ;
– près de 2 % ont répondu **681** ou **68,1** ou **6,81** ou **0,681**.

Analyser ces réponses en faisant des hypothèses sur l'origine des erreurs.

RESSOURCES À CONSULTER

– ERMEL, *Apprentissages numériques et résolution de problèmes*, ouvrages du CP au CM2, Hatier.

– Cap maths, ouvrages pour les enseignants et les élèves du CP au CM2, Hatier.

– Site Téléformation mathématiques : http://www.uvp5.univ-paris5.fr/TFM/

CORRIGÉS **EXERCICES D'ENTRAINEMENT**

ENTRAINEMENT 1

Énoncé p. 210

Problème	Typologie
1	2.1 transformation positive
2	2.1 transformation négative
3	2.2 transformation positive
4	2.3 transformation positive
5	1.1
6	1.2

Problème	Typologie
7	3.2
8	3.1
9	2.2 transformation négative
10	3.1 ou 2.1 ou 1.1
11	4.2
12	4.1

ENTRAINEMENT 2

Énoncé p. 214

On peut classer ces procédures en utilisant les types de résolution du § 2.1.

	Procédure 1 Représentation de la réalité	Procédure 2 Comptage en avant ou en arrière	Procédure 3 Reconnaissance d'un calcul à effectuer
Problème A	• Ecrire la suite des 16 nombres qui vont successivement apparaître sur le compteur, éventuellement en s'aidant d'une numérotation des feuilles : 1 2 3 ... 133 134 135 ...	• Reconnaître que le nombre cherché se situe « 16 après 132 » et compter 133, 134, 135, 136... en s'aidant éventuellement des doigts pour être sûr de s'arrêter au 16e nombre.	• Reconnaître qu'il faut calculer 132 + 16, puis exécuter le calcul.
	Remarque : Ces deux procédures diffèrent peu sinon que, pour la procédure 2, l'élève a tout de suite reconnu qu'il fallait chercher le 16e nombre après 132.		
Problème B	• Dessiner 28 croix qui correspondent aux 28 enfants, puis entourer 12 de ces croix (les garçons). Il reste alors à dénombrer les croix non entourées, ce qui donne le nombre de filles.	• Enoncer, par exemple, les nombres au-delà de 12 et jusqu'à 28, et compter (éventuellement sur ses doigts) combien de nombres sont énoncés. • Aller de 12 à 28 par bonds : de 12 à 15, puis de 15 à 20, puis de 20 à 28, et ensuite ajouter les bonds réalisés : 3 + 5 + 8 = 16.	• Reconnaître qu'il faut calculer : – soit 12 + ... = 28 – soit 28 – 12. puis exécuter le calcul.
		Remarque : La procédure « par comptage en avant » et celle qui consiste à écrire « 12 + ... = 28 » témoignent du fait que l'élève a perçu qu'il fallait « ajouter les filles aux garçons pour avoir tous les enfants ». Il peut également reconnaître qu'il faut « enlever les garçons pour avoir les filles » et compter en arrière de 12 nombres à partir de 28 : 27, 26, 25..., le dernier nombre énoncé indiquant le nombre de filles de la classe.	

Problème C	• Soit dessiner les euros un par un (très fastidieux). • Soit représenter les 2 sommes (ce que possède Hervé et ce qu'il lui manque) par des pièces et billets. Il reste alors à calculer le total.	• Avancer de 28 à partir de 45, par exemple en avançant de 10 par 10, puis 1 par 1 (ou 2 par 2), en se référant à la réalité des pièces et billets.	• Reconnaître qu'il faut calculer 45 + 28, puis exécuter le calcul.
	Remarque : Là aussi, les deux procédure sont assez proches mais, avec la procédure 2, l'élève n'a pas recours à une représentation concrète de la monnaie.		

PROCÉDURES 1 ET 2

Elles supposent une bonne connaissance de la suite des nombres et des stratégies de dénombrement ou de comptage en avant et en arrière (par bonds réguliers ou non) à partir d'un nombre donné. Elles deviennent très coûteuses lorsque les nombres sont plus importants (notamment le nombre à ajouter ou à soustraire).

ENTRAINEMENT 3

Énoncé p. 215

Ce problème est un **problème de comparaison**. Si l'élève ne dispose pas d'un « schéma de problème » disponible (référence à un type de problème déjà résolu), il doit, pour le résoudre autrement que par un dessin représentant toutes les billes, imaginer qu'il faut transformer le problème initial en l'un des deux problèmes suivants :

– **procédure (a) :** chercher combien de billes il faut ajouter à celles de Pierre pour qu'il en ait autant que Marc ;

– **procédure (b) :** chercher combien il faut en enlever à Marc pour qu'il en ait autant que Pierre.

• Réponse de l'élève 1

On peut faire deux hypothèses :

– il veut utiliser la **procédure (a)** et, pour cela, il compte en avant de 25 à 32, mais en commençant par 25 au lieu de 26 (suite : 25, 26, 27, 28, 29, 30, 31, 32, ce qui donne bien 8 nombres énumérés) ;

– il cherche à résoudre **(b)** et, pour cela, il compte en arrière de 32 à 25, mais en commençant par 32 au lieu de 31.

Dans les deux cas, la procédure utilisée est appropriée, mais l'erreur se situe au niveau de son exécution (erreur fréquente, dans le comptage en avant ou en arrière, qui se traduit par une réponse à 1 près).

• Réponse de l'élève 2

Cette réponse est plus facile à expliquer, puisqu'il a posé l'opération 25 + 32 (d'ailleurs calculée correctement). L'élève a sans doute été influencé par le mot « plus » qui figure à la fois dans l'énoncé et dans la question. Il s'agit là aussi d'une erreur fréquente : reconnaissant un mot qui conduit souvent à un calcul déterminé (on parle de mot inducteur ou de mot-clé), l'élève ne cherche pas à comprendre la logique de l'énoncé proposé. Les mots-clés sont parfois des mots-pièges !

● Réponse de l'élève 3

Cette réponse est plus curieuse. Elle contient deux erreurs, mais la procédure semble correcte : l'élève a reconnu directement que le problème relevait de la soustraction.

• La **première erreur** se situe au niveau de l'instanciation : au lieu de calculer 32 – 25, l'élève tente de calculer 25 – 32, sans doute influencé :

– soit par l'ordre dans lequel les nombres apparaissent dans l'énoncé (en fonction d'une règle élaborée par l'élève au fil des problèmes qu'il a résolus et selon laquelle les nombres doivent être utilisés dans leur ordre d'apparition) ;

– soit parce que 5 est supérieur à 2 et que 25 – 32 apparaît plus facile à calculer.

➤ **Instanciation**, chap. 5, § 4.3, p. 83.

• La **deuxième erreur** se situe dans le calcul de cette différence que l'élève n'a pas reconnue comme impossible. Pour chaque ordre d'unités, il calcule l'écart entre les chiffres indépendamment de leur position (en haut ou en bas) : 5 – 2 pour les unités et 3 – 2 pour les dizaines. Enfin, il ne contrôle pas la pertinence du résultat obtenu.

ENTRAINEMENT 4

Énoncé p. 220

Les types d'erreurs qui apparaissent dans ces productions peuvent être classées ainsi :

1. Erreur dans la disposition des calculs

Elève 1 : Il aligne les nombres à gauche (les unités de même ordre ne sont donc pas situées l'une sous l'autre).

Origine de l'erreur : L'élève ne maîtrise pas la signification des chiffres en fonction de leur position (ou du moins ne réinvestit pas cette connaissance dans le calcul de différences). De plus, le sens de l'écriture de gauche à droite peut inciter à considérer comme naturel ce type d'alignement.

2. Erreur dans les retenues

Plusieurs productions relèvent de ce type d'erreurs, sous des aspects différents :

Elève 2 : Il calcule bien 15 – 8 pour les dizaines et 10 – 6 pour les centaines, mais il ne répercute pas ces calculs par des retenues respectivement sur les centaines et les milliers du 2e nombre.

Origine de l'erreur : La surcharge cognitive peut être à l'origine de cette erreur du fait qu'il n'a pas automatisé les calculs soustractifs.

Elève 3 : A l'inverse, il a soit mis des retenues partout, même lorsque ce n'est pas pertinent (retenue sur les dizaines), soit fait une erreur de calcul pour 15 – 8 (ce qui situerait alors l'erreur dans la catégorie suivante).

Origine de l'erreur : Ayant appris le principe des retenues, l'élève pense qu'il faut les utiliser à chaque rang.

3. Erreur dans les calculs portant sur chaque ordre d'unités

Là aussi, on trouve plusieurs types d'erreurs :

Elève 4 : Il calcule, pour chaque ordre d'unité, l'écart entre le plus grand et le plus petit chiffre, quelle que soit sa position (en haut ou en bas) ; c'est aussi ce que fait l'**élève 1**.

Origine de l'erreur : Cela évite d'être confrontés au problème des retenues ; peut-être aussi utilise-t-il une règle selon laquelle « il faut toujours enlever le plus petit nombre du plus grand ».

Elève 5 : Il semble avoir une difficulté particulière avec le « 0 » : il considère que $0 - 6 = 0$.

Origine de l'erreur : Là aussi il s'agit d'une difficulté qu'on peut interpréter à partir d'une conception du « 0 » assez fréquente selon laquelle « 0, c'est rien, et si on essaie d'enlever quelque chose de rien, il restera toujours rien ! ».

Elève 6 : Il commet une erreur de 1 sur les chiffres des dizaines et des centaines.

Origine de l'erreur : Peut-être n'a-t-il pas mémorisé toutes les différences de la table : soit il a utilisé un résultat erroné, soit il essaie de le reconstruire et, par exemple, pour calculer 15 – 8, il compte en avant de 8 à 15 en partant de 8 ou bien en arrière de 15 à 8 en partant de 15.

AIDE À APPORTER AUX ÉLÈVES

Les sources d'erreurs sont donc variées. Les aides à apporter aux élèves doivent tenir compte de cette diversité. Avec certains, il faudra retravailler les principes de la numération, avec d'autres le statut du nombre « 0 », avec d'autres encore le principe des retenues, la mémorisation ou la reconstruction rapide et sûre des résultats de la table.

ENTRAINEMENT 5

Énoncé p. 221

On peut résumer l'analyse dans le tableau suivant :

Erreurs	Analyse
2,6 + 1,4 = 3,10 2,6 + 1,4 = 3,1	Analyse A : L'élève a calculé séparément sur les parties entières et sur les parties à droite de la virgule. Cela renvoie à une conception souvent rencontrée de l'écriture à virgule des nombres décimaux où la virgule sépare deux nombres entiers, ce qui peut être renforcé ici par le fait que les nombres sont donnés oralement. Pour la **réponse 3,1**, l'élève tient compte du fait que le 0 situé à droite n'est pas utile.
7,24 – 4,3 = 294	Analyse B : L'élève a sans doute calculé correctement 7,24 – 4,3 en alignant correctement les chiffres selon leur rang. Mais il n'a pas placé la virgule dans le résultat. Oubli ou surcharge cognitive ?
7,24 – 4,3 = 3,21	Même analyse que pour A.
7,24 – 4,3 = 681 7,24 – 4,3 = 68,1 7,24 – 4,3 = 6,81 7,24 – 4,3 = 0,681	Analyse C : **Pour 7,24 – 4,3 = 681**, l'élève a calculé 724 – 43. Il n'a pas pris en compte la valeur des chiffres fixée par la virgule, provoquant un alignement des chiffres par la droite, comme dans le cas des nombres entiers. On peut faire l'hypothèse que l'élève utilise une règle souvent rappelée pour les nombres entiers et qu'il l'étend abusivement aux nombres décimaux. **Pour les trois autres calculs**, les chiffres sont erronés pour la même raison, mais l'élève a tenu à placer une virgule dans le résultat, sans doute parce que, pour lui, les nombres en jeu étant décimaux, le résultat doit aussi être un nombre décimal. **Pour le dernier calcul**, on peut faire l'hypothèse que l'élève a utilisé une règle qui s'applique dans le cas de la multiplication : « pour placer la virgule dans le résultat, on compte les chiffres après la virgule qui figurent dans les deux facteurs du produit. »

AU CONCOURS

ANALYSE D'ERREURS 1

Corrigé p. 233

Voici un problème proposé à des élèves de CE2 en début d'année scolaire.

> 108 coureurs prennent le départ d'une course. Il y a beaucoup d'abandons. 85 coureurs seulement terminent la course. Combien de coureurs ont abandonné ?

Vous trouverez ci-dessous les productions de 11 enfants.

1. Classez ces productions selon les procédures utilisées.
2. Analysez les erreurs commises par Houssan et Benyamine.

Melvin

108

Réponse : ....

Houssan

108
\- 85
183

Réponse : *85 ont abandonné*

Camille

108 (retenue 1)
\+ 85
=193

Réponse : *Il y a 193 coureurs qui ont abandonné*

Amandine

85 —15→ 100 —8→ 108

Réponse : *23 coureurs ont abandonné*

Hildéa

108 107 106 105 105 104 103
102 101 100 99 98 97 96
95 94 93 92 91 90 89

Réponse : ....

Driss

Réponse : *19*

Siham

Réponse : *23 coureurs ont abandonné*

Gabrielle

85 —(5)→ 90 —(10)→ 100 —(8)→ 108

Réponse : *Il y a 24 coureurs qui ont abandonné*

Benyamine

1 ① 0 8
① 7 8 5
33

Réponse : *33 coureurs ont abandonné*

Nabila

Réponse : *23 coureurs ont abandonné*

Cédric

1
85
\+ 13
108

Réponse : *13*

ANALYSE D'ERREURS 2

Corrigé p. 233

Des élèves de CM1 doivent résoudre les deux exercices suivants :

> Observe et continue les deux suites A et B :
>
> **Suite A :** 30,15 $\xrightarrow{+15}$ 45,15 $\xrightarrow{+15}$ ..... $\xrightarrow{+15}$ .....
>
> *Lisa répond en écrivant :* 45,30 puis 45,45.
>
> **Suite B :** 1 020 $\xrightarrow{-9}$ ..... $\xrightarrow{-9}$ ..... $\xrightarrow{-9}$ .....
>
> *Rémi répond en écrivant :* 111, puis 102, puis 92.

1. Quelles compétences sont nécessaires pour répondre à ces 2 exercices ?
2. Analyser les réponses de Lisa et Rémi.
3. Quels objectifs peuvent être poursuivis à travers l'exploitation de ces exercices ? Indiquer ce que l'enseignant peut dégager avec les élèves au cours de la synthèse qui suit ce travail.

ANALYSE DE DOSSIER 1

Corrigé p. 236

Les questions portent sur des activités proposées par un enseignant à partir de l'ouvrage *Euromaths CE2*, éditions Hatier. Il propose successivement les activités décrites dans l'**annexe 1**, puis dans l'**annexe 2**.

ANNEXE 1 - DOSSIER 1

Source : d'après Euromaths CE2, Hatier.

Le professeur propose alternativement les problèmes de trois types décrits ci-dessous.

1er type de problème

• Dans une boîte opaque, le professeur met des jetons (de 1 à 20). Il annonce le nombre. Il ajoute ou enlève des jetons (de 1 à 10) en disant ce qu'il fait. Les élèves prévoient, par le calcul, le nombre de jetons qu'il y a dans la boîte à la fin des manipulations.

2e type de problème

• Dans une boîte opaque, le professeur met des jetons (de 1 à 20). Il annonce le nombre. Il ajoute ou enlève des jetons (de 1 à 10) sans dire combien. Il annonce le nombre de jetons qu'il y a dans la boîte à la fin des manipulations. Les élèves prévoient, par le calcul, le nombre de jetons ajoutés ou enlevés par le professeur.

3e type de problème

• Dans la boîte opaque, le professeur met des jetons (de 1 à 20) sans annoncer le nombre. Il ajoute ou enlève des jetons (de 1 à 10) en annonçant le nombre. Il donne le nombre de jetons qu'il y a dans la boîte à la fin des manipulations. Les élèves prévoient, par le calcul, le nombre de jetons que le professeur a placés dans la boîte au début des manipulations.

Pour chaque problème proposé, le professeur relève au tableau tous les résultats trouvés par les élèves. Il fait vérifier si les prévisions sont justes ou fausses en faisant dénombrer les jetons qui sont dans la boîte. Il fait ensuite expliciter quelques procédures de calcul en les symbolisant par une écriture mathématique.

ANNEXE 2 - DOSSIER 1 *Euromaths CE2*, Fichier de l'élève p. 20-21, Hatier.

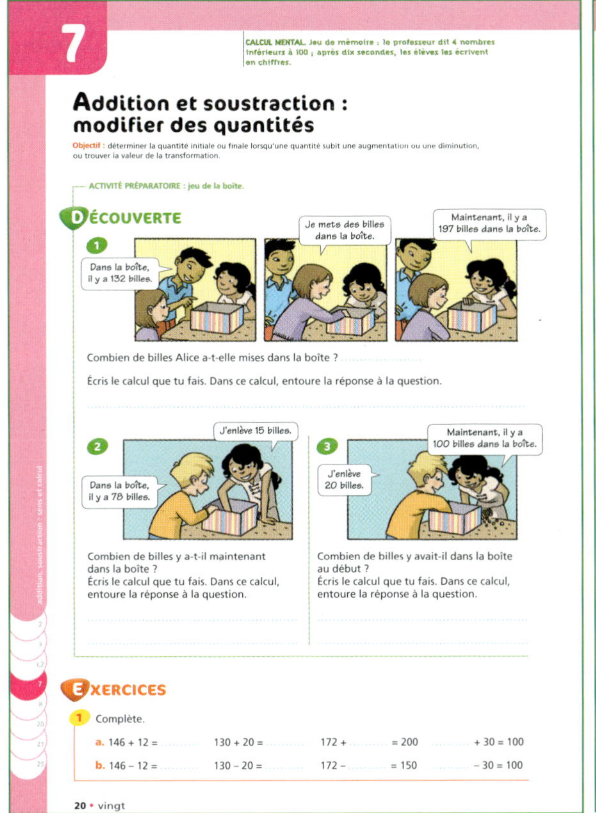

7

CALCUL MENTAL. Jeu de mémoire : le professeur dit 4 nombres inférieurs à 100 ; après dix secondes, les élèves les écrivent en chiffres.

Addition et soustraction : modifier des quantités

Objectif : déterminer la quantité initiale ou finale lorsqu'une quantité subit une augmentation ou une diminution, ou trouver la valeur de la transformation.

ACTIVITÉ PRÉPARATOIRE : jeu de la boîte.

DÉCOUVERTE

1

Combien de billes Alice a-t-elle mises dans la boîte ? ....

Écris le calcul que tu fais. Dans ce calcul, entoure la réponse à la question.

2

Combien de billes y a-t-il maintenant dans la boîte ?
Écris le calcul que tu fais. Dans ce calcul, entoure la réponse à la question.

3

Combien de billes y avait-il dans la boîte au début ?
Écris le calcul que tu fais. Dans ce calcul, entoure la réponse à la question.

EXERCICES

1 Complète.

a. 146 + 12 = ... 130 + 20 = ... 172 + ... = 200 ..... + 30 = 100

b. 146 − 12 = ... 130 − 20 = ... 172 − ..... = 150 ..... − 30 = 100

20 • vingt

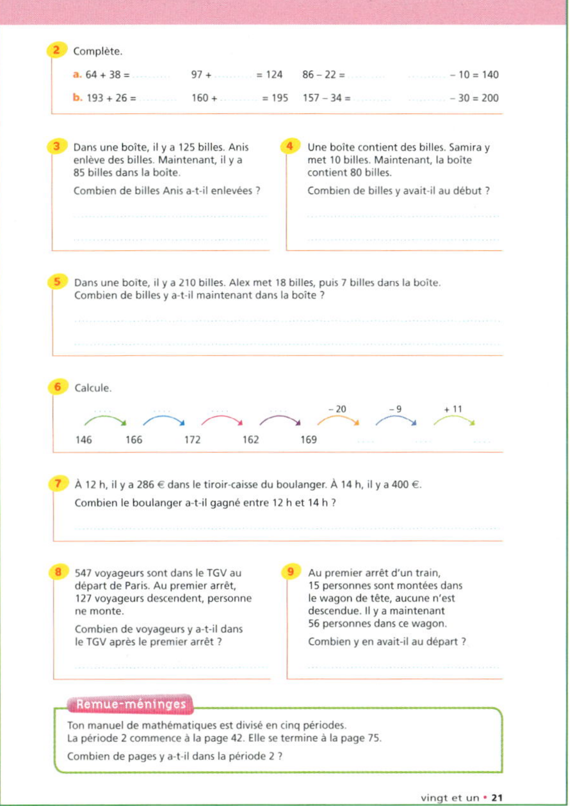

2 Complète.

a. 64 + 38 = ... 97 + ... = 124 86 − 22 = ... − 10 = 140

b. 193 + 26 = ... 160 + ... = 195 157 − 34 = ... − 30 = 200

3 Dans une boîte, il y a 125 billes. Anis enlève des billes. Maintenant, il y a 85 billes dans la boîte.
Combien de billes Anis a-t-il enlevées ?

4 Une boîte contient des billes. Samira y met 10 billes. Maintenant, la boîte contient 80 billes.
Combien de billes y avait-il au début ?

5 Dans une boîte, il y a 210 billes. Alex met 18 billes, puis 7 billes dans la boîte.
Combien de billes y a-t-il maintenant dans la boîte ?

6 Calcule.

146 → 166 → 172 → 162 → 169 → (− 20) ..... → (− 9) ..... → (+ 11) .....

7 À 12 h, il y a 286 € dans le tiroir-caisse du boulanger. À 14 h, il y a 400 €.
Combien le boulanger a-t-il gagné entre 12 h et 14 h ?

8 547 voyageurs sont dans le TGV au départ de Paris. Au premier arrêt, 127 voyageurs descendent, personne ne monte.
Combien de voyageurs y a-t-il dans le TGV après le premier arrêt ?

9 Au premier arrêt d'un train, 15 personnes sont montées dans le wagon de tête, aucune n'est descendue. Il y a maintenant 56 personnes dans ce wagon.
Combien y en avait-il au départ ?

Remue-méninges
Ton manuel de mathématiques est divisé en cinq périodes.
La période 2 commence à la page 42. Elle se termine à la page 75.
Combien de pages y a-t-il dans la période 2 ?

vingt et un • 21

Les questions 1 à 3 portent sur l'annexe 1

❶ Pour le 2e type de problème, proposer des procédures correctes que les élèves de CE2 peuvent utiliser pour répondre aux questions posées, en relation avec les variables didactiques de la situation. On présentera aussi bien les procédures de type calculatoire (sollicitée par la consigne) que les autres procédures envisageables.

❷ **a.** Indiquer « quelle écriture mathématique » l'enseignant peut attendre pour chacun des 3 problèmes pour symboliser les procédures de calcul.

b. Quelle difficulté peut rencontrer un élève pour traduire sa procédure par « une écriture mathématique » ?

❸ Formuler une synthèse que peut faire l'enseignant à la fin de cette activité.

Les questions 4 à 8 portent sur l'annexe 2

❹ Quelles difficultés nouvelles les élèves peuvent-ils rencontrer pour traiter les problèmes de « découverte » (numérotés 1, 2, 3) de la page 20 ?

❺ A l'exercice 4, page 21, un élève a répondu « 90 billes ».

a. Analyser sa réponse en faisant des hypothèses sur l'origine de la difficulté rencontrée.

b. Quelle aide pouvez-vous proposer pour cet élève ?

❻ En quoi les exercices 1, 2 et 6 (page 20 et 21) sont-ils de difficulté différente des autres exercices ?

7 Pour les exercices 1 et 2 des pages 20 et 21 :

– A quelles erreurs l'enseignant peut-il s'attendre ?

– Quelles aides peut-il proposer aux élèves qui ont rencontré des difficultés ?

La question 8 porte sur l'ensemble des activités

8 Est-ce que l'ensemble des deux activités (annexe 1 et annexe 2) forme une séquence cohérente ? Justifier votre réponse.

ANALYSE DE DOSSIER 2

Corrigé p. 239

Pour enseigner une **technique de la soustraction posée en colonnes en fin de CE1**, un enseignant utilise les activités suivantes empruntées à la méthode Cap Maths (guide de l'enseignant et fichier de l'élève), éditions Hatier, 2016. L'enseignement est organisé en deux activités décrites ci-dessous : activité 1 pour l'annexe 1 et activité 2 pour l'annexe 2.

ANNEXE 1 - DOSSIER 2 (activité 1)

Source : Cap Maths CE1, Guide de l'enseignant, Hatier, 2016.

Matériel

pour la classe :

– une quinzaine de cartes dizaines et unités, comme celles-ci :

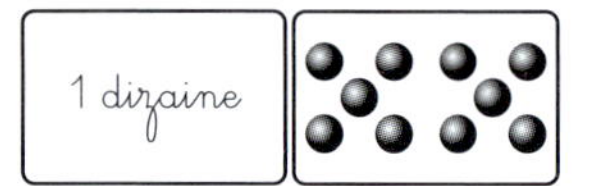

par élève :

– ardoise ou cahier de brouillon

– les calculatrices ne sont pas disponibles pour élaborer les réponses

Remarque : Avant ce travail, les élèves ont appris, en fin dc CP ct au CE1, à calculer une addition posée en colonnes.

Déroulement de l'activité 1

PHASE 1 : **L'enseignant propose oralement le calcul suivant, les nombres étant écrits au tableau : 57 – 32.**

Il montre les réalisations (avec les cartes) des deux nombres sous la forme de 5 dizaines et 7 unités et de 3 dizaines et 2 unités.

Puis il invite les élèves à répondre par équipes de 2, en écrivant le détail de leurs calculs sur leur feuille.

Il organise ensuite une **mise en commun** avec :

– inventaire des réponses ;

– vérification de leur validité par un élève avec une calculatrice ;

– explicitation et discussion de certaines procédures (exactes ou erronées) utilisées par les élèves, en utilisant éventuellement le matériel.

PHASE 2 : **Même déroulement avec le calcul : 63 – 15.**

PHASE 3 : **Synthèse portant sur les différentes procédures utilisées.**

PHASE 4 : **Entrainement individuel à partir d'exercices sur le fichier.**

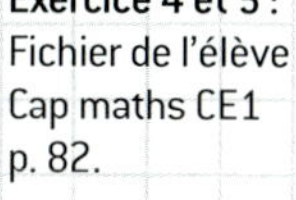

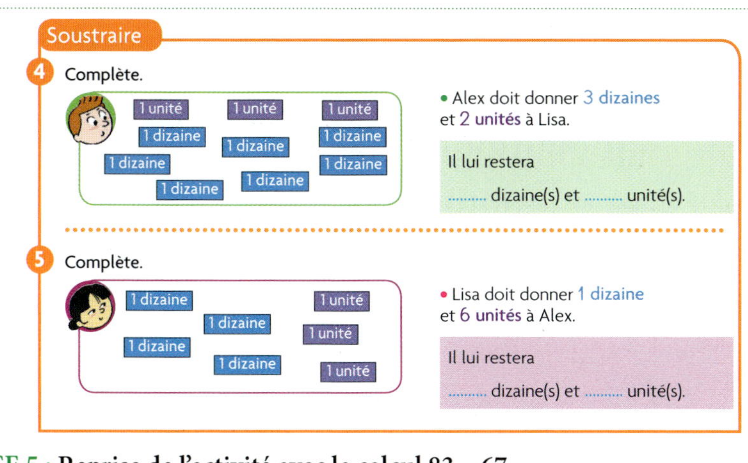

Exercice 4 et 5 : Fichier de l'élève Cap maths CE1 p. 82.

PHASE 5 : **Reprise de l'activité avec le calcul 83 – 67.**

PHASE 6 : **Entrainement individuel à partir d'exercices sur le fichier.**

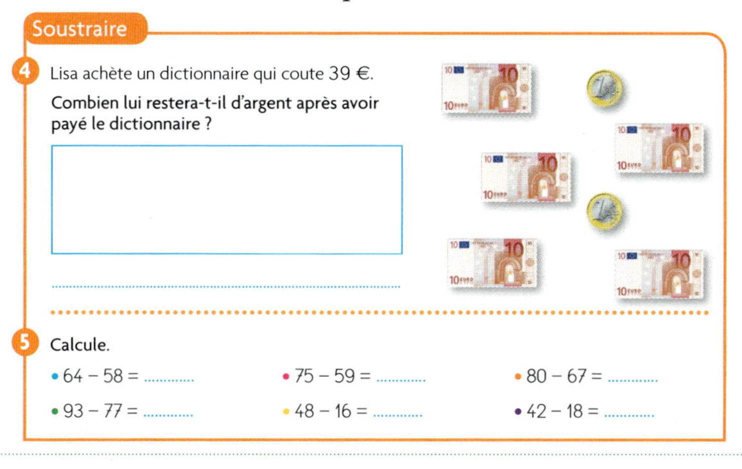

Exercice 4 et 5 : Fichier de l'élève Cap maths CE1 p. 83.

ANNEXE 2 - DOSSIER 2 (activité 2)

PHASE 1 **Calcul de 54 – 23**

Étape 1 : **Calcul réfléchi (23 perles ôtées de 54)**

– Travail individuel, puis collectif

– L'enseignant présente à la classe le matériel et pose le problème :

54 perles (sous forme de 5 dizaines et 4 unités) sont dans une boîte.

*Lisa demande **23 perles**. Que faut-il lui donner ? Que restera-t-il dans la boîte ?*

– Il recense et fait exprimer les résultats et les procédures utilisées.

Étape 2 : **Calcul posé (54 – 23)**

– Travail collectif

– L'enseignant indique comment les adultes posent et calculent une soustraction, en précisant qu'on s'occupe d'abord des unités, puis des dizaines.

– Le calcul, commenté en lien avec une manipulation du matériel, est conservé au tableau :

$$\begin{array}{r} 5\ 4 \\ -\ 2\ 3 \\ \hline 3\ 1 \end{array}$$

Source : Cap Maths CE1, Hatier, 2016.

PHASE 2 **Calcul de 53 – 26**

Étape 1 : Calcul réfléchi (26 perles ôtées de 53)

– Travail individuel, puis collectif

– L'enseignant présente à la classe le matériel et pose le problème :

53 perles *(sous forme de 5 dizaines et 3 unités) sont dans une boîte.*

Lisa demande ***26 perles****. Que faut-il lui donner ? Que restera-t-il dans la boîte ?*

– Il recense et fait exprimer les résultats et les procédures utilisées.

– Il termine en reformulant la procédure qui a permis de réussir.

Étape 2 : Calcul posé (53 – 26)

– Travail collectif

– L'enseignant indique comment les adultes posent et calculent une soustraction, en précisant qu'on s'occupe d'abord des unités, puis des dizaines.

– Le calcul est commenté et justifié en lien avec une manipulation du matériel, est conservé au tableau :

$$\begin{array}{rr} 4 & \\ \not{5} & {}^{1}3 \\ -\,2 & 6 \\ \hline 2 & 7 \end{array}$$

Les questions 1 à 4 portent sur l'annexe 1

❶ Indiquer 3 procédures correctes différentes que les élèves peuvent utiliser pour répondre à la question posée en phase 2.

❷ Indiquer les principales variables didactiques et l'influence des valeurs qui leur sont données sur les procédures que les élèves peuvent utiliser pour répondre correctement aux questions posées et sur les difficultés qu'ils peuvent rencontrer.

❸ Quelles connaissances et compétences peuvent être institutionnalisées en phase 3, en vue des apprentissages visé dans l'activité 2 ?

❹ Quelles aides l'enseignant peut-il apporter à des élèves en difficulté pour l'exercice 4 de la phase 4 et pour l'exercice 5 de la phase 6 ?

Les questions 5 à 7 portent sur l'annexe 2

❺ Justifier la progression en 2 phases (chacune de 2 étapes) de cette activité ?

❻ Quelles explications verbales l'enseignant peut-il utiliser pour justifier la technique de calcul utilisée en phase 2, étape 2 ?

❼ Au CE2, l'enseignant utilisera un dispositif identique à celui de cette activité 2 pour l'apprentissage du calcul posé d'une soustraction de nombres écrits avec 3 chiffres. Citer 3 difficultés spécifiques auxquelles l'enseignant peut s'attendre de la part des élèves ?

CORRIGÉ ANALYSE D'ERREURS 1

Énoncé p. 227

CONSEIL MÉTHODOLOGIQUE POUR L'ENSEMBLE DE L'ANALYSE

Dans la **classification de Vergnaud**, ce problème peut être situé :

– soit comme un **problème de « transformation d'un état »**, l'inconnue étant la transformation (catégorie 2.3), en considérant qu'il y a 108 coureurs au départ et 85 à l'arrivée puisque certains ont abandonné ;

– soit comme un **problème de « composition de 2 états »**, l'inconnue étant l'un des états (catégorie 1.2), en considérant que les 108 coureurs se répartissent en 2 groupes : ceux qui sont à l'arrivée et ceux qui ont abandonné.

1 Classements des productions selon les procédures

➤ **Typologie des problèmes**, p. 206.

CONSEIL MÉTHODOLOGIQUE

Un classement étant demandé, il faut au préalable préciser le **critère utilisé**. Ici, celui-ci peut être :

• **La réponse :** correcte, erronée ou absente (ce classement apporte peu d'information à l'enseignant qui veut faire une exploitation pédagogique de cette évaluation, en particulier envisager le type de travail à mettre en place avec ces élèves).

• **Le raisonnement sous-jacent :** recherche du complément de 85 à 108, recherche de ce qui reste lorsqu'on soustrait 85 de 108, recherche de ce qu'il faut soustraire à 108 pour obtenir 85, raisonnement non apparent, raisonnement erroné (ce classement est le mieux à même d'aider l'enseignant dans ses choix didactiques) ; dans certains cas, il est difficile de reconnaître avec certitude le type de raisonnement utilisé (cas de Driss par exemple).

• **Le cadre choisi pour la résolution :** cadre pratique (représentation des coureurs), cadre numérique (dans lequel, on peut distinguer le recours au comptage du recours au calcul).

Nous proposons de croiser les deux derniers critères de classement, dans le tableau suivant.

	Cadre pratique	Cadre numérique
Recherche du complément de 85 à 108	• Driss : si on pense qu'il a cherché à dessiner 85 traits, puis à les compléter jusqu'à en avoir 108 (réponse erronée), la procédure est correcte mais son exécution est fausse : il obtient plus de 85 traits non entourés et, au total, il a plus de 108 traits.	• Amandine et Gabrielle : ajouts successifs, réponse correcte pour Amandine, erronée pour Gabrielle (erreur dans l'addition des nombres ajoutés successivement). • Cédric : addition à trou, réponse erronée (retenue non pertinente).
Recherche de ce qui reste lorsqu'on soustrait 85 de 108	• Driss : si on pense qu'il a cherché à dessiner 108 traits, puis à en compter 85 avant d'entourer ceux qui restaient, la procédure est correcte mais son exécution est fausse, réponse erronée. • Siham : représentation des nombres en dizaines et unités, réponse correcte.	• Houssan et Benyamine : soustraction, réponse erronée.
Recherche de ce qu'il faut soustraire à 108 pour obtenir 85		• Hildéa : décomptage de 1 en 1, à partir de 108 en écrivant chaque nombre (elle s'arrête avant 85 ; de plus, pour trouver la réponse, elle aurait dû compter les nombres écrits, sauf 85 ou 108).

Raisonnement non apparent	• Melvin : pas de réponse. • Nabila : réponse correcte (le cadre choisi n'est pas visible : elle peut avoir aussi bien compté sur ses doigts que calculer mentalement).	
Raisonnement erroné		• Camille : addition des 2 nombres de l'énoncé.

❷ Analyse des erreurs de Houssan et de Benyamine

Pour les deux élèves, il s'agit d'une erreur de calcul dans la soustraction, erreur « attendue » dans la mesure où la technique opératoire de la soustraction n'est abordée qu'à la fin du cycle 2 et est reconnue comme difficile (on est ici au tout début du cycle 3).

• **Pour Houssan**, deux hypothèses sont possibles :

– il traite la soustraction en cherchant, à chaque rang, l'écart entre les chiffres (sans se soucier du fait qu'il faut soustraire le deuxième nombre du premier) :

$8 - 5 = 3$ $8 - 0 = 8$ $1 - 0 = 1$;

– au lieu de soustraire, il additionne, en oubliant la retenue.

Sa réponse « 85 ont abandonné » peut être liée au fait que, dans le calcul, 85 est précédé du signe « – » relié à l'idée d'abandon (cette réponse n'est pas contrôlée par une relecture de l'énoncé).

• **Pour Benyamine**, il semble qu'il a cherché à gérer les retenues dans la soustraction. Au rang des dizaines, il ajoute 1 au premier nombre (il obtient 10 dizaines, soit 1 centaine). On peut faire l'hypothèse qu'il a cherché à compenser cet ajout de deux façons : en enlevant 1 dizaine (l'erreur se situe dans le passage de 8 à 7) et en ajoutant 1 centaine au deuxième nombre.

CORRIGÉ ANALYSE D'ERREURS 2

Énoncé p. 228

❶ Compétences nécessaires

• **Pour compléter la suite 1**, les élèves doivent :

– savoir ajouter un nombre entier à un nombre décimal : cela suppose de savoir utiliser les connaissances des écritures à virgule de nombres décimaux (distinction entre partie entière et partie décimale, notamment) ;

• **Pour compléter la suite 2**, les élèves doivent :

– utiliser ou élaborer une procédure pour soustraire 9 à un nombre entier, par exemple en soustrayant d'abord 10, puis en ajoutant 1 (d'autres procédures sont possibles).

❷ Analyse des réponses

Pour Lisa

Procédure utilisée : Lisa ajoute 15 à la partie décimale de chaque résultat.

Origine de l'erreur : trois hypothèses peuvent être formulées :

– elle s'appuie sur la conception erronée selon laquelle un nombre décimal est un nombre entier muni d'une virgule et elle additionne donc ces deux nombres comme s'ils étaient des entiers ;

– elle s'appuie sur la conception erronée qu'un nombre décimal, c'est deux nombres entiers séparés par une virgule et elle ajoute donc 15 à la partie entière (la facilité du calcul peut renforcer cette conduite) ;

– elle a posé l'addition et aligné les nombres à droite comme elle l'aurait fait avec des entiers.

Dans tous les cas, c'est sa conception du nombre décimal, mal différencié d'un nombre entier, qui semble en cause.

Pour Rémi

- **Réponse 111**

Deux procédures sont possibles :

– soit il a soustrait 9 à 20 puis a oublié le 0 des centaines (peut-être influencé par la disparition du 0 des unités) ;

– soit il a soustrait 9 à la fois aux 10 centaines et aux 20 unités (1 020 étant décomposé en 10 centaines et 20 unités) et il a écrit ces deux résultats (1 et 11) à la suite.

- **Réponse 102** : elle est correcte.

- **Réponse 92** où Rémi a soustrait 10 au lieu de 9.

Origine de l'erreur : deux hypothèses peuvent être formulées :

– soit il n'a mis que partiellement en œuvre la procédure « – 10 suivi de +1 » ;

– soit il a essayé de reculer de 10 de 1 en 1 et a rencontré une difficulté au passage des 101 à 100 (peut-être passage direct à 99).

❸ Objectif de la séance

Il concerne probablement le calcul mental réfléchi :

– élaborer des procédures pour ajouter un nombre entier à un nombre décimal ;

– élaborer des procédures pour soustraire un nombre proche d'une dizaine entière (ici 9) à un nombre entier.

- **Pour la suite A**, l'enseignant peut insister sur les points suivants :

– quand on ajoute un nombre entier à un nombre décimal, la partie décimale n'est pas modifiée ;

– une procédure possible pour ajouter 15 : ajouter 5, puis ajouter 10 (ou 10, puis 5) ;

– si on prend un nombre sur deux, les nombres augmentent de 30 en 30 (car 15 + 15 = 30).

- **Pour la suite B**, il peut mettre en évidence les points suivants :

– il existe plusieurs procédures possibles pour soustraire 9 : soustraire 10 et ajouter 1 (ou l'inverse), soustraire directement 9 unités (par exemple lorsqu'on est à 939), soustraire successivement un nombre et son complément à 9 (par exemple pour 984 – 9, on peut soustraire 4 puis 5)… ;

– il faut être vigilant sur les « passages de dizaines » ou de « centaines ».

CORRIGÉ **ANALYSE DE DOSSIER 1**

Énoncé p. 228

1 Procédures correctes utilisées par les élèves pour le 2e type de problème

CONSEIL MÉTHODOLOGIQUE : Pour répondre à cette question, il faut tenir compte de plusieurs éléments.

- **Le niveau de classe auquel le problème est proposé qui détermine les connaissances auxquelles les élèves peuvent faire appel** : ici CE2, donc les élèves ont des connaissances relatives à l'addition et à la soustraction, sans doute encore fragiles notamment pour la soustraction.
- **Le domaine numérique dans lequel le problème est proposé :** ici nombres naturels inférieurs à 30, domaine familier aux élèves qui permet notamment le recours au calcul mental.
- **Les conditions dans lesquelles les élèves doivent répondre :** ici, ces conditions sont peu précisées, mais la demande de traduction de la procédure par un calcul laisse supposer qu'il est possible (et même exigé) d'écrire un calcul, ce qui peut conduire, pour les élèves, à éliminer les procédures figurative ou de type « comptage ».
- **Le type de problème posé :** ici, il s'agit d'un problème du type :

$$\text{Etat 1} \xrightarrow{\text{Transformation}} \text{Etat 2}$$

dans lequel les élèves doivent trouver la valeur de la transformation qui peut être une augmentation ou une diminution (les deux cas sont donc éventuellement à envisager).

- **Les variables didactiques en jeu :** ici, notamment la taille des états 1 et 2 et la taille de la transformation (liée à l'écart entre les valeurs des états 1 et 2).

Les valeurs données aux variables didactiques jouant un rôle important, il est conseillé de décrire les procédures en relation avec ces valeurs, par exemple à l'aide d'un tableau.

Valeurs données aux variables didactiques (Etat 1 et Etat 2)	Procédures possibles
E1 et E2 « petits » (par exemple < 10) *Exemple* : E1 = 5, E2 = 3	• Figuration (doigts, dessin...) des jetons de E1 et ajout ou retrait de jetons pour atteindre E2, puis dénombrement des jetons ajoutés ou retirés. Cette procédure ne peut pas donner lieu à la production du calcul demandé. • Toutes les autres procédures sont également possibles.
E1 et E2 « grands », mais voisins (par exemple écart < 5) *Exemple* : E1 = 17, E2 = 15	• Résolution par figuration (dessin, mais pas doigts) encore possible, mais plus fastidieuse et source d'erreurs. • Comptage en avant ou en arrière pour passer de E1 à E2 en énumérant les nombres prononcés (exemple : 16, 15 donc 2 nombres prononcés). • Calcul mental : recherche du nombre à ajouter ou à enlever à E1 pour atteindre E2. • Les autres procédures sont également possibles.
E1 et E2 non voisins (par exemple écart > 10) *Exemple* : E1 = 17, E2 = 8	• Résolution par figuration, par comptage ou par calcul mental du nombre à ajouter ou à retrancher à E1 pour atteindre E2 sont encore possibles, mais plus délicates à mettre en œuvre sans erreur. • Traduction du problème par un calcul qui correspond au déroulement de l'action : E1 + ... = E2 ou E1 – ... = E2 (exemple 17 – ... = 8), puis résolution par calcul mental (directement ou par essai de nombres). • Traduction du problème par un calcul qui ne correspond pas au déroulement de l'action et suppose un raisonnement : E1 – E2 .... (dans le cas d'une diminution) ou E2 – E1 = ... (dans le cas d'une augmentation).

Rappelons qu[e] E1 désigne le no[mbre] initial de jeton[s] et E2 le nombre [de] jetons après a[jout] ou retrait d'un[e] certaine quan[tité] de jetons.

❷ Ecritures mathématiques

a. Ecritures pour les 3 problèmes

Les écritures mathématiques attendues sont celles qui correspondent aux deux dernières procédures mentionnées dans la question 1, donc par exemple pour le 2e **type de problème** :

	$7 + \ldots = 15$	ou	$15 - 7 = \ldots$	(cas d'un ajout à trouver)
et	$12 - \ldots = 8$	ou	$12 - 8 = \ldots$	(cas d'un retrait à trouver)

• **Pour le 1er type de problème,** les écritures seraient du type :

$a + b = \ldots$ et $a - b = \ldots$

• **Pour le 3e type de problème**, les écritures seraient du type :

	$\ldots + b = c$	ou	$c - b = \ldots$	(cas d'un ajout)
et	$\ldots - b = c$	ou	$c + b = \ldots$	(cas d'un retrait)

b. Difficultés

Si l'élève a utilisé un calcul, il n'aura pas de difficulté (cf. les deux dernières procédures) à répondre à la demande.

Mais si sa procédure ne s'appuie pas sur un calcul ou si elle s'appuie sur un enchaînement de calculs ou encore sur des essais de nombres, il risque d'être déstabilisé ou de fournir une écriture mathématique qui correspond à la réponse qu'il a trouvée sans avoir compris pour autant la pertinence du calcul correspondant.

Il est probable également que certains élèves utilisent un calcul, éventuellement erroné, ou ne répondent pas parce que la demande « d'une écriture mathématique qui symbolise leur calcul » les oriente vers ce type de procédure qui ne correspond pas, pour eux, à une méthode possible de résolution du problème posé.

❸ Synthèse que peut formuler l'enseignant

CONSEIL MÉTHODOLOGIQUE : Plusieurs réponses sont possibles à cette question. Le candidat doit donc se positionner soit en envisageant plusieurs possibilités, soit en consultant les indications du livre du maître (ici le premier document), soit encore en se référant à ce qui est demandé dans les activités suivantes.

On peut proposer ici deux éléments de synthèse :

• **1er élément :** Il existe plusieurs manières correctes de résoudre ces problèmes.

• **2e élément :** Chaque problème peut être traduit par un calcul et même pour les problèmes 2 et 3 par plusieurs calculs :

– calcul à trou du type **$17 - \ldots = 4$**

– calcul direct du type **$17 - 4 = \ldots$**

• Un 3e **élément** pourrait être ajouté : l'équivalence par exemple entre des calculs du type **$12 + \ldots = 19$** et **$19 - 12 = \ldots$** Compte tenu de la difficulté de cette équivalence, on peut penser qu'elle peut ici faire l'objet d'une remarque de la part de l'enseignant sans qu'il en vise une appropriation par tous les élèves.

❹ Difficultés nouvelles auxquelles peuvent être confrontés les élèves

Les problèmes posés relèvent de la même typologie que ceux travaillés en activité 1. Deux difficultés peuvent cependant apparaître :

– les données sont fournies par un dessin et par du texte, ce qui nécessite une prise d'information plus complexe que celle qui a été à l'œuvre dans l'activité 1, même si le dessin peut être considéré comme une aide ;

– les nombres sont plus grands, ce qui rend certaines procédures plus difficiles à mettre en œuvre et le recours au calcul mental plus délicat.

❺ Exercice 4 : réponse « 90 billes »

a. **Analyse de la réponse**

L'élève additionne les nombres de l'énoncé. Deux hypothèses peuvent être faites sur l'origine de l'erreur :

– l'élève utilise l'opération qu'il connaît le mieux et qui a été mobilisée au cours des activités de découverte ;

– il est influencé par le fait que l'énoncé indique que « Samira met 10 billes », ce qui suppose une augmentation du contenu de la boîte (erreur classique).

b. **Pour aider l'élève**, l'enseignant peut lui demander :

– d'abord de vérifier si sa réponse est bien en accord avec la situation décrite, en resituant sa réponse dans l'énoncé : *Une boîte contient 90 billes…* et en faisant apparaître une contradiction avec la suite de l'énoncé ;

– ensuite de représenter la situation soit à l'aide d'un dessin (comme la bande dessinée de l'exercice 1 de la « Découverte »), soit avec une boîte et des jetons.

❻ et ❼ Exercices 1, 2 et 6 : difficultés et aides possibles

CONSEIL MÉTHODOLOGIQUE : Les **questions 6 et 7** sont liées en ce qui concerne les exercices 1 et 2. Il est donc possible, voire recommandé, d'y répondre en même temps.

Les exercices 1, 2 et 6 sont purement calculatoires. L'élève ne peut donc pas s'appuyer sur un contexte pour leur donner du sens (notamment pour les calculs « à trous »), sauf s'il est capable de créer un problème associé à l'écriture mathématique donnée.

- **Difficultés possibles**

L'élève peut donc rencontrer des difficultés d'ordre syntaxique qui le conduisent par exemple à répondre :

172 + 372 = 200 pour le calcul **172 + … = 200** parce que le signe « + » l'a incité à additionner les deux nombres donnés ;

130 – 10 = 140 pour le calcul **… – 10 = 140** parce que le signe « – » l'a incité à soustraire les deux nombres donnés.

- **Aide que l'enseignant peut apporter :**

– D'abord lui demander de vérifier si sa réponse correspond bien au calcul proposé (par exemple est-il vrai que 130 – 10 = 140 ?), ce qui peut permettre à l'élève de prendre conscience de son erreur.

– Ensuite mieux isoler les termes de l'égalité, par exemple sous la forme :

.... – 10	=	130

– Traduire l'expression mathématique dans le contexte de la boîte et des jetons.

Une autre difficulté peut être liée à la taille de certains nombres qui rend les calculs plus difficiles que dans l'activité de découverte.

8 Cohérence de l'ensemble des deux activités

La cohérence de l'ensemble des activités tient au fait que tous les problèmes sont de même nature par rapport à la typologie de Gérard Vergnaud, et mettent en œuvre deux états et une transformation qui fait passer d'un état à l'autre.

Les calculs proposés s'inscrivent également dans cette cohérence dans la mesure où ils permettent de traduire ces types de problèmes.

On peut également examiner la progressivité des tâches proposées.

– **Du côté des problèmes**, on passe de problèmes posés dans un cadre pratique (jetons, boîtes) pour lesquels une validation expérimentale est possible à des problèmes posés à partir d'une illustration qui évoque le cadre pratique précédent pour terminer par des problèmes posés à partir d'un énoncé écrit (les premiers – n° 3 à 5 – étant encore situés dans le contexte de la boîte et les suivants dans d'autres contextes). De ce point de vue, on note une réelle progressivité.

– **Du côté de la nature des exercices**, on peut affirmer que la place des exercices purement calculatoires, à la suite des problèmes de découverte, est justifiée par le fait que ceux-ci peuvent ensuite être réinvestis dans les problèmes posés tout au long de l'année scolaire.

– On peut s'interroger sur **la place du problème 5**, seul problème « à deux étapes », tous les autres problèmes pouvant être traités en une seule étape.

CORRIGÉ — ANALYSE DE DOSSIER 2

Énoncé p. 230

Analyse de l'annexe 1

1 Procédures que les élèves peuvent utiliser pour le calcul de 63 – 15.

CONSEIL MÉTHODOLOGIQUE : Les procédures énoncées doivent être adaptées aux connaissances des élèves concernés. Ici, par exemple, l'enjeu de l'activité 2 étant la mise en place d'une technique de soustraction posée en colonnes, celle-ci ne peut pas faire partie des procédures disponibles dans l'activité 1 (d'autant plus qu'elle n'est pas enseignée au CP).

Procédure 1 : Les élèves décomposent les nombres en unités de numération (ce qui peut être encouragé par la présentation faite par l'enseignant), le calcul revient alors à soustraire 1 dizaine et 5 unités de 6 dizaines et 3 unités en commençant soit par les dizaines, soit par les unités. L'impossibilité de soustraire 5 unités de 3 unités conduit à échanger 1 dizaine de 63 contre 10 unités pour rendre possible la soustraction des unités, ce qui revient (si on a commencé par la soustraction des unités) à soustraire 1 dizaine et 5 unités de 5 dizaines et 13 unités.

• Il est probable que des élèves commenceront par la soustraction des dizaines (qui est possible directement). Il devront ensuite soustraire 5 unités de 5 dizaines et 3 unités, mais devront pour cela échanger 1 dizaine contre 10 unités et pouvoir enfin soustraire 5 unités de 4 dizaines et 13 unités.

Procédure 2 : Les élèves représentent les dizaines et les unités par des dessins et opèrent sur ceux-ci comme pour la procédure 1.

Procédure 3 : Les élèves décomposent seulement le 2e terme (**15** sous la forme 10 + 5 ou 10 + 3 + 2) et font un calcul progressif qui peut être illustré par :

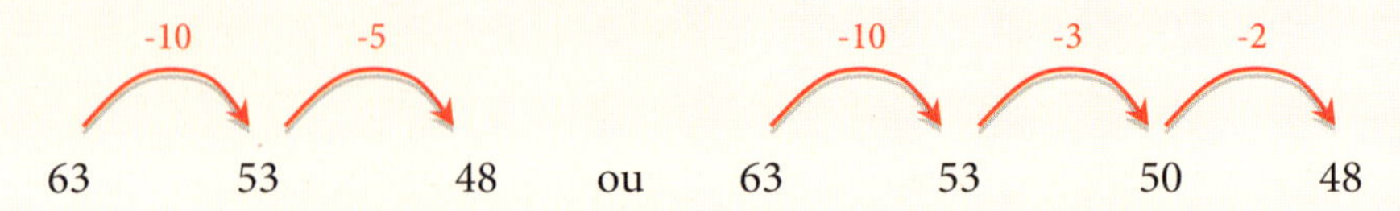

Procédure 4 : Les élèves remplacent le calcul de la différence par le calcul d'un complément et cherchent ce qu'il faut ajouter à **15** pour obtenir **63**. Ils peuvent trouver la réponse en ajoutant, par exemple, successivement **5** (arrivée à 20), puis **40** (arrivée à 60), puis **3** (arrivée à 63) et en faisant la somme des ajouts : 5 + 40 + 3 = 48.

Ils peuvent aussi poser l'addition à trous en colonnes :

```
  15
+ . .
-----
  63
```

❷ Activité 1 : variables didactiques, procédures, difficultés

CONSEIL MÉTHODOLOGIQUE : Pour répondre à cette question (et aux deux suivantes), il faut avoir pris connaissance au préalable de l'ensemble des documents et avoir répondu soi-même à toutes les questions de l'activité 1, en imaginant différentes façons de répondre et les difficultés engendrées par certains choix.

Variables didactiques	Influence sur les procédures et les difficultés
Chiffres des unités des deux termes de la différence.	**Si le chiffre des unités du 2e terme est inférieur ou égal à celui du 1er terme de la différence,** on peut calculer indépendamment sur les unités et sur les dizaines (différence proposée en phase 1). **Si le chiffre des unités du 2e terme est supérieur à celui du 1er terme de la différence,** on ne peut pas calculer indépendamment sur les unités et sur les dizaines : un échange d'une dizaine contre 10 unités est nécessaire (différence proposée en phase 2). Dans ce 2e cas, la difficulté réside dans le fait que des élèves peuvent ne pas penser à cet échange : certains peuvent dire que la soustraction est impossible, d'autres que le chiffre des unités du résultat est 0 (ils « enlèvent le plus possible, ensuite il n'y a rien... ».
Matériel de numération disponible ou non pour les élèves.	**Si les élèves disposent du matériel (dizaines et unités),** ils peuvent obtenir la réponse par manipulation et penser plus facilement à échanger 1 dizaine contre 10 unités. **S'ils n'en disposent pas,** ils doivent soit imaginer cet échange, ce qui peut occasionner des difficultés, soit dessiner le matériel et représenter l'échange.
Calculatrice disponible ou non.	**Si la calculatrice est disponible au moment de l'élaboration des réponses,** Il n'y a plus de problème à résoudre pour les élèves ! En revanche, **la disponibilité de la calculatrice au moment de la mise en commun** est intéressante car elle permet aux élèves de valider (ou invalider) leurs réponses. Ils peuvent ensuite engager une analyse des procédures pour déterminer pourquoi certaines ont abouties au résultat correct et d'autres non.

❸ Connaissances et compétences à institutionnaliser en phase 3

CONSEIL MÉTHODOLOGIQUE : La réponse doit tenir compte de l'enjeu final : mettre en place une technique de calcul posé pour la soustraction. Celle-ci suppose la mobilisation d'un certain nombre de savoir-faire. Il s'agit donc d'identifier ceux que l'on retrouve dans les activités proposées dans les phases précédentes. À noter que la procédure 4 permet de mettre en évidence un moyen de vérification du calcul d'une soustraction par une addition.

Dans la mesure où il s'agit de préparer l'enseignement d'une technique de calcul de la soustraction posée en colonnes (activité 2), les connaissances et compétences qui doivent faire l'objet d'une institutionnalisation lors de l'exploitation de l'activité 1 concernent :

– la décomposition des nombres en unités de numération (ici, dizaines et unités) ;

– la possibilité d'échanger 1 dizaine contre 10 unités pour rendre possible la soustraction des unités lorsque le chiffre des unités du 2e terme de la soustraction est supérieur à celui du 1er terme ;

– la nécessité d'opérer sur les unités et sur les dizaines.

On peut y ajouter le fait que le calcul d'une différence comme 63 – 15 est équivalent à celui d'une addition à trous (15 + … = 63), ce qui prépare la vérification du résulta du calcul d'une différence par calcul d'une somme.

❹ Aides que l'enseignant peut apporter aux élèves en difficulté dans les phases d'entrainement 4 et 6

• Ces deux phases diffèrent notamment par le fait que, en phase 4, les élèves ont à opérer sur des représentations des nombres par les unités de numération alors que, en phase 6, ils ont à opérer sur des représentations des nombres par des pièces et billets de 1 € et 10 € ou sur des nombres donnés par leurs écritures chiffrées.

- **En phase 4**, l'aide peut consister :

– à mettre à disposition de certains élèves le matériel « dizaines et unités » qui permet de réaliser effectivement les actions liées aux calculs évoqués ;

– à inciter les élèves, qui n'ont pas besoin du matériel, à recourir au dessin, comme par exemple dans le remplacement d'une dizaine par 10 unités.

- **En phase 6**, l'aide peut consister :

– à mettre à disposition des élèves le matériel « pièces et billets » qui permet de réaliser effectivement les actions liées aux calculs évoqués (**1er exercice**) ;

– à mettre à disposition des élèves le matériel « dizaines et unités » soit pour remplacer les pièces et billets du 1er exercice, soit pour illustrer les nombres en jeu (**2e exercice**) ;

– à aider les élèves, qui n'ont pas besoin du matériel, à gérer les écrits correspondant aux modifications apportées sur les nombres. Par exemple pour **42 – 18**, un élève écrit lui-même 4 dizaines et 2 unités – 1 dizaine et 8 unités, puis dit à l'enseignant qu'il voudrait échanger une dizaine de 42 contre 10 unités mais qu'il ne sait pas comment l'écrire, l'enseignant peut lui proposer d'écrire sur une 2e ligne :

4 dizaines et 2 unités – 1 dizaine et 8 unités

3 dizaines et 12 unités – 1 dizaine et 8 unités,

Puis l'inciter à poursuivre seul.

Analyse de l'annexe 2

❺ Justification des 2 phases (en 2 étapes chacune) de l'activité

- **Dans la phase 1, la soustraction des chiffres de même rang peut être faite directement.**

La technique de calcul posé (étape 2) ne diffère pas de celle que des élèves ont pu utiliser en calcul réfléchi (étape 1) et que tous peuvent reconnaître comme efficace : soustraire 2 dizaines et 3 unités (matériellement ou directement sur les nombres). Elle n' en est qu'une mise en forme différente… et l' obligation de commencer par les unités ne s'impose pas (même si l'enseignant le conseille) pour préparer la phase suivante.

- **Dans la phase 2, une difficulté apparaît :** soustraire 2 dizaines et 6 unités (matériellement ou directement sur les nombres) ne fonctionne plus (pour les unités). Il est probable que certains élèves seront bloqués ou feront l'erreur qui consiste à n' enlever que les 3 unités disponibles. Il sera donc nécessaire de reformuler la procédure qui permet de réussir : prendre une dizaine au 5 de 53 pour l'échanger contre 10 unités, ce qui permet de soustraire les 6 unités, ce qui permet de justifier la technique proposée ensuite (voir question suivante).

❻ Justification de la technique de calcul posé.

Dans ses explications verbales pour justifier cette technique, l'enseignant doit insister sur les points suivants :

– **nécessité de bien poser l'opération** en alignant verticalement les unités et les dizaines puisqu'on aura à calculer sur ces chiffres ;

– **nécessité de commencer par les unités** pour savoir s'il y a blocage ou non ;

– **procédure utilisée :** on a pris 1 dizaine (sur les 5 de 53) et on l'a échangée contre 10 unités : le 1er terme de la soustraction est maintenant composé de 4 dizaines (écrites au-dessus des 5 dizaines barrées) et de 13 unités (écrites en mettant 1 devant le 3 pour obtenir 13), ce qui permet de faire tous les calculs directement.

❼ Difficultés prévisibles lors de l'extension au calcul de soustractions avec des nombres de 3 chiffres

Ces difficultés peuvent concerner :

– **des opérations posées « à l'envers »** parce que l'élève ne sait pas bien comparer les nombres de 3 chiffres : l'élève pose **268 – 402** au lieu de **402 – 268** ;

– **des opérations mal posées,** notamment dans le cas où les 2 nombres n' ont pas le même nombre de chiffres, par exemple **452 – 78** avec alignement des chiffres sur la gauche et non sur la droite ;

– **la charge de travail :** l'élève doit soutenir son attention plus longuement en gérant à la fois les calculs intermédiaires et les situations de blocage à 2 rangs possibles (unités et dizaines) ;

– **les cas où figurent des 0 dans le 1er terme :** soustractions du type **506 – 68** ou **700 – 57** et où il n'est donc pas possible de prendre directement 1 dizaine pour la transformer en 10 unités (il faut d'abord décomposer 1 centaine en 10 dizaines).

CHAPITRE 11

Multiplication et division

Connaissances mathématiques de référence → Tome 1, chapitre 2

Amorcées au cycle 2, l'essentiel des compétences concernant la multiplication et la division sur les nombres entiers naturels se construisent principalement au cycle 3 (notamment pour la division). Elles sont ensuite étendues au cas du produit et du quotient d'un nombre décimal par un nombre entier naturel et du produit de deux nombres décimaux en fin de cycle 3, puis généralisées aux nombres décimaux et aux fractions au cycle 4.

Comme pour l'addition et la soustraction, les compétences sont de deux types :

– **être capable de résoudre des problèmes relevant de ces deux opérations, d'abord par des procédures personnelles** (c'est-à-dire élaborées par l'élève pour chaque problème, notamment lorsqu'il ne reconnaît pas directement le calcul adéquat à réaliser : recours à des dessins ou schémas, utilisation du dénombrement, recours à des calculs additifs ou soustractifs...), **puis en utilisant les procédures expertes** (à partir de la reconnaissance que tel problème relève de telle opération) ;

– **être capable de produire le résultat d'un calcul**, en choisissant la méthode la plus appropriée compte tenu des nombres en jeu et des outils disponibles (calcul réfléchi, utilisation d'un algorithme, utilisation d'une calculatrice : cf. chap. 9).

DOCUMENTS OFFICIELS[1]

Extrait du BO spécial n° 11 du 26 novembre 2015

<table>
<tr><th colspan="2">PROGRAMME DES CYCLES 2 ET 3
Nombres et calculs (extraits relatifs au domaine multiplicatif)[2]</th></tr>
<tr><th>CYCLE 2</th><th>CYCLE 3</th></tr>
<tr><td>

Attendus de fin de cycle :

Résoudre des problèmes en utilisant des nombres entiers et le calcul

• Résoudre des problèmes issus de situations de la vie quotidienne ou adaptés de jeux portant sur des grandeurs et leur mesure, des déplacements sur une demi-droite graduée…, conduisant à utiliser les quatre opérations.
– Sens des opérations.
– Problèmes relevant des structures multiplicatives, de partages ou de groupements (multiplication/division).

• Modéliser ces problèmes à l'aide d'écritures mathématiques.
– Sens des symboles ×, : .

Calculer avec les nombres entiers

• Mémoriser des faits numériques et des procédures.
– Tables de multiplication.
– Décompositions multiplicatives de 10 et de 100, multiplication par une puissance de 10, doubles et moitiés des nombres d'usage courant, etc.

• Élaborer ou choisir des stratégies de calcul à l'oral et à l'écrit.

• Vérifier la vraisemblance d'un résultat, notamment en estimant son ordre de grandeur.
– […] multiplication, division.
– Propriétés implicites des opérations :
« 3 × 5 × 2, c'est pareil que 3 × 10 ».
– Propriétés de la numération :
« 4 × 60, c'est 4 × 6 dizaines, c'est 24 dizaines, c'est 240 ».

• **Calcul mental :** calculer mentalement pour obtenir un résultat exact ou évaluer un ordre de grandeur.

• **Calcul en ligne :** calculer en utilisant des écritures en ligne additives, soustractives, multiplicatives, mixtes.

• **Calcul posé :** mettre en œuvre un algorithme de calcul posé pour la multiplication.

</td><td>

Attendus de fin de cycle :

Résoudre des problèmes en utilisant des fractions simples, les nombres décimaux et le calcul

• Résoudre des problèmes mettant en jeu les quatre opérations.
– Sens des opérations.
– Problèmes relevant :
– […]
– des structures multiplicatives.

Calculer avec des nombres entiers et des nombres décimaux

• Mémoriser des faits numériques et des procédures élémentaires de calcul.

• Élaborer ou choisir des stratégies de calcul à l'oral et à l'écrit.

• Vérifier la vraisemblance d'un résultat, notamment en estimant son ordre de grandeur.
– Addition, soustraction, multiplication, division.
– Propriétés des opérations :
3 × 5 × 2 = 3 × 10
5 × 12 = 5 × 10 + 5 × 2
– Faits et procédures numériques additifs et multiplicatifs.
– Multiples et diviseurs des nombres d'usage courant.
– Critères de divisibilité (2, 3, 4, 5, 9, 10).

• **Calcul mental :** calculer mentalement pour obtenir un résultat exact ou évaluer un ordre de grandeur.

• **Calcul en ligne :** utiliser des parenthèses dans des situations très simples.
– Règles d'usage des parenthèses.

• **Calcul posé :** mettre en œuvre un algorithme de calcul posé pour […] la multiplication, la division.
–Techniques opératoires de calcul (dans le cas de la division, on se limite à diviser par un entier).

• **Calcul instrumenté :** utiliser une calculatrice pour trouver ou vérifier un résultat.
– Fonctions de base d'une calculatrice.

</td></tr>
</table>

1. Concernant les enjeux généraux de l'enseignement du calcul exprimés dans les programmes des cycles 2 et 3, se reporter au chapitre 9, p. 00.

2. Pour favoriser la lecture de la continuité des attendus entre le cycle 2 et le cycle 3, l'ordre des deux rubriques a été inversé pour le cycle 3.

REPÈRES DE PROGRESSIVITÉ (extraits)	
CYCLE 2	**CYCLE 3**
Au CP, les élèves commencent à résoudre des **problèmes additifs et soustractifs** auxquels s'ajoutent des **problèmes multiplicatifs** dans la suite du cycle. L'étude de la **division**, travaillée au cycle 3, est initiée au cours du cycle 2 dans des situations simples de partage ou de groupement. Elle est ensuite préparée par la résolution de deux types de problèmes : ceux où l'on cherche combien de fois une grandeur contient une autre grandeur et ceux où l'on partage une grandeur en un nombre donné de grandeurs. Au CE2, les élèves sont amenés à résoudre des problèmes plus complexes, éventuellement à deux étapes, nécessitant par exemple l'exploration d'un tableau ou d'un graphique, ou l'élaboration d'une stratégie de résolution originale. Le réinvestissement dans de nombreux problèmes arithmétiques élémentaires permet ensuite aux élèves d'accéder à différentes compréhensions de chaque opération. **En ce qui concerne le calcul**, les élèves établissent puis doivent progressivement mémoriser : – des faits numériques : décompositions/recompositions [...] multiplicatives dans la suite du cycle[3] (dont les tables de multiplication) ; – des procédures de calculs élémentaires. Ils s'appuient sur ces connaissances pour développer des procédures de calcul adaptées aux nombres en jeu pour [...] les multiplications au CE1 ainsi que pour obtenir le quotient et le reste d'une division euclidienne par un nombre à 1 chiffre et par des nombres comme 10, 25, 50, 100 en fin de cycle. Les **opérations posées** permettent l'obtention de résultats notamment lorsque le calcul mental ou écrit en ligne atteint ses limites. Leur apprentissage est aussi un moyen de renforcer la compréhension du système décimal de position et de consolider la mémorisation des relations numériques élémentaires. Il a donc lieu lorsque les élèves se sont appropriés des stratégies de calcul basées sur des décompositions/recompositions liées à la numération décimale, souvent utilisées également en calcul mental ou écrit. Au **CE2**, ils consolident la maîtrise de la **soustraction** ; ils apprennent une technique de calcul posé pour la **multiplication**, tout d'abord en multipliant un nombre à deux chiffres par un nombre à un chiffre puis avec des nombres plus grands. Le choix de ces techniques est laissé aux équipes d'école, il doit être suivi au cycle 3.	**Le calcul :** La pratique du calcul mental s'étend progressivement des nombres entiers aux nombres décimaux, et les procédures à mobiliser se complexifient. **Les différentes techniques opératoires** portent sur des nombres entiers et/ou des nombres décimaux : – [...] – multiplication d'un nombre décimal par un nombre entier au CM2, de deux nombres décimaux en 6e ; – division euclidienne dès le début de cycle, division de deux nombres entiers avec quotient décimal, division d'un nombre décimal par un nombre entier à partir du CM2. **La résolution de problèmes :** La progressivité sur la résolution de problèmes, outre la structure mathématique du problème, repose notamment sur : – les nombres mis en jeu : entiers (tout au long du cycle) puis décimaux ; – le nombre d'étapes de calcul et la détermination ou non de ces étapes par les élèves : selon les cas, à tous les niveaux du cycle 3, on passe de problèmes dont la solution engage une démarche à une ou plusieurs étapes indiquées dans l'énoncé à des problèmes, en 6e, nécessitant l'organisation de données multiples ou la construction d'une démarche ; – les supports envisagés pour la prise d'informations : la collecte des informations utiles peut se faire à partir d'un support unique en CM1 (texte ou tableau ou représentation graphique) puis à partir de deux supports complémentaires pour aller vers des tâches complexes mêlant plusieurs supports en 6e. La communication de la démarche et des résultats prend différentes formes et s'enrichit au cours du cycle. Dès le début du cycle, les problèmes proposés relèvent des quatre opérations, l'objectif est d'automatiser la reconnaissance de l'opération en fin de cycle 3.

3. Ce qui signifie « à partir du CE1 ».

REPÈRES POUR ENSEIGNER

En prenant appui sur la caractérisation d'un concept[4] par Gérard Vergnaud, dans ce chapitre sont successivement examinés :

– les problèmes qui peuvent être proposés aux élèves pour assurer une bonne compréhension de la multiplication et de la division ;
– les éléments langagiers à mettre en place (signes opératoires, vocabulaire) ;
– les modes de calcul à développer tout au long de la scolarité ;
– l'approche de la notion de multiple.

4. Caractérisation d'un concept définie par Gérard Vergnaud, cf. chap. 1 p. 21-22.

1 Typologie des problèmes de multiplication et de division

Les problèmes envisagés dans ce chapitre sont ceux qui peuvent être résolus en utilisant soit une multiplication soit une division. Dans un premier temps, nous n'envisagerons que des problèmes qui font intervenir des **nombres entiers** avant d'étudier les difficultés spécifiques qui peuvent apparaitre avec les nombres décimaux.

De nombreux problèmes supposent le recours à plusieurs opérations : pour être résolus, ils doivent être décomposés en « sous-problèmes » que l'on peut résoudre à l'aide d'une opération. Les difficultés liées à la décomposition d'un problème en sous-problèmes « élémentaires » sont évoquées dans le chapitre 5.

En nous appuyant sur la classification des situations multiplicatives proposée par G. Vergnaud, nous retenons les 4 catégories décrites ci-dessous Pour chacune d'entre elles, sont proposés quelques exemples d'énoncés.[2]

Nous n'avons ici retenu que 4 des 6 catégories recensées par G. Vergnaud, suffisantes pour décrire les problèmes rencontrés à l'école primaire.

La multiplication, la division, et la proportionnalité ne peuvent pas être étudiées de façon complètement indépendante. C'est pourquoi la notion de proportionnalité est déjà évoquée ici alors qu'elle fait l'objet d'un développement plus approfondi dans le chapitre suivant.

Catégorie 1 Situations de proportion simple, avec présence de l'unité

Ces situations peuvent être représentées par un schéma fonctionnel du type :

1	→	c	Les différents problèmes sont générés en plaçant
b	→	d	l'inconnue en d, en c ou en b.

A. Problèmes de multiplication

1	→	c
b	→	?

Exemples de problèmes

1.A1 Je déplace un pion sur une piste graduée, par bonds réguliers de longueur 16. En partant de 0 j'ai avancé de 12 bonds. Quelle est la position d'arrivée ?

1.A2 J'ai collé 32 timbres sur chaque page d'un album de 14 pages. Combien y a-t-il de timbres dans l'album ?

1.A3 Dans une bande, j'ai découpé 12 rubans de 8 cm chacun. Quelle longueur de bande ai-je utilisée ?

1.A4 Je veux faire 12 paquets identiques de 28 bonbons chacun. Combien me faut-il de bonbons ?

• **Schéma du problème A1** :

Nombre de bonds		Position d'arrivée
1	→	16
12	→	?

• **Modélisation de tous ces problèmes** :

$d = b \times c$ d étant l'inconnue.

B. Problèmes de division-partition ou de partage
(recherche de la « valeur d'une part »)

1	→	?
b	→	d

Exemples de problèmes

1.B1 Je déplace un pion sur une piste graduée, par bonds réguliers. En partant de 0 et en 12 bonds, le pion arrive à la position 192. Quelle est la valeur de chaque bond ?

1.B2 J'ai collé 448 timbres dans un album de 14 pages. Il y a le même nombre de timbres sur chaque page. Combien y a-t-il de timbres sur chaque page ?

1.B3 Dans une bande de 100 cm, j'ai découpé 12 rubans de même longueur. Quelle est la longueur de chaque ruban ?

1.B4 Avec 354 bonbons je veux faire 12 paquets identiques. Combien y aura-t-il de bonbons dans chaque paquet ?

- **Schéma du problème B1 :**

Nombre de bonds		Position d'arrivée
1	→	?
12	→	192

La valeur de chaque bond est donnée par la position d'arrivée à l'issue du 1er bond.

- **Schéma du problème B4 :**

Nombre de paquets		Nombre de bonbons
1	→	?
12	→	(354)

354 est mis entre parenthèses, car on n'est pas certain que tous les bonbons seront utilisés.

- **Modélisation des problèmes B1, B2 et B4 :**

$d = (b \times c) + r$ avec $0 \leq r < b$ c étant le nombre cherché.
Tous les nombres sont des entiers naturels.

- **Modélisation du problème B3 :**

$d = b \times c$ c pouvant être un nombre décimal ou rationnel.

C. Problèmes de division-quotition ou de groupement
(recherche du « nombre de parts »)

1	→	c
?	→	d

Exemples de problèmes

1.C1 Je déplace un pion sur une piste graduée, en partant de 0, par bonds réguliers de longueur 12. Je suis arrivé à la position 192. En combien de bonds ?

1.C2 J'ai collé 448 timbres dans un album. Il y a 14 timbres sur chaque page. Combien de pages ont été remplies ?

1.C3 Dans une bande de 100 cm, j'ai découpé des rubans de 12 cm. Combien de rubans ?

1.C4 Avec 354 bonbons je veux faire des paquets identiques de 12 bonbons. Combien y aura-t-il de paquets remplis ?

- **Schéma du problème C1 :**

Nombre de bonds		Position d'arrivée
1	→	12
?	→	192

- **Schéma du problème C4 :**

Nombre de paquets		Nombre de bonbons
1	→	12
?	→	(354)

354 est mis entre parenthèses, car on n'est pas certain que tous les bonbons seront utilisés.

- **Modélisation des problèmes C1, C2 et C4 :**

$d = (b \times c) + r$ avec $0 \leq r < c$ b étant le nombre cherché.
Tous les nombres sont des entiers naturels.

- **Modélisation du problème C3 :**

$d = b \times c$ b pouvant être un nombre décimal ou rationnel.

Remarques à propos de la catégorie 1

- **Les nombres utilisés sont situés :**

– soit dans un **contexte ordinal** (sauts réguliers sur une piste graduée ou évocation du comptage de *n* en *n* pour le problème A) ;

– soit dans un **contexte cardinal** (évocation d'objets isolés pour les problèmes B et D) ;
– soit dans un **contexte de mesure** (problème C).
Les schématisations possibles sont alors de natures différentes.

- **Tous les problèmes sont formulés ici avec des nombres naturels,** mais le résultat n'est pas toujours un naturel (cf. problème B3 pour la division-partition).
- **C'est le contexte qui impose ou non l'existence d'un reste nul ou non** ou encore que le résultat soit un nombre naturel. Ainsi, pour les problèmes B1 et B2 de division-partition et pour le problème C1 de division-quotition, la formulation laisse entendre que le reste est nul. **Le contexte est donc ici une variable importante**, qui conditionne la mise en forme mathématique du problème et permet de décider de l'utilisation de la **division euclidienne** (par exemple pour le problème C4) ou de **la division décimale** ou avec un résultat fractionnaire (par exemple pour le problème C3).
- **Dans le cas de la division-partition**, le problème revient à « partager un nombre par un autre » pour trouver le nombre de parts. Dans celui de la **division-quotition,** le problème revient à « chercher combien de fois un nombre est contenu dans un autre » pour trouver la valeur de chaque part.

Catégorie 2 Situations de proportion simple, sans présence de l'unité

Ces situations peuvent être représentées par un schéma fonctionnel du type :

a	→	c	avec a et b différents de 1.
b	→	d	Les problèmes générés sont obtenus en plaçant l'inconnue en a, en d, en c ou en b.

Ces problèmes ne peuvent pas être résolus en faisant intervenir une seule opération (multiplication ou division). Ils relèvent de la proportionnalité, étudiée au chapitre 12.

➤ Typologie des problèmes de proportionnalité, chap. 12 p. 295.

Catégorie 3 Situations de comparaison faisant intervenir des expressions du type « fois plus », « fois moins »

Ces situations peuvent être représentées par un schéma fonctionnel du type :

objet A a
↓ c fois plus ou c fois moins
objet B b

Les problèmes générés sont obtenus en plaçant l'inconnue en a en b ou en c.

Exemples de problèmes

3.1 Pierre a 7 ans. Son père est quatre fois plus âgé. Quel est son âge ?

3.2 Jean a fait un parcours en voiture de 360 km. André a parcouru 90 km. Combien de fois de plus qu'André Jean a-t-il parcouru de kilomètres ?

- **Schéma du problème 1 :**

Pierre 7 ans
↓ 4 fois plus âgé
Père de Pierre ?

- **Schéma du problème 2 :**

Jean 360 km
↑ ? fois plus
André 90 km

Catégorie 4 Situations de produit de mesures

Il s'agit de situations qui peuvent être schématisées par un **tableau à double entrée** ou un **quadrillage rectangulaire régulier** (ou par un arbre) ou l'**aire d'un rectangle**.

	B_1	B_2	...
A_1			
A_2			
A_3			
...			

a

b $a \times b$

A. Problèmes de multiplication

Exemples de problèmes

4.A1 Quel est le nombre de carreaux sur une page de cahier quadrillé de 25 carreaux sur 60 carreaux ?

4.A2 Avec 3 sortes de figures (carré, triangle, rond) et 5 couleurs, combien peut-on réaliser de pièces différentes ?

4.A3 Quelle et l'aire d'un champ rectangulaire de 84 m sur 105 m ?

• **Schématisation pour le problème A2 :**

	carré	rond	triangle
Jaune			
Rouge			
Bleu			
Vert			
Blanc			

B. Problèmes de division

Exemples de problèmes

4.B1 Pour faire un quadrillage rectangulaire de 180 carreaux ayant 12 carreaux sur un côté, combien faut-il de carreaux sur l'autre côté ?

4.B1 bis J'ai 200 carreaux. Je veux réaliser un quadrillage rectangulaire le plus grand possible ayant 12 carreaux sur un côté. Combien y aura-t-il de carreaux sur l'autre côté ?

4.B2 Jean a 4 chemises différentes. Combien doit-il acheter de pantalons différents pour avoir 20 façons de s'habiller ?

4.B3 Un rectangle de 13 m de largeur a pour aire 256 m². Quelle est sa longueur ?

• **Modélisation des problèmes par l'équation :**
$n = b \times x$

• **Problème B1 :**
$n = 180$ $b = 12$ x = nombre cherché.

• **Problème B2 :**
$n = 20$ $b = 12$ x = nombre cherché.

• **Problème B3 :**
$n = 256$ $b = 13$ x = nombre cherché.

• **Problème B1 bis** : la formulation laisse ouverte la possibilité d'un reste non nul, la modélisation est alors du type :
$n = (b \times x) + r$ avec $n = 200$ $b = 12$
x = nombre cherché r = reste éventuel.

ENTRAINEMENT 1

Corrigé p. 271

Voici une liste de problèmes :

1. On veut transporter 430 personnes dans des autocars qui peuvent recevoir chacun 38 personnes. Combien faut-il d'autocars ?

2. Dans une bandelette de tissu de 430 cm de long, on découpe des rubans de 38 cm chacun. Combien de rubans peut-on découper ?

3. On découpe une bandelette de 430 cm de long en exactement 38 rubans (tous identiques). Quelle est la longueur de chaque ruban ?

4. Un rectangle de 38 cm de long a pour aire 430 cm^2. Quelle est la largeur de ce rectangle ?

5. On partage équitablement 430 € entre 38 personnes. Quelle est la part de chaque personne ?

6. L'âge de Pierre est le quadruple de celui de Jules qui a 15 ans. Pierre a 60 ans. Quel est l'âge de Jules ?

Situer chacun de ces problèmes dans la typologie précédente.

2 Procédures de résolution utilisables par les élèves

Nous présentons ici une synthèse des différents types de procédures que les élèves peuvent utiliser, en distinguant les problèmes « de multiplication » et les problèmes « de division » dans le cas des nombres naturels.[5] Ces procédures dépendent à la fois de l'interprétation que l'élève fait de la situation, des « procédures expertes de résolution » qu'il connaît pour certains types de problèmes et de la taille des nombres en présence qui sont des variables didactiques décisives.[6]

5. Le cas des situations faisant intervenir des nombres décimaux est examiné au § 4.

6. Voir au § 3 un exemple d'influence de ces variables didactiques.

2.1 Pour résoudre les problèmes « de multiplication »

A. Problèmes de type « proportionnalité simple avec présence de l'unité »

A partir du problème suivant, nous proposons une synthèse des procédures que les élèves peuvent utiliser pour résoudre un problème de « multiplication ».

Problème 1

Le directeur de l'école a acheté x boites de y crayons chacune.
Combien a-t-il acheté de crayons ?

Ce problème, situé dans un contexte familier, peut être modélisé comme problème de « proportion simple avec présence de l'unité » et schématisé par :

nombre de boites	nombre de crayons
1	y
x	?

Le tableau est utilisé pour présenter les données de façon synthétique. Il ne fournit pas de méthode de résolution. Le nombre 1 n'est pas explicitement donné dans l'énoncé, mais indiqué par le mot « chacune ».

Une étude plus complète des variables didactiques est proposée au § 3 p. 257.

Les **valeurs** qui peuvent être données aux **nombres** x **et** y sont des **variables didactiques importantes** qui vont influer sur l'efficacité des différentes procédures de résolution qui peuvent être utilisées par les élèves.

Cas 1 y petit et x petit

EXEMPLE : $y = 6$ et $x = 4$; 4 boites de 6 crayons.

• Procédure utilisant le support d'un dessin ou d'un schéma

Représentation des 4 paquets de 6 crayons

|||||| |||||| |||||| ||||||

puis dénombrement des crayons « un par un » ou « de six en six ».

• Procédure additive

$6 + 6 + 6 + 6 = 24$ en contrôlant que 6 est bien utilisé 4 fois.

On peut également placer dans ce type de procédures des solutions du type comptage de 6 en 6 :

6 / 12 / 18 / 24 dans laquelle l'addition itérée n'est pas explicitée.

• Procédure multiplicative

Calcul mental de 6×4, en utilisant un résultat de la table de multiplication.

Cas 2 y assez grand et x petit

EXEMPLE : $y = 48$ et $x = 6$; 6 boites de 48 crayons.

Les procédures utilisant le support d'un dessin ou d'un schéma deviennent très coûteuses.

• Procédures de type additif :

Elles sont encore efficaces, à condition toutefois de savoir calculer des sommes de nombres ayant 2 ou 3 chiffres. Le calcul additif peut devenir plus économique si l'élève pense à utiliser des regroupements de termes, par exemple :

$48 + 48 \quad + \quad 48 + 48 \quad + \quad 48 + 48$

$96 \quad + \quad 96 \quad + \quad 96$ etc.

Dès que x devient un peu plus grand (ex : $x = 15$), des difficultés relatives au contrôle du nombre d'itérations de y risquent d'apparaître.

• Procédure multiplicative

Elle est très efficace si on sait réaliser les calculs du type 48×6 ou si on dispose d'une calculatrice.

Dans le cas où $x = 10$, cette procédure multiplicative devient très avantageuse si on dispose de la « règle de multiplication par 10 ».

Cas 3 y grand et x grand

EXEMPLE : $y = 64$ et $x = 34$; 34 boites de 64 crayons.

• Procédures de type « dessin » ou « schéma »

Elles sont inutilisables pour résoudre complètement le problème.

• Procédures de type additif

Elles deviennent très difficiles (contrôle du nombre d'itérations de y, nombre de calculs à effectuer). Cependant, des moyens de calcul qui économisent le travail à effectuer peuvent être trouvés par les élèves, comme par exemple :

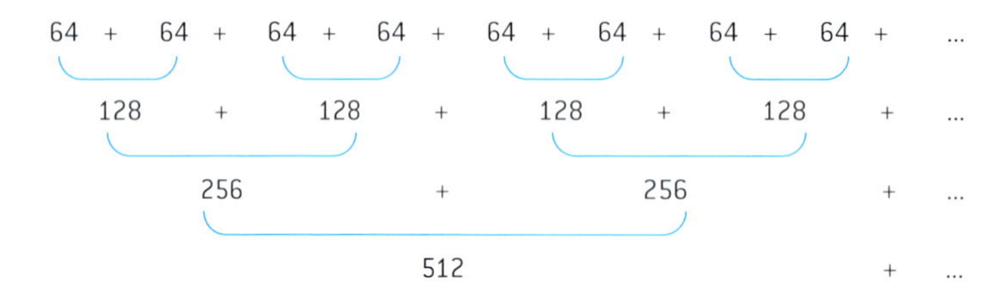

Dans cette optique, des procédures additives qui utilisent des multiples de y peuvent être mobilisées :

– utilisation de doubles : 128 + 128 + 128 + ...

– utilisation de produits par 10 : 640 + 640 + 640 + 64 + 64 + 64 + 64.

Les calculs sont alors plus simples, mais le contrôle du nombre d'itérations de y est plus difficile.

• Procédure multiplicative

C'est ici la procédure la plus efficace si on sait calculer des produits ou si on dispose d'une calculatrice.

> Certaines valeurs de x ou de y peuvent rendre les calculs plus faciles et exécutables mentalement (valeurs comme 20, 100, 50, 25).

B. Problèmes de type « produit de mesures »

D'autres procédures que celles qui viennent d'être évoquées doivent être envisagées si le problème est d'un autre type (selon la typologie de Vergnaud).

➤ Typologie de Vergnaud, § 1 p. 246.

Problème 2

Combien de menus différents peuvent être composés avec 3 entrées (salade, jambon, pâté) et 4 plats principaux (poisson, mouton, bœuf, omelette) ?

Les **procédures** que l'on peut envisager sont :

- **Écriture de tous les couples possibles**

La question du contrôle de l'exhaustivité se pose alors.

- **Résolution par un schéma**

Cela permet d'assurer la représentation de tous les couples, par exemple avec un **arbre** :

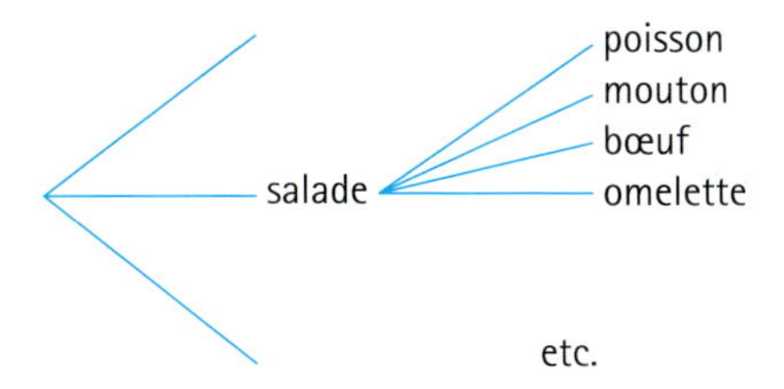

- **Résolution par un tableau à double entrée**

C'est une solution également envisageable, car on n'a que deux choix à effectuer :

	poisson	mouton	bœuf	omelette
Salade				
Jambon				
Pâté				

- **Résolution par un raisonnement**

À chaque entrée, on peut associer 4 plats principaux, d'où l'addition $4 + 4 + 4$ ou la multiplication 4×3 (car l'association peut avoir lieu 3 fois).

ENTRAINEMENT 2

Corrigé p. 271

Imaginer les types de procédures que des élèves peuvent mettre en œuvre pour le problème suivant, en relation avec les valeurs données à x et à y.

Combien y a-t-il de carreaux sur une feuille quadrillée de x carreaux sur y carreaux ?

2.2 Pour résoudre les problèmes de « division »

À partir du problème suivant, nous proposons d'examiner les différentes procédures de base correctes que les élèves peuvent utiliser pour résoudre des problèmes de division[7].

Problème 3

On range 273 œufs dans des boites de 12.
Combien de boites peut-on remplir ?

Certaines procédures décrites sont adaptées pour les problèmes de type « quotition » (dont fait partie l'exemple donné), mais pas pour les problèmes de type « partition ».

7. Pour cela nous nous appuyons sur l'étude de Robert Neyret « Comment font-ils : l'écolier et le problème de mathématiques », publiée dans la revue de l'INRP *Rencontres Pédagogiques* n° 4. La classification proposée est inspirée de cet ouvrage.

A. Procédures imagées

1. Dessin figuratif

000000 000000	000000 000000	000000 000000
000000 000000	etc.	000000 000

- La **procédure 1** est très proche de l'action évoquée par la situation que l'élève essaie de simuler par un dessin plus ou moins schématisé : il a soit dessiné les œufs puis fait des groupements de 12 œufs, soit dessiné directement des groupements de 12 œufs (en contrôlant qu'il ne dépasse pas 273 œufs).

2. Dessin schématisé

12	12	12	etc.

- Dans la **procédure 2**, l'élève doit régulièrement contrôler qu'il ne dépasse pas 273, en comptant de 12 en 12 ou en additionnant les « 12 » représentés.

- **Ces procédures** deviennent très vite peu économiques et difficiles à gérer dès que les nombres sont plus grands.
Il s'agit parfois de procédures d'entrée dans le problème qui permettent à l'élève de comprendre la situation et d'imaginer une autre procédure plus rapide.

B. Procédures progressives fondées sur l'addition ou la soustraction

3. Additions « pas à pas »

$12 + 12 = 24 + 12 = 36 + 12 = 48$
etc.

- Dans les calculs de la 1re **procédure**, il faut à la fin retrouver le nombre de fois où 12 a été additionné ou soustrait. Cette suite d'égalités, où l'usage du signe = est incorrect du point de vue mathématique, traduit cependant la démarche de l'élève qui simule le remplissage des boites une à une en faisant un bilan des œufs utilisés après chaque boite remplie.

ou

$12 + 12 + 12 + 12 + 12 = 60$
$12 + 12 + 12 + 12 + 12 = 60$
$60 + 60 = 120$
etc.

- La 2e **procédure** est comparable à la précédente, mais l'élève fait des bilans partiels du nombre d'œufs utilisés et réutilise ses calculs antérieurs.

4. Soustraction « pas à pas »

$273 - 12 = 261$
$261 - 12 = 249$
$249 - 12 = 237$
etc.

- L'élève s'intéresse ici aux œufs restants à mettre en boites plutôt qu'aux œufs déjà utilisés (cas des procédures par additions « pas à pas »).
- Les procédures envisagées en 3 et 4 deviennent vite coûteuses avec des nombres assez grands. D'autre part, certains élèves, parvenus à la fin de leurs calculs, ne savent plus comment trouver le nombre de boites (surcharge cognitive).

5. Additions ou soustractions de multiples du diviseur

$$\begin{array}{r} 48 \\ +\ 48 \\ \hline 96 \\ +\ 48 \\ \hline 144 \\ \text{etc.} \end{array} \quad \text{ou} \quad \begin{array}{r} 273 \\ -\ 48 \\ \hline 225 \\ -\ 48 \\ \hline 177 \\ \text{etc.} \end{array}$$

• Ces procédures sont en fait des améliorations des procédures précédentes, l'élève utilisant le plus souvent un résultat obtenu mentalement (qui correspond au remplissage de plusieurs boites).

• Ces procédures deviennent plus efficaces lorsque l'élève a l'idée d'utiliser des multiples de 10 (et plus tard de 100), ce qui allège la charge de calcul.

POUR LES PROBLÈMES DE TYPE « PARTITION », CES PROCÉDURES SONT MOINS EFFICACES : Par exemple, pour le problème : *On range 273 œufs dans 12 grandes boites en mettant le même nombre d'œufs dans chaque boite. Combien y aura-t-il d'œufs dans chaque boite ?*, le recours à des additions ou soustractions itérées n'est pas impossible, mais moins naturel et plus délicat du point de vue du raisonnement sous-jacent. Il faut, par exemple, imaginer une distribution où, à chaque tour, on place un œuf par boite et se dire qu'au terme d'un tour on a utilisé 12 œufs. Il faut alors penser que 12 + 12 + 12 correspond à 3 tours de distribution et donc à 3 œufs par boite.

C. Procédures multiplicatives

L'élève cherche à résoudre une équation du type $a \times x = b$.

6. Pose de la multiplication à trou

$$\begin{array}{r} 12 \\ \times\ .. \\ \hline 273 \end{array}$$

• Procédure délicate lorsque, comme dans l'exemple, le reste n'est pas nul, mais qui peut être une procédure d'entrée vers les procédures suivantes.

7. Essais de multiples successifs du diviseur

$12 \times 10 = 120$
$12 \times 12 = 144$
$12 \times 11 = 132$
$12 \times 13 = 156$
etc.

• Procédure qui peut être fastidieuse si l'élève commence son exploration « trop bas », souvent abandonnée au profit de la suivante.

8. Essais par approches successives

$$\begin{array}{r} 12 \\ \times\ 30 \\ \hline 360 \end{array} \quad \begin{array}{r} 12 \\ \times\ 25 \\ \hline 300 \end{array} \quad \begin{array}{r} 12 \\ \times\ 15 \\ \hline 180 \end{array} \quad \begin{array}{r} 12 \\ \times\ 20 \\ \hline 240 \end{array}$$

etc.

• L'efficacité de cette procédure dépend à la fois de la qualité de l'approximation effectuée au départ et des ajustements successifs en fonction de l'écart du résultat obtenu avec le nombre cible qu'est le dividende. Elle conduit souvent à la réussite, car moins sensible que d'autres à la taille des nombres en présence.

Dans cet exemple, l'élève se rend compte que 360 est très éloigné de 273. Il essaie donc un nouveau multiplicateur (25) qui donne encore un résultat trop grand...

D. Procédures mixtes

L'élève utilise la multiplication et la soustraction.

9. Quotients partiels « au hasard »

$$\begin{array}{r} 12 \\ \times\ 15 \\ \hline 180 \end{array} \quad \begin{array}{r} 273 \\ -\ 180 \\ \hline 93 \end{array} \quad \begin{array}{r} 12 \\ \times\ 7 \\ \hline 84 \end{array} \quad \begin{array}{r} 93 \\ -\ 84 \\ \hline 9 \end{array}$$

quotient : $15 + 7 = 22$, reste : 9

• Pour ces procédures mixtes, l'élève fait un essai de multiple (inférieur au dividende), calcule l'écart entre ce produit et le dividende, puis recommence avec l'écart. Il obtient ainsi une suite de quotients partiels qu'il doit ensuite additionner.

10. Utilisation de multiples de 10, 100... pour les quotients partiels

$$\begin{array}{r} 12 \\ \times\ 20 \\ \hline 240 \end{array} \quad \begin{array}{r} 273 \\ -\ 240 \\ \hline 33 \end{array} \quad \begin{array}{r} 12 \\ \times\ 2 \\ \hline 24 \end{array} \quad \begin{array}{r} 33 \\ -\ 24 \\ \hline 9 \end{array}$$

• Ces types de procédures peuvent déboucher sur une présentation traditionnelle « en potence ».

$$\begin{array}{r|l} 273 & 12 \\ \cline{2-2} -\ 240 & 20 \\ \cline{1-1} 33 & \\ -\ 24 & \\ \cline{1-1} 9 & \end{array}$$

E. Utilisation de la division

11. Calcul de la division de 273 par 12 ou utilisation d'une calculatrice.

• Ici l'élève a reconnu le modèle expert dont relève le problème posé.

PLUSIEURS PROCÉDURES :

Les types de procédures envisagées ici sont en fait des modèles de base. Très souvent la solution d'un élève utilise simultanément ou successivement plusieurs de ces procédures.

Par exemple :

$12 \times 10 = 120$ $\quad$ $12 \times 20 = 240$ $\quad$ $240 + 12 = 252$

$252 + 12 = 264$ $\quad$ $264 + 12 = 276$

Il y a 22 boites pleines.

L'élève a commencé par une procédure de type (7) et terminé par une procédure de type (3).

ENTRAINEMENT 3

Corrigé p. 272

Imaginer les types de procédures que des élèves peuvent mettre en œuvre pour le problème suivant :

Le directeur de l'école a acheté 26 tables qui coûtent toutes le même prix. Il a payé 1 092 €. Quel est le prix de chaque table ?

3 Principales variables didactiques et erreurs caractéristiques

3.1 Variables didactiques

Certaines variables didactiques ont déjà été mises en évidence à l'occasion de l'analyse des procédures que les élèves peuvent mettre en œuvre pour résoudre des problèmes, notamment :
– la **familiarité avec le contexte** ;
– la **manière dont l'énoncé est formulé** (ordre dans lequel sont fournies les données, place de la question, forme uniquement textuelle ou texte accompagné d'une image ou d'un dispositif expérimental…).
Outre ces variables très importantes pour tous les problèmes, d'autres sont plus spécifiques des problèmes relevant de la multiplication ou de la division.

A. Problèmes à résoudre par une multiplication ou une division

Plusieurs facteurs influent sur la plus ou moins grande difficulté du problème et les procédures que les élèves peuvent mobiliser :

- **Type de problèmes**

Les problèmes de type « proportion simple » (avec présence de l'unité) sont, par exemple, souvent mieux réussis que les problèmes du type « produit de mesures ».

- **Types de nombres utilisés**

Nous verrons notamment, au § 3.2, que les nombres décimaux posent, dans les problèmes multiplicatifs, des difficultés tout à fait particulières.

➤ **Problèmes faisant intervenir les nombres décimaux,** § 3.2 p. 259.

- **Taille des nombres en jeu**

Elle rend possible ou non telle ou telle catégorie de procédures. En particulier, pour les problèmes relevant de la division, la taille du dividende et du diviseur rend plus ou moins coûteuse une résolution par recours à un « dessin » de la situation ou une résolution mentale ainsi qu'un traitement par une suite d'additions ou de soustractions répétées.

- **Outils de calcul disponibles ou non**

La calculatrice permet, par exemple, de ne pas faire intervenir les compétences en calcul des élèves et leur laisse ainsi plus de liberté quant au choix de la procédure.

B. Problèmes de « division »

Trois autres **variables didactiques** peuvent être mises en évidence :

- **Valeur du quotient**

Celui-ci est plus ou moins facile à calculer selon qu'il est ou non composé d'un seul chiffre ou qu'il s'exprime par un nombre entier de dizaines ou de centaines…

- **Existence ou non d'un reste non nul**

Cela peut rendre les calculs plus ou moins facilement interprétables.

- **Réponse à interpréter à partir d'un terme de la division**

La réponse peut être fournie :
– soit par le quotient entier ;
– soit par le quotient augmenté de 1 ;
– soit par le reste ;
– soit par le quotient et le reste.

Les problèmes les plus fréquents se limitent à exiger une réponse utilisant le quotient entier, ce qui fait que les autres cas sont plus difficiles à interpréter.

3.2 Erreurs caractéristiques

A. Problèmes ne faisant intervenir que des nombres entiers

Il n'est pas possible ici de détailler toutes les erreurs possibles. On se limitera donc à quelques catégories qui peuvent servir de référence dans l'analyse à priori d'une activité ou dans l'analyse de productions d'élèves.

- **Erreurs dans le choix de la procédure de résolution**

Elles peuvent en particulier être influencées par des **termes de l'énoncé** ou par un **contexte** qui a souvent été utilisé pour une autre opération. Trois exemples :

Problème 4

Olivier achète 6 objets qui valent chacun le même prix. Il paie 54 €.
Quel est le prix de chaque objet ?

La présence du mot « chaque » est souvent un indice utilisé par les élèves pour identifier les problèmes de multiplication. Une erreur classique pour le problème évoqué est donc le calcul du **produit** 54×6.

Problème 5

Sophie a partagé un long ruban en 42 petits rubans identiques de 6 cm de long.
Quelle était la longueur du long ruban ?

Les situations de partage conduisent souvent à des problèmes qui se résolvent par une division, ce qui peut, dans ce cas, conduire certains élèves à calculer le **quotient** de 42 par 6 plutôt que le **produit** de 42 par 6.

Problème 6

Jo a acheté 8 crayons identiques et il a payé 2 €. Quel est le prix d'un crayon ?

Certains élèves reconnaissent qu'il s'agit d'un problème de division, mais calculent le **quotient** de 8 par 2 à la place du **quotient** de 2 par 8. Pour eux, dans une division, le diviseur doit être inférieur au dividende, conception qui résulte du fait qu'il en est ainsi dans la plupart des exemples de division rencontrés à l'école. Cette erreur peut être renforcée par l'ordre d'apparition des nombres : 8 apparaît avant 2, ce qui peut inciter à calculer 8 : 2.

• Erreurs dans l'exécution de la procédure choisie ou dans l'interprétation des calculs effectués

On peut se reporter à l'exemple de la répartition de 273 œufs dans des boites de 12.

➤ **Problème des boites d'œufs**, p. 253.

• Erreurs dans le calcul

Les erreurs relatives au calcul d'une multiplication ou d'une division sont traitées au § 5.

➤ **Calcul de multiplications et de divisions**, § 5 p. 262.

B. Problèmes faisant intervenir les nombres décimaux

La présence de **nombres décimaux**, dans l'énoncé ou au niveau du résultat, peut poser des difficultés spécifiques que nous examinons au travers de quatre exemples.

Problème 7

Jeff achète un morceau de 0,756 kg de gruyère à 10,35 € le kg.
Quel est le prix de ce morceau de gruyère ?

Dans ce cas, il est difficile, pour les élèves, d'évoquer des formulations qui peuvent orienter vers l'utilisation de la **multiplication**, par exemple en considérant qu'on a « 0,756 fois 10,35 ». De plus l'addition répétée de 10,35 n'est pas envisageable ! De fait, les évaluations montrent que ce type de problèmes est moins bien réussi, même au début du collège, que le problème 8.
L'élève qui ne reconnaît pas que la multiplication de 0,756 par 10,35 permet de trouver la réponse peut cependant utiliser d'autres procédures, par exemple :
– chercher le prix d'un gramme en divisant 10,35 par 1 000, puis en convertissant 0,756 kg en 756 g : cela permet de ramener le problème à un cas maîtrisé, celui de la multiplication par un nombre entier ;
– considérer que $0{,}756 \text{ kg} = \frac{7}{10} \text{ kg} + \frac{5}{100} \text{ kg} + \frac{6}{1\,000} \text{ kg}$, chercher le prix d'un dixième de kg, d'un centième de kg..., puis celui de 7 dixièmes de kg, de 5 centièmes de kg...

Problème 8

Jeff achète 6 paquets d'enveloppes à 1,35 € le paquet.
Quel est le prix des 6 paquets ?

Ce problème ne présente pas de difficulté spécifique, dans la mesure où l'élève peut se référer au sens de la multiplication le plus souvent utilisé avec les entiers. En effet, on peut considérer qu'on a ici « 6 fois 1,35 » ou 1,35 + 1,35 + 1,35 + 1,35 + 1,35 + 1,35, ce qui évoque la **multiplication** : $1{,}35 \times 6$.

Problème 9

Sofia partage un ruban de 125 cm en 6 morceaux de même longueur.
Quelle est la longueur de chaque ruban ?

Les nombres de l'énoncé sont entiers. La situation permet assez facilement d'évoquer la **division**, mais la division euclidienne donne un quotient (20) et un reste (5), alors que le partage effectif du ruban est possible. Certains élèves répondent 20,5 en assimilant le quotient à la partie entière et le reste à la partie décimale.

Le recours au **quotient décimal** suppose qu'on transforme les 5 cm restants en 50 dixièmes de cm à partager en 6, puis les 2 dixièmes de cm restants en 20 centièmes de cm...

Une autre difficulté survient alors : la division « ne s'arrête pas » et la question se pose de la précision acceptable pour la réponse ; ce sont alors les connaissances de l'élève sur la précision des instruments de mesure qui sont sollicitées.

Problème 10

Pour le problème 10, une résolution experte n'est pas demandée à l'école primaire.

Bruno a payé 74 € pour l'achat de plusieurs paquets identiques de lessive à 9,25 € le paquet. Combien de paquets a-t-il achetés ?

La division est plus difficile à évoquer que dans le cas précédent. Il faut, par exemple, interpréter la question dans les termes suivants : « Combien de fois 9,25 est-il contenu dans 74 ? »

Ensuite, la **division de 74 par 9,25** présente des difficultés spécifiques. En Sixième, les élèves apprendront qu'il suffit de se ramener au calcul de 7 400 par 925 (le quotient ne change pas lorsqu'on multiplie dividende et diviseur par un même nombre).

La technique de la division d'un nombre entier par un nombre décimal n'est pas au programme de l'école primaire.

D'autres procédures sont possibles pour les élèves du cycle 3, par exemple :

– **additionner plusieurs fois 9,25** jusqu'à atteindre 74 et dénombrer le nombre de fois où 9,25 est répété ;

– **essayer des produits de 9,25 par des nombres entiers**, en s'appuyant sur une évaluation préalable par l'ordre de grandeur, puis en ajustant les essais en fonction des résultats obtenus.

4 Langage et notations symboliques

Les questions de langage et de notations symboliques sont plus délicates que pour l'addition et la soustraction.

4.1 Pour la multiplication

A. Les expressions symboliques

Elles ne présentent pas de difficulté particulière, dès lors que l'élève donne du sens à une écriture comme **25 × 13**, c'est-à-dire qu'il la relie soit aux additions répétées 25 + 25 + 25 ... (13 termes) ou 13 + 13 + 13... (25 termes), soit à des catégories de problèmes.

La difficulté principale vient de l'interprétation de produits à plusieurs facteurs, comme par exemple : **3 × 6 × 4** :
L'interprétation à l'aide de l'addition répétée est complexe, du fait qu'intervient l'associativité de la multiplication : il faut, par exemple, traduire l'expression par **(3 × 6) × 4**, ce qui peut se traduire par (3 × 6) + (3 × 6) + (3 × 6) + (3 × 6), puis traduire chaque produit à son tour par une somme !
L'interprétation par des problèmes n'est pas immédiate non plus. Elle fait intervenir la notion de proportion simple composée ou des produits de mesure à plus de 2 dimensions.

➤ **Notion de proportion simple composée**, chap. 12 p. 298.

Problème 11

Combien y a-t-il de cubes dans un empilement qui a la forme d'un parallélépipède rectangle et qui comporte 3 cubes sur la largeur, 6 sur la longueur et 4 sur la hauteur ?

B. La lecture des expressions symboliques

Elle n'est pas sans difficulté et souvent source d'interrogations chez les enseignants. Deux formulations sont utilisées, utilisant le mot « fois » ou l'expression « multiplié par ».
C'est l'utilisation du mot « fois » qui suscite le plus d'interrogations, en particulier celle-ci : *5 fois 3* doit-il être associé à 5 × 3 ou à 3 × 5 ? La réponse la plus simple consiste à considérer que 5 × 3 étant égal 3 × 5 (commutativité de la multiplication), l'expression *5 fois 3* peut aussi bien être associée à 5 × 3 qu'à 3 × 5 (de même que l'expression *3 fois 5*). C'est ce qui semble le plus pertinent avec les élèves et favorise, par exemple, l'apprentissage des résultats des tables de multiplication souvent mémorisés à l'aide du mot *fois* : si *6 fois 9* est connu, *9 fois 6* l'est aussi.
Elle ne satisfait pas toujours les enseignants qui ne situent pas la question au niveau mathématique, mais à celui « de la réalité » où, par exemple, 3 heures de salaire à 15 € de l'heure n'est pas équivalent à 15 heures de salaire à 3 € de l'heure : il faut se placer du point de vue de l'argent gagné pour accepter l'équivalence des expressions.

C. Les termes « multiplication », « produit » et « facteur »

- **Le terme « produit »** est utilisé avec deux significations : il désigne une **écriture** (4 × 5 est le produit de 4 par 5) et un **résultat** (20 est le produit de 4 et de 5).
- **Le mot « facteur »** utilisé comme « terme d'un produit » n'est pas indispensable à l'école primaire ; il le deviendra au collège avec des expressions comme « facteur commun », « factorisation »...

4.2 Pour la division

A. Les expressions symboliques

Elles présentent de nombreuses difficultés :

- **La première est liée au fait que la division euclidienne fournit deux résultats** : le quotient entier et le reste, et qu'aucune notation symbolique ne permet de les exprimer. Il faudrait disposer de notations telles que 17 q 5 = 3 (pour le quotient) et 17 r 5 = 2 (pour le reste). Les notations, parfois utilisées dans des manuels (comme 17 : 5 = 3 reste 2) ne sont pas satisfaisantes et sont même dangereuses car elles véhiculent une signification erronée du signe =. Mieux vaut se limiter à l'égalité caractéristique de la division euclidienne : **17 = (5 × 3) + 2.**

- **Le recours au signe** « : » est légitime pour écrire un quotient exact entier ou décimal (15 : 5 = 3 ou 17 : 5 = 3,4) ou un quotient décimal approché (23 : 7 ≅ 3,29).
- **Le signe [÷] de la calculatrice** pose d'autres problèmes car, selon les calculatrices, il fournit un arrondi ou une troncature du résultat.

➤ **Arrondi ou troncature**, tome 1, chap. 3 p. 62.

B. Les termes « quotient » et « reste », « dividende », « diviseur »

Pour la division, on se limite, au cycle 3, à la connaissance des termes « quotient » et « reste », les termes « dividende », « diviseur » pouvant également être utilisés. Il faut cependant être conscient du fait que l'usage (même correct) de ces mots n'en garantit pas la compréhension.

5 Calcul de multiplications et de divisions

Nous nous limitons ici à recenser les **principales difficultés** que peuvent rencontrer les élèves dans ces calculs et à les mettre en relation avec les compétences à travailler. Certaines difficultés concernent aussi bien le calcul réfléchi que les techniques opératoires usuelles de calcul posé.

➤ **Les différents aspects du calcul**, chap. 9.

➤ **Explication des techniques de calcul posé**, tome 1, chap. 4 p. 84 à 87.

5.1 Résultats et procédures de base

Ces connaissances commencent à se mettre en place dès le cycle 2 et nécessitent ensuite un **travail régulier** sur l'ensemble du cycle 3, et ne sont le plus souvent bien assurées qu'au début du CM2.

Pour la **multiplication** et la **division**, les résultats et les procédures de base concernent notamment :

- **La connaissance des tables de multiplication** qui doit permettre, au terme de l'apprentissage, de donner instantanément tout produit de 2 nombres inférieurs à 10, ainsi que la réponse à des questions du type :

– combien de fois 8 dans 48 ?
– combien de fois 8 dans 50 ?
– quel est le quotient de 48 par 8 ?
– proposer des décompositions de 48 sous forme de produits de deux facteurs... Une attention particulière doit être portée à l'équivalence des deux questions « combien de fois 8 dans 48 ? » et « quel est le quotient de 48 par 8 ? ».

- **Le calcul de produits dont un facteur est 0 ou 1.**
- **Le produit et le quotient d'un nombre naturel ou d'un nombre décimal par 10, 100.**
- **Des produits du type 30 × 4 ou 30 × 40...**

Comme, pour l'addition et la soustraction, si la répétition est un facteur important de mémorisation, elle n'en constitue qu'un des différents ressorts et ne saurait suffire à elle seule. Il faut, en particulier, tenir compte des deux points suivants :

- **La mémorisation est facilitée par la compréhension de ce qui est à mémoriser** et par l'intérêt que l'on perçoit pour l'acte de mémoriser.
- **Il est plus facile de mémoriser un ensemble structuré de résultats que des résultats isolés.** Pour cela, un travail doit être conduit pour mettre en évidence :

– la commutativité de la multiplication : si 3 fois 9 est connu, 9 fois 3 l'est aussi ;

– des particularités des tables : dans la table de 4, les résultats vont de 4 en 4, les résultats de la table de 5 ont 0 ou 5 pour chiffre des unités, etc.

– des relations entre résultats à mémoriser, par exemple : si je connais 6×6, je peux retrouver facilement 7×6 (c'est 6 de plus).

5.2 Propriétés des opérations

Une **connaissance en acte** (c'est-à-dire non nécessairement formalisée) **de quelques propriétés des opérations** et **une bonne maîtrise de la numération décimale** sont indispensables à la compréhension des techniques opératoires. Elle sous-tend également le choix et la mise en œuvre de la plupart des procédures de calcul réfléchi.

Calcul 1

Calculer le quotient de 434 par 7.

Il faut penser à décomposer **434** de façon à obtenir des calculs faciles à réaliser, par exemple **434** = **420** + **14**, puis calcul de **420** divisé par **7** et **14** divisé par **7** et addition des deux quotients obtenus (propriété : dans la division exacte d'une somme de deux nombres, le quotient est égal à la somme des deux quotients partiels).

Calcul 2

Calculer le quotient de 32 par 5.

On peut remplacer ce calcul par celui de **64** par **10** (propriété : le quotient n'est pas modifié si on multiplie le dividende et le diviseur par un même nombre).

Tout calcul réfléchi nécessite ainsi la mise en œuvre de propriétés des opérations. Ces propriétés ne sont ni explicitées de façon générale (car cela nécessiterait le recours à des expressions littérales), ni nommées. Il est cependant intéressant de les exprimer sur des cas particuliers, en utilisant différents niveaux de langage, par exemple pour la **division de 434 par 7** :

– **en langage ordinaire** : partager 434 en 7 parts revient au même que partager d'abord 420, puis de partager 14 et d'ajouter les résultats ;

– **sous forme de schéma,** comme :

```
420  +  14
:7↓    :7↓
 60  +   2
```

– sous forme d'écriture avec parenthèses :
434 : 7 = (420 + 14) : 7 = (420 : 7) + (14 : 7).

5. 3 Technique opératoire de la multiplication

➤ **Technique de la multiplication posée,** tome 1 chap. 4 p. 85.

A. Difficultés rencontrées par les élèves

Ces difficultés sont essentiellement dues :
– à ce que tous les résultats des tables ne sont pas parfaitement mémorisés ;
– à la gestion des « retenues » ;
– à l'ordre des calculs à respecter ;
– au « décalage » qui correspond en fait à l'existence d'un « 0 », comme par exemple le chiffre « 0 » de la multiplication par 507.

Analysons les difficultés rencontrées par 4 élèves dans le calcul de **438 × 507**.

Élève A	Élève B	Élève C	Élève D
438	438	438	438
× 507	× 507	× 507	× 507
3066	2858	6366	2190
2190	209000	35500	3066
5256	211858	41866	308790

Analyse des difficultés rencontrées par les élèves	Pistes de travail
Élève A Les produits de 438 par 7 et de 438 par 5 sont effectués correctement (tables connues, retenues bien gérées). Mais l'élève n'a pas tenu compte du fait que le produit par 5 représente en réalité un produit par 500. Il a en fait calculé 438 × (7 + 5) et non 438 × (7 + 500).	• Dans un 1er temps, l'erreur peut être mise en évidence en demandant à l'élève de calculer un ordre de grandeur du résultat (par exemple calcul de 400 × 500), puis de retrouver la signification de chaque ligne de calcul. C'est donc la signification même des calculs successifs qui doit être reconstruite pour cet élève.
Élève B Cet élève, en revanche, semble avoir compris qu'il fallait multiplier successivement 438 par 7 et par 500. Mais on peut relever plusieurs erreurs dans les produits partiels. Il a apparemment utilisé un résultat incorrect pour 8 × 7 (48 au lieu de 56) et n'a pas ajouté la retenue « 2 » au résultat de 4 × 7 (ou bien il a ajouté la retenue après avoir utilisé 4 × 7 = 26 !). Dans le calcul du deuxième produit partiel, il a manifestement oublié la dernière retenue.	• Dans un 1er temps, l'erreur peut être mise en évidence en demandant à l'élève de calculer un ordre de grandeur du résultat (par exemple calcul de 400 × 500), puis de retrouver la signification de chaque ligne de calcul. C'est donc la signification même des calculs successifs qui doit être reconstruite pour cet élève.

Élève C	
La production de l'élève C est plus complexe à analyser. Il gère les retenues comme pour l'addition. Voici par exemple son calcul effectif pour 438 × 7 : 5 5 / 4 3 8 / × 5 0 7 / 6 3 6 6 Il a calculé 8 × 7 = 56 ; il pose 6 et retient 5 qu'il ajoute à 3 ; il obtient 8 ; il calcule alors 8 × 7 = 56 ; il pose 6 et retient 5 qu'il ajoute à 4 ; il obtient 9 ; il calcule alors 9 × 7 = 63. La même analyse peut être faite pour le deuxième produit partiel. D'autre part, il « oublie » un « 0 » dans le deuxième produit partiel : tout se passe comme s'il calculait 438 × (50 + 7). Il n'a pas tenu compte du « 0 » intercalé et n'a mis qu'un seul « 0 » comme il le fait lorsqu'il n'y a pas de « 0 » intercalé, ou bien (ce qui est moins probable) il a décomposé 507 en 50 + 7.	• Avec cet élève, il convient de retravailler l'ensemble des calculs à effectuer et leur signification : – comment multiplier un nombre de plusieurs chiffres par un nombre d'un chiffre (sens et gestion des retenues, différences avec le cas de l'addition) ; – que signifie chaque produit partiel : faire la relation avec la décomposition du multiplicateur, soit ici : 507 = 7 + 500.
Élève D	
Cet élève connaît les produits de la table. Il sait qu'il faut « décaler de 2 rangs » pour le deuxième produit partiel lorsqu'il y a un « 0 » intercalé. Mais il n'effectue pas les produits partiels dans le bon ordre. Il a d'abord calculé 438 × 5, puis 438 × 7. Il obtient en fait le résultat de 438 × 705. Il a commencé par le 1er chiffre qu'il a écrit lorsqu'il a inscrit 507 (le chiffre 5).	• Là aussi, il faut retravailler la signification des produits partiels, par exemple en représentant le calcul sous forme rectangulaire : 500 + 7 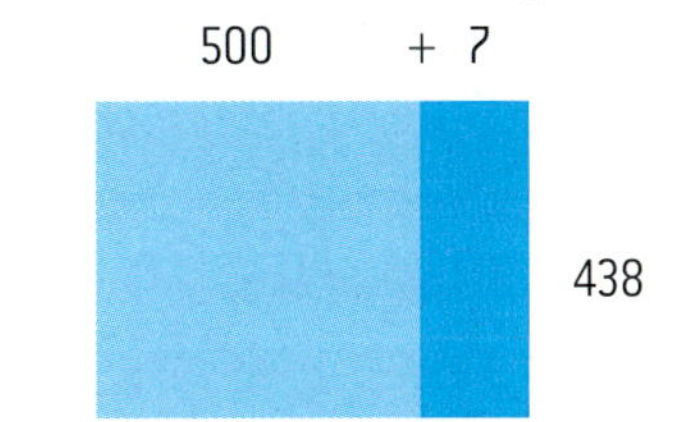 438

B. Connaissance sous-jacentes à la technique de la multiplication

La construction progressive de la **technique usuelle de la multiplication posée** débute actuellement à la fin du cycle 2 (multiplication par un nombre à un chiffre). Elle est mise en place de façon générale au CE2.

L'analyse des difficultés permet de préciser les connaissances préalables nécessaires à cet apprentissage. Celles-ci sont de plusieurs types :

- **Les produits des tables de multiplication doivent être disponibles rapidement** : une bonne mémorisation en est donc indispensable.
- **La décomposition des nombres en fonction de leur écriture en base dix** doit être maîtrisée (décomposition du type : 507 = 500 + 7 ou 507 = 7 + 500).
- **Le repérage de la valeur des chiffres en fonction de leur position dans l'écriture d'un nombre** (unités, dizaines...) est indispensable pour une bonne gestion des retenues.
- **Les élèves doivent être capables de remplacer un produit par une somme de produits** en utilisant « en acte » les propriétés :

– de distributivité de la multiplication sur l'addition :
438 × 507 est égal à (438 × 7) + (438 × 500)
– de l'associativité de la multiplication :
438 × 500 est égal à (438 × 5) × 100].

Les élèves doivent connaître la règle des « 0 » (comment multiplier par 10 ou par 100).

La progression envisagée est souvent du type suivant :
1re étape : multiplication d'un nombre par un nombre à un chiffre ;
2e étape : multiplication d'un nombre par un nombre du type 20, 300... ;
3e étape : multiplication de deux nombres quelconques.

5.4 Technique opératoire de la division euclidienne

➤ **Technique de la division euclidienne,** tome 1 chap. 4 p. 86.

A. Difficultés rencontrées par les élèves

Cette technique est particulièrement difficile pour les élèves pour quatre raisons principales.

- **La division posée est la seule opération pour laquelle les calculs s'effectuent en considérant le dividende « de gauche à droite »** alors que les autres opérations posées se calculent « de droite à gauche ».

- **Cette technique exige d'effectuer simultanément des divisions** (recherche de chaque chiffre du quotient), **des multiplications** (produit du diviseur par chaque chiffre du quotient) **et des soustractions**. Si on pose les soustractions partielles (ce qui est souvent le cas), la charge de travail de l'élève est allégée (voir point suivant). Elle nécessite donc une bonne aisance en calcul mental, une parfaite connaissance des tables et le maintien en mémoire de nombreux résultats partiels.

- **Si on ne pose pas les soustractions partielles, celles-ci peuvent faire intervenir des retenues supérieures à 1, ce qui est inhabituel pour les élèves.**

Pour ces deux raisons, il n'y a donc que des inconvénients à refuser la pose des soustractions partielles.

Avec les soustractions partielles posées :

```
 7518 | 29
- 58  |----
 ---  | 259
  171 |
- 145 |
 ---- |
  268 |
- 261 |
 ---- |
    7 |
```

Sans les soustractions partielles posées :

```
7518 | 29
     |----
171  | 259
 268 |
   7 |
```

- **Les chiffres écrits successivement pour constituer le quotient sont le résultat d'une approximation** (« en... combien de fois... ») qui peut conduire à essayer un chiffre erroné, donc provisoire. La division est la seule opération dans laquelle un chiffre « calculé » peut ne pas être définitif.

B. Connaissances sous-jacentes à la technique de la division euclidienne

La construction progressive de la **technique usuelle de la division posée** débute actuellement au CE2 (le diviseur étant un nombre à un chiffre). Elle est mise en place de façon générale au CM1.

L'analyse des difficultés permet de préciser les connaissances préalables nécessaires à cet apprentissage. Celles-ci sont de plusieurs types :

- **Le repérage de la valeur des chiffres** en fonction de leur position dans l'écriture d'un nombre (unités, dizaines...) est indispensable pour une bonne gestion des calculs ainsi que la décomposition des nombres en milliers, centaines...
- **Les tables de multiplication** doivent être bien maîtrisées pour pouvoir donner rapidement des produits ou des quotients.
- **Le calcul approché** est nécessaire pour répondre à des questions du type « combien de fois 29 dans 75 ? ».
- **Le calcul de produits et de différences** doit être bien maitrisé.

La progression envisagée est en général du type suivant :
1re étape : division d'un nombre entier par un nombre entier à un chiffre ;
2e étape : division d'un nombre entier par un nombre entier à plus d'un chiffre ;
3e étape : division décimale de deux nombres entiers ;
4e étape : division décimale d'un nombre décimal par un nombre entier.

ENTRAINEMENT 4

Corrigé p. 272

En janvier, les élèves d'une classe de CM2 ont fait un « concours de divisions ». Il s'agissait de faire vite et bien des divisions euclidiennes (travaux ci-après pour le calcul de **123 456 divisé par 123**).

Analyser les productions d'élèves en précisant pour chacune d'elles :
– l'exactitude des résultats (quotient et reste) ;
– les compétences mobilisées ;
– la nature des erreurs éventuelles.

Ⓐ **Christophe :**

123×3 = 369
123×4 = 492

123456 | 123
000456
087

CM	DM	M	C	D	U
0	0	1	0	0	3

Ⓑ **Karen :**

2×123 = 246
4×123 = 492
3×123 = 369

123 456 | 123
456
197
74

M	C	D	U
1	3	1	0

Ⓒ **Élodie :**

123×5 = 615
123×3 = 369
123×4 = 492

123 456 | 123
456 (-123)
067 (-369)

M	C	D	U
1	3	0	0

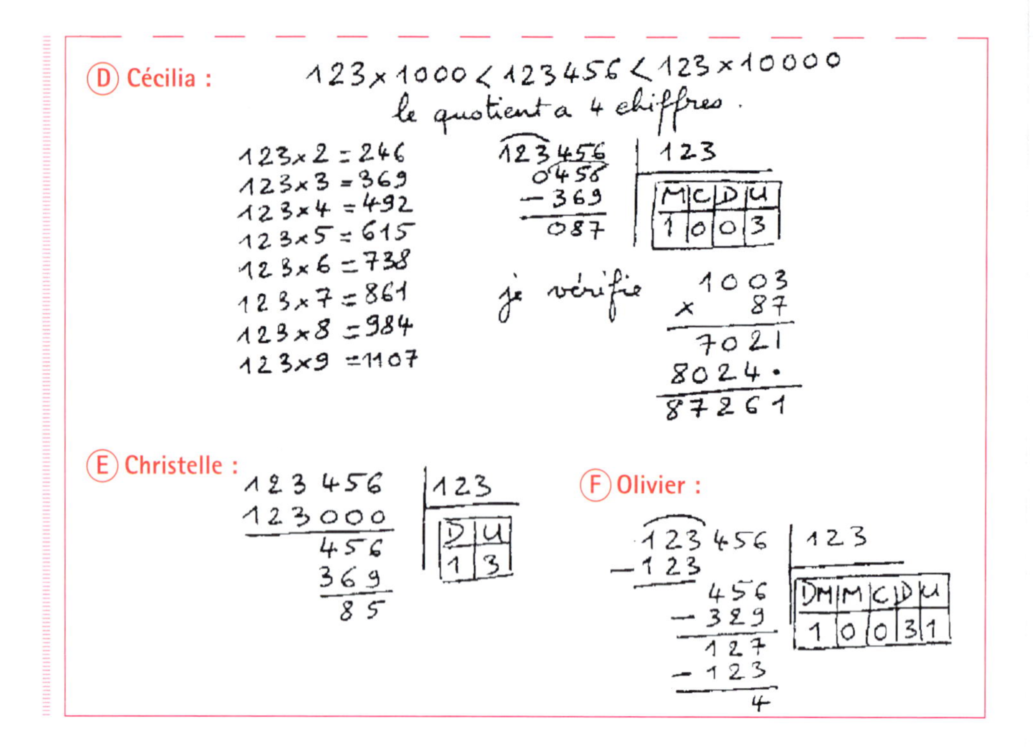

6 Approche de la notion de multiple[8]

Les compétences relatives à ces notions sont en relation avec la connaissance du calcul, dans la mesure où la plupart des questions relatives à ces compétences font intervenir des calculs de multiplication ou de division.

La progression envisagée est en général du type suivant :
- **Au CE2**, les notions de double, de triple et de quadruple sont enseignées en même temps que celles de moitié, de tiers et de quart, ce qui prépare à l'étude des fractions simples l'année suivante.
- **Au CM1**, l'élève est amené à reconnaître les multiples de nombres d'usage courant (5, 10, 15, 20, 25, 50), les multiples de 2 (doubles) ayant été déjà étudiés depuis le CP.

A. Procédures

Les procédures utilisables par les élèves pour reconnaître si un nombre donné est multiple d'un autre nombre n peuvent être de :

– **chercher s'il est dans la table de multiplication** « prolongée » de n, par exemple en comptant de n en n à partir de 0 pour savoir si on « passe alors par n », ou en s'appuyant sur un multiple connu de n, puis en avançant de n en n ; par exemple, pour savoir si 94 est multiple de 8, les élèves peuvent partir de 80, puis passer par 88, 96 pour en déduire que la réponse est négative ;
– **essayer des nombres** k susceptibles de faire que le produit $n \times k$ soit égal au nombre donné ;

8. La notion de multiple est utilisée dès l'école primaire, notamment pour encadrer un nombre entre deux multiples consécutifs d'un nombre donné (en lien avec la division euclidienne). Celle de diviseur n'est le plus souvent envisagée qu'en Sixième.

– **diviser le nombre** donné par *n* pour vérifier si on obtient un reste nul ou non ;

– **utiliser une propriété connue,** comme par exemple un critère de divisibilité : « pour savoir si un nombre est multiple de 2, de 5 ou de 10, il suffit de s'intéresser à son chiffre des unités ».

B. Difficultés

En dehors des difficultés liées à la conduite des calculs, on peut mentionner celles qui sont liées :

– **à une confusion entre multiple et multiplication** : l'élève calcule 24 × 3 lorsqu'on demande si 24 est multiple de 3 ;

– **à la dissymétrie de l'expression « ... est multiple de ... »** : l'élève confond « 24 est multiple de 3 » et « 3 est multiple de 24 » ;

– **à une extension de propriétés valables seulement pour certains nombres** : ainsi, prolongeant abusivement ce qui est valable pour 2, l'élève répond que 18 est multiple de 4 car 8 est dans la table de multiplication par 4 (il pense que dans tous les cas, il suffit de regarder le chiffre des unités).

C. Problèmes envisageables à l'école primaire

Ils peuvent être répartis en deux grandes catégories:

• Problèmes qui font appel seulement à la notion de multiple

Problème 12

En avançant de 6 en 6 sur une piste graduée à partir de 0 avec les nombres entiers, passera-t-on par le repère associé au nombre 98 ?

Pour ce problème qui revient à se demander si **98** est ou non multiple de **6**, les élèves peuvent utiliser toutes les procédures évoquées plus haut pour savoir si un nombre est multiple d'un autre. Ils peuvent d'ailleurs utiliser ces procédures sans expliciter la notion de multiple.

• Problèmes qui font implicitement appel à la notion de multiple commun

Problème 13

Une plaque rectangulaire mesure 48 cm sur 84 cm. On veut la recouvrir entièrement avec des carrés tous identiques dont le côté mesure un nombre entier de centimètres. Quelles sont toutes les solutions possibles ?

Pour ce problème, il est probable que la plupart des élèves auront recours à des hypothèses, au moins pour certains nombres du type « **3 cm** est-il une réponse possible ? », en se ramenant à deux questions équivalentes à « **48** est-il multiple de **3** ? » et « **84** est-il multiple de **3** ? »

RESSOURCES À CONSULTER

– ERMEL, *Apprentissages numériques et résolution de problèmes*, ouvrages du CP au CM2, Hatier.

– Cap Maths, ouvrages pour les enseignants et les élèves, du CP au CM2, Hatier.

– Site Téléformation mathématiques : http://www.uvp5.univ-paris5.fr/TFM/

CORRIGÉS EXERCICES D'ENTRAINEMENT

ENTRAINEMENT 1

Énoncé p. 250

	Place dans la typologie
Problème 1	Proportionnalité simple avec présence de l'unité Problème de division-quotition.
Problème 2	Proportionnalité simple avec présence de l'unité Problème de division-quotition.
Problème 3	Proportionnalité simple avec présence de l'unité Problème de division-partition.
Problème 4	Produit de mesures Problème de division.
Problème 5	Proportionnalité simple avec présence de l'unité Problème de division-partition.
Problème 6	Situation de comparaison (fois plus) Problème de division.

ENTRAINEMENT 2

Énoncé p. 253

CONSEIL MÉTHODOLOGIQUE : Ce problème est du type « produit de mesures ». Le tableau suivant recense les procédures possibles en fonction des valeurs données à x et à y.

Valeurs données à x et à y	Procédures possibles
x et y « petits » (par exemple inférieurs à 10) *Exemple :* une feuille de 4 carreaux sur 7 carreaux	• Dessin de la feuille, puis dénombrement un par un des carreaux ou addition des nombres de carreaux par lignes ou par colonnes. • Toutes les autres procédures ci-dessous sont également possibles.
Un des nombres x ou y petit et l'autre grand *Exemple :* une feuille de 6 carreaux sur 27 carreaux	• Addition du type : $y + y + y +... + y$ (x fois), par exemple : 27 + 27 + 27 + 27 + 27 + 27 avec calcul progressif ou addition de 3 fois 54. • Les autres procédures ci-dessous sont également possibles.
x et y « grands » *Exemple :* une feuille de 24 carreaux sur 35 carreaux	• Décomposer ce rectangle en rectangles plus petits correspondant chacun à un produit connu, puis addition des résultats obtenus. Exemple : 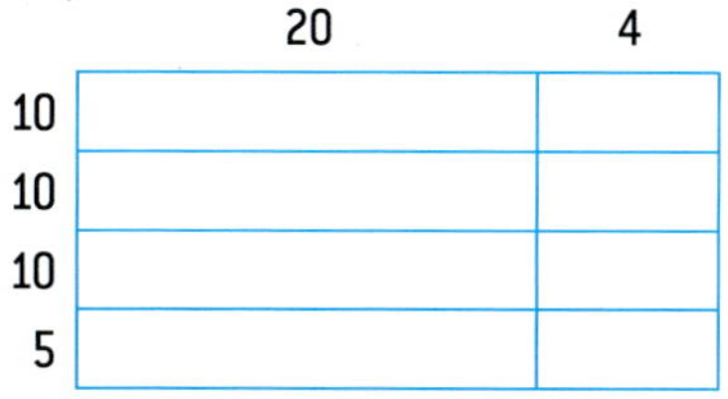 • Recours à la multiplication (par exemple 24 × 35) : c'est la procédure la plus efficace.

ENTRAINEMENT 3

Énoncé p. 256

CONSEIL MÉTHODOLOGIQUE : Il s'agit d'un problème de « proportionnalité simple » (avec présence de l'unité), du type « division-partition » (recherche de la valeur d'une part).

Procédures possibles :

– L'élève peut aussi procéder à des essais additifs de 26 termes égaux (peu probable, étant donné la taille de 26).

– Il peut également chercher à résoudre 26 × … = 1 092, soit en posant une multiplication à trou, soit en essayant successivement des valeurs pour … (ces essais successifs peuvent être plus ou moins organisés les uns par rapport aux autres et être précédés d'une estimation de du nombre cherché).

– Il peut utiliser la division de 1 092 par 26 (s'il reconnaît que ce problème relève de cette opération).

PROCÉDURES : La procédure utilisant l'addition itérée : **26** + **26** + … n'est ici guère possible car elle ne correspond à aucune interprétation concrète dans cette situation. Il en va de même pour la procédure utilisant la soustraction itérée :
1 092 – 26 = 1 066, 1 066 – 26 = 1 040…

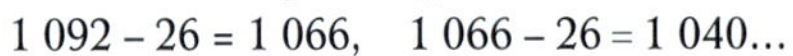

ENTRAINEMENT 4

Énoncé p. 267

	Exactitude des résultats	Compétences	Erreurs
Christophe et Cécilia	• Quotient et reste corrects	• **Nombre de chiffres du quotient :** – Christophe ne prévoit pas le nombre de chiffres significatifs : il réalise un tableau pour le quotient avec 6 chiffres, soit autant qu'il y a de chiffres au dividende) ; – Cécilia le détermine par encadrement 123 456 entre des produits de 123 par une puissance de 10. • **Produits partiels :** – essais pour Christophe (sans doute en utilisant des ordres de grandeur) ; – table complète de multiplication de 123 (par les nombres de 2 à 9) pour Cécilia. • **Soustractions intermédiaires :** – non posées pour Christophe ; – posées pour Cécilia. • **Les résultats de base** (tables de multiplication, résultats soustractifs) sont maîtrisés.	• Erreur dans le calcul de vérification utilisé par Cécilia : le quotient est multiplié par le reste, alors qu'il aurait fallu utiliser l'égalité caractéristique de la division euclidienne.

Karen et Elodie	• **Prévision correcte du nombre de chiffres du quotient** (comme en témoigne le tableau) • **Quotient et reste erronés**	• **Nombre de chiffres du quotient** obtenu en cherchant le premier groupement de chiffres du dividende qui peut être divisé par 123 avec un quotient non nul (mis en évidence par le chapeau sur 123 pour Elodie). • **Tables de multiplication** maîtrisées.	• **Technique de la division** non maîtrisée. • Lorsqu'un chiffre intermédiaire du quotient est « 0 », les élèves ne l'écrivent pas et se contentent d'abaisser le chiffre suivant du dividende. À la fin, s'il reste des cases vides au quotient, ils complètent par des « 0 ». • Pour **Karen**, erreurs dans les soustractions intermédiaires : pour la soustraction liée à 123 × 3 (soustraction de 369 de 456), elle n'a pas pris en compte les retenues. Comme le reste obtenu (197) est supérieur à 123, elle poursuit la division, d'où le chiffre 1 à la droite du chiffre 3.
Christelle et Olivier	• **Détermination incorrecte du nombre de chiffres du quotient** • **Quotient et reste erronés**	• **Calculs multiplicatifs** corrects pour **Christelle**. • **Calculs soustractifs** corrects pour **Olivier**. • **Olivier** gère correctement les « 0 » intermédiaires du quotient.	• Technique de la division non maîtrisée. • Nombre de chiffres du quotient mal évalué ou tableau tracé a posteriori pour répondre à une exigence de l'enseignant. • **Christelle** ne gère pas les « 0 » intermédiaires du quotient, comme Karen et Élodie. • Erreurs dans les soustractions pour **Christelle** et dans les multiplications pour **Olivier**. • Pour **Olivier**, une difficulté dans le calcul du produit de 123 par 3 (résultat 329 au lieu de 369) le conduit à un reste 127 supérieur à 123 qui l'incite à poursuivre son calcul comme **Karen**.

AU CONCOURS

ANALYSE D'ERREURS 1

Corrigé p. 281

Au cours du deuxième trimestre de l'année scolaire, on a donné le problème suivant dans une classe de CE2 :

Le directeur d'une école achète 45 tables à 89 €. Combien d'argent a-t-il dépensé ?

Chaque élève avait un énoncé, ne disposait pas de la calculette et travaillait seul sur une feuille. On trouvera ci-après les travaux de huit élèves.

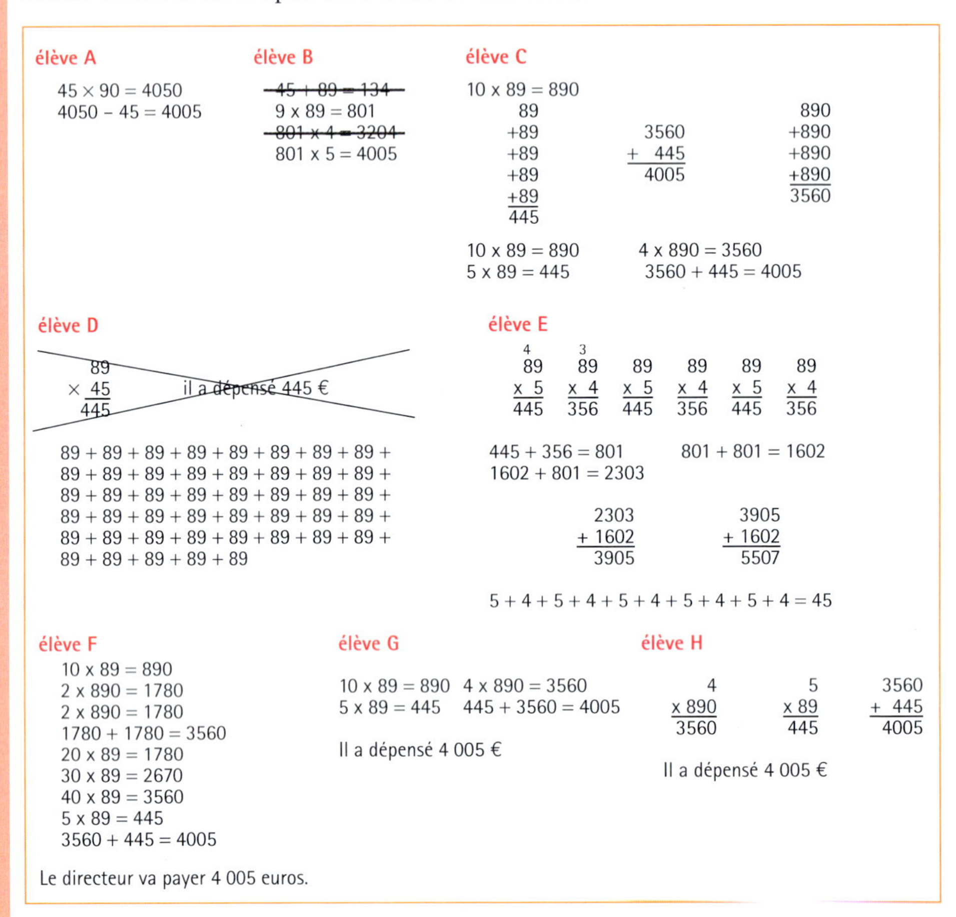

élève A

45 × 90 = 4050
4050 – 45 = 4005

élève B

~~45 + 89 = 134~~
9 x 89 = 801
~~801 x 4 = 3204~~
801 x 5 = 4005

élève C

10 x 89 = 890
89 +89 +89 +89 +89 = 445
3560 + 445 = 4005
890 +890 +890 +890 = 3560

10 x 89 = 890
5 x 89 = 445
4 x 890 = 3560
3560 + 445 = 4005

élève D

~~89 × 45 = 445 il a dépensé 445 €~~

89 + 89 + 89 + 89 + 89 + 89 + 89 + 89 +
89 + 89 + 89 + 89 + 89 + 89 + 89 + 89 +
89 + 89 + 89 + 89 + 89 + 89 + 89 + 89 +
89 + 89 + 89 + 89 + 89 + 89 + 89 + 89 +
89 + 89 + 89 + 89 + 89 + 89 + 89 + 89 +
89 + 89 + 89 + 89 + 89

élève E

89 x 5 = 445 (retenue 4)
89 x 4 = 356 (retenue 3)
89 x 5 = 445
89 x 4 = 356
89 x 5 = 445
89 x 4 = 356

445 + 356 = 801
801 + 801 = 1602
1602 + 801 = 2303

2303 + 1602 = 3905
3905 + 1602 = 5507

5 + 4 + 5 + 4 + 5 + 4 + 5 + 4 + 5 + 4 = 45

élève F

10 x 89 = 890
2 x 890 = 1780
2 x 890 = 1780
1780 + 1780 = 3560
20 x 89 = 1780
30 x 89 = 2670
40 x 89 = 3560
5 x 89 = 445
3560 + 445 = 4005

Le directeur va payer 4 005 euros.

élève G

10 x 89 = 890
5 x 89 = 445
4 x 890 = 3560
445 + 3560 = 4005

Il a dépensé 4 005 €

élève H

4 x 890 = 3560
5 x 89 = 445
3560 + 445 = 4005

Il a dépensé 4 005 €

1 Analyser les huit solutions d'élèves. Pour chacune :

- décrire la procédure de résolution et la procédure de calcul utilisées ;
- indiquer les connaissances mises en œuvre ;
- faire des hypothèses sur l'origine des difficultés rencontrées par certains élèves.

2 Les élèves A et B utilisent des procédures liées aux nombres en jeu dans l'énoncé. Comment pourrait-on modifier ces nombres pour les amener à changer de procédure ?

2 Dans l'optique de s'appuyer sur ces procédures pour les faire évoluer vers la technique opératoire de la multiplication d'un nombre par un autre nombre de deux chiffres, quelles procédures peut-on choisir de privilégier lors de la mise en commun ?

ANALYSE D'ERREURS 2

Corrigé p. 283

L'exercice suivant a été proposé à des élèves.

> Voici un calcul : 865 317 × 14 975.
> Sans effectuer ce calcul, réponds aux questions suivantes :
> a. Combien de chiffres aura le résultat ?
> b. Est-il vrai que le chiffre des dizaines du résultat est 7 et que son chiffre des unités est 5 ?

❶ A quel niveau de la scolarité primaire, ces questions peuvent-elles être posées ?

❷ Pour chaque question, indiquer une procédure que les élèves peuvent utiliser.

❸ Confrontés à la question b à propos du chiffre des dizaines, des élèves ont répondu correctement avec une explication fausse alors que d'autres ont répondu que ce chiffre est 4. Quelles hypothèses peut-on faire sur les raisonnements erronés qui les ont conduits à proposer cette explication et cette réponse ?

ANALYSE DE DOSSIER 1

Corrigé p. 284

L'**annexe 1** se trouve p. 276 et l'**annexe 2** p. 277.

En **annexe 1**, vous trouverez la description d'une activité proposée à des élèves de cours préparatoire au cours du 3e trimestre. Elle est inspirée de « Partages inéquitables » proposée dans l'ouvrage ERMEL, *Apprentissages numériques et résolution de problèmes* – CP, Hatier.

En **annexe 2**, vous trouverez la production d'un élève, Hubert.

❶ Citer deux objectifs que peut viser un enseignant qui propose cette activité à ses élèves. Justifier.

❷ Indiquer deux éléments de cette situation qui peuvent avoir une influence sur les procédures mises en œuvre par les élèves.

❸ Quel est le rôle de la première phase ?

❹ Décrire deux procédures différentes que peuvent utiliser les élèves pour réussir la tâche demandée au cours de la deuxième phase.

❺ Analyser la procédure élaborée par Hubert.

❻ La question « Répartir 31 bâtonnets dans 7 boites en mettant 3, 4 ou 5 objets par boite » est posée à des élèves de CM1.

a. Trouver toutes les répartitions possibles.

b. Citer 3 procédures de résolution (autres que celles présentées dans la question 4) que les élèves peuvent mobiliser (on n'attend pas que chaque élève trouve toutes les solutions possibles).

c. Quel objectif peut viser l'enseignant en proposant cette question à des élèves de CM1 ?

ANNEXE 1 - DOSSIER 1

Source : ERMEL CP, *Apprentissages numériques et résolution de problèmes*, Hatier, p. 104.

Première Phase

Résolution du problème avec du matériel

Les enfants sont répartis en groupes.

Matériel

– Pour chaque groupe, on donne un couvercle de boite à chaussures contenant des objets (bâtonnets de glace) : 16, 19 et 27 selon les groupes.
– Des boites (pots de yaourt) : 4, 5 ou 7.

Consigne

« Il va falloir mettre les objets dans les boites. Il doit y avoir 3, 4 ou 5 objets par boite. Pas moins de trois, pas plus de 5. Tous les objets doivent être utilisés. »

Les élèves travaillent en groupes avec pour tâche de remplir les boites. Chaque groupe est ensuite amené à présenter son résultat, c'est-à-dire ce qu'il a obtenu et comment il l'a obtenu. On vérifie ensuite l'exactitude de chaque répartition.

Deuxième Phase

Résolution du problème sans matériel

On applique toujours la consigne précédente.

Dans cette étape, les objets ainsi que les boites ne sont plus présents. Chaque enfant dispose d'une feuille de recherche. Le maître y indique dans les cadres réservés, le nombre de boites et le nombre de bâtonnets.

Les répartitions suivantes sont proposées :

- 13 bâtonnets à répartir dans 4 boites ;
- 18 bâtonnets à répartir dans 4 boites ;
- 23 bâtonnets à répartir dans 6 boites ;
- 26 bâtonnets à répartir dans 6 boites ;
- 31 bâtonnets à répartir dans 7 boites.

Feuille de recherche proposée aux élèves :

Boîtes :	**Bâtonnets : ......**	**Prénom : ....**
Mes recherches :		

Cette phrase de recherce est suivie d'une mise en commun.

ANNEXE 2 - DOSSIER 1

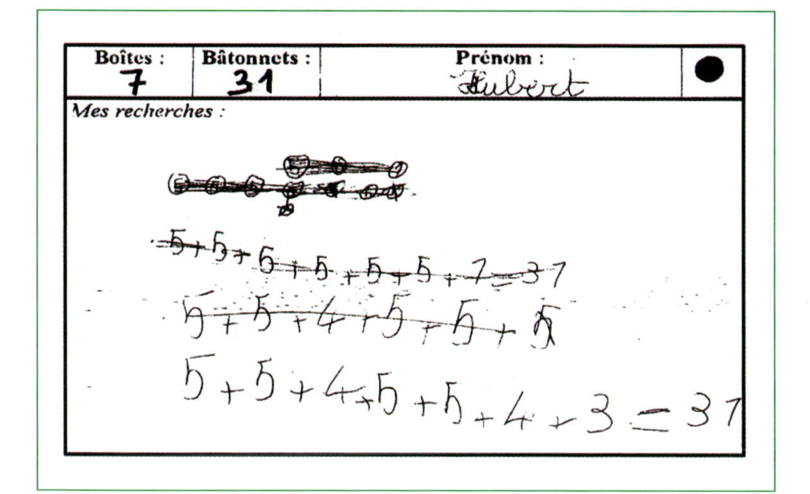
Boîtes : 7 | Bâtonnets : 31 | Prénom : Hubert

Mes recherches :

5 + 5 + 4 + 5 + 5 + 4 + 3 = 31

ANALYSE DE DOSSIER 2

Corrigé p. 288

L'annexe A se trouve p. 278. Les annexes B et C se trouvent p. 279.

Les questions portent sur les 3 documents donnés en annexes A, B et C.

Document A

❶ Dans l'étape 1, pourquoi les auteurs proposent-ils que la mise en commun intervienne lorsque la majorité des élèves est en mesure d'anticiper le bon résultat ?

❷ Indiquer quelles sont les principales variables didactiques de cette situation.

❸ Dans l'étape 2, l'enseignant précise qu'ils doivent d'abord répondre sans utiliser leur calculatrice. Celle-ci ne sera utilisée que pour vérifier les réponses.

Quels éléments l'enseignant peut-il mettre en évidence lors de exploitation des réponses des élèves à la fin de cette étape ?

Document B

Un peu plus tard, l'enseignant propose cette série de problèmes aux élèves.

❹ Indiquer en quoi ces problèmes se différencient les uns des autres.

❺ Discuter l'intérêt de permettre l'utilisation de la calculatrice pour leur résolution.

Document C

❻ **a.** Comment les élèves peuvent-ils trouver le quotient et le reste avec une calculatrice qui dispose d'une touche division habituelle (touche ÷) ?

b. Quel est l'intérêt de cette 3e activité du point de vue de l'apprentissage de la division ?

DOCUMENT A – DOSSIER 2

Source : ERMEL CM1, *Apprentissages numériques et résolution de problèmes*, Hatie[r], p. 234.

> MATÉRIEL

Une ou plusieurs calculettes affichant quotient et reste dans une division (par exemple TI Galaxy 9, 10...).

DÉROULEMENT

■ Première phase Une nouvelle opération : la « division euclidienne »

Étape 1 : Découverte de la touche [⊢]

Le maître demande :

« Quelqu'un sait-il ce que fait cette touche de la calculette ? »

([⊢] est dessiné au tableau.)

On recense les réponses éventuelles des enfants, puis une nouvelle consigne est donnée :

« Tapez 45 [⊢] 8 et écrivez ce qui s'affiche, même chose avec 54 [⊢] 9. »

Lorsque les enfants ont terminé, le maître leur demande pour chacun des exercices suivants de prévoir ce qui sera affiché sur la calculette et de l'écrire :

75 [⊢] 10 — 30 [⊢] 5 — 31 [⊢] 5 — 23 [⊢] 4

473 [⊢] 100 — 4 [⊢] 7 — 245 [⊢] 12

Les résultats sont recensés au fur et à mesure, et vérifiés à la calculette, le bon résultat est affiché au tableau, sans commentaire.

Lorsque la majorité des élèves est en mesure d'anticiper le bon résultat, une mise en commun permet d'expliciter les méthodes utilisées pour la prévision.

Étape 2 : Lien avec l'écriture $A = (B \times Q) + R$ avec $R < B$

Consigne :

« 854 [⊢] 17 donne-t-il $Q = 40$ et $R = 14$?
$Q = 50$ et $R = 4$?
$Q = 85$ et $R = 4$?
$Q = 48$ et $R = 38$?

Parmi les résultats proposés se trouve le bon affichage de la calculette. Lequel est-ce ? Pourquoi en es-tu sûr ? »

DOCUMENT B – DOSSIER 2

Recherche individuelle des exercices 1 et 2, suivie d'une synthèse pour mettre en évidence la possibilité d'utiliser la touche ⊢ pour résoudre ces problèmes. Reprise avec les exercices 3 et 4.

1. Combien de sauts de 28 pour approcher (sans dépasser) ou atteindre 6 740 ?

2. Pierre dit qu'il s'approche le plus possible de 1 781 avec 127 sauts de 14. Qu'en penses-tu ?

3. Combien de logiciels éducatifs à 27 € le directeur d'école peut-il acheter avec 2 255 € ?

4. Le libraire dit : « Avec 2 255 €, si j'achète 36 livres à 62 €, il me restera 13 €. » A-t-il raison ?

Source : ERMEL CM1, *Apprentissages numériques et résolution de problèmes*, Hatier, p. 255.

DOCUMENT C – DOSSIER 2

■ **Matériel :** Une ou plusieurs calculatrices ordinaires qui ne permettent pas d'afficher le quotient ou le reste dans une division.

■ **Activité :** Calculer le quotient et le reste de ces divisions en utilisant uniquement la calculatrice : **a.** 657 divisé par 12 **b.** 1 000 divisé par 45

ANALYSE DE DOSSIER 3

Corrigé p. 290

Un enseignant propose un problème à ses élèves, en deux temps (rectangle 1 d'abord, puis rectangle 2).

Voici un morceau d'un rectangle recouvert d'un quadrillage. On veut le recouvrir avec des carrés identiques dont les côtés ont pour longueur un nombre entier de carreaux. Quelles sont toutes les solutions possibles ?

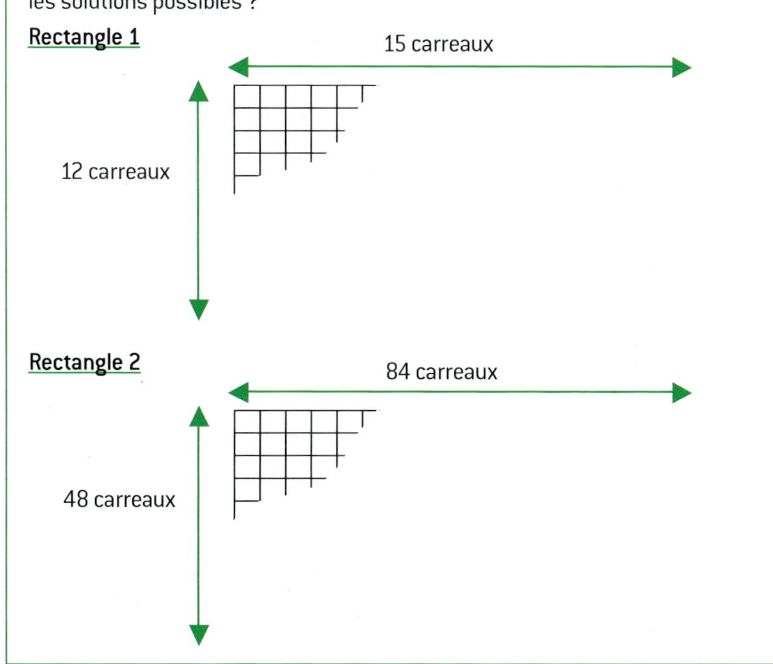

❶ Quelle notion mathématique est sous-jacente à ce type de situations ?

❷ Pour ce type de problèmes (recouvrir un rectangle quadrillé avec des carrés identiques dont les côtés ont pour longueur un nombre entier de carreaux), quelles sont les principales variables didactiques ?

❸ A quel niveau ce problème peut-il être proposé ? Avec quels objectifs ?

❹ Quel est l'intérêt de proposer ce problème en deux temps, comme l'a fait l'enseignant ?

❺ Proposer deux procédures correctes qui pourraient être utilisées par des élèves pour le problème avec le rectangle de 84 carreaux sur 48 carreaux. Préciser les connaissances et les compétences mises en œuvre dans chacune de ces procédures.

❻ Un élève a répondu de la façon suivante pour le rectangle 2 :

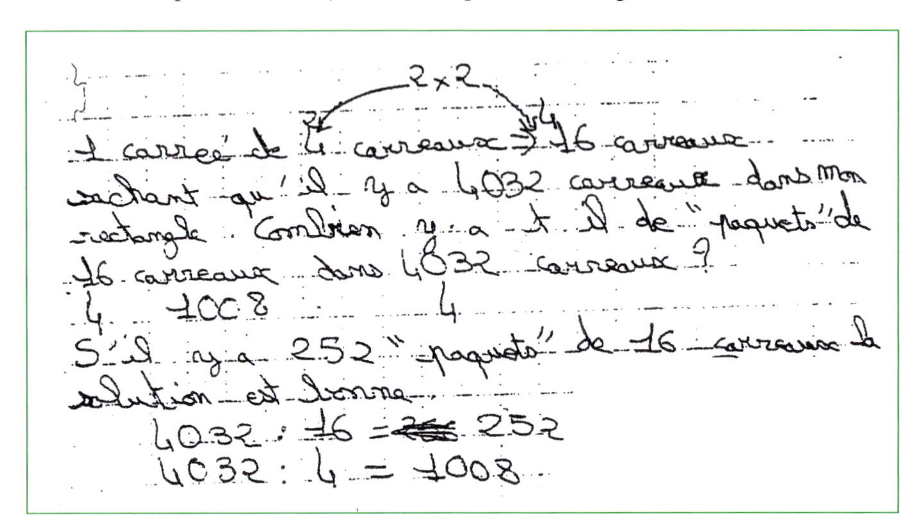
2 × 2
1 carré de 4 carreaux ⇒ 16 carreaux
sachant qu'il y a 4032 carreaux dans mon rectangle. Combien y a-t-il de "paquets" de 16 carreaux dans 4032 carreaux ?
4 1008 4
S'il y a 252 "paquets" de 16 carreaux la solution est bonne.
4032 : 16 = 252
4032 : 4 = 1008

Analyser sa démarche (résultat, pertinence).

❼ Proposer un exercice similaire qui pourrait mettre la démarche de cet élève en difficulté.

CORRIGÉ ANALYSE D'ERREURS 1

Énoncé p. 274

❶ Analyse des 8 solutions d'élèves

Le problème a été posé à des élèves de CE2 au 2e trimestre. Ces élèves avaient donc déjà commencé l'étude de la multiplication. Reprenons les procédures utilisées par les 8 élèves (qui ne disposaient pas de calculatrice).

Aucun élève n'a utilisé de procédure de type « dessin ». Tous les élèves ont reconnu une situation de multiplication, mais ils ont traité les calculs de diverses manières. Leurs solutions diffèrent donc essentiellement par les procédures de calcul utilisées.

Dans le tableau suivant sont mises en évidence les procédures de calcul utilisées, les connaissances explicites ou implicites utilisées par les élèves et des hypothèses concernant l'origine des difficultés.

Procédures	Elèves	Connaissances utilisées et hypothèses sur les difficultés
Addition répétée de 89 – L'élève a reconnu que la situation relevait du calcul de 89 × 45. Il a effectué cette multiplication en multipliant uniquement 89 par 5. Il a conclu. – Puis après cette tentative de calcul direct du produit, il a remplacé celui-ci par une somme de 45 termes égaux à 89, sans la calculer effectivement.	D	• L'élève sait donc qu'un produit de 2 naturels peut être remplacé par une somme itérée. On peut aussi remarquer qu'il sait effectuer la multiplication d'un nombre de 2 chiffres par un nombre à 1 chiffre. L'élève ne sait pas calculer un produit dont le multiplicateur a plus d'un chiffre. La somme de 45 nombres égaux à 89 est très longue à calculer. N'a-t-il pas réussi faute de temps ou a-t-il reculé devant une telle tâche, ne percevant pas de méthode économique pour en venir à bout, ou a-t-il produit cette écriture additive pour répondre à une attente supposée du maître ? Pourquoi a-t-il barré son 1er résultat ? Peut-être a-t-il estimé un ordre de grandeur du résultat ou a-t-il conscience qu'il a mal calculé la multiplication posée…
Utilisation partielle de l'addition répétée – L'élève décompose 89 × 45 en : 89 × 10 + 89 × 10 + 89 × 10 + 89 × 10 + 89 × 5. – Pour calculer 89 × 5, il utilise l'addition répétée.	C	• L'élève utilise d'abord des connaissances relatives à la numération : 45 = 10 + 10 + 10 + 10 + 5. Il utilise implicitement la distributivité de la multiplication sur l'addition. Il sait multiplier par 10, mais ne semble pas savoir multiplier directement un nombre par un nombre à 1 chiffre, ou a recours à l'addition par sécurité.

Procédures	Elèves	Connaissances utilisées et hypothèses sur les difficultés
Calculs de produits partiels, à partir de la décomposition de 45 en 40 + 5 – Les élèves cherchent à calculer 89 × (40 + 5), comme l'élève précédent, mais sans recourir à l'addition pour les produits partiels.	F	• Cet élève sait multiplier par 10. Il utilise implicitement : – l'associativité de la multiplication avec : $20 \times 89 = 2 \times (10 \times 89)$; – la distributivité de la multiplication sur l'addition, par exemple avec : $89 \times 20 = 89 \times 10 + 89 \times 10$ $89 \times 45 = 89 \times 40 + 89 \times 5$.
	G et H	• Ces élèves savent multiplier par 10 et par un nombre à 1 chiffre (en ligne pour G, en colonne pour H). Ils utilisent implicitement : – l'associativité de la multiplication avec : $40 \times 89 = 4 \times (10 \times 89)$; – la distributivité de la multiplication sur l'addition, par exemple avec : $89 \times 45 = 89 \times 40 + 89 \times 5$.
Calculs de produits partiels, à partir d'une autre décomposition de 45 ou de 89 – Les élèves cherchent à décomposer le calcul de 89 par 45 en somme ou différence de produits de 89 par des nombres plus simples pour eux **(E)** ou en décomposant 89 en 90 – 1 **(A)**, ou encore en décomposant 45 en produit de 2 facteurs **(B)**.	A	• Cet élève utilise une procédure astucieuse : $45 \times 89 = 45 \times (90 - 1)$. Il sait multiplier par 10 et par un nombre à 1 chiffre et utilise implicitement l'associativité de la multiplication et la distributivité de celle-ci sur la soustraction, ainsi que le fait que 1 est élément neutre, avec respectivement : $45 \times 90 = (45 \times 9) \times 10$ et $45 \times 89 = 45 \times 90 - 45 \times 1$.
	B	• Il utilise l'associativité de la multiplication implicitement avec : $45 \times 89 = (5 \times 9) \times 89 = 5 \times (9 \times 89)$. Il utilise aussi implicitement la commutativité : $5 \times 801 = 801 \times 5$ et sait multiplier par un nombre à 1 chiffre. Dans un premier temps, il n'a pas reconnu que le problème relevait de la multiplication, mais il a corrigé ensuite.
	E	• Il décompose 45 en somme de 4 et de 5 et utilise la distributivité de la multiplication sur l'addition. Il sait multiplier par un nombre à 1 chiffre. Il a du mal à gérer la somme de produits partiels (1 602 ajouté une fois de trop) et commet une erreur de calcul (1 602 + 801 en ligne).

VARIABLES DIDACTIQUES : C'est en agissant sur certaines valeurs des variables didactiques que l'enseignant peut provoquer des évolutions de procédures chez les élèves. C'est ce qu'évoquent les deux questions 2 et 3.

❷ Evolution des procédures des élèves A et B

- **Élève A**

Il utilise déjà la distributivité de la multiplication sur l'addition, mais avec une procédure qui est difficilement généralisable, car elle s'appuie sur une particularité de l'un des nombres en jeu (ici 89). Il faut donc lui proposer des nombres qui ont le plus grand caractère de généralité possible, par exemple : 54 × 86.

- **Élève B**

Il utilise l'associativité de la multiplication, ce qui tient au fait que l'un des nombres est décomposable en produit de nombres à un chiffre (ce qui lui permet d'utiliser un type de calcul qu'il maîtrise). Il faut donc lui proposer des nombres qui n'ont pas cette caractéristique, par exemple des nombres premiers comme : 67 × 53.

❸ Procédures à privilégier lors de la mise en commun

S'il vise la technique usuelle de la multiplication, l'enseignant cherchera à privilégier les procédures qui utilisent une décomposition du multiplicateur liée à la numération décimale (ici 45 décomposé en 40 + 5), ce qui correspond aux procédures des élèves C, F, G et H.

CORRIGÉ ANALYSE D'ERREURS 2

Énoncé p. 275

❶ Niveau de scolarité

Compte tenu de la taille des nombres, ces questions ne peuvent être proposées qu'au CM1 ou au CM2.

❷ Procédures que les élèves peuvent utiliser

- **Question a**

Les élèves peuvent répondre en utilisant un ordre de grandeur. Le résultat est compris entre celui de 80 000 × 15 000 = 1 200 000 000 et celui de 90 000 × 20 000 = 1 800 000 000 (en utilisant la règle des 0). Ils peuvent alors conclure que le nombre de chiffres du produit est égal à 10.

- **Question b**

Les élèves peuvent :

– avoir recours au calcul de 17 × 75 en expliquant que les autres chiffres ne peuvent pas intervenir pour les chiffres des unités et des dizaines du produit proposé ;

– repérer, pour le chiffre des unités, que le chiffre ne provient que du produit « des unités par les unités » ;

– repérer, pour le chiffre des dizaines, que ce chiffre peut provenir de 3 calculs : celui de 7 × 5 (d'où 3 de 35 unités), celui de 7 × 7 (d'où 9 de 49) et celui de 5 × 1 (d'où 5 dizaines), soit au total 17 dizaines dont seul le chiffre 7 est à retenir.

• Ce **dernier raisonnement** suppose une très bonne maîtrise de la technique opératoire et de la valeur de chaque chiffre dans l'écriture d'un nombre en fonction de sa position.

❸ Hypothèses sur les raisonnements erronés en réponse à la question b

La réponse « 7 », avec un raisonnement erroné, peut venir du fait que les élèves ont pensé qu'il fallait multiplier entre eux les deux chiffres des dizaines (1 et 7) pour trouver la bonne réponse.

La réponse « 4 » peut venir du fait que les élèves n'ont utilisé que les produits des chiffres des dizaines et des unités (1×5 et 7×7, ce qui, par addition, donne 54 dizaines), en oubliant que des dizaines proviennent aussi du produit des chiffres des unités (3 dizaines de 35). Leur démarche est en partie correcte, mais incomplète.

> • Le **résultat erroné** « **4** » est cependant obtenu au moyen d'un raisonnement plus correct (bien qu'incomplet) que celui qui a conduit à la réponse « 7 »... qui pourtant est la réponse juste !

CORRIGÉ ANALYSE DE DOSSIER 1

Énoncé p. 275

❶ Objectifs de la situation

> **CONSEIL MÉTHODOLOGIQUE :** On est en présence d'un problème pour lequel les élèves ne disposent pas d'une procédure de résolution experte : il faut qu'ils essaient, tâtonnent... Ce problème est aussi l'occasion d'aborder les notions de partage et de réinvestir les connaissances sur l'addition (puisqu'il est proposé au 3e trimestre).

Les deux objectifs peuvent être :

– apprendre à résoudre un problème par tâtonnement, essais, rectifications en prenant en compte un certain nombre de contraintes ;

– résoudre des problèmes de partage :

– réinvestir des connaissances sur les écritures additives.

On peut éventuellement ajouter un quatrième objectif relatif au travail de groupe et à une compétence du type « communiquer sa procédure », mais ce ne sont pas des objectifs prioritaires pour cette séance.

❷ Eléments de la situation ayant une influence sur les procédures des élèves

Variable	Justification
La présence ou non du matériel (objets et boites)	Si les élèves ont accès au matériel, ils peuvent mettre un bâtonnet successivement dans chaque boite jusqu'à épuisement et contrôler directement leur contenu par le comptage. Cette procédure n'est évidemment pas utilisable si le matériel n'est pas à disposition.
Le nombre total d'objets (dans le cas où le matériel n'est pas présent) ou le nombre de boites	Si « le nombre total d'objets » ou « le nombre de boites » est « très grand » (important au niveau CP), la procédure figurative va s'avérer très lourde et peu opérationnelle et le contrôle de la contrainte « nombre total d'objets à répartir » est également plus difficile à vérifier.
Le nombre d'objets par boite	Si ce nombre est 2, 5 ou 10, la procédure par addition itérée est simplifiée dans la mesure où les élèves apprennent à compter de 2 en 2, de 5 en 5 ou de 10 en 10.

❷ Rôle de la première phase

La présence du matériel fait que les élèves ne sont pas contraints à anticiper le résultat ; ils peuvent placer successivement un objet dans chaque boite jusqu'à épuisement des objets, en veillant au respect de la contrainte « nombre d'objets par boite », mais sans avoir à contrôler la contrainte « nombre total d'objets » et « nombre de boites ». C'est donc **une phase de familiarisation** qui est essentielle dans cette activité compte tenu de la complexité des consignes.

Cette première phase a donc le double objectif de permettre aux élèves :

– de s'approprier les consignes, certaines contraintes (nombreuses) et le but à atteindre ;

– de commencer à s'approprier une procédure qui pourra être transférée dans le cadre d'une procédure figurative.

D'autre part, les procédures utilisées ici pourront être mobilisées comme moyen de validation des réponses obtenues dans la 2e phase.

❸ Procédures utilisées par les élèves

CONSEIL MÉTHODOLOGIQUE : Dans ce genre de question, il est indispensable de décrire les procédures possibles et de ne pas se contenter d'un titre (par exemple « procédure figurative »).
D'autre part, il faut tenir compte du niveau de classe : ici la seule opération vraiment disponible est l'addition, les élèves pouvant également calculer des soustractions très simples.

On peut identifier trois catégories de procédures :

- Les procédures figuratives

Elles consistent à représenter les boites et objets. On peut identifier trois procédures différentes dans cette catégorie :

– L'élève dessine tous les objets puis effectue des regroupements par paquets de 3, 4 ou 5 en entourant les objets ; il vérifie ensuite que le nombre de paquets est correct.

– L'élève dessine d'abord les boites, puis répartit les objets en les dessinant au fur et à mesure, un à un ou par paquets réguliers ou non. Il doit bien sûr contrôler le nombre total d'objets et le nombre d'objets par boite, en les comptant régulièrement par exemple.

– L'élève dessine au fur et à mesure les boites et les objets. Cette méthode complexe nécessite de contrôler le nombre total d'objets, le nombre de boites, le nombre d'objets par boite.

- Les procédures de type « calcul »

Elles consistent à effectuer des additions itérées, en partant d'une hypothèse concernant le nombre d'objets par boite. Si cette hypothèse ne convient pas (soit parce que l'élève obtient trop de boites, soit parce qu'il n'arrive pas à respecter la contrainte du nombre d'objets par boite), le nombre d'objets dans certaines boites peut être modifié. L'élève peut par exemple partir de 3 objets, puis effectuer une succession d'additions de 3, le nombre de termes ajoutés correspondant au nombre de boites. Si la répartition ne convient pas, il peut alors modifier certains termes de la somme.

- Les procédures mixtes

L'élève représente par exemple les boites sous forme de rectangles et écrit à l'intérieur des nombres qui représentent le nombre d'objets par boite. Il contrôle le nombre d'objets total en additionnant les nombres écrits.

❹ Analyse de la procédure élaborée par Hubert

CONSEIL MÉTHODOLOGIQUE : L'analyse ne consiste pas uniquement à décrire la procédure d'Hubert, mais également à essayer de mettre en évidence les raisonnements implicites qu'il utilise.

Hubert commence, semble-t-il, par représenter les boites à l'aide de « cercles » dans lesquels il inscrit le nombre 5. Il barre certaines de ces boites. Cela semble indiquer qu'il additionne tous les 5 qu'il a inscrits dans les « cercles » et constate que cela ne convient pas.

Il change ensuite de procédure pour passer à une procédure de type purement « calcul » en ajoutant des « cinq » et un « un ». Son premier essai le conduit bien à 31 objets mais il ne respecte pas la contrainte d'au minimum 3 objets par boite. Il s'en rend compte et modifie sa décomposition en remplaçant un « cinq » par un « quatre » et en supprimant le « un », mais il ne termine pas cette décomposition car il se rend compte qu'il ne pourra pas atteindre 31 en respectant les contraintes.

Il modifie alors à nouveau la somme précédente en remplaçant le dernier « cinq » par « 4 + 3 », ce qui permet d'aboutir à une réponse possible au problème. Il ne formule pas de réponse explicite à la question posée.

❺ « Répartir 31 bâtonnets dans 7 boîtes en mettant 3, 4 ou 5 objets par boite »

a. Trouver toutes les répartitions possibles

Si on appelle x, y et z le nombre de boites contenant respectivement 3, 4 ou 5 bâtonnets, le problème peut être résolu par un système de 2 équations :

$$\begin{cases} 3x + 4y + 5z = 31 \\ x + y + z = 7 \end{cases}$$

x, y et z étant des nombres entiers.

Une résolution possible consiste à remarquer d'abord que, d'après la 2e équation, $z < 7$.

En remplaçant z par les nombres de 0 à 6, on obtient alors des systèmes de 2 équations à 2 inconnues.

Pour $z = 6$ $\begin{cases} 3x + 4y = 1 \\ x + y = 1 \end{cases}$ Ce système n'a pas de solution entière.

Pour $z = 5$ $\begin{cases} 3x + 4y = 6 \\ x + y = 2 \end{cases}$ Ce système a pour solution $x = 2$ et $y = 0$

Donc 5 boites de 5 bâtonnets et 2 boites de 3 bâtonnets.

Pour $z = 4$ $\begin{cases} 3x + 4y = 11 \\ x + y = 3 \end{cases}$ Ce système a pour solution $x = 1$ et $y = 2$

Donc 4 boites de 5 bâtonnets, 2 boites de 4 bâtonnets et 1 boite de 3 bâtonnets.

Pour $z = 3$ $\begin{cases} 3x + 4y = 16 \\ x + y = 4 \end{cases}$ Ce système a pour solution $x = 0$ et $y = 4$

Donc 3 boites de 5 bâtonnets et 4 boites de 4 bâtonnets.

Les autres valeurs de z n'aboutissent à aucune solution supplémentaire.

• **Au CM1**, les élèves peuvent mobiliser les 4 opérations (addition, soustraction, multiplication, division).

b. Procédures des élèves

Procédure 1

Procéder par essais et ajustements en additionnant des 3, des 4 et des 5 de façon à obtenir 31. La soustraction peut être utilisée pour chercher comment compléter une somme partielle

Procédure 2

Additionner des multiples de 5, de 4 et de 3 de façon à obtenir 31, en s'assurant que la somme des deuxièmes facteurs de ces produits est égale à 7.

Il s'agit en fait de la résolution de : $5x + 4y + 3z = 31$ avec $x + y + z = 7$.

Procédure 3

Division du nombre de bâtonnets (31) par le nombre de boites (7). Le quotient est égal à 4 et le reste est égal à 3. On peut donc placer 4 bâtonnets dans chaque boite et répartir les 3 qui restent dans 3 boites. D'où la solution 4 boites avec 4 bâtonnets et 3 boites avec 5 bâtonnets.

c. Objectifs visés par l'enseignant

Plusieurs objectifs peuvent être évoqués, notamment :

– résoudre un problème « ouvert » en utilisant les opérations connues (dont la multiplication et la division) ;

– vérifier que toutes les contraintes sont respectées ;

– faire l'inventaire de toutes les solutions possibles.

Énoncé p. 277

Les questions 1 à 3 portent sur le document A

❶ Etape 1 : mise en commun

Dans l'étape 1, l'enseignant fait vérifier les résultats et les affiche sans commentaire. Il ne fait expliciter les méthodes utilisées que lorsque la majorité des élèves est capable d'anticiper les résultats fournis par la machine.

La raison principale est de permettre au plus grand nombre d'élèves de résoudre par eux-mêmes le problème posé. Si les élèves qui réussissent explicitent trop tôt leur procédure, les autres n'ont plus de problème à résoudre : ils sont simplement mis en situation d'utiliser ce qui a été découvert par d'autres. De plus, disposer d'un grand nombre de résultats permet aux élèves de faire des observations qui les aident à « deviner » le rôle de la touche.

❷ Les variables didactiques de cette situation

- **La taille des nombres en jeu et les relations arithmétiques qui les lient**

L'enseignant a fait le choix de nombres qui, dans tous les cas, permettent un calcul mental rapide et une diversité de procédures (division si l'opération est connue des élèves, essais de multiples, ajout répété du diviseur pour atteindre le diviseur ou s'en approcher).

- **La valeur du reste (nul ou non nul)**

Le reste est en général non nul sauf dans un cas, ce qui peut se justifier par le fait qu'on veut travailler sur le reste (mais il faut être attentif au fait que les élèves n'en tirent pas la conclusion qu'un reste est toujours non nul).

- **La valeur du quotient (nul ou non nul)**

Le quotient est en général non nul sauf dans un cas (4 divisé par 7), ce qui est important car les élèves ont tendance à penser qu'un quotient ne peut pas être égal à 0.

❸ Etape 2 : exploitation des réponses des élèves

Dans l'étape 2, l'enseignant peut exploiter les réponses des élèves en mettant en évidence plusieurs procédures de validation des réponses proposées :

– **ordre de grandeur :** 85 n'est pas un quotient possible de 854 par 17 car $85 \times 10 = 850$;

– **relation entre reste et diviseur :** 38 ne peut pas être un reste car il est supérieur au diviseur 17 ;

– **utilisation de l'égalité caractéristique de la division euclidienne**, par exemple le quotient et le reste ne peuvent pas être 40 et 14 car $(17 \times 40) + 14 = 694$.

Lors de la synthèse, les deux éléments essentiels que l'enseignant devra mettre en évidence concernent :

– l'égalité caractéristique de la division euclidienne liant le dividende (a), le diviseur (b), le quotient (q) et le reste (r) : $a = (b \times q) + r$;

– le fait que le reste doit être inférieur au diviseur : $r < b$.

Les questions 4 et 5 portent sur le document B

4 Ce qui différencie les problèmes proposés

CONSEIL MÉTHODOLOGIQUE : Plusieurs types de réponses peuvent être apportées (forme des énoncés, contexte, référence à une classification des problèmes « de division », type de question posée). Pour répondre aux attentes supposées du jury, il faut choisir ici de se centrer sur celles qui établissent une relation avec l'apprentissage visé, la division euclidienne, en incluant si possible les autres types de réponses.

- **Problèmes 1 et 3**

Ils concernent la recherche d'un quotient représentant « du nombre de parts » (division-quotition dans la typologie inspirée de Vergnaud), le premier étant situé dans un contexte ordinal et le deuxième dans un contexte cardinal. Les élèves sont en situation de résolution.

- **Problèmes 2 et 4**

Ils sont centrés sur le reste d'une division. Ils visent à faire vérifier une réponse proposée. Les élèves sont donc en situation de vérification, celle-ci pouvant être faite de 2 façons :

– à l'aide de l'égalité caractéristique de la division euclidienne ;

– en résolvant les problèmes à l'aide de la touche [⊢].

POUR LE PROBLÈME 2 : Si on cherche l'écart à 1 781 à partir de l'indication donnée (127 sauts de 14) en calculant 1 781 – (127 × 14) = 3, on trouve bien un reste inférieur au diviseur (ici 14) et on peut s'assurer qu'on est plus près de 1 781 que si on faisait un saut de plus (on arriverait alors 1 792, et l'écart avec 1 781 serait de 11).

5 Intérêt de permettre l'utilisation de la calculatrice

- **Problèmes 1 et 3**

L'intérêt réside dans le fait que les élèves n'ont pas à leur charge la gestion des calculs : ils peuvent donc utiliser la division même s'ils ne savent pas encore traiter par eux-mêmes ce type de calcul. Par contre, pour répondre à la question posée, ils doivent interpréter dans chaque contexte les deux nombres (quotient et reste) que leur fournit la calculatrice.

- **Problèmes 2 et 4**

L'intérêt de la calculatrice, surtout si elle ne possède pas de touche parenthèses, est qu'il est alors plus rapide de recourir à la division que de vérifier la réponse proposée. L'enseignant peut alors inciter les élèves a utiliser les deux types de vérification : par le calcul de la division avec la calculatrice et en utilisant l'égalité caractéristique de la division euclidienne, ce qui permet de les mettre en relation.

POUR LES PROBLÈMES 2 ET 4 : On pourrait suggérer que la classe soit partagée en deux : certains élèves ont une calculatrice et d'autres ne l'ont pas ; pour ces derniers le recours à l'égalité caractéristique de la division euclidienne est plus économique. Il est alors ensuite possible de mettre en relation les deux procédures de contrôle.

La question 6 porte sur le document C

❻ Analyse de l'activité proposée par le document C

a. Utilisation de la calculatrice

Le quotient de la division euclidienne est fourni directement par la partie entière du nombre affiché à l'écran.

Par exemple pour $657 \div 12 = 54{,}75$, le quotient euclidien est égal à 54.

Pour obtenir le reste, il faut calculer $657 - 12 \times 54 = 9$.

On peut aussi calculer $12 \times 0{,}75 = 9$.

Il faut préciser que, pour obtenir le reste, la première méthode fonctionne toujours alors que la deuxième (produit du diviseur par la partie décimale de l'affichage) ne fonctionne que si la calculatrice affiche complètement le quotient décimal. Ainsi pour $1\,000 \div 45$, l'affichage est 22,2222222. La partie décimale ayant une infinité de chiffres, le reste ne peut pas être obtenu en multipliant 0,2222222 par 45.

b. Intérêt de cette activité pour l'apprentissage de la division

L'intérêt est double :

– souligner qu'il existe 2 divisions : la division euclidienne (quotient et reste entier) et la division décimale (quotient entier, décimal ou approché par un décimal) ;

– l'utilisation de l'égalité caractéristique de la division euclidienne pour trouver le reste, en passant de la forme $a = (b \times q) + r$ à la forme $a - (b \times q) = r$, en s'assurant que $r < b$.

CORRIGÉ ANALYSE DE DOSSIER 3

Énoncé p. 279

❶ Notion mathématique sous-jacente

Ce problème fait intervenir la **notion de multiple commun**.

• Le problème peut cependant être résolu sans que cette notion soit explicitement mobilisée.

❷ Principales variables didactiques

- **Les dimensions du rectangle :**

– si elles sont réduites (nombres inférieurs à 20, par exemple), une résolution pratique par report d'un carré ou par découpage du rectangle en carrés identiques est possible ;

– si elles sont plus importantes, une résolution numérique devient nécessaire (voir question 4).

- **Le nombre de diviseurs communs aux deux dimensions du rectangle**

Cette variable détermine le nombre de solutions à trouver.

❸ Niveau scolaire et objectifs

- **Niveau solaire**

Compte tenu de la taille des nombres du 2e problème, la résolution peut faire appel à des connaissances variées (addition, multiplication ou division). Ce problème peut donc être proposé au CM1 ou au CM2 (dans le programme, la notion de multiple est évoquée au CM1).

Les objectifs visés

Ils peuvent être de trois types, selon le choix de l'enseignant et le moment où le problème est posé :

– si la notion de multiple (qui est au programme du CM1) a déjà été étudiée, il peut s'agir d'une situation de réinvestissement donnant l'occasion aux élèves d'utiliser cette notion et à l'enseignant d'en évaluer la maîtrise et la disponibilité ;

– l'enseignant peut également s'appuyer sur la résolution de ce problème pour un premier enseignement de la notion de multiple et la situation peut alors être gérée comme une situation-problème ;

– si la notion de multiple n'a pas encore été étudiée et si son enseignement n'est pas un enjeu de cette situation, le problème peut être proposé comme problème pour chercher (ou problème ouvert) dans le but de mettre les élèves en situation de chercher et produire une solution originale.

❹ Intérêt de proposer ce problème en deux temps

Le rectangle 1 (choisi dans le premier temps) facilite la dévolution du problème aux élèves, en autorisant une résolution pratique (par une procédure utilisant des carrés découpés ou tracés) ou une résolution numérique élémentaire (par recours à l'addition réitérée d'un nombre). De plus, en dehors du carré de côté 1, la seule autre solution possible est le carré de côté 3.

Le rectangle 2 (choisi ensuite) rend plus difficile la gestion de ce type de procédures et conduit à utiliser une procédure numérique plus élaborée mettant en jeu, implicitement ou explicitement, la notion de multiple ou de diviseur.

❺ Procédures possibles

Quatre procédures peuvent être évoquées :

Procédures	Connaissances et compétences
Procédure de type purement pratique L'élève découpe des carrés de différentes dimensions et essaie de recouvrir le rectangle par report d'un seul carré, par report de plusieurs carrés ou par « découpage » du rectangle en traçant des carrés de la taille de celui qui est choisi. Les essais peuvent être faits au hasard ou organisés (par exemple, essais de carrés de plus en plus grands). Cette procédure a peu de chances d'aboutir compte tenu du nombre de carreaux et des imprécisions de report.	• **La seule connaissance utilisée est de nature géométrique** : savoir ce qu'est un carré. • **Compétences** : gérer des essais.
Procédure de type numérico-pratique L'élève cherche un nombre qui ajouté plusieurs fois à lui-même, ou multiplié par un autre, permet d'obtenir 48 et 84. Il construit un carré de cette taille et le reporte ou découpe le rectangle en carrés de cette dimension.	• **Des connaissances de nature géométrique et numérique sont utilisées** : – savoir ce qu'est un carré ; – savoir additionner ou multiplier. • **Compétences** : gérer des essais.

Procédure de type numérique 1 La même que la précédente, sans construction des carrés ou découpage.	• **Des connaissances de nature géométrique et numérique sont utilisées :** – savoir ce qu'est un carré ; – savoir additionner ou multiplier. • **Compétences :** gérer des essais.
Procédure de type numérique 2 L'élève cherche de quels nombres 48 et 84 sont tous deux des multiples (par essais de multiples, par division, par analyse des nombres).	• **Des connaissances de nature géométrique et numérique sont utilisées :** – savoir ce qu'est un carré ; – savoir additionner, multiplier et diviser ; – reconnaître si un nombre est multiple d'un autre (si les 2 nombres sont multiples de 2 et de 4 par exemple…). • **Compétences :** gérer des essais.

• **Dans tous les cas**, certains élèves peuvent :
- s'arrêter dès qu'une réponse est trouvée (par effet de contrat didactique : résoudre un problème, c'est trouver « la » réponse) ;
- s'arrêter après avoir trouvé quelques réponses « évidentes » ou par des essais au hasard ;
- obtenir toutes les réponses par des essais systématiques.

• **Il est probable que les carrés 1 × 1 seront « oubliés ».** L'enjeu de la situation étant que toutes les possibilités soient trouvées, l'enseignant devra insister sur cet aspect et opérer des relances dans ce sens.

❻ Analyse de la réponse de l'élève

L'élève a raisonné sur le nombre total de carreaux du rectangle (4 032) et cherché combien de carrés constitués de 16 carreaux (4 × 4) peuvent le recouvrir.

• Démarche utilisée et résultat obtenu

- Le résultat est correct (252 « paquets »), l'élève semble avoir cherché une autre réponse avec des carrés de 4 carreaux, mais sans conclure explicitement à ce sujet ;
- il semble y avoir une certaine confusion entre 4 obtenu comme 2 × 2 et 16 obtenu comme 4 × 4 ;
- il ne cherche qu'une réponse.

• Pertinence de la démarche

Si la réponse est correcte, la démarche, elle, n'est pas pertinente. En effet, l'élève :
- ne s'assure pas explicitement que les figures reportées sont des carrés : il parle d'ailleurs de « paquets » ;
- ne vérifie pas que le côté du carré choisi peut être reporté exactement sur la longueur et la largeur du rectangle.

❼ Mettre la démarche de l'élève en difficulté

Pour mettre en défaut sa démarche, il suffit de proposer un rectangle dont le nombre de carreaux est multiple de 16 sans que chaque côté soit composé d'un nombre de carreaux multiple de 4.

C'est le cas, par exemple, si un côté est multiple de 2 (sans être multiple de 4) et l'autre multiple de 8, par exemple **un rectangle de 42 carreaux sur 32 carreaux.**

CHAPITRE 12

Proportionnalité

Connaissances mathématiques de référence → Tome 1, chapitres 8 et 9

L'enseignement de la proportionnalité s'inscrit dans le cadre plus général de l'apprentissage du calcul et de l'organisation et de la gestion de données. En particulier, il ne peut pas être séparé de celui de l'apprentissage du domaine multiplicatif.

➤ **Voir le chapitre 11** consacré à la multiplication et la division pour compléter les indications fournies ici.

Les compétences à acquérir concernent principalement la résolution de problèmes, avec deux objectifs :
– reconnaître si une situation peut être mathématisée au moyen de la proportionnalité ;
– être capable de mettre en œuvre un mode de résolution adapté, en choisissant la méthode la plus appropriée compte tenu des données en jeu.

La proportionnalité peut être envisagée dans trois cadres différents :

- **Le cadre des grandeurs** où les nombres expriment des quantités ou des mesures. Dans ce cadre, il est possible d'utiliser des propriétés de la proportionnalité en leur donnant du sens : ainsi « quand j'achète une quantité trois fois plus importante, je dois payer trois fois plus » correspond à une propriété de la linéarité.
- **Le cadre numérique** où les nombres sont manipulés de manière abstraite, en référence uniquement à des propriétés connues relatives aux suites proportionnelles ou à la fonction linéaire.
- **Le cadre graphique** où des représentations graphiques sont utilisées.

À l'école primaire, la proportionnalité n'est travaillée que dans le premier cadre, c'est-à-dire dans des situations évoquant des quantités d'objets ou des grandeurs (prix, longueurs, masses, aires...).

DOCUMENTS OFFICIELS

Extrait du BO spécial n° 11 du 26 novembre 2015

PROGRAMME DU CYCLE 3 (extraits)
Nombres et calculs

Attendus de fin de cycle :

Résoudre des problèmes en utilisant des fractions simples, les nombres décimaux et le calcul

Proportionnalité

- Reconnaitre et résoudre des problèmes relevant de la proportionnalité en utilisant une procédure adaptée.

Résoudre des problèmes impliquant des grandeurs (géométriques, physiques, économiques) en utilisant des nombres entiers et des nombres décimaux

Proportionnalité

- Identifier une situation de proportionnalité entre deux grandeurs.

– Graphiques représentant des variations entre deux grandeurs.[1]

Reconnaitre et utiliser quelques relations géométriques

Proportionnalité

- Reproduire une figure en respectant une échelle.

– Agrandissement ou réduction d'une figure.

1. L'aspect graphique de la proportionnalité n'est le plus souvent enseigné qu'à partir de la classe de Sixième.

REPÈRES DE PROGRESSIVITÉ
Le cas particulier de la proportionnalité

La **proportionnalité** doit être traitée dans le cadre de chacun des trois domaines « nombres et calculs », « grandeurs et mesures » et « espace et géométrie ».

En CM1, le recours aux propriétés de linéarité (additive et multiplicative) est privilégié dans des problèmes mettant en jeu des nombres entiers. Ces propriétés doivent être explicitées ; elles peuvent être institutionnalisées de façon non formelle à l'aide d'exemples :
– « si j'ai deux fois, trois fois… plus d'invités, il me faudra deux fois, trois fois… plus d'ingrédients » ;
– « si 6 stylos coutent 10 euros et 3 stylos coutent 5 euros, alors 9 stylos coutent 15 euros ».
Les procédures du type passage par l'unité ou calcul du coefficient de proportionnalité sont mobilisées progressivement sur des problèmes le nécessitant et en fonction des nombres (entiers ou décimaux) choisis dans l'énoncé ou intervenant dans les calculs.

À partir du CM2, des situations impliquant des **échelles** ou des **vitesses constantes** peuvent être rencontrées. Le sens de l'expression « **… % de** » apparait en milieu de cycle. Il s'agit de savoir l'utiliser dans des cas simples (50 %, 25 %, 75 %, 10 %) où aucune technique n'est nécessaire, en lien avec les fractions d'une quantité. En fin de cycle, l'application d'un **taux de pourcentage** est un attendu.

REPÈRES POUR ENSEIGNER

Dans ce chapitre sont successivement examinés :

– les problèmes qui peuvent être proposés aux élèves pour assurer une bonne compréhension de la proportionnalité ;

– les procédures de résolution attendues à l'école primaire en relation avec les variables didactiques en jeu ;

– les difficultés que les élèves peuvent rencontrer dans cet apprentissage.

1 Typologies des problèmes pour comprendre la proportionnalité

L'étude de la proportionnalité est envisagée à l'école primaire dans le **cadre des grandeurs**, dans des situations qui mettent en relation des quantités, des mesures, des prix...

Une double typologie peut être proposée : celle des situations qui donnent lieu à des problèmes, celles des problèmes qui peuvent y être posés.

1.1 Typologie des situations servant de support à des problèmes

Il existe plusieurs façons de caractériser les situations qui peuvent servir de support à des problèmes relevant de la proportionnalité. Nous avons choisi de les classer en trois catégories.

A. Situations où la proportionnalité intervient par convention sociale

Il s'agit le plus souvent de **problèmes de la vie courante**, de nature économique (relation entre quantité et prix, par exemple) :

– le prix de la viande **est souvent proportionnel à la masse** achetée (au moins pour des masses comprises entre 50 g et 5 kg ; au-delà, le prix peut être discuté !) ; le prix de l'essence est quant à lui proportionnel à la quantité achetée (à une même pompe) ;

– en revanche, le prix à payer pour affranchir une lettre **n'est pas proportionnel à la masse** ; on paie, par exemple, le même prix pour une lettre de 18 g que pour une lettre de 9 g, alors qu'on paierait le double si une convention de proportionnalité avait été retenue.

Les élèves peuvent ou non connaître la convention retenue qui, de plus, n'est souvent vérifiée que dans certaines limites. Pour ce type de situation où la proportionnalité résulte d'une convention sociale, ou bien les élèves sont préalablement informés (situations familières), ou bien le fait que la proportionnalité a été retenue doit être annoncé explicitement dans l'énoncé.

B. Situations où la proportionnalité permet une modélisation d'un phénomène

- **En physique :**

– l'allongement d'un ressort est proportionnel à la masse suspendue (dans certaines limites) ;

– le nombre de tours de roue d'un vélo est proportionnel au nombre de tours de pédales (sauf dans les moments dits « de roue libre »)...

- **En géométrie :**

– le périmètre d'un cercle est proportionnel à la longueur du diamètre ;

– la longueur de la diagonale d'un carré est proportionnelle à celle du côté....

Dans de telles situations, **c'est le recours à l'expérimentation** (notamment pour les phénomènes physiques ou les dessins géométriques) **ou l'utilisation de théorèmes** (Pythagore pour le cas du carré) qui permettent de mettre en évidence les éventuelles relations de proportionnalité entre grandeurs. Pour les situations du domaine physique, la proportionnalité n'est souvent vérifiée que dans certaines limites (par exemple pour le ressort, la proportionnalité entre son allongement et la masse suspendue est liée à la sensibilité du ressort).

C. Situations où la proportionnalité intervient comme outil pour définir de nouveaux concepts

La proportionnalité est alors utilisée pour produire de nouvelles notions : **agrandissement ou réduction d'objets géométriques, échelle, pourcentage, vitesse moyenne,** débit, masse volumique... Les quatre premières notions citées font seules l'objet de premiers travaux à l'école primaire.

Ces notions sont conceptuellement plus difficiles que celles en jeu dans les catégories précédentes, dans la mesure où elles ne « préexistent pas » à la proportionnalité, mais sont construites en faisant une **hypothèse de proportionnalité** qui est rarement vérifiée dans la réalité :

– quand on dit que **25 % des élèves** d'une école mangent à la cantine, on n'indique pas que sur tout échantillon de 100 élèves on en trouvera 25 qui mangent à la cantine car il s'agit bien d'une donnée théorique fondée sur une hypothèse (rarement vérifiée) d'homogénéité de la population considérée ;

– lorsqu'on dit qu'on a roulé **60 km/h** de moyenne, la vitesse instantanée n'a sans doute été que rarement égale à exactement 60 km/h !

1.2 Typologie des problèmes posés

Les problèmes principalement proposés à l'école primaire peuvent être regroupés en deux grandes catégories :

A. Les problèmes de quatrième proportionnelle

➤ Pour les problèmes de quatrième proportionnelle, tome 1, p. 168.

Dans ces problèmes, on est amené à chercher le **nombre manquant**, dans une relation qui met en jeu deux couples de nombres, comme par exemple :

grandeur A	grandeur B
a	b
?	c

Ce type de problèmes peut concerner :

• Des grandeurs A et B de même nature

Par exemple dans le cas d'une carte à une échelle donnée :

grandeur A (distances dans la réalité)	grandeur B (distances sur le papier)
a	b
?	c

Les grandeurs en jeu peuvent être exprimées avec la même unité (cm, cm) ou avec des unités différentes (km, cm).

• Des grandeurs A et B de nature différente

Par exemple dans le cas d'un problème sur les vitesses :

grandeur A (distances en km)	grandeur B (durées en heures)
a	b
?	c

B. Les problèmes de comparaison de mélanges

➤ Pour les problèmes de comparaison de mélanges, tome 1, p. 170.

Dans ces problèmes interviennent en général au moins **trois quantités** : le « tout » et au moins deux parties complémentaires (boisson composée de sirop de fraise et d'eau, par exemple). On peut être amené à déterminer :

- **Une partie par rapport au tout :** quantités de sirop à utiliser pour des quantités de boisson souhaitée, en voulant avoir des boissons de même gout.
- **Une partie par rapport à l'autre partie :** quantités de sirop à utiliser pour des quantités d'eau, toujours pour avoir des boissons de même gout.
- **Les proportions :** tel mélange a-t-il plus ou moins le gout de fraise que tel autre mélange, connaissant les quantités d'eau et de sirop qui ont été utilisés pour les réaliser ?

C. Autres types de problèmes

D'autres types de problèmes peuvent être envisagés, mais ils relèvent plutôt d'un travail au collège même si dans des situations simples ils peuvent être proposés, comme problème de recherche, à des élèves de l'école primaire. En voici deux exemples :

- **Les problèmes de double proportionnalité**

Ils interviennent dans le cas d'une **grandeur proportionnelle à deux autres grandeurs** qui peuvent être modifiées de manière indépendante, par exemple :
– l'aire du rectangle est proportionnelle à la largeur ou à la longueur du rectangle (lorsque l'autre variable est fixée) ;
– le prix à payer pour un séjour est fonction du nombre de personnes et du nombre de jours.

- **Les problèmes de proportionnalité simple composée**

Ils interviennent dans le cas d'une grandeur qui varie proportionnellement à une autre qui varie, elle-même, proportionnellement à une troisième, par exemple :

Problème 1

6 vaches produisent 4 000 litres de lait en 30 jours. Combien de jours faut-il à 18 vaches pour produire 72 000 litres de lait ?

Pour chacun de ces types de problèmes, les élèves peuvent également être amenés à **déterminer si une situation relève ou non de la proportionnalité** : utilisation de connaissances sociales, expérimentation et analyse des propriétés des couples de données recueillies, construction d'un graphique... Comme on le verra plus loin, les problèmes de **pourcentage**, de **vitesse** et d'**échelle** sont traités dans le cadre plus général de l'étude de la proportionnalité.

2 Procédures de résolution utilisables par les élèves

➤ **Procédures de résolution pour les problèmes de proportionnalité**, tome 1, chap. 8. et chap. 9.

➤ **Variables didactiques**, § 3 p. 300.

Les procédures de résolution relative aux problèmes de proportionnalité sont très variées. Pour l'école primaire, **trois types de procédures** peuvent être enseignées aux élèves. Elles sont illustrées par le problème qui suit. Leur mise en œuvre par les élèves est souvent liée aux valeurs retenues pour les principales variables didactiques en jeu.

Les principales procédures que les élèves apprennent à l'école primaire sont illustrées à partir du problème 2

Problème 2

Pour faire une mousse au chocolat, Louis a trouvé une recette qui permet de faire quatre coupes. Il faut : 2 œufs, 100 g de chocolat, 30 g de sucre.
Calcule les quantités de chacun des ingrédients (œufs, chocolat, sucre) pour faire 10 coupes.

Pour le résoudre, on fait l'hypothèse qu'il doit y avoir une relation de proportionnalité entre le nombre de coupes et la quantité de chaque type d'ingrédient.

A. Procédures en appui sur les propriétés de la linéarité

- **Procédure 1 : en appui sur la seule propriété multiplicative de la linéarité**

Elle revient à considérer que 10 coupes « c'est 2,5 fois plus de coupes que 4 coupes » et donc qu'il faut prendre 2,5 fois plus de chaque quantité d'ingrédients.

Par exemple pour le sucre :

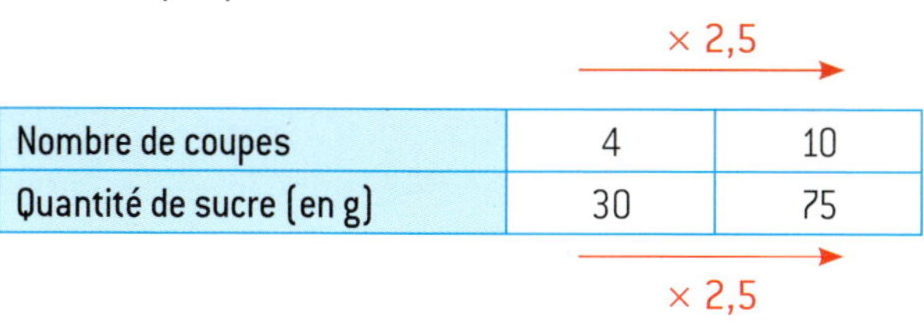

Nombre de coupes	4	10
Quantité de sucre (en g)	30	75

× 2,5 est appelé « rapport de linéarité » ou « rapport scalaire ».

Rappel : **Le coefficient de linéarité** permet de passer d'une valeur d'une grandeur à une autre valeur de la même grandeur, ici de 4 à 10 (pour le nombre de coupes) et de 30 à 75 (pour la quantité de sucre).

• **Cette procédure est difficile à envisager à l'école primaire** du fait que le rapport de linéarité fait intervenir un nombre décimal. Elle serait d'usage plus facile si on demandait les quantités d'ingrédients pour 8 coupes (donc « 2 fois plus de coupes »).

• **Procédure 2 : en appui sur les propriétés additives et multiplicatives de la linéarité**

Elle revient à considérer que 10 coupes, c'est 8 coupes (deux fois 4 coupes), plus 2 coupes (la moitié de 4 coupes).

Par exemple pour le chocolat :

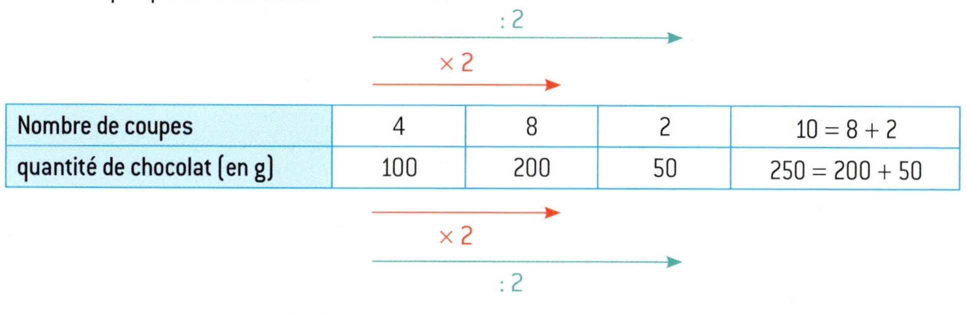

Nombre de coupes	4	8	2	10 = 8 + 2
quantité de chocolat (en g)	100	200	50	250 = 200 + 50

• **La procédure en appui sur la seule propriété additive de linéarité** est envisageable dans certains cas. Par exemple, si on demande les quantités d'ingrédients pour 12 coupes, un élève peut raisonner en disant que 12 coupes, c'est 4 coupes et encore 4 coupes et encore 4 coupes, et donc qu'il faut 100 g + 100 g + 100 g de chocolat.

B. Procédure en appui sur le passage par l'image de l'unité

Ces procédures, appelées aussi « **règle de trois** », s'appuient sur la **propriété multiplicative de linéarité** mise en œuvre en cherchant les quantités nécessaires pour une coupe, ce qui permet ensuite d'avoir la réponse pour n'importe quel nombre de coupes.

Par exemple, pour le chocolat :

× 10

: 4

Nombre de coupes	4	1	10
quantité de chocolat (en g)	100	25	250

: 4

× 10

• **Cette procédure est une adaptation de la procédure 1.** Elle n'est efficace que si le passage par l'image de l'unité s'effectue au moyen de calculs familiers aux élèves.

C. Procédures en appui sur le coefficient de proportionnalité

Cette procédure résulte d'un raisonnement souvent moins « naturel » que celui qui sous-tend les procédures précédentes. Il revient par exemple à considérer qu'il faut deux fois moins d'œufs que de coupes. Le **coefficient de proportionnalité** entre le nombre de coupes et le nombre d'œufs est donc « : 2 ».

Nombre de coupes	4	10
Nombre d'œufs	2	5

↓ : 2

Rappel :
Le **coefficient de proportionnalité** est l'opérateur qui permet de passer d'une grandeur à une autre, ici du nombre de coupes au nombre d'œufs (à ne pas confondre avec le rapport de linéarité).

• **Cette procédure est plus « naturelle »** lorsque les deux grandeurs sont de même nature et exprimées avec la même unité, comme par exemple, dans le cas des échelles, si on passe d'une distance de 10 cm sur le terrain à une distance de 1 cm sur le papier. Il est alors « naturel » de considérer que toutes les distances sont divisées par 10.

3 Principales variables didactiques

Comme cela a été souligné, le choix de recourir à l'une ou l'autre de ces diverses procédures dépend des **valeurs choisies pour les variables** de la situation évoquée, notamment les variables numériques.

De nombreuses variables didactiques sont présentes dans la plupart des problèmes relevant de la proportionnalité.

A. Relations entre les nombres donnés

• Le coefficient de proportionnalité entre les grandeurs en jeu

Il peut ou non être choisi pour favoriser le recours aux procédures qui s'appuient sur son identification. En effet, il peut être :

– **un nombre entier simple** (relation entre nombre de coupes et nombre d'œufs dans l'exemple précédent) **ou non** (relation entre 4 coupes et 3 œufs, si on avait choisi une recette où il faut 3 œufs pour 4 coupes) ;

– **un nombre décimal simple ou non** : le coefficient entre le nombre de coupes et la quantité de sucre (× 7,5) n'est simple que pour très peu d'élèves à la fin de l'école primaire et sera donc peu mobilisé alors que le coefficient × 1,5 serait plus facilement reconnu ;

– **un nombre fractionnaire** : ce serait le cas dans un problème où on indique qu'il faut 2 œufs pour 3 coupes, avec un rapport — entre nombre de coupes et nombre d'œufs. Mais il faudra attendre le collège pour qu'il puisse être utilisé.

• Les rapports de linéarité entre nombres relevant d'une même grandeur

Ces rapports peuvent également être ou non choisis pour favoriser le recours aux procédures de type « linéarité » :

Rappel :
Le « rapport de linéarité » est parfois appelé « rapport scalaire ».

– **un nombre entier simple** (si on choisir 4 coupes au départ et que la question porte sur les quantités nécessaires pour 12 coupes) **ou non** (si on choisit 4 coupes au départ et que la question porte sur les quantités nécessaires pour 52 coupes) ;

– **un nombre décimal simple ou non** : le rapport entre 4 coupes et 10 coupes peut être simple pour quelques élèves de CM2 et être difficile pour d'autres ;

– **un nombre fractionnaire** : ce serait le cas dans un problème où, à partir des données pour 7 coupes, on demande les quantités pour 4 coupes, avec un rapport de —

entre les deux nombres de coupes. Là encore, ce n'est qu'au collège que ce rapport sera utilisé.

De même, les relations entre les nombres relevant d'une même grandeur peuvent ou non faciliter l'obtention de certains nombres par combinaison linéaire.

➤ **Procédure 2** p. 299.

B. Nombre de couples donnés

Ce nombre peut favoriser la multiplicité des combinaisons linéaires pour obtenir un nombre déterminé en utilisant les propriétés de linéarité, ou bien faciliter la mise en évidence du coefficient de proportionnalité.

Par exemple, dans l'énoncé du problème 2, on aurait pu indiquer les quantités nécessaires pour 4 coupes et celles pour 6 coupes. Pour déterminer les quantités pour 10 coupes, on aurait pu alors utiliser la propriété additive de linéarité en ajoutant les quantités pour 4 coupes et les quantités pour 6 coupes.

C. Contexte du problème

Le contexte permet ou non de s'appuyer sur une simulation (dessin, schéma de la situation) au moment de la résolution et, à la fin, peut donner lieu ou non à une validation par l'expérience. Le problème « mousse au chocolat » ne permet pas une validation par l'expérience alors que le problème « 4 bandes identiques mises bout à bout mesure 10 cm. Quelle est la longueur de 6 de ces bandes ? » le permet.

D. Familiarité des élèves avec la situation évoquée

Une situation familière aux élèves favorise la mise en œuvre de raisonnements adaptés et le contrôle des résultats obtenus.

ENTRAINEMENT 1

Corrigé p. 306

Le problème suivant est proposé à des élèves de CM2 :

Un train roule toujours à la même vitesse. Il met 6 minutes pour parcourir 9 kilomètres et 10 minutes pour parcourir 15 kilomètres.

a) Quelle est la distance parcourue en 16 minutes ?

b) Quelle est la distance parcourue en 30 minutes ?

1. **Quelles indications** sont données aux élèves pour qu'ils reconnaissent une situation de proportionnalité ?

2. **Quelles procédures** les élèves peuvent-ils mobiliser pour répondre aux deux questions ? Préciser comment ces procédures sont orientées par les valeurs données aux principales variables didactiques de cette situation.

ENTRAINEMENT 2

Corrigé p. 306

On considère le problème suivant :

Un magasin fait une réduction de 30 % sur le prix de tous les articles.

a) Quelle est le montant de la réduction pour un article qui valait 100 €, pour un article qui valait 50 € et pour un article qui valait 300 € ?

b) Un article valait 450 €. Quel est le montant de la réduction sur cet article ?

Justifier le choix des nombres figurant dans ce problème.

4 Principales difficultés rencontrées par les élèves

A. Difficultés à identifier les grandeurs en relation dans la situation proposée

La présentation de la situation (texte, illustration, tableau...) peut influer sur cette difficulté. D'une façon générale, il est préférable que cette tâche soit le plus souvent laissée au travail des élèves, et donc que la situation ne soit pas déjà schématisée sous forme de tableau. La réalisation du tableau ou d'une autre organisation des données est, en effet, une occasion, pour les élèves de prendre conscience des grandeurs en relation.

B. Difficultés à reconnaître si la situation relève du modèle proportionnel ou non

Certains élèves pensent à tort que toute situation où les données numériques sont organisées en tableau relève toujours de la proportionnalité. C'est généralement le cas pour toute situation dans laquelle il y a trois nombres dans l'énoncé et qu'on en demande un quatrième, comme par exemple pour un problème du type « un père a 34 ans et son fils 6 ans, quel âge aura son fils quand il sera âgé de 68 ans ? ». Le fait que la situation relève de la proportionnalité est rarement signalé explicitement dans l'énoncé et l'élève doit donc faire appel à des connaissances extérieures (expérience sociale, par exemple) ou deviner l'intention du maître qui lui a proposé le problème (contrat didactique).

C. Difficultés dans des situations de proportionnalité de type « augmentation » ou « diminution »

Il s'agit, par exemple, de situations dans lesquelles on passe d'une première à une deuxième grandeur comme c'est le cas dans des situations d'agrandissement ou de réduction de figures.

➤ **Problèmes de reproduction d'une figure avec agrandissement ou reduction**, chap. 14 p. 363.

Pour de nombreux élèves, les idées **d'augmentation** et de **diminution** sont liées aux **notions d'addition et de soustraction,** ce qui constitue un **obstacle à la reconnaissance du modèle proportionnel** qui, pour plusieurs types de procédures, nécessite le recours à la multiplication ou à la division. Pour évoquer ce type de difficulté, on parle souvent d'**obstacle « additif »**.

EXEMPLE D'OBSTACLE ADDITIF

Dans le test suivant, on a indiqué aux élèves que les quatre segments A, B, C, D doivent être agrandis pour obtenir les segments A', B', C' et D'.

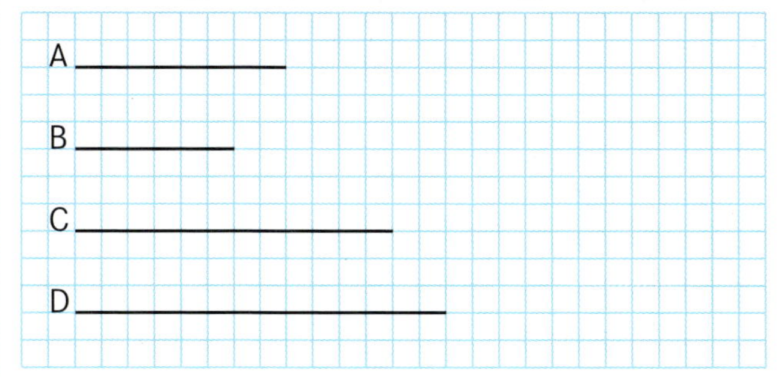

On a déjà agrandi des segments A et B et il faut agrandir de la même manière les segments C et D.

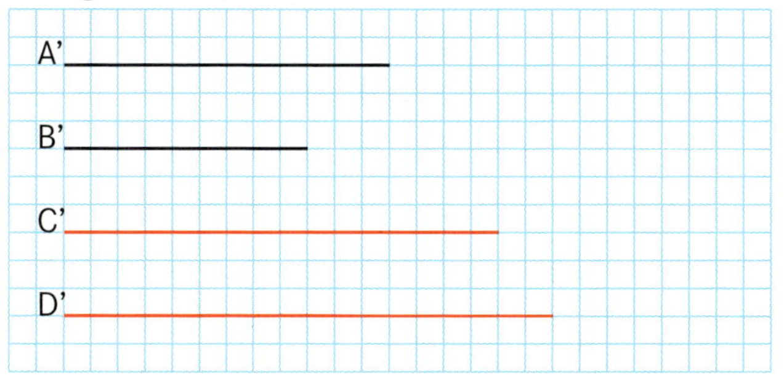

Réponse erronée d'un élève : tracé des segments C' et D' en rouge.

Analyse de l'erreur : L'élève a ajouté 4 carreaux à chacun de ces segments, en s'appuyant sur le fait que le segment A initial de 8 carreaux a été agrandi en un segment de 12 carreaux, alors que, pour avoir le même type d'agrandissement, la longueur de chaque segment doit être multipliée par 1,5 ou augmentée de la moitié de sa longueur initiale. Cet obstacle devra être traité par des situations didactiques appropriées (cf. exemple de la situation du puzzle).

➤ **Situation du puzzle**, chap. 2 p. 37.

D. Difficulté pour choisir une procédure de résolution

Il faut pour cela être capable de mettre en évidence rapidement les relations qui existent entre les nombres donnés dans l'énoncé : à cet égard, les compétences en calcul mental jouent un rôle décisif. Les domaines numériques dans lesquels sont choisis les nombres de l'énoncé et les relations entre ces nombres (notamment, rapport entre les deux grandeurs et rapport entre les nombres relatifs à une même grandeur) jouent un rôle déterminant dans le choix d'une procédure : **ce sont des variables didactiques décisives**. Il appartient à l'enseignant d'en déterminer les valeurs avec soin pour favoriser, chez les élèves, le recours à tel ou tel type de procédure.

➤ **Variables didactiques**, § 3 p. 300.

E. Difficultés liées à la mise en œuvre de la procédure choisie

Par exemple :

– Comment combiner les nombres dans le cas de l'utilisation des propriétés de linéarité ?

– Comment déterminer le coefficient de proportionnalité si celui-ci n'est pas calculable mentalement ?

L'exécution des calculs peut aussi être source de difficulté (présence de décimaux et fractions, par exemple).

Il appartient donc à l'école non seulement d'enseigner les procédures relatives au traitement des problèmes relevant du modèle proportionnel, mais également de doter les élèves de situations de référence suffisamment nombreuses, issues soit du domaine socio-économique (achats, échanges...), soit d'autres disciplines (physique, géographie...), soit encore du domaine mathématique (géométrie, mesure).
Il est important que les situations étudiées ne relèvent pas toutes du modèle proportionnel, afin d'exercer la vigilance des élèves sur le choix du modèle et des procédures.

ENTRAINEMENT 3

Corrigé p. 307

Voici quelques réponses d'élèves aux deux questions du problème posé dans l'**entraînement 1**.

Entrainement 1 p. 301.

Elève	Question a	Question b
A	La distance en 16 minutes est 40 km. (calcul posé : 16 + 24 = 40)	La distance en 30 minutes est de 80 km. (pas de calcul posé)
B	Il a parcouru 21 km. (calcul en ligne : 16 + 5 = 21)	Il a parcouru 35 km. (calcul en ligne : 30 + 5 = 35)
C	La distance parcourue en 16 minutes est de 144 kilomètres. (calcul posé : 16 × 9 = 144)	La distance parcourue en 30 minutes est de 450 kilomètres. (calcul posé : 30 × 15 = 450)
D	La distance parcourue est 24 km car 15 + 9 = 24.	48 km, c'est à peu près le double de 16.

Analyser ces réponses en faisant des hypothèses sur l'origine des erreurs éventuelles.

ENTRAINEMENT 4

Corrigé p. 308

La question suivante est posée à des élèves de CM2 :

On a réalisé un agrandissement de la figure suivante.

Sans mesurer, trouve les dimensions qui manquent sur la figure agrandie.

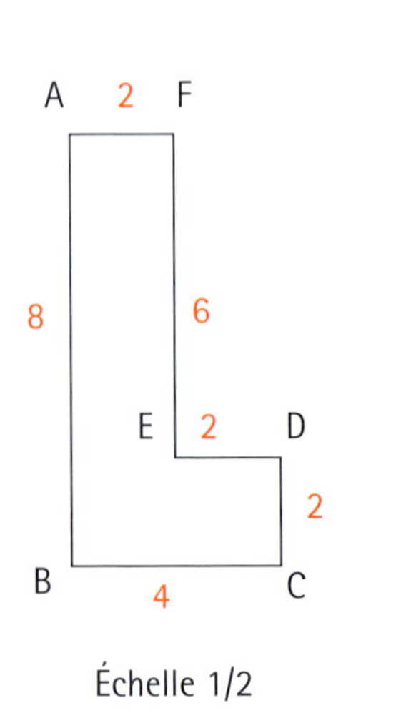

Échelle 1/2

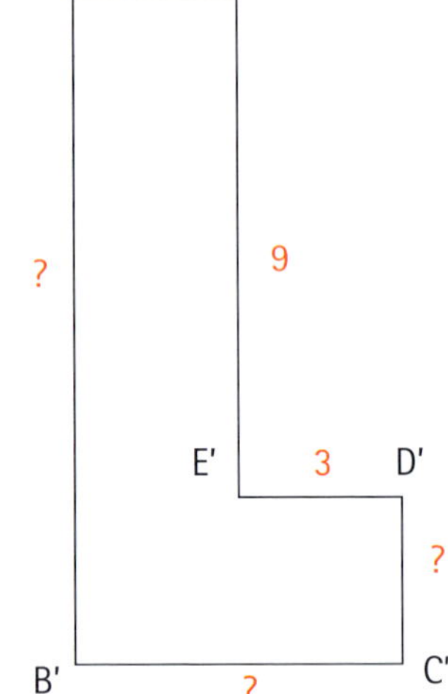

Réponse d'un élève :

A′F′ = 3 B′C′ = 5

A′B′ = 11 D′C′ = 5.

Analyser cette erreur en faisant des hypothèses sur les causes possibles.

RESSOURCES À CONSULTER

– ERMEL, *Apprentissages numériques et résolution de problèmes*, ouvrages pour le CM1 et le CM2, Hatier.

– Cap Maths, ouvrages pour les enseignants et les élèves de CM1 et de CM2, Hatier.

– Site Téléformation mathématiques : http://www.uvp5.univ-paris5.fr/TFM/

CORRIGÉS — EXERCICES D'ENTRAINEMENT

ENTRAINEMENT 1

Énoncé p. 301

1. Reconnaissance d'une situation de proportionnalité

Le principal élément qui oriente les élèves vers la reconnaissance d'une situation de proportionnalité est fourni par l'indication selon laquelle **le train roule toujours à la même vitesse** (idée de vitesse uniforme).

• **Un autre élément peut être évoqué** qui peut conforter cette reconnaissance. Il s'agit du fait que deux couples de nombres sont donnés, les nombres de chaque couple étant reliés entre eux par la même relation multiplicative : $9 = 6 \times 1{,}5$ et $15 = 10 \times 1{,}5$. Mais il est peu probable que les élèves en prennent conscience avant d'avoir répondu aux questions !

2. Procédures des élèves

Question a

La procédure la plus simple est celle qui consiste à considérer que 16 min = 6 min + 10 min et que donc le train parcourt 9 km + 15 km, soit 24 km.

Les valeurs données aux durées (relation additive entre durée de la question et durées données) incitent à utiliser la **propriété additive de la linéarité.**

Question b

Deux possibilités de résolution sont favorisées par le choix des données :

– la première consiste à considérer que 30 min = 6 min × 5 et que donc le train parcourt alors 9 km × 5, soit 45 km ;

– la deuxième consiste à considérer que 30 min = 10 min × 3 et que donc le train parcourt alors 15 km × 3, soit 45 km.

Dans les deux cas, les valeurs données aux durées (relation multiplicative entre durée de la question et chaque durée donnée) incitent à utiliser la **propriété multiplicative de la linéarité.**

AUTRES PROCÉDURES POSSIBLES :

• **Faire appel au coefficient de proportionnalité × 1,5** entre durées et distances parcourues, mais son utilisation est peu naturelle car il faut penser que la distance est égale à 1 fois et demi la durée. De plus, le fait que ce soit un nombre décimal est un obstacle en fin d'école primaire.

• **Chercher d'abord la distance parcourue en 1 minute** (ici 1,5 km), puis la multiplier par le nombre de minutes ; mais cette procédure n'est pas favorisée par le choix des valeurs données aux nombres de l'énoncé.

ENTRAINEMENT 2

Énoncé p. 302

• **La valeur 100**, pour laquelle la réduction est d'abord demandée, permet de revenir au sens du pourcentage : « 30 % de réduction » doit être interprété comme « chaque fois qu'il y a 100 €, une réduction de 30 € est faite », avec de plus une hypothèse de proportionnalité entre valeur initiale et montant de la réduction.

Le nombre 100 est donc d'abord choisi pour tester la compréhension du pourcentage donné par 30 %.

- **Les valeurs 50 et 300** ont ensuite été choisies pour inciter l'élève à calculer la valeur correspondante en utilisant la propriété multiplicative de la linéarité :

– **50** est la moitié de 100, donc il y a une réduction égale à la moitié de 30 ;

– **300** est le triple de 100, donc il y a une réduction égale au triple de 30.

- **La valeur 450 :** les réponses données pour les nombres précédents aident à résoudre la question b où l'élève peut décomposer 450 en 300 + 100 + 50 ou en 50 × 9 et utiliser les résultats déjà obtenus :

– en mobilisant la propriété additive de la linéarité : la réduction pour 450 € est la somme des réductions pour 300 €, 100 € et 50 € ;

– en mobilisant la propriété multiplicative de la linéarité : la réduction pour 450 € est le produit par 9 de la réduction pour 50 €.

ENTRAINEMENT 3

Énoncé p. 304

Elève	Question a	Question b
A	<u>Procédure</u> : L'élève ajoute à 16 les nombres de l'énoncé qui évoquent des km (15 + 9 = 24). <u>Hypothèses</u> : – la question portant sur une distance, il pense qu'il faut utiliser les données relatives aux distances(contrat didactique) ; – l'addition est souvent l'opération « recours », quand l'élève ne sait comment répondre et se sent malgré tout obligé de « faire des calculs ».	<u>Procédure</u> : Il utilise sa réponse à la question a et la multiplie par deux. <u>Hypothèse</u> : Utilise-t-il le fait que 30 est presque le double de 16 (comme l'élève D) ?
B	<u>Procédure</u> : Les deux réponses sont cohérentes. L'élève a cherché une relation entre la grandeur « durée » et la grandeur « distance » (les deux grandeurs ont donc été distinguées) et il a identifié une méthode : pour passer des minutes aux kilomètres, il faut ajouter 5 (sans doute à partir de la relation entre 10 et 15). Il a donc recherché un modèle additif plutôt qu'un modèle multiplicatif, ce qui est une erreur classique. <u>Hypothèses</u> : – prégnance du modèle additif ; – plus grande difficulté à mettre en évidence un opérateur multiplicatif (ici 1,5 qui est décimal). L'élève ne vérifie pas la compatibilité du modèle choisi avec la première information donnée (relation entre 6 et 9).	
C	<u>Procédure</u> : Là aussi, les deux réponses sont compatibles. L'élève utilise un modèle multiplicatif (plus proche du modèle adéquat), mais en commettant deux erreurs : – il fait comme si les distances étaient données pour 1 minute (ce qui peut être mis en relation avec les problèmes multiplicatifs le plus souvent rencontrés du CE1 au CM1) ; – il fait comme si les deux informations données étaient indépendantes l'une de l'autre, la première permettant de traiter la première question, la deuxième permettant de traiter la deuxième question. <u>Hypothèse</u> : À propos de la 2e erreur : Y a-t-il pour lui une règle du contrat didactique selon laquelle s'il y a deux informations et deux questions, il faut répondre en les associant « terme à terme » ?	

Elève	Question a	Question b
D	<u>Procédure</u> : La première réponse est correcte. L'élève utilise la propriété « additive » de linéarité.	<u>Procédure</u> : Il semble que l'élève ait voulu utiliser la propriété « multiplicative » de linéarité, en considérant que 30 est à peu près le double de 16. Il a donc reconnu que le problème posé relevait de la proportionnalité et a voulu utiliser les propriétés de linéarité. <u>Hypothèses</u> : On peut avancer au moins deux hypothèses pour expliquer sa réponse « approximative » : – il n'a pas repéré que 30 c'est 6 × 5 ou 10 × 3 et qu'on peut donc utiliser aussi bien la première information de l'énoncé que la deuxième ; – il utilise une règle du contrat didactique selon laquelle, lorsque deux questions sont enchaînées, il faut souvent utiliser la réponse à la première question pour traiter la seconde.

ENTRAINEMENT 4

Énoncé p. 304

CONSEIL MÉTHODOLOGIQUE :

Avant de répondre, il est nécessaire de faire l'**analyse a priori de cette situation** afin :
– de dégager le modèle mathématique sous-jacent à la situation proposée ;
– de déterminer, en fonction des valeurs données aux principales variables didactiques, les procédures que peuvent utiliser les élèves pour répondre correctement ou non aux questions posées ;
– de dégager les moyens dont disposent les élèves pour juger de la pertinence de leur solution.

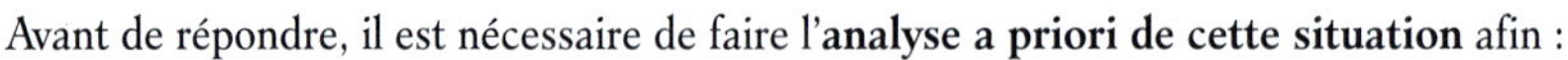

Les situations d'agrandissement et de réduction de figures relèvent du **modèle de la proportionnalité** (ici le coefficient de proportionnalité choisi est × 1,5).

Analyse des réponses

- **Procédure :** L'élève choisit d'ajouter 1 pour les segments horizontaux et 3 pour les segments verticaux.

- **Trois remarques peuvent être faites :**

– cet élève a choisi l'addition ;

– il n'additionne pas cependant la même quantité selon l'orientation des segments de la figure ;

– il ne perçoit pas la contradiction à laquelle conduit sa solution :

par exemple, on a : AB = EF + DC et A'B' ≠ E'F' + D'C'

ou encore on a : DC = DE et D'C' ≠ D'E'

ou alors, pour lui, il n'y a pas de contradiction.

- **Origine de la procédure : pour cet élève, l'idée d'agrandissement (liée à celle d'augmentation) implique celle d'addition.** Mais il faut tenir compte de deux données qui peuvent apparaître contradictoires : 2 → 3 et 6 → 9. Plutôt que de remettre en cause le modèle additif, il préfère l'adapter à la situation et différencier le nombre à ajouter selon l'orientation choisie, ce qui souligne la prégnance du modèle additif dans ce type de situations. **L'origine de l'erreur réside donc dans sa conception de l'agrandissement qui peut être résumée par la formule « agrandir, c'est ajouter »**, conception d'autant plus résistante ici que le coefficient multiplicatif « × 1,5 » n'est pas facile à déterminer pour des élèves de CM2.

- **Enfin, le fait que l'élève ne perçoive pas la contradiction évoquée plus haut**, concernant les relations entre les dimensions de la figure agrandie, peut être analysé de trois façons complémentaires :

– la conception « additive » de l'agrandissement est trop forte pour pouvoir être remise en cause par ce constat que l'élève préfère finalement ne pas mettre en avant ;

– il estime que « pour agrandir, il faut ajouter », mais également que la quantité à ajouter peut être variable (par exemple, ici, en fonction de l'orientation des segments), ce qui peut d'ailleurs conduire à des réponses exactes si on en vient à considérer que la quantité à ajouter dépend de la longueur du segment initial (ici, il faut ajouter, pour chaque segment, la moitié de sa longueur initiale) ;

– il n'exerce aucun contrôle sur les résultats obtenus soit parce qu'il est sûr de sa procédure qui effectivement « rend plus grand », soit à cause d'une des règles du contrat didactique qui définit les places relatives du maître et de l'élève : le maître propose des exercices qui ont une réponse, puis contrôle les réponses des élèves ; les élèves, eux, ont à répondre aux questions (le contrôle des réponses ne relève pas de leur responsabilité).

- Il faut noter que les choses auraient été très différentes si les élèves avaient eu à construire (ou compléter) la figure agrandie : il leur aurait été alors plus difficile d'échapper à la contradiction, puisque, en appliquant cette procédure à tous les côtés, la figure agrandie ne se refermerait pas.

On aurait dans ce cas une **validation possible « par la situation »** (on parle aussi de validation par le milieu).

AU CONCOURS

ANALYSE D'ERREURS 1

Corrigé p. 319

Le problème suivant portant sur la proportionnalité a été donné à des élèves de cycle 3. L'enseignant a précisé que les livres étaient tous identiques et que chaque paquet ne contenait qu'un livre.

> Pour emballer 10 livres, un libraire utilise 4 m de papier et, pour emballer 25 livres, il lui faut 10 m de ce papier.
> 1) Combien de livres le libraire peut-il emballer avec 14 m de papier ?
> 2) Quelle longueur de papier faut-il pour emballer 50 livres ?
> 3) Combien de livres le libraire peut-il emballer avec 6 m de papier ?

Les travaux de six élèves se trouvent en annexes 1 à 6.

Les **annexes 1 à 6** se trouvent p. 311 à 316.

❶ Étudier les productions de ces six élèves en mettant en évidence les types de procédures utilisées, pertinentes ou non. On ne se contentera pas d'une simple description des productions, mais on se référera aux propriétés de la proportionnalité.

❷ Analyser trois erreurs de nature différente, en indiquant les élèves qui les ont commises.

ANALYSE D'ERREURS 2

Corrigé p. 321

Le problème suivant a été posé en fin de CM2 :

> Louise a repéré les prix de lots constitués avec les mêmes cahiers dans 3 magasins.
> Dans le **magasin A**, 8 cahiers coûtent 4 €.
> Dans le **magasin B**, 3 cahiers coûtent 2 €
> Dans le **magasin C**, 7 cahiers coûtent 4 €
> Dans quel magasin les cahiers sont-ils le plus cher ?

Voici les réponses de 4 élèves :

Elève 1 : Le magasin A est le plus cher, car si on divise 4 par 8 on trouve 2, si on divise 3 par 2 on trouve 1 et si on divise 4 par 7 on trouve aussi 1.

Elève 2 : Le magasin le plus cher c'est le A et le B, car 4 € c'est plus que 2 €.

Elève 3 : Les 8 cahiers du magasin A coûtent 4 € et les 7 cahiers du magasin C aussi.
Les cahiers du magasin C sont plus chers car on en a moins pour le même prix.
Mais le plus cher, c'est le magasin B car pour 4 € on en a que 6.

Elève 4 : Les cahiers sont plus chers dans le magasin B car pour 8 cahiers il faudrait payer 7 € et que 5 € dans le magasin C.

❶ Indiquer deux procédures correctes qui permettent de résoudre ce problème.

❷ Analyser ces réponses en mettant en évidence les procédures utilisées et en faisant des hypothèses, le cas échéant, sur l'origine des erreurs.

ANNEXE 1 – ANALYSE D'ERREURS 1

LAURÈNE

Pour emballer 10 livres, un libraire utilise 4 m de papier,
et pour emballer 25 livres, il lui faut 10 m de ce papier.

1 - Combien de livres le libraire peut-il emballer avec 14 m de papier ?

10 m
\+ 4 m
14 m

10 livres
\+ 25 livres
35 livres

Il peut emballer 35 livres.

2 - Quelle longueur de papier faut-il pour emballer 50 livres ?

10
\+ 10
\+ 10
\+ 10
\+ 10
50

4 m
\+ 4 m
\+ 4 m
\+ 4 m
\+ 4 m
20 m

Il faut 20 m de papier.

3 - Combien de livres le libraire peut-il emballer avec 6 m de papier ?

4 m − 2 m = 2 m ; 4 m + 0 m = 4 m ; 2 m + 4 m = 6 m

10 − 5 = 5

Il peut emballer 15 livres.

ANNEXE 2 – ANALYSE D'ERREURS 1

FARIDA

Pour emballer 10 livres, un libraire utilise 4 m de papier, et pour emballer 25 livres, il lui faut 10 m de ce papier.

1 - Combien de livres le libraire peut-il emballer avec 14 m de papier ?

pour 25 livres il lui faut 10 m
pour 14 m de papier : 25 + 4 = 29 livres
10 pour aller à 14
on ajoute 4

2 - Quelle longueur de papier faut-il pour emballer 50 livres ?

21 + 29 = 50
29 - 21 = 8
Il faut 8 m de papier pour 50 livres.

3 - Combien de livres le libraire peut-il emballer avec 6 m de papier ?

10 - 4 = 6
25 - 4 = 21
Avec 6 m de papier le libraire peut emballer
21 livres

ANNEXE 3 – ANALYSE D'ERREURS 1

YANN

Pour emballer 10 livres, un libraire utilise 4 m de papier, et pour emballer 25 livres, il lui faut 10 m de ce papier.

1 - Combien de livres le libraire peut-il emballer avec 14 m de papier ?

25 + 10 = 35

Le libraire a peut emballer 35 livre dans 14 m de papier.

2 - Quelle longueur de papier faut-il pour emballer 50 livres ?

4+4+4+4+4+4+4+4+4+4+4+4+4+2 = 125 m

Il lui fut 125 m pour emballer 50 livre.

3 - Combien de livres le libraire peut-il emballer avec 6 m de papier ?

Le libraire peut emballer avec 6 m de papier 15 livres.

10 = 4 m 5 = 2 m

10 + 5 = 15 livres

ANNEXE 4 – ANALYSE D'ERREURS 1

MARIA

Pour emballer 10 livres, un libraire utilise 4 m de papier,
et pour emballer 25 livres, il lui faut 10 m de ce papier.

1 - Combien de livres le libraire peut-il emballer avec 14 m de papier ?

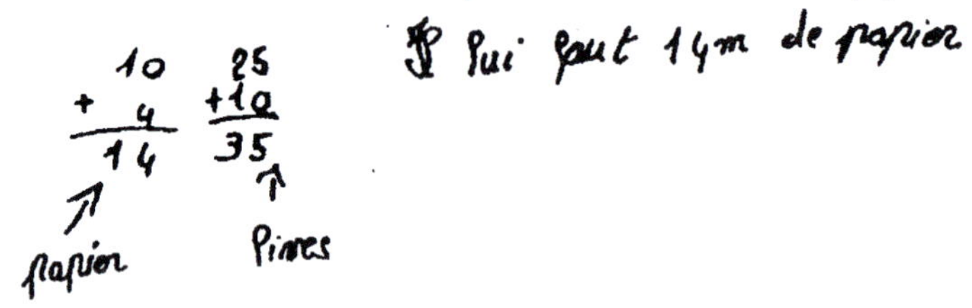

2 - Quelle longueur de papier faut-il pour emballer 50 livres ?

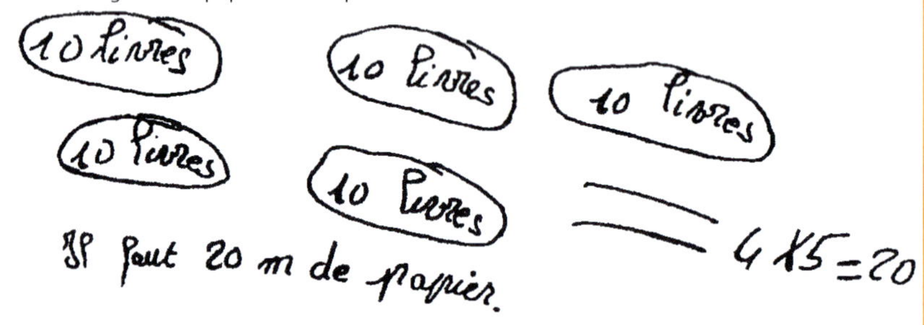

3 - Combien de livres le libraire peut-il emballer avec 6 m de papier ?

4 + 2 = 6

10 + 2 = 12

Il faut 12 m de papier.

ANNEXE 5 – ANALYSE D'ERREURS 1

ANTHONY

Pour emballer 10 livres, un libraire utilise 4 m de papier,
et pour emballer 25 livres, il lui faut 10 m de ce papier.

1 - Combien de livres le libraire peut-il emballer avec 14 m de papier ?

il faut 29 m

Solutions	Opérations
1) 25 + 4 = 29 il a 29 m de papier	25 + 4 29

2 - Quelle longueur de papier faut-il pour emballer 50 livres ?

3 - Combien de livres le libraire peut-il emballer avec 6 m de papier ?

il faut 12 m

Solutions	Opérations
3) 4 + 2 = 6 il a 12 m de papier	4 + 2 6

ANNEXE 6 – ANALYSE D'ERREURS 1

Pour emballer 10 livres, un libraire utilise 4 m de papier, et pour emballer 25 livres, il lui faut 10 m de ce papier.

BENJAMIN

1 - Combien de livres le libraire peut-il emballer avec 14 m de papier ?

4 m = 10 livres
10 m = 25 livres

4 m + 10 m = 14 m

donc : 10 livres + 25 livres = 35

avec 14 m de papier il peut emboler 35 livres.

2 - Quelle longueur de papier faut-il pour emballer 50 livres ?

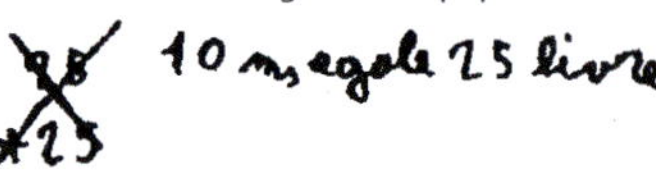

10 × 2 = 20

25 + 25 = 50

il faut donc 20 m de papiers

3 - Combien de livres le libraire peut-il emballer avec 6 m de papier ?

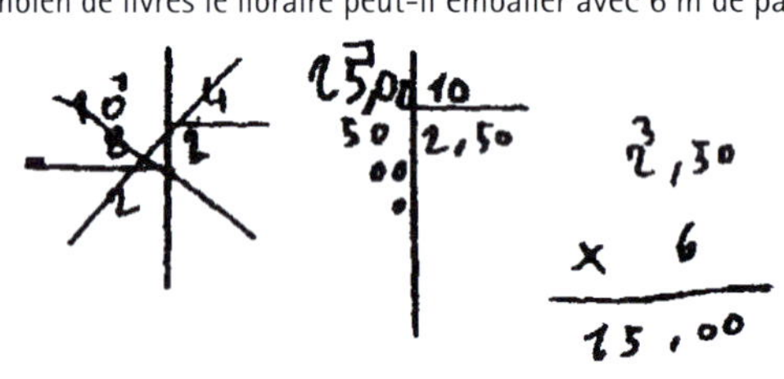

il peut embaler avec 6 m de papiers livres.

ANALYSE DE DOSSIER

Corrigé p. 322

Un enseignant de CM1 propose une séquence d'apprentissage à partir des deux extraits suivants du manuel Cap maths, Hatier :

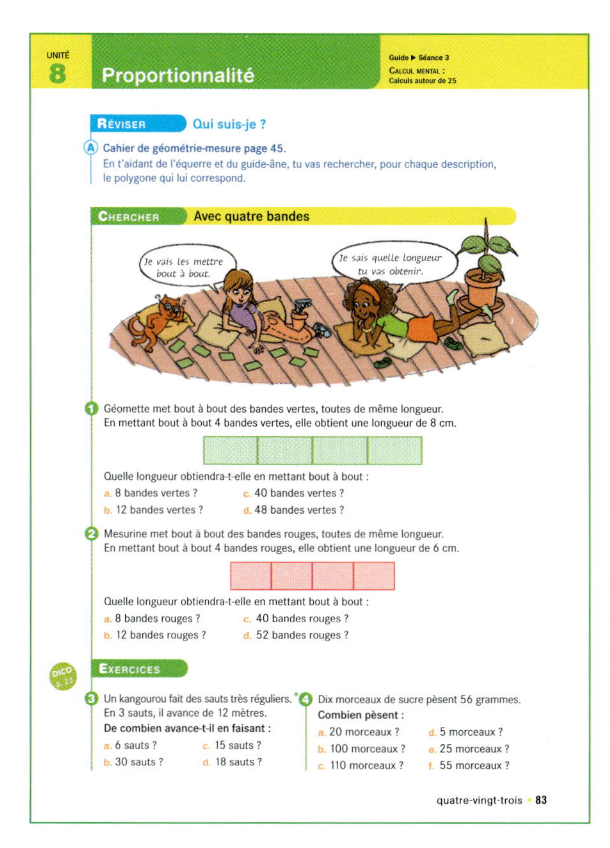

UNITÉ 8 **Proportionnalité**

Guide ▶ Séance 3
Calcul mental : Calculs autour de 25

Réviser Qui suis-je ?

A Cahier de géométrie-mesure page 45.
En t'aidant de l'équerre et du guide-âne, tu vas rechercher, pour chaque description, le polygone qui lui correspond.

Chercher Avec quatre bandes

1 Géomette met bout à bout des bandes vertes, toutes de même longueur.
En mettant bout à bout 4 bandes vertes, elle obtient une longueur de 8 cm.

Quelle longueur obtiendra-t-elle en mettant bout à bout :
a. 8 bandes vertes ? c. 40 bandes vertes ?
b. 12 bandes vertes ? d. 48 bandes vertes ?

2 Mesurine met bout à bout des bandes rouges, toutes de même longueur.
En mettant bout à bout 4 bandes rouges, elle obtient une longueur de 6 cm.

Quelle longueur obtiendra-t-elle en mettant bout à bout :
a. 8 bandes rouges ? c. 40 bandes rouges ?
b. 12 bandes rouges ? d. 52 bandes rouges ?

Exercices (Dico p. 23)

3 Un kangourou fait des sauts très réguliers. En 3 sauts, il avance de 12 mètres.
De combien avance-t-il en faisant :
a. 6 sauts ? c. 15 sauts ?
b. 30 sauts ? d. 18 sauts ?

4 Dix morceaux de sucre pèsent 56 grammes.
Combien pèsent :
a. 20 morceaux ? d. 5 morceaux ?
b. 100 morceaux ? e. 25 morceaux ?
c. 110 morceaux ? f. 55 morceaux ?

quatre-vingt-trois • 83

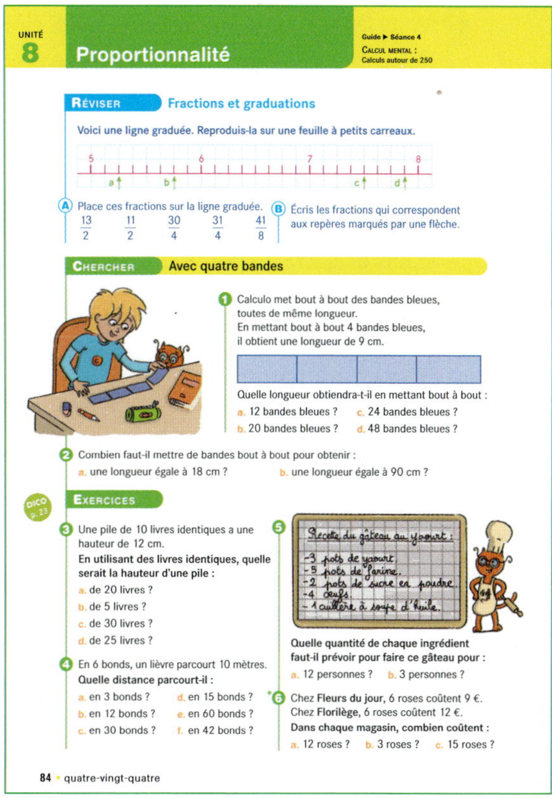

UNITÉ 8 **Proportionnalité**

Guide ▶ Séance 4
Calcul mental : Calculs autour de 250

Réviser Fractions et graduations

Voici une ligne graduée. Reproduis-la sur une feuille à petits carreaux.

A Place ces fractions sur la ligne graduée. $\frac{13}{2}$ $\frac{11}{2}$ $\frac{30}{4}$ $\frac{31}{4}$ $\frac{41}{8}$

B Écris les fractions qui correspondent aux repères marqués par une flèche.

Chercher Avec quatre bandes

1 Calculo met bout à bout des bandes bleues, toutes de même longueur.
En mettant bout à bout 4 bandes bleues, il obtient une longueur de 9 cm.

Quelle longueur obtiendra-t-il en mettant bout à bout :
a. 12 bandes bleues ? c. 24 bandes bleues ?
b. 20 bandes bleues ? d. 48 bandes bleues ?

2 Combien faut-il mettre de bandes bout à bout pour obtenir :
a. une longueur égale à 18 cm ? b. une longueur égale à 90 cm ?

Exercices (Dico p. 23)

3 Une pile de 10 livres identiques a une hauteur de 12 cm.
En utilisant des livres identiques, quelle serait la hauteur d'une pile :
a. de 20 livres ?
b. de 5 livres ?
c. de 30 livres ?
d. de 25 livres ?

4 En 6 bonds, un lièvre parcourt 10 mètres.
Quelle distance parcourt-il :
a. en 3 bonds ? d. en 15 bonds ?
b. en 12 bonds ? e. en 60 bonds ?
c. en 30 bonds ? f. en 42 bonds ?

5 Recette du gâteau au yaourt :
- 3 pots de yaourt
- 5 pots de farine
- 2 pots de sucre en poudre
- 4 œufs
- 1 cuillère à soupe d'huile

Quelle quantité de chaque ingrédient faut-il prévoir pour faire ce gâteau pour :
a. 12 personnes ? b. 3 personnes ?

6 Chez **Fleurs du jour**, 6 roses coûtent 9 €.
Chez **Florilège**, 6 roses coûtent 12 €.
Dans chaque magasin, combien coûtent :
a. 12 roses ? b. 3 roses ? c. 15 roses ?

84 • quatre-vingt-quatre

❶ Quelle notion mathématique est en jeu dans ces deux extraits ?

Les questions 2 à 5 concernent les activités « Chercher » des pages 83 et 84

❷ Dans le guide de l'enseignant, à propos de ces activités, il est précisé que les élèves ne doivent disposer d'aucun matériel de mesure pour répondre aux questions posées. Quelle justification peut être donnée pour ce choix didactique ?

❸ Quelles procédures l'enseignant souhaite-t-il voir utilisées par les élèves pour la résolution de chaque problème des parties « Chercher » ?

Préciser l'influence des choix opérés pour les valeurs données aux variables didactiques dans chacun des cas proposés.

❹ A quelle erreur peut-on s'attendre dans la résolution de chacun de ces problèmes et qui peut être intéressante du point de vue de l'apprentissage de la notion visée ?

Proposer des moyens pour aider l'élève à surmonter cette difficulté.

❺ Indiquer les principaux éléments de connaissance que l'enseignant peut mettre en évidence à l'issue du travail avec ces activités.

Les questions 6 et 7 concernent l'exercice 5 de la page 84.

Il est précisé aux élèves que la recette est donnée pour un gâteau prévu pour 6 personnes.

❻ En quoi cet exercice diffère-t-il des situations relatives aux bandes (rubriques « chercher ») ?

❼ Voici les réponses données par deux élèves :

Elève A	Elève B	
Pour 12 personnes, il faut :	Pour 12 personnes, il faut :	
– 9 pots de yaourt	– 6 pots de yaourt	3 + 3 = 6
– 8 pots de farine	– 10 pots de farine	5 + 5 = 10
– 5 pots de sucre en poudre	– 4 pots de sucre en poudre	2 + 2 = 4
– 7 œufs	– 8 œufs	4 + 4 = 8
– 4 cuillères d'huile	– 2 cuillères d'huile 2 + 2 = 4	
Pour 3 personnes :	Pour 3 personnes :	
on ne peut pas faire le gâteau.	– 1 pot de yaourt	1 + 1 = 2
	– 2 pots de farine	2 + 2 = 4
	– 1 pot de sucre en poudre	1 + 1 = 2
	– 2 œufs	2 + 2 = 4
	– une petite cuillère d'huile	

a. Analyser ces réponses, en faisant des hypothèses sur leur origine.

b. Proposer des aides pour chacun de ces élèves.

Énoncé p. 310

CORRIGÉ ANALYSE D'ERREURS 1

1 Procédures utilisées et propriétés mises en œuvre

CONSEIL MÉTHODOLOGIQUE :

Pour répondre aux questions, les élèves doivent faire l'hypothèse que la situation relève de la proportionnalité, ce qui est suggéré par l'indication de l'enseignant selon laquelle « les livres sont identiques et emballés séparément ».

La difficulté principale devrait donc être relative à l'obstacle « additif » : ajout ou retrait d'un même nombre à chacun des nombres d'un couple de données.

Une réponse complète nécessite de décrire chaque procédure et d'expliciter les propriétés implicitement utilisées (en italique dans le tableau ci-dessous).

	Question 1	Question 2	Question 3
Laurène	Addition simultanée des quantités de livres et des longueurs de papier. *Linéarité (propriété additive).*	Idem.	Passage par le nombre de livres correspondant à 2 m de papier, puis addition simultanée des quantités de livres et des longueurs de papier. *Linéarité (propriétés multiplicative et additive).*
Farida	Ajout de 4 livres (associé à 4 m). *Obstacle « additif ».*	Ajout de 21 à 29, puis au lieu d'ajouter 21 à 14 (selon sa logique), elle fait un calcul qui lui semble peut-être plus plausible. *Obstacle « additif ».*	Retrait de 4 livres (associé à 4 m). *Obstacle « additif ».*
Yann	Cf. Laurène.	Il décompose 50 m en somme de 4 et de 2 (en confondant livres et mètres). Il associe sans l'écrire 10 m à chacun des termes « 4 » et 5 m au terme « 2 » pour obtenir 125 m (qu'il écrit avec un mauvais usage du signe =). *Propriété additive de la linéarité.* *La confusion entre mètres et livres peut être due à un phénomène de surcharge cognitive.*	Cf. Laurène. *On note à nouveau un usage erroné du signe = qui est utilisé pour mettre en relation des livres et des mètres.*

Maria	Cf. Laurène. *Erreur dans la formulation de la réponse (elle répond par la longueur de papier et non par le nombre de livres), sans doute suite à un phénomène de surcharge cognitive.*	Elle décompose les 50 livres en 5 fois 10 livres et multiplie par 5 la longueur nécessaire pour 10 livres. *Linéarité (propriété multiplicative).*	Ajout de 2 livres (associé à 2 m). *Obstacle « additif ».* *Comme pour la question 1, erreur dans la formulation de la réponse (elle répond par la longueur de papier et non par le nombre de livres), sans doute suite à un phénomène de surcharge cognitive.*
Anthony	Cf. Farida *Confusion entre nombre de livres et longueur dans la réponse.*	Absence de réponse.	Cf. Maria.
Benjamin	Cf. Laurène.	Il décompose 50 livres en somme de 2 fois 25 livres, puis multiplie par 2 la longueur nécessaire pour 25 livres. *Linéarité (propriété multiplicative).*	Il cherche le nombre de livres qu'il est possible de couvrir avec 1 mètre de papier (en cherchant d'abord à diviser 10 par 4, puis 25 par 10). Il trouve 2,5 livres (qu'il n'explicite pas), puis multiplie le nombre obtenu par 6. *Passage par l'image de l'unité (ou règle de trois).*

❷ Types d'erreurs

On peut, à partir du tableau précédent, relever les types d'erreurs suivantes :

– **Utilisation d'une procédure ne relevant pas de la proportionnalité** (erreur liée à l'obstacle « additif ») : Farida, Maria, Anthony.

– **Confusion entre les deux grandeurs dans la gestion de la procédure choisie pour la question 2 :** Yann ajoute des 4 (et la moitié de 4) qui expriment des mètres pour obtenir 50 qui exprime une quantité de livres, puis des 10 (et la moitié de 10) pour réaliser 125, marquant la confusion inverse (cela peut être dû à un « effet d'entrainement » de la question 1 ou à un phénomène de surcharge cognitive).

– **Erreur dans la formulation de la réponse :** réponse par une longueur alors que la question porte sur un nombre de livres (Maria).

– **Usage incorrect du signe égal** (10 = 4 m, par exemple pour Yann), ce qui peut être dû au fait que l'élève ne dispose d'aucun autre langage symbolique pour exprimer la correspondance entre nombre de livres et longueur de papier.

Énoncé p. 310

CORRIGÉ ANALYSE D'ERREURS 2

❶ Procédures correctes permettant de résoudre le problème

Trois procédures au moins peuvent être mentionnées :

- **Chercher le prix pour un cahier dans chaque magasin,** en utilisant la division décimale :

– magasin A 4 € : 8 = 0,5 €
– magasin B 2 € : 3 ≈ 0,66 €
– magasin C 4 € : 7 ≈ 0,57 €

- **Chercher le prix à payer pour un même nombre de cahiers** (ici un multiple commun à 3, 7 et 8, donc par exemple pour 168 cahiers), en utilisant la propriété multiplicative de la linéarité (le prix le plus élevé donnera le magasin le plus cher) :

– magasin A 4 € × 21 = 84 € (car 8 × 21 = 168)
– magasin B 2 € × 56 = 112 € (car 3 × 56 = 168)
– magasin C 4 € × 24 = 96 € (car 7 × 24 = 168)

- **Chercher le nombre de cahiers pour un même prix** (ici un multiple commun à 2 et 4, donc par exemple pour 4 €), en utilisant la propriété multiplicative de la linéarité (le nombre de cahiers le moins élevé donnera le magasin le plus cher) :

– magasin A 8 cahiers pour 4 €
– magasin B 6 cahiers pour 4 €
– magasin C 7 cahiers pour 4 €

❷ Procédures et erreurs des élèves

	Procédure et réponse	Erreurs
Elève 1	L'élève a voulu, pour chaque magasin, diviser le prix total par le nombre de cahiers. Sa procédure est donc correcte au départ. **Sa réponse est fausse.**	L'erreur se trouve à deux niveaux : – **au niveau de l'instanciation de la procédure** : il divise finalement le nombre de cahiers par le prix total (il s'agit d'une erreur classique lorsque le diviseur est supérieur au dividende et que le diviseur apparaît en 1er dans l'énoncé) ; – **au niveau du type de division utilisée** : il utilise la division euclidienne alors que le problème relève de la division décimale, sans doute parce que la division euclidienne est la division qu'il connaît le mieux.
Elève 2	L'élève compare les prix totaux et conclut. **Sa réponse est fausse.**	L'élève ne tient pas compte du nombre de cahiers par lot. L'origine de l'erreur se situe certainement au niveau de la représentation qu'il se fait de la situation : on demande de comparer les prix des cahiers ; or l'énoncé donne le prix des cahiers : 4 € et 2 €. Il est alors naturel pour lui de comparer 4 € et 2 €. Il faut ajouter que l'énoncé comporte un implicite fort ; en effet il faut interpréter la question « Dans quel magasin **les** cahiers sont-ils les plus chers ? » comme demande de comparer **le prix des cahiers à l'unité.**

	Procédure et réponse	Erreurs
Elève 3	L'élève cherche combien de cahiers on peut avoir pour 4 € dans les 3 magasins (pour cela, il utilise sans doute la propriété multiplicative de la linéarité). Puis, il considère que moins on a de cahiers pour 4 €, plus les cahiers sont chers. **Sa réponse est juste.**	
Elève 4	L'élève cherche combien il faut payer pour 8 cahiers dans chaque magasin. Pour cela, il ajoute autant d'euros qu'il faut ajouter de cahiers (soit 1 € par cahier).	L'élève est confronté à un obstacle classique dans les problèmes de proportionnalité, appelé « obstacle additif » qui consiste à considérer que si une grandeur (ici le nombre de cahiers) augmente de *n*, l'autre grandeur (ici le prix) augmente aussi de *n*. Cet exemple montre qu'il est possible de « répondre juste » à l'aide d'une procédure erronée, ce qui risque de conforter l'élève dans son erreur !

CORRIGÉ ANALYSE DE DOSSIER

Énoncé p. 317

❶ Notion mathématique en jeu dans les deux extraits

Il y a **proportionnalité** entre le nombre de bandes de chaque sorte et la longueur obtenue en les mettant bout à bout.

Les questions 2 à 5 concernent les activités « Chercher » des pages 83 et 84

❷ Absence du matériel de mesure

Si les élèves disposaient de matériel de mesure, ils pourraient répondre à certaines questions (par exemple pour 8 bandes) en réalisant effectivement les bandes ou en les dessinant. L'activité se résumerait alors à un travail sur la mesure de longueurs à l'aide d'un instrument, sans que soient mises en œuvre des procédures relatives à la proportionnalité.

En obligeant les élèves à anticiper les réponses, cette contrainte les oblige à trouver d'autres moyens de réponse liés à l'utilisation de la proportionnalité.

Les instruments de mesure pourront par contre être utilisés au moment de la validation des réponses (validation de type expérimental).

❸ Procédures et variables didactiques

Le tableau suivant résume les variables didactiques de cette situation et l'influence du choix des valeurs choisies pour ces variables sur les procédures mobilisables par les élèves.

Variables didactiques	Procédures
Le rapport entre le nombre de bandes et la longueur	• **Lorsque ce rapport est un entier simple** (× 2 pour les bandes vertes), il est facile d'utiliser : – soit le **coefficient de proportionnalité** entre nombre de bandes et longueur obtenue : les élèves peuvent utiliser le fait que la longueur (en cm) est égale au double du nombre de bandes (coefficient de proportionnalité égal à 2) ; – soit le **passage par l'image de l'unité** en utilisant le raisonnement suivant : si 4 bandes mesurent 8 cm alors 1 bande mesure 2 cm. Remarque : Il faut noter cependant que le coefficient de proportionnalité (multiplier par 2 des quantités pour obtenir des longueurs) n'est pas d'interprétation naturelle dans le contexte de cette situation, ce qui peut être un obstacle à son utilisation. • **Lorsque ce rapport est un entier plus difficile à identifier ou un décimal** (× 1,5 pour les bandes rouges), ces deux procédures sont plus difficiles à mobiliser, surtout au CM1 où l'étude des nombres décimaux ne fait que commencer. Elles sont cependant possibles en considérant par exemple que, si 2 bandes mesurent 3 cm, 1 bande mesure alors 1,5 cm ou 1 cm 5 mm. Dans ce cas, les élèves peuvent aussi considérer que 4 bandes mesurent 60 mm, ce qui ramène à un rapport entier assez facile à calculer (× 15). • **Lorsque ce rapport est une fraction ou un décimal non simple** (× 9/4 ou × 2,25 pour les bandes bleues), ces deux procédures ne sont pas envisageables à l'école primaire compte tenu des connaissances sur les fractions ou sur la division décimale de deux nombres entiers.
Les rapports entre nombres de bandes	• **Lorsque ce rapport est un nombre entier simple**, les élèves peuvent être incités à utiliser la **propriété multiplicative de la linéarité**, en tenant le raisonnement selon lequel 12 bandes donnent une longueur 3 fois plus grande que 4 bandes. C'est le cas dans les 3 situations, tous les nombres de bandes étant multiples de 4. Remarque : Dans les autres cas, cette procédure est plus difficile à mobiliser, ce qui peut orienter les élèves vers le recours à l'image de l'unité.
Les relations additives entre les nombres de bandes donnés ou trouvés	• **Lorsque ces relations existent**. Par exemple, si après avoir demandé les longueurs pour 8 bandes et 40 bandes, il est demandé la longueur pour 48 bandes, les élèves peuvent tenir le raisonnement suivant : la longueur pour 48 bandes, c'est la longueur pour 40 bandes plus la longueur pour 8 bandes (utilisation implicite de la **propriété additive de linéarité**). C'est le cas dans les 3 situations : – pour les bandes vertes avec 48 = 40 + 8 ; – pour les bandes rouges avec 52 = 40 + 12 ; – pour les bandes bleues (moins directement) avec 48 = 24 + 24.
Matériel (voir question 2)	• **Le matériel est-il fourni ou non ?** Ici, il est affiché au tableau, ce qui permet aux élèves de s'y référer pour tenir des raisonnements. • **Le matériel peut aussi être utilisé pour valider les réponses des élèves** (si le nombre de bandes n'est pas trop grand).

En résumé :

– Les procédures qui se réfèrent à la **propriété multiplicative de la linéarité** sont favorisées dans tous les cas.

– Les procédures qui se réfèrent à la **propriété additive de la linéarité** sont possibles dans tous les cas, mais de façon plus limitée.

– La procédure qui consiste à passer par l'**image de l'unité** est possible avec les bandes vertes (et dans une moindre mesure avec les bandes rouges), mais d'usage très difficile avec les bandes bleues.

– La procédure qui consiste à passer par le **coefficient de proportionnalité** est possible avec les bandes vertes, mais son interprétation dans le contexte de la situation n'est pas naturelle.

❹ Erreurs et aides

La réponse erronée la plus caractéristique correspond à ce qu'on appelle l'« **obstacle additif** » et qui consiste à un ajout de cm égal à l'ajout de bandes (par exemple : passage de la donnée « 8 cm pour 4 bandes » à la réponse « 12 cm pour 8 bandes »).

Cette réponse erronée correspond à une connaissance fausse que l'élève s'est forgée : pour passer d'un nombre à un nombre plus grand, il faut additionner. Elle ne peut pas être rejetée facilement et doit faire l'objet d'un travail scolaire. Il faut aider à comprendre pourquoi elle est inadaptée dans ces situations.

La première étape consiste à faire prendre conscience à l'élève qu'elle ne permet pas d'obtenir la bonne réponse et de provoquer un conflit entre cette réponse et la réalité : de ce point de vue, la possibilité de valider ou d'invalider certaines réponses par la mise bout à bout effective des bandes (dans certains cas) et le mesurage de la longueur obtenue est fondamentale.

Dans une deuxième étape, le conflit peut être levé par un processus d'argumentation que d'autres élèves de la classe peuvent alimenter, par exemple :

– ajouter 4 cm, c'est comme ajouter une seule bande, or en passant de 4 à 8 bandes, on en a ajouté 4 ;

– ajouter 4 cm pour les 4 bandes ajoutées revient à dire que chaque bande mesure 1 cm, ce qui est faux.

❺ Eléments de connaissance à mettre en évidence à l'issue de ce travail

CONSEIL MÉTHODOLOGIQUE :

La question 5 constitue une synthèse des réponses aux questions précédentes. Votre réponse doit montrer votre capacité à dégager l'essentiel du travail réalisé avec les élèves dans l'optique de l'apprentissage de la notion en jeu.

Deux éléments sont importants à mettre en évidence :

- **L'obstacle additif :** toutes les situations où les nombres augmentent ne correspondent pas forcément à l'utilisation de l'addition, il faut raisonner et se demander si son utilisation est appropriée ou non (ce n'est pas le cas ici).

- **Les procédures de résolution qui ont permis de réussir pour les problèmes posés.** Dans cette situation, deux sont principalement à mettre en évidence, avec les raisonnements qu'elles impliquent :

– la procédure qui est basée sur l'utilisation de la **propriété multiplicative de la linéarité,** ce qui peut être explicité sous la forme : si on met 2 fois, 3 fois plus de bandes bout à bout, on obtient une longueur 2 fois, 3 fois plus importante ;

– la procédure qui est basée sur l'utilisation de la **propriété additive de la linéarité**, ce qui peut être explicité sous la forme : la longueur pour 48 bandes est égale au total des longueurs pour 40 bandes pour 8 bandes.

Les questions 6 et 7 concernent l'exercice 5 de la page 84

6 Spécificités de l'exercice 5

CONSEIL MÉTHODOLOGIQUE :
Plusieurs points peuvent être mentionnés à ce sujet. Les correcteurs seront attentifs à la diversité des spécificités identifiées.

Parmi les spécificités de cet exercice par rapport aux situations de recherche, les principales concernent :

– **le fait qu'une validation expérimentale des réponses est impossible** et donc que le travail sur les réponses erronées ne pourra se faire qu'à l'aide d'arguments verbaux s'appuyant sur l'expérience sociale des élèves dans la mesure où c'est le goût et la texture du gâteau qui sont en cause (il est probable que de jeunes élèves auront des difficultés à argumenter à ce sujet) ;

– **le fait que les procédures étudiées auparavant peuvent être mobilisées**, notamment celle qui s'appuie sur la propriété multiplicative de la linéarité, mais avec la nécessité d'utiliser la division (passage de la recette pour 6 personnes à la recette pour 3 personnes), alors que seule la multiplication était nécessaire dans les situations des bandes ;

– **le fait que certains calculs font intervenir des nombres non entiers** (recours aux décimaux ou aux moitiés dans certaines réponses pour 3 personnes) ;

– **le fait que le nombre de grandeurs en jeu est plus important que dans le cas des bandes.**

7 Analyse de réponses d'élèves

Elève A

- **Analyse de la réponse :** Il commet l'erreur classique liée à l'obstacle additif. Pour « 3 personnes », il répond que ce n'est pas possible. On peut faire l'hypothèse qu'il a cherché à utiliser le même type de procédure en soustrayant « 3 » à chaque nombre et qu'il a constaté que ce n'était pas possible pour deux au moins des ingrédients (voire trois avec les pots de yaourt).

- **Aides possibles :**

– Une validation expérimentale étant impossible, il faut trouver des arguments qui le conduisent cet élève à remettre en cause sa conception, puis à élaborer des procédures correctes. Sur le premier point, on peut faire remarquer que la proportion « œufs / sucre » n'est plus respectée dans sa réponse, mais il n'est pas certain que ce soit convaincant (l'élève peut affirmer, dans sa logique, qu'il y a bien toujours 2 œufs de plus que de pots de sucre).

– La recherche d'une résolution, proche de la réalité, peut constituer une autre piste permettant de travailler à la fois sur la conception de l'élève et sur une procédure possible, par exemple : dessin d'un schéma avec les 6 personnes et tous les ingrédients, puis demande de dessiner ce qu'il faudra pour 12 personnes.

Elève B

- **Analyse de la réponse :** Les réponses pour 12 personnes sont correctes, l'élève ayant utilisé la propriété additive de la linéarité en considérant que 12 personnes, c'est 6 personnes plus 6 personnes.

Les réponses pour 3 personnes sont obtenues à l'aide de la même procédure. Elles sont correctes pour le sucre et les œufs, mais approximatives pour les autres ingrédients. On peut faire l'hypothèse que l'élève considère qu'une réponse approximative est suffisante dans le contexte évoqué (sa réponse pour l'huile semble aller dans ce sens) ou que, tous les nombres envisagés jusque-là étant entiers, il n'imagine pas d'en utiliser d'autres (et donc de sortir du cadre des nombres entiers).

- **Aide possible :** Elle est d'une nature totalement différente de celle appropriée pour l'élève A. Un simple échange avec lui ou un débat avec d'autres élèves peut suffire à le convaincre que des réponses plus précises peuvent être données.

Organisation et gestion de données

Connaissances mathématiques de référence → Tome 1, chapitre 10

Cette partie n'occupe pas une place très importante à l'école primaire. Elle est davantage développée au collège dans le cadre de l'enseignement des premiers éléments de statistiques. À l'école primaire, elle fait notamment intervenir des connaissances relatives à la proportionnalité.

➤ **Proportionnalité**, chap. 12.

DOCUMENTS OFFICIELS

Extrait du BO spécial n° 11 du 26 novembre 2015.

PROGRAMME DES CYCLES 2 ET 3 (extraits)
Nombres et calculs

CYCLE 2	CYCLE 3
Attendus de fin de cycle : **Résoudre des problèmes en utilisant des nombres entiers et le calcul** **Organisation et gestion de données** • Exploiter des données numériques pour répondre à des questions. • Présenter et organiser des mesures sous forme de tableaux. – Modes de représentation de données numériques : tableaux, graphiques simples, etc.	**Attendus de fin de cycle :** **Résoudre des problèmes en utilisant des fractions simples, les nombres décimaux et le calcul** **Organisation et gestion de données** • Prélever des données numériques à partir de supports variés. Produire des tableaux, diagrammes et graphiques organisant des données numériques. • Exploiter et communiquer des résultats de mesures. – Représentations usuelles : – tableaux (en deux ou plusieurs colonnes, à double entrée) ; – diagrammes en bâtons, circulaires ou semi-circulaires ; – graphiques cartésiens.

REPÈRES DE PROGRESSIVITÉ (extraits)

CYCLE 2	CYCLE 3
Au CE2, les élèves sont amenés à résoudre des problèmes plus complexes, éventuellement à deux étapes, nécessitant par exemple l'exploration d'un tableau ou d'un graphique, ou l'élaboration d'une stratégie de résolution originale.	La résolution de problème : La progressivité sur la résolution de problèmes, outre la structure mathématique du problème, repose notamment sur : – les nombres mis en jeu : entiers (tout au long du cycle) puis décimaux ; – le nombre d'étapes de calcul et la détermination ou non de ces étapes par les élèves selon les cas, à tous les niveaux du cycle 3, on passe de problèmes dont la solution engage une démarche à une ou plusieurs étapes indiquées dans l'énoncé à des problèmes en 6e nécessitant l'organisation de données multiples ou la construction d'une démarche ; – les supports envisagés pour la prise d'informations : la collecte des informations utiles peut se faire à partir d'un support unique en CM1 (texte ou tableau ou représentation graphique) puis à partir de deux supports complémentaires pour aller vers des tâches complexes mêlant plusieurs supports en 6e. La communication de la démarche et des résultats prend différentes formes et s'enrichit au cours du cycle. Dès le début du cycle, les problèmes proposés relèvent des quatre opérations, l'objectif est d'automatiser la reconnaissance de l'opération en fin de cycle 3.

REPÈRES POUR ENSEIGNER

Comme nous l'avons fait pour les autres domaines d'enseignement, nous allons identifier les différents problèmes que les élèves ont à résoudre, les principales procédures, les variables didactiques et les principales erreurs associées à ces problèmes.

1 Différents types de problèmes

Les différents problèmes qui peuvent être posés aux élèves correspondent aux relations qui peuvent être établies entre **trois modes de présentation** ou de représentation d'un ensemble de données numériques :

– **le mode textuel** : les données sont fournies et souvent commentées à l'intérieur d'un texte ;

– **le mode « tableau »** : les données sont regroupées et synthétisées dans un tableau ;

– **le mode graphique** : les données sont représentées de manière « imagée », souvent en faisant appel à des outils géométriques (rectangles, disques, lignes...).

Les différents problèmes peuvent être résumés dans ce tableau :

→	Mode textuel	Mode tableau	Mode graphique
Mode textuel	Extraire des données fournies dans un texte.	Élaborer ou compléter un tableau en utilisant les données fournies dans un texte.	Élaborer ou compléter une représentation graphique en utilisant les données fournies dans un texte.
Mode tableau	Lire des données fournies dans un tableau.		Élaborer ou compléter une représentation graphique en utilisant les données fournies dans un tableau.
Mode graphique	Lire des données représentées graphiquement.	Élaborer ou compléter un tableau en utilisant des données illustrées par une représentation graphique.	Élaborer ou compléter une représentation graphique pour illustrer des données déjà représentées sous une autre forme graphique.

Pour tous ces supports (texte, tableau et graphique), les problèmes relatifs à la lecture des données peuvent être précisés ainsi :

– **extraire une information** ;

– **comparer deux états relatifs à une même variable**, par exemple les précipitations pour deux mois différents ;

– **décrire l'évolution d'une variable,** par exemple celle de la pluviométrie sur plusieurs mois.

ENTRAINEMENT 1

Voici une activité proposée à des élèves de CM1 :

Corrigé p. 333

Activité tirée de Cap Maths CM1, p. 116, Hatier Éd. 2010.

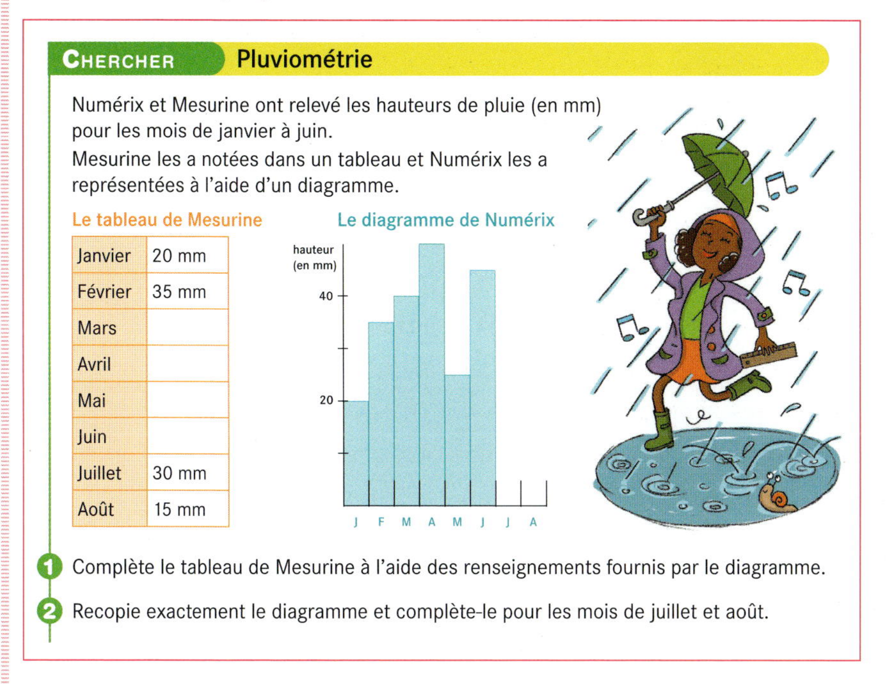

CHERCHER Pluviométrie

Numérix et Mesurine ont relevé les hauteurs de pluie (en mm) pour les mois de janvier à juin.
Mesurine les a notées dans un tableau et Numérix les a représentées à l'aide d'un diagramme.

Le tableau de Mesurine

Janvier	20 mm
Février	35 mm
Mars	
Avril	
Mai	
Juin	
Juillet	30 mm
Août	15 mm

Le diagramme de Numérix

1 Complète le tableau de Mesurine à l'aide des renseignements fournis par le diagramme.

2 Recopie exactement le diagramme et complète-le pour les mois de juillet et août.

1. Pour chacune des deux questions, identifier le type de problème proposé.

2. Quelle question pourrait-on poser pour passer du mode « textuel » au mode « tableau » et « graphique » ?

3. Quelle question pourrait-on poser pour amener les élèves à s'engager dans un problème de lecture de graphique ?

2 Procédures et variables didactiques

2.1 Problèmes de mise en relation texte / tableau

A. Procédures

Elles sont essentiellement de type organisationnel :

– **Organiser des données, identifier les caractéristiques communes** (catégories) qui constitueront (ou qui constituent) les « entrées du tableau ».

– **Organiser la prise d'information dans un tableau,** ce qui nécessite souvent des compétences d'ordre spatial, variables selon la complexité du tableau. Il s'agit, le plus souvent, de se repérer dans un tableau à deux entrées (parfois davantage).

B. Principales variables didactiques

– **La complexité du texte et la dispersion des données dans le texte** (par exemple, sont-elles ou non déjà regroupées en catégories ?) influent sur la détermination des catégories.

– **Le nombre de catégories qui détermine le nombre d'entrées dans le tableau** : cela influe sur l'élaboration du tableau ou sur la prise d'information dans un tableau donné.
– **La quantité de données** : une faible quantité rend plus aisée l'organisation et la prise d'information.
– **La familiarité plus ou moins grande de l'élève avec le contexte** relatif aux données (qui est souvent un contexte social ou économique).

2. 2 Problèmes de mise en relation texte / graphique

A. Différentes lectures

Les lectures peuvent être de deux sortes :

• Lecture directe

EXEMPLE : la lecture sur le graphique précédent de la hauteur d'eau tombée en mars.
La difficulté dépend alors du type de graphique utilisé.

• Lecture nécessitant le recours à des calculs

EXEMPLE : la lecture de la hauteur d'eau tombée en avril.
La difficulté dépend alors des indications fournies sur l'axe vertical du graphique (ici un diagramme en bâton). Sur ce diagramme ne figurent que les repères 20 et 40 alors qu'une graduation de 5 en 5 aurait facilité le travail des élèves ; la mention du seul repère 20 l'aurait complexifié.

B. Procédures

Elles relèvent de la **résolution de problèmes de proportionnalité**. Les calculs nécessaires font intervenir la proportionnalité entre la valeur des données et la hauteur des barres ou l'ordonnée des points (cas d'un diagramme en bâton ou d'un graphique à points) ou l'angle (cas d'un graphique circulaire).
De plus, des connaissances et des compétences géométriques (mesure) sont nécessaires : elles concernent notamment les segments, les rectangles et les angles (mesures et tracés).

➤ **Pour analyser les procédures**, chap. 12.

C. Principales variables didactiques

• Type de graphique

Tous les graphiques n'ont pas le même niveau de difficulté de lecture : par exemple, le **diagramme circulaire** est plus difficile à utiliser que le **diagramme rectangulaire**, car la notion d'angle ne fait l'objet que d'une première approche à l'école primaire.

• Eléments du graphique

Ce sont des éléments que les élèves ont à déterminer eux-mêmes ou non :
– **la signification des axes** (dans le cas d'une construction du graphique par l'élève) ;
– **l'échelle choisie sur chaque axe** : est-elle donnée ? doit-elle être déduite à partir d'informations à prendre sur le graphique ? est-elle à « inventer » en tenant compte des dimensions de la feuille et de l'amplitude des données ? ;

– **la graduation des axes** : est-elle donnée ou laissée à l'initiative de l'élève ? ;
– **les lignes de rappel,** qui peuvent être fournies ou non.

• Variables relatives à la mise en œuvre de la proportionnalité

Ces variables concernent aussi bien les problèmes de lecture que de construction d'un graphique. Elles doivent être précisées ou complétées en fonction du problème particulier posé.

➤ **Proportionnalité,** chap. 12.

3 Principales difficultés rencontrées par les élèves

La plupart des difficultés prévisibles peuvent être déduites de l'analyse précédente concernant les variables didactiques. Nous n'en citons ici que quelques-unes.

A. Difficultés de lecture

Elles concernent aussi bien :

– **le mode textuel** : difficulté pour trouver une information ou regrouper des informations ;

– **le mode « tableau »** : difficulté à coordonner une lecture en ligne et en colonne, et à ne pas changer de ligne ou de colonne en cours de lecture ;

– **le mode graphique** : difficulté à repérer l'abscisse et/ou l'ordonnée sur un graphique à points, ou difficulté d'interprétation d'un graphique à lignes, ou encore difficulté à exprimer correctement le résultat d'un graphique (par exemple lorsque l'élève a à répondre par un texte à partir de la lecture d'un graphique).

ENTRAINEMENT 2

Corrigé p. 333

Voici un graphique qui représente la distance parcourue par un cycliste par rapport à la durée du parcours.

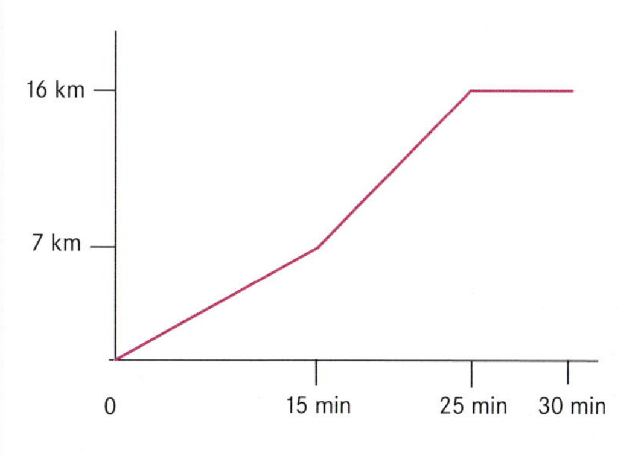

a. Sur quelle partie du parcours le cycliste a-t-il été le plus rapide ?

b. Que s'est-il passé entre la 25e et la 30e minute ?

Réponse d'un élève :

a. Le cycliste a été le plus rapide entre la 25e et la 30e minute.

b. Il était sur du plat entre la 25e et la 30e minute.

Analyser les erreurs commises par cet élève.

B. Difficultés de graduation et échelle

En mode graphique, lorsque les données ne sont pas fournies « régulièrement », certains élèves ne respectent pas la proportionnalité des écarts sur la ligne des abscisses et des écarts entre données.

EXEMPLE :

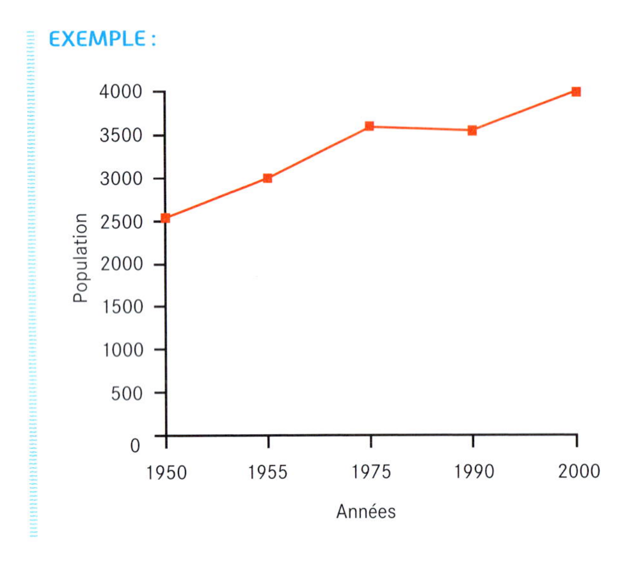

Production d'élève pour l'évolution d'une population, à partir d'un tableau donnant les effectifs de cette population pour 5 années différentes.

Analyse de l'erreur : La proportionnalité des écarts entre durées n'est pas respectée. Si on représentait ces mêmes données avec ce type de graphique, mais en respectant les proportions entre durées (par exemple, 2 cm pour 5 ans), l'évolution entre 1955 et 1975 qui apparaît sur ce schéma comme plus forte qu'entre 1950 et 1955 sera « fortement lissée ».

Ce schéma n'est pas « faux » si on veut simplement y visualiser la population correspondant à certaines années. Il est plus contestable s'il s'agit de donner une idée des évolutions de population entre les années concernées.

C. Difficultés liées à une graduation « non entière » des axes

Voir Analyse d'erreurs, partie Au concours, p. 334.

D. Difficultés relevant de la proportionnalité

Des connaissances sur la proportionnalité sont nécessaires pour la construction (ou l'interprétation) de graphiques.

RESSOURCES À CONSULTER

– Ermel, *Apprentissages numériques et résolution de problèmes*, ouvrages de CM1 et CM2, Hatier.

– *Cap Maths*, ouvrages pour les enseignants et les élèves, de CM1 et CM2, Hatier.

– Site Téléformation mathématiques : http://www.uvp5.univ-paris5.fr/TFM/

CORRIGÉS EXERCICES D'ENTRAINEMENT

ENTRAINEMENT 1

Énoncé p. 329

1. Pour répondre à la **question 1**, les élèves doivent passer du mode « graphique » au mode «tableau ». Pour la **question 2**, ils doivent passer du mode « tableau » au mode « graphique ».

2. On pourrait par exemple indiquer aux élèves qu'en septembre il est tombé 20 mm de plus d'eau qu'en août et leur demander de compléter le tableau et le graphique.

3. On pourrait demander aux élèves, en s'appuyant sur le graphique, de trouver :

– le mois au cours duquel il est tombé 25 mm d'eau ;

– le mois au cours duquel il est tombé le plus d'eau ;

– la quantité d'eau tombée de janvier à aout au cours de cette année.

ENTRAINEMENT 2

Énoncé p. 331

CONSEIL MÉTHODOLOGIQUE :

On peut identifier **trois parties dans ce parcours** :

– les 15 premières minutes au cours desquelles le cycliste a parcouru 7 km ;

– les 10 minutes suivantes au cours desquelles il a parcouru 9 km;

– les 5 dernières minutes au cours desquelles il s'est arrêté.

Il donc a été le plus rapide entre les minutes **15** et **25**, puisqu'il a parcouru plus de kilomètres en moins de temps qu'au cours des autres parties du parcours. On peut aussi constater que la pente de la droite est plus grande entre les minutes 15 et 25 (les élèves de l'école ne peuvent pas mobiliser cette connaissance).

Hypothèse concernant la procédure mise en place par l'élève : Il a assimilé la courbe au profil du circuit parcouru. Au début la route monte un peu, puis entre les minutes 15 et 25 la route monte beaucoup plus et entre les minutes 25 à 30 la route est plate. Il s'est ensuite appuyé sur son expérience sociale pour conclure que sur le plat on roule plus vite qu'en montée !

Origine de l'erreur : L'origine de l'assimilation de la courbe au profil du circuit parcouru est à chercher du côté de la pratique sociale de l'élève, en particulier lorsqu'il dessine des routes qui montent.

Autre hypothèse : Il considère que sur l'axe des ordonnées sont repérées les vitesses.

AU CONCOURS

ANALYSE D'ERREURS

Corrigé p. 340

Voici un exercice proposé à des élèves :

Voici un graphique qui indique l'évolution des températures pendant la première semaine du mois de mai dans une ville :

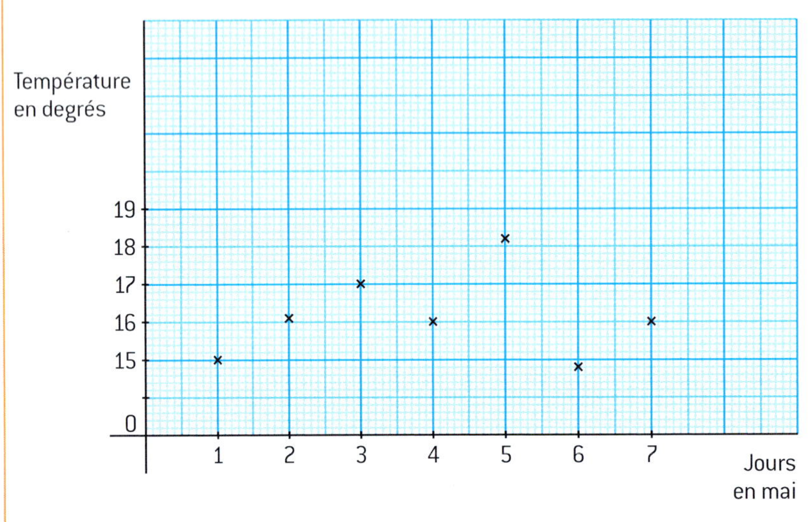

a. Quelle a été la température le 1er mai ?

b. Quelle a été la température le 2 mai ?

c. Quelle est la différence de température entre les 6 et le 7 mai ?

Réponse de deux élèves :

Elève A	Elève B
a. 15°	a. 15°
b. 16,1°	b. 16,1°
c. 1,1°	c. 1°

Analyser les erreurs de ces deux élèves.

Corrigé p. 341

Les **annexes 1 et 2** se trouvent p. 336.

ANALYSE DE DOSSIER 1

Un enseignant de CM1 souhaite faire travailler ses élèves sur l'« organisation et la gestion de données ». Pour cela il propose deux activités à la suite :

– **activité 1** issue du manuel d'Euromaths de CM1, p. 83 « Courbe de croissance » (**annexe 1**) ;

– **activité 2** issue du manuel de Cap Maths CM1, p. 117 (**annexe 2**).

Les questions 1 à 6 portent sur l'activité d'Euromaths

L'enseignant décide de gérer cette activité de la façon suivante :

– **1er temps :** Il projette le graphique (sans les questions) sur le tableau blanc et laisse un temps pour que chaque élève en prenne connaissance. Il demande ensuite aux élèves de faire des remarques concernant ce graphique et, s'ils le souhaitent, de poser des questions.

– **2e temps :** Il distribue aux élèves une copie de cette activité et leur demande de répondre individuellement et par écrit à la question 1. Il organise ensuite un débat dans la classe sur les réponses et sur les procédures mises en place. A la fin de la correction de cette activité l'enseignant fait une synthèse oralement.

Il gère de la même façon les questions 2, 3 et 4.

❶ Pour cette première activité, quelles sont les valeurs des variables didactiques qui facilitent la lecture de ce graphique pour répondre aux questions 1 et 2.

❷ Quelles difficultés les élèves peuvent-ils rencontrer pour lire ce graphique (questions 1 et 2) ?

❸ Quelle est le rôle du 1er temps décrit ci-dessus ?

❹ Sur quels points peut porter la synthèse faite par l'enseignant à la fin de la question 2 ?

❺ A la question 3a, des élèves ont répondu par l'affirmative. Analyser cette erreur.

❻ Suite à la question 4, l'enseignant fait remarquer aux élèves (s'ils n'en font pas la remarque eux-mêmes) que le chien grossit beaucoup plus au cours des 6 premiers mois qu'au cours des 6 mois suivants.

a. Quel lien l'enseignant peut-il faire entre cette remarque et la courbe ?

b. Quelle question, non dirigée, l'enseignant peut-il poser aux élèves pour qu'ils fassent eux-mêmes cette remarque ?

La question 7 porte sur l'activité de Cap Maths

❼ Les traits qui relient deux points du graphique de cette activité font-ils partie de la représentation graphique de la fonction qui à chaque numéro associe le nombre d'exemplaires ?

Les questions 8 et 9 portent sur les deux activités

❽ **a.** Etudier les différences et les ressemblances entre cette seconde activité et la précédente.

b. Justifier la pertinence du choix de cette nouvelle activité.

❾ Par quels types d'activités pourrait-on prolonger ce travail ?

ANNEXE 1 – DOSSIER 1

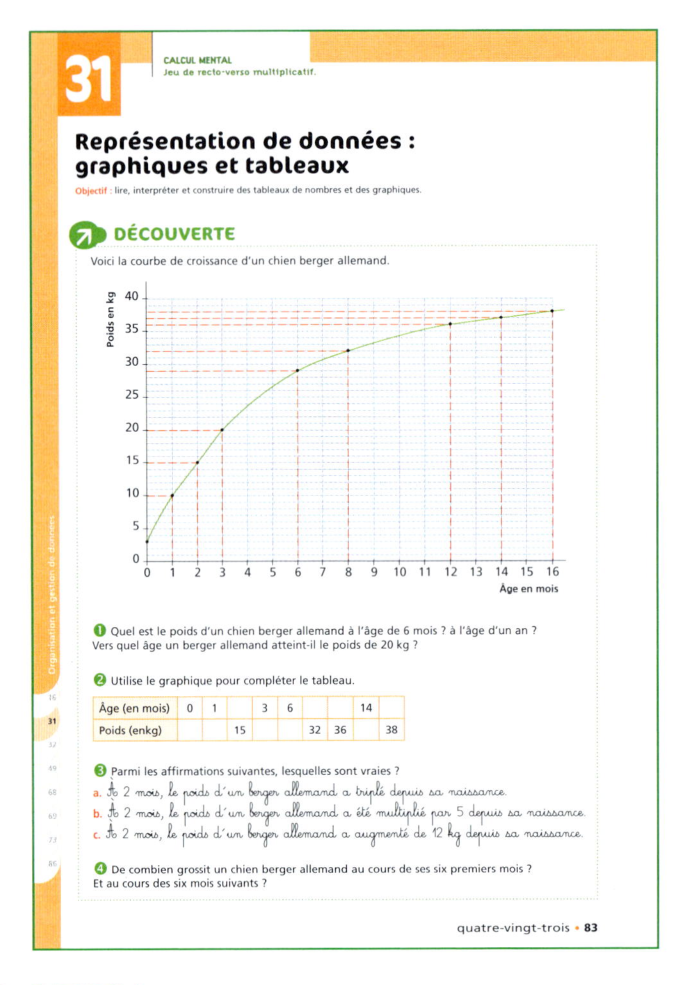

31

CALCUL MENTAL
Jeu de recto-verso multiplicatif.

Représentation de données : graphiques et tableaux

Objectif : lire, interpréter et construire des tableaux de nombres et des graphiques.

DÉCOUVERTE

Voici la courbe de croissance d'un chien berger allemand.

1. Quel est le poids d'un chien berger allemand à l'âge de 6 mois ? à l'âge d'un an ?
Vers quel âge un berger allemand atteint-il le poids de 20 kg ?

2. Utilise le graphique pour compléter le tableau.

Âge (en mois)	0	1		3	6			14	
Poids (enkg)			15			32	36		38

3. Parmi les affirmations suivantes, lesquelles sont vraies ?
a. À 2 mois, le poids d'un berger allemand a triplé depuis sa naissance.
b. À 2 mois, le poids d'un berger allemand a été multiplié par 5 depuis sa naissance.
c. À 2 mois, le poids d'un berger allemand a augmenté de 12 kg depuis sa naissance.

4. De combien grossit un chien berger allemand au cours de ses six premiers mois ?
Et au cours des six mois suivants ?

quatre-vingt-trois • 83

Source : Euromaths CM1, p. 83, Hatier.

ANNEXE 2 – DOSSIER 1

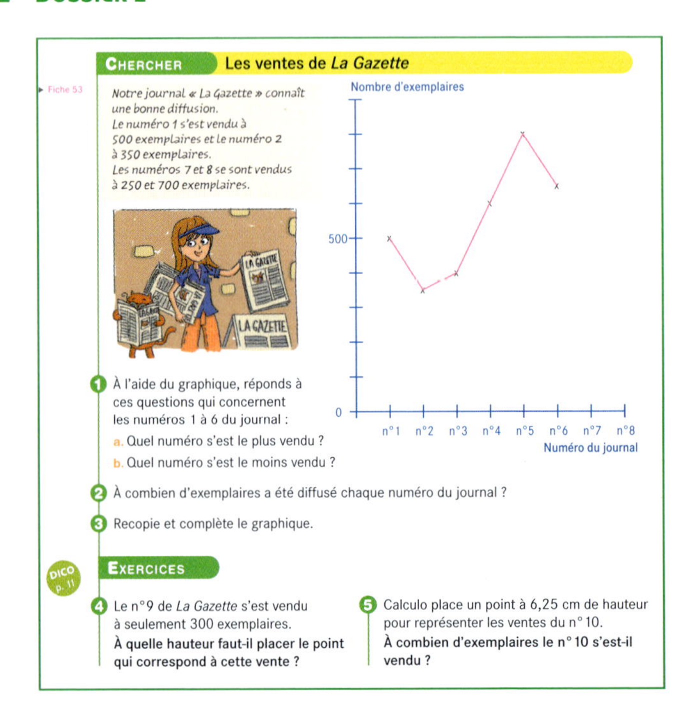

CHERCHER Les ventes de *La Gazette*

Fiche 53

Notre journal « La Gazette » connaît une bonne diffusion. Le numéro 1 s'est vendu à 500 exemplaires et le numéro 2 à 350 exemplaires. Les numéros 7 et 8 se sont vendus à 250 et 700 exemplaires.

1. À l'aide du graphique, réponds à ces questions qui concernent les numéros 1 à 6 du journal :
a. Quel numéro s'est le plus vendu ?
b. Quel numéro s'est le moins vendu ?

2. À combien d'exemplaires a été diffusé chaque numéro du journal ?

3. Recopie et complète le graphique.

EXERCICES

DICO p. 11

4. Le n° 9 de *La Gazette* s'est vendu à seulement 300 exemplaires.
À quelle hauteur faut-il placer le point qui correspond à cette vente ?

5. Calculo place un point à 6,25 cm de hauteur pour représenter les ventes du n° 10.
À combien d'exemplaires le n° 10 s'est-il vendu ?

Source : Cap Maths CM1, p. 117, Hatier.

Corrigé p. 343

L'**annexe 2** se trouve p. 338, et l'**annexe 3** se trouve p. 339.

ANALYSE DE DOSSIER 2

Des élèves de cours moyen (CM1 et CM2) ont résolu un problème sur fiche (voir **annexes 1, 2 et 3**) :

> Les représentations graphiques sont données pour le nombre de livres vendus le mardi et le mercredi, et les élèves doivent construire les barres correspondant aux ventes numériques du jeudi, du vendredi et du samedi en expliquant comment ils ont fait.

❶ Quelle est la principale notion mathématique abordée dans ce problème ?

❷ Analyser les productions de chaque élève :

a. Procédures mises en œuvre (description, raisonnement utilisé, pertinence).

b. Réponses aux questions posées.

❸ Pour chaque question du problème, proposer une procédure autre que celles que l'on a repérées à la question 2. Ces trois procédures devront être de types différents.

ANNEXE 1 – DOSSIER 2

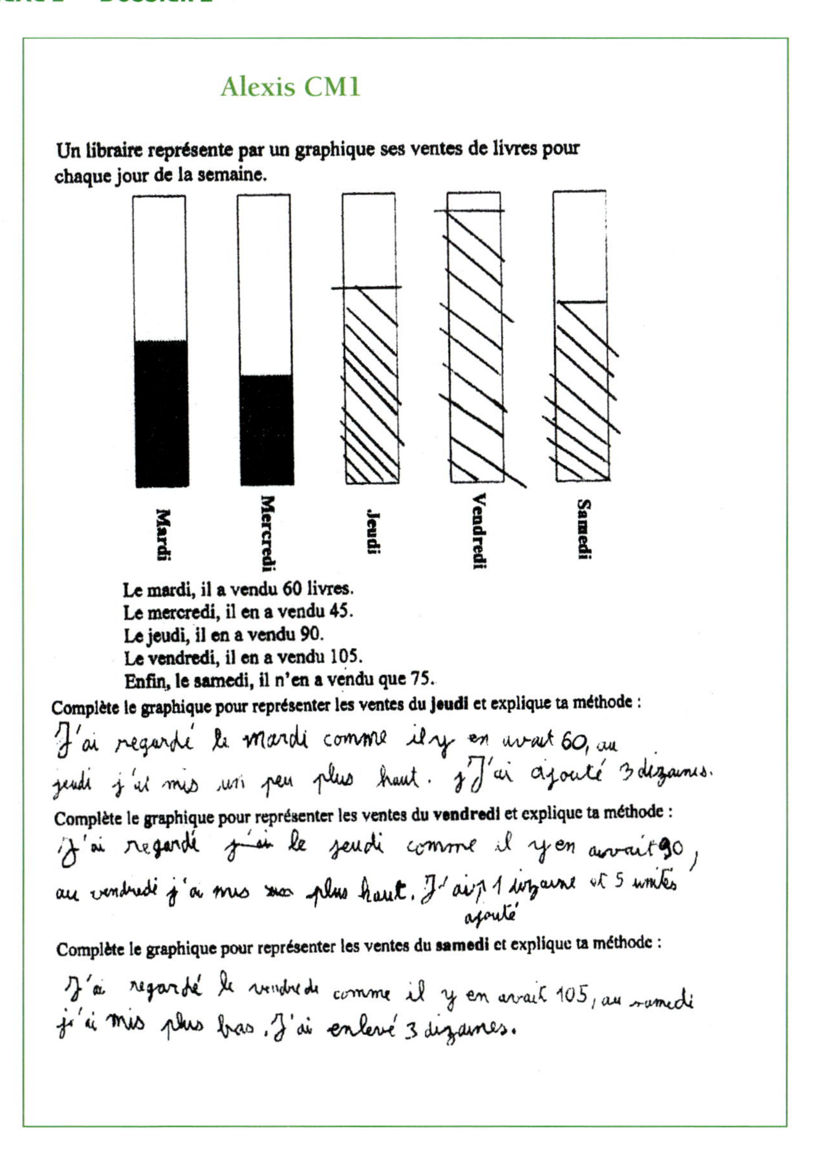

Alexis CM1

Un libraire représente par un graphique ses ventes de livres pour chaque jour de la semaine.

Le mardi, il a vendu 60 livres.
Le mercredi, il en a vendu 45.
Le jeudi, il en a vendu 90.
Le vendredi, il en a vendu 105.
Enfin, le samedi, il n'en a vendu que 75.

Complète le graphique pour représenter les ventes du jeudi et explique ta méthode :

J'ai regardé le mardi comme il y en avait 60, au jeudi j'ai mis un peu plus haut. J'ai ajouté 3 dizaines.

Complète le graphique pour représenter les ventes du vendredi et explique ta méthode :

J'ai regardé j'ai le jeudi comme il y en avait 90, au vendredi j'ai mis plus haut. J'ai ajouté 1 dizaine et 5 unités

Complète le graphique pour représenter les ventes du samedi et explique ta méthode :

J'ai regardé le vendredi comme il y en avait 105, au samedi j'ai mis plus bas. J'ai enlevé 3 dizaines.

Yann CM2

Un libraire représente par un graphique ses ventes de livres pour chaque jour de la semaine.

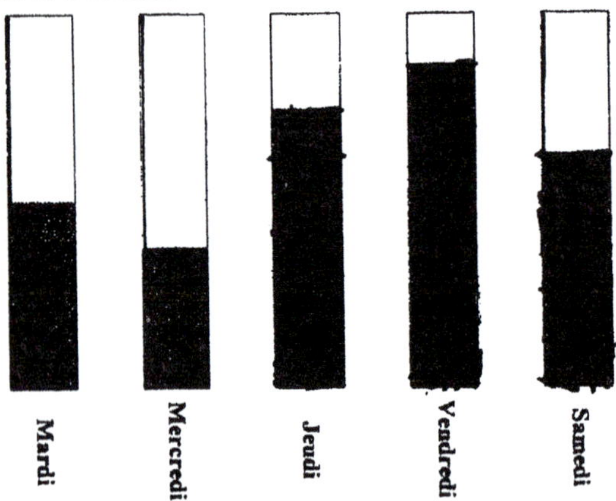

Le mardi, il a vendu 60 livres.
Le mercredi, il en a vendu 45.
Le jeudi, il en a vendu 90.
Le vendredi, il en a vendu 105.
Enfin, le samedi, il n'en a vendu que 75.

Complète le graphique pour représenter les ventes du jeudi et explique ta méthode :

J'ai vu que le mardi il avait vendu 60 livres soit 30 livres de moins que le jeudi. Entre le mardi et le il y a 15 livres d'écart et 15 x 2 = 30 donc je prends deux fois l'écart entre le mardi et le en partant du mardi.

Complète le graphique pour représenter les ventes du vendredi et explique ta méthode :

J'ai vu que le mardi il avait vendu 60 livres soit 45 de moins que le vendredi. Entre le mardi et le y a 15 livres d'écart et 15 x 3 = 45 donc je prend trois fois l'écart entre le mardi et le en partant du mardi.

Complète le graphique pour représenter les ventes du samedi et explique ta méthode :

J'ai vu que le mardi il avait vendu 60 livres soit 15 livres de moins que le samedi. Entre le mardi et le mercredi il y a 15 livre donc je prends l'écart entre le mardi et le mercredi en partant du mardi.

ANNEXE 3 – DOSSIER 2

Un libraire représente par un graphique ses ventes de livres pour chaque jour de la semaine.

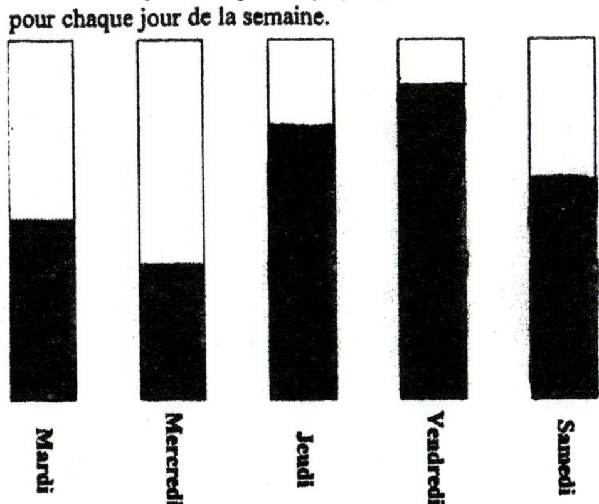

Le mardi, il a vendu 60 livres.
Le mercredi, il en a vendu 45.
Le jeudi, il en a vendu 90.
Le vendredi, il en a vendu 105.
Enfin, le samedi, il n'en a vendu que 75.

Complète le graphique pour représenter les ventes du jeudi et explique ta méthode :

On sait que le maximum de livre qu'il peut vendre est 120 livres.
La moitié de 120 est 60, la moitié de 60 est 30, et 30 + 90 = 120.
Après, sur le Mardi on prend la moitié non colorié et on coupe la moitié en deux, on reporte sur Jeudi et voilà.

Complète le graphique pour représenter les ventes du vendredi et explique ta méthode :

On sait que 105 + 15 = 120. 15 + 15 = 30. On prend la partie non coloriee de Jeudi et on la coup en deux et on rapporte sur Vendredi.

Complète le graphique pour représenter les ventes du samedi et explique ta méthode :

On sait que 75 + 45 = 120. On prend sur Mercredi et on rapporte sur Samedi, puis on y fait à l'envers.

CORRIGÉ ANALYSE D'ERREURS

Énoncé p. 334

Analyse du graphique

Dans ce graphique, on peut identifier **trois graduations** sur l'axe des ordonnées qui correspondent chacune à la longueur du côté d'un carré :

– **une graduation tous les centimètres** qui est la longueur du côté d'un grand carré : cette graduation correspond à 2° ;

– **une graduation tous les demi-centimètres** qui est la longueur du côté d'un carré « moyen » : cette graduation correspond à 1° ;

– **une graduation tous les millimètres** qui est la longueur du côté d'un petit carré : cette graduation correspond à 0,2°.

Analyse des réponses

Question a

Les deux élèves répondent correctement, ce qui témoigne du fait qu'ils savent repérer des points sur un quadrillage et qu'il ne faut donc pas chercher des erreurs de ce côté-là.

Question b

Les deux élèves répondent 16,1° au lieu de 16,2°.

Procédure : Ces élèves ont constaté que la température du 2 mai correspondait à une graduation de 1 mm de plus que 16°. Pour eux 1 mm correspond à 0,1°.

Origine : C'est certainement l'expérience de graphiques précédents pour lesquels une graduation correspondait à une unité ou à un dixième d'unité.

Question c

- **L'élève A** a répondu 1,1°. C'est une réponse erronée.

Procédure : Il a dû constater que l'écart de température est représenté par les côtés d'un grand carré (qui pour lui correspond à 1°) et d'un petit carré (qui pour lui correspond à 0,1°). Il a additionné ces deux valeurs pour répondre.

L'interprétation « longueur du côté d'un grand carré → 1° » est renforcée par le fait que les points correspondant aux 6 et 7 mai sont éloignés de l'axe des ordonnées sur lequel il faut lire les valeurs en degrés correspondantes.

- **L'élève B**, en donnant comme réponse 1°, fait également une erreur.

Procédure : Il s'appuie sur une procédure différente de celle de l'élève A.

Hypothèses : On peut en faire deux :

– il a utilisé le fait que sur l'axe des abscisses un « grand » carreau sépare les 6 et 7 mai et pour lui un carreau correspond à une unité ;

– il a calculé 7 – 6 = 1.

Origine : Dans le 1er cas, c'est certainement l'expérience de graphiques précédents pour lesquels une graduation correspondait à une unité qui est à l'origine de sa procédure.

Dans le 2e cas, le mot différence contenu dans la question c appelle chez cet élève la soustraction (ce qui ici est pertinent) et il utilise les deux nombres contenus dans la question.

On peut aussi imaginer qu'il ait utilisé la même procédure que l'élève A et vu un côté de grand carré d'écart (en négligeant le fait que le point est un peu en dessous de la ligne de rappel correspondant à 15°).

CORRIGÉ **ANALYSE DE DOSSIER 1**

Énoncé p. 335

Les questions 1 à 6 portent sur l'activité d'Euromaths

1 Valeurs des variables didactiques qui facilitent la lecture du graphique :

– l'axe des abscisses est gradué de 1 en 1 avec tous les nombres indiqués ;

– l'axe des ordonnées est également gradué de 1 en 1 (mais seuls les nombres multiples de 5 sont indiqués, ce qui peut être une source de difficulté, cf. question 2) ;

– la présence des points et des lignes de rappel ;

– sur l'axe des ordonnées, un interligne correspond à 1 kg ;

– les nombres qui figurent dans les questions 1 et 2 sont des entiers.

2 Difficultés pour lire le graphique

– la présence des traits qui joignent les points peut parasiter la lecture ;

– les ordonnées de certains points ne sont pas indiquées sur le graphique, ce qui oblige l'élève à déterminer cette ordonnée, c'est par exemple le cas pour le poids à la naissance, puis à 6 mois.

3 Rôle du 1er temps

Il s'agit de permettre à chaque élève de s'approprier le graphique, à son rythme, et de s'assurer (grâce aux remarques et questions) qu'il comprend que deux grandeurs sont en jeu : l'âge du chien en mois et son poids.

4 Les points de la synthèse

CONSEIL MÉTHODOLOGIQUE :
On ne demande pas ici de formuler une synthèse mais uniquement d'indiquer sur quels points elle peut porter. Une trace écrite est difficile à envisager, sauf à réaliser une bande dessinée qui montre comment utiliser les lignes de rappel pour lire l'abscisse et l'ordonnée d'un point.

La synthèse peut porter sur les points suivants :

1. Comment trouver l'ordonnée ou l'abscisse d'un nombre lorsqu'elle ne correspond pas à un nombre figurant sur l'axe des ordonnées ou des abscisses.
2. Comment trouver la signification d'un point du graphique.
3. Comment trouver la valeur d'une variable connaissant celle de l'autre variable.

5 Analyse de la réponse à la question 3a

Des élèves ont donc répondu qu'à deux mois le poids du berger allemand a triplé depuis sa naissance.

Origines de cette erreur :

– A la naissance, le poids du chien est 3 kg. Ce « 3 » peut être assimilé par ces élèves à « triplé ».

– Sur le graphique, il y a trois intervalles entre 0 et le poids à 2 ans (15 kg).

❻ Exploitation du document suite à la question 4

a. L'enseignant peut mettre en évidence que la courbe monte beaucoup plus entre 0 et 6 mois qu'entre 6 et 12 mois.

b. Il peut projeter la courbe d'évolution du poids du chien en fonction de son âge sans les lignes de rappel horizontales et sans les graduations sur l'axe des ordonnées. Il pose ensuite la question : peut-on uniquement avec les informations projetées savoir si le chien grossit plus de 0 à 6 mois que de 6 mois à 12 mois ?

La question 7 porte sur l'activité de Cap Maths

❼ Interprétation du graphique

Non, ces traits ne font pas partie de la représentation graphique de la fonction dans la mesure où, par exemple, les nombres compris strictement entre 1 et 2 sur l'axe des abscisses ne correspondent pas à des nombres d'exemplaires du journal.
Ces traits sont uniquement destinés à faciliter la lecture de l'évolution des ventes.

Les questions 8 et 9 portent sur les deux activités

❽ Cohérence des 2 activités

a. **Ressemblances et différences entre les 2 activités**

- **Ressemblances :**

– on demande à l' élève de lire un graphique ;

– les axes des ordonnées et des abscisses sont gradués ;

– sur l'axe des abscisses les nombres de 1 en 1 figurent ;

– seuls les points sont utiles, les traits ne le sont pas.

- **Différences :**

Dans la seconde activité :

– il n'y a pas de lignes de rappel horizontales et verticales ;

– les graduations sur l'axe des ordonnées vont de 100 en 100 (et non de 1 en 1) ;

– dans l'exercice 5 figurent des nombres décimaux ;

– ils doivent recopier et compléter un graphique (cf. question 3).

b. **Justification du choix de l'activité 2**

On peut justifier le choix de cette nouvelle activité par le fait qu'elle permet de travailler les mêmes compétences que dans l'activité 1, dans une situation où la tâche de l'élève est plus complexe concernant la lecture du graphique, avec de plus une nouvelle tâche (compléter un graphique, cf. question 3).

❾ Prolongement du travail

À l'école primaire, le travail sur les tableaux et graphiques ne va guère plus loin que ce qui est envisagé ici. On peut cependant imaginer de mener un travail de même nature :

– avec d'autres types de graphiques, notamment circulaires ou demi-circulaires, mais avec des secteurs angulaires faciles à lire ;

– en proposant de comparer différents types de graphiques ou tableaux publiés dans des journaux ou revues ;

– en demandant aux élèves de construire entièrement un graphique d'un type donné, dans des cas simples et en donnant éventuellement l'échelle choisie.

CORRIGÉ **ANALYSE DE DOSSIER 2**

Énoncé p. 337

❶ Notion mathématique

CONSEIL MÉTHODOLOGIQUE :
Pour répondre à cette question, il faut, comme d'habitude, faire l'activité et identifier les procédures que les élèves peuvent mettre en place pour résoudre correctement la tâche. Cela permet de constater que, bien que le support de cet exercice évoque les représentations graphiques, la notion mathématique principale est la proportionnalité. Il faut bien sûr justifier la réponse.

Bien qu'on fasse référence à des graphiques, c'est la **proportionnalité** qui est la notion mathématique principale. En effet, les élèves doivent établir des correspondances entre deux grandeurs proportionnelles : la « hauteur » du rectangle et le nombre de livres.

➤ **Proportionalité**, chap. 12.

❷ Analyse des productions de élèves

• Alexis (CM1)

Il s'appuie toujours sur la hauteur du rectangle représentant les ventes du jour précédent et il fait la comparaison entre les nombres de livres. Si le nombre de livres à représenter est plus grand (respectivement plus petit) que le précédent, il construit un rectangle plus haut (respectivement moins haut).

Réponse 1 : Il dit ajouter 3 dizaines sans qu'on sache comment il a procédé pour en déterminer la hauteur.

Réponse 2 : Il ajoute 1 dizaine et cinq unités.

Réponse 3 : Il retranche 3 dizaines. Il utilise un raisonnement purement additif, donc inapproprié. Il semble que la hauteur d'une dizaine varie d'un jour à l'autre. Les ordres de grandeur pour les hauteurs des rectangles sont cependant respectés de manière perceptive.

Les réponses du jeudi et du vendredi sont fausses, celle du samedi est exacte, mais cela est probablement dû au hasard.

• Yann (CM2)

La procédure mise en œuvre est constante et les réponses sont correctes. Il prend l'écart entre les rectangles du mardi et du mercredi (« il y a 15 livres »). Il raisonne à partir de la proportionnalité des écarts entre les hauteurs et des écarts entre les nombres de livres.

Les procédures de calcul des écarts sont multiplicatives. Pour obtenir la hauteur du rectangle, dans chaque cas, il reporte l'écart calculé :

Réponse 1 : Deux fois l'écart « mardi-mercredi » ($90 - 60 = 30$ et $30 = 15 \times 2$).

Réponse 2 : Deux fois l'écart « mardi-mercredi » ($105 - 60 = 45$ et $45 = 15 \times 3$).

Réponse 3 : Une fois l'écart mardi-mercredi ($75 - 60 = 15$).

• Héloise (CM1)

Elle a remarqué que les rectangles qui servent de support à l'exercice représentent 120 livres (« le maximum… 120 livres »).

Pour cela, elle a dû constater que la longueur du grand rectangle était le double de la hauteur du rectangle noir représentant les ventes de mardi.

Elle raisonne à partir d'une collection de 120 livres et plus particulièrement sur la partie non coloriée des rectangles, donc sur le complément à 120 des nombres proposés. Elle construit son raisonnement en s'appuyant sur la **proportionnalité des écarts** :

Réponse 1 : Sa procédure consiste à enlever 30 à 120 pour obtenir 90. Pour cela, elle part de la partie blanche comme représentant la moitié de 120, c'est-à-dire 60 ; puis elle « coupe » cette moitié (qui représente 60) en deux moitiés représentant chacune 30. Elle reporte la hauteur ainsi obtenue à partir du « sommet » du rectangle.

Réponse 2 : Elle garde la même procédure. Le complément de 105 à 120 est 15 et comme la moitié de 30 est 15, elle prend la moitié de la moitié de la partie blanche du mardi qu'elle reporte à partir du « haut » du rectangle pour le vendredi.

Réponse 3 : Le complément à 120 est 45. Il se trouve que 45 est déjà représenté, car c'est le nombre de livre du mercredi. Il lui suffit de reporter cette longueur.

Les réponses données sont justes.

Le raisonnement utilisé n'est possible que dans le cas particulier où l'énoncé autorise le travail sur la proportionnalité des écarts avec les compléments (120 est le double de 60).

❸ Autres procédures

La **proportionnalité des écarts** avec des procédures multiplicatives a déjà été utilisée dans les réponses aux trois questions.

Voici un ensemble d'autres procédures possibles, détaillées ici pour le **jeudi (90 livres)**, où on peut utiliser :

- **La propriété multiplicative de la linéarité :** comme 90 (double de 45) c'est 1,5 fois 60 ou les $\frac{3}{2}$ de 60, on peut multiplier par ces mêmes coefficients les hauteurs pour le mercredi ou le mardi.

- **La propriété additive de la linéarité :** 90 c'est 45 + 45, la hauteur est donc « celle du mercredi » ajoutée 2 fois.

- **Le passage à l'unité :** recherche de la hauteur pour un livre (on pourrait aussi chercher la hauteur pour 5 livres).

- **L'utilisation des propriétés sur les rapports égaux :** $\frac{90}{60} = \frac{3}{2}$ car le rapport entre « hauteur du jeudi » et « hauteur du mardi » doit être le même.

- **L'utilisation d'un tableau de proportionnalité :**

Hauteur	h (60)	?
Nombre de livres	60	90

h (60) désignant la hauteur pour 60 livres

- **Pour le vendredi :** la propriété additive de la linéarité paraît particulièrement adaptée, en remarquant que 105 = 60 + 45.
- **Pour le samedi :** le passage par la hauteur pour 15 livres (quart de 60 ou tiers de 45), puis la multiplication par 5 sont possibles (propriété multiplicative de la linéarité).

CHAPITRE 14

Géométrie plane

Connaissances mathématiques de référence → Tome 1, chapitres 14, 15, 16 et 17

L'enseignement de la géométrie commence à l'école maternelle, se prolonge tout au long de l'école et se continue au collège et ensuite au lycée :

– **Aux cycles 1 et 2**, on travaille principalement sur la **géométrie perceptive**, c'est-à-dire la géométrie qui consiste à reconnaître des objets géométriques à vue d'œil et à les tracer à main levée. On n'utilise que progressivement les instruments (à partir du CE1, notamment).

– **Au cycle 3,** on travaille sur la **géométrie instrumentée** qui comme son nom l'indique fait appel à des instruments de géométrie (règle, équerre, compas) pour construire, reproduire des figures, en s'appuyant sur des propriétés connues (alignement, angle droit, parallélisme, égalité de longueurs).

– **Au cycle 4 et au lycée,** on travaille sur la **géométrie déductive** qui consiste à raisonner sur les figures géométriques, en s'appuyant sur des théorèmes connus.

Extrait du BO spécial n° 11 d
26 novembre 2

PROGRAMME DE L'ÉCOLE MATERNELLE (extraits)

4. Construire les premiers outils pour structurer sa pensée

[...]

4.2. Explorer des formes, des grandeurs, des suites organisées

[...]

4.2.1. Objectifs visés et éléments de progressivité

Très tôt, les enfants regroupent les objets, soit en fonction de leur aspect, soit en fonction de leur utilisation familière ou de leurs effets. À l'école, ils sont incités à « mettre ensemble ce qui va ensemble » pour comprendre que tout objet peut appartenir à plusieurs catégories et que certains objets ne peuvent pas appartenir à celles-ci.

Par des observations, des comparaisons, des tris, les enfants sont amenés à mieux distinguer différents types de critères : forme, longueur, masse, contenance essentiellement. Ils apprennent progressivement à reconnaître, distinguer des solides puis des formes planes. Ils commencent à appréhender la notion d'alignement qu'ils peuvent aussi expérimenter dans les séances d'activités physiques. L'enseignant est attentif au fait que l'appréhension des formes planes est plus abstraite que celle des solides et que certains termes prêtent à confusion (carré/cube). L'enseignant utilise un vocabulaire précis (cube, boule, pyramide, cylindre, carré, rectangle, triangle, cercle ou disque (à préférer à « rond ») que les enfants sont entraînés ainsi à comprendre d'abord puis à utiliser à bon escient, mais la manipulation du vocabulaire mathématique n'est pas un objectif de l'école maternelle.

Par ailleurs, dès la petite section, les enfants sont invités à organiser des suites d'objets en fonction de critères de formes et de couleurs ; les premiers algorithmes qui leur sont proposés sont simples. Dans les années suivantes, progressivement, ils sont amenés à reconnaître un rythme dans une suite organisée et à continuer cette suite, à inventer des « rythmes » de plus en plus compliqués, à compléter des manques dans une suite organisée.

4.2.2. Ce qui est attendu des enfants en fin d'école maternelle

- Classer des objets en fonction de caractéristiques liées à leur forme. Savoir nommer quelques formes planes (carré, triangle, cercle ou disque, rectangle) [...]
- Reproduire un assemblage à partir d'un modèle (puzzle, pavage, assemblage de solides).
- Reproduire, dessiner des formes planes.
- Identifier le principe d'organisation d'un algorithme et poursuivre son application.

PROGRAMME DES CYCLES 2 ET 3 (extraits)

Espace et géométrie

CYCLE 2	CYCLE 3
Introduction Au cycle 2, [...] Les connaissances géométriques contribuent à la construction, tout au long de la scolarité obligatoire, des concepts fondamentaux d'alignement, de distance, d'égalité de longueurs, de parallélisme, de perpendicularité, de symétrie. Les compétences et connaissances attendues en fin de cycle se construisent à partir de problèmes, qui s'enrichissent tout au long du cycle en jouant sur les outils et les supports à disposition, et en relation avec les activités mettant en jeu les grandeurs géométriques et leur mesure.	**Introduction** À l'articulation de l'école primaire et du collège, le cycle 3 constitue une étape importante dans l'approche des concepts géométriques. Prolongeant le travail amorcé au cycle 2, les activités permettent aux élèves de passer progressivement d'une géométrie où les objets (le carré, la droite, le cube, etc.) et leurs propriétés sont contrôlés par la perception à une géométrie où ils le sont par le recours à des instruments, par l'explicitation de propriétés pour aller ensuite vers une géométrie dont la validation ne s'appuie que sur le raisonnement et l'argumentation. Différentes caractérisations d'un même objet ou d'une même notion s'enrichissant mutuellement permettent aux élèves de passer du regard ordinaire porté sur un dessin au regard géométrique porté sur une figure. Les situations faisant appel à différents types de tâches (reconnaitre, nommer, comparer, vérifier, décrire, reproduire, représenter, construire) portant sur des objets géométriques, sont privilégiées afin de faire émerger des concepts géométriques (caractérisations et propriétés des objets, relations entre les objets) et de les enrichir.

PROGRAMME DES CYCLES 2 ET 3 (extraits)

Espace et géométrie

CYCLE 2

Attendus de fin de cycle :

Reconnaitre, nommer, décrire, reproduire, construire quelques figures géométriques
Reconnaitre et utiliser les notions d'alignement, d'angle droit, d'égalité de longueurs, de milieu, de symétrie

• Décrire, reproduire des figures ou des assemblages de figures planes sur papier quadrillé ou uni

• Utiliser la règle, le compas ou l'équerre comme instruments de tracé.

• Reconnaitre, nommer les figures usuelles.

• Reconnaitre et décrire à partir des côtés et des angles droits, un carré, un rectangle, un triangle rectangle. Les construire sur un support uni connaissant la longueur des côtés.

• Construire un cercle connaissant son centre et un point, ou son centre et son rayon.

– Vocabulaire approprié pour décrire les figures planes usuelles :
• carré, rectangle, triangle, triangle rectangle, polygone, côté, sommet, angle droit ;
• cercle, disque, rayon, centre ;
• segment, milieu d'un segment, droite.
– Propriété des angles et égalités de longueur des côtés pour les carrés et les rectangles.
– Lien entre propriétés géométriques et instruments de tracé :
• droite, alignement et règle non graduée ;
• angle droit et équerre ;
• cercle et compas.

• Utiliser la règle (non graduée) pour repérer et produire des alignements.

• Repérer et produire des angles droits à l'aide d'un gabarit, d'une équerre.

• Reporter une longueur sur une droite déjà tracée.

• Repérer ou trouver le milieu d'un segment.
– Alignement de points et de segments.
– Angle droit.
– Égalité de longueurs.
– Milieu d'un segment.

CYCLE 3

Attendus de fin de cycle :

Reconnaitre, nommer, décrire, reproduire, représenter, construire quelques [...] figures géométriques

• Reconnaitre, nommer, comparer, vérifier, décrire :
– des figures simples ou complexes (assemblages de figures simples) ;
– Figures planes et solides, premières caractérisations :
– triangles dont les triangles particuliers (triangle rectangle, triangle isocèle, triangle équilatéral) ;
– quadrilatères dont les quadrilatères particuliers (carré, rectangle, losange, première approche du parallélogramme) ;
– cercle (comme ensemble des points situés à une distance donnée d'un point donné).

• Reproduire, représenter, construire :
– des figures simples ou complexes (assemblages de figures simples).

• Réaliser, compléter et rédiger un programme de construction.

• Réaliser une figure simple ou une figure composée de figures simples à l'aide d'un logiciel.

Reconnaitre et utiliser quelques relations géométriques

• Effectuer des tracés correspondant à des relations de perpendicularité ou de parallélisme de droites et de segments.
Déterminer le plus court chemin entre deux points (en lien avec la notion d'alignement).
Déterminer le plus court chemin entre un point et une droite ou entre deux droites parallèles (en lien avec la perpendicularité).
– Alignement, appartenance.
– Perpendicularité, parallélisme (construction de droites parallèles, lien avec la propriété reliant droites parallèles et perpendiculaires).
– Égalité de longueurs.
– Égalité d'angles.
– Distance entre deux points, entre un point et une droite.

REPÈRES DE PROGRESSIVITÉ (extraits)	
CYCLE 2	**CYCLE 3**
Dès le **CP**, les élèves observent et apprennent à reconnaitre, trier et nommer des solides variés. Le vocabulaire nécessaire pour les décrire (face, sommet, arête) est progressivement exigible. Ils apprennent dès le **CE1** à construire un cube avec des carrés ou avec des tiges que l'on peut assembler. Au **CE2**, ils approchent la notion de patron du cube. La discussion sur l'agencement des faces d'un patron relève du **cycle 3**. Les propriétés géométriques sont engagées progressivement dans la reproduction et la description de figures (alignement, report de longueur sur une droite et égalités de longueur en début de cycle, puis angle droit en milieu de cycle). On aborde la construction d'un cercle sans contraintes au **CE1** ; puis à partir du centre et d'un point de son rayon et son centre, et, au **CE2**, de son diamètre. L'utilisation des instruments se fait graduellement : règle non graduée, outil de report de longueur (bande de papier ou de carton sur laquelle on peut écrire) sur une droite dès le CP ; puis règle graduée, gabarit d'angle droit ; enfin, équerre, compas pour tracer des cercles. Le report de longueurs sur une droite déjà tracée avec le compas peut être abordé au **CE2** mais il relève surtout du **cycle 3**.	Ce travail devra être entretenu tout au long du cycle 3. **Le raisonnement :** A partir du CM2, on amène les élèves à dépasser la dimension perceptive et instrumentée pour raisonner uniquement sur les propriétés et les relations. Par exemple, l'usage de la règle et du compas pour tracer un triangle, connaissant la longueur de ses côtés, mobilise la connaissance des propriétés du triangle et de la définition du cercle. Il s'agit de conduire sans formalisme des raisonnements simples utilisant les propriétés des figures usuelles ou de la symétrie axiale. Un vocabulaire spécifique est employé dès le début du cycle pour désigner des objets, des relations et des propriétés. **Vocabulaire et notations :** Au primaire, lorsque les points seront désignés par des lettres, les professeurs veilleront à toujours préciser explicitement l'objet dont il parle : « le point A », « le segment [AB] », « le triangle ABC », etc. Aucune maitrise n'est attendue des élèves pour ce qui est des codages usuels (parenthèses ou crochets) avant la dernière année du cycle. Le vocabulaire et les notations nouvelles ($\in$, [AB], (AB), [AB), AB, $\widehat{AOB}$) sont introduits au fur et à mesure de leur utilité, et non au départ d'un apprentissage.

REPÈRES POUR ENSEIGNER

1. **Les concepts de géométrie** abordés à l'école sont très nombreux, aussi il ne sera pas possible de tous les traiter en détail dans ce chapitre. Nous étudierons les représentations graphiques qui sont une particularité des concepts de géométrie.

2. Nous aborderons ensuite **deux techniques qui sont communes à tous les concepts** :
– reconnaitre un concept à partir d'une représentation graphique ;
– construire une représentation graphique d'un concept.

3. Nous continuerons par l'étude de trois problèmes dont la résolution nécessite l'utilisation de concepts de géométrie[1] : **construire, reproduire et décrire une figure.**

4. Nous étudierons également la **symétrie orthogonale** qui est, avec **l'agrandissement-réduction**, la seule transformation du plan étudiée à l'école.

5. Nous finirons par une présentation rapide des **logiciels de géométrie dynamique** en classe.

1. Les problèmes de repérage seront abordés dans le chapitre 15.

1 Quelle géométrie enseigner à l'école primaire ?

Pour répondre à cette question il faut établir certaines distinctions.

1 • 1 Les différents types de géométrie

A. Espace sensible et espace géométrique

- **L'espace sensible** est constitué d'**objets concrets** qui peuvent être des objets usuels ou non ou des **dessins**. C'est dans l'espace sensible que l'on se place dans l'activité 4 du chapitre 5. De même, l'activité qui consiste à tracer un triangle rectangle dont les côtés de l'angle droit mesurent 5 cm et 7 cm et à demander de mesurer la longueur de l'hypoténuse se place dans l'espace sensible.

➤ Activité 4 du chap. 5, p. 74.

- **L'espace géométrique** est constitué d'**objets idéaux,** qui peuvent être représentés par des **figures**[2]. C'est dans l'espace géométrique que l'on se place lorsqu'on demande au concours de démontrer une affirmation géométrique (cf. tome 1, chap. 16).

2. Pour la distinction entre dessin et figure voir § C.

B. Problèmes de modélisation et problèmes géométriques

- **Un problème de modélisation** est un problème pratique qui fait intervenir des **objets concrets**, des dessins mais **qui ne peut pas être résolu de façon pratique.** Sa résolution passe donc par la mobilisation de **concepts géométriques.** Par exemple, l'activité 4 du chapitre 5 est un problème de modélisation à condition d'interdire aux élèves de pénétrer sur le terrain pour mesurer directement la baguette. Cette contrainte peut inciter les élèves à utiliser des concepts et propriétés géométriques (par exemple utiliser le théorème de Pythagore pour les élèves de collège).
- **Un problème géométrique** ne fait intervenir que des **objets idéaux**. Les problèmes du chapitre 15 du tome 1 sont des problèmes géométriques.

C. Dessins et figures

Les dessins et figures sont des **représentations graphiques** (toute trace laissée par un instrument sur une feuille ou écran d'ordinateur) qui ont des statuts différents :

- **Les dessins** sont des **objets concrets** sur lesquels on peut mesurer, contrôler des angles droits...

- **Les figures** sont des représentants d'**objets idéaux**. Parmi les figures, on trouve les **schémas à main levée** qui sont des représentations graphiques. Ils ne respectent pas les mesures, mais contiennent des informations (cotes, symboles indiquant par exemple les angles droits, les segments de même longueur) qui permettent d'évoquer des objets géométriques et de raisonner à leur sujet. Ils ont une fonction de communication et d'aide à la résolution de problèmes (fonction heuristique), entre autres pour les problèmes de modélisation.

Les programmes de cycle 3 font référence à cette distinction dans l'introduction du thème « Espace et géométrie » : « Différentes caractérisations d'un même objet ou d'une même notion s'enrichissant mutuellement permettent aux élèves de passer du regard ordinaire porté sur un dessin au regard géométrique porté sur une figure. »

D. Géométries perceptive, instrumentée et déductive

- **En géométrie perceptive, est vrai ce qui est vu.**

Ainsi un quadrilatère est un carré car je le reconnais, de visu ou au toucher, comme tel. Dans cette géométrie, la **boite à outils de l'élève** est **l'œil**. On demande alors essentiellement aux élèves de reconnaitre des objets géométriques ou éventuellement d'en construire à main levée.

C'est à l'école maternelle et au cycle 2 qu'on travaille la géométrie perceptive.

- **En géométrie instrumentée, est vrai ce qui peut être contrôlé avec des instruments.**

Ainsi un angle est droit parce que je peux superposer l'angle droit de l'équerre sur cet angle. La **boite à outils de l'élève** est constituée des **instruments de géométrie**. On demande ici aux élèves de reconnaitre des figures, de les décrire, de les reproduire et d'en construire.

Il est à noter que la reconnaissance de certains objets géométriques avec des instruments passe par l'**utilisation en acte de propriétés géométriques**. Par exemple, si pour reconnaitre avec des instruments qu'un quadrilatère est un carré, l'élève vérifie que les quatre angles du quadrilatère sont des angles droits et qu'il a deux côtés consécutif de même longueur, il utilise en acte la propriété : « Si un quadrilatère a quatre angles droits et deux côtés consécutifs de même longueur alors c'est un carré ».

C'est en fin de cycle 2 et au cycle 3 que l'on travaille la géométrie instrumentée.

- **En géométrie déductive, est vrai ce qui est démontré.**

La **boite à outils de l'élève** est constituée des **propriétés et théorème de géométrie**.

➤ **Propriétés et théorèmes de géométrie**, tome 1, chap. 16

C'est au collège que l'on travaille la géomètrie déductive.

1.2 Les concepts de la géométrie

➤ **Notion de concept,** chap. 1, p. 21.

A. Les types de concepts

Il existe deux types de concepts en géométrie :

- **Les concepts qui évoquent des objets géométriques.**

EXEMPLE : le point, le segment, la droite, la demi-droite, le cercle, le centre, le rayon, les polygones (triangles, quadrilatères...), les polyèdres, les angles...

- **Les concepts qui évoquent des relations géométriques qui existent entre certains objets.**

EXEMPLE : l'appartenance (qui lie un point et une droite, ou un point et un cercle...), l'alignement (qui lie plusieurs points ou plusieurs points et une droite), le parallélisme, la perpendicularité, les transformations...

Comme les autres concepts, **ils sont caractérisés** par :
– du vocabulaire, un codage, une syntaxe particulière et des représentations graphiques (qui sont une spécificité des concepts géométriques) ;
– des définitions et propriétés ;
– des savoir-faire ;
– des problèmes que ces concepts permettent de résoudre.

B. Un exemple de concept de géométrie : la perpendicularité

Ce tableau n'est bien sûr pas exaustif.

Vocabulaire **Syntaxe** **Codage**	Les droites (d) et (d') sont perpendiculaires, (d) est perpendiculaire à (d'), (d) est la droite perpendiculaire à (d') qui passe par A. (d) ⊥ (d')
Définitions **Propriétés**	Deux droites (d) et (d') sont perpendiculaires signifie que (d) et (d') sont sécantes et définissent un angle droit (donc quatre !). Si deux droites sont perpendiculaires à une même autre droite alors elles sont parallèles.
Représentation graphique **Codage**	(d) (d') A
Savoir-faire	– Savoir tracer une droite perpendiculaire à une droite donnée passant par un point donné (en fonction des outils ou connaissances disponibles). – Savoir reconnaître si deux droites données sont perpendiculaires (idem).
Problèmes	– Construire, reproduire des dessins comportant des droites perpendiculaires. – Localiser un point, un objet. Par exemple dans un système d'axes perpendiculaires, le tracé de droites perpendiculaire est essentiel pour repérer des points. – Trouver le plus court chemin d'un point à une droite donnée.

C. Comment se construisent ces concepts ?

• La construction des concepts géométriques nécessitent de maîtriser des connaissances spatiales.

L'élève, dès son plus jeune âge, mobilise des connaissances qui lui permettent progressivement de maîtriser ses rapports usuels avec l'espace sensible, rapports qui sont contrôlés par la perception : elles concernent le repérage, les positions relatives d'objets, les parcours... Ces connaissances, essentielles pour la construction des concepts géométriques, sont appelées « **connaissances spatiales** ».

– En Petite Section de maternelle

L'élève commence à différencier des formes par la vue, le toucher, en particulier à travers des jeux[3] (jeux d'encastrement, puzzle, jeux de construction...). Ces formes sont présentées dans des positions différentes de façon à ce que l'élève commence à percevoir leur invariance. À travers ces activités, l'enseignant peut commencer à installer du vocabulaire : plat, arrondi, droit...

3. **Document d'accompagnement des programmes de 2002**, *Vers les mathématiques : quel travail en maternelle ?* Ces documents toujours d'actualité sont accessibles sur le site de TFM : http://www.uvp5.univ-paris5.fr/TFM/.

– En Moyenne Section

L'élève poursuit le travail amorcé l'année précédente avec des formes plus nombreuses : carrés, triangles, rectangles, ronds. Ce travail continue de se faire à travers des jeux : classement de formes, travaux de décoration, utilisation de gommettes... L'élève commence à associer un objet à certaines de ses représentations (photo par exemple).

– En Grande Section

L'élève commence à différencier les formes en référence à des propriétés qu'il énonce dans son langage : propriétés des bords (droit, courbe), présence de sommet (c'est pointu) ou non. Il est entraîné à reconnaître des formes dans des assemblages.

• Ce travail va permettre à l'élève de passer progressivement des connaissances spatiales à des connaissances géométriques.

Ces connaissances, comme on l'a vu, portent sur des **objets idéaux** mais ont des représentations dans l'environnement familier de l'enfant. Elles sont associées à des définitions et propriétés géométriques utilisées explicitement ou implicitement.

2 Représentations graphiques des concepts géométriques

2.1 Dessin géométrique et instruments géométriques

A. Dessin géométrique

• Objets et relations géométriques peuvent être représentés graphiquement.

On a vu que, selon le contexte ou le problème posé, une représentation graphique peut avoir des statuts différents (§ 1). Elle peut :

– évoquer un **objet physique** (par exemple, dans le problème de modélisation de l'activité 4 du chap. 5, une baguette de bois peut être représentée par un segment) ;

➤ Activité 4 du chap. 5, p. 74.

– représenter un **objet idéal** (par exemple, dans un problème de démonstration géométrique, le dessin de l'énoncé représente un objet géométrique idéal) ;

– être utilisée pour trouver les **propriétés** qui vont permettre de résoudre le problème, comme c'est le cas dans un problème de modélisation ;
– servir à établir les **étapes de construction d'un dessin** (par exemple, si on demande de construire un triangle rectangle ABC en A tel que AB = 3 cm et BC = 5 cm, il peut être utile de construire à main levée le triangle en plaçant les noms des sommets et les dimensions pour trouver les étapes de sa construction).

Réalisation d'un schéma

Lorsque la représentation graphique est tracée à main levée, on parle d'un **schéma**.

Dans le cadre de la résolution d'un problème de modélisation, la réalisation d'un schéma suppose de sélectionner les informations de la réalité qui doivent figurer sur le schéma. Cette sélection est fonction des liens que l'auteur veut établir entre cette réalité et des objets idéaux de la géométrie.

B. Instruments de géométrie

Un instrument est formé de trois composantes[4] :

– un **artéfact**, c'est-à-dire un objet matériel qui a été conçu dans un but déterminé ;
– une **technique d'utilisation** ;
– une **théorie sous-jacente** à l'usage de cet instrument.

4. P. Rabardel, *Les hommes et les technologies, approche cognitive des instruments contemporains*, A. Colin, 1995.

Exemple pour l'équerre

Artéfact	But	Technique	Théorie sous-jacente
Il y a plusieurs types d'artéfacts. Les plus courants à l'école sont des objets rigides pleins ou évidés qui sont : – soit des triangles rectangles avec des angles 30°/60° ou 45°/45° ; – soit des quarts de disque.	• **Tracer des droites perpendiculaires** à une droite donnée. • **Vérifier que deux droites sont parallèles** (avec, en plus, une règle plate). • **Tracer des angles droits** (souvent dont un côté est donné). • **Vérifier qu'un angle est droit.** • **Vérifier que deux droites sont perpendiculaires.**	• **Pour tracer une droite perpendiculaire à une droite donnée,** on place un côté de l'angle droit (ou du quart de disque) sur la droite, on trace un trait de l'autre côté de l'angle droit (ou du quart de disque), puis on prolonge ce trait. • ***Pour les autres buts,*** *on pourrait de même décrire la technique correspondante.*	• **Deux droites qui forment un angle droit sont perpendiculaires.** • **Deux droites perpendiculaires à une même droite sont parallèles.** ***Pour les autres buts,*** *on pourrait bien sûr citer d'autres références théoriques.*

Certains élèves rencontrent des difficultés à utiliser les instruments.

– **Des difficultés de psychomotricité fine** : par exemple, pour tracer un trait avec une règle, ils appuient trop fortement leur crayon sur la règle, ce qui entraîne un dérapage de la règle.

– **Des difficultés dues à la distance entre l'artéfact et le dessin à construire** : par exemple dans l'outil équerre, il n'y a aucune représentation des droites perpendiculaires. C'est pour cela que certains enseignants préfèrent, pour faire tracer des droites perpendiculaires à leurs élèves, utiliser une « **réquerre** » sur laquelle des représentations de droites perpendiculaires apparaissent :

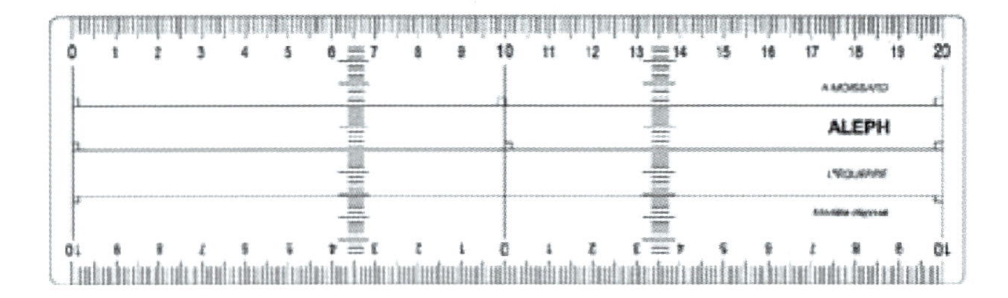

– **Des difficultés dues à des pratiques inhabituelles d'un outil** : par exemple, les élèves ne pensent pas à utiliser un compas pour reporter des distances[5].

5. Attention ! Certaines difficultés de tracé ne sont pas dues à l'usage d'un instrument, mais au fait que les élèves n'arrivent pas à mobiliser des images mentales anticipatrices des tracés qu'ils ont à exécuter.
➤ § 2.3 p. 357.

Les **savoir-faire associés aux concepts de géométrie** consistent principalement :
– à reconnaître les concepts à partir de leur représentation ;
– à tracer une de leur représentation.

2.2 Reconnaître un concept géométrique à partir d'une représentation

A. Analyse d'un problème

Avant de lire la suite, prenez le temps de chercher à résoudre vous-même cet exercice.

Problème 1

Parmi les quadrilatères ci-dessous, reconnaître ceux qui sont des carrés :
a. à vue d'œil.
b. avec des instruments.

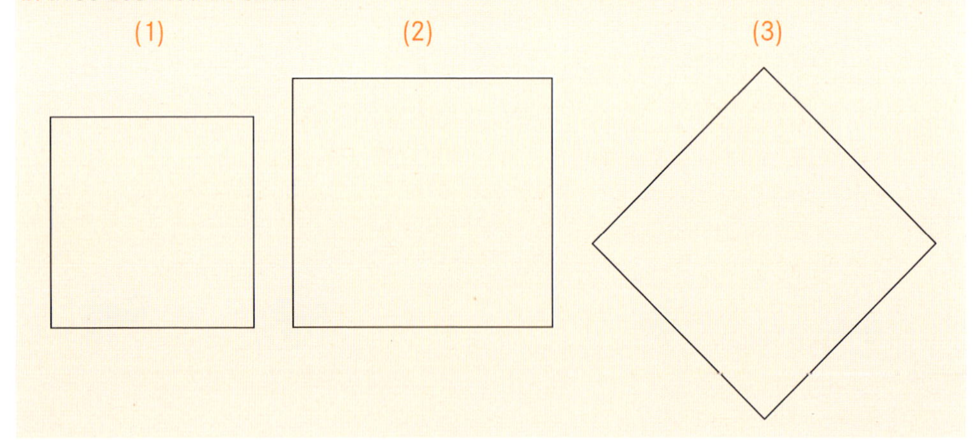

• À vue d'œil

On n'a pas trop de peine à reconnaître que la **figure (1)** représente un carré et que la **figure (2)** n'en est pas un. Par contre, pour la **figure (3)** on hésite. Certains tournent le livre ou la tête pour ramener un côté du quadrilatère « horizontalement ». Tout se passe comme si la reconnaissance consistait à comparer la figure avec un prototype que l'on a stocké en mémoire. Ce prototype a une position particulière certainement induite par l'expérience sociale et scolaire, ce qui oblige dans le cas où la position de la figure à reconnaître ne correspond pas à la position du prototype (que l'on appelle la **position prototypique**) à tourner le livre ou tourner la tête. On parlera d'une **reconnaissance globale**.

Certains procèdent autrement : **à vue d'œil**, ils cherchent à savoir si le quadrilatère a quatre angles droits et quatre côtés de même longueur, ou plus simplement quatre côtés de même longueur et un angle droit, ou encore trois angles droits et deux côtés consécutifs de même longueur. Bref, ils essaient de reconnaître ce carré non en référence à un prototype, mais en référence à des **propriétés caractéristiques du carré**. On parlera d'une **reconnaissance analytique.**

➤ **Propriétés de géométrie,** tome 1, p. 477 et 478.

- **Avec les instruments**

A l'école primaire, les instruments sont utilisés pour la reconnaissance analytique : Ce quadrilatère a-t-il les propriétés caractéristiques du carré ? Mais quelles propriétés choisir ? Est-ce nécessaire de vérifier qu'il a quatre angles droits et quatre côtés de même longueur ?

Ce sont les connaissances des **propriétés du carré** qui nous permettent de conclure.

B. Variables didactiques et difficultés dans la reconnaissance d'une figure

- **Variables didactiques :**

– **la présence ou non d'instruments** : on en a vu les conséquences au niveau des procédures, dans le problème 1 ci-dessus ;

– **le fait que la figure à reconnaître soit isolée ou non** : si elle n'est pas isolée (reconnaissance dans une figure complexe), la reconnaissance est rendue plus difficile dans la mesure où l'élève doit isoler la figure pour la reconnaître ;

– **le fait que la figure à reconnaître soit en position prototypique ou non.**

- **Erreurs et difficultés :**

– l'élève ne dispose pas d'**images mentales** des figures qu'il doit reconnaître ;

– il ne reconnaît les figures que lorsqu'elles sont en **position prototypique** ;

– il ne contrôle pas toutes les **propriétés** et a des difficultés à utiliser certains instruments dans le cadre d'une reconnaissance instrumentée ;

– il rencontre des difficultés pour **isoler une figure**, surtout si cette figure n'est pas en position prototypique ;

– il peut avoir des difficultés dues à une **mauvaise connaissance du vocabulaire** (terme inconnu ou confondu avec un autre) ;

– il peut faire des erreurs parce qu'il y a **confusion** entre les objets de la géométrie et leur représentation.

➤ Pour cette dernière difficulté, voir **Entrainement 1**, page suivante.

À l'école, on distingue deux types de reconnaissance :

– la **reconnaissance à vue d'œil,** dite aussi **perceptive**, qui peut être soit globale, soit analytique ;

– la **reconnaissance instrumentée** qui, comme son nom l'indique, fait appel à des instruments mais également à des propriétés.

ENTRAINEMENT 1

Corrigé p. 378

Ces deux exercices sont proposés à des élèves :

Exercice 1

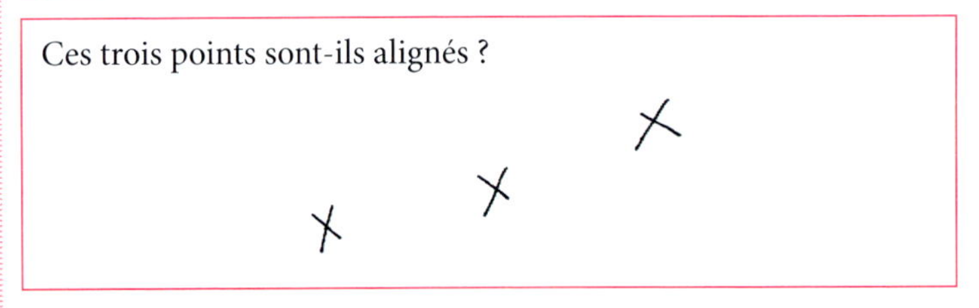

Ces trois points sont-ils alignés ?

Réponse : Des élèves répondent « oui » après avoir tracé la droite ci-dessous.

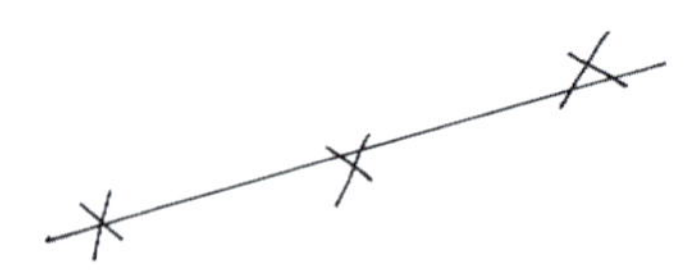

Exercice 2

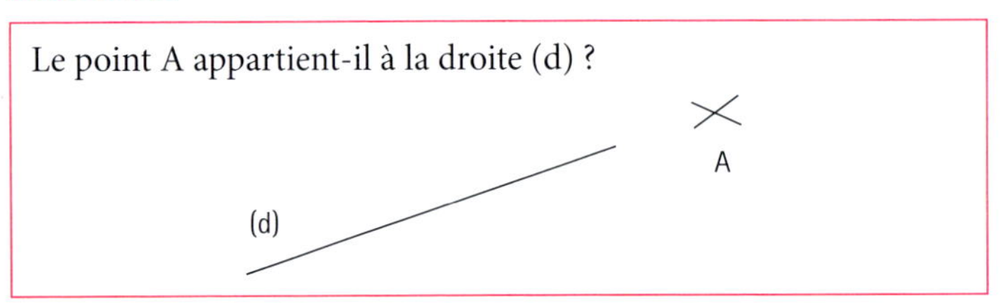

Le point A appartient-il à la droite (d) ?
A
(d)

Réponse d'un élève : Non.

Emettre des hypothèses sur l'origine de leurs erreurs.

ENTRAINEMENT 2

Corrigé p. 378

Indiquer trois difficultés que les élèves pourraient rencontrer dans la réalisation de cet exercice :

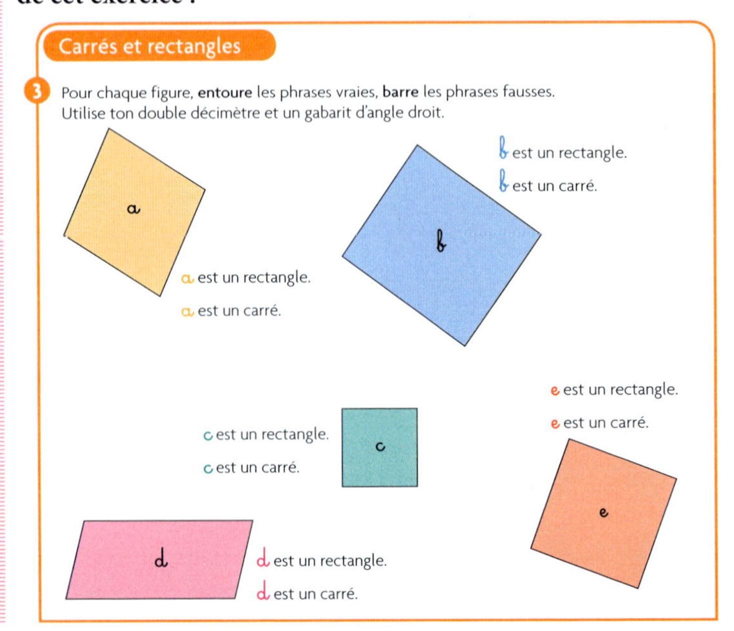

Source :
CAP Maths CE1, Hatier, 2009.

2.3 Construire la représentation d'un concept géométrique

A. Analyse d'un problème

Problème 2

Reproduire sur une feuille les points A, B et C comme ci-dessous.
Tracer le parallélogramme ABCD.

A × B ×

× C

Avant de lire la suite, prenez à nouveau le temps de répondre à cette question.

Beaucoup construisent une figure analogue à la figure ci-contre.
C'est faux ! Mais si... Vérifiez !
Pour tracer le point D vous avez dû, dans un premier temps, anticiper sa position, puis mettre en œuvre une des méthodes utilisant les propriétés du parallélogramme. C'est parce que vous avez imaginé le point D à la droite de C qu'avec les instruments vous l'avez construit ainsi.

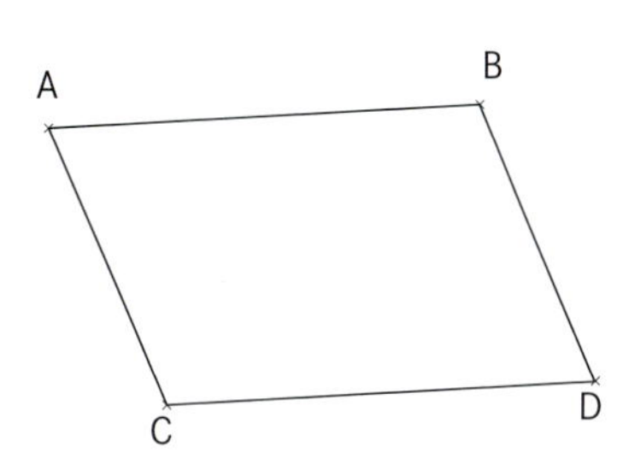

La figure prototypique que l'on a stockée en mémoire à long terme induit cette position.
La figure correcte est celle-ci :

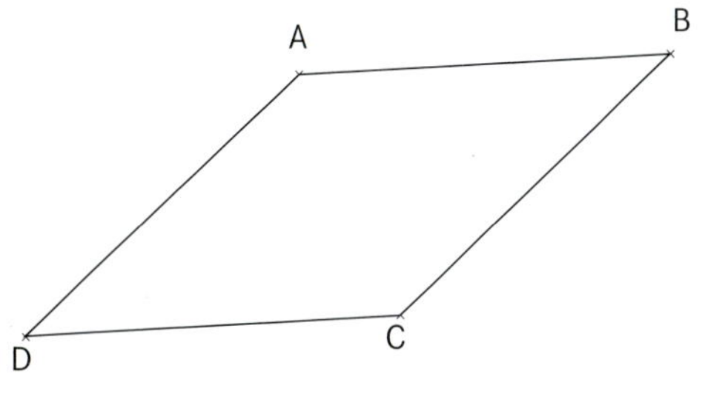

L'activité de construction passe par une **anticipation mentale du produit fini** (on parle d'image mentale anticipatrice), puis par l'**élaboration d'une procédure de tracé** s'appuyant sur des propriétés de géométrie explicites ou implicites avant de passer à l'**exécution du tracé.**

B. Variables didactiques et difficultés dans la construction d'une figure de base[6]

- **Variables didactiques :**

– le fait d'avoir une **figure à compléter** ou **à construire** totalement ;
– le fait que le début de la construction soit en **position prototypique** ou non, dans le cas d'une figure à compléter ;
– la **nature de la figure à construire** : par exemple, l'élève aura plus de facilités à construire un rectangle qu'un losange.

6. Ne sont envisagées ici que les constructions de représentation de concept (ce qu'on appellera par la suite des **figures de base** ou figures élémentaires). D'autres types de construction sont présentés dans les problèmes de géométrie ➤ § 3.1 p. 359.

- **Difficultés et erreurs :**

– l'élève n'arrive pas à **mobiliser d'images mentales** anticipatrices du dessin qu'il doit construire, surtout s'il doit compléter un début de figure qui n'est pas en position prototypique. C'est par exemple le cas du tracé d'un rectangle dont un côté est tracé en position « oblique » ;

– il rencontre des difficultés pour **utiliser les instruments** ;

– il rencontre des difficultés au niveau du **vocabulaire** (terme inconnu ou confusion entre les termes, par exemple confusion entre parallèles et perpendiculaires) ;

– il peut faire des erreurs à cause de la **confusion** qu'il fait entre les objets de la géométrie, leur représentation et la façon de les nommer.

➤ Pour cette difficulté, voir **Entrainement 3** ci-dessous.

- **Plusieurs situations peuvent aider les élèves à se construire des images mentales :**

– la **manipulation d'objets géométriques**, à condition que cette manipulation soit problématisée (on manipule pour classer, pour faire rentrer des objets dans une boîte à trous…) ;

le **tracé à main levée des objets géométriques** permet à l'élève de se libérer de l'usage des instruments géométriques et donc nécessite la mobilisation d'image mentale.

ENTRAINEMENT 3

Corrigé p. 379

Pour chacune des erreurs, essayez de faire des hypothèses sur les procédures mises en place par ces deux élèves. Quelles sont les origines possibles de ces procédures ?

Tracer la droite perpendiculaire à la droite (d) qui passe par A.

Réponse 1 :

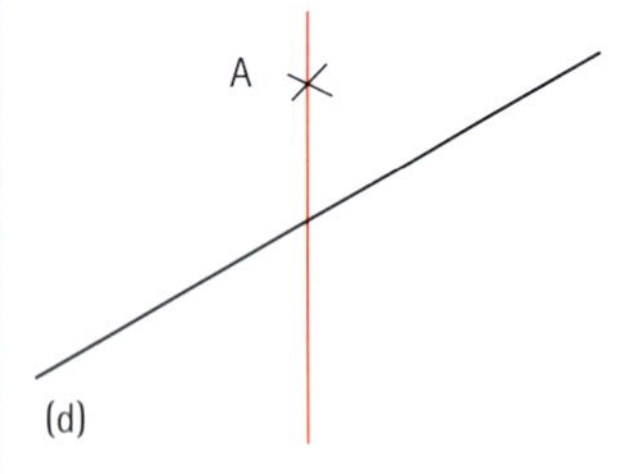

Réponse 2 :

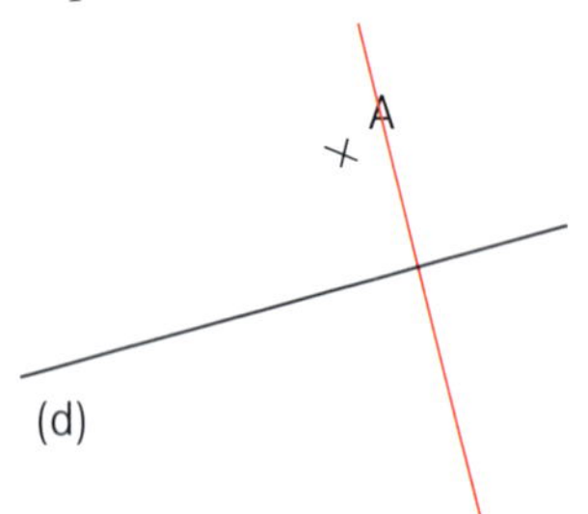

3 Problèmes de géométrie à l'école primaire

À l'école primaire, on identifie **quatre types de problèmes en géométrie** : les problèmes de **construction**, de **reproduction** (à l'échelle 1 ou d'agrandissement et de réduction), de **description** et de **localisation**[7].

Nous allons caractériser ici les trois premiers problèmes. Pour chacun d'eux, nous préciserons les procédures que les élèves peuvent utiliser, les principales variables didactiques associées à ces procédures et les principales erreurs et difficultés que les élèves peuvent rencontrer.

7. Les problèmes de localisation seront traités dans le chapitre suivant.

3. 1 Problèmes de construction d'une figure

A. Construire une figure à partir d'un texte ou d'un schéma

Il s'agit de construire une figure à partir d'un **cahier des charges** qui peut être présenté sous la forme d'un texte (description de la figure achevée ou programme de construction) ou d'un schéma.

• À partir d'un texte

Nous n'aborderons pas ici le cas où le texte est un programme de tracé du type « Trace un segment [AB], place le point I milieu de [AB], trace la perpendiculaire à (AB) passant par I ». En effet, dans ce cas, on est très proche de la tâche de construction de figures de base.

Problème 3

Tracer un triangle ABC rectangle en A tel que AB = 3 cm et BC = 6 cm.

Cette tâche est un **problème** si l'élève ne dispose pas d'une procédure de tracé immédiate et s'il est donc obligé d'en imaginer une. C'est le cas s'il n'a pas eu un entraînement systématique à ce type d'activité.

➤ **Définition de ce qu'est un problème,** chap 5, p. 73.

Pour réaliser ce dessin on doit **imaginer le dessin construit** ou bien **effectuer un schéma** représentant le triangle rectangle comme le schéma ci-dessous.

Sur ce schéma, on fait figurer l'angle droit et les deux dimensions données, cela permet d'établir le programme de tracé :

– On commence par tracer le segment [AB].

– On trace la perpendiculaire à (AB) qui passe par A.

– On place le point C. Pour cela l'élève peut procéder par tâtonnement ou en traçant le cercle de centre B et de rayon 6 cm.

Le recours au tracé du cercle, qui est obligatoire au collège, peut commencer à être mise en place à l'école primaire.

• À partir d'un schéma

Problème 4

Tracer avec précision la figure dont voici un schéma :

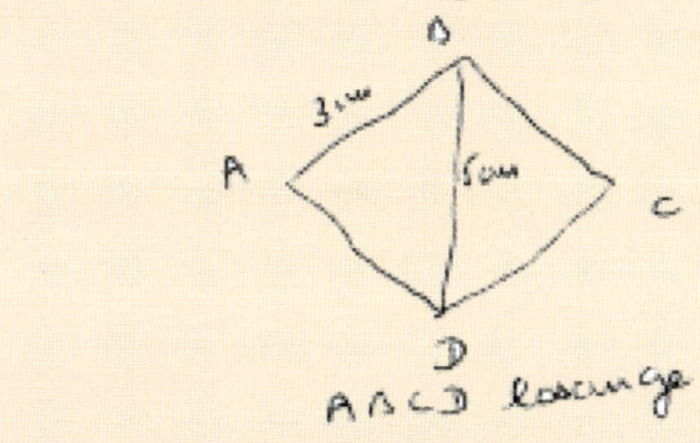

C'est grâce à la connaissance des propriétés des côtés d'un losange qu'on peu trouver la procédure de tracé.

B. Variables didactiques et difficultés dans la construction d'une figure

• Variables didactiques :

– **Le type de support** : papier blanc ou quadrillé. Il va de soi que sur papier quadrillé les constructions sont plus simples à réaliser.[8] Par exemple, pour la construction du losange précédent, le papier quadrillé simplifie considérablement le tracé des diagonales (si on trace la diagonale sur les lignes du quadrillage !).

8. On suppose, bien sûr, que les tracés s'appuient sur les points et/ou les lignes du quadrillage.

– **Les instruments dont disposent les élèves** ont une incidence directe sur les procédures des élèves.

– **La spécificité des dessins à réaliser**, en particulier le nombre d'étapes de la procédure de construction, la familiarité que l'élève a avec la figure.

– **La taille de l'espace dans laquelle la figure est à réaliser** : le fait d'avoir à réaliser le dessin d'un carré de côté 6 mètres a évidemment une influence sur les procédures des élèves et leurs erreurs.

LES TROIS TYPES D'ESPACES que distinguent les didacticiens :
- le **micro-espace**, c'est celui de la feuille de papier par exemple ;
- le **meso-espace**, c'est celui de la salle de classe ou cour de récréation pa exemple ;
- le **macro-espace**, c'est celui du quartier par exemple.

La caractérisation de ces trois types d'espace est faite de façon plus détaillée au chapitre 15.

• Difficultés et erreurs :

Il faut de plus ajouter les difficu tés listées pour la construction de l représentation d' concept (cf. § 2).

– L'élève ne connaît pas les **propriétés** nécessaires pour trouver la procédure de tracé.

– Si un **schéma** est nécessaire (c'est souvent le cas pour les constructions à partir d'une description), l'élève ne s'autorise pas à le dessiner car il pense qu'il faut immédiatement faire une figure précise.

– S'il s'autorise à faire un **schéma**, il peut rencontrer des difficultés pour le réaliser car il essaie de représenter avec précision les objets à tracer.

– Dans le cas d'un cahier des charges communiqué à l'aide d'un **schéma**, l'élève a de la difficulté à lire le schéma.

ENTRAINEMENT 4

Corrigé p. 379

Analyser l'erreur ci-dessous :

Tracer un rectangle ABCD. Tracer ensuite le segment [AC].

Réponse :

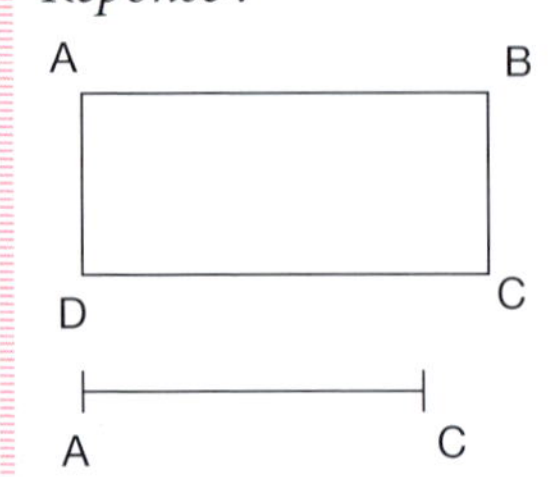

ENTRAINEMENT 5

Corrigé p. 379

Voici le tracé effectué par un élève en réponse à un exercice d'une évaluation de Sixième en mathématiques.

Relever deux erreurs et les interpréter.

Exercice 16

1. Trace la droite qui passe par les points A et C.
2. Trace la droite qui passe par C et qui est perpendiculaire à la droite *d*.
3. Trace la droite qui passe par B et qui est parallèle à la droite *d*.
4. Trace le cercle de centre B passant par A.
5. Trace le cercle de diamètre [AC].

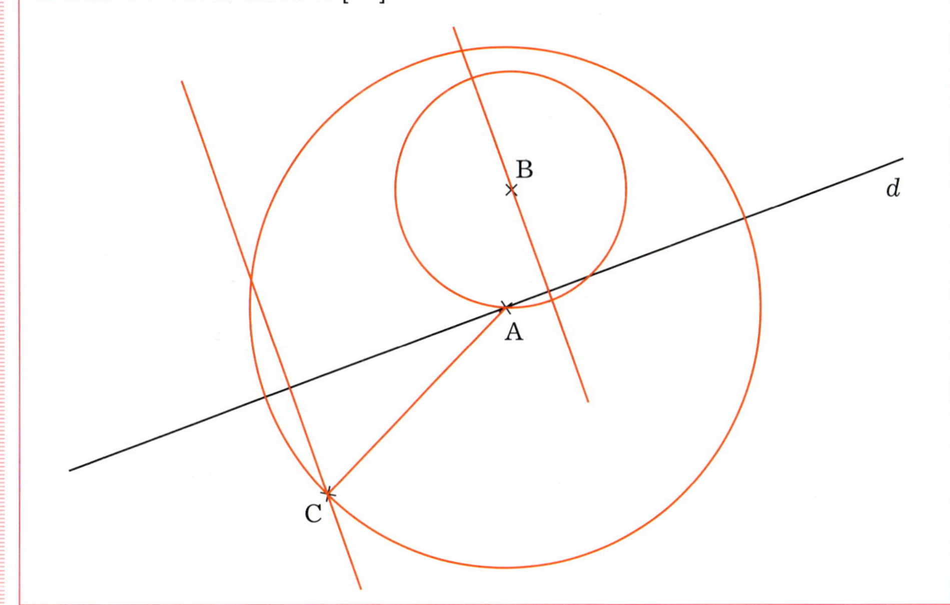

Sur la figure, la droite (*d*) était tracée et les points A, B, et C placés dans l'énoncé. Les tracés par l'élève sont en rouge.

3.2 Problèmes de reproduction d'une figure à l'échelle 1

L'élève doit réaliser une copie d'un objet. Il peut s'agir d'un dessin, d'un solide[9], d'un objet familier de l'élève (rectangle, carré, cercle…) ou d'un objet plus complexe (association de figures…). Différents outils et matériaux peuvent être mis à sa disposition (calques, cartons, papiers blancs ou quadrillés, instruments de dessin…).

La validation de la reproduction peut se faire par **superposition avec le modèle**. Dans ce cas, il est souvent nécessaire de préciser le degré de conformité souhaité.

9. Ce qui est écrit dans le cadre d'activités de géométrie plane est aussi valable dans le cadre de la géométrie dans l'espace.

A. Deux cas selon le degré de complexité à mettre en œuvre

• Reproduction d'une figure complexe du plan

Pour présenter les compétences à mettre en œuvre pour reproduire une figure, nous nous appuierons sur l'exemple ci-dessous :

Problème 5

Reproduire ce dessin sur du papier blanc :

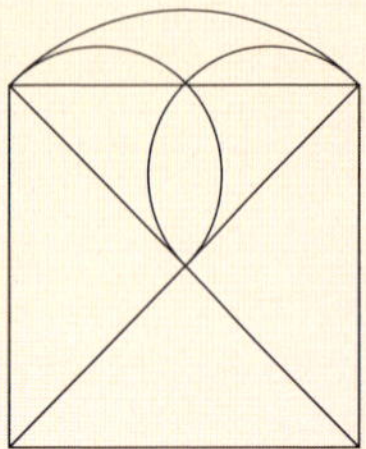

Avant de lire la suite, prenez le temps d'effectuer la tâche proposée.

La reproduction d'une figure complexe sur du papier blanc avec des instruments classiques peut nécessiter de passer par les **étapes suivantes** :

Pour certaines figures, il y a plusieurs façons de la décomposer en figures de base.

1) **Repérer dans la figure des objets ou relations élémentaires de la géométrie (figures de base)** : des droites, des segments, des milieux, des triangles, des cercles, des droites parallèles, perpendiculaires.

Problème 5 : On repère un carré, des segments, des quarts de cercle et un demi-cercle.

2) **Repérer les liens entre ces différentes figures de base.**

Problème 5 : On constate que les segments sont les diagonales du carré, que le centre du quart de cercle est le centre du carré, que ce quart de cercle passe par un sommet du carré et que les deux demi-cercles ont pour diamètre des demi-diagonales.

3) **Définir une chronologie pour l'exécution des différents tracés.**

Il y a souvent plusieurs chronologies possibles.

Problème 5 : On peut commencer par tracer le carré et ces deux diagonales, puis le quart de cercle, et enfin placer les milieux des demi-diagonales pour tracer les deux demi-cercles.

4) **Exécuter ces différents tracés.**

Les trois premières étapes constituent l'« **analyse de la figure** ». Dans certains cas simples, l'élève peut se dispenser des deux premières étapes et construire la figure de proche en proche, segment par segment. Cela suppose que la figure ne soit constituée que de segments et de pouvoir mesurer les angles formés par deux segments consécutifs (ou prendre leur gabarit). Sinon, la tâche devient rapidement complexe.

- **Reproduction sur papier quadrillé**

Il est possible de construire la figure de proche en proche en positionnant les différents points caractéristiques de la figure (par exemple les sommets dans un polygone) les uns par rapport aux autres.

B. Variables didactiques et difficultés dans la reproduction d'une figure à l'échelle 1

- **Variables didactiques :**

– **le support de la reproduction** : papier blanc ou quadrillé ;

– **les figures de base** : sont-elles isolées ou à isoler ? sont-elles en position prototypique ou non ? ;

– **les liens entre les différentes figures de base** : sont-ils visibles ou à construire ? ;
– **la chronologie de construction** : a-t-elle de l'importance ou non ?

• Difficultés et erreurs :

On se place dans le cas où l'élève passe par l'analyse de la figure. Pour chacune des étapes déjà énumérées, il peut rencontrer des difficultés ou faire des erreurs.

Problème 6

Reproduire cette figure :

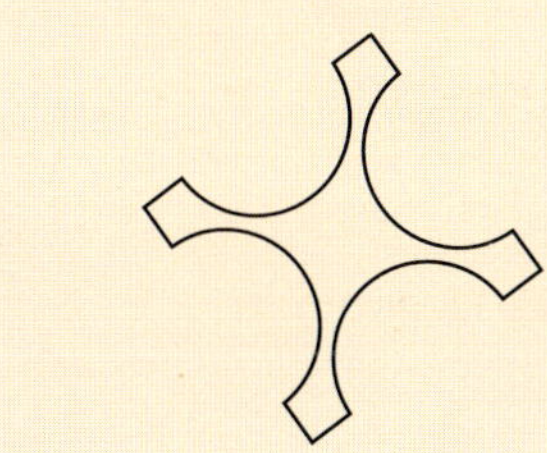

– Difficulté à repérer des figures et des propriétés de base dans une figure complexe

On retrouve ici les difficultés identifiées dans les tâches de reconnaissance (cf. § 2.2), avec une difficulté spécifique lorsque la reconnaissance passe par l'identification de sur-figures. À l'origine de cette difficulté, on retrouve le fait que, pour l'élève, une figure est un objet matériel du micro-espace, c'est-à-dire un objet qu'on ne peut modifier au risque de le dénaturer ou de le détruire.

Problème 6 : Pour reproduire la figure, il faut passer par la sur-figure qui est un carré.

– Difficulté à identifier les liens entre les figures de base

Cette difficulté est particulièrement importante lorsque des liens sont à établir. Comme pour la création d'une sur-figure, l'élève peut s'interdire d'effectuer des tracés supplémentaires sur la figure qu'il a à reproduire.

➤ Pour cette difficulté, voir **Entraînement 6** page suivante.

– Difficulté à établir une chronologie des tracés

Pour certaines figures, établir une chronologie est sans importance (c'est-à-dire qu'on peut effectuer les tracés dans l'ordre que l'on veut), mais ce n'est évidemment pas toujours le cas. L'établissement de cette chronologie suppose de construire mentalement au moins une partie de la figure (opération délicate).

Problème 6 : Pour reproduire la figure, il faut tracer le carré et ses diagonales avant de tracer les arcs de cercle.

– Difficulté à exécuter des tracés géométriques

On retrouve ici les difficultés rencontrées dans les tâches de construction.

Si l'élève doit reproduire une figure sur du **papier quadrillé** (la figure d'origine est elle-même sur du papier quadrillé), les difficultés se situent principalement au niveau du repérage relatif des différents sommets de la figure à reproduire et en particulier au niveau du dénombrement des carreaux pour positionner les points, les uns par rapport aux autres.

➤ **Difficultés dans la construction d'une figure**, § 3.1 p. 359.

ENTRAINEMENT 6

Analyser la production de cet élève.

Corrigé p. 380

Reproduire la figure ci-dessous :

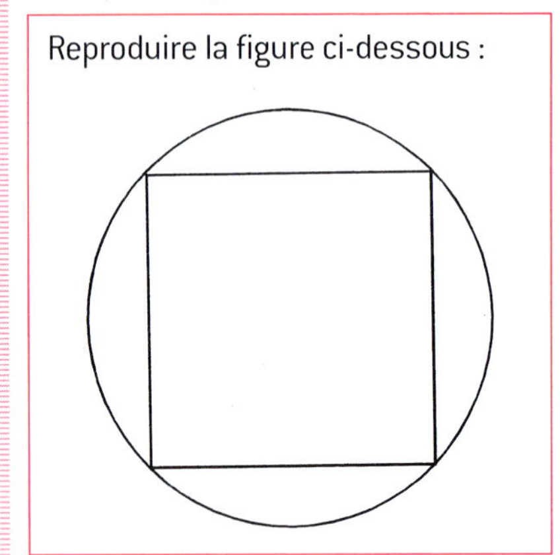

Réponse :

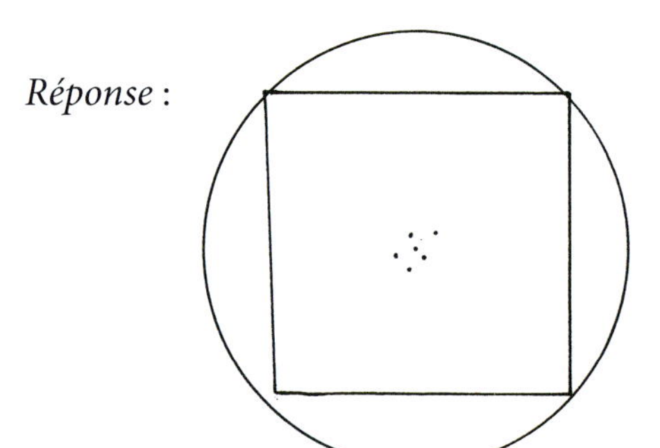

3.3 Problèmes de reproduction d'une figure avec agrandissement ou réduction[10]

10. La notion d'agrandissement a été abordée du point de vue numérique au chapitre 12. Nous l'abordons ici du point de vue géométrique.

A. Méthodes pour agrandir ou réduire une figure

Problème 7

Avant de lire la suite, prenez le temps d'effectuer la tâche proposée.

Un enseignant donne à ces élèves de CM2 ces deux figures :

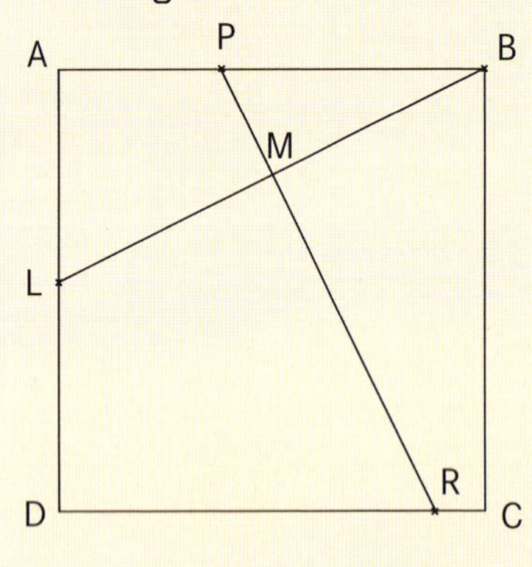

Il donne la consigne suivante : « *La figure que vous avez sous les yeux a été agrandie avec une photocopieuse* » (L'enseignant avait au préalable montré qu'une photocopieuse peut faire des copies identiques mais aussi, si on le souhaite, des agrandissements et des réductions.)

Il montre alors aux élèves, sans le leur distribuer, un agrandissement de la figure qui leur a été donnée. Il continue : « *De cet agrandissement, j'en ai effacé une partie, il ne reste plus que le carré. Je vous le distribue. Il va falloir compléter cette figure pour obtenir un agrandissement de la figure donnée au départ.* »

Les élèves disposent seulement d'une règle graduée, d'une équerre, d'un compas.

Pour agrandir/ réduire une figure géométrique il y a **deux méthodes**, accessibles à des élèves d'école primaire[11] :

- **1re méthode**

Utiliser la **proportionnalité** et le fait que la mesure des angles entre la figure de départ et son agrandissement ne changent pas.

- **2e méthode**

Utiliser une **méthode géométrique** qui s'appuie sur les propriétés de conservation de l'alignement, des angles (et entre autres des angles droits), du parallélisme, de l'égalité des longueurs, du milieu d'un segment. Cela suppose qu'on donne la figure et un début d'agrandissement.

> Problème 7 : Les élèves ne peuvent pas utiliser une procédure numérique car le coefficient d'agrandissement 5,5/4 est trop complexe. Ils doivent donc utiliser des propriétés géométriques. Pour cela, ils doivent identifier que L est le milieu de [AD], que M est le milieu de [BL], que (PR) est la perpendiculaire à (BL) qui passe par M, que P est un point de [AB] et R est un point de [DC]. Ils peuvent ensuite utiliser en acte les propriétés de conservation énoncées ci-dessus.

11. Par la suite on ne parlera que d'agrandissement, mais ce qui est écrit sur l'agrandissement est valable pour les réductions.

➤ **Propriétés de géométrie,** tome 1 p. 396.

B. Variables didactiques et difficultés dans une situation d'agrandissement

- **Variables didactiques :**

– **La nature du coefficient d'agrandissement** : si ce coefficient est entier ou un nombre décimal « simple », alors la 1re méthode peut être utilisée (à condition bien sûr de disposer d'une règle graduée).

– **Les relations entre les différentes mesures de la figure à agrandir** : si ces relations sont simples, par exemple si chaque mesure est un multiple d'une des dimensions, alors la 1re méthode peut être utilisée. En effet il est facile d'appliquer la propriété multiplicative de la linéarité pour construire la figure agrandie (même si le coefficient de proportionnalité est complexe).

– **La possibilité de disposer d'une règle graduée** : si on ne dispose pas de règle graduée, alors la 1re méthode est impossible à mettre en place.

– **La présence de relations géométriques dans la figure** (présence d'alignement, de milieu) qui permettent d'utiliser les propriétés de conservation de l'agrandissement/ réduction.

On se place dans le cas où la figure à agrandir et un début d'agrandissement de cette figure sont donnés.

- **Difficultés et erreurs :**

– **L'élève ne voit pas les relations entre les différents éléments de la figure,** en particulier parce que certaines relations ne sont pas représentées (par exemple des points alignés ne sont pas joints par une droite).

> Problème 7 : Les élèves peuvent avoir de la difficulté à identifier la perpendicularité entre (PR) et (BL) car ces deux droites ne sont pas en position prototypique ; ils peuvent aussi avoir des difficultés à identifier les milieux.

– **L'élève est tenté d'utiliser le modèle additif**, c'est-à-dire qu'il calcule la différence entre une dimension de la figure agrandie et la dimension correspondante de la figure

➤ **Modèle additif,** chap. 12 p. 302-303.

de départ, puis il ajoute cette différence à certaines dimensions de la figure initiale pour trouver les dimensions de la figure agrandie.

Problème 7 : Les élèves peuvent par exemple ajouter 1,5 cm (5,5 – 4) à AP, AL, BM.

– **L'élève peut placer approximativement certains points qui manquent** alors que d'autres sont placés correctement.

Problème 7 : Les élèves peuvent placer correctement l'image de P et L, mais approximativement celle de R.

C. Validation

Contrairement aux situations de reproduction à l'échelle 1, une difficulté de mise en œuvre des situations d'agrandissement réside dans la mise en place d'un dispositif pour valider ou invalider la figure obtenue par les élèves à partir du modèle. On a recours généralement à un transparent ou un calque de la figure agrandie réalisée par l'enseignant.

Il est à noter que, dans l'activité « puzzle », la validation de l'agrandissement consiste à reconstituer le puzzle, chap. 2 p. 37.

3.4 Problèmes de description d'une figure

A. Deux cas selon le but visé et le destinataire

La description d'une figure dépend du but visé et de son destinataire. L'élève peut avoir besoin de décrire une figure pour un de ses camarades afin qu'il puisse l'identifier parmi un ensemble de figures données ou bien pour qu'il puisse la reproduire (ou simplement se la représenter). Décrire une figure peut aussi signifier énoncer des caractéristiques (propriétés) de cette figure (elle est formée d'un carré et au-dessus il y a un triangle). On centrera notre analyse sur les deux premiers cas.

• Description d'une figure pour faciliter son identification parmi d'autres figures

Les critères utilisés sont fonction de la figure à identifier, mais aussi des caractéristiques des autres figures.

Problème 8

Avant de lire la suite, prenez le temps d'effectuer la tâche proposée.

Les élèves n'ont que les figures sans la lettre A.

Choisir une figure et la décrire pour que les autres élèves puissent l'identifier parmi les autres figures.

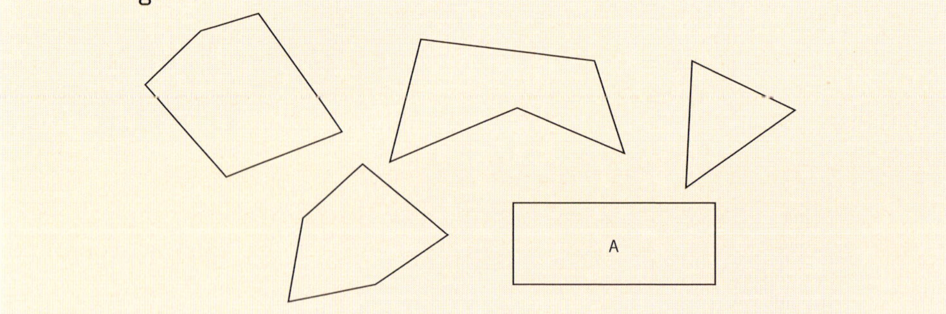

Si un élève doit décrire la figure A pour qu'un camarade l'identifie parmi les autres figures, il suffit qu'il donne le nombre de sommets de la figure ou qu'il dise qu'il s'agit d'un rectangle. Cette méthode ne sera évidemment pas valable si les figures sont toutes des quadrilatères ou des rectangles.

Description d'une figure pour qu'un destinataire puisse se la représenter ou la reproduire

Il y a **deux étapes** :

1) **Analyser la figure.**

Comme pour la reproduction, il faut repérer les figures de base qui la composent, déterminer les liens entre ces différentes figures, ensuite définir une chronologie des tracés.

2) **Communiquer les différentes étapes de construction.**

Pour cela, l'élève doit utiliser un vocabulaire qui permette à l'interlocuteur de réussir le tracé. Ce vocabulaire n'est pas forcément le vocabulaire mathématique : on constate souvent en effet que les élèves arrivent parfaitement à se comprendre en utilisant un vocabulaire plus proche de la langue naturelle que de la « langue mathématique ». L'élève doit se mettre à la place du récepteur du message. Le codage des points de la figure facilite cette description.

B. Variables didactiques et difficultés dans la description d'une figure

Variables didactiques :

Ce sont les mêmes que les variables énoncées pour la reproduction de figures.

➤ **Variables didactiques et difficultés dans la description d'une figure à l'échelle 1**, p. 362.

Difficultés et erreurs :

En plus des difficultés déjà citées dans les tâches de reproduction, peuvent apparaître des difficultés liées à la communication des instructions. Elles peuvent se situer à plusieurs niveaux :

– **Au niveau du vocabulaire** : L'élève ne connaît pas certains mots mathématiques, ce qui l'oblige à des paraphrases longues et imprécises. Il confond certains mots (par exemple « perpendiculaire » et « parallèle ») et il utilise certains mots mathématiques avec leur sens courant (par exemple il parle du « milieu » d'un cercle) ou utilise certains mots du langage courant qui n'ont pas de sens en mathématiques (« rond », « trait »...). Mais attention, dans les tâches de communication, l'élève peut volontairement ne pas utiliser un langage mathématique pour avoir plus de chance d'être compris par le récepteur.

– **Au niveau de la connaissance des propriétés qui caractérisent les figures de base des objets à décrire :** Si l'élève ne connaît pas ces propriétés, il ne pourra pas décrire correctement ces figures. Par exemple, comment décrire la réalisation d'un carré si je ne connais pas ses propriétés ?

– **Au niveau de l'effort de décentration qu'oblige toute description : il faut se mettre à la place de l'autre.** Cette difficulté entraîne la présence d'implicite dans les descriptions. Par exemple, l'élève parlera de la perpendiculaire à une droite sans préciser par quel point elle passe.

– **Au niveau de la nomination de certains points de la figure, qui au départ ne sont pas codées :** Dans certaines figures, cette nomination est quasi indispensable, mais beaucoup d'élèves s'interdisent de donner un nom aux points car ils pensent qu'ils n'ont pas le droit de transformer un dessin proposé par le maître.

– **Au niveau du sens que l'élève donne à l'activité de description qui lui est proposée :**

S'agit-il d'être compris de son interlocuteur ? Dans ce cas, l'élève aura tendance à utiliser un vocabulaire adapté au récepteur du message mais qui ne respectera peut-être pas les critères du vocabulaire mathématique, éventuellement il accompagnera sa description d'un dessin.

S'agit-il de montrer (au maître) ce qu'il sait, sans se soucier d'être compris par l'interlocuteur ? Dans ce cas l'élève peut se contenter de lister les figures de base qu'il perçoit sans préciser les liens entre ces figures et la chronologie des tracés. Cela peut correspondre à l'attente de l'enseignant.

ENTRAINEMENT 7

Corrigé p. 381

Voici un énoncé :

Complète le texte ci-dessous qui doit permettre de reproduire la figure tracée :

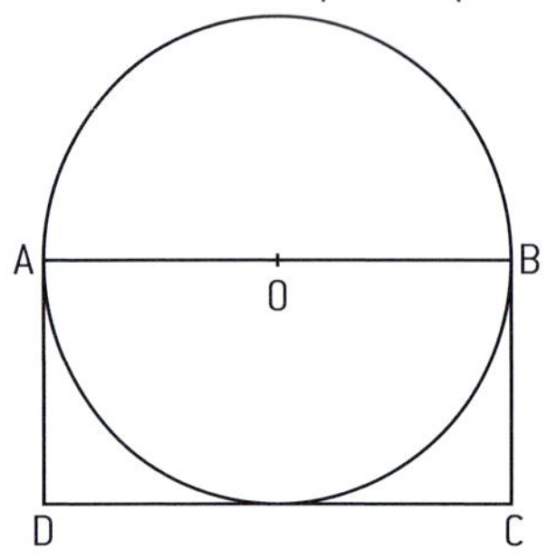

Trace un rectangle ABCD de longueur 8 cm et de largeur 4 cm.

....

....

Identifier les compétences nécessaires pour répondre à cette question.

Imaginer les difficultés que les élèves peuvent rencontrer et les erreurs qu'ils peuvent faire pour répondre à la question posée.

4 Symétrie axiale

La symétrie axiale est très familière aux élèves : elle est présente dans beaucoup d'« objets », à commencer par leur propre corps ; dès l'école maternelle, les enfants sont entraînés à construire des figures symétriques. Mais cette transformation peut aussi être source de difficultés.

Dans l'optique de l'école primaire, nous nous intéresserons à deux types de problèmes :

– repérer et tracer des axes de symétrie d'une figure ;

– tracer le symétrique d'une figure par rapport à un axe à main levée, avec un papier calque ou sur du papier quadrillé.

Pour chacune de ces tâches, nous allons préciser les compétences que les élèves doivent acquérir, les variables didactiques associées et les principales difficultés qu'ils peuvent rencontrer. Pour cela, nous nous appuierons sur les travaux de recherche de Denise Grenier[12].

12. D. Grenier, *Construction et étude du fonctionnement d'un processus d'enseignement sur la symétrie orthogonale en sixième*, Université de Grenoble, 1988.

4.1 Recherche d'un axe de symétrie

A. Procédures possibles

Plusieurs stratégies sont possibles pour déterminer le(ou les) axes de symétrie d'une figure. Dans tous les cas, il faut tout d'abord conjecturer l'existence d'un axe, pour ensuite vérifier si cette conjecture est valide.

- **Pour conjecturer l'existence d'un axe**, on repère :

– soit une sous-figure qui admet un axe de symétrie ; ce dernier est alors naturellement candidat à être un axe de symétrie de la figure complète ;

– soit des éléments de la figure qui semblent symétriques (segments de même longueur, angles de même mesure...) et on cherche à préciser leur axe de symétrie.

- **Pour vérifier ensuite que l'axe conjecturé est bien un axe de symétrie de la figure**, on peut :

– soit tracer mentalement, voire réellement dans certains cas, le symétrique de la figure (éventuellement on peut se contenter de points clés) et repérer si le symétrique obtenu fait partie de la figure ;

– soit effectuer mentalement le pliage et vérifier que les deux parties de la figure situées dans les demi-plans définis par la droite se superposent.

B. Difficultés rencontrées par les élèves

- **Certains élèves n'arrivent pas à mobiliser des images mentales de pliage ou de construction de symétrique.**

Dans le cas du pliage, il y a une difficulté supplémentaire, dans la mesure où les élèves doivent déplacer une image mentale ne se situant pas dans le plan.

- **Beaucoup d'élèves s'appuient sur le théorème-élève suivant :** *Un axe de symétrie d'une figure passe par le « milieu » de cette figure.*

Mais attention, le mot « milieu » utilisé par les élèves a plusieurs sens, il peut s'agir :

– du milieu d'un segment ;

– du centre d'un cercle, d'un parallélogramme ;

– d'une droite qui partage la figure en deux figures superposables.

Pour les élèves, le « milieu » est le point d'équilibre ou une ligne d'équilibre.

Complétant ce théorème-élève, beaucoup d'élèves pensent que l'axe de symétrie doit partager la figure en deux parties superposables.

EXEMPLE :

Beaucoup d'élèves considèrent que la figure ci-contre a un axe de symétrie (la droite tracée en pointillés).

- **Les élèves privilégient les axes de symétrie verticaux ou horizontaux.**

C'est dû au fait qu'ils sont souvent confrontés à ce type d'axes dans leur contexte social et scolaire. Ceci a plusieurs conséquences :

– **Si une figure présente plusieurs axes de symétrie,** les élèves ne repèrent que l'axe horizontal ou vertical s'il existe.[13]

EXEMPLE : C'est le cas d'un triangle équilatéral posé sur un côté.

– **Si une figure, avec un axe de symétrie, est représentée de telle sorte que cet axe ne soit ni horizontal, ni vertical,** beaucoup d'élèves estimeront que la figure n'admet pas d'axe de symétrie. C'est encore plus vrai s'il y a plusieurs axes de symétrie.

EXEMPLE : Nombreux sont les élèves qui ne voient pas les axes de symétrie de la figure (1) alors qu'ils les perçoivent pour la figure (2).

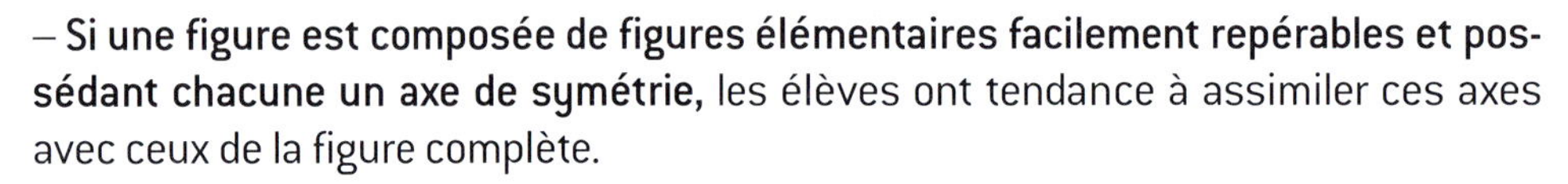

Figure (1) Figure (2)

– **Si une figure est composée de figures élémentaires facilement repérables et possédant chacune un axe de symétrie,** les élèves ont tendance à assimiler ces axes avec ceux de la figure complète.

EXEMPLE : Pour la figure ci-dessous, des élèves pensent qu'elle a deux axes de symétrie (axes tracés en rouge sur le dessin de droite) :

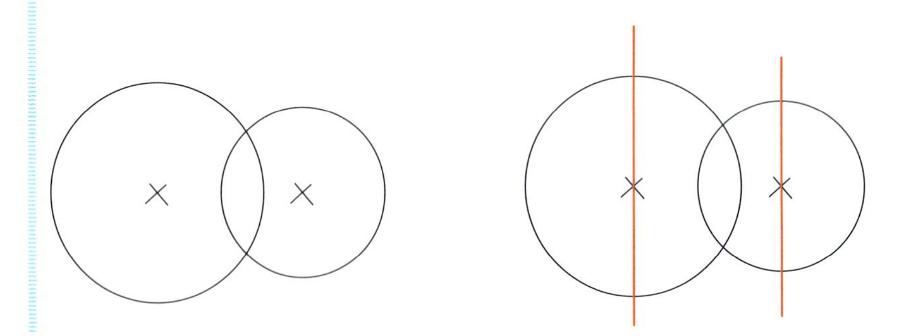

13. Un phénomè de contrat amèn parfois l'élève à penser qu'il y a au maximum un axe de symétrie par figure (règle induite par les exercices proposés).

C. Variables didactiques

➤ **Procédures d recherche d'un axe de symétrie** § 4.1-A p. 369.

Cette analyse des difficultés permet de mettre en évidence les variables didactiques associées à la tâche de reconnaissance d'un axe de symétrie. Elles peuvent être classées suivant plusieurs critères.

- **Les outils dont dispose l'élève**

– **L'élève dispose de papier calque :** il peut l'utiliser pour décalquer la figure et faire divers essais de pliage pour trouver un éventuel axe de symétrie. Dans ce cas, il peut ne pas avoir besoin d'anticiper sur une position de l'axe. On se retrouve dans une situation analogue lorsqu'il a la possibilité de plier la feuille sur laquelle est représentée la figure.

– **L'élève dispose d'un géomiroir**[14] : dans ce cas, il peut contrôler si une droite est un axe de symétrie.

– **L'élève ne dispose pas des outils ci-dessus et ne peut pas plier la feuille** : il est obligé de faire appel à des images mentales.

• Le support sur lequel est représentée la figure

– **La figure est tracée sur papier quadrillé**

Il y a deux cas :

1) **Soit l'axe de symétrie correspond à une ligne du quadrillage** : dans ce cas l'axe étant tracé, cela facilite bien sûr son repérage, de même que le décompte des carreaux facilite la vérification.

2) **Soit l'axe ne correspond pas à une ligne du quadrillage** : la présence de ces lignes peut induire l'élève en erreur dans la mesure où il recherchera l'axe uniquement parmi les lignes du papier quadrillé.

– **La figure est tracée sur papier blanc** : l'élève est obligé de faire appel à des images mentales.

• Les caractéristiques de la figure

– **L'orientation de l'axe (quand il existe)** : l'élève reconnaîtra plus facilement un axe « horizontal » (ou « vertical ») qu'un axe oblique.

– **Le nombre d'axes de symétrie** : si la figure possède plusieurs axes de symétrie, l'élève, après en avoir trouvé un, peut considérer que sa tâche est terminée, et donc ne pas trouver les autres.

– **La familiarité de l'élève avec la figure** : si c'est une silhouette de personne ou un triangle isocèle, l'élève reconnaîtra facilement l'axe de symétrie.

• Les figures de base qui constituent la figure

– **Si la figure est composée de deux éléments isolés qui sont symétriques**, l'élève reconnaîtra facilement l'existence de l'axe.

EXEMPLE :

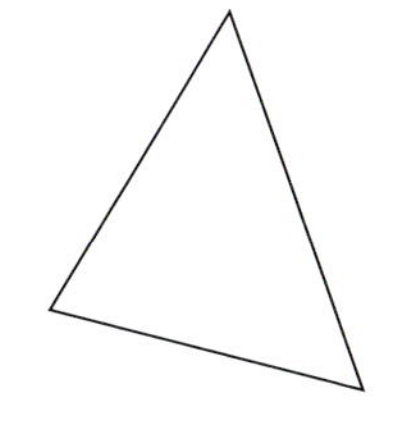
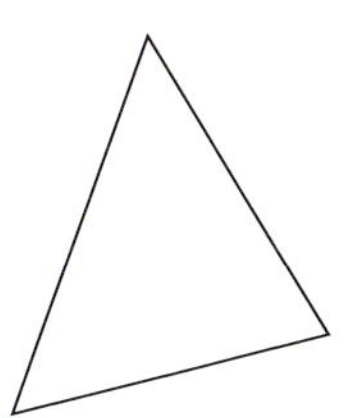

– **Si la figure est composée de deux éléments superposables non symétriques**, il risque de considérer que la figure a un axe de symétrie

EXEMPLE : la note de musique p. 368.

– **Si la figure peut être partagée par une droite en deux parties superposables**, l'élève risque fort de reconnaître un axe de symétrie alors qu'il n'y en a pas forcément un.

EXEMPLE : la diagonale d'un parallélogramme.

14. Le **géomiroir** est une plaque en plastique qui permet à la fois de réfléchir l'image du dessin et de voir par transparence la figure placée derrière elle. On peut ainsi contrôler si une droite est un axe de symétrie ou placer des points symétriques.

On se place dans le cas où la figure est représentée sur papier blanc.

4.2 Tracer le symétrique d'une figure par rapport à un axe

A. Procédures possibles

À l'école, trois cas peuvent se présenter, suivant le matériel et les consignes donnés aux élèves.[15]

- **Pliage**

Dans ce cas, l'élève doit effectuer convenablement le pliage suivant l'axe de symétrie, puis par transparence il décalque la figure. Cette procédure ne demande que des compétences psychomotrices.

- **Papier calque**

Dans ce cas, l'exécution de la technique du tracé demande à l'élève d'appliquer une technique qui n'est pas forcément élémentaire. Il doit :

– décalquer la figure de départ avec l'axe (cela suppose des compétences psychomotrices) ;

– retourner la feuille de papier calque et placer la feuille correctement sur l'axe et à bonne « hauteur » (cela suppose qu'il ait pris un point de repère sur l'axe) ;

– repasser le crayon sur la figure afin qu'elle laisse une empreinte sur la feuille.

- **Papier quadrillé**[16]

On peut distinguer deux procédures :

– **1re procédure** : elle consiste à placer le symétrique de tous les points remarquables de la figure et à joindre les points ainsi obtenus. À l'école, on demande principalement de construire des symétriques de polygones, les points remarquables étant alors les sommets.

– **2e procédure** : elle consiste à placer le symétrique d'un point, puis à construire la figure à partir de ce point, en « inversant » la figure de départ et en respectant des propriétés de conservation des longueurs.

Le **placement des points symétriques** est facilité dans le cas où l'axe coïncide avec une ligne du quadrillage. En effet, dans ce cas, les perpendiculaires sont déjà tracées et le report de mesure se fait par décompte des carreaux. Dans le cas où l'axe ne coïncide pas avec une ligne du quadrillage, des obstacles peuvent apparaître, comme nous le verrons plus loin.

15. Le cas « papier blanc avec équerre et règle graduée » n'est pas au programme de l'école, il est au programme de la fin du cycle 3.

16. On se place dans le cas où les sommets du polygone sont sur les nœuds du quadrillage.

B. Variables didactiques et difficultés dans le tracé du symétrique à l'aide d'un quadrillage

- **Difficultés et erreurs :**

– **Se tromper dans le dénombrement des carreaux** lors de la construction du symétrique d'un point.

– **Construire le symétrique d'un point correctement, puis placer l'image de la figure en la translatant.**

Origine de l'erreur : L'élève a retenu que le symétrique d'une figure est superposable à la figure de départ et est placé de « l'autre côté » de la droite.

– **Suivre les lignes du quadrillage** (horizontales ou verticales) **pour tracer le symétrique d'un point dans le cas d'un axe porté par les diagonales des carreaux du quadrillage.**
Origine de l'erreur : L'élève a conclu, d'après les premiers exercices rencontrés (où l'axe était soit horizontal, soit vertical), que la procédure qui consiste à suivre les lignes du quadrillage donne un résultat juste.

– **Tracer le symétrique de tous les points, mais se tromper en joignant ces points** car le nombre de sommets du polygone dont il faut tracer le symétrique est important.
Origine de l'erreur : L'élève n'arrive pas à se construire une image mentale du résultat final.

• Variables didactiques :

Ces analyses nous permettent de mettre en évidence les principales variables didactiques relatives à la tâche de construction du symétrique d'une figure.

– **Consignes données aux élèves :** peuvent-ils plier la feuille ou non ?

– **Matériel mis à la disposition des élèves :** papier calque, géomiroir, etc.

– **L'axe :** est-il horizontal ? vertical ? oblique ?

– **La figure :** est-elle une figure « classique » ? composée de figures classiques ? si c'est un polygone, quel est son nombre de sommets ? la figure coupe-t-elle l'axe ? contient-elle des côtés horizontaux ou verticaux ? Dans ce dernier cas, cela peut renforcer le fait que l'élève suive les lignes du quadrillage.

– **L'espace réservé aux élèves pour répondre :** cet espace leur permet-il de mettre en œuvre toutes les procédures auxquelles ils peuvent penser ?

Le choix de chacune de ces variables va plus ou moins faciliter la mobilisation de certaines procédures par les élèves. Certains choix peuvent renforcer des procédures erronées, avec un pourcentage d'erreurs très important.

EXEMPLE :

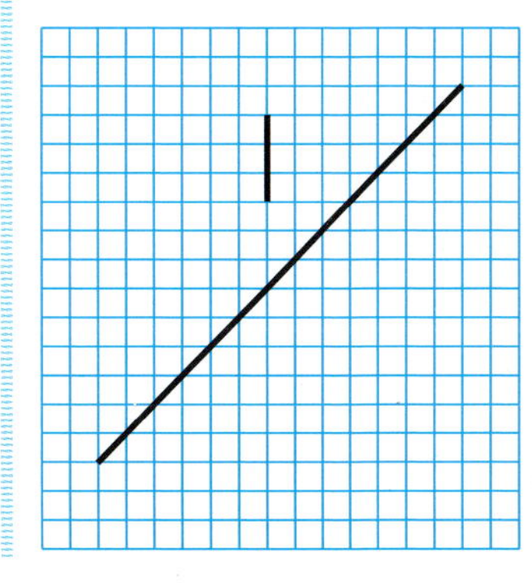

On retrouve ici le quadrillage, l'orientation verticale du segment et l'axe oblique ce qui entraîne des difficultés spécifiques, du fait que le symétrique du segment vertical devient horizontal et va à l'encontre du théorème-élève selon lequel le symétrique d'une figure est une figure « identique ».

Les analyses précédentes mettent en évidence qu'il existe une **conception erronée de la symétrie**, très largement répandue chez les élèves, et pouvant être ainsi caractérisée : « **le symétrique d'une figure est une figure identique située de l'autre côté de l'axe, à une même " distance " de l'axe que la figure objet. Il y a conservation de la nature de la figure, des dimensions et de la forme** » (D. Grenier[17]). La symétrie axiale est ainsi perçue comme une application d'un demi-plan défini par l'axe dans l'autre demi-plan.

17. D. Grenier, *op. cit.* p. 369.

Cette conception amène aussi les élèves à penser que **l'axe de symétrie d'une figure est une droite d'équilibre entre les deux parties, qui passe par le « milieu » de la figure**.
Les élèves prennent d'ailleurs toujours en compte « la conservation de la distance de l'objet à l'axe ». Mais cette notion de « distance » prend pour les élèves des sens différents en fonction des variables didactiques des tâches proposées. Ainsi, la distance peut concerner l'objet tout entier ou des points de cet objet, ou bien elle peut être déterminée suivant une direction qui n'est pas forcément orthogonale.

Toutes les conceptions que nous avons présentées ci-dessus sont durables (bien au-delà de l'école primaire), en grande partie parce qu'elles ont dans l'enseignement « traditionnel » un domaine de validité important.

5 Logiciels de géométrie dynamique

Ces logiciels ont la caractéristique de permettre le déplacement de la figure obtenue à l'écran en « tirant » sur un point (géométrie dynamique) et permettent ainsi de contrôler la procédure mise en place pour construire cette figure. En effet, en se déplaçant, la figure doit garder les propriétés qui ont été utilisées pour la construire. On dit que « **la figure résiste au déplacement** ».

ENTRAINEMENT 8

Corrigé p. 382

Télécharger *GéoGebra*.[18]

1. Construire un segment [AB].
Tracer à vue d'œil une droite perpendiculaire à (AB) qui passe par A.
Déplacer le point A : la droite tracée reste-t-elle perpendiculaire à (AB) ?

2. Construire un segment [AB].
Tracer la droite perpendiculaire à (AB) qui passe par A en utilisant l'outil « droite perpendiculaire ».
Déplacer le point A : la droite tracée reste-t-elle perpendiculaire à (AB) ?

18. Il est recommandé de télécharger un logiciel de géométrie dynamique tel qu **GéoGebra** et de s'entraîner à l'utiliser (cf. tome 1, p. 330) avant de lire la suite du § 5

A. Gestion de la classe

On peut distinguer deux types de gestion :

- **Utilisation en classe entière**

L'enseignant dispose d'un ordinateur et d'un projecteur de façon à ce que tous les élèves puissent voir ce qu'il y a sur l'écran. Il peut alors se servir d'un logiciel de géométrie dynamique pour montrer des figures, les déplacer, identifier certaines caractéristiques de figures ou pour construire une figure en appliquant les procédures proposées par les élèves.

- **Utilisation en atelier**

L'enseignant a accès à une salle contenant des ordinateurs et peut mettre deux élèves par ordinateur (au maximum). Dans ce cas, les élèves ont des tâches de construction de figures dont on donne les caractéristiques (par exemple, construire un rectangle de 5 cm de longueur et 4 cm de largeur) ou de reproduction d'une figure donnée. Mais la tâche peut aussi consister à conjecturer les caractéristiques d'une figure que l'on peut déplacer. Il faut penser à gérer l'hétérogénéité des élèves (prévoir du travail supplémentaire pour les plus rapides) et préparer une fiche de travail pour chaque élève de façon à ce qu'il puisse noter ses constations et découvertes.

En fonction des objectifs visés, l'enseignant peut bloquer certains outils (on peut par exemple bloquer l'outil « construction de polygones régulier » pour obliger l'élève à construire un triangle équilatéral en revenant à sa définition) ou rajouter des outils qu'on appelle des « **macros** » ou « **macro-construction** » (par exemple, tracer un triangle rectangle dont on donne la longueur des deux côtés de l'angle droit).

Résistance des figures au déplacement

Comme on vient de le voir, un élément essentiel des logiciels de géométrie dynamique est ce qu'on appelle la **résistance des figures au déplacement**, c'est à dire la conservation des propriétés caractéristiques qui ont servi à construire cette figure lorsqu'on la déplace en tirant sur un point. Cette caractéristique permet de valider les tâches de construction ou de reproduction des élèves et de les engager dans des activités de recherche de type « **problème ouvert** ».

➤ **Problème ouvert**, chap. 5, p. 90.

B. Exemples d'activités à proposer aux élèves

• Donner une suite d'instructions que les élèves doivent mettre en place

EXEMPLE

On demande aux élèves de construire la figure correspondant aux instructions suivantes :

– Place deux points A et B.

– Trace le segment [AB].

– Trace la droite perpendiculaire à la droite (AB) qui passe par A.

Dans ce cas, l'objectif est surtout d'entraîner les élèves à utiliser les différents outils du logiciel.

• Reproduire une figure à partir d'un modèle

Le modèle est donné sur feuille en indiquant les résistances au déplacement que doit vérifier la figure.

EXEMPLE

Sur une feuille on trace un rectangle ABCD dont on donne la longueur et la largeur. On demande aux élèves de reproduire cette figure en indiquant que, une fois la construction terminée, si on déplace le point A, le rectangle ne doit pas se déformer.

Cela oblige les élèves à utiliser l'outil « droite perpendiculaire à une droite donnée passant par un point donné » et en acte la propriété : « Un quadrilatère qui a trois angles droits est un rectangle ».

• Utilisation de « boîtes noires »

Une « macro-construction » est réalisée par l'enseignant et les élèves doivent trouver la procédure de construction de cette macro. Pour cela, ils peuvent utiliser cette macro-construction et déplacer la figure pour étudier les propriétés qui « résistent ».

EXEMPLES

1. En partant de deux points, l'enseignant a élaboré une macro-construction qui construit, à partir de ces deux points, un **carré**, puis une **diagonale**.

2. Faire découvrir les caractéristiques de la **symétrie orthogonale** :

– **Dans un 1er temps**, l'enseignant présente sur écran une lettre F et son symétrique par rapport à une droite (D). **Consigne** : « Faire bouger la lettre F, puis faire un bilan des observations ». Après une mise en commun et une phase de test, l'enseignant peut institutionnaliser l'expression « sont symétriques ».

– **Dans un 2e temps**, l'enseignant propose des couples de figures sur un support papier et demande aux élèves de désigner celles qui sont symétriques. La mise en commun risque de faire émerger des réponses contradictoires. L'enseignant relance la situation en demandant aux élèves comment ils pourraient s'assurer, quand il y a un doute, que les figures sont bien symétriques.

Réponse attendue (mais pas forcément évidente) : en pliant la feuille.

C. Inconvénients et avantages

Utiliser ces logiciels de géométrie dynamique dans le cadre d'ateliers présente des inconvénients mais aussi beaucoup d'avantages :

- **Inconvénients :**

– la nécessité de disposer d'une salle informatique ou d'ordinateur(s) dans la classe en état de fonctionnement. C'est de moins en moins un inconvénient dans la mesure où la plupart des écoles sont correctement équipées en matériel informatique.
– la nécessité d'une bonne connaissance du logiciel par l'enseignant ;
– la nécessité de mettre en place une initiation des élèves à l'usage du logiciel ;
– le lien entre la résistance d'une figure au déplacement et le respect des propriétés de géométrie n'est pas naturel : c'est une contrainte que l'élève doit accepter.

- **Avantages :**

– les élèves sont généralement très motivés ;
– ils peuvent travailler en partie en autonomie car ils disposent d'un moyen de validation ;
– on peut jouer sur la complémentarité papier/crayon et logiciel de géométrie dynamique, les mêmes concepts « fonctionnant » dans des contextes différents et facilitant ainsi les transferts.

Conclusion : Nul enseignant ne peut donc ignorer les logiciels de géométrie dynamique dont les inconvénients sont totalement contrebalancés par les avantages.

ENTRAINEMENT 9

Un enseignant d'une classe de CM1 propose l'activité suivante à ses élèves :

Avec un logiciel de géométrie dynamique, tracer un segment [AB]. Trouver une méthode pour tracer le plus rapidement possible une vingtaine de cercles qui passent par A et B.

Quel objectif l'enseignant peut-il viser ? Imaginer la gestion de la classe.

Corrigé p. 382

L'**entrainement 9** permet de mettre en évidence la complémentarité entre un logiciel de géométrie dynamique et une activité papier/crayon.

RESSOURCES À CONSULTER

– ERMEL, *Apprentissage géométrique et résolution de problèmes*, Hatier, 2006.

– Cap Maths, livre du maître du CP au CM2, Hatier.

– A. Noifalise et al, *Enseigner les mathématiques à l'école primaire*, « Géométrie, Grandeurs et mesures », Vuibert, 2009.

– R. Berthelot et M.-H. Salin, « L'enseignement de la géométrie à l'école primaire », *Grand N n° 53*, p. 39-56, IREM de Grenoble, 1994.

– C. Laborde, « L'enseignement de la géométrie », *RDM vol 9/3*, La Pensée Sauvage, 1990.

CORRIGÉS EXERCICES D'ENTRAINEMENT

ENTRAINEMENT 1

Énoncé p. 356

1. **On peut penser que ces élèves ont répondu par l'affirmative** car ils ont réussi à tracer une droite qui passe par les trois croix qui représentent les trois points. Ils ont donc assimilé la croix représentant le point avec le point lui-même (c'est donc un exemple de confusion entre l'objet géométrique et sa représentation).

2. **On peut faire l'hypothèse** que l'élève a assimilé le trait qui représente la droite avec la droite elle-même. La croix n'étant pas sur le trait, elle n'appartient pas à la droite.

• **A l'école**, pour la plupart des objets géométriques, l'assimilation de l'objet avec sa représentation ne pose aucun problème sauf pour la droite et le point comme nous venons de le voir.

ENTRAINEMENT 2

Énoncé p. 356

CONSEIL MÉTHODOLOGIQUE :

Il est indispensable de traiter (à titre privé) ces exercices et d'en effectuer une analyse a priori (succincte) :

– **les consignes** « entoure… barre… » : peut-on tout (ou rien) entourer, barrer ?

– **figure a** : la perception visuelle donne une idée de la réponse, mais le gabarit de l'angle droit permet de la valider (les 2 phrases sont fausses) ;

– **figure b** : même démarche, validation pour 3 angles droits (cela suffit), puis vérification des longueurs de 2 côtés adjacents (b est un rectangle) ;

– **figures c et e** : situation spatiale de e (qui fait penser à un losange) et petitesse de c qui demande de la précision dans l'usage des instruments, notamment le gabarit (les 2 phrases sont vraies) ;

– **figure d** : la perception visuelle devrait suffire (les 2 phrases sont fausses.)

On peut ici distinguer **4 types de difficultés liées** :

– **à la compréhension de la consigne :** des élèves peuvent penser qu'il faut nécessairement entourer et/ou barrer une phrase pour chaque figure ;

– **aux propriétés caractérisant rectangle et carré**, la position non prototypique des figures **a**, **b**, et **e** peut parasiter une approche perceptive ;

– **à l'usage des instruments** (double décimètre et gabarit) **et à la précision de leur maniement :** par exemple, pour la figure c, il est difficile de contrôler les angles avec un gabarit à cause de la taille de la figure ;

– **aux propriétés des quadrilatères :** des élèves peuvent penser que si un quadrilatère est un carré alors il ne peut pas être un rectangle ; des élèves, après avoir constaté que la figure **e** a 4 côtés de même longueur, peuvent dire que « c'est un carré », ce qui est juste, mais « ce n'est pas un rectangle ». Cette difficulté est fréquente, même tardivement à l'école primaire.

ENTRAINEMENT 3

Énoncé p. 358

Réponse 1

- **Procédure :** L'élève a tracé une droite verticale.

- **Origine :** Pour cet élève, une droite perpendiculaire est une droite verticale. Cette conception de la perpendicularité peut avoir au moins deux origines :

– De nombreux exemples de droites perpendiculaires dans notre environnement quotidien peuvent être assimilés à la configuration « droite verticale/droite horizontale ». C'est souvent cette configuration qui est proposé aux élèves comme premier exemple.

– La définition de deux droites perpendiculaires est associée à « angle droit » et, pour certains élèves, « un angle droit » c'est un angle qui est droit au sens « il a un côté vertical ». L'origine de cette association peut être due à l'expression « tient toi droit ! »

Réponse 2

- **Procédure de l'élève :** Il a bien tracé une droite perpendiculaire à la droite (d), malheureusement elle ne passe pas par le point A mais par la lettre A.

- **Origine :** On peut envisager deux hypothèses :

– L'élève confond le point avec la lettre qui sert à le désigner. C'est à rapprocher de la confusion entre le point « objet idéal » et sa représentation (➤ § 2.2).

– Dans l'énoncé, il est écrit : « Tracer la droite perpendiculaire à la droite (d) qui passe par A » et non par le point « A ». L'élève a appliqué à la lettre l'énoncé (c'est le cas de le dire !).

ENTRAINEMENT 4

Énoncé p. 360

- **Procédure de l'élève :** Il a tracé le rectangle ABCD puis le segment, sans prendre en compte le fait que les points A et C cités dans les deux instructions étaient deux sommets du rectangle.

- **Origine de la procédure :** Elle semble directement liée à la pratique habituelle de l'élève qui, dans les exercices qu'on lui donne, ne rencontre pas de lettre, ou bien il n'a rencontré que des exercices ne comportant qu'une seule instruction.

ENTRAINEMENT 5

Énoncé p. 361

- **Tracé 1 :** L'élève trace le segment [AC] et non la droite (AC). C'est un obstacle classique de nature épistémologique[19] : les concepts de droite, de segment font appel à des notions difficiles comme celles de point, d'infini, de continuité. Le concept de segment (ensemble « limité » par 2 points) est plus familier que celui de droite.

- **Tracé 2 :** L'élève trace convenablement la droite demandée qui repose sur 2 contraintes : passer par C et être perpendiculaire à *d*, mais aucun élément ne nous permet de connaitre les instruments utilisés.

- **Tracé 3 :** L'élève trace une droite passant par B (1re contrainte), mais confond les notions de « perpendiculaires » (déjà utilisée précédemment) et de « parallèles ». Plusieurs éléments peuvent expliquer cette confusion :

– dans beaucoup de manuels, ces notions sont abordées en même temps ;

19. Ce sont des obstacles qui sont constitutifs de la connaissance. ➤ chap. 4 *L'analyse d'erreurs*.

– une méthode pour tracer des droites parallèles consiste à tracer des droites perpendiculaires à une même droite, ce qui fait que le tracé de droites parallèles est souvent abordé immédiatement après la notion de droites perpendiculaires ;

– enfin, ces deux mots sont « longs », nouveaux et commencent par la même lettre.

- **Tracé 4 :** L'élève trace correctement et avec précision le cercle demandé.
- **Tracé 5 :** L'élève trace le cercle de centre A et rayon [AC] et confond les deux notions de « rayon » et de « diamètre ». Cette dernière est plus complexe puisqu'elle nécessite une construction intermédiaire, celle du milieu, pour obtenir le centre. De plus, la tâche « tracer un cercle à partir de son diamètre » est moins familière que « tracer un cercle à partir de son centre et son rayon ».

ENTRAINEMENT 6

Énoncé p. 364

CONSEIL MÉTHODOLOGIQUE :

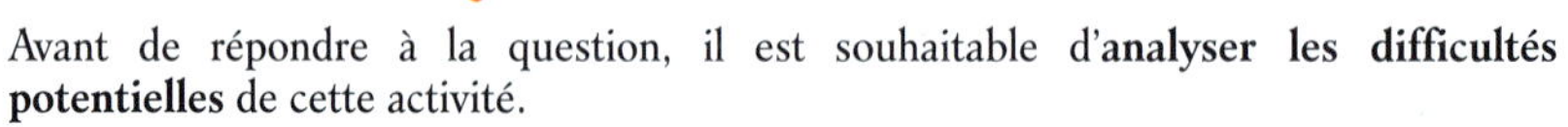
Avant de répondre à la question, il est souhaitable d'**analyser les difficultés potentielles** de cette activité.

- **Cette figure est constituée d'un carré et d'un cercle.** Le carré est en position prototypique. On peut donc penser que les élèves n'auront pas de difficulté à identifier ces deux figures de base.
- **En revanche, le lien entre le carré et le cercle n'est pas visible :** le centre du cercle est le centre du carré. Pour reconnaitre ce centre, l'élève doit construire les diagonales du carré. Cela suppose qu'il complète la figure donnée dans l'énoncé.
- **La chronologie :** on peut commencer par le cercle ou le carré. A noter que, si **on commence par le cercle**, il faut tracer deux diamètres perpendiculaires. C'est l'utilisation de la propriété « si un quadrilatère a des diagonales qui ont même longueur, qui ont le même milieu, qui sont perpendiculaires alors le quadrilatère est un carré » qui permet de construire le carré. Cette propriété peut être connue en acte par les élèves de l'école, mais elle n'est enseignée qu'au collège. Cette méthode facilite la construction du carré. Par contre, si on **commence par le carré**, il est ensuite facile de construire le cercle, la difficulté se situant au niveau de la précision de la construction du carré.

- **Procédure de l'élève :** On constate que l'élève a bien identifié les configurations de base (cercle et carré). Il a commencé par tracé le carré, puis le cercle. La construction du carré est assez imprécise et il n'a pas identifié le lien entre le carré et le cercle (le centre du cercle est le point d'intersection des diagonales). Aussi a-t-il tâtonné pour trouver le centre du cercle. A noter que s'il avait tracé le carré avec précision il serait certainement arrivé à tracer le cercle avec cette méthode !
- **Origine de la démarche :** L'imprécision du tracé est, semble-t-il, due ici à des problèmes de manipulation des outils géométriques. La non-reconnaissance du lien entre les figures de base est certainement due au fait que ce lien est à construire (il faut tracer les diagonales du carré). Cela suppose de compléter la figure, ce que beaucoup d'élèves s'interdisent en pensant que cela change la figure donnée par l'enseignant et qu'en conséquence cela change la nature du problème.

ENTRAINEMENT 7

Énoncé p. 368

CONSEIL MÉTHODOLOGIQUE :
• **Il y a plusieurs réponses attendues :** « Trace le cercle de diamètre [AB] » ou « Place le point O milieu de [AB] et trace le cercle de centre O et de rayon OA (ou passant par A ou de rayon 4 cm) ».
• **Il faut se doter d'un plan** pour présenter les compétences, erreurs et difficultés et éviter ainsi un inventaire à la Prévert ! Pour cela, on peut prendre comme fil conducteur les étapes de la résolution de problème :
– compréhension de l'énoncé ;
– élaboration d'une procédure : on retrouve ici l'analyse de la figure (figures de base, liens entre les figures de base, chronologie) ;
– exécution de la procédure et communication du résultat.

Un tableau peut faciliter la présentation de la réponse :

Etapes	Compétences	Erreurs - difficultés
Comprendre l'énoncé.	**1. Comprendre les expressions : « Compléter un texte » et « Permettre de reproduire la figure tracée » :**	
	• Savoir qu'il faut compléter le texte par un texte.	L'élève complète par un dessin.
	• Savoir que c'est pour une personne dont on ne connaît rien ni ce qu'elle a devant les yeux, d'où deux logiques :	
	– réussir la tâche de communication en faisant des hypothèses sur les connaissances du récepteur et les informations dont il dispose → répondre à la question ;	L'élève rédige un texte pour qu'un camarade réussisse la tâche sans souci d'utiliser le langage mathématique.
	– réussir la tâche scolaire → répondre à l'enseignant.	Il donne des conseils comme le ferait un enseignant.
	2. Se mettre à la place de l'autre qui est censé ne pas voir la figure.	L'élève pense que le récepteur a la figure sous les yeux ou le rectangle avec le point O, ce qui peut expliquer la présence d'implicite dans la description. Par exemple « trace le cercle de centre O » sans préciser s'il passe par A (ou B).
	3. Savoir qu'il ne faut pas prendre en compte les problèmes d'orientation.	L'élève souhaite que la figure ait la même orientation que celle du modèle, ce qui va l'amener à donner des indications spatiales en écrivant par exemple : « Le côté AB est horizontal et au-dessus du côté DC ».

Elaborer une procédure.	Analyser la figure : 1. **Repérer les configurations** : ici il y a deux configurations à repérer : le cercle et le rectangle. Ce dernier est indiqué dans le texte. Les élèves ne devraient pas rencontrer de difficulté au cours de cette étape.	
	2. **Repérer les liens entre les configurations** : ici le diamètre du cercle est le côté [AB] du rectangle ou le centre du cercle est le milieu de [AB] et le rayon est 4 cm ou OA ou bien le cercle passe par A. Le rayon du cercle peut être mesuré ou calculé.	L'élève ne voit pas que le centre du cercle est le milieu de la longueur ou il ne voit pas que son diamètre est [AB].
	3. **Définir une chronologie** : ici le seul problème de chronologie est de situer le centre avant de demander de tracer le cercle.	L'élève fait tracer le cercle avant le centre.
Exécuter la procédure et communiquer la réponse.	**Maitriser un vocabulaire adapté et une syntaxe correcte.**	– Utilisation de terme non géométrique, par exemple : « rond ». – Syntaxe non adaptée, par exemple : « tracer le cercle de milieu ».

ENTRAINEMENT 8

Énoncé p. 374

Dans la **question 1**, une fois la figure terminée, lorsqu'on déplace le point A, la droite ne reste pas perpendiculaire à (AB).

En revanche, dans la **question 2**, elle reste perpendiculaire à (AB). On dit que **la figure a résisté au déplacement.**

ENTRAINEMENT 9

Énoncé p. 376

Pour réussir cette activité, il faut tracer la médiatrice de [AB] et placer le centre du cercle sur cette médiatrice. Si on déplace le centre le long de la médiatrice, le cercle passe toujours par A et B. Si on le place ailleurs que sur la médiatrice, le cercle pourra passer par A mais non par B (ou vice versa).

Mais l'**objectif**, dans une classe de CM1, ne peut pas être l'introduction de la médiatrice. Cette activité a donc pour objectif d'amener les élèves à s'engager dans la **recherche d'un problème ouvert**.

➤ **Problème ouvert**, chap. 5, p. 90.

Au niveau de la gestion de la classe, on peut imaginer le scénario suivant :

1re étape : **travail papier / crayon.**

Consigne : « Tracer un segment [AB]. Trouver une méthode pour tracer trois cercles qui passent par A et B ».

On peut penser que les élèves (de cycle 3) vont tâtonner pour placer les centres et tracer ensuite les cercles. Cette procédure n'est évidemment pas la procédure attendue, mais ils sont arrivés au résultat voulu ! On n'envisage pas de mise en commun.

2e étape : **Travail avec un logiciel de géométrie dynamique.**

Consigne : « Tracer un segment [AB]. Trouver une méthode pour tracer le plus rapidement possible une vingtaine de cercles qui passent par A et B. »

Les élèves vont certainement procéder au début par tâtonnement (cette procédure naturelle est renforcée par la première étape) mais, comme il s'agit maintenant de tracer le plus rapidement possible une vingtaine de cercles, les élèves vont percevoir que le tâtonnement ne fonctionne pas ici. Arrivés à ce stade, on peut penser que les élèves vont être bloqués. Une mise en commun rapide permettra de le constater.

3e étape : **Reprise du travail réalisé au cours de la 1re étape.**

On propose aux élèves de reprendre le travail qu'ils ont réalisé au cours de la 1re étape et d'observer la position des centres. Cela devrait leur permettre de conjecturer la position des centres des cercles qui passent par A et B (ils sont sur la perpendiculaire à [AB] passant par son milieu) et d'essayer de la « valider » en retournant travailler sur l'ordinateur.

On voit dans cet entrainement la complémentarité des situations « papier/ crayon » avec les situations « logiciel de géométrie dynamique ».

AU CONCOURS

ANALYSE D'ERREURS 1

Corrigé p. 393

On considère l'exercice suivant extrait d'une évaluation nationale à l'entrée en Sixième.

Exercice 33

Les points A, B, C et D sont sur le même cercle.
Le centre de ce cercle est l'un des points de la figure.
En utilisant la règle graduée, trouve le centre de ce cercle.

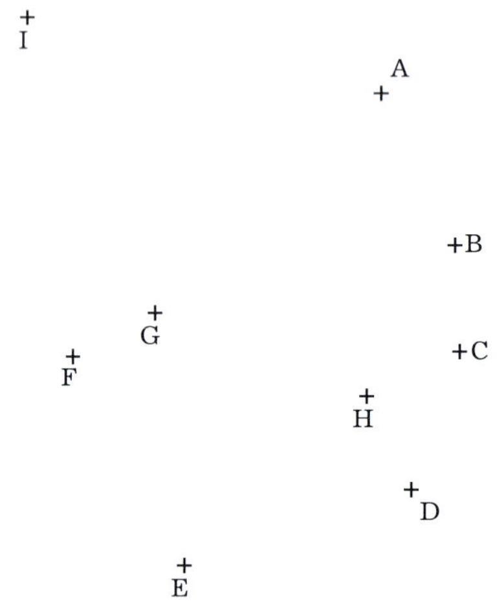

+ I
+ A
+ B
+ G
+ F
+ C
+ H
+ D
+ E

Le centre du cercle est le point : ....
Explique comment tu as trouvé.

....
....
....
....

Les **réponses de quatre élèves** à cet exercice sont fournies en **annexe** page suivante.

1. Quelle connaissance mathématique est nécessaire pour réussir cet exercice ?
2. Quels sont les élèves qui fournissent les réponses attendues ?
Justifier.
3. Analyser les productions des élèves en précisant, pour chacune d'elles :
a. la conception du centre du cercle que l'élève semble avoir ;
b. l'utilisation qui a été faite des instruments de géométrie.

ANNEXE – ANALYSE D'ERREURS 1

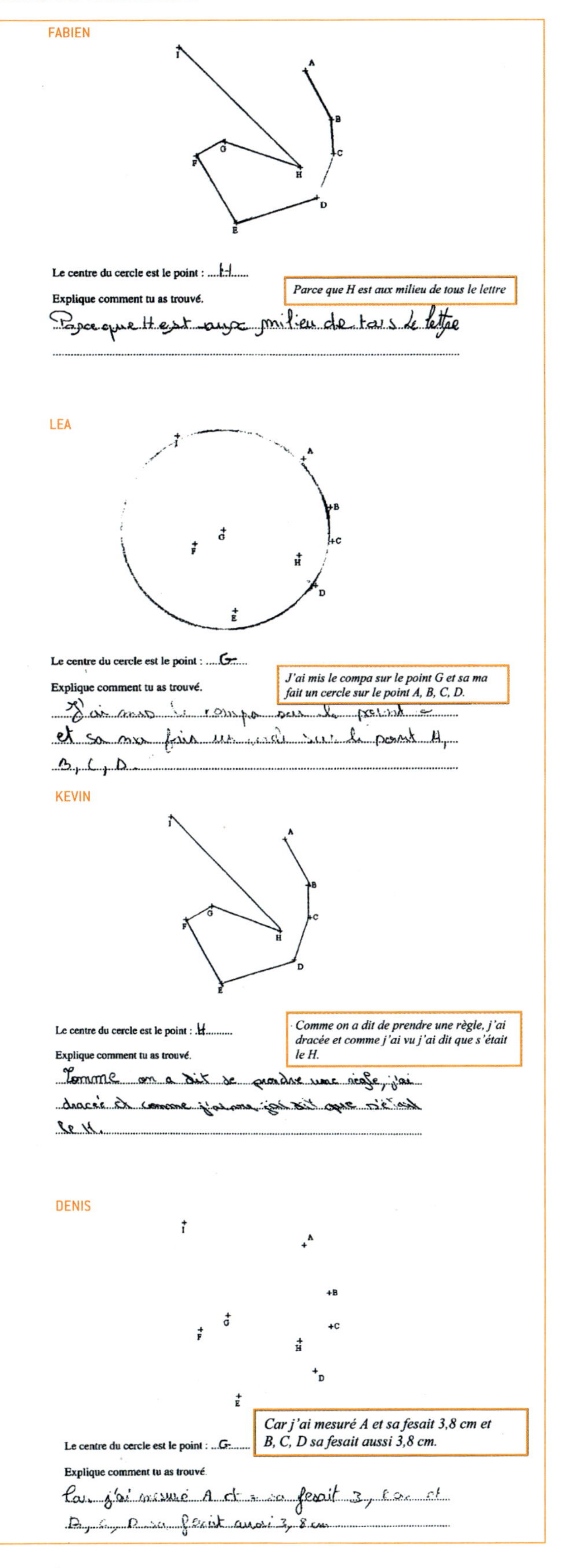

Pour faciliter la lecture des réponses fournies, les traces écrites des élèves ont été retranscrites dans des cadres.

ANALYSE D'ERREURS 2

Corrigé p. 394

Voici un exercice proposé à des élèves :

Écrire un texte pour permettre à quelqu'un qui ne voit pas la figure de la tracer en respectant les dimensions indiquées.

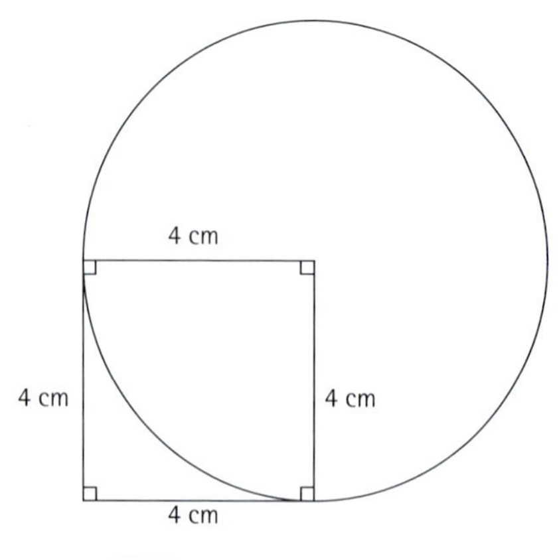

Réponses d'élèves :

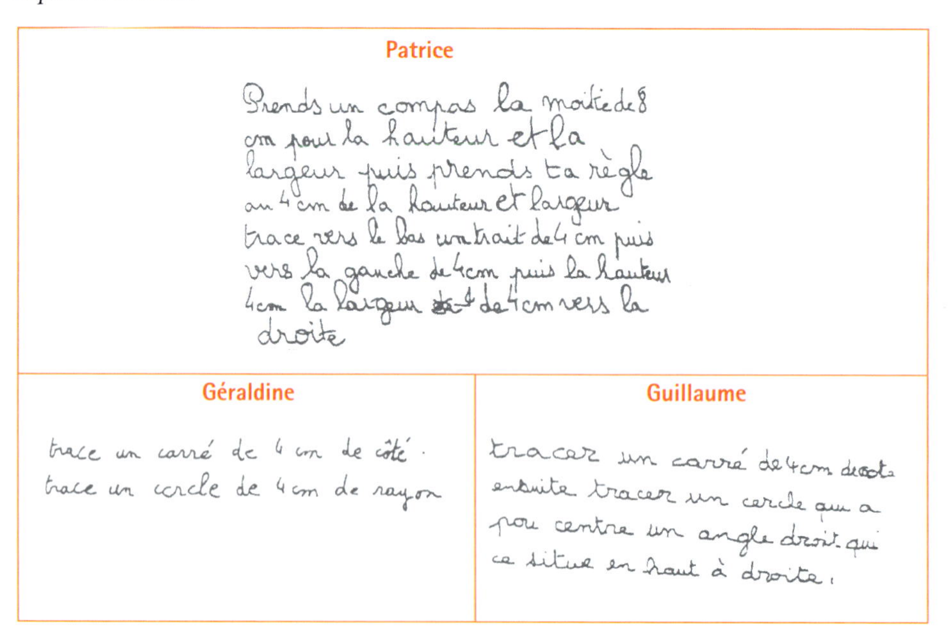

Patrice

Prends un compas la moitié de 8 cm pour la hauteur et la largeur puis prends ta règle au 4 cm de la hauteur et largeur trace vers le bas un trait de 4 cm puis vers la gauche de 4 cm puis la hauteur 4 cm la largeur de 4 cm vers la droite

Géraldine	Guillaume
trace un carré de 4 cm de côté. trace un cercle de 4 cm de rayon	tracer un carré de 4 cm droite ensuite tracer un cercle qui a pou centre un angle droit qui ce situe en haut à droite.

Analyser les productions de ces élèves en identifiant la procédure mise en place et en faisant des hypothèses relatives à leur origine.

ANALYSE D'ERREURS 3

Corrigé p. 395

Les consignes d'un exercice proposé à des élèves de CM2 en fin d'année scolaire étaient les suivantes : « Tracer le carré ABCD de côté 2 cm. Tracer le cercle de centre B passant par A. »

Voici ci-contre les productions de cinq élèves.

Les productions d'élèves ont été réduites de moitié.

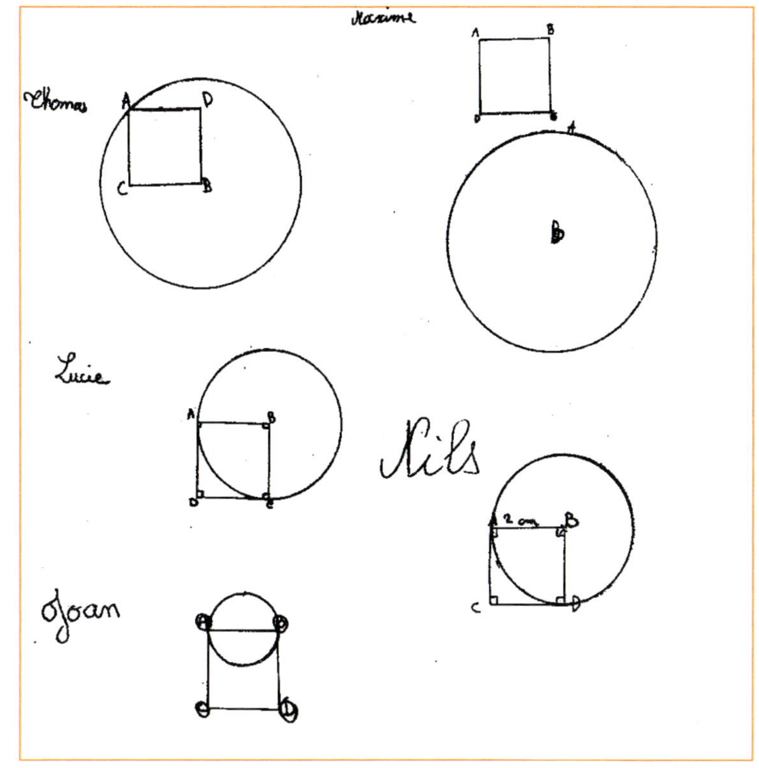

❶ Quelles compétences peuvent être évaluées grâce à cet exercice ?

❷ Pour chaque élève préciser les compétences maîtrisées et analyser les erreurs commises.

ANALYSE D'ERREURS 4

Corrigé p. 396

Lors de la construction d'une figure symétrique, un élève fait les erreurs suivantes :

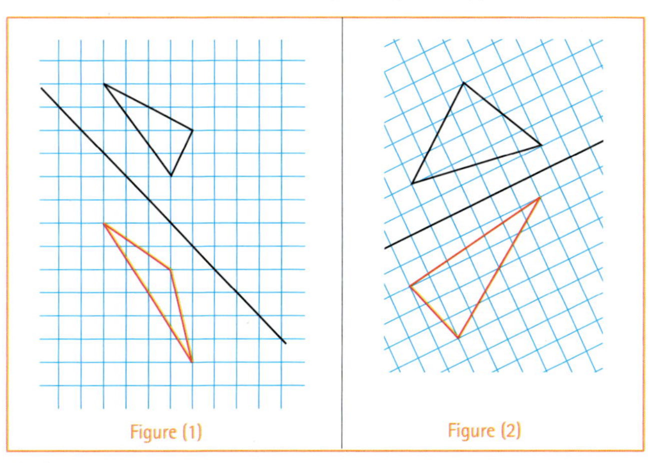
Figure (1) Figure (2)

Le tracé de l'élève est en rouge.

❶ Quel est le niveau de classe concerné ?

❷ Quelles compétences disciplinaires sont évaluées ?

❸ Analyser les erreurs de cet élève.

ANALYSE DE DOSSIER 1

Corrigé p. 398

Le dessin a été réduit. À l'origine, 1 carreau mesurait 1 cm de côté.

❶ Un exercice destiné à des élèves a pour consigne : « Reproduis la maison, on a déjà commencé à tracer un trait. »

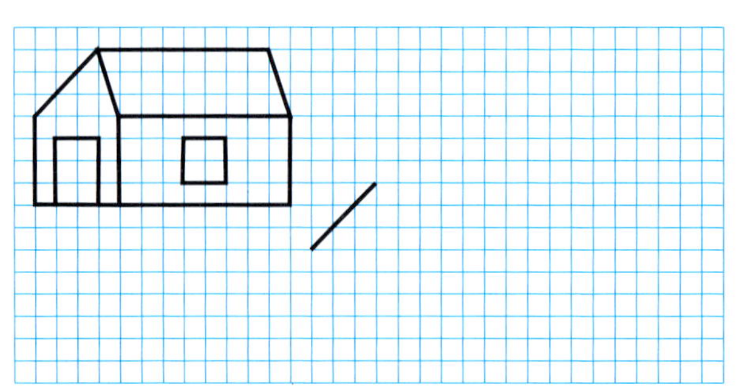

a. Quels sont les savoirs et savoir-faire à mobiliser pour réussir cet exercice ? À quel cycle de l'école élémentaire situeriez-vous cet exercice ?

b. Quels moyens de contrôle donneriez-vous aux élèves ?

c. Quelles sont les différentes procédures auxquelles les enfants peuvent recourir ?

d. Quelles erreurs les élèves peuvent-ils faire ? Quelles sont les origines possibles de ces erreurs ? Quelles aides apporteriez-vous aux enfants en difficulté ?

❷ On suppose dans cette question que la maison est dessinée sur du papier blanc. Voici la consigne donnée par l'enseignant : « Reproduis la maison à l'aide d'un compas, d'une règle graduée et d'une équerre ».

a. Réaliser l'exercice. Indiquez les principales étapes de construction.

b. Quels savoir-faire sont nécessaires pour réussir cet exercice ? A quel cycle situeriez-vous cet exercice ?

ANALYSE DE DOSSIER 2

Corrigé p. 401

L'**annexe 1** se trouve p. 389.

L'**annexe 2** se trouve p. 390-391

L'**annexe 3** se trouve p. 392

Les deux situations à analyser sont décrites dans les annexes 2 et 3 : elles sont proposées à des élèves du début du cycle 3. Il s'agit de situations tirées de l'ouvrage ERMEL, *Apprentissages géométriques et résolution de problèmes*, Hatier, p. 203 et 221, 2006.

Pour chaque séance de géométrie, chaque élève dispose d'une boite contenant toujours les mêmes outils : une règle plate de 30 cm, une équerre, une réquerre (voir descriptif et mode d'emploi en annexe 1), un compas.

La situation 1 est proposée avant la situation 2. Entre les deux situations une dizaine de jours se sont écoulés. Avant de travailler sur ces situations, les élèves ont travaillé en géométrie sur l'alignement : reconnaissance de points alignés et construction de points alignés avec deux points donnés. Ils n'ont jamais utilisé l'équerre et la réquerre.

1re partie **Les questions de cette partie portent sur l'annexe 1**

❶ Pourquoi pensez-vous que l'enseignant donne à ses élèves une boite contenant toujours les mêmes outils, quelle que soit la situation ?

❷ a. Quel avantage la réquerre présente-t-elle par rapport à l'équerre pour tracer des droites perpendiculaires ?

b. Même question pour la reconnaissance de droites perpendiculaires ?

❸ Les deux situations décrites en annexes 2 et 3 n'abordent pas exactement la même notion mathématique. Quelles sont ces notions et quel lien existe-t-il entre elles ?

2e partie **Les questions de cette partie portent sur la situation 1 (annexe 2)**

❹ Pourquoi les auteurs de la situation précisent-ils : « Attention au découpage de la feuille, aucune trace du segment [BE] ne doit apparaître sur la partie 2 » ?

❺ Quelles procédures (correctes et incorrectes) les élèves peuvent-ils utiliser pour résoudre le problème ?

❻ Donner trois variables didactiques de cette situation. Justifier.

❼ Dans cette situation les élèves ont les moyens de valider leur production. Quelles difficultés l'enseignant peut-il rencontrer au cours de cette phase (2e temps, étape 3) ?

3e partie **Les questions de cette partie portent sur la situation 2 (annexe 3)**

❽ Pourquoi les auteurs proposent-ils une phase de familiarisation (1er temps) ?

❾ Dans le 2e temps, les élèves tracent d'abord le trait qui doit se « superposer » après pliage, puis ils doivent ensuite anticiper la position du pli qui permettra la superposition du trait. On aurait pu imaginer une autre situation : les élèves tracent d'abord un trait correspondant au pli, puis ils doivent anticiper la position du trait qui se « superposera » après pliage. Quelle différence y a-t-il entre ces deux situations une fois que l'élève plie pour valider son tracé ?

❿ Alors que, dans la situation 1, des élèves finissent par utiliser l'équerre, l'enseignant constate qu'aucun d'entre eux n'utilisent immédiatement cet instrument dans le 2e temps de la situation 2. Comment expliquez-vous ce phénomène ?

ANNEXE 1 – DOSSIER 2 La réquerre

Descriptif : Il s'agit d'un instrument de géométrie de 17 cm de long sur 5 cm de large en plastique transparent.

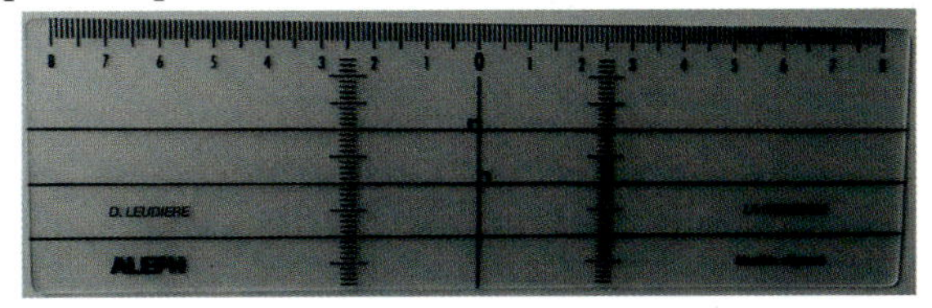

Mode d'emploi :

- Pour tracer une droite perpendiculaire à une droite donnée – ici (*d*) – passant par un point donné – ici A –, on place la réquerre comme ci-dessous et on trace.

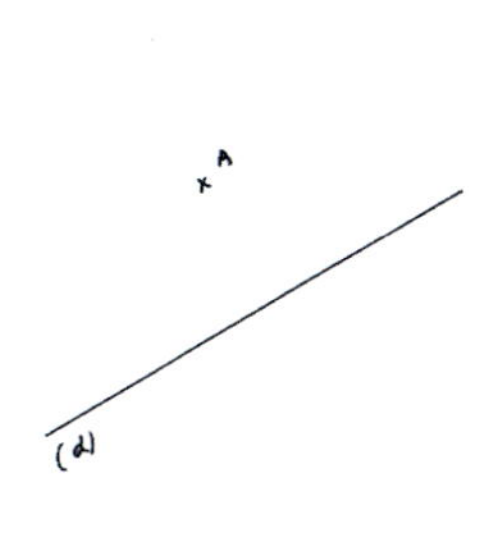

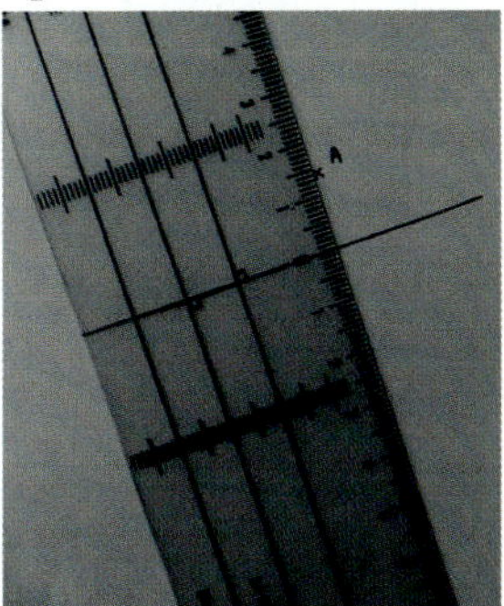

- Pour vérifier si deux droites sont perpendiculaires, on essaie de superposer deux droites perpendiculaires de la réquerre avec les droites dont on demande de vérifier qu'elles sont perpendiculaires.

ANNEXE 2 – DOSSIER 2 Situation 1

Source : ERMEL, *Apprentissages géométriques et résolution de problèmes*, Hatier, p. 221.

Problème : Il s'agit de construire un segment pour compléter le « coin » d'un rectangle ; seul un bout du côté de ce « coin » est donné.

Matériel :

L'enseignant dispose de :

– **un rectangle R** superposable aux rectangles que les élèves vont devoir compléter. Ce rectangle est tracé sur une feuille A3 dont on a découpé les bords de façon irrégulière. Il mesure 32 cm sur 17 cm **(dessin 1)**.

– **un « rectangle » R1** dont il manque un morceau (également dessiné sur une feuille A3 dont les bords sont découpés de façon irrégulière) et qui est superposable au rectangle R **(dessin 2)**.

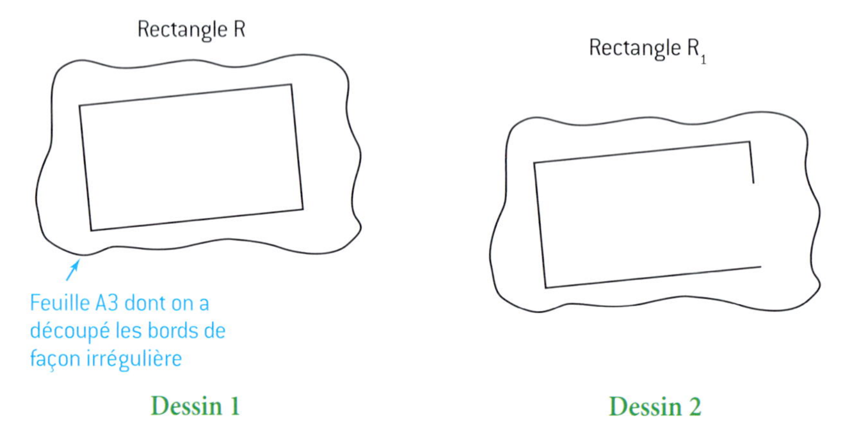

Dessin 1 **Dessin 2**

Les élèves disposent de leur boîte d'outils de géométrie et d'un morceau de rectangle :

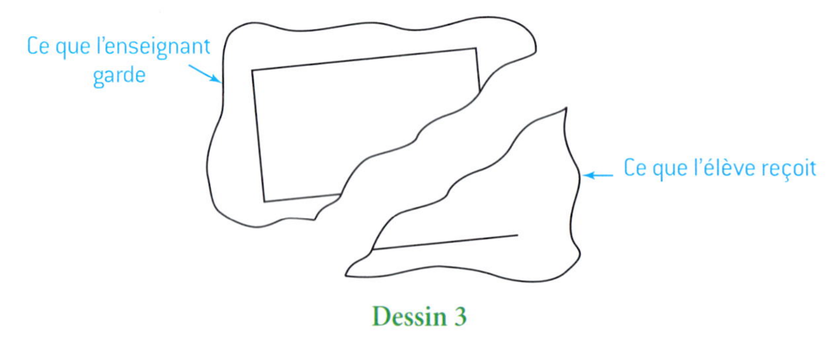

Dessin 3

Déroulement de l'activité

1er temps : **Travail sur le rectangle R (dessin 1)**

L'enseignant présente l'activité : « *Voici le dessin d'un rectangle* (l'enseignant montre le rectangle R). *Je le fixe au tableau* (l'enseignant le fixe de telle façon que ses côtés ne soient pas parallèles au bord du tableau). *Est-ce que vous voyez d'autres rectangles dans la classe ?* »

Les élèves qui le souhaitent s'expriment. La validation des réponses des élèves ne s'appuie que sur le perceptif. S'il n'y a pas de consensus concernant la validité de certains exemples, l'enseignant dit qu'il n'est pas possible pour l'instant de se mettre d'accord.

2e temps : Travail sur le rectangle R1 (dessin 2)

Etape 1 : L'enseignant affiche **R1** (rectangle non terminé, voir **dessin 4**)[20] à côté de R en disant « *On a commencé à reproduire le rectangle affiché sur cette feuille, ce côté* (il montre [CD] du doigt sur les rectangles R1 et R) *est déjà dessiné. Il reste à terminer ce côté* (il montre [CE]). »

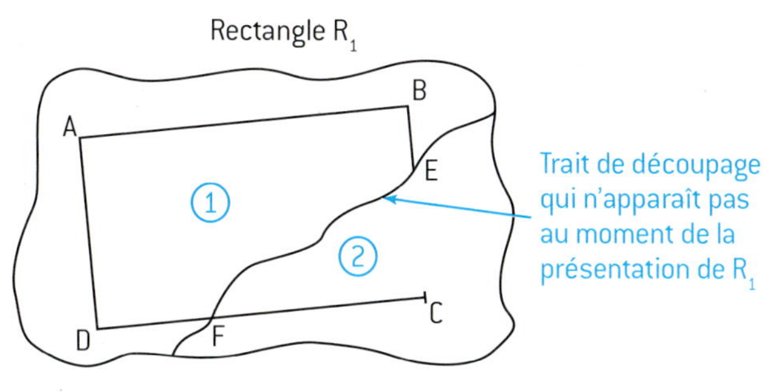

Dessin 4

L'enseignant découpe alors devant tout le monde le rectangle R1 (attention au découpage de la feuille, aucune trace du segment [BE] ne doit apparaître sur la partie 2) puis il ajoute : « *Voici la partie 1* (il la montre) *et voici la partie 2* (qu'il montre également). *J'ai fait la même chose pour d'autres rectangles à terminer. Je vous distribue les parties 2, les parties 1 sont dans le placard. Vous devez terminer la partie 2 de façon à ce que, lorsque je vous donnerai la partie 1, vous pourrez parfaitement reconstituer le rectangle.* »

Etape 2 : **Recherche.** Les élèves travaillent par groupes de 2.

Etape 3 : **Mise en commun et validation.** Une fois que chaque équipe a terminé, les productions (donc les parties 2 complétées) sont affichées au tableau (en évitant de les placer parallèles aux bord du tableau). L'enseignant invite les élèves à repérer les productions qui ne conviennent pas. Il place ensuite pour chaque production la partie 1 et contrôle avec les élèves la validité de chaque production.

3e et 4e temps : On recommence le même travail avec d'autres rectangles. A la fin du 2e temps, un travail d'explicitation des procédures est mis en place.

20. Attention ! Les lettres ne sont pas données aux élèves, elles sont uniquement destinées à faciliter la compréhension de la description de la situation. Vous pouvez bien sûr vous en servir dans la rédaction de vos réponses. Le trait de découpage n'apparaît pas non plus.

ANNEXE 3 – DOSSIER 2 Situation 2

Source : ERMEL, *Apprentissages géométriques et résolution de problèmes*, Hatier, p. 203.

1er temps : Familiarisation

Etape 1 : On distribue aux élèves une feuille A4 découpée de façon irrégulière. Sur cette feuille est dessiné un trait noir et sur ce trait sont marqués quatre points désignés par les lettres A, B, C et D.

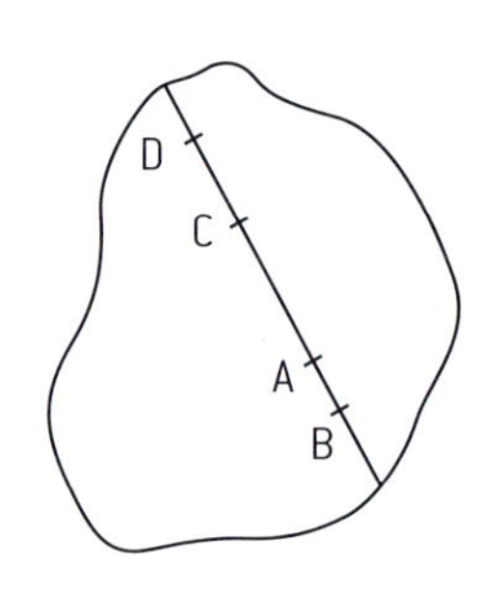

Consigne : L'enseignant demande aux élèves, en leur montrant :

– de plier la feuille de façon à ce que le trait de pliage passe par A et que le trait noir vienne sur lui même ;

– de rouvrir la feuille et de tracer au feutre de couleur (rouge par exemple) le nouveau pli ;

– de refaire pareil avec les lettres B, C et D.

Les élèves doivent obtenir une feuille comme le modèle ci-contre :

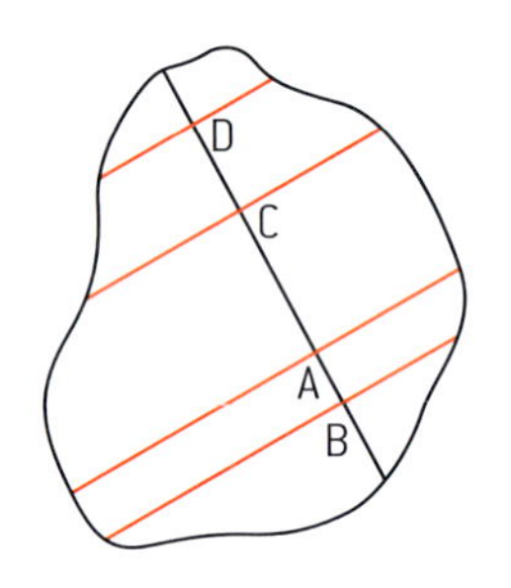

Etape 2 : Les élèves sont invités à faire des remarques concernant les traits obtenus.

2e temps : Anticipation

En plus de la boite à outils déjà décrite, les élèves disposent de la feuille utilisée au cours du 1er temps et d'une feuille A4 découpée de façon irrégulière.

Consigne : Vous tracez en noir un trait. Vous marquez un point qui ne soit pas au milieu du trait. Vous devez prévoir par un trait de crayon vert l'emplacement d'un pli qui permettra d'amener le trait noir sur lui même. Vous plierez ensuite pour vérifier.

Si le trait convient, l'élève recommence l'activité avec un nouveau point (toujours sur la même feuille). S'il ne convient pas, l'élève fait un nouvel essai en utilisant le même point et en traçant un nouveau trait cette fois-ci en rouge.

Mise en commun des méthodes.

3e temps : Anticipation (suite)[21]

Même consigne que pour le 2e temps, mais cette fois les élèves ne doivent pas plier pour valider. Après avoir réalisé son tracé, chaque élève passe sa feuille à son voisin qui doit, sans plier, dire s'il pense que le trait est correct.

L'enseignant affiche ensuite quelques productions (une correcte, une visiblement fausse, une incorrecte mais dont l'imprécision ne se détecte pas à vue d'œil). Il invite la classe à se prononcer sur la validité des tracés.

Après cette discussion, les élèves se retrouvent par groupe de deux et essaient de se mettre d'accord sur la validité (ou invalidité) de leurs deux productions. Lorsqu'ils sont d'accord ils plient pour valider.

Mise en commun des méthodes pour valider.

21. Aucune question ne porte sur cette partie.

Énoncé p. 384

CORRIGÉ ANALYSE D'ERREURS 1

1 Connaissance mathématique nécessaire

L'élève doit savoir que le centre du cercle est équidistant des points du cercle.

2 Réponses attendues

Un seul élève fournit la réponse attendue, c'est **Denis** car il a bien trouvé le point G en utilisant uniquement le seul instrument autorisé dans l'énoncé : la règle graduée.

Léa trouve aussi la réponse juste, mais elle utilise le compas pour trouver cette réponse et ne respecte donc pas la consigne donnée.

3 Analyse des productions des élèves

	Procédure	a. Conception du centre du cercle	b. Utilisation des instruments
Fabien	Il a joint avec sa règle les points de la figure dans l'ordre alphabétique. L'origine de cette procédure renvoie certainement à l'habitude que cet élève a des jeux qui consistent à joindre des points pour faire apparaître des objets ou personnages connus. Il conclut que H est le centre.	C'est un point qui est au « milieu » des autres. Le mot « milieu » est pris ici dans son sens courant être « au milieu de la foule », au milieu de la table ». C'est un sens proche du sens commun de « centre » : « il est au centre de la table ».	Le fait que la **règle** soit **graduée** est ici sans importance pour tracer des segments.
Léa	Elle a dans un 1er temps identifié, à vue d'œil, un point possible (G), puis elle a validé son pronostic en mettant la pointe sèche du compas sur ce point et essayant de faire passer le cercle par les points A, B, C et D.	Le centre d'un cercle est le point sur lequel on doit mettre la pointe sèche du compas pour tracer le cercle. Cependant, son pronostic s'appuie sur l'idée (implicite sans doute) selon laquelle le centre est équidistant des points du cercle.	Le **compas** pour valider que le point trouvé est bien le point pronostiqué.
Kévin	Il a mis en place une procédure analogue à celle de Fabien. Ici, l'origine semble plus liée à la consigne de l'énoncé « En utilisant ta règle graduée (ici sans importance) ... » (cf. son explication).	Même conception que Fabien.	La **règle** pour tracer les segments.
Denis	Il a dans un 1er temps identifié à vue d'œil un point possible (G), puis il a validé ce pronostic en constatant que les distances de ce point aux points A, B, C et D étaient les mêmes. À noter une imprécision de vocabulaire au niveau de l'explication « j'ai mesuré A ».	Le centre du cercle est le point équidistant des points du cercle.	La **règle graduée** pour mesurer des segments.

CORRIGÉ ANALYSE D'ERREURS 2

Énoncé p. 386

CONSEIL MÉTHODOLOGIQUE :
C'est une **tâche de description qui** est demandée aux élèves. Cela suppose qu'ils analysent la figure (figures de base, liens entre les figures de base, chronologie), qu'ils utilisent un vocabulaire précis en sachant se mettre à la place du récepteur.
Ici il y a **deux figures de base** faciles à identifier : un **carré** (en position prototypique) et un **cercle**. Le lien entre ces deux figures n'est pas à construire : le centre du cercle est un sommet du carré et le cercle passe par deux autres sommets du carré.

Patrice

- **Procédure de l'élève :** Il a identifié le cercle et un quadrilatère (mais a-t-il vu que c'est un carré ?). Il commence par faire tracer le cercle puis le carré.

Pour faire tracer le cercle, il parle du compas et donne le rayon du cercle en parlant de sa hauteur et de sa largeur. Ensuite, il fait tracer le carré en faisant tracer les quatre côtés dont il donne la longueur, l'orientation et le sens du tracé (vers le bas, vers la gauche…) en partant, semble-t-il, du centre du cercle (« puis prend ta règle au 4 cm de la hauteur et largeur »).

- **Origine de la procédure :** Cet élève utilise beaucoup le langage spatial et un vocabulaire d'action, en faisant référence aux instruments : est-ce parce qu'il ne maîtrise pas le langage mathématique, ou pense-t-il que c'est ce qu'il faut faire pour être mieux compris par le récepteur, en se mettant à sa place ?

Quand il utilise le langage mathématique, il y a beaucoup d'imprécisions et de faux sens (largeur et hauteur du cercle à la place de rayon, par exemple). Finalement, cet élève a bien perçu les éléments de la figure (même s'il ne reconnaît pas le carré) ainsi que les relations entre les éléments de cette figure. Son problème se situe surtout au niveau du vocabulaire.

Cette analyse permet également de mettre en évidence qu'une tâche de description de figure est très liée au contexte (ou à la représentation que l'élève se construit du contexte) de la communication.

Géraldine

- **Procédure :** Géraldine a identifié le carré et le cercle qu'elle caractérise convenablement ; par contre, elle ne met pas en évidence les relations entre ces deux figures.

- **Origine de la procédure :** Cet élève est plus dans une tâche d'identification de figures ; l'absence de référence aux relations dans sa description a plusieurs origines possibles :

– elle a de la peine à se décentrer, elle ne pense pas que cette relation soit utile à signaler ;
– elle pense que le plus important c'est d'indiquer les figures qu'elle voit.

Guillaume

- **Procédure :** Il a bien identifié le cercle et le carré. Il a su caractériser le carré par la longueur d'un de ses côtés. Il a repéré le lien entre le carré et le cercle en positionnant le centre du cercle ; par contre, il ne donne pas le rayon du cercle. D'autre part, il confond « angle » et « sommet de l'angle », et il prend en compte la position spatiale du cercle.

- **Origine de la procédure :** L'oubli du rayon peut être dû à une difficulté à se décentrer. L'imprécision de vocabulaire est due à l'influence du langage de la vie courante sur le langage mathématique ; en effet, dans le langage de la vie courante, on confond angle et sommet : « J'ai buté contre l'angle de la table ».

Énoncé p. 387

CORRIGÉ ANALYSE D'ERREURS 3

❶ Compétences évaluées

Il s'agit d'une tâche de tracé à réaliser à partir de la donnée de deux instructions de base.
L'élève doit :
- savoir tracer un carré de côté donné à l'aide d'une équerre et d'une règle ;
- savoir coder un carré avec des lettres ;
- savoir tracer un cercle à l'aide d'un compas ;
- comprendre les expressions « de centre … » et « passant par … ».

On peut également ajouter deux compétences spécifiques à l'exécution de programmes de tracé :
- comprendre que, si dans un programme de tracé on cite plusieurs fois un point, il s'agit du même point ;
- faire la distinction entre le point et la lettre qui le désigne.

❷ Analyse des productions

	Compétences maitrisées	Erreurs	Analyse
Thomas	• Tracé du carré • Tracé du cercle • Compréhension des expressions « de centre ... » et « passant par ... »	• Codage du carré.	Le codage des sommets du carré « en croix » est difficile à expliquer.
Maxime	• Tracé du carré • Codage du carré • Tracé du cercle • Compréhension des expressions « de centre... » et « passant par... »	• Il place deux points A et deux points B. • Le point B n'est pas noté avec une croix.	Il considère que les deux instructions du programme de tracé sont indépendantes. Cela est dû à son expérience scolaire : il a certainement, au cours du CM2, tracé des figures à partir d'une seule instruction. Il n'y a pas d'éléments dans la consigne ou dans le texte qui peuvent l'amener à penser que la 2e instruction est dépendante de la 1re.
Lucie		• Pas d'erreurs.	
Nils	• Tracé du carré • Tracé du cercle • Compréhension des expressions « de centre... » et « passant par... »	• Codage du carré.	Les sommets du carré sont codé de « gauche à droite ». C'est certainement l'influence du sens de l'écriture qui intervient ici : quand on arrive en bout de ligne, on repart à gauche.
Joan	• Tracé du cercle	• Le carré est très imprécis. • Codage du carré. • Le cercle a pour diamètre [AB].	• L'élève a peut-être tracé le carré uniquement avec la règle, en référence à l'image mentale qu'il en a. • Pour le codage, cf. Nils. • Pour le cercle, il considère que les points A et B sont sur le cercle et il considère [AB] comme un diamètre, peut-être en référence à une figure classique déjà rencontrée.

CORRIGÉ **ANALYSE D'ERREURS 4**

Énoncé p. 387

❶ Niveau de classe concerné

L'élève doit construire le symétrique d'une figure par rapport à une droite en utilisant un quadrillage. Il s'agit donc d'un exercice qui ne peut être proposé qu'au cycle 3 et plus précisément au CM2 car les lignes du quadrillage ne sont pas parallèles aux bords de la feuille (pour la figure 2).

❷ Compétences évaluées

Il s'agit de savoir tracer le symétrique d'une figure à l'aide d'un quadrillage.

❸ Analyse des erreurs

CONSEIL MÉTHODOLOGIQUE :
Ici il s'agit de faire une **analyse a priori** de la situation en mettant en évidence ses variables didactiques (voir analyse détaille ci-dessous).

Analyse a priori

Cette analyse a priori est à faire avant de rédiger la réponse. Mais elle ne doit pas apparaitre sur la copie du candidat.

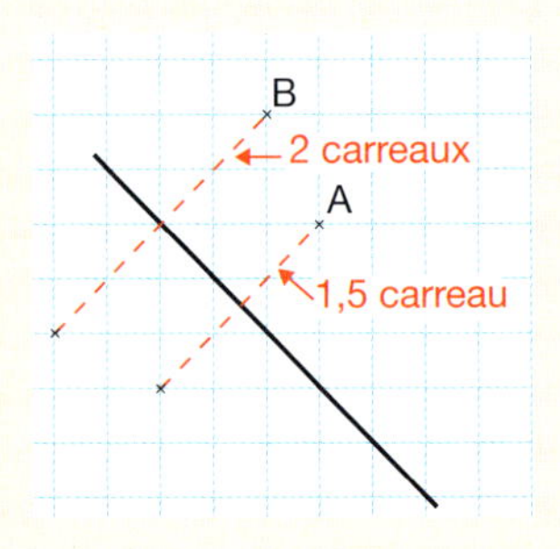

- **Figure (1) :** Ici l'axe de symétrie n'est pas sur une des lignes du quadrillage, il a pour direction une des diagonales des carreaux. En conséquence, la direction perpendiculaire à l'axe s'obtient en suivant celle de « l'autre » diagonale des carreaux. C'est évidemment une difficulté pour l'élève dans la mesure où ces diagonales ne sont pas matérialisées. Le report des distances peut ensuite se faire en comptant le nombre de carreaux traversés. Ce décompte ne correspond pas toujours à un nombre entier de carreaux (cf. le symétrique du point A ci-dessus).

En conséquence, la trame du quadrillage ne sert pas directement, ce qui peut être un obstacle pour l'élève. D'autre part, les directions des trames du quadrillage correspondent aux directions « horizontale » et « verticale », ce qui renforce le tracé de symétriques en suivant les directions verticale et horizontale (présence de lignes de rappel horizontales et verticales).

- **Figure (2) :** L'axe de symétrie est sur une ligne du quadrillage, par contre la trame du quadrillage n'est pas parallèle au bord de la feuille. En conséquence, l'axe n'est pas non plus parallèle au bord de la feuille. Les élèves ne peuvent donc pas utiliser le quadrillage pour tracer les symétriques en référence aux directions privilégiées « horizontales » et « verticales ».

Procédure de l'élève :

Suite à l'analyse a priori de l'activité, les réponses peuvent être rédigées.

- **Pour la figure (1)**, l'élève trace le symétrique des trois sommets en suivant la direction des lignes « verticales » du quadrillage. Il compte ensuite le nombre de carreaux (ou il mesure) pour que le point d'intersection de la ligne verticale passant par le point et l'axe de symétrie soit le milieu du segment dont les extrémités sont le point et son image.

- **Pour la figure (2)**, l'élève suit une direction qui est presque verticale et qui a pour direction la diagonale d'un rectangle de côté 1 sur 2. Il s'assure ici encore de l'égalité des « distances » du point à la droite et du symétrique à la droite. Il semble qu'ici, pour s'assurer de cette égalité de distance, il ait utilisé la règle graduée. Le décompte des carreaux est délicat. Il apparaît donc que cet élève a bien intégré l'idée que la « distance » du point à la droite doit être égale à la « distance » de son symétrique à la droite. Par contre, il est toujours sur une direction « verticale » de la symétrie.

4 Activités de remédiation

CONSEIL MÉTHODOLOGIQUE :

Il s'agit ici de proposer des situations de remédiation. On a vu dans le chapitre 4 (§ 2.1) que ces situations sont fonction du modèle d'apprentissage sur lequel on s'appuie. Dans la question on parle « d'activités », on ne peut donc pas faire référence au modèle transmissif (ou ostensif). On peut s'appuyer sur un modèle behavioriste, mais il est préférable le jour du concours (et aussi en classe) de s'appuyer sur une approche constructiviste quand les erreurs sont liées à des problèmes de conception.

Reprenons les caractéristiques d'une **remédiation** s'appuyant sur le **modèle constructiviste** et appliquons-les à la situation :

➤ **Remédiation en appui sur le modèle constructiviste,** chap. 4, p. 67.

- **1er temps :** On demande à l'élève d'expliciter sa méthode de tracé.
- **2e temps :** On lui demande s'il connaît un moyen de valider sa production. On s'attend à ce qu'il fasse référence au pliage, mais si ce n'est pas le cas, un travail est à faire sur le lien entre pliage et symétrie.

Ce moyen de validation étant mis en évidence, on demande à l'élève d'essayer d'anticiper et donc de pouvoir dire si, en réalisant un pliage, les deux dessins vont se superposer. Ce travail vise à développer des images mentales de pliage qui aideront par la suite l'élève à anticiper la construction qu'il aura à réaliser, puis à contrôler sa réponse. Quelle que soit sa réponse, l'élève est invité à plier et à observer la superposition.

- **3e temps :** L'élève, ayant fait le constat de l'erreur, est invité à essayer de trouver une nouvelle méthode. Si l'élève n'arrive pas à trouver cette méthode seul, l'enseignant peut soit l'aider, soit faire intervenir des camarades.
- **4e temps :** L'élève est invité à identifier ce qui, dans la méthode qu'il avait mise en place au début, ne convient pas.

CORRIGÉ ANALYSE DE DOSSIER 1

Énoncé p. 388

❶ Exercice de reproduction de la maison sur quadrillage

a. Savoirs et savoir-faire pour réussir cet exercice :

– Savoir repérer des points les uns par rapport aux autres sur un quadrillage (ce qui est différent de savoir repérer des points sur un quadrillage à partir d'un repère).

– Savoir tracer des segments (à main levée et/ou avec une règle), portés par les lignes du quadrillage ou non.

Cette activité peut être proposée au **cycle 2**, éventuellement au **cycle 3** en réinvestissement.

b. Deux types de contrôle peuvent être proposés aux élèves :

– Contrôle par superposition avec un modèle : un calque, un gabarit, un pochoir.

– Contrôle de certaines mesures avec l'usage d'une règle graduée ou d'un compas (plutôt au niveau du cycle 3).

c. Procédure mise en place par les élèves

Tracer les segments ou les points de proche en proche.

Deux cas sont à envisager :

– le segment à tracer est sur une ligne du quadrillage, dans ce cas il n'y a qu'à compter les carreaux horizontalement ou verticalement ;

– le segment n'est pas sur une ligne du quadrillage, dans ce cas il faut compter les carreaux horizontalement et verticalement.

d. Erreurs possibles, origines, aides

Les erreurs, les origines possibles de ces erreurs et l'aide que l'on peut alors apporter sont explicitées dans le tableau ci-dessous.

Erreurs	Origine	Aide
L'élève fait une maison qui ressemble au modèle mais sans se soucier des mesures.	C'est le sens que l'élève donne au mot « reproduis » qui est en cause.	– Donner à l'élève les critères de réussite de la tâche, par exemple en lui montrant le calque du modèle et la façon dont sera contrôlé le dessin de l'élève (par superposition).
Dans le cas d'une reproduction en traçant des segments de proche en proche, l'élève peut se tromper en traçant un segment.	• **Dans le cas du tracé d'un segment qui est sur une ligne du quadrillage**, l'origine de l'erreur peut être liée au décompte des carreaux (erreur dans le dénombrement, non-mémorisation du nombre de carreaux, décompte du 1er nœud dans un cas mais pas dans l'autre…). • **Dans le cas de segments qui ne sont pas sur une ligne du quadrillage**, l'élève peut se contenter de tracer un trait oblique. De plus, l'élève doit mémoriser deux informations, ce qui peut entraîner des phénomènes de surcharge cognitive si le dénombrement n'est pas parfaitement acquis.	– Travailler sur le dénombrement. – Travailler sur la distinction entre le décompte des nœuds et des carreaux.

Erreurs	Origine	Aide
Dans le cas d'un tracé point par point, l'élève peut se tromper en plaçant des points.	Dans le cas d'une reproduction en traçant les points de proche en proche, l'élève peut avoir repéré un point sur le modèle par rapport à un point donné, puis sur son tracé prendre un autre point de repère. Cela peut être dû au fait que tout au long de la mise en place de cette stratégie, le modèle est très différent du tracé (puisque les points ne sont reliés qu'à la fin), ce qui entraîne des difficultés de mise en correspondance des points, surtout quand il y en a beaucoup, comme c'est le cas ici.	– On peut inciter l'élève, dans un premier temps, à placer trois ou quatre points, puis à joindre ces points et à contrôler son travail par comparaison avec le modèle.
Toujours dans le cas d'une reproduction en traçant les points de proche en proche, une fois que les points sont placés, l'élève peut avoir des difficultés pour les joindre correctement.	Dans le nuage de points obtenus, l'élève n'arrive plus à retrouver mentalement le modèle qu'il doit reproduire.	– On peut proposer des exercices qui consistent, à partir d'un nuage de points, à retrouver des figures données.
Il peut aussi y avoir des erreurs au niveau du positionnement de la fenêtre. Ces erreurs se rencontrent plus souvent chez l'élève qui utilise une stratégie tracé de segment.	La fenêtre n'est reliée à aucun segment de la figure, aussi pour la tracer l'élève est obligé de placer au moins un sommet en utilisant une stratégie point par point (cf. les erreurs spécifiques de cette stratégie).	Cf. ci-dessus.
Des imprécisions dans les tracés, dans le cas de l'utilisation d'instruments.	Il s'agit ici de problèmes d'habileté psychomotrice.	– S'entraîner régulièrement !

❷ Reproduction de la maison sur papier blanc

a. Etapes de construction

On peut commencer par placer les points A, B et C, puis construire le carré ABEF, le triangle EFG et le parallélogramme EDHG. Ensuite, on trace le rectangle IJKL et, enfin, le carré MNPQ. Pour les distances, il suffit de les reporter avec le compas.

Il y a une difficulté pour tracé la fenêtre. Une méthode possible consiste à repérer la position d'un sommet de cette fenêtre en mesurant les distances de ce point aux murs. Pour cela on trace, sur le modèle, les perpendiculaires aux murs passant par ce point. On n'a plus ensuite qu'à reporter ces longueurs sur le tracé.

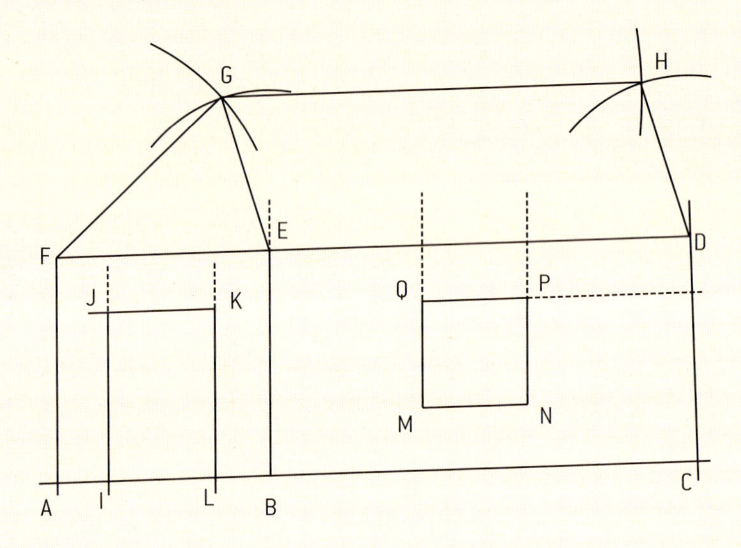

b. Savoir-faire nécessaires et niveau scolaire

Cet exercice de reproduction de figures géométriques sans quadrillage nécessite un certain nombre de compétences :

– il faut tout d'abord être capable de repérer les figures simples qui la composent et leurs liens : ici, il faut repérer deux carrés, un triangle, un parallélogramme deux rectangles et leur position respective ;

– il faut ensuite être capable de définir la chronologie des tracés (notons qu'ici il y a plusieurs façons de commencer ce dessin) ;

– il faut ensuite savoir tracer des figures simples en respectant leurs propriétés (orthogonalité, parallélisme, longueurs égales des cotés), leurs dimensions (ce qui suppose de savoir reporter des dimensions avec le compas) et leur positions relatives (faisons remarquer que le tracé du parallélogramme n'est pas exigible au niveau de l'école).

Cette activité peut être proposée comme **activité de recherche en CM2.**

Énoncé p. 388

CORRIGÉ ANALYSE DE DOSSIER 2

<u>Les questions 1 à 3 portent sur l'annexe 1</u>

❶ Contenu de la boite de géométrie

Si l'enseignant ne donne que les instruments nécessaires pour résoudre le problème, les élèves risquent d'utiliser ces instruments en référence à la règle du contrat didactique : « Si l'enseignant nous donne ces instruments, c'est qu'il faut s'en servir » et non en référence à la situation elle-même. Il est en est de même si l'enseignant donne un nouvel instrument.

❷ Avantage de la réquerre sur l'équerre

a. **La réquerre permet de tracer des droites perpendiculaires** en un seul trait contrairement à l'équerre. D'autre part, le tracé des droites perpendiculaires sur la réquerre peut aider les élèves : en effet, sur l'équerre (contrairement à la réquerre), il n'y a pas de droites perpendiculaires tracées et l'élève hésite souvent pour savoir quels côtés de l'équerre il doit utiliser.

b. **En revanche, pour reconnaitre des droites perpendiculaires**, il suffit d'une seule action avec les deux instruments pour vérifier qu'un angle est droit.

❸ Notions abordées dans les situations 1 et 2

La **situation 1** permet d'aborder la **notion d'angle droit**, la **situation 2** celle de **droites perpendiculaires**. Ces deux notions sont bien sûr liées puisque deux droites perpendiculaires permettent de définir quatre angles droits.

<u>Les questions 4 à 7 portent sur la situation 1 (annexe 2)</u>

❹ Importance du découpage de la feuille

S'il reste une trace du segment [BE], les élèves pourront construire le côté qui manque en joignant l'extrémité du côté tracé à cette trace. Ils pourront donc réussir la tâche sans passer par la connaissance visée.

❺ Procédures que les élèves peuvent utiliser :

– au jugé, en référence à une image mentale du coin d'un rectangle (procédure incorrecte dans la mesure où elle ne donne pas un résultat précis) ;

– en utilisant les graduations de la règle plate (procédure qui peut donner un résultat correct pour des tracés « courts ») ;

– en utilisant la réquerre ou l'équerre (procédure correcte).

❻ Variables didactiques

Variables	Justifications
Le découpage de la feuille sur laquelle est tracé le côté [FC] et la position du segment par rapport à ce découpage	Si la feuille est rectangulaire et que le côté [FC] est parallèle à un bord de la feuille, les élèves pourront tracer le côté [EC] en « suivant » l'autre bord de la feuille.
La longueur FC	Plus la longueur FC est grande, plus cela facilite l'image mentale anticipatrice de l'angle droit.
La longueur CE	Plus la longueur CE est petite, plus l'élève a de la chance d'arriver à un résultat correct même avec une méthode au jugé.

❼ Difficultés de la phase de validation

Plusieurs difficultés peuvent survenir :

– Les élèves peuvent ne pas être d'accord pour décider si une production est correcte ou non dans la mesure où la validation est liée à un problème de précision. Les élèves n'ont aucune raison de partager les mêmes critères de précision que l'enseignant.

– Les élèves peuvent arriver à un résultat correct avec une procédure non attendue (par exemple au jugé ou avec la graduation de la règle plate).

– Des élèves, qui utilisent une procédure correcte (utilisation de l'équerre par exemple), peuvent invalider leur production à cause d'un tracé imprécis dû au fait qu'ils n'ont pas encore une bonne maîtrise de l'instrument.

Les questions 8 à 10 portent sur la situation 2 (annexe 3)

❽ Phase de familiarisation

La phase de familiarisation est destinée à aider les élèves à se construire une image mentale du résultat. Si cette phase n'est pas mise en place, les élèves n'ont que la possibilité d'imaginer le résultat du pliage pour construire la droite, ce qui semble très difficile à ce niveau.

❾ Comparaison des 2 situations

La différence est importante au moment de la vérification : dans le cas de la situation 2 présentée dans le dossier, lorsque les élèves plient pour valider, ils peuvent se rendre compte que leur résultat est faux, mais ils n'ont pas pour autant la réponse.

Par contre, dans la situation décrite dans cette question, lorsque les élèves plient, ils ont la réponse à la question (cela a pour conséquence qu'ils ne peuvent plus être confrontés au problème).

❿ Utilisation de l'équerre

C'est tout à fait normal dans la mesure où il n'y a aucune raison pour que les élèves associent la droite à tracer avec le coin d'un rectangle (ici il n'y a pas de rectangle) et donc avec l'équerre qu'ils ont pu utiliser dans la situation précédente.

Par ailleurs le délai de 10 jours entre les deux situations bloque la règle du contrat didactique « Lorsqu'on se sert d'un instrument nouveau pour résoudre un problème, il faut réinvestir cet instrument dans la situation suivante ».

CHAPITRE 15

Repérage dans l'espace Étude de solides

Connaissances mathématiques de référence → Tome 1, chapitre 21

Dans ce chapitre, outre le travail sur la géométrie dans l'espace (essentiellement sur les solides), nous abordons l'enseignement du repérage. Ce dernier point concerne aussi bien le repérage dans un plan que dans l'espace ; nous aurions donc pu le traiter dans le chapitre 14 (consacré à la géométrie plane) mais, pour ne pas alourdir ce chapitre, nous avons préféré l'aborder ici. De plus, nous n'avons pas estimé utile de fournir de développements mathématiques concernant le repérage.

À l'école, le travail sur l'espace à 3 dimensions est organisé autour de deux préoccupations :

– **aider les élèves à se situer, se repérer et se déplacer dans l'espace ordinaire** en leur fournissant des outils pour passer de l'espace vécu à un espace représenté et conceptualisé, notamment par l'intermédiaire du langage verbal et de représentations (plan…) ;

– **les familiariser avec quelques solides géométriques** du point de vue de leurs propriétés et de leurs représentations planes.

Extrait du BO spécial n° 11 du 26 novembre 2015.

PROGRAMME DE L'ÉCOLE MATERNELLE (extraits)

4. Construire les premiers outils pour structurer sa pensée

[...]

4.2. Explorer des formes, des grandeurs, des suites organisées

[...]

4.2.1. Objectifs visés et éléments de progressivité

Très tôt, les enfants regroupent les objets, soit en fonction de leur aspect, soit en fonction de leur utilisation familière ou de leurs effets. À l'école, ils sont incités à « mettre ensemble ce qui va ensemble » pour comprendre que tout objet peut appartenir à plusieurs catégories et que certains objets ne peuvent pas appartenir à celles-ci.

Par des observations, des comparaisons, des tris, les enfants sont amenés à mieux distinguer différents types de critères : forme, longueur, masse, contenance essentiellement. Ils apprennent progressivement à reconnaître, distinguer des solides puis des formes planes. [...] L'enseignant est attentif au fait que l'appréhension des formes planes est plus abstraite que celle des solides et que certains termes prêtent à confusion (carré/cube). L'enseignant utilise un vocabulaire précis (cube, boule, pyramide, cylindre, carré, rectangle, triangle, cercle ou disque (à préférer à « rond ») que les enfants sont entraînés ainsi à comprendre d'abord puis à utiliser à bon escient, mais la manipulation du vocabulaire mathématique n'est pas un objectif de l'école maternelle.

Par ailleurs, dès la petite section, les enfants sont invités à organiser des suites d'objets en fonction de critères de formes et de couleurs ; les premiers algorithmes qui leur sont proposés sont simples. Dans les années suivantes, progressivement, ils sont amenés à reconnaître un rythme dans une suite organisée et à continuer cette suite, à inventer des « rythmes » de plus en plus compliqués, à compléter des manques dans une suite organisée.

4.2.2. Ce qui est attendu des enfants en fin d'école maternelle

- Classer des objets en fonction de caractéristiques liées à leur forme. Savoir nommer quelques formes planes (carré, triangle, cercle ou disque, rectangle) et reconnaître quelques solides (cube, pyramide, boule, cylindre).
- Reproduire un assemblage à partir d'un modèle (puzzle, pavage, assemblage de solides).

PROGRAMME DES CYCLES 2 ET 3 (extraits)

Espace et géométrie

CYCLE 2

Introduction

Les élèves acquièrent à la fois des connaissances spatiales comme l'orientation et le repérage dans l'espace et des connaissances géométriques sur les solides et sur les figures planes. Apprendre à se repérer et se déplacer dans l'espace se fait en lien étroit avec le travail dans « Questionner le monde » et « Éducation physique et sportive ».

PROGRAMME DES CYCLES 2 ET 3 (extraits)
Espace et géométrie

CYCLE 2	CYCLE 3
Attendus de fin de cycle : **(Se) repérer et (se) déplacer en utilisant des repères** • Se repérer dans son environnement proche. • Situer des objets ou des personnes les uns par rapport aux autres ou par rapport à d'autres repères. – Vocabulaire permettant de définir des positions (gauche, droite, au-dessus, en dessous, sur, sous, devant, derrière, près, loin, premier plan, second plan, nord, sud, est, ouest…). – Vocabulaire permettant de définir des déplacements (avancer, reculer, tourner à droite/à gauche, monter, descendre…). • Produire des représentations des espaces familiers (les espaces scolaires extérieurs proches, le village, le quartier) et moins familiers (vécus lors de sorties). – Quelques modes de représentation de l'espace. • S'orienter et se déplacer en utilisant des repères. • Coder et décoder pour prévoir, représenter et réaliser des déplacements dans des espaces familiers, sur un quadrillage, sur un écran. – Repères spatiaux. – Relations entre l'espace dans lequel on se déplace et ses représentations. **Reconnaitre, nommer, décrire, reproduire quelques solides** • Reconnaitre et trier les solides usuels parmi des solides variés. Décrire et comparer des solides en utilisant le vocabulaire approprié. • Reproduire des solides. • Fabriquer un cube à partir d'un patron fourni. – Vocabulaire approprié pour : • nommer des solides (boule, cylindre, cône, cube, pavé droit, pyramide) ; • décrire des polyèdres (face, sommet, arête). – Les faces d'un cube sont des carrés. – Les faces d'un pavé droit sont des rectangles (qui peuvent être des carrés).	**Attendus de fin de cycle :** **(Se) repérer et (se) déplacer dans l'espace en utilisant ou en élaborant des représentations** • Se repérer, décrire ou exécuter des déplacements, sur un plan ou sur une carte. • Accomplir, décrire, coder des déplacements dans des espaces familiers. • Programmer les déplacements d'un robot ou ceux d'un personnage sur un écran. – Vocabulaire permettant de définir des positions et des déplacements. – Divers modes de représentation de l'espace. **Reconnaitre, nommer, décrire, reproduire, représenter, construire quelques solides** • Reconnaitre, nommer, comparer, vérifier, décrire : – des solides simples ou des assemblages de solides simples à partir de certaines de leurs propriétés. – Figures planes et solides, premières caractérisations : – […] – Vocabulaire approprié pour nommer les solides : pavé droit, cube, prisme droit, pyramide régulière, cylindre, cône, boule. • Reproduire, représenter, construire : – […] – des solides simples ou des assemblages de solides simples sous forme de maquettes ou de dessins ou à partir d'un patron (donné, dans le cas d'un prisme ou d'une pyramide, ou à construire dans le cas d'un pavé droit).

REPÈRES DE PROGRESSIVITÉ (extraits)

CYCLE 2	CYCLE 3
Au **CP**, la représentation des lieux et le codage des déplacements se situent dans la classe ou dans l'école, puis dans le quartier proche, et au **CE2** dans un quartier étendu ou le village. Dès le **CE1**, les élèves peuvent coder des déplacements à l'aide d'un logiciel de programmation adapté, ce qui les amènera au **CE2** à la compréhension, et la production d'algorithmes simples. Dès le **CP**, les élèves observent et apprennent à reconnaitre, trier et nommer des solides variés. Le vocabulaire nécessaire pour les décrire (face, sommet, arête) est progressivement exigible. Ils apprennent dès le CE1 à construire un cube avec des carrés ou avec des tiges que l'on peut assembler. Au CE2, ils approchent la notion de patron du cube. La discussion sur l'agencement des faces d'un patron relève du cycle 3.	**Les apprentissages spatiaux :** Dans la continuité du cycle 2 et tout au long du cycle, les apprentissages spatiaux se réalisent à partir de problèmes de repérage de déplacement d'objets, d'élaboration de représentation dans des espaces réels, matérialisés (plans, cartes…) ou numériques. **Les apprentissages géométriques :** Ces apprentissages développent la connaissance de figures planes, de solides mais aussi de relations entre objets et de propriétés des objets.

REPÈRES POUR ENSEIGNER

Pour chacune des deux notions abordées dans ce chapitre [repérage dans l'espace et les solides], nous identifierons les principaux problèmes que les élèves peuvent rencontrer et les savoir-faire qu'ils doivent maîtriser, les variables didactiques associées et les principales difficultés que les élèves peuvent rencontrer.

1 Repérage dans l'espace

1.1 Connaissances et types de problèmes

A. Les connaissances

L'enseignement du repérage joue un rôle important à l'école car il représente une interface entre les connaissances spatiales et géométriques.

➤ **Connaissances spatiales et géométriques,** chap. 14, p. 349.

En effet, se repérer dans l'espace fait appel à des **connaissances spatiales** qui nécessitent d'organiser et de structurer cet espace. Cet apprentissage relève de nombreuses disciplines : éducation physique, géographie, mathématiques, arts visuels... Se repérer nécessite également des **connaissances géométriques** comme celles d'alignement, de cercle [recherche par exemple d'un objet situé à 3 m de tel arbre et à 2 m de tel autre arbre]...

B. Les repères

On distingue **trois types de repères** :

• Les repères relatifs prenant en compte le point de vue de l'observateur

Le repère peut être alors :

– soit placé sur une **personne**.

EXEMPLE : « L'objet est à ta droite. »

– soit un **objet fixe non orienté**.

EXEMPLE : « C'est à droite de l'arbre. »

• Les repères relatifs indépendants du point de vue de l'observateur

Les objets choisis pour assurer le repérage sont temporaires.

EXEMPLE : « l'objet est à 2 mètres de l'arbre et à 3 mètres du poteau. »

• Les repères absolus

Dans ce cas, les repères sont **établis une fois pour toutes** [c'est-à-dire pour tous les problèmes de repérage posés]. Ils se caractérisent par plusieurs points de référence ou un point de référence et des directions.

EXEMPLE : le **repère cartésien** qui est caractérisé par une origine et deux axes graduées.

➤ **Exemples de repère cartésien** tome 1, p. 144.

C. Les différents types de problèmes

Il existe une très **grande diversité de problèmes** qui font appel au repérage dans l'espace :
– décrire, représenter, communiquer des positions ou des déplacements ;
– demander des informations pour reproduire une situation spatiale ou effectuer un déplacement ;
– reproduire une organisation spatiale ou un déplacement ;
– construire ou compléter une organisation spatiale ou organiser un déplacement d'après une description.

Les problèmes sont aussi fonction de ce qu'on repère : cela peut être un objet ou une personne qu'il faut localiser, un chemin que l'on cherche à communiquer ou à trouver à partir d'indications fournies.

1.2 Variables didactiques

Ces problèmes s'accompagnent d'un certain nombre de paramètres qui sont des variables didactiques des situations de repérage.

A. Dimensions de l'espace

Les dimensions de l'espace peuvent être 1, 2 ou 3.
On peut, par exemple :
– chercher à repérer, parmi un lot d'étiquettes identiques suspendues à un fil, l'une d'entre elles (**dimension 1**) ;
– demander de décrire un trajet pour se rendre d'un point à un autre de l'école en réalisant un plan (**dimension 2**) ;
– demander d'indiquer la position d'un objet par rapport à soi (« il est devant moi en hauteur ») (**dimension 3**).

B. Nature de l'espace

Il y a trois sortes d'espace :

- **Le micro-espace** est proche de l'observateur, mais extérieur à lui : celui-ci peut y voir, toucher ou déplacer tous les objets sans avoir à se déplacer (espace de la feuille de papier, de sa table de travail…).
- **Le meso-espace** est totalement accessible à partir de la position de l'observateur : celui-ci est un des éléments de cet espace (espace de la salle de classe…) et il y a des repères fixes (porte, fenêtres…).
- **Le macro-espace** est un espace dont on ne peut avoir que des perceptions locales : l'observateur en est un des éléments et il doit coordonner des informations partielles pour le reconstituer mentalement, avec l'aide éventuelle d'un plan, d'une carte ou d'une maquette (espace du quartier, du village…).

C. Présence ou non de repères fixes

Ces repères peuvent être facilement identifiables ou de directions privilégiées :

- **Dans l'espace de la classe :** par exemple, la porte, le bureau de l'enseignant…

- **Dans l'espace d'une feuille rectangulaire**, deux orientations se trouvent généralement privilégiées : feuille « en hauteur » (dite *position portrait*) ou « en largeur » (dite *position paysage*).
- **Dans un quadrillage :** la présence d'un quadrillage peut induire l'utilisation d'un **système de coordonnées.**

On peut avoir, dans ce cas, deux systèmes de repérage :

– soit **les lignes et colonnes sont identifiées** par un numéro ou une lettre (cf. grille de mots croisés) et le repérage se fait en donnant, dans un ordre établi à l'avance, le numéro (ou la lettre) de la ligne et de la colonne correspondant au point (ou la case) à repérer ;

– soit **les lignes et colonnes ne sont pas nommées**, et le repérage se fait alors par rapport à un point fixe clairement identifié ; cela donne par exemple : « le point est à 2 carreaux à droite et 5 carreaux au-dessus de A ».

D. Moyen de communication

Dans le cas d'un repérage établi pour quelqu'un d'autre, le moyen de communication peut être :

– **un message oral ou écrit** qui utilise des mots du type « au-dessus », « devant », « à gauche de », « proche de… » ou un système de coordonnées.

– **un schéma à main levée, un plan ou une carte à l'échelle**…

E. Place des locuteurs (émetteur et récepteur)

Sont-ils situés au même endroit ou non dans l'espace considéré ? Sont-ils orientés de la même manière ou non ? Dans le cas de la communication d'une position ou d'un trajet, le repérage peut se faire par rapport à des repères :

– relatifs au récepteur (« c'est à ta droite ») ;

– orientés ou non (une voiture, le tableau, un arbre…) ;

– absolus (c'est le cas, par exemple, si on dispose d'un système de coordonnées avec une origine).

1.3 Difficultés rencontrées par les élèves

Deux types de difficultés classiques apparaissent dans le cadre d'une tâche de repérage :

- **Difficulté à se décentrer dans le cas de l'utilisation de repère relatif** lorsque les deux personnes n'occupent pas la même position : l'élève fait alors comme si son interlocuteur avait le même point de vue que lui.
- **Difficulté à rendre congruente l'orientation d'un plan et celle de l'espace dans lequel on travaille**, c'est-à-dire à positionner le plan de façon à ce qu'il ait la même orientation par rapport à l'observateur que la réalité.

Pour ce qui est du repérage sur quadrillage, il peut y avoir des difficultés au niveau du décompte des carreaux pour déterminer les coordonnées, de la coordination de deux dimensions (abscisse et ordonnée) et de la communication de ces coordonnées dans le bon ordre.

Pour une analyse de productions d'élèves concernant le repérage sur quadrillage
➤ **Au concours,** Analyse d'erreurs 1, p. 416.

2 Solides

2.1 Caractéristiques des solides

A. Différents types de solides

- **On peut distinguer trois types de solides[1] :**

– **Les solides sociaux** qu'on rencontre dans la vie de tous les jours : boites, meubles, immeubles.

– **Les solides mathématiques** qui sont des objets théoriques. Ce sont des portions de l'espace géométrique définies par des propriétés mathématiques. Parmi eux, il y a les polyèdres délimités par des faces polygonales, la sphère ou le cylindre.

– **Les maquettes** qui sont entre ces deux types de solides. Ce sont des représentations des solides mathématiques ou des solides sociaux qu'on a épurées. On retrouve ces maquettes dans les salles de classe.

1. Cf. Ermel, *Apprentissages géométriques et résolution de problèmes*, p. 465, 2006, Hatier.

- **Un solide mathématiques se caractérise[2] par :**

– **des définitions et des propriétés** : pour les polyèdres, c'est le nombre et la nature de leurs faces, le nombre de leurs arêtes et de leurs sommets, les propriétés de leurs arêtes et de leurs faces ;

– **un langage de description** : face, sommet, arête, patron ;

– **des savoir-faire** : en particulier savoir reconnaître des solides particuliers, savoir les représenter ;

– **les problèmes à propos de solides** : reproduction, description, réalisation de patrons....

2. En référence à l'analyse conceptuelle de G. Vergnaud, ➤ chap. 1 p. 21-22.

B. Différentes façons de représenter les solides

Il y a plusieurs façons de représenter les solides de l'espace, par exemple :

– une **représentation en perspective** cavalière ou axonométrique ;

– une **représentation grâce aux vues** de face, de dessus, de gauche ou de droite ;

– un **patron** (pour la plupart des solides[3]).

3. Certains solides n'ont pas de patron, comme la sphère par exemple.

C. Enseignement des solides à l'école

À l'école primaire, l'étude des solides est centrée sur les mises en relation suivantes :

- **Le solide avec ses propriétés**

Il s'agit principalement de déterminer le nombre et la nature des faces d'un polyèdre, le nombre de ses arêtes et de ses sommets.

- **Le solide avec ses patrons**

Il s'agit de construire le patron de solides donnés ou d'identifier si un dessin est un patron d'un solide donné.

Le solide et sa représentation en perspective cavalière

Les programmes de l'école, comme nous l'avons vu, ne font pas référence à la perspective car cet apprentissage relève du collège, mais les élèves sont confrontés à ce type de représentation dans de nombreux manuels ou dans des jeux de construction.

Les différentes compétences que les élèves doivent acquérir à l'école sont donc :
– d'identifier les propriétés d'un polyèdre ;
– de reconnaître un patron d'un polyèdre ;
– de construire un patron d'un polyèdre ;
– de représenter un solide dans le plan.

Nous allons les étudier en identifiant les procédures associées, les principales erreurs et variables didactiques.

2.2 Identifier les propriétés d'un polyèdre

Il s'agit pour l'élève d'identifier :
– le nombre et la nature des faces d'un polyèdre ;
– le nombre de ses sommets et de ses arêtes.

Plusieurs situations sont possibles.

A. L'élève a le polyèdre en main.

Procédure	Variables, erreurs et difficultés
L'élève doit reconnaître la nature de chacune des faces, puis les dénombrer.	– **La familiarité qu'a l'élève avec le solide** : si le solide lui est familier, il aura plus de facilité à réussir la tâche. – **Le nombre de faces, sommets, arêtes** : s'il y a beaucoup de faces, sommets, arêtes, l'élève aura plus de difficulté à effectuer un dénombrement correct ; il pourra en effet facilement compter deux fois la même face (ou arête ou sommet) ou en oublier. – **La nature des faces** : sont-elles des polygones connus de l'élève ? – **Difficulté : les faces ne sont pas toutes visibles d'un seul coup d'œil**[4] ; il faut donc manipuler le polyèdre, sans oublier des faces.

4. C'est généralement le cas sauf si le solide est « un squelette » ou est transparent.

B. L'élève n'a pas le polyèdre en main, mais il le voit.

Le solide est par exemple posé sur un support devant le tableau.

Procédure	Variables, erreurs et difficultés
L'élève doit arriver à imaginer ce qu'il y a derrière la face avant de ce solide. Il doit donc déjà avoir eu l'occasion de manipuler ce solide, sinon la tâche est impossible à réaliser.	**On retrouve les mêmes variables que précédemment** avec une difficulté supplémentaire due au fait qu'il ne peut pas manipuler le polyèdre. Il faut donc qu'il imagine ce qui est derrière sa face avant.

On peut avoir une **4e situation** : L'élève ne dispose ni du solide ni d'une de ses représentations. Il doit alors faire appel à des connaissances mémorisées ou à une image mentale du solide.

C. L'élève a seulement le dessin en perspective du polyèdre.

Procédure

L'élève doit, à l'aide des conventions de tracé des arêtes (traits pleins pour les arêtes visibles et traits en pointillés pour les arêtes cachées), arriver à identifier les faces en tenant compte du fait que certaines ne sont pas déformées (faces avant et arrière) et que d'autres le sont.

Par exemple, une face latérale rectangulaire est représentée en perspective cavalière par un parallélogramme. Mais il y a toujours une incertitude concernant la nature des faces latérales, car une face qui a la forme d'un parallélogramme est également représentée par un parallélogramme en perspective cavalière.

Variables, erreurs et difficultés

– **On retrouve les mêmes variables que précédemment.**

– **Difficulté : identifier la nature des faces latérales.** Dans ce cas, si on ne donne pas à l'élève le nom du solide, il ne peut pas répondre avec certitude.

2.3 Reconnaître un patron d'un polyèdre

On se place ici dans une situation où :
– le solide est connu des élèves ou si, ce n'est pas le cas, ils ont la possibilité de le visualiser ;
– l'élève ne peut pas découper et plier le dessin (tout du moins avant de répondre).

Procédures

L'élève doit s'assurer que trois conditions sont remplies :

Condition 1 Toutes les faces du solide, et elles seulement, sont bien représentées, ce qui suppose de connaître leur nombre et leurs caractéristiques.

Condition 2 Les côtés des différents polygones, qui représentent les faces et qui se correspondent après pliage, sont de même dimension (*propriété d'incidence*).

Condition 3 Deux faces ne se superposeront pas au moment du pliage.

Comme l'élève ne peut pas découper et plier le dessin, cela l'oblige à mobiliser des images mentales pour s'assurer des deux dernières conditions.

Variables didactiques

– **La nature du solide** : la familiarité que l'élève a avec ce solide, avec ses faces, le nombre de faces du solide...

– **La présence ou non du solide** quand l'élève résout la tâche.

Erreurs de reconnaissance

– **L'élève ne s'assure que d'une condition** : surcharge cognitive ou non-appropriation de l'intérêt des autres conditions suite aux exercices proposés par le maître qui jusqu'à présent pouvaient être résolus en ne travaillant que sur une seule condition.

– **L'élève n'arrive pas à vérifier mentalement les conditions 2 et 3** : cela suppose en effet qu'il puisse effectuer mentalement des rotations de plusieurs polygones autour d'axes, tâche très complexe que nous-mêmes adultes avons parfois de la difficulté à résoudre.

– **L'élève pense que le patron d'un solide a toujours la même forme** : par exemple, la forme d'une croix pour le pavé droit ou le cube.

Les images mentales se développent en entraînant l'élève à reconnaître des patrons, puis à vérifier ses pronostics en effectuant les pliages et en analysant ses propres erreurs.

2.4 Construire un patron d'un polyèdre

Dans ce type de problème, une variable est déterminante : le fait d'avoir ou non à sa disposition l'objet dont il faut construire le patron.

A. L'objet est présent.

Il y a deux possibilités :

- **L'élève a le droit de manipuler l'objet.**

Il peut alors construire le patron en le faisant rouler sur sa feuille et en traçant l'empreinte de chaque face. La difficulté consiste à s'assurer qu'il a bien tracé toutes les faces, seulement elles et jamais deux fois la même, et qu'elles « se tiennent par des côtés » et non par des sommets.

- **L'élève n'a pas le droit de manipuler l'objet.**

Il peut construire le patron en « étalant » mentalement les différentes faces de cet objet. On retrouve alors ici les difficultés liées à la manipulation d'images mentales auxquelles peuvent s'ajouter des difficultés de construction des faces.

B. L'objet est absent du regard de l'élève.

Il y a deux possibilités :

- **L'objet est représenté par un tracé en perspective cavalière.**

L'élève devra se représenter mentalement l'objet, puis étaler toujours mentalement ses faces, d'où une double difficulté. Ce n'est pas un objectif de l'école.

- **L'objet n'est pas représenté.**

il ne pourra alors s'agir que d'un objet familier : cube, pavé par exemple.

Enfin beaucoup d'élèves s'imaginent qu'**un solide n'a qu'un seul patron**, ce qui peut bien sûr créer des difficultés pour la résolution de certains exercices. De ce point de vue, la recherche de tous les patrons d'un cube est un problème intéressant.

ENTRAINEMENT 1

Voici un exercice de découverte de patrons de prismes proposé à des élèves de CM2. Les élèves ont au préalable réalisé des patrons de pavés droits et de cubes. Un travail de reconnaissance de patrons a été proposé aux élèves.

Corrigé p. 415

Exercice extrait de *Euro Maths CM2* p. 180, Hatier, 2010.

Alice a commencé un patron pour le polyèdre A, il manque encore une face.

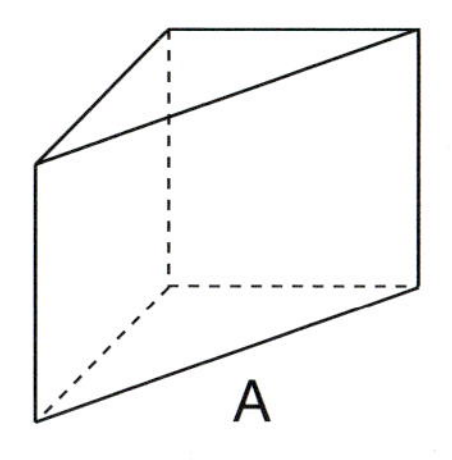

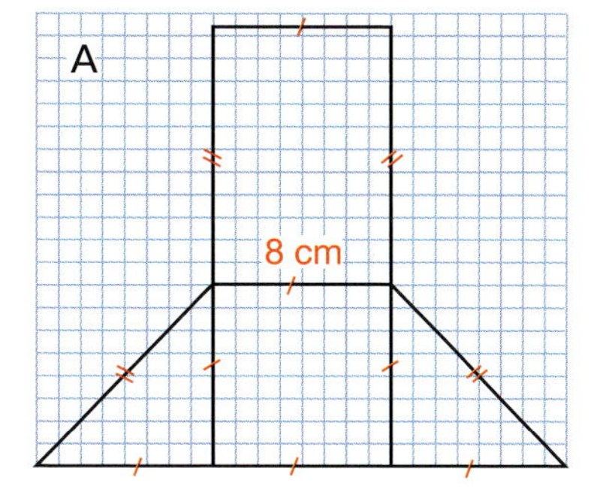

Reproduis le travail d'Alice sur du papier quadrillé en respectant les dimensions indiquées et complète le patron.
Vérifie en construisant le polyèdre.

Il a été indiqué aux élèves que le **solide A** a été obtenu en partageant le cube en deux morceaux identiques.

Quelles aides pourriez-vous apporter à un élève qui bloque face à cette question ?
On suppose qu'il sait ce qu'est un patron de cube, de pavé droit.

2.5 Représenter un solide dans le plan

La représentation d'un solide dans le plan pose des problèmes spécifiques dans la mesure où l'**objet** est dans un espace de **dimension 3** et le **dessin** dans un espace de **dimension 2**.

La **troisième dimension** est évoquée dans le plan de la feuille à l'aide d'indices de profondeur, comme par exemple avec les fuyantes dans la perspective cavalière. Ainsi, Il y a une différence importante entre la lecture du **dessin d'un objet du plan** (qui consiste principalement à identifier les différents éléments qui le composent et repérer les relations entre ces éléments) et celle d'un **dessin d'un objet de l'espace** (où il faut inférer l'objet représenté et ses propriétés).

F. Colmez et B. Parzysz[5] mettent en évidence que la représentation d'un objet de l'espace est le résultat d'un compromis entre ce qu'on sait de l'objet (le SU) et ce qu'on voit ou plutôt « la représentation qu'on a de l'objet » (le VU).

Dans les **programmes de cycle 3**, il est fait référence à la représentation en perspective d'un solide. Dans l'attendu : « **Reconnaitre, nommer, décrire, reproduire, représenter, construire quelques solides et figures géométriques** », on peut lire (colonne de droite) : « Utiliser des représentations planes de solides (patrons, perspectives, vues de face, de côté, de dessus...) ». Il semble préférable de travailler cette notion en fin de cycle 3 (Sixième). Par contre les élèves, à l'école primaire, sont tout de même confrontés à la lecture de représentation dans la plupart des manuels scolaires. On peut identifier deux types d'exercices :

– mettre en relation des solides que les élèves peuvent manipuler ou dont on leur donne des photos, avec des représentations en perspective ;

– mettre en relation des solides que les élèves ont sous les yeux, avec des vues de faces, de dessus, de côté.

Les élèves de l'école primaire n'ont pas à représenter en perspective des solides donnés.

5. F. Colmez et B. Parzysz, « Le VU et le SU dans l'évolution de dessins de pyramides », *Espaces graphiques et graphismes d'espaces*, La Pensée Sauvage.

RESSOURCES À CONSULTER

– ERMEL, *Apprentissage géométrique et résolution de problèmes*, Hatier, 2006.

– R. Berthelot et M.-H. Salin, « L'enseignement de la géométrie à l'école primaire», *Grand N n° 53*, p. 39-56, IREM de Grenoble, 1994.

– C. Laborde, « L'enseignement de la géométrie », *RDM Vol 9/3*, La Pensée Sauvage, 1990.

– Cequetti-Aberkane et al., *Enseigner les mathématiques à la maternelle*, Hachette, 1994.

– « Numéro spécial : Maternelle - Structuration de l'espace », *Grand N*, tome 2, IREM de Grenoble, 2001.

– D. Valentin, *Découvrir le monde avec les mathématiques*, tome 1 : MS et tome 2 : GS, Hatier, 2004.

CORRIGÉS **EXERCICES D'ENTRAINEMENT**

Énoncé p. 412-413

ENTRAINEMENT 1

On peut demander à l'élève de mettre en correspondance les faces du solide avec les polygones du patron déjà dessinés de façon à ce qu'il puisse identifier la nature de la face qui manque.

On lui demande ensuite de positionner cette face sur le patron sans tenir compte des dimensions.

On lui demande enfin de déterminer les dimensions de la face rajoutée à partir du schéma obtenu.

On peut également lui proposer de découper le début du patron et d'imaginer la face qui manque. Il doit ensuite la tracer sur un nouveau dessin du patron incomplet.

Dans le cas où l'élève n'arrive toujours pas répondre, on peut lui fournir le solide pour faciliter la mise en correspondance face et polygone du patron.

AU CONCOURS

ANALYSE D'ERREURS 1

Corrigé p. 422

Source : Activité « Points dans un quadrillage » dans *Apprentissage géométrique et résolution de problèmes*, coll. Ermel, Hatier, 2006, p. 581 et suivantes.

La classe est partagée en un nombre pair de sous-groupes. Une moitié des sous-groupes est appelée **sous-groupes A** (A1 ; A2, …) et l'autre moitié est appelée **sous-groupes B** (B1, B2, …).

L'enseignant montre une **feuille quadrillée comportant cinq points** et **une feuille quadrillée vierge**, et il précise les consignes : « Vous devez écrire un message pour indiquer où il faut placer les cinq points dans le quadrillage. À l'aide des seules informations contenues dans votre message, votre équipe associée devra placer les cinq points sur un quadrillage vierge exactement au même endroit que sur votre modèle. On vérifiera ensuite à l'aide d'un calque que les cinq points sont exactement au même endroit. Chaque groupe dispose d'un quart de feuille A4 pour rédiger le message. Il y a deux types de quadrillage : un pour les sous-groupes A et un pour les sous groupes B. Vous ne disposez d'aucun instrument de mesure. »

Sur chaque fiche est écrit « Fiche 1 ou 2 – Modèle A ou B ».

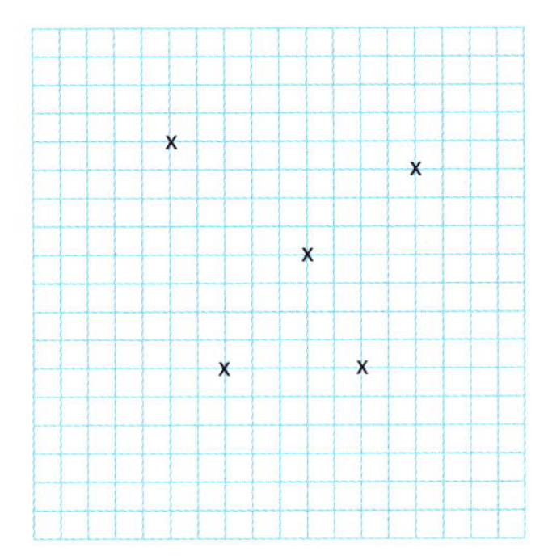

Fiche 1 – Modèle A

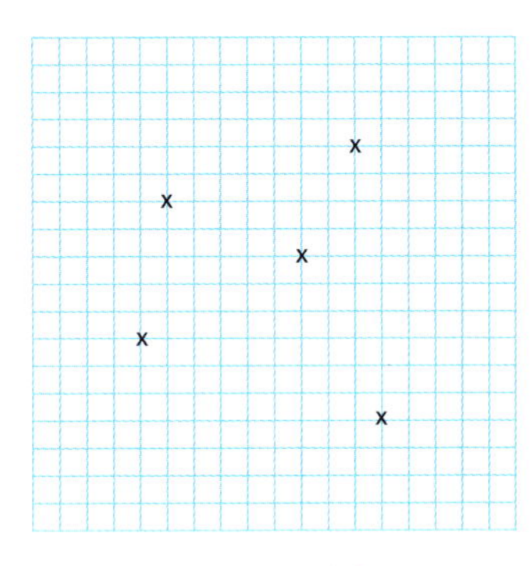

Fiche 2 – Modèle B

D'autres exercices de ce type sont ensuite proposées avant une mise en commun des méthodes qui ont fonctionné et de celles qui n'ont pas permis de réussir. Ce travail se termine par une phase d'institutionnalisation.

Les productions des élèves se trouvent p. 417.

❶ Voici ci-après les productions de trois groupes. Analyser ces trois productions en précisant, entre autres, si les récepteurs ont les informations suffisantes pour placer les points correctement.

❷ Qu'est-ce que l'enseignant peut institutionnaliser suite à cette activité ?

A2
on conte 7 lignes du bas, on monte de 5 lignes un point.
on avence de 5 lignes. un point.
on monte de 4 lignes, on recule de 2 ligne. un point,
on recule de 5 lignes, on monte de 4 lignes. un point.
on avence de 9 lignes, on décent de 1 ligne. le dernier point,

Groupe A2
(ils ont donc eu le quadrillage A)

B3
1ère x : on par du premier careau en haut le plus à gauche. ↓↓↓↓↓↓↓→ → → → → [→] x
2ème x : on par du premier careau en haut le plus à gauche. ↓↓↓↓↓↓↓↓↓→ → → → → → → → [→] x

Groupe B3
(ils ont donc eu le quadrillage B)

A3
Mettez l'alpabet en haut en partant de la première ligne et les nombres sur le côté gauche. Commencer par : (F.4), (O.5), (K.8), (H.12) et (M.12)

Groupe A3
(ils ont donc eu le quadrillage A)

ANALYSE D'ERREURS 2

Corrigé p. 423

Voici un exercice proposé à des élèves :

Pour chacun de ces dessins, indique s'il s'agit du patron d'un pavé droit.

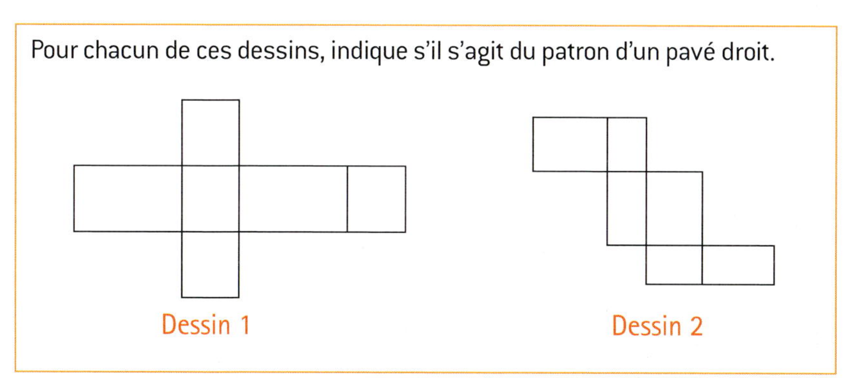

Réponse d'un élève :

Dessin 1 : oui **Dessin 2 :** Non.

Analyser les réponses de cet élève en identifiant les erreurs et les procédures que l'élève a pu mobiliser.

ANALYSE DE DOSSIER 1

Corrigé p. 424

Source : Activité « Positions et plan » dans *Apprentissage géométrique et résolution de problèmes*, Ermel, Hatier 2006, p. 571 et suivantes.

Quatre cerceaux sont placés sur le sol du préau. Dans chaque cerceau quatre cartons portant un numéro sont disposés comme ci-contre.

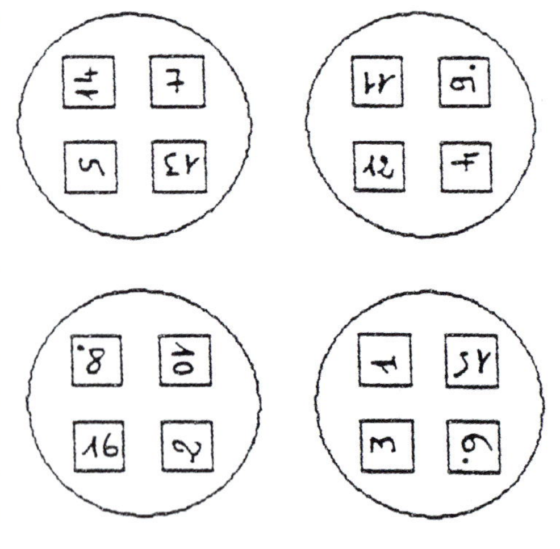

Les élèves sont placés autour de ces cerceaux. À chaque élève est affecté un numéro (que les autres élèves ne connaissent pas).

L'enseignant donne la consigne suivante : « Vous allez tout d'abord, sans que les autres puissent le voir, prendre connaissance du numéro de 1 à 16 qui figure sur la feuille que je viens de vous distribuer, puis vous repérerez l'endroit où se situe le carton numéroté correspondant dans les cerceaux. »

L'enseignant ne donne pas tous les numéros dans la mesure où les élèves, qui ont le même numéro, sont ensuite rassemblés en sous-groupes de 3 ou 4 élèves. Par exemple, dans une classe de 24 élèves, il peut distribuer 4 numéros **3**, 4 numéros 7, 4 numéros **9**, 4 numéros de **14**, 4 numéros **12**, 4 numéros **16**.

L'enseignant continue en montrant les feuilles (21 × 24) qu'il distribuera ensuite : « Tout à l'heure les cartons seront retournés. Ainsi vous ne verrez plus les numéros qui figurent dessus. Vous serez regroupés par 3 ou 4, chaque élève dans le groupe aura le même numéro. Vous devez vous mettre d'accord pour réaliser un schéma ou un dessin, qui devra permettre à un autre groupe de trouver facilement l'endroit où se trouve le numéro que vous avez. Vous réaliserez ce dessin sur la feuille que je vous distribue. »

Voici la production de trois élèves :

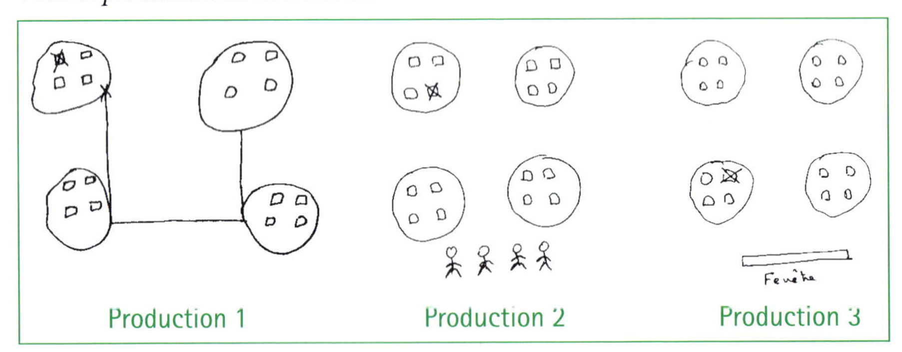

❶ Quelle procédure correcte le groupe émetteur doit-il mettre en place pour que le groupe récepteur puisse réussir la tâche ?

❷ Quels sont les objectifs visés en proposant cette activité ?

❸ Pourquoi les numéros sont-ils inscrits dans des sens différents ?

❹ Pourquoi les auteurs organisent-ils un travail individuel avant le travail de groupe ?

❺ a. Parmi les productions ci-dessus, quelle est celle qui doit permettre au récepteur de trouver le numéro de l'émetteur ?
b. Pour les autres messages, qu'est-ce qui peut poser problème aux récepteurs ?

Corrigé p. 425

Source : Activité « Devinez le solide » dans *Apprentissage géométrique et résolution de problèmes*, Ermel, Hatier 2006, p. 479 et suivantes.

ANALYSE DE DOSSIER 2

Description rapide

Il s'agit pour les élèves de retrouver, parmi un lot de solides et grâce à des questions fermées (auxquelles on ne peut répondre que par « oui » ou « non »), le solide caché par un groupe d'élèves ou par l'enseignant.

Voici le lot de solides choisi :

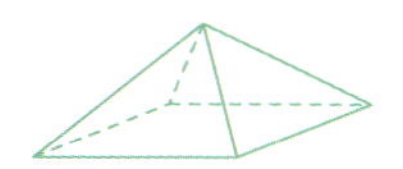

Pyramide à base rectangulaire et 4 triangles isocèles.

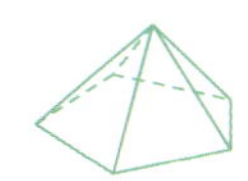

Pyramide à base pentagonale non régulière.

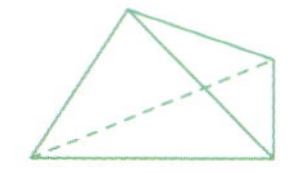

Pyramide à base triangle équilatéral et 3 triangles isocèles.

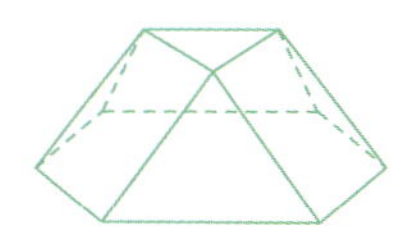

Un solide complexe : base hexagonale régulière + 3 carrés + 4 triangles équilatéraux.

Trois pyramides de même hauteur

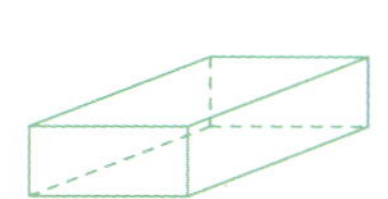

Pavé droit : prisme à base rectangle.

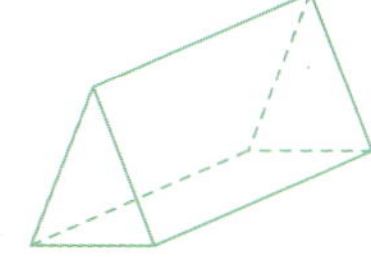

Prisme droit à base triangle isocèle.

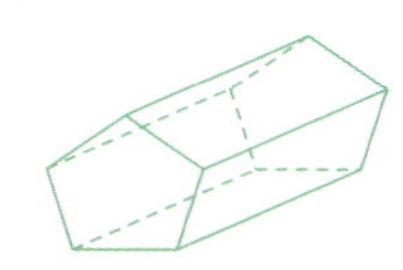

Prisme droit à base pentagonale régulière.

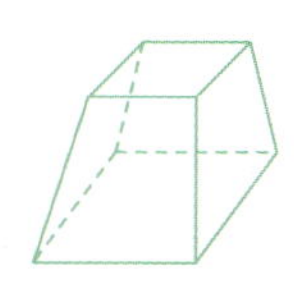

Tronc de pyramide : deux carrés et quatre trapèzes.

Trois prismes

Chaque solide porte, au crayon de papier, une lettre qui permet aux élèves de le désigner (un code).

Ces solides sont de même hauteur et fabriqués dans le même carton.

Gestion de la classe

Les élèves sont en sous-groupe de 4 élèves, ils ont un lot de solides par groupe.

L'enseignant leur demande dans un premier temps d'observer les solides qu'ils peuvent bien sûr toucher, retourner…, puis il leur donne la consigne suivante : « J'ai choisi un des solides que vous avez devant vous. Il est sous cette boite. Vous devez essayer de deviner quel est ce solide. Pour cela, vous devez me poser des questions auxquelles je ne peux répondre que par « oui » ou par « non » sans ambigüité. Vous devez donc vous mettre d'accord sur des questions à poser que vous noterez sur un papier. Chaque groupe, à tour de rôle, me pose une question que je note au tableau et en face de cette question je note la réponse.

Au tableau l'enseignant a préparé la grille suivante :

N°	Questions	Réponses « oui », « non », « pas de réponse »

Etape 1 : Les élèves dans chaque groupe se mettent d'accord sur un certain nombre de questions qu'ils notent sur une feuille.

Etape 2 : Chaque groupe propose une question à l'enseignant qui la note dans la grille au tableau et répond. L'enseignant pose ensuite la question : « Etes-vous sûr du solide à trouver ? ». Si la réponse est « non » pour un groupe, on continue. Lorsque tous les groupes pensent pouvoir trouver le solide, l'enseignant demande à chaque groupe de montrer le solide qu'il pense celui être caché par l'enseignant. La validation se fait en passant en revue chaque question et réponse notées dans la grille.

❶ Quel objectif l'enseignant vise-t-il en proposant cette activité ?

❷ a. Pourquoi les solides sont-ils de même hauteur ?

b. Pourquoi dans ce lot n'y a-t-il pas de cube ?

c. Pourquoi l'enseignant demande-t-il aux élèves de formuler des questions fermées ?

❸ En quoi la mise en place d'un travail de groupes est-il pertinent pour établir des questions ?

❹ a. Imaginer les types de questions que les élèves peuvent poser et, pour chaque type, donner un ou deux exemples de questions.

b. Quels sont, parmi ces types de questions, celui que l'enseignant souhaite privilégier ?

c. Quels sont les choix faits dans cette activité qui peuvent faciliter l'invalidation des questions non souhaitées ?

❺ Dans le descriptif de cette activité, les auteurs proposent que, dans une 1re phase, ce soit deux élèves qui cachent le solide à la place de l'enseignant et répondent aux questions de leurs camarades. Quels sont les inconvénients de ce choix ?

❻ Comment les élèves peuvent-ils s'organiser pour trouver le solide ?

ANALYSE DE DOSSIER 3

Corrigé p. 427

Les **annexes 1 et 2** se trouvent p. 421.

Dans le manuel Cap Maths CM2, on propose aux élèves une activité sur la construction de patrons de solides (voir annexe 1). Cette activité vient après un travail de construction de patrons de cubes et de parallélépipèdes rectangles.

Un extrait du guide de l'enseignant détaille cette activité (voir annexe 2).

❶ Quels objectifs peut-on viser en proposant cette activité ?

❷ a. Les auteurs proposent de donner aux élèves le gabarit de certaines faces du cube tronqué. Discuter la pertinence de ce choix.

b. Pourquoi, selon vous, dans le 2e temps de l'activité, les auteurs ne permettent-ils pas aux élèves d'aller voir les solides en prenant une feuille et un instrument ?

❸ Donner deux procédures que les élèves peuvent utiliser pour répondre correctement à la question.

❹ Imaginer un scénario possible pour exploiter les productions (3e temps). Justifier les choix que vous faites.

❺ Suite à cette activité, imaginer la synthèse qu'il serait possible de faire.

ANNEXE 1 - DOSSIER 3 Manuel de l'élève

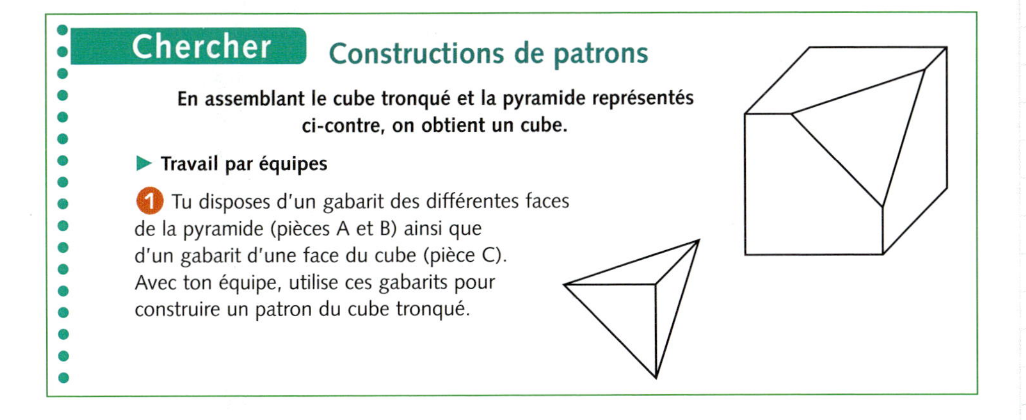

Chercher Constructions de patrons

En assemblant le cube tronqué et la pyramide représentés ci-contre, on obtient un cube.

▶ **Travail par équipes**

1 Tu disposes d'un gabarit des différentes faces de la pyramide (pièces A et B) ainsi que d'un gabarit d'une face du cube (pièce C). Avec ton équipe, utilise ces gabarits pour construire un patron du cube tronqué.

Source : Cap Maths CM2, manuel de l'élève, p. 153, Hatier, 2004.

ANNEXE 2 - DOSSIER 3 Guide de l'enseignant

Constructions de patrons

1er temps : **Présentation des solides**

L'enseignant présente la pyramide et le cube tronqué qui sont décrits collectivement.

[…]

L'enseignant rapproche la pyramide du cube tronqué pour montrer qu'en les assemblant, on obtient un cube. […]

Les paires de solides sont mises à disposition des élèves pour qu'ils puissent refaire la manipulation afin de bien comprendre comment les deux solides se complètent pour former un cube.

2e temps : **Réalisation d'un patron du cube tronqué**

Les élèves prennent connaissance de la **question 1**. L'enseignant présente les 3 gabarits dont les élèves disposent : 2 gabarits triangulaires pour la pyramide (pièces A et B) et un gabarit carré pour une face du cube initial (pièce C). Puis il montre à quelle face de la pyramide correspond chacun des 2 triangles.

Les différentes paires de solides sont placées à proximité des élèves qui, durant la recherche, peuvent les observer et se déplacer pour les manipuler mais sans prendre avec eux de feuille ou d'instruments, seulement leurs gabarits.

Une fois leur patron terminé, les équipes le découpent et le plient pour en valider la construction.

3e temps : **Exploitation des productions […]**

4e temps : **Synthèse […]**

Source : Cap Maths CM2, guide de l'enseignant, p. 293, Hatier, 2004.

Énoncé p. 416

❶ Analyse des productions des trois groupes

CONSEIL MÉTHODOLOGIQUE :
Pour « analyser les procédures », il est nécessaire de les décrire et de faire des hypothèses concernant leur origine. Mais pour faciliter leur description, il est souhaitable de disposer d'un fil conducteur (d'une problématique). On peut pour cela faire une **analyse a priori** de l'activité avant d'essayer d'élaborer une réponse (voir analyse détaillée ci-dessous).

Analyse a priori

- **Le repérage peut être :**

– **absolu :** les points sont repérés par rapport au bord du quadrillage ;

– **relatif :** le premier point est repéré par rapport aux bords du quadrillage, les autres sont repérés par rapport à un point déjà placé.

- **Le repérage peut s'exprimer :**

– **comme un déplacement** (3 vers la droite, 2 vers le bas) ;

– **en nombre de colonnes et de lignes** comptées à partir d'une colonne et d'une ligne origines (3e colonne, 5e ligne) ;

– **par un couple de nombres**, deux axes gradués ayant été définis.

- **La présence d'un écrit sur chaque fiche** permet de s'assurer d'une orientation commune et diminue ainsi les difficultés de communication de l'orientation de la feuille.

- **Erreurs/difficultés éventuelles :**

– décalage d'une ligne due à la numérotation (commençant à 0 ou à 1) ;

– confusion ligne/colonne, verticale/horizontale, droite/gauche... ;

– absence d'indication des directions ;

– comptage des lignes ou des carreaux ;

– placement des points sur les intersections des lignes ou à l'intérieur des carreaux ;

– pas de définition d'origine.

Cette analyse a priori est à faire avant de rédiger la réponse. Mais elle ne doit pas apparaitre sur la copie du candidat.

❶ Analyse des trois productions d'élèves

Pour décrire la procédure des élèves nous identifierons :

– si les élèves ont défini ou non une origine ;

– s'ils se sont appuyés sur un repère absolu ou relatif ;

– s'ils s'appuient sur un trajet ou par un décompte de colonnes et de lignes ou un couple de nombres ;

– si le message permet aux récepteurs de réussir le placement des points.

Suite à l'analyse de l'activité, la réponse peut être organisée et rédigée.

	Origine	Repérage	Trajet / décompte / couple	Réussite des récepteurs
Message A2	Origine non définie	Relatif	Le récepteur doit effectuer un trajet dont les directions suivent celles de la feuille (monter, descendre) et la longueur est donnée en nombre de lignes. Les termes « avancer » et « reculer » signifient des déplacements sur l'horizontale respectivement vers la droite ou la gauche.	Les récepteurs peuvent réussir s'ils « partent » du point du quadrillage en bas à gauche.
Message B3	Origine définie	Absolu	À partir de cette origine, le récepteur doit effectuer un trajet dont les directions et le nombre de « pas » sont donnés par des flèches. Il faut que le récepteur compte la ligne sur laquelle se trouve l'origine pour les décomptes verticaux. Par contre, il ne doit pas la compter pour les décomptes horizontaux. Malgré cela, il semble y avoir une erreur au niveau du décompte pour le second point.	Les récepteurs ne peuvent pas réussir, du fait des erreurs de décompte.
Message A3	Un peu ambigüe	Absolu	Le groupe donne les coordonnées des points. La difficulté est de placer correctement les lettres et les nombres au départ. Voici ce placement correct : A B C D E F … 1 2 3 4	Les récepteurs peuvent réussir à condition de placer les lettres et les nombres de la même façon que les émetteurs.

❷ Institutionnalisation possible

Pour communiquer la position de points sur un quadrillage on peut :

– placer une origine, puis décrire la position des autres points par un chemin défini par rapport à cette origine ou par rapport à un point déjà placé ;

– placer une origine, puis repérer les lignes du quadrillage par des nombres ou des lettres.

S'il y a beaucoup de points, la seconde méthode est plus intéressante que la première.

CORRIGÉ ANALYSE D'ERREURS 2

Énoncé p. 417

Dessin 1 : la réponse est fausse.

- **Procédure :** L'élève a constaté que le dessin est formé de 6 rectangles et qu'il a la forme en croix classique du patron d'un pavé.

- **Origine de cette procédure :** Suite aux activités proposées par l'enseignant concernant la reconnaissance de patrons de pavés, l'élève n'a retenu comme critères pertinents que le fait que le patron doit avoir 6 faces et une forme en croix. Cela peut avoir deux origines :

– l'enseignant avait précédemment choisi des exercices de reconnaissance de patrons pour lesquels ces critères étaient suffisants pour répondre correctement ;

– l'élève n'arrive pas à mobiliser les images mentales nécessaires pour contrôler si les arêtes qui se correspondent ont bien les mêmes dimensions.

Dessin 2 : la réponse est fausse.

- **Deux procédures sont possibles :**

– **procédure 1 :** l'élève a constaté que le dessin ne correspondait pas à la forme classique de la croix ;

– **procédure 2 :** l'élève a essayé de plier mentalement la figure et n'est pas arrivé à réaliser le pavé droit.

- **Origine des procédures :**

– **procédure 1 :** cf. ci-dessus ;

– **procédure 2 :** le pliage nécessite de maîtriser des actions mentales complexes car certaines faces que l'on plie mentalement sont déplacées à leur tour suite au pliage d'une autre face.

CORRIGÉ ANALYSE DE DOSSIER 1

Énoncé p. 418

❶ Procédure correcte

Pour que le groupe émetteur réussisse la tâche, il faut qu'il arrive à indiquer le cerceau dans lequel est placé le carton ainsi que l'emplacement du bon carton. Pour cela, il doit faire un plan représentant les quatre cerceaux et, dans le cerceau correct, dessiner les quatre cartons et marquer d'une croix (par exemple) celui qui est le bon. Mais pour que ce plan soit efficace, il faut que le groupe émetteur indique dans son plan des repères fixes parfaitement identifiables de façon à ce que le groupe récepteur puisse mettre en congruence l'orientation du plan avec celle de l'espace réel. Ce peut-être le tableau de la classe, la porte d'entrée....

❷ Objectifs visés

Il y a deux catégories d'objectifs :

– **du point du vue de l'émetteur :** il s'agit de trouver des moyens pour communiquer une position en prenant en compte les positions relatives des objets entre eux et par rapport à des repères fixes ;

– **du point de vue du récepteur :** reconnaître la position d'un objet repéré dans un plan.

Par rapport aux programmes, cette activité est en lien direct avec l'attendu des cycles 2 et 3 : « (Se) **repérer et (se) déplacer en utilisant des repères** ».

❸ Position des nombres

Il s'agit de ne pas induire implicitement une orientation du plan qui priverait les élèves de prendre conscience de la nécessité de faire référence à des repères fixes pour localiser une position.

❹ Justification du travail individuel

Le travail individuel permet aux élèves de s'approprier à leur rythme les contraintes de l'énoncé, et ici d'élaborer un schéma dont on fait l'hypothèse qu'il ne prendra pas en compte de repère fixe. La confrontation en sous-groupes devrait permettre aux élèves de prendre conscience de cette nécessité avant le travail collectif. Cela suppose bien sûr que les élèves d'un même groupe ne sont pas tous placés au même endroit pendant la phase individuelle !

❺ Analyse des productions d'élèves

a. Production qui permet de trouver le numéro de l'émetteur

Seule la **production 3** doit permettre aux récepteurs de trouver le numéro des émetteurs car sur ce schéma sont représentés des repères fixes (fenêtre, porte…) facilement identifiables, et ces repères permettent ensuite de positionner convenablement le plan pour se repérer. Ces repères sont indépendants de l'émetteur : on parle de « repères absolus ».

b. Production qui pose problème aux récepteurs

– **La production 1** ne propose aucun repère fixe ; leurs auteurs indiquent seulement un numéro dans un des cerceaux avec, peut-être, le dessin d'un chemin à suivre.

– **La production 2** indique un repère qui semble être la position des auteurs. Mais si ceux-ci se déplacent au moment de la prise des connaissances des messages par les récepteurs, ces derniers n'arriveront pas à trouver la position du carton des auteurs. Par contre, ce message permet de réussir si les auteurs ne se déplacent pas. On parle alors de « repères relatifs ».

CORRIGÉ ANALYSE DE DOSSIER 2

Énoncé p. 419

CONSEIL MÉTHODOLOGIQUE :
Comme d'habitude, il faut se livrer à une analyse a priori de l'activité avant de répondre aux questions (voir analyse détaillée ci-dessous).

Analyse a priori

Pour réussir la tâche, les élèves doivent poser des questions fermées qui permettent à la fois d'éliminer certains solides et d'en retenir d'autres. Ils ont donc un double travail :

– trouver des questions pertinentes, c'est-à-dire qui permettent d'éliminer un maximum de solides possibles ;

– une fois la réponse à une question apportée, sélectionner les solides possibles et éliminer ceux qui ne le sont pas. Pour faciliter ce travail, ils peuvent, pour chaque question, mettre de côté les solides qui ne conviennent pas ou ceux qui peuvent convenir.

On peut imaginer différents types de questions à propos :

– de l'aspect général du solide : *Est-ce qu'il ressemble à … ?…*

– de l'aspect physique du solide : *Est-ce qu'il est pointu ?…*

– des caractéristiques géométriques du solide : *Est-ce qu'il a 9 faces ?…*

Evidemment ce sont les questions de cette dernière catégorie que l'on souhaite provoquer. Il faut donc arriver à faire en sorte que les autres questions soient remises en cause. Cela peut être possible en jouant sur leur ambigüité.

Cette analyse a priori est à faire avant de rédiger la réponse. Mais elle ne doit pas apparaitre sur la copie du candidat.

❶ Objectifs visés

L'élève doit savoir caractériser un solide à partir de son nombre de ses faces, sommets, arêtes et de la nature de ses faces.

Il doit prendre conscience que la description d'un solide à partir de sa forme générale, de sa couleur, de la comparaison avec des solides usuels n'est pas toujours suffisante.

Suite à l'analyse a priori de l'activité, les réponses peuvent être rédigées.

❷ Analyse des choix faits par les auteurs de cette situation

a. Choix d'avoir des solides de même hauteur

Les solides sont de même hauteur de façon à ce que les élèves ne puissent pas trouver le solide caché en s'appuyant sur des comparaisons de hauteur, par exemple à partir d'une question du type : *Est-ce le plus grand ?*. Si cette question permet de discriminer les solides, les élèves peuvent répondre correctement à la tâche sans utiliser le vocabulaire souhaité. L'objectif n'est donc pas atteint, dans ce cas.

b. Choix de ne pas mettre le cube dans le lot de solides

Si le cube fait parti du lot de solides et s'il est choisi, les élèves peuvent le trouver un utilisant son nom : *Est-ce le cube ?*. Le mot « cube » est en effet un mot du langage courant bien connu des élèves. Dans ce cas, comme précédemment, les élèves peuvent répondre correctement à la tâche sans utiliser le vocabulaire souhaité.

c. Choix de demander aux élèves de poser des questions fermées

Les questions fermées dans cette situation sont importantes car :

– elles facilitent le passage par le langage visé (utilisation des mots « face », « sommet », « arête »), alors que les questions ouvertes laissent plus de possibilités aux paraphrases ;

– elles sont plus simples à noter dans la grille ;

– les réponses sont généralement moins ambigües.

❸ Choix à propos du travail en groupes

Le travail de groupe et le fait que les élèves doivent se mettre d'accord sur des questions permettent d'invalider la plupart des questions ambigües. Le travail de groupe facilite également la découverte de questions.

❹ A propos des questions posées par les élèves

a. On peut penser qu'il y aura trois types de questions :

– questions qui amènent à comparer le solide avec des objets de la vie courante (« objets sociaux ») : *Est-ce qu'il ressemble à une maison ? Est-ce qu'il ressemble à un crayon » ?*

– questions sur les propriétés physiques du solide : *Est-ce qu'il est grand ?*

– questions sur les caractéristiques géométriques du solide : *Est-ce qu'il a cinq faces ?*

b. Questions à privilégier

L'enseignant souhaite évidemment privilégier les questions sur les caractéristiques géométriques du solide.

c. Choix qui facilitent l'invalidation des questions non souhaitées :

– les solides sont de même hauteur et réalisé dans le même carton, ainsi beaucoup de questions sur les propriétés physiques du solide ne sont pas pertinentes ;

– l'enseignant ne répond pas aux questions ambigües ; comme c'est le cas de la plupart des questions de type « comparaison avec un objet social » ou « propriétés physiques », cela invalide ces questions.

• **L'arrivée des premières questions qui portent sur les caractéristiques géométriques du solide** entraîne généralement l'abandon des questions de type « comparaison avec un objet social » ou « propriétés physiques ».

5 Inconvénients de choisir deux élèves pour répondre aux questions

– Cela ralentit les échanges car les élèves sont évidemment moins rapides que l'enseignant.

– Les élèves peuvent apporter des réponses fausses, par exemple en ce qui concerne le dénombrement de faces, de sommets, d'arêtes.

– Il est plus facile à l'enseignant de dire qu'une question est ambigüe.

6 Organisation des élèves dans un groupe

Suite à la réponse apportée à la première question, les élèves peuvent :

– **mettre de côté les solides qui ne peuvent être celui qui a été choisi par l'enseignant ;** puis, pour les questions suivantes, continuer de mettre de côté, parmi les solides qui restent, ceux qui ne peuvent pas être le solide choisi ;

– **mettre de côté ceux qui peuvent être le solide choisi ;** puis, pour les questions suivantes, continuer de mettre de côté parmi ces solides ceux qui ne peuvent pas être le solide choisi.

CORRIGÉ ANALYSE DE DOSSIER 3

Énoncé p. 420

1 Objectifs visés

– Construire le patron d'un solide non familier.

– Réinvestir les connaissances sur le cube.

2 Analyse des choix faits par les auteurs de cette situation

a. Choix de donner le gabarit des faces aux élèves

Les auteurs proposent donc de donner les gabarits des faces du cube tronqué : la face carrée du cube, les deux faces triangulaires du prisme. Les élèves doivent construire la face pentagonale avec la face du cube et la face triangle rectangle isocèle de la pyramide.

Si les gabarits ne sont pas donnés, les élèves doivent construire des triangles équilatéraux, des triangles rectangles isocèles, des carrés et des pentagones uniquement avec les instruments de géométrie. Les élèves vont alors rencontrer une triple difficulté :

– difficultés de construction de certaines de ces faces (triangle équilatéral et pentagone) ;

– lenteur de la réalisation des différentes constructions qui peut entrainer du découragement ;

– difficultés de modifier le patron en cas d'erreurs.

Finalement les élèves absorbés par la construction des faces perdront de vue l'objectif visé : construire le patron d'un solide non usuel.

Le fait de ne pas donner la face pentagonale directement oblige les élèves à la construire et donc à l'imaginer. La construction de la face pentagonale est complexe, et donc donner les gabarits de la face carrée du cube et de la face triangle rectangle isocèle de la pyramide facilite ce travail de construction.

b. Choix de ne pas laisser les élèves s'approcher des solides avec de quoi écrire

Si les élèves peuvent venir avec leur feuille et leur crayon vers les solides, ils peuvent réaliser le patron en faisant « rouler » le solide sur la feuille et en dessinant les empreintes des faces. Ce n' est pas une procédure visée ici.

❸ Procédures utilisées par les élèves

– **Procédure 1 :** Tracer les 3 faces carrées, la face qui est un triangle équilatéral et les 3 faces pentagonales en « enlevant » un triangle rectangle isocèle du carré, puis placer ces faces les unes contre les autres en imaginant le pliage pour savoir si le positionnement des faces est correct.

– **Procédure 2 :** Construire le patron d'un cube, évider trois des faces carrées d'un triangle et ajouter une face triangulaire équilatérale. Pour déterminer sur le patron du cube les carrés auxquels retirer les triangles rectangles isocèles, il est nécessaire de repérer 3 sommets de faces carrées qui lorsqu'on plie le patron forme un sommet du cube.

❹ Exemple de gestion de l'exploitation des productions

1. L'enseignant demande à un groupe qui a une production erronée de la présenter à la classe, en prenant appui sur une photocopie sur transparent de cette production (le groupe ne sait pas que sa production est fausse). Les élèves sont invités à débattre de la pertinence de cette production et ainsi à expliciter les caractéristiques d'un bon ou d'un mauvais patron, que l'enseignant pourra ensuite synthétiser (cf. question 5).

2. Suite à ce débat, si tous les élèves ne sont pas convaincus que la production est fausse, on la découpe et on essaie de réaliser le patron.

3. On discute ainsi de quelques autres productions erronées avant de passer à des productions correctes.

Le fait de partir de productions erronées permet de mettre en évidence les caractéristiques d'un patron. Ces caractéristiques sont moins « visibles » sur un patron correct. De plus, il est souvent plus facile d'exprimer « pourquoi ça ne va pas » que « pourquoi c'est correct ».

❺ Synthèse possible

La synthèse permet de mettre en évidence que, pour construire un patron ou contrôler qu'un dessin est bien celui d'un patron, il faut s'assurer que :

– le nombre, la forme et les dimensions des faces sont respectés ;

– les faces sont correctement placées (pour cela il faut imaginer qu'on replie le dessin pour réaliser le solide).

Il faut de plus savoir que, comme pour le cube ou le pavé, les solides ont plusieurs patrons.

CHAPITRE 16

Grandeurs et mesures

Connaissances mathématiques de référence → Tome 1, chapitre 22

Spontanément, les notions de « grandeur » et de « mesure » sont souvent confondues. Par exemple, on parle indifféremment d'aire, de mesure d'aire, de surface ; on utilise couramment les expressions : « c'est un segment de 3 cm » ou encore « ce segment mesure 3 cm »...
Nous avons clarifié ces notions p. 439 du tome 1.

Ici nous aborderons cinq grandeurs qui sont étudiées à l'école :
– la longueur d'un segment ou d'une ligne (avec en particulier l'étude du périmètre d'une figure) ;
– l'aire d'une surface ;
– la masse d'un objet ;
– le volume d'un solide ;
– la durée d'un événement.

Extrait du BO spécial n° 11 du 26 novembre 2015.

PROGRAMME DE L'ÉCOLE MATERNELLE (extraits)

4. Construire les premiers outils pour structurer sa pensée

[...]

4.2. Explorer des formes, des grandeurs, des suites organisées

[...]

4.2.1. Objectifs visés et éléments de progressivité

Très tôt, les enfants regroupent les objets, soit en fonction de leur aspect, soit en fonction de leur utilisation familière ou de leurs effets. À l'école, ils sont incités à « mettre ensemble ce qui va ensemble » pour comprendre que tout objet peut appartenir à plusieurs catégories et que certains objets ne peuvent pas appartenir à celles-ci.

Par des observations, des comparaisons, des tris, les enfants sont amenés à mieux distinguer différents types de critères : forme, longueur, masse, contenance essentiellement.

4.2.2. Ce qui est attendu des enfants en fin d'école maternelle

– Classer ou ranger des objets selon un critère de longueur ou de masse ou de contenance.

PROGRAMME DES CYCLES 2 ET 3 (extraits)

Grandeurs et mesures

CYCLE 2	CYCLE 3
Attendus de fin de cycle :	**Attendus de fin de cycle :**
Comparer, estimer, mesurer des longueurs, des masses, des contenances, des durées **Utiliser le lexique, les unités, les instruments de mesures spécifiques ces grandeurs**	**Comparer, estimer, mesurer des grandeurs géométriques avec des nombres entiers et des nombres décimaux : longueur (périmètre), aire, volume, angle** **Utiliser le lexique, les unités, les instruments de mesures spécifiques de ces grandeurs**
• Comparer des objets selon plusieurs grandeurs et identifier quand il s'agit d'une longueur, d'une masse, d'une contenance ou d'une durée. – Lexique spécifique associé aux longueurs, aux masses, aux contenances, aux durées. • Comparer des longueurs, des masses et des contenances, directement, en introduisant la comparaison à un objet intermédiaire ou par mesurage. – Principe de comparaison des longueurs, des masses, des contenances. • Estimer les ordres de grandeurs de quelques longueurs, masses et contenances en relation avec les unités métriques. • Vérifier éventuellement avec un instrument. – Ordres de grandeur des unités usuelles en les associant à quelques objets familiers. – Rapports très simples de longueurs (double et moitié). • Mesurer des longueurs avec un instrument adapté, notamment en reportant une unité. • Mesurer des masses et des contenances avec des instruments adaptés.	• Comparer des périmètres avec ou sans recours à la mesure. • Mesurer des périmètres en reportant des unités et des fractions d'unités, ou en utilisant une formule. – Notion de longueur : cas particulier du périmètre. – Formule du périmètre d'un carré, d'un rectangle. – Formule de la longueur d'un cercle. – Unités relatives aux longueurs : relations entre les unités de longueur et les unités de numération (grands nombres, nombres décimaux). • Comparer, classer et ranger des surfaces selon leurs aires sans avoir recours à la mesure. • Différencier aire et périmètre d'une surface. • Déterminer la mesure de l'aire d'une surface à partir d'un pavage simple ou en utilisant une formule. • Estimer la mesure d'une aire par différentes procédures. – Unités usuelles d'aire : multiples et sous-multiples du m^2 et leurs relations, are et hectare. – Formules de l'aire d'un carré, d'un rectangle, d'un triangle, d'un disque.

PROGRAMME DES CYCLES 2 ET 3 (suite)	
CYCLE 2	CYCLE 3
• Encadrer une grandeur par deux nombres entiers d'unités • Exprimer une mesure dans une ou plusieurs unités choisies ou imposées. – Notion d'unité : grandeur arbitraire prise comme référence pour mesurer les grandeurs de la même espèce. – Unités de mesures usuelles : • longueur : m, dm, cm, mm, km. • masse : g, kg, tonne. • contenance : L, dL, cL. – Relations entre les unités de longueur, entre les unités de masses, entre les unités de contenance. • Comparer, estimer, mesurer des durées – Unités de mesure usuelles de durées : j, semaine, h, min, s, mois, année, siècle, millénaire. – Relations entre ces unités. • Dans des cas simples, représenter une grandeur par une longueur, notamment sur une demi-droite graduée. – Des objets de grandeurs égales sont représentés par des segments de longueurs égales. – Une grandeur double est représentée par une longueur double. – La règle graduée en cm comme cas particulier d'une demi-droite graduée. **Résoudre des problèmes impliquant des longueurs, des masses, des contenances, des durées, des prix** • Résoudre des problèmes, notamment de mesurage et de comparaison, en utilisant les opérations sur les grandeurs ou sur les nombres. – Opérations sur les grandeurs (addition, soustraction, multiplication par un entier, division : recherche du nombre de parts et de la taille d'une part). – Quatre opérations sur les mesures des grandeurs. – Principes d'utilisation de la monnaie (en euros et centimes d'euros). – Lexique lié aux pratiques économiques. • Résoudre des problèmes impliquant des conversions simples d'une unité usuelle à une autre. • Convertir avant de calculer si nécessaire. – Relations entre les unités usuelles	• Relier les unités de volume et de contenance. • Estimer la mesure d'un volume par différentes procédures. – Unités usuelles de contenance (multiples et sous multiples du litre). – Unités usuelles de volume (cm^3, dm^3, m^3), relations entre les unités. • Déterminer le volume d'un pavé droit en se rapportant à un dénombrement d'unités ou en utilisant une formule. – Formule du volume d'un cube, d'un pavé droit. • Identifier des angles dans une figure géométrique. • Comparer des angles. • Reproduire un angle donné en utilisant un gabarit. • Reconnaitre qu'un angle est droit, aigu ou obtus. • Estimer la mesure d'un angle. • Estimer et vérifier qu'un angle est droit, aigu ou obtus. • Utiliser un instrument de mesure (le rapporteur) et une unité de mesure (le degré) pour : – déterminer la mesure en degré d'un angle ; – construire un angle de mesure donnée en degrés. – Notion d'angle. – Lexique associé aux angles : angle droit, aigu, obtus. – Mesure en degré d'un angle. **Résoudre des problèmes impliquant des grandeurs (géométriques, physiques, économiques) en utilisant des nombres entiers et des nombres décimaux** • Résoudre des problèmes de comparaison avec et sans recours à la mesure. • Résoudre des problèmes dont la résolution mobilise simultanément des unités différentes de mesure et/ou des conversions. • Calculer des périmètres, des aires ou des volumes, en mobilisant ou non, selon les cas, des formules. – Formules donnant : • le périmètre d'un carré, d'un rectangle, longueur d'un cercle ; • l'aire d'un carré, d'un rectangle, d'un triangle, d'un disque ; • le volume d'un cube, d'un pavé droit. • Calculer la durée écoulée entre deux instants donnés. Déterminer un instant à partir de la connaissance d'un instant et d'une durée. – Unités de mesures usuelles : jour, semaine, heure, minute, seconde, dixième de seconde, mois, année, siècle, millénaire.

1 Qu'est-ce qu'une grandeur ?

D'une façon très générale, une **grandeur** peut être considérée comme « tout caractère d'un objet, susceptible de variation chez cet objet, ou d'un objet à l'autre »[1].

1. *Publication mots*, tome IV « Grandeurs », Association des Professeurs de Mathématiques de l'Enseignement Public, 1982.

Nous allons définir cinq grandeurs qui sont étudiées à l'école :
– la longueur d'un segment ou d'une ligne ;
– l'aire d'une surface ;
– la masse d'un objet ;
– le volume d'un solide ;
– la durée.

1.1 Longueur d'une ligne

A. Longueur d'un segment

La **longueur d'un segment** est une grandeur définie par les deux relations suivantes : « a même longueur que » et « a une longueur plus grande que ».

• La relation « a la même longueur que »

On définit cette relation de la façon suivante :
Le segment m **a la même longueur que** le segment n s'il est possible de faire coïncider les extrémités de ces deux segments.[2]

2. Cette définition est applicable à tout objet assimilable à un segment (baguette, corde tendue, hauteur d'une armoire, profondeur d'une piscine...).

EXEMPLE : On dispose d'un certain nombre de segments :

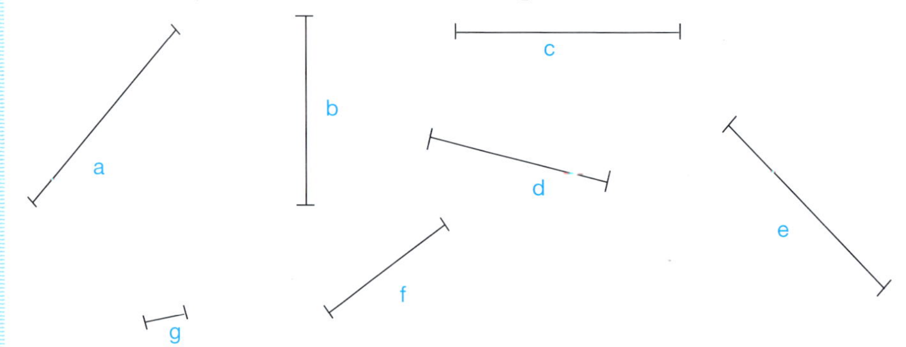

Si on rassemble les segments ci-dessus qui ont la même longueur, on obtient quatre sous-ensembles : {**a**, **c**, **e**}, {**b**, **d**}, {**f**} et {**g**}. Chacun de ces sous-ensembles (appelé classe d'équivalence) correspond à une grandeur qu'on appelle « **longueur** ». On constate que la longueur telle que nous l'avons définie n'est ni un segment, ni un nombre, c'est une caractéristique de chaque segment (qui peut être commune à plusieurs segments).

- **La relation « a une longueur plus grande que »**

On définit cette relation de la façon suivante :

Le segment *m* **a une longueur plus grande** que celle du segment *n* si, lorsqu'on superpose ces deux segments en faisant coïncider une de leurs extrémités, la deuxième extrémité de *n* se trouve sur le segment *m*.

Si on prend deux segments quelconques, il est toujours possible de les comparer à l'aide de cette relation.

EXEMPLE : En reprenant l'exemple précédent, le segment **a** a une longueur plus grande que **f**.

- **Méthodes pour comparer des longueurs de segments sans mesurer :**

– **comparaison directe** : on cherche à faire coïncider les extrémités des deux segments ; cette comparaison directe peut se faire mentalement (si les segments sont de longueurs suffisamment différentes) ou expérimentalement.

– **comparaison en utilisant un objet intermédiaire** : cette méthode est utile si les deux segments ne sont pas déplaçables. On peut utiliser un objet déplaçable de même longueur qu'un des deux segments et on le compare au 2e segment. On peut également utiliser le **compas** qui est une façon de reporter une longueur imaginaire qui correspond à la longueur d'un des deux segments.

La notion de longueur permet de définir d'autres notions :
– la **distance** entre deux points A et B qui est la longueur du segment [AB] ;
– la **hauteur**, la **profondeur**, la **largeur**...

B. Longueur d'une ligne brisée, ligne courbe, ouverte ou fermée

On peut aussi définir la longueur d'objets assimilables à des lignes brisés ou curvilignes. Il n'est plus possible de comparer directement leur longueur. On dispose tout de même de plusieurs moyens pour effectuer ces comparaisons :

- **Si l'objet est déployable** (fil de fer par exemple), sa longueur est la longueur du segment obtenu en déployant l'objet.
- **Si c'est une ligne brisée** (non déployable), on utilise des segments intermédiaires superposables à chaque segment qui compose la ligne brisée que l'on aligne ensuite bout à bout. La longueur de la ligne brisée est la longueur du segment obtenu.
- **Si c'est une ligne courbe**[3] (non déployable), on peut superposer sur cette ligne une ficelle que l'on déplie. La longueur de la ligne brisée est la longueur du segment obtenu.

1.2 Comparer des angles[4]

- **Deux angles sont égaux** si on peut superposer simultanément leurs sommets et leurs côtés.

EXEMPLE : Les angles $\widehat{xOy}$ et $\widehat{tUv}$ ci-dessous sont égaux. On peut le vérifier en utilisant du papier calque.

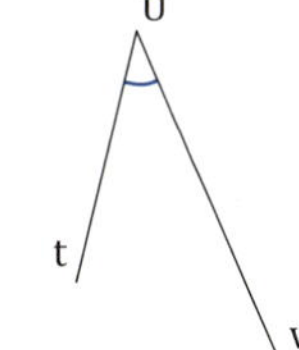

3. On peut également approcher la ligne courbe par une ligne brisée qui l'épouse approximativement, mais ce n'est pas du programme de l'école primaire.

4. À l'école on ne travaille que sur des secteurs angulaires. Le mot « angle » ici est donc à prendre dans ce sens. Cf. tome 1, p 304.

Remarque : On rappelle qu'un côté d'un angle est une demi-droite.

• **Un angle a est plus petit qu'un angle b** si, lorsqu'on fait coïncider les sommets de ces deux angles et un de leurs côtés, alors le second côté de a est « inclus » dans l'angle b.

EXEMPLE : L'angle $\widehat{xOy}$ est plus petit que l'angle $\widehat{tUv}$.

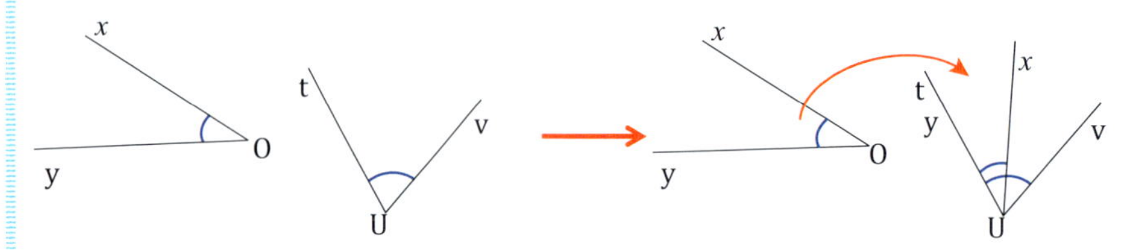

1.3 Aire d'une surface

L'**aire** est une grandeur définie pour les surfaces.

• **L'aire peut être définie par les relations suivantes :**

S et S' étant deux surfaces, on dira que :

– **S a la même aire que S'** si l'on peut transformer **S** par découpage, déplacement… pour qu'elle se superpose à **S'**.

– **S a une aire plus grande que S'** si l'on peut transformer **S'** de façon à ce que la surface ainsi obtenue puisse être incluse dans **S**.

• **Méthodes pour comparer des aires de surfaces sans recourir à la mesure :**

– **par comparaison directe**

EXEMPLE 1 : Pour comparer les aires de ces figures, on peut superposer la surface (2) sur la surface (1) et constater que la surface (2) est incluse dans la surface (1).

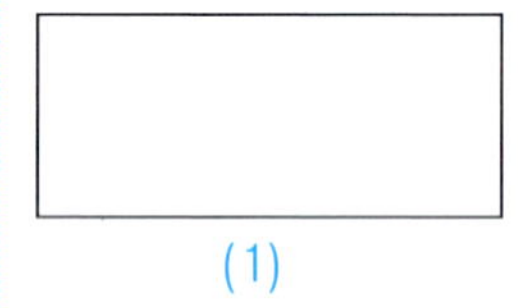
(1)

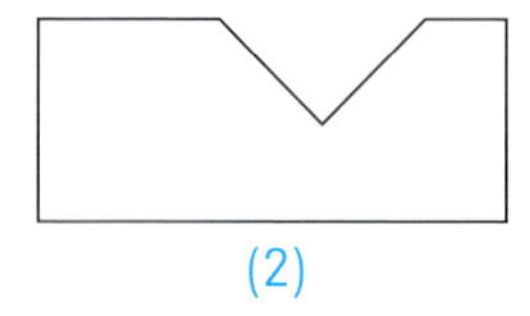
(2)

– **par comparaison à l'aide d'une transformation licite**

Cette transformation peut se faire notamment par découpage/recollement.

EXEMPLE 2 : Pour comparer les aires des surfaces (3) et (4), on découpe la surface (4) de façon à constater que la surface ainsi obtenue se superpose exactement avec la surface (3).

(3)

(4)

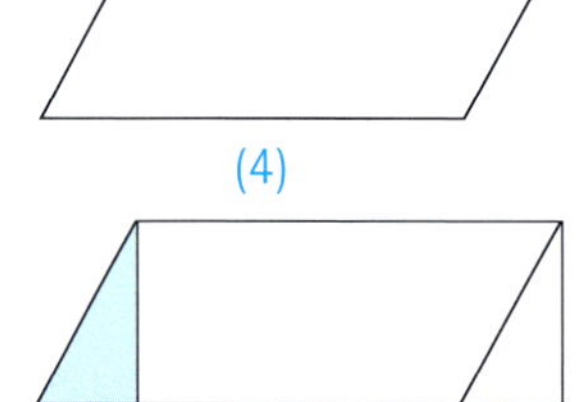

Dans les deux cas, les transformations peuvent se faire effectivement ou mentalement.

- **Deux types de surfaces sont plus difficiles à comparer :**

– **Cas de surfaces qui sont délimitées par des lignes courbes**

Pour ces surfaces, le découpage peut s'avérer plus complexe. On peut aussi utiliser un quadrillage qui peut être une première étape vers le passage à la mesure. On peut compter d'une part les carreaux intérieurs et d'autre part ajouter les carreaux intérieurs et ceux qui chevauchent les bords, ce qui fournit un encadrement de la mesure avec le carreau pour unité.

EXEMPLE :

L'aire de la figure ci-contre est comprise entre 12 et 29 (12 + 17) carreaux. On peut bien sûr affiner cet encadrement.

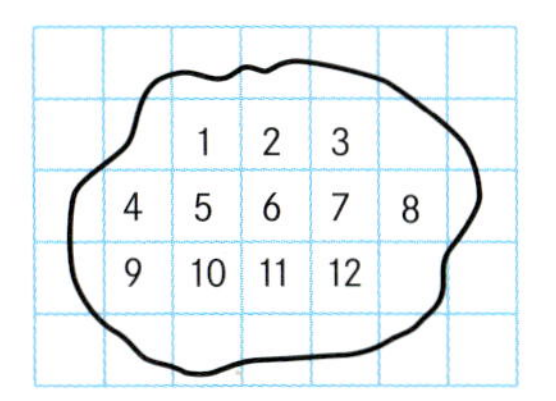

– **Cas des surfaces qui ne sont pas superposables**

Il faut alors utiliser une surface intermédiaire ou utiliser la mesure de ces surfaces (cf. § 2.2 p. 437).

1.4 Masse d'un objet

La **masse** est une grandeur qui caractérise les objets.

- **La masse peut être définie par les relations suivantes :**

– **Deux objets ont même masse** si, lorsqu'on les pose sur chacun des deux plateaux d'une balance Roberval, elle est parfaitement en équilibre.

– **Un objet (1) est plus lourd qu'un objet (2)** si, lorsqu'on les place sur chacun des deux plateaux d'une balance Roberval, le plateau sur lequel l'**objet (1)** est placé penche plus que le plateau sur lequel est placé l'**objet (2)**.

1.5 Volume (ou contenance[5]) d'un solide

Le **volume** est une grandeur qui caractérise des solides.

- **Le volume peut être définie par les relations suivantes :**

– **Deux solides S et S' ont même volume** si, plongés dans une même quantité d'eau contenue dans des récipients identiques, la hauteur de l'eau monte de la même façon dans les deux récipients ou s'il faut la même quantité d'eau pour remplir S et S' (cas des contenances).

– **Un solide S a un volume plus grand qu'un solide S'** si, plongés dans une même quantité d'eau contenue dans des récipients identiques, la hauteur de l'eau monte plus dans le récipient contenant S que dans celui qui contient S'. On dit que le solide S a une contenance plus grande que S' s'il faut plus d'eau pour remplir S que S'.

5. La contenance est généralement utilisée lorsqu'il s'agit de solides pouvant contenir des liquides.

CONCLUSION

1. **Une grandeur d'un objet est définie par deux relations qui lient ces objets :**
– une relation d'égalité qui permet d'établir que deux objets ont la même grandeur ;
– une relation d'inégalité qui permet d'établir qu'un objet est plus « grand » qu'un autre.

2. **Pour un même objet, on peut définir plusieurs grandeurs** : pour une baguette de bois, par exemple, on peut définir sa longueur, son volume, sa masse…

3. **On peut comparer des grandeurs d'objets par comparaison directe** mentalement ou expérimentalement à partir de la définition de la grandeur, **ou par comparaison indirecte** en utilisant un objet intermédiaire ou une transformation licite.

4. **On peut définir une grandeur sans avoir recours aux nombres.** Mais ces différentes méthodes de comparaison de grandeurs ne sont pas toujours utilisables, soit parce qu'elles sont irréalisables[6], soit parce qu'elles sont très « lourdes » à mettre en œuvre. Aussi une autre méthode a-t-elle été mise au point : c'est l'utilisation de mesures, ce qu'on appelle le **mesurage**.

6. Il n'est pas possible, par exemple, de découper un disque pour le superposer à un carré.

2 Qu'est-ce que la mesure ?

Ayant fait le choix d'une grandeur appelée « **unité** », la **mesure d'une grandeur d'un objet** est le nombre d'unités permettant de réaliser une grandeur égale à celle de cet objet.

Conséquences de cette définition :

1. **La mesure est donc un nombre.**[7]

EXEMPLE : « 3 est la mesure de la longueur d'un segment [AB] avec le cm comme unité » signifie qu'il faut mettre bout à bout 3 segments de 1 cm de longueur pour obtenir un segment de même longueur que [AB]. **3** est donc la mesure de longueur de ce segment. On peut aussi dire que la **longueur de ce segment** est de **3 cm**.

7. L'histoire de la mesure et l'histoire des nombres sont d'ailleurs intimement liées.

2. **La mesure d'un objet dépend donc de l'unité choisie ; par contre, la grandeur est invariante.**

EXEMPLE : c'est pour cela que l'on peut écrire que **2 cm** = **20 mm**.

3. **Dans certains cas, on peut se contenter d'encadrer la mesure d'un objet.**

EXEMPLE : la longueur d'un segment en cm est comprise entre 3 et 4.

2.1 Systèmes d'unités de mesure

Pour chaque grandeur, le système d'unités de mesure est construit en cohérence avec le système de numération décimale. Les élèves doivent comprendre la relation entre les préfixes utilisés et les expressions utilisées pour les unités de numération :

un décamètre est une dizaine de mètres ; un kilomètre est un millier de mètres ; un écimètre est un dixième de mètre, etc.

Par exemple, cela permet de comprendre que :
15,03 m = 1 dam 5 m 3 cm (identifié à 1 dizaine de mètres, 5 mètres et 3 centièmes de mètre) ou **3 000 m = 3 km** (3 milliers de m).
De même, la question « **combien de fois 100 g dans 1 kg ?** » peut être interprétée comme «combien de centaines de g dans un millier de g » ou « combien de centaines de g dans 1 000 g ». La question « **combien d'hg dans 1 kg ?** » est donc assimilable à la question « combien de centaines dans 1 millier ? »

Pour les grandeurs simples (longueurs, masses, contenances), toute question portant sur les unités de mesures (conversion, comparaison, calcul) peut ainsi être assimilée à une question sur les **unités de numération**.
Ces aspects sont évoqués dans le programme de cycle 3, rubrique Nombres et calculs (colonne de droite, p. 74) : « Le travail sur certaines unités de masse ou de longueur et sur leurs relations (gramme, kilogramme, tonne ; centimètre, mètre, kilomètre, etc.) permet un retour sur les règles de numération. »

2.2 Mesure de longueurs

A. Pour mesurer des longueurs de segments

On prend un segment quelconque auquel on choisit d'attribuer 1 comme mesure de sa longueur : on l'appelle « **segment-unité** ». On reporte le segment-unité sur le segment que l'on mesure et on compte le nombre de reports.

EXEMPLE : Si on reprend les segments présentés au début de ce chapitre, on peut choisir comme unité de longueur le segment **g** (sa mesure est 1). La mesure des longueurs segments **a**, **c** et **e** est alors 6, celle des longueurs segments **b** et **d** est 5 et celle de la longueur segment **f** est 4.

➤ **Unités d'aire**, tome 1 p. 448.

B. La définition du mètre

Jusqu'à la Révolution française, les unités de mesure des longueurs étaient très diverses et changeaient d'un pays à l'autre, voire même d'une province à une autre. Par exemple, en France au XVIIIe siècle, on mesurait en « palmes » dans la région de Marseille, en « pans » à Montpellier, en « perches » en Bretagne... Certaines de ces unités faisaient référence au corps humain comme par exemple le pied, le pouce, la toise pour les mesures de longueur ; elles étaient donc sujettes à des différences. Ces unités étaient de plus difficiles à manipuler car les sous-multiples n'étaient pas définis régulièrement.
C'est à partir de 1790 que s'est imposé d'abord en France, puis à travers le monde, le **système métrique** que nous connaissons : le **mètre** et ses **sous-multiples** (décimètre, centimètre, millimètre) et ses **multiples** (décamètre, hectomètre, kilomètre).
Le **mètre** a été successivement défini comme 1/40 000 de la **longueur du méridien terrestre**, puis comme la **longueur d'une règle en platine iridié** conservée au pavillon de Breteuil à Sèvres.

Depuis 1983, **le mètre est défini** comme la longueur du trajet parcouru dans le vide par la lumière pendant une durée de 1/299 792 452 secondes.

C. Pour mesurer des longueurs d'objets divers

On dispose de plusieurs méthodes :

- **Reporter la longueur unité et compter le nombre de reports**

Ce nombre n'est pas forcément un nombre entier. Dans ce dernier cas, on peut soit obtenir un encadrement de la longueur, soit utiliser des « sous-unités ». La longueur peut alors être exprimée à l'aide d'une expression complexe faisant intervenir plusieurs unités (comme 5 m 7 cm). Elle peut aussi être exprimée par un nombre décimal (comme 5,07 m) ou par un nombre fractionnaire : $\frac{507}{100}$ m.

- **Utiliser un instrument**

Ces instruments peuvent être : le double-décimètre, le mètre ruban, le distance-mètre électronique, le curvimètre pour les lignes courbes...

- **Effectuer un calcul**

EXEMPLE : Si on souhaite trouver la longueur du segment [AB], on peut effectuer une soustraction : AB = 5 cm – 2 cm = 3 cm.

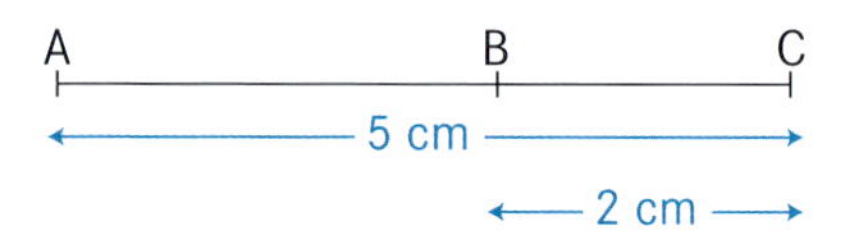

Pour le **calcul du périmètre d'un polygone**, on fait aussi appel au calcul (calcul de la somme des longueurs des côtés). Mais attention à l'homogénéité des unités !

Pour certaines **lignes courbes** comme le **cercle**, on dispose d'une formule pour calculer sa longueur.

2.3 Mesure des aires

➤ **Unités d'aire,** tome 1 p. 448.

- **Pour mesurer l'aire d'une surface**

On choisit comme unité l'**aire d'une surface donnée.** La mesure d'une aire est alors le nombre d'unités nécessaires pour recouvrir exactement et sans chevauchement la surface en question.

EXEMPLE :

Si on prend comme unité l'aire du carré □

la mesure de l'aire de la surface ci-contre est égale à 6,5.

Par contre si on prend comme unité le triangle ◺

l'aire de cette surface est 13.

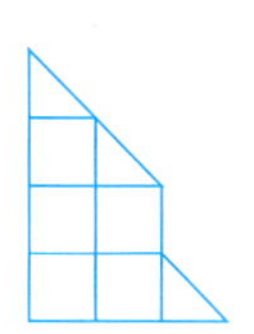

- **Méthodes pour mesurer des aires en dehors du report de l'unité :**

– **soit à l'aide d'un quadrillage** ;

– **soit par le calcul** en appliquant des formules de calcul d'aires pour les figures usuelles (carrés, rectangles, disques...) ou en décomposant la figure en figures usuelles.

2 . 4 Mesure des masses

➤ **Unités de masse,** tome 1 p. 452.

On choisit comme unité la **masse d'un objet donné**. Un instrument est ici nécessaire (balance à plateaux ou à lecture directe par exemple) car la superposition n'est pas possible comme pour les grandeurs géométriques.

2 . 5 Mesure des volumes

➤ **Unités de volume,** tome 1 p. 447.

On choisit comme unité **un solide**. La mesure du volume d'un solide est alors le nombre de solides unités nécessaires pour constituer un solide de même volume ou pour le remplir.

2 . 6 Mesure des durées

➤ **Unités de durée,** tome 1 p. 451.

Deux catégories de questions sont liées à la notion de temps :

– **Se repérer dans le temps par rapport à des événements familiers** (avant le repas, avant le mercredi…), ensuite par rapport à des repères conventionnels et en utilisant les nombres. Les dates du calendrier sont organisées grâce à un repère linéaire avec une origine culturellement fixée (le début de l'ère chrétienne par exemple).

– **Évaluer des durées,** c'est-à-dire mesurer un intervalle de temps (intervalle entre deux dates ou deux moments), ce qui nécessite le choix d'une unité.

Remarque : On n'aborde pas ici la mesure des angles car cette notion n'est pas abordée à l'école primaire.

3 Compétences à acquérir à l'école primaire

3 . 1 Généralités

Les **activités liées aux grandeurs et à la mesure** font intervenir, en étroite imbrication, des **notions géométriques** (pour les longueurs, les aires et les volumes) et des **notions numériques** (pour toutes les grandeurs). Elles contribuent à une meilleure maîtrise des unes et des autres.

EXEMPLES :

- **Au cycle 2 :** La question de savoir quelle longueur de ruban reste disponible après avoir découpé, devant les élèves, un ruban de 37 cm dans un ruban de 50 cm permet de renforcer le sens de la différence de deux nombres.
- **Au cycle 3 :** La résolution de problèmes de mesure de longueurs et d'aires aide les élèves à prendre conscience de l'insuffisance des entiers et de la nécessité d'introduire d'autres nombres : fractions, puis nombres décimaux.

A. Aider les élèves à conceptualiser les différences entre objet réel, grandeur et mesure de cette grandeur

L'élève doit apprendre à faire la différence entre :

– un **objet réel** (baguette, pièce rectangulaire, piscine circulaire...) ou **géométrique** (segment, rectangle, disque...) ;

– une **grandeur associée à cet objet** ;

– la **mesure de cette grandeur**.

Les grandeurs se définissent à partir de comparaisons indépendamment des nombres. Ces méthodes de comparaison peuvent se faire soit directement, soit par l'utilisation d'un objet intermédiaire, soit par des transformations licites. C'est seulement parce que ces différentes méthodes de comparaison peuvent être longues, fastidieuses, voire impossibles qu'on utilise une quatrième méthode qui nécessite la définition d'une grandeur unité et permet d'associer à une grandeur d'un objet un nombre que l'on appelle sa mesure.

Ainsi **le travail sur les grandeurs précède le travail sur leur mesure**. C'est d'ailleurs ce que préconisent les programmes. Dès l'école maternelle, on invite les élèves à comparer des objets du point de vue de leur longueur et de leur masse avant d'aborder les mesures de longueur et de masse au CP. Il est en de même pour les aires abordées au début du cycle 3 à partir de comparaison de surfaces.

B. Aider les élèves à donner du sens à la mesure

Cela nécessite dans un premier temps de mettre en place des activités de comparaison des grandeurs indépendamment de toute unité pour aider l'élève à s'approprier le concept de grandeur, puis de mettre en évidence les limites des méthodes de comparaison, pour enfin donner du sens à la notion de mesure.

Ainsi l'enseignement d'une grandeur et de sa mesure passe en général par les **étapes suivantes** :

– **travail sur la grandeur** : comparaisons pour lesquelles la notion de grandeur suffit (comparaison directe ou avec gabarit) ;

– **travail sur la mesure à l'aide d'une unité** : comparaisons dans des situations pour lesquelles le gabarit est trop petit : le report du gabarit devient alors nécessaire et cela conduit au nombre et à la mesure, puis, dans certains cas, à la fabrication ou l'utilisation d'un instrument.

– **travail sur la mesure en utilisant le calcul** : le mesurage par report de l'unité ou en utilisant un instrument n'est pas toujours possible ; le recours au calcul est alors un autre moyen d'obtenir le résultat recherché (c'est le cas du périmètre du cercle, par exemple).

Nous allons tout d'abord, pour les **longueurs** et les **aires,** puis pour d'autres grandeurs comme les **masses**, les **capacités/volumes,** et les **durées**, passer en revue les différentes compétences que les élèves doivent acquérir à l'école, les procédures associées en lien avec les principales variables didactiques et les principales erreurs et difficultés.

3.2 Compétences relatives aux longueurs : comparer sans mesurer

A. Savoir comparer des longueurs d'objets « rectilignes » sans instrument de mesure

Les variables didactiques concernent les caractéristiques des objets à comparer (longueurs, déplacement...)

Procédures

- **Si les longueurs sont très différentes,** l'élève peut procéder à vue d'œil.
- **Si les objets sont facilement transportables,** l'élève peut faire coïncider les extrémités.
- **Si les objets ne sont pas facilement transportables,** l'élève peut :
  – utiliser un objet intermédiaire transportable ;
  – reporter la longueur du 1er objet sur le 2e avec un compas ;
  – reporter un objet unité ou plusieurs différents.
- **Si on est en présence d'un objet du meso-espace non transportable** (par exemple comparer deux lignes tracées dans la cour), l'élève peut utiliser un objet intermédiaire ou reporter un objet unité.

Difficultés / erreurs

– Elèves non conservants (cf. p. 441).

– Difficultés de manipulation entraînant des problèmes de précision.

B. Savoir comparer des longueurs de lignes brisées et des périmètres (non déployables)

La variable didactique concerne les instruments mis à disposition de l'élève.

Procédures

- **Si l'élève dispose d'un compas,** il doit reporter sur une demi-droite les longueurs des segments qui constituent la ligne brisée ou le périmètre.
- **Si L'élève dispose d'objets d'intermédiaires qu'il peut couper à la longueur qu'il veut** (comme une paille par exemple), il les superpose sur chacun des segments de la ligne brisée, puis met les objets bout à bout de façon rectiligne.

Difficultés / erreurs

– L'élève ne voit pas le lien entre le compas et la comparaison des longueurs car, pour lui, le compas sert essentiellement à tracer des cercles.
– L'élève applique des théorèmes en acte : « La ligne brisée la plus longue est celle qui contient le plus de segments » ou encore « La ligne brisée la plus longue est celle qui contient le segment le plus long ».
– Difficultés de manipulation.
– Cf. autres difficultés ci-après.

C. Savoir comparer des longueurs de lignes courbes et des périmètres avec un gabarit

Le gabarit peut être par exemple une ficelle plus ou moins longue.

Rappel : Le périmètre d'une surface est la longueur du contour de cette surface.

Procédures	Difficultés / erreurs
• **Si le gabarit est suffisamment long,** l'élève peut l'utiliser directement. Par exemple, il fait coïncider des morceaux de ficelle avec chaque courbe à comparer, puis il compare les longueurs des ficelles obtenues.	– Problème de manipulation.
• **Si le gabarit n'est pas suffisant**, il faut le reporter autant de fois que nécessaire et ensuite comparer les nombres de reports, et en cas d'égalité comparer les restes.	– Difficulté à mémoriser le nombre de reports.

D. Difficulté particulière pour la comparaison des longueurs

Les études de Piaget ont mis en évidence que la **conservation des longueurs** se met en place au stade des opérations concrètes. Deux types d'expériences mettent en évidence cette difficulté à conserver les longueurs quand il s'agit de les comparer :

• Expérience 1

1. L'enseignant place devant l'élève deux bandes A et B, exactement l'une sous l'autre :

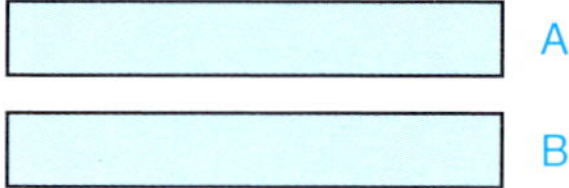

2. Il déplace la bande B vers la droite (sous le regard de l'élève) :

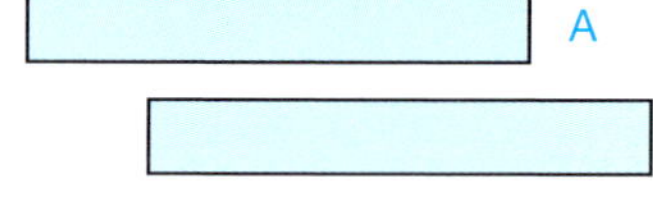

Dans le premier cas, l'élève affirme que « B est aussi long que A ».
Dans le deuxième cas, il affirme que « B est plus long que A ».
On dit que cet élève **n'est pas conservant pour les longueurs.**

• Expérience 2

1. On place tout d'abord devant un enfant une baguette de 16 cm et en dessous 4 baguettes de 4 cm mises bout à bout pour faire constater l'égalité des longueurs :

A

B

2. On propose ensuite à l'enfant la disposition suivante avec les mêmes baguettes :

C'est seulement vers 7 ans (mais parfois beaucoup plus tard) que l'enfant affirme avec certitude que les chemins A et B ont encore la même longueur.

3.3 Compétences relatives à la mesure de longueurs

A. Savoir mesurer des longueurs d'objets « rectilignes » avec le double-décimètre

La variable didactique est la nature du rapport entre la longueur à déterminer et les unités (cm et mm).

Procédures	Difficultés / erreurs
• **Si ce rapport est un nombre entier, inférieur à la longueur de l'instrument,** l'élève place une extrémité de l'objet sur le 0 de la graduation de son instrument de mesure et il lit sur quelle graduation arrive l'autre extrémité de l'objet.	– L'élève place l'extrémité de l'objet sur le début de la règle[8] (c'est directement induit de l'expérience antérieure des élèves : utilisation de gabarit).
• **Si ce rapport est un nombre décimal inférieur à la longueur de l'instrument,** la procédure est la même que précédemment. Sauf dans le cas où l'extrémité du segment tombe entre deux graduations, par exemple : 2,75 cm.	– L'élève n'arrive pas à donner un résultat lorsque la mesure ne correspond pas à un nombre entier de cm. – Erreur liée à la lecture des mm ; dans le cas ci-dessous, l'élève trouve 3 cm et 2 mm[9] : 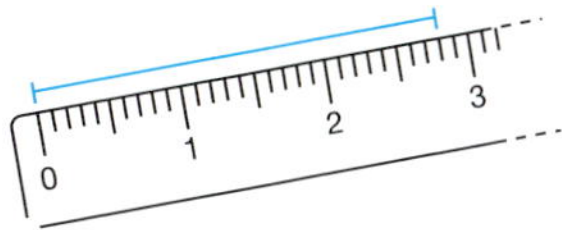
• **Si ce rapport est un nombre (entier ou décimal) supérieur à la longueur de la règle,** l'élève doit reporter le double-décimètre.	– L'élève peut se trouver bloqué. – Suite à un phénomène de surcharge cognitive, l'élève peut oublier d'ajouter les longueurs obtenues par les reports successifs ou faire une erreur de calcul. – Difficultés de manipulation.

8. Cette difficulté n'apparaît pas pour des instruments comme le mètre ruban ou le mètre de la couturière pour lesquels le 0 de la graduation est exactement à une extrémité de l'instrument.

9. L'élève lit la graduation en cm la plus proche de l'extrémité du segment. Les 2 mm correspondent à la différence de graduations en mm entre la graduation 3 cm et l'extrémité du segment mesuré.

ENTRAINEMENT 1

Analyser l'erreur ci-dessous.

Détermine la longueur de ce segment :

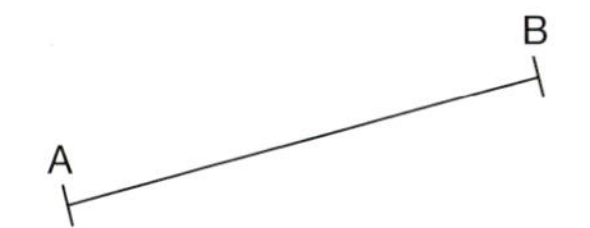

Réponse de l'élève : 3 cm.

Corrigé p. 452

B. Savoir mesurer la longueur d'une ligne brisée ou le périmètre d'une figure avec un double-décimètre

Les variables didactiques sont :
– la mesure de chaque segment (est-ce un nombre entier ou pas ?) ;
– le nombre de segments qui constituent la ligne brisée.

Procédures

• **L'élève mesure les longueurs de chacun des segments** composant la ligne brisée et additionne ces longueurs.

A noter qu'il peut utiliser la multiplication si les segments sont de même longueur.

Difficultés / erreurs

– L'élève ne perçoit pas le lien entre l'addition des mesures des longueurs et la longueur totale de la ligne brisée.

– Si les mesures des segments ne sont pas des nombres entiers, l'élève peut avoir des difficultés pour additionner des mesures complexes ; par exemple : 5 cm 4 mm + 2 cm 8 mm.

– Plus il y a de segments, plus il y a de risque d'oublis et d'erreurs de mesure et de calcul.

C. Savoir mesurer le périmètre d'un polygone par le calcul

Les variables, en plus de celles décrites ci-dessus, dépendent de la nature du polygone.

Procédures

• **Si le polygone est un carré ou un rectangle ou un polygone régulier**, à la place de la procédure qui consiste à mesurer chaque côté et à additionner les mesures, l'élève peut appliquer une formule ou utiliser un raisonnement.

Difficultés / erreurs

– Mauvaise mémorisation de la formule.

– Confusion avec la formule de l'aire du rectangle ou du carré quand elle est connue.

D. Savoir mesurer le périmètre d'un cercle

Pour déterminer le **périmètre d'un cercle**, l'élève peut :

– soit utiliser un objet intermédiaire dépliable (ficelle par exemple) ;

– soit utiliser une formule : mesurer le diamètre du cercle et multiplier ce diamètre par π.

ENTRAINEMENT 2

Corrigé p. 452

Analyser l'erreur ci-dessous.

Détermine le périmètre de ABCD qui est représenté ci-contre :

Réponse d'un élève : 37 cm.

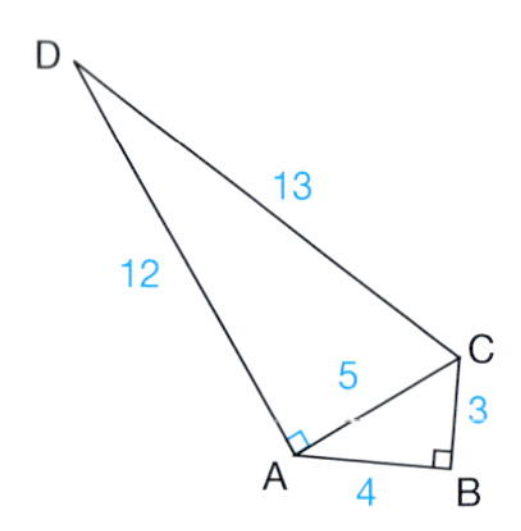

ENTRAINEMENT 3

Corrigé p. 452

Analyser l'erreur ci-dessous.

Le périmètre du triangle A est 12 m.

Le périmètre du triangle B est 17 m.

La figure F est formée à l'aide de deux triangles, comme indiqué sur le dessin. Quel est le périmètre de la figure F ?

Réponse d'un élève : 29 m.

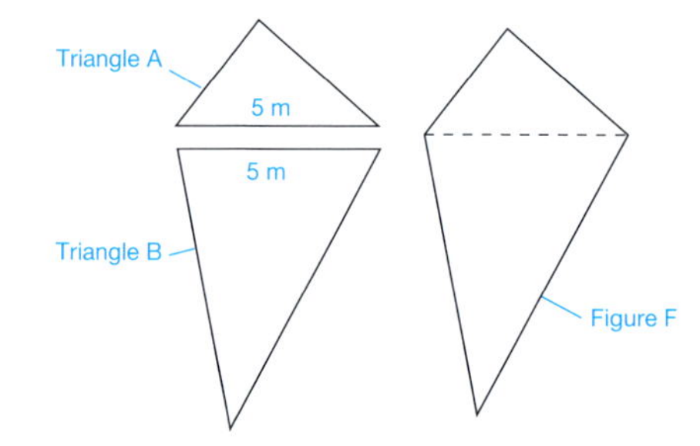

E. Savoir comparer et mesurer des distances

En plus des difficultés évoquées ci-dessus, il y a le fait que la distance n'est pas matérialisée.

F. Savoir effectuer des conversions d'unités de longueur

Les variables dépendent de l'unité du nombre de départ ou d'arrivée et si ces unités sont voisines.

Procédures	Difficultés / erreurs
• **Si l'unité du nombre de départ ou d'arrivée est familière et ces unités sont voisines,** utilisation de la multiplication ou de la division par 10.	– Défaut de mémorisation de l'ordre des unités.
• **Si l'unité du nombre de départ ou d'arrivée est ou non familière et/ou ces unités ne sont pas voisines,** utilisation de la multiplication ou de la division par 10, par 100 ou d'un tableau de conversion.	– Méconnaissance des relations entre les différentes unités. – Si le nombre de départ ou le résultat est un nombre décimal, erreurs liées à l'écriture décimale des nombres et à la maîtrise des calculs (multiplication ou division par 10, 100...).

3.4 Compétences relatives aux aires

A. Savoir comparer et mesurer des aires de surfaces données

La tâche à effectuer dépend de la forme des surfaces et de leur facilité à être incluses l'une dans l'autre.

• Les surfaces ont des aires très différentes ou non.

Procédures	Difficultés / erreurs
• **Si les aires sont très différentes,** l'élève peut effectuer cette comparaison à vue d'œil.	– L'élève assimile aire et encombrement.

• Les surfaces sont faciles à inclure l'une dans l'autre.

La variable didactique concerne le fait de pouvoir déplacer les surfaces ou pas.

Procédures	Difficultés / erreurs
• **Si les surfaces sont déplaçables,** l'élève peut effectuer les inclusions physiquement. • **Si les surfaces ne sont pas déplaçables,** il doit effectuer les inclusions mentalement (cf. exemple 1 p. 434).	– L'élève est tenté de « fermer » les figures concaves pour comparer leur aire. *Exemple :* il dira que (1) a une aire supérieure à (2) car, inconsciemment, il l'a fermée.

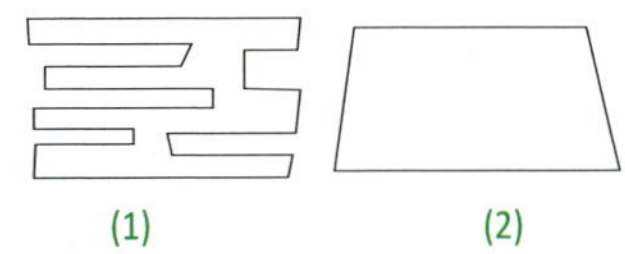

Les surfaces peuvent être incluses l'une dans l'autre suite à des découpages/recollements

La variable didactique concerne les instruments mis à disposition de l'élève.

Procédures	Difficultés / erreurs
• **Si l'élève dispose de ciseaux**, il fait les découpages nécessaires.	– Difficulté à anticiper les tracés, découpages et recompositions nécessaires.
• **Si l'élève dispose d'un crayon et d'une règle**, il représente ces transformations par des tracés (voir surfaces (3) et (4) p. 434).	
• **Si l'élève ne dispose pas d'instrument**, il effectue ces transformations mentalement.	– Difficulté à mobiliser des images mentales.

Les surfaces ne peuvent pas être incluses l'une dans l'autre suite à des découpages/recollements

La variable didactique concerne la nature de la surface.

Procédures	Difficultés / erreurs
• **Si ces surfaces sont des figures usuelles**, l'élève calcule l'aire des ces surfaces en appliquant les formules, puis il compare les nombres obtenus.	– Problème de mémorisation des formules. – Erreurs de calculs en particulier dans le cas d'utilisation de nombres décimaux.
• **Si ces surfaces peuvent se ramener à la réunion ou au complémentaire de surfaces usuelles** (ou bien, par déplacement d'une partie de la figure), l'élève met en évidence ces figures usuelles, calcule les aires de chacune d'elles, puis effectue les opérations nécessaires. *Exemple :* 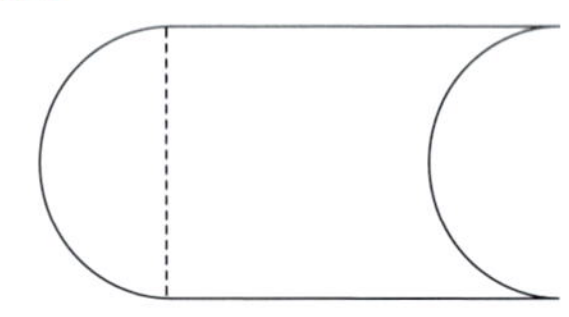	– Ici l'élève peut rencontrer des difficultés au niveau de la décomposition de la figure et pour le calcul des aires des figures usuelles *(cf. ci-dessus)*.
• **Si ces surfaces ne peuvent pas se décomposer à l'aide de figures usuelles** (c'est en particulier le cas des surfaces à bord curviligne autres que des secteurs circulaires), l'élève trace un quadrillage et calcule la mesure de l'aire des surfaces en utilisant comme unité un carré du quadrillage. Dans beaucoup de cas, il pourra seulement donner un encadrement de cette mesure.	– Difficulté pour tracer le quadrillage. – Difficulté pour dénombrer les carrés dans la mesure où les lignes du quadrillage ne correspondent pas au contour de la figure.

B. Difficulté particulière pour la comparaison des aires

Les élèves ont souvent tendance à utiliser le **théorème en acte** suivant : « De deux aires, la plus grande est celle qui a le plus grand périmètre ». Ce théorème en acte est très naturel, c'est un obstacle épistémologique. D'une façon générale, on a tous tendance à penser que les grandeurs associées à un même objet varient dans le même sens, car c'est souvent le cas :

– le prix des oranges (d'une même catégorie) varie dans le même sens que leur masse ;

– la masse d'une tige métallique varie dans le même sens que sa longueur...

Mais voici un contre-exemple : la figure (1) a une aire plus grande que la figure (2), mais un périmètre plus petit.

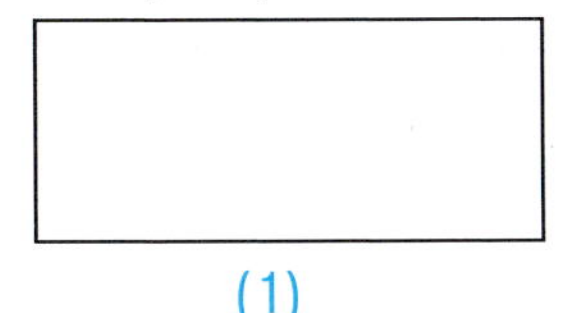
(1)

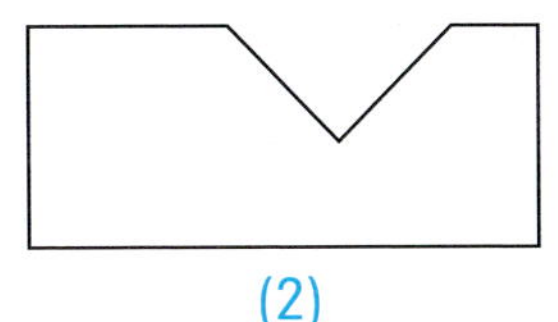
(2)

Théorème en acte, chap. 4 p. 59, encadré.

C. Savoir effectuer des conversions d'unités d'aires

Les variables dépendent de l'unité du nombre de départ ou d'arrivée et si ces unités sont voisines.

Procédures

- **Si l'unité du nombre de départ ou d'arrivée est familière et ces unités sont voisines,** utilisation de la multiplication ou de la division par 100.
- **Si l'unité du nombre de départ ou d'arrivée est ou non familière et/ou ces unités ne sont pas voisines,** utilisation de la multiplication ou de la division par 100, par 10 000.
- **Utilisation d'un tableau de conversion.**

Difficultés / erreurs

– L'élève utilise les techniques de conversion qu'il connaît pour les unités de longueur.
Exemple : 2,5 m^2 = 25 dm^2.

– L'élève a des difficultés avec les calculs dans l'ensemble des nombres décimaux.

– L'élève a des difficultés de mémorisation de l'ordre des unités.

– L'élève peut rencontrer des difficultés pour placer les nombres et la virgule des nombres (si ce ne sont pas des entiers) dans le tableau, du fait qu'il y a deux colonnes par unités.

ENTRAINEMENT 4

Corrigé p. 452

Analyser l'erreur ci-dessous.

La figure (2) a été obtenue en découpant la figure (1).

Ces deux figures ont-elles la même aire ?

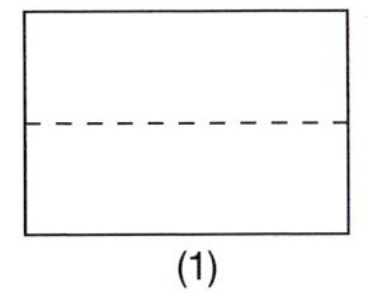
(1)

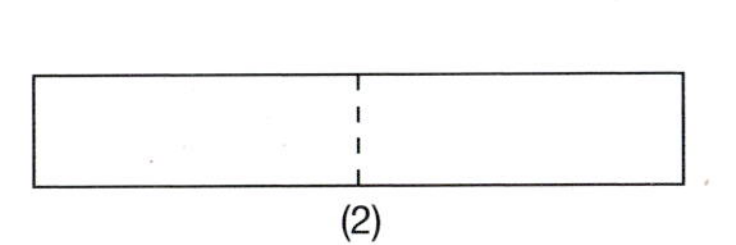
(2)

Réponse d'un élève : Non, la figure (2) est la plus grande.

ENTRAINEMENT 5

Corrigé p. 453

Analyser les erreurs ci-dessous.

Un terrain a été partagé comme l'indique la figure ci-contre :

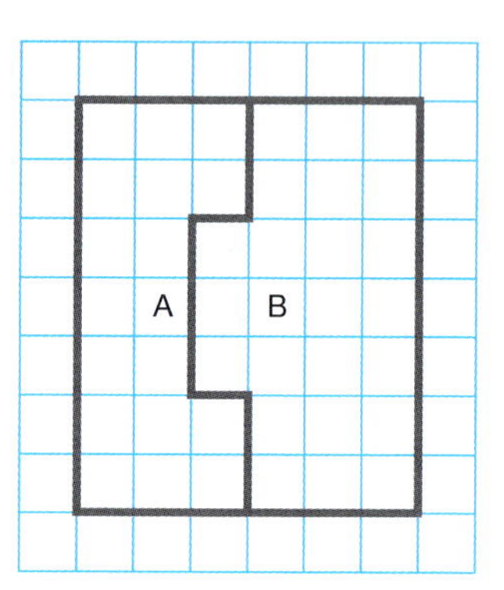

Entoure dans chaque cas la réponse qui convient.

Cas 1

a) L'aire de la parcelle A est plus grande que celle de B.

b) Les deux parcelles ont la même aire.

c) L'aire de la parcelle B est plus grande que celle de A.

Explique ton choix : ....

Cas 2

a) Le périmètre de la parcelle A est plus grand que celui de B.

b) Les deux parcelles ont le même périmètre.

c) Le périmètre de la parcelle B est plus grand que celui de B.

Explique ton choix : ....

Réponse d'un élève :

Cas 1 : L'élève a entouré la réponse c avec comme explication « car il y a plus de carreaux. »

Cas 2 : L'élève a entouré la réponse c avec comme explication « car B a une plus grande aire ».

3.5 Compétences relatives à d'autres grandeurs

A. Compétences relatives aux masses

• Savoir comparer des masses sans recours à des mesures

L'élève peut :

– « **soupeser** » **les masses** si elles sont très différentes (cette procédure est développée dès l'école maternelle) ;

– **utiliser une balance de type Roberval** et savoir que l'objet qui a la plus grande masse est celui qui est sur le plateau le plus « bas ».

• Savoir mesurer la masse d'objets à l'aide d'une balance

L'élève peut :

– **utiliser une balance Roberval avec des poids** : Les résultats seront présentés sous forme d'unités complexes (2 kg 250 g) ou à l'aide de nombres décimaux (2,250 kg). Cette dernière présentation sera utilisée en CM2 après l'introduction des nombres décimaux.

– **utiliser une balance de ménage à lecture directe** : L'élève peut aussi utiliser une balance de ménage où le poids est directement affiché sur la balance.

• Savoir effectuer des conversions d'unités de masse

Ce sont les mêmes compétences que pour les conversions d'unités de longueur.

- **Savoir résoudre des problèmes avec des unités de masse**

Il peut s'agir de problèmes de comparaison ou de problèmes qui mobilisent l'addition, la soustraction ou la multiplication par un entier.

➤ **Pour ces problèmes**, voir analyse de dossier 3, p. 460.

B. Compétences relatives aux capacités[10] de volumes

10. On parle aussi de contenance.

- **Savoir comparer des capacités/volumes sans recours à des mesures**

L'élève peut :

– **utiliser la comparaison à vue d'œil** si les capacités sont très différentes. La validation se fera par le recours au transvasement de liquide ;

– **utiliser le transvasement** pour comparer des capacités ;

– **comparer les masses des solides** dans le cas de solides homogènes.

Une difficulté apparait très rapidement : les élèves ont tendance à se focaliser sur une des dimensions du récipient pour comparer leur capacité. Ainsi, pour eux, le **récipient A** peut contenir plus de liquide que le **récipient B** car ils focalisent leur attention sur la hauteur du récipient sans tenir compte de la base.

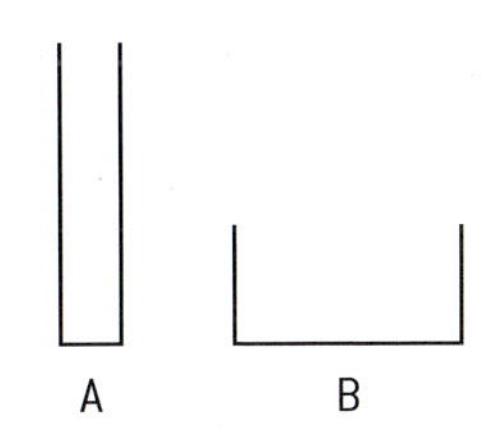

C'est évidemment à rapprocher des problèmes de **conservation de substance** mis en évidence par J. Piaget à travers l'expérience suivante :

1re étape : On présente deux récipients cylindriques identiques en verre contenant la même quantité de liquide. On met côté à côte ces deux récipients (ce qui permet à l'élève de constater que les liquides arrivent au même niveau) et on leur demande s'il y a autant de liquide dans un récipient que dans l'autre. Les élèves répondent correctement.

2e étape : Devant les élèves on verse le liquide de l'un des récipients dans un autre récipient cylindrique de rayon de base plus grand. Puis on demande aux élèves s'il y a autant de liquide dans un récipient que dans l'autre. Beaucoup d'élèves avant 9 ans pensent qu'il y a moins de liquide dans le nouveau récipient car le liquide arrive « moins haut ». On dit que ces élèves n'ont pas atteint l'**étape de la conservation de la substance**.

- **Savoir mesurer la capacité d'un récipient en utilisant un liquide et un verre graduée**

Les résultats seront présentés sous forme d'unités complexes (1 L 25 cl) ou à l'aide de nombres décimaux (1,25 L). Cette dernière présentation sera utilisée en CM2 après l'introduction des nombres décimaux.

- **Savoir mesurer un volume en le remplissant avec un volume unité**

Exemple : un pavé droit rempli avec des cubes identiques.

- **Savoir calculer le volume d'un pavé droit en utilisant une formule**

C'est la seule formule que les élèves sont censés utiliser à l'école.

- **Savoir effectuer des conversions d'unités de contenances**

Ce sont les mêmes compétences que pour les conversions d'unités de longueur.

➤ **Conversion d'unités de longueurs,** p. 445.

C. Compétences relatives à la durée

La **notion de durée** est très **abstraite** pour les élèves. Il est en particulier très difficile d'estimer une durée, de comparer des durées sans instrument car des éléments psychologiques interviennent. Chacun sait que le temps « passe très lentement » quand on s'ennuie !
L'élève doit d'autre part **faire la distinction entre l'horaire** (il est 15 h 40 min) et **la durée** (il s'est écoulé 15 h 40 min entre ces deux événements) qui s'expriment avec la même unité.

- **Savoir lire l'heure en heures et minutes à partir d'un affichage à aiguilles**

Cela permet de donner du sens aux égalités : 1 h = 60 min et 1 min = 60 s.

- **Savoir convertir des unités de durée**

On demande souvent de convertir une durée en heures et minutes et inversement.

- **Savoir résoudre des problèmes liant horaires et durées**

Il existe deux types de problèmes principaux :
– on donne l'heure du début d'un événement et sa durée, puis on demande l'heure de sa fin ;
– on donne la durée d'un événement connaissant l'heure de début (respectivement de fin) de cet événement, puis demande l'heure de fin (respectivement de début).

Problème

Je pars à 8 h 45 et j'arrive à 10 h 30. Quelle est la durée de mon trajet ?

Procédures possibles :

1. Calcul de proche en proche : Par exemple de 8 h 45 à 9 h il s'est écoulé 15 min et de 9 h à 10 h 30 il s'est écoulé 1 h 30. La durée du parcours est donc de 1 h 45 min.
Cette procédure peut être schématisée :

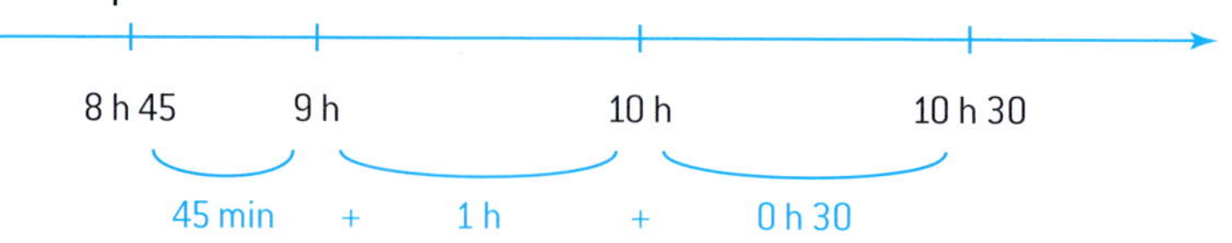

Il faut noter que, dans ce type de schéma, il n'est pas nécessaire de respecter une échelle.

Il y a d'autres possibilités : par exemple de 8 h 45 à 10 h 45 il s'est écoulé 2 h, donc jusqu'à 10 h 30 il s'est écoulé 1 h 45.

2. Calcul par soustraction :

```
   9   90
  1̶0̶ h 3̶0̶
–   8 h 45
----------
    1 h 45
```

Comme on ne peut pas soustraire 45 min à 30 min, on prend 1 h à 10 h qu'on transforme en minutes et qu'on additionne aux 30 minutes.

Erreur caractéristique : Les élèves ont naturellement tendance à traiter ce type de soustraction comme la soustraction de nombre décimaux dans laquelle les nombres en écriture sexagésimale sont assimilés à des nombres décimaux. Cette assimilation provoque l'erreur ci-contre :

```
  10 h 30
−  8 h 45
---------
   1 h 85
```

- **Savoir résoudre des problèmes utilisant des calculs sur des durées**

Pour l'addition, la soustraction de durées et multiplication d'une durée par un nombre entier, on retrouve les mêmes procédures et erreurs que ci-dessus.

D. Compétences relatives aux angles

Comme on l'a vu précédemment la mesure des angles n'est pas abordée à l'école primaire.

- **Comparer des angles sans avoir recours à leur mesure**

Cette comparaison est source de difficulté comme nous allons le voir à l'aide de l'exercice ci-dessous.

ENTRAINEMENT 6

Corrigé p. 453

1. Analyser l'erreur ci-dessous.
2. Quelle aide peut-on apporter aux élèves qui font cette erreur ?

Exercice : Compare les deux angles ci-dessous :

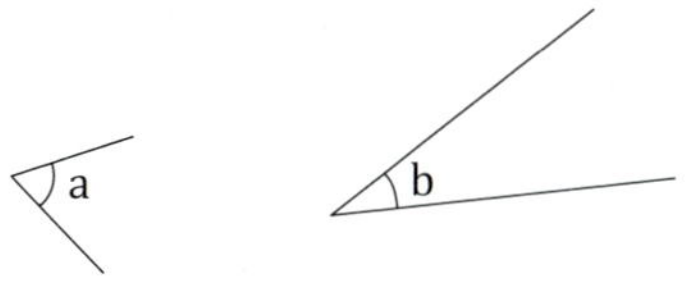

Réponse : L'angle a est plus petit que l'angle b.

Pour comparer des angles, les élèves de l'école primaire peuvent utiliser le papier calque ou un gabarit.

La comparaison des angles peut porter sur des angles de polygones. Dans ce cas, les élèves doivent isoler les angles dans la figure. Cela revient à comprendre que l'angle d'un polygone est défini par un sommet de ce polygone et les deux côtés de ce polygone ayant ce sommet en commun. Il faut donc « effacer » le reste du polygone. Cette connaissance, qui n'est pas naturelle, est indispensable à acquérir pour pouvoir reproduire des polygones.

- **Reproduire un angle**

Pour cela les élèves peuvent utiliser un gabarit ou le papier calque.

EXERCICES D'ENTRAINEMENT

ENTRAINEMENT 1

Énoncé p. 443

- **Procédure :** L'élève a placé l'extrémité de la règle et non le zéro de la graduation sur la première extrémité du segment.

- **Origine :** L'élève n'a pas compris que la règle est conçue comme report d'unités et de sous-unités, la graduation permettant une lecture directe du nombre d'unités reportées.

La procédure peut également être induite par la règle que l'enseignant utilise (le zéro de la graduation coïncide généralement avec le bout de la règle). Elle peut également être induite par le travail de report de gabarit « unité » qui a pu être fait pour introduire la notion de mesurage.

ENTRAINEMENT 2

Énoncé p. 444

- **Procédure :** L'élève a additionné toutes les dimensions qui figurent sur le dessin.

- **Origine :** Ici deux origines sont possibles :

– soit cette procédure a été mise en place en référence à une règle du contrat didactique selon laquelle, pour répondre à une question, il faut utiliser toutes les données ;

– soit elle découle d'une conception selon laquelle le périmètre s'obtient en ajoutant les dimensions de tous les segments tracés. Cette dernière conception permet aux élèves d'obtenir des résultats corrects dans la plupart des exercices qu'on leur propose, dans la mesure où ne sont tracés que les côtés des figures dont il faut déterminer le périmètre.

ENTRAINEMENT 3

Énoncé p. 444

- **Procédure :** L'élève a ajouté les périmètres des deux figures de départ.

- **Origine :** L'élève applique un théorème en acte selon lequel « le périmètre de la réunion de deux surfaces disjointes est égal à la somme des périmètres de ces deux surfaces. » L'élève étend au périmètre les règles valables pour l'aire sans « revenir » au sens du périmètre.

ENTRAINEMENT 4

Énoncé p. 447

- **Procédure :** L'élève a repéré l'encombrement ou la longueur « horizontale » ou encore le périmètre de la figure. D'ailleurs la réponse « la figure (2) est la plus grande » laisse penser qu'il n'a pas pris en compte l'aire.

- **Origine :** À une surface donnée, on peut associer au moins trois grandeurs : son aire, son périmètre et son encombrement. Ici la comparaison des surfaces du point de vue de ces deux dernières grandeurs se fait très facilement et incite à répondre que « la figure (2) est la plus grande ». Il peut aussi s'agir d'élèves qui pensent que l'aire d'une surface varie en fonction de la position des éléments qui constituent cette surface (élèves non conservants) ou que deux figures ne peuvent avoir la même aire que si elles sont superposables.

ENTRAINEMENT 5

Énoncé p. 448

- **Procédure :** Elle est explicite ici.
- **Origine :** L'élève applique un théorème en acte : « Plus l'aire d'une surface est grande, plus son périmètre est grand. » Ce théorème donne des résultats corrects quand le rapport des dimensions entre les figures est maintenu. Il est d'autre part très « naturel » (obstacle épistémologique).

ENTRAINEMENT 6

Énoncé p. 451

1. Analyse de l'erreur

- **Procédure :** Deux procédures sont possibles :

– les élèves ont comparé les longueurs des côtés de ces angles ;

– les élèves ont implicitement fermé les deux angles en joignant les extrémités des traits représentant les côtés et comparé les aires des triangles ainsi obtenus.

- **Origine :** Les élèves se réfèrent naturellement aux grandeurs qu'ils connaissent : les longueurs, les aires.

2. Aide à apporter aux élèves qui ont commis l'erreur

Pour que les élèves prennent conscience de leur erreur, il faut qu'ils comprennent que la comparaison de deux angles porte sur l'écartement des côtés et non sur la longueur de leurs côtés. Cela suppose de mettre en place des activités afin d'aider les élèves à abandonner leur conception spontanée d'un angle qui est la suivante : « un angle se caractérise par la longueur de ses côtés ».

Voici un exemple d'activité possible

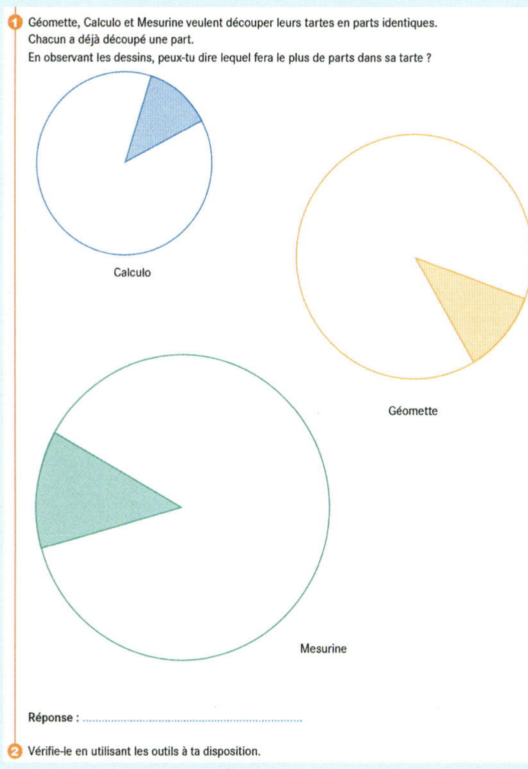

Activité extraite de *Cap Maths CM1*, fichier d'entrainement p. 23, Hatier 2010.

Remarque : Les élèves, pour la vérification, disposent de papier calque.

Spontanément les élèves, qui pensent que la mesure d'un angle dépend de la longueur de ses côtés ou de l'aire de la surface comprise entre ses côtés, vont pronostiquer que c'est Calculo, qui ayant un angle plus petit, va faire le plus grand nombre de parts.

La vérification avec le papier calque permet de constater que c'est Géomette qui fera le plus de parts : 9. Calculo et Mesurine feront le même nombre de parts : 8.

L'enseignant peut alors demander pourquoi Calculo et Mesurine font le même nombre de parts. La réponse à cette question permet aux élèves de prendre conscience que lorsqu'on utilise des angles, il faut prendre en compte l'écartement des côtés.

AU CONCOURS

ANALYSE D'ERREURS 1

Corrigé p. 462

Voici une activité proposée à des élèves de CE2 :

Pour aller de A à B, on a dessiné 3 chemins. Trois enfants regardent la figure et cherchent le chemin le plus court. Ils ne sont pas d'accord.

Carine dit : « Le plus court, c'est de passer par en haut. »

Jessica dit : « Moi, je pense que le chemin le plus court, c'est celui du bas ! »

Eric dit : « Vous avez tort. C'est le chemin du milieu le plus court ! »

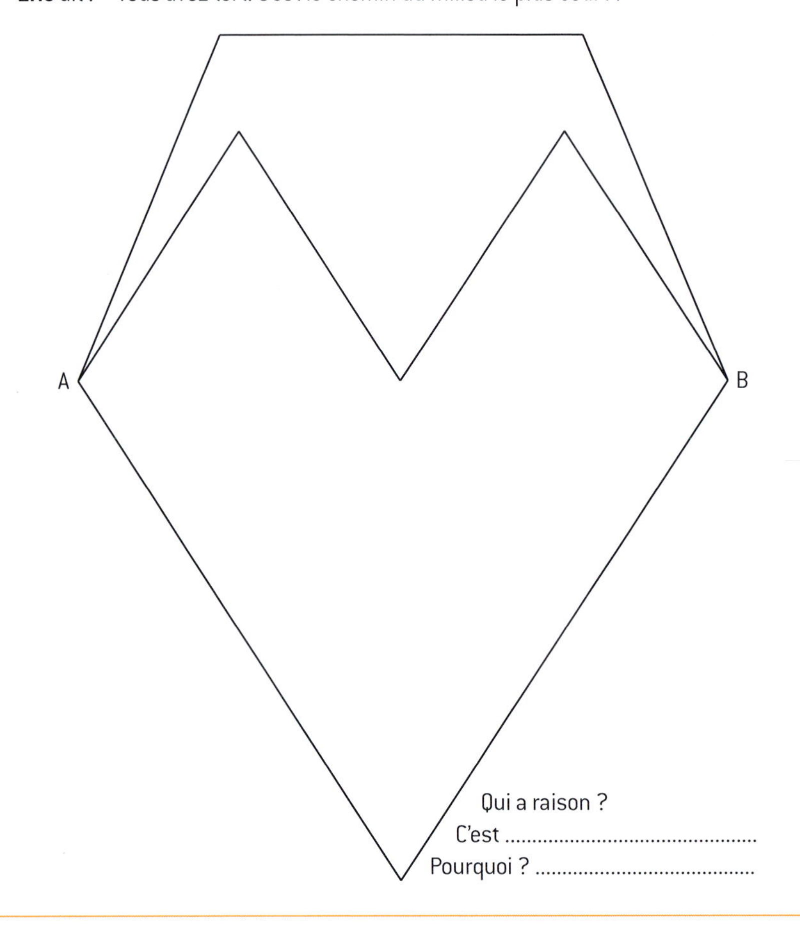

Voici les réponses de 4 élèves :

Jeanne : « C'est Jessica car en bas il y a deux lignes et c'est plus court. »

Marion : « C'est Carine, les deux autres font 18 alors que celui du haut fait 15. »

Tristan : « C'est Eric parce que les triangles c'est plus petit qu'un grand triangle ou qu'un grand carré. »

Cathy : « C'est Carine, parce que le trait mesure 15 cm et les autres Jessica 16 et Eric 16. »

Pour chacun de ces élèves, décrire la procédure qui semble être utilisée puis analyser les erreurs éventuelles.

ANALYSE D'ERREURS 2

Corrigé p. 463

Voici un exercice reproduit d'une évaluation à l'entrée de Sixième et la transcription des réponses de trois élèves (on a respecté l'orthographe des réponses) :

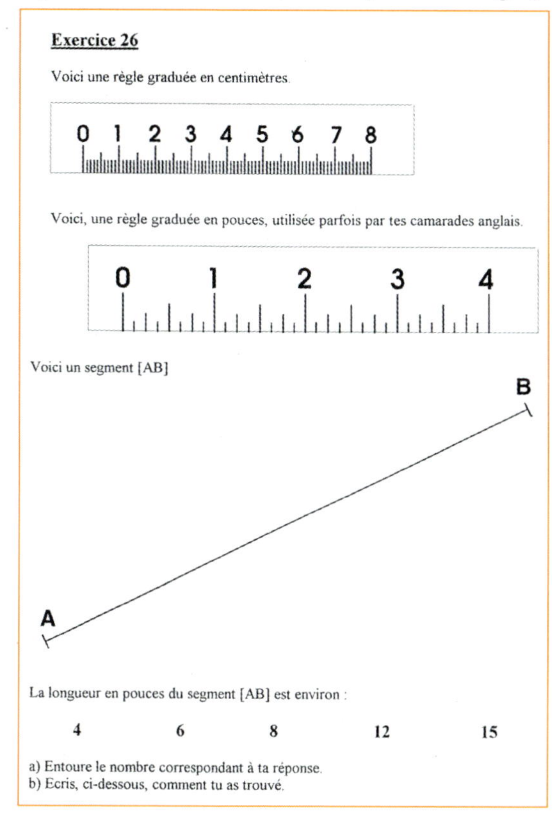
Exercice 26

Voici une règle graduée en centimètres.

Voici, une règle graduée en pouces, utilisée parfois par tes camarades anglais.

Voici un segment [AB]

La longueur en pouces du segment [AB] est environ :

4 6 8 12 15

a) Entoure le nombre correspondant à ta réponse.
b) Ecris, ci-dessous, comment tu as trouvé.

Remarque : La page de cet exercice a été réduite. Dans la version originale AB ≈ 15,2 cm et on rappelle qu'un inch est égal à environ 2,54 cm.

Marion :

a) 8

b) J'ai regarder les deux règles j'ai vu que sur la première sa fait 8 et lotre 4 donc j'ai mesuré le segment et je l'ai divisée en 2 se qui me donne 7,5.

Anthony :

a) 6

b) J'ai regarder pour 6. Comme 4 font 10,2 alors 2 faisait 5,1. J'avais regarder pour 8 mais sa faisait 20,4 cm.

$$\begin{array}{r} 10{,}2 \\ +\ 5{,}1 \\ \hline 15{,}3 \end{array}$$

Anne-Sophie :

a) 8

b) 1 demi pouce est un peu près 1 cm j'ai mesurée le segment 15,2 et je l'ai diviser en deux = 8 environ.

❶ Décrire deux procédures qu'un élève de CM2 pourrait mettre en œuvre pour réussir cet exercice.

❷ Analyser chacune des trois productions d'élèves.

ANALYSE D'ERREURS 3

Corrigé p. 464

Suite à une séquence d'enseignement sur les aires et le périmètre de surface, un enseignant d'une classe de CM1 propose les deux exercices suivants :

Exercice 1 :

Calcule le périmètre de cette figure.

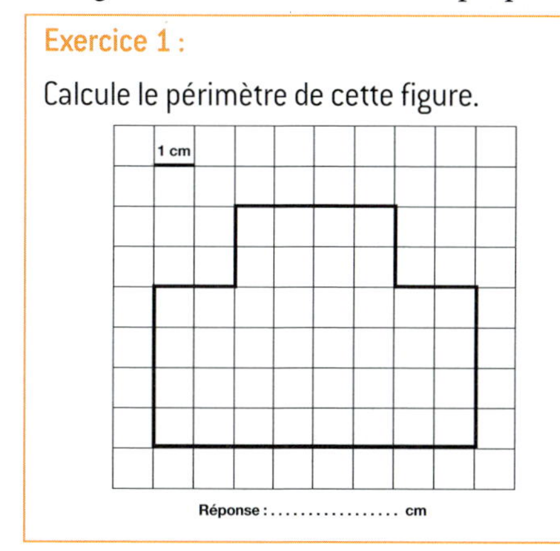

Exercice 2 :

Calcule l'aire de la surface coloriée en gris.

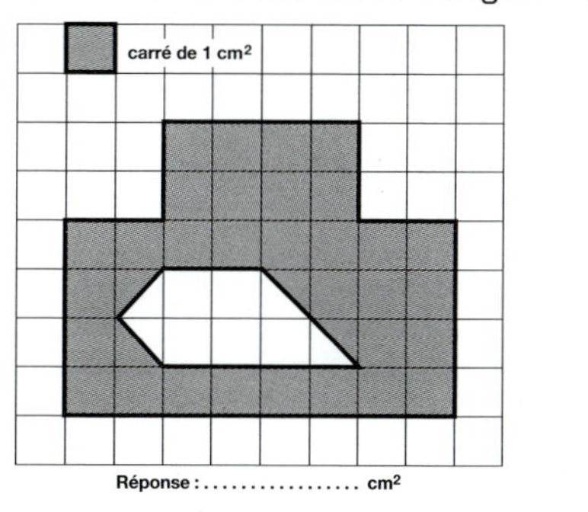

Remarque : Les figures ont été réduites. Sur les feuilles données aux élèves, un carreau mesure 1 cm de côté.

Analyser les réponses des élèves ci-dessous :

Exercice 1 :	Marion : 40	Mathieu : 24	Monica : 27
Exercice 2 :	Léa : 32	Léon : 7	Laetitia : 31

ANALYSE DE DOSSIER 1

Corrigé p. 465

L'**annexe** de ce dossier se trouve p. 457.

Ce sujet s'appuie sur le document proposé en annexe, extrait du manuel « Euromaths CM2 ». Il s'agit d'un extrait de la leçon 40, en fin de période 3. Les fractions et les nombres décimaux ont été travaillés en période 1. Par contre le calcul de l'aire d'un carré, d'un rectangle, d'un triangle n'a pas encore été abordé.

1 On s'intéresse dans cette question à l'activité de découverte :

On demande aux élèves de reproduire le tangram. Pour cela, l'enseignant donne aux élèves une feuille sur laquelle est dessiné un carré de 8 cm de côté. Les élèves doivent donc dessiner les pièces du tangram dans ce carré.

Décrire une procédure que les élèves peuvent utiliser pour réaliser la tâche demandée.

2 On s'intéresse à la question 1 de l'activité de découverte.

a. Indiquer et décrire deux procédures que peut utiliser un élève pour répondre correctement à la question 1.

b. Un élève ne voit pas que les figures C, D et F ont la même aire. Indiquer une raison possible de cette difficulté. Quelle aide peut lui être apportée ?

c. Après cette activité, que peut faire noter le maître comme trace écrite concernant deux surfaces de même aire ?

3 On s'intéresse à la question 3 de l'activité de découverte.

On suppose que l'élève connaît les réponses à la question 2 de l'activité (soit parce qu'il les a trouvées, soit du fait d'une correction collective).

a. Décrire la procédure qu'un élève peut utiliser pour répondre à la question.

b. Choisir une autre unité d'aire afin que les réponses des élèves à cette question ne fassent appel qu'à des nombres entiers. Justifier la réponse.

4 On s'intéresse à l'exercice 5.

Un enseignant de CM2 souhaite aider ses élèves à dépasser l'obstacle qui consiste à penser que l'aire et le périmètre de figures « varient dans le même sens ». Pour cela il hésite entre deux possibilités :

– donner l'exercice 5 du manuel ;

– donner seulement le dessin de cet exercice et proposer aux élèves la consigne suivante : « Est-il possible de construire une surface qui a même aire que la figure A mais dont le périmètre est plus petit ? »

Montrer que la seconde possibilité offre plus d'avantages.

ANNEXE 1 – DOSSIER 1

Aire des surfaces planes et fractions

Objectifs : revoir la notion d'aire d'une figure plane. Comparer des aires par découpage et recollement. Exprimer des mesures d'aire par des fractions.

DÉCOUVERTE

Voici le puzzle appelé « tangram ». Son aire est choisie comme unité d'aire u.
Reproduis le tangram dans un carré de papier de 8 cm de côté et découpe soigneusement les pièces.

1 Quelles pièces ont la même aire ?

2 Quelle fraction de l'aire du carré représente chaque pièce ?

3 Quelle est l'aire de chacune des figures dessinées ci-dessous ?

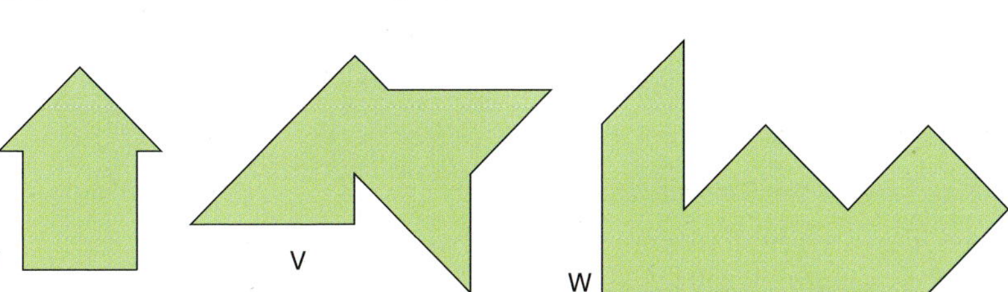

4 Avec les pièces du tangram, que tu peux utiliser plusieurs fois, dessine une figure dont l'aire est $\frac{3}{4}$ u, une figure dont l'aire est $\frac{5}{8}$ u, puis une figure dont l'aire est $\frac{9}{4}$ u.

Source : Manuel Euromaths CM2, leçon 40, p. 110, Hatier.

Remarque : Dans le manuel, le grand carré du puzzle mesure 5 cm de côté.

ANNEXE 1 (suite) – DOSSIER 1

5 Reproduis la figure A sur du papier quadrillé.

a. Construis trois figures B, C et D ayant la même aire que la figure A, mais de formes différentes. Range les figures A, B, C et D de celle qui a le plus petit périmètre à celle qui a le plus grand.

b. Construis trois figures E, F et G ayant le même périmètre que la figure A, mais de formes différentes. Range-les de celle qui a la plus petite aire, à celle qui a la plus grande.

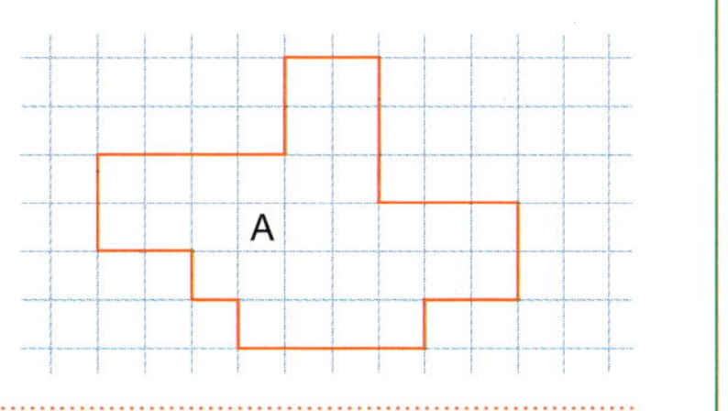

Source : Manuel Euromaths CM2, leçon 40, exercice 5, p. 110, Hatier.

ANALYSE DE DOSSIER 2

Corrigé p. 468

Pour introduire la notion d'aire un enseignant décide d'utiliser l'activité « Ces rectangles ne manquent pas d'aire ! » de l'ouvrage Ermel CM1.

On trouvera ci-dessous une description de cette activité.

Description de la situation

Objectifs

– Faire expliciter divers critères de comparaison de rectangles dont celui par les aires.

– Donner du sens au concept d'aire, par opposition avec les autres modes de comparaison de rectangles.

Matériel

– les rectangles suivants
(dimensions en cm et cm^2) :

A (10 × 9) périmètre : 38 ; aire : 90

B (10 × 14) périmètre : 48 ; aire : 140

C (20 × 4) périmètre : 48 ; aire : 80.

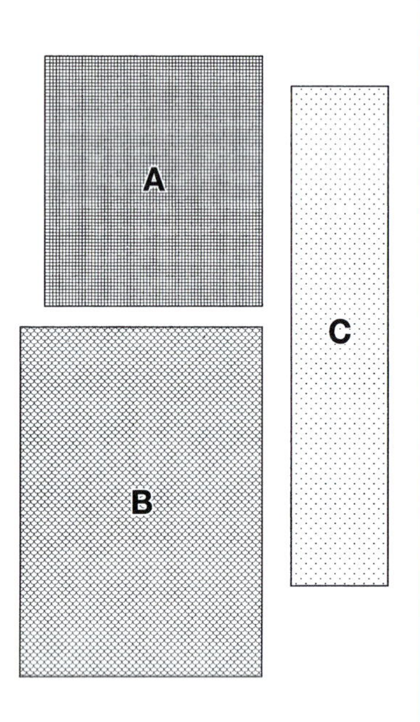

Pour les élèves, les rectangles sont dessinés à l'échelle 1 sur une feuille A4 avec des « fonds » différents. Des rectangles témoins sont aussi prévus (au moins pour la phase collective).

– **le matériel usuel de géométrie :** crayon, gomme, compas, règle graduée, équerre, ciseaux, ruban adhésif...

– **des feuilles format** A3 pour écrire la conclusion et les explications.

Déroulement de l'activité

Étape 1 : **Recherche par groupe de deux**

Le maître demande aux élèves de préparer leur matériel usuel de géométrie. Il distribue à chaque groupe la feuille contenant les figures et donne la tâche, sans commentaire : « Quelle est la figure la plus petite ? Quelle est la figure la plus grande ? ».

À la fin de la recherche, le maître demande aux groupes d'écrire, sur les feuilles de format A3, les réponses qu'ils proposent avec leur explication.

Étape 2 : **Mise en commun**

Les groupes d'élèves exposent tour à tour leurs réponses aux questions et les raisons qui les y ont amenés.

Étape 3 : **Le plus de papier**

Le maître fait découper les trois rectangles suivant leur contour, et donne alors une nouvelle tâche : « Audrey a le rectangle A, Bastien a le rectangle B et Caroline a le rectangle C. Quel enfant a le plus de papier ? Quel enfant a le moins de papier ? ». Après une recherche de quelques minutes, les enfants écrivent leur conclusion et leur explication sur une feuille A3.

Source : ERMEL CM1, *Apprentissages géométriques et résolution de problèmes*, Hatier.

Remarque : Les rectangles A, B et C sont dessinés ici en réduction.

Suite à cette activité l'enseignant définit la notion d'aire de la façon suivante : « C utilise le moins de papier, on dit que C a la plus petite aire » ; « B utilise le plus de papier, on dit que B a la plus grande aire ».

Étape 4 : Autres comparaisons

L'enseignant donne ensuite deux rectangles D et E découpés qui sont de dimensions respectives 19 cm × 8 cm et 16 cm × 10 cm.

Consigne : « Quel est de ces deux rectangles celui qui a la plus grande aire ? ».

Étape 5 : Autres comparaisons (suite)

L'enseignant demande de comparer les aires de deux nouveaux rectangles : F (50 cm × 20 cm) et G (40 cm × 30 cm). Les élèves ne disposent plus des ciseaux, ils n'ont qu'un crayon, une règle graduée et une feuille A4.

❶ Analyse de l'étape 1

a. Quelle réponse l'expert apporte-t-il à la question posée par l'enseignant ?

b. Pourquoi poser cette question avec les termes « petite » et « grande », sans autre précision ?

c. Justifier la pertinence du choix des dimensions des rectangles au vu des objectifs annoncés.

❷ Analyse de l'étape 2

a. Quels sont les critères de comparaison qui peuvent apparaître ?

b. Quelles conclusions peuvent être tirées suite à cette première phase ?

❸ Analyse de l'étape 3

a. Toujours en gardant les trois rectangle A, B et C, quelle autre tâche peut-on proposer aux élèves pour les amener à comparer les aires de ces trois rectangles, sans évidemment utiliser le mot aire qui est pour l'instant inconnu des élèves ?

b. Quelles procédures correctes les élèves peuvent-ils utiliser pour répondre aux questions de l'enseignant ?

c. En quoi le fait de demander aux élèves de découper les rectangles suivant leur contour au début de cette étape est-il pertinent ?

❹ Analyse de l'étape 4

Discuter la pertinence des dimensions des deux rectangles choisis pour cette étape.

❺ Analyse de l'étape 5

Identifier l'objectif visé par l'enseignant au cours de cette étape 5. Justifier votre réponse.

ANALYSE DE DOSSIER 3

Corrigé p. 471

Le document présenté en **annexe 1** est tiré de *J'apprends les maths CE2*, Retz 2014.

Après avoir fait travailler ses élèves sur le document de l'annexe 1, l'enseignant leur propose une fiche intitulée « Mesure de masses ».

L'annexe 2 présente les réponses d'un élève à cette fiche. À la **question a**, cet élève a répondu juste.

Les **annexes 1 et 2** se trouvent p. 461.

La question 1 porte sur le document reproduit en annexe 1.

❶ a. Citer deux difficultés que peuvent rencontrer les élèves pour barrer les masses impossibles de l'exercice « Imagine les pesées et barre les résultats impossibles ».

b. Citer deux difficultés que peuvent rencontrer les élèves pour répondre correctement à l'exercice a.

Les questions 2 et 3 portent sur le document reproduit en annexe 2.

❷ a. Dans cette question, on s'intéresse aux **exercices 1 et 2**.

Quelle est la règle implicite utilisée par cet élève ?

b. Dans cette question, on s'intéresse à l'**exercice 3**.

Lorsqu'il s'agit de transformer une écriture en gramme en une écriture complexe en kilogramme et gramme, on peut supposer que l'élève utilise la règle implicite suivante : le premier chiffre correspond au nombre de kilogrammes, le reste des chiffres correspond au nombre de grammes. Proposer un exercice (dans le même contexte) qui permettrait de vérifier si l'élève utilise cette règle qui donne en général un résultat faux.

❸ a. Comment utiliser des masses marquées et une balance à affichage digital pour faire prendre conscience à l'élève de son erreur lors de l'écriture de l'égalité :

2 kg 40 g = 240 g ?

b. Donner une aide possible que l'enseignant peut apporter à cet élève.

ANNEXE 1 – DOSSIER 3

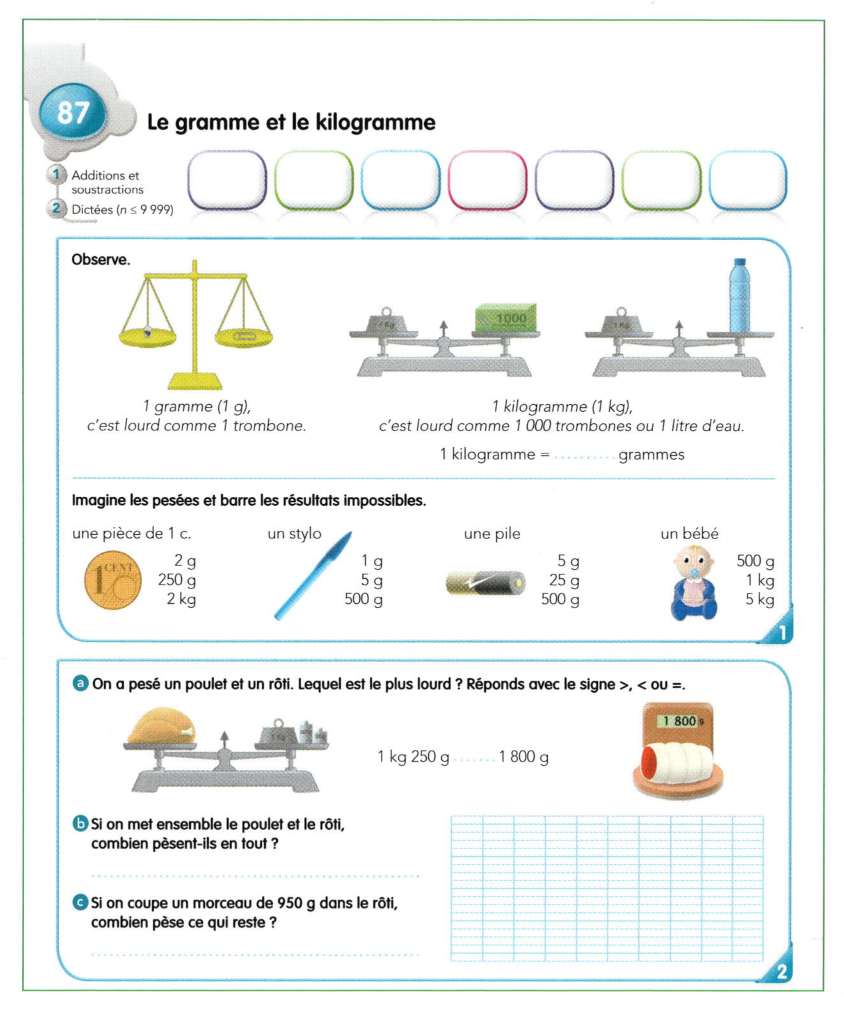
87 Le gramme et le kilogramme

1 Additions et soustractions
2 Dictées (n ≤ 9 999)

Observe.

1 gramme (1 g), c'est lourd comme 1 trombone.

1 kilogramme (1 kg), c'est lourd comme 1 000 trombones ou 1 litre d'eau.

1 kilogramme = ... grammes

Imagine les pesées et barre les résultats impossibles.

une pièce de 1 c.	un stylo	une pile	un bébé
2 g	1 g	5 g	500 g
250 g	5 g	25 g	1 kg
2 kg	500 g	500 g	5 kg

a On a pesé un poulet et un rôti. Lequel est le plus lourd ? Réponds avec le signe >, < ou =.

1 kg 250 g .... 1 800 g

b Si on met ensemble le poulet et le rôti, combien pèsent-ils en tout ?

c Si on coupe un morceau de 950 g dans le rôti, combien pèse ce qui reste ?

Source : Manuel « J'apprends les maths CE2 », séquence 87, p. 132, © éditions Retz, 2014.

ANNEXE 2 - DOSSIER 3 Travail d'un élève

Fiche d'exercices : Mesure de masses

1. Compare ces différentes masses. Utilise les signes < ou > ou =.

2 kg 40 g < 2 400 g — 2 kg 500 g < 3 500 g — 4 007 g > 4 kg 8 g

1 600 g > 1 kg 6 g — 1kg 70 g < 975 g — 1 kg 350 g < 1 450 g

2. Ecris ces masses en grammes :

1 kg 450 g = 1450 g — 2 kg 40 g = 240 g — 4 kg 8 g = 48 g

3. Ecris ces masses en kg et g :

3 200 g = 3 kg 200 g — 5 003 g = 5 kg 003 g — 2 040 g = 2 kg 040 g

CORRIGÉ ANALYSE D'ERREURS 1

Énoncé p. 454

CONSEIL MÉTHODOLOGIQUE

Il est souvent intéressant de présenter ce type de réponse sous forme d'un tableau, cela permet de gagner du temps et d'améliorer la lisibilité de la réponse.

	Procédure	Erreur(s)	Analyse
Jeanne	Elle compare les chemins en fonction du nombre de segments qui les constituent.	Elle ne tient pas compte de la longueur de ces chemins.	Application du théorème-élève : « Plus une ligne brisée est constituée de segments, plus elle est longue ». Il faut reconnaître que ce théorème-élève est souvent vrai !
Marion	Elle compare les longueurs des chemins en les mesurant à l'aide d'un double décimètre. La procédure est correcte.	Il y a, semble-t-il, une imprécision de mesure. Les deux autres chemins mesurent 16 cm.	A-t-elle placé les extrémités des segments au bord de la règle plutôt qu'en face du repère 0 ?
Tristan	Il assimile les chemins à des surfaces en traçant mentalement [AB], il compare ensuite les aires de ces surfaces (ou mieux la place qu'elles occupent). Le chemin du bas est assimilé à un triangle. Le chemin du milieu est assimilé à un (ou deux) triangle(s) et le chemin du haut à un carré. **Autre hypothèse** : il compare les côtés des triangles et du « carré » : chaque côté des « petits triangles » est moins long que celui du triangle (grand) et du « carré ».	Il ne compare pas les bonnes grandeurs et il n'y a évidemment pas de corrélation entre les aires des surfaces et les longueurs des chemins. Il parle de carré au lieu de trapèze.	C'est assez classique quand on demande à des élèves de comparer des objets auxquels on peut associer plusieurs grandeurs (comme par exemple aire et périmètre de surfaces au cycle 3). Au cycle 2, les élèves ne connaissent pas les trapèzes. Or cette figure, pour cet élève, se rapproche plus d'un carré que d'un rectangle, quadrilatères qui lui sont familiers.
Cathy	Elle mesure chaque segment qui constitue les chemins et additionne ces mesures.	Pas d'erreur.	

Énoncé p. 455

CORRIGÉ ANALYSE D'ERREURS 2

1 Procédures des élèves

Procédure 1 : L'élève, avec le compas (ou le double décimètre ou approximativement), compte le nombre de fois qu'il peut reporter une longueur correspondant à un pouce sur le segment [AB].

Procédure 1 bis : Il peut aussi avec le compas reporté 4 pouces, puis compléter avec 2 pouces.

Procédure 2 : L'élève mesure la longueur en centimètres, il trouve environ 15 cm. Il constate ensuite qu'un pouce correspond à environ 2,5 cm. Il effectue enfin la conversion des centimètres en pouces par essais multiplicatifs : 2,5 × 5 = 12,5 cm, puis 2,5 × 6 = 15 cm.

Attention ! La division d'un entier par un nombre décimal n'est pas au programme de l'école primaire.

Procédure 3 : L'élève mesure le segment [AB], il trouve un peu moins de 15 cm. Il constate que 3 pouces correspondent à un peu moins de 7,5 cm, il en déduit en utilisant la propriété multiplicative (ou additive) de la linéarité que [AB] mesure 6 pouces puisque : 2 × 3 = 6 pouces et 2 × 7,5 = 15 cm.

Procédure 4 : Puisque la réponse figure parmi les nombres donnés, un report mental de 4 pouces (toute la règle), puis 2 pouces (demi-règle) est possible.

Procédure 5 : L'élève construit sur une bande de papier une règle graduée en pouces qu'il prolonge, puis il effectue le mesurage.

2 Analyse des productions des élèves

Marion

Procédure : Elle a considéré que les deux règles graduées correspondaient à des longueurs égales. Ce qui lui permet d'induire que 8 cm correspond à 4 pouces. Elle calcule mentalement le coefficient de proportionnalité permettant de passer des centimètres aux pouces (: 2). Elle mesure en centimètres la longueur de [AB] et, en utilisant le coefficient précédent, elle conclut que la longueur en pouces du segment est la moitié de sa longueur en centimètres.

Erreur : Elle provient donc de la supposition de l'égalité entre les deux longueurs des règles graduées.

Remarque : Le fait d'arrêter à 8 (cm) et à 4 (pouces) les deux règles sans indiquer que ce ne sont que des parties de règle induit fortement cette erreur.

Anthony

Procédure : Il a mesuré en centimètres la longueur correspondant à 4 pouces. Puis il a mesuré la longueur du segment [AB].

Il a utilisé les propriétés multiplicative et additive de la proportionnalité :

4 pouces correspondent à 10,2 cm,

donc 2 pouces correspondent à 5,1 cm,

donc 6 pouces (4 + 2) correspondent à 10,2 + 5,1 = 15,3 cm.

Puis en tâtonnant (essai avec 8 pouces), il a calculé la longueur du segment [AB].

Anne-Sophie

Procédure : Elle constate que 1/2 pouce correspond à 1 cm, ce qui est une approximation qui va s'avérer incorrecte. Cette approximation est certainement perceptive.

Elle mesure correctement le segment [AB] et divise cette longueur par 2 (elle utilise pour cela le coefficient de proportionnalité qu'elle a trouvé : on passe de la mesure en centimètres à la mesure en pouces à l'aide du coefficient 1/2).

Erreur : La procédure est correcte mais le résultat est faux du fait de l'approximation 1/2 pouce → 1 cm ; en réalité c'est plus proche de 1,3 cm.

CORRIGÉ — ANALYSE D'ERREURS 3

Énoncé p. 455

	Hypothèse sur la procédure mise en place	Hypothèse sur l'origine de cette procédure
Marion	Elle répond par la mesure de l'aire de la surface.	Beaucoup d'élèves confondent aire et périmètre car ce sont deux grandeurs associées au même objet. De plus ici le quadrillage peut rappeler à cet élève des problèmes classiques de détermination d'aires.
Mathieu	Il a compté les carreaux intérieurs qui bordent le périmètre de la surface.	L'élève sait que le périmètre d'une surface est la longueur du tour de cette surface. Pour calculer cette longueur, il se sent obligé d'utiliser le quadrillage en référence à une règle classique du contrat didactique : « pour résoudre une activité, il faut utiliser toutes les informations données dans l'énoncé », d'où la détermination du nombre de carreaux « du tour ».
Monica	Elle a dénombré le nombre de côtés de petits carrés qui constitue le périmètre de la surface (procédure correcte).	Elle s'est trompée en dénombrant le nombre de côtés, elle a dû compter deux fois le même. Cela suppose qu'elle a dû effectuer ce dénombrement un à un et n'a pas mémorisé correctement le côté dont elle est partie.
Léa	Elle a compté le nombre de carreaux nécessaires pour recouvrir la surface grisée.	Elle a effectué une erreur de décompte, car elle a certainement compté les carreaux un à un et n'a pas mémorisé correctement ceux qui étaient déjà comptés ou a fait des erreurs en transformant les demi-carrés en carrés.
Léon	Il a calculé (correctement) l'aire de la surface blanche.	On a demandé précédemment de calculer le périmètre de la surface blanche. Il continue sur cette « logique » en calculant l'aire de la surface blanche.
Laetitia	Elle a dénombré uniquement les carreaux entiers contenus dans la surface grisée.	Elle a certainement été influencée par les exercices précédents dans lesquelles les surfaces, dont il fallait calculer les aires, étaient uniquement formées de carreaux entiers.

Énoncé p. 456

CORRIGÉ **ANALYSE DE DOSSIER 1**

❶ Activité de découverte : procédures que les élèves peuvent utiliser

CONSEIL MÉTHODOLOGIQUE

• Pour répondre à cette question, il peut être intéressant de s'appuyer sur les étapes de reproduction d'un dessin décrites p. 399 du chapitre 14. *Géométrie plane*. De plus, pour faciliter la description d'une procédure possible, il peut être pratique de nommer certains sommets.

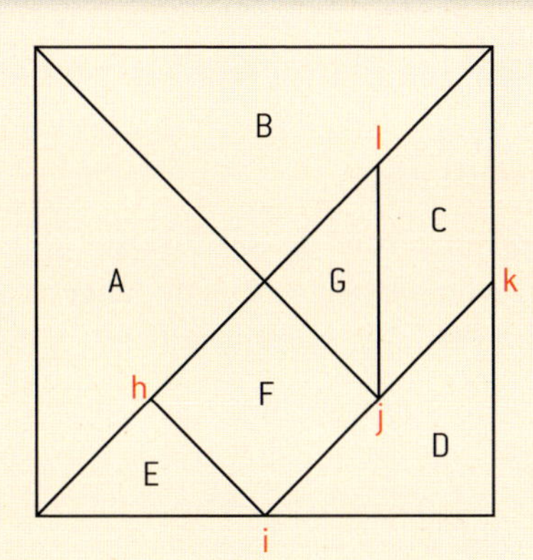

Il s'agit donc d'une tâche qui consiste à agrandir une figure. Le coefficient d'agrandissement $\frac{8}{5}$ (ou 1,6) est difficilement utilisable ici, mais pas totalement impossible. Nous présenterons la procédure qui nous semble la plus réaliste et qui consiste à utiliser les propriétés de conservation des milieux, de l'alignement, de la perpendicularité des agrandissements. Elle n'utilise donc pas le coefficient d'agrandissement.

Pour agrandir cette figure à partir du carré donné, appelé par la suite « grand carré », les élèves doivent :

- **Identifier les différentes figures qui composent le dessin.** Cette identification est facilitée par les noms donnés à ces figures. A noter que la connaissance de la nature de ces figures n'est pas indispensable.

- **Etablir les liens entre ces figures.** C'est ici l'enjeu de cette activité. L'élève doit reconnaître que :

– les diagonales du grand carré portent les côtés de l'angle droit des triangles rectangles A, B et G et deux côté du carré F ;

– h et l sont les milieux d'une demi-diagonale ;

– i et k sont les milieux de deux côtés du grand carré.

- **Effectuer les tracés.** L'élève peut pour cela :

– tracer les deux diagonales du grand carré ;

– placer les points h, l, i et k ;

– placer le point j intersection d'une des diagonales du carré avec (ik).

❷ Question 1 de l'activité de découverte

CONSEIL MÉTHODOLOGIQUE

• La question 1 du document porte sur l'égalité d'aires de certaines des 7 pièces découpées d'un « tangram » : ces pièces sont donc mobiles, superposables... et elles ont des formes géométriques variées (triangles, carré et parallélogramme).

a. Procédures que peut utiliser un élève

En s'appuyant sur des connaissances sur les notions d'aire et de surface et de mesure, il faut imaginer un élève de CM2 ayant à répondre à la question dans le contexte précisé par l'énoncé. Une étude a priori de l'égalité des aires conduit à grouper les 7 pièces en 3 classes : {E ; G} ; {F ; C ; D} et {A ; B}.

Indiquons ici **trois procédures exactes** possibles :

- **La superposition visuelle ou effective** qui permet de conclure que les pièces A et B et les pièces G et E ont des aires égales, mais qui ne permet pas de ranger les autres pièces qui, elles, ne sont pas superposables.
- **Le découpage effectif « mental » ou en appui sur des tracés** permet de ranger les figures F, C et D. Par exemple, en traçant la diagonale du carré F, l'élève peut identifier deux triangles rectangles identiques à ceux qu'il obtient en traçant la médiane issue du sommet de l'angle droit du triangle D.
- **Le pavage avec une surface unité auxiliaire** par exemple E ; ce pavage peut se faire mentalement, par tracé ou par découpage.

b. Un élève ne voit pas que les figures C, D et F ont la même aire. Analyse de la difficulté et aide

On peut identifier **trois sources de difficultés** :

– comme on vient de le voir, les figures C, D et F ne sont pas directement superposables et pourtant elles ont même aire ;

– la procédure de comparaison par découpage/recollement n'est pas simple à réaliser car les traits de découpage ne sont pas visibles (c'est à l'élève de les imaginer) ;

– la procédure du recours à une unité auxiliaire (par exemple la figure E) n'est pas facile à imaginer dans la mesure où une unité est déjà choisie (l'aire du carré).

On peut donc lui suggérer d'utiliser E ou G comme élément du pavage de F, D ou C, ou encore de découper une pièce pour tenter de recouvrir l'autre avec les morceaux obtenus.

Si la difficulté persiste, on peut tracer une diagonale du carré F (par exemple), demander à l'élève d'identifier la nature des surfaces ainsi obtenues et lui demander ensuite d'imaginer un découpage de D et un découpage de C qui permettent de retrouver les mêmes surfaces.

c. Trace écrite concernant deux surfaces de même aire

Voici un bilan possible que peut faire noter le maître à l'issue de cette question : « Deux surfaces peuvent avoir la même aire sans être superposables. Il est alors nécessaire d'utiliser la méthode des pavages ou des découpages - recollements pour les comparer. »

❸ Question 3 de l'activité de découverte

a. Procédure que peut utiliser un élève

CONSEIL MÉTHODOLOGIQUE

• La question 3 du document porte sur la détermination des aires de 3 figures complexes (polygones concaves) dessinées sur le livre (donc sans déplacement ni pliage) avec une unité d'aire choisie ; notons que les aires demandées sont inférieures à l'unité, donc a priori des fractions (simples) de l'unité. On suppose que l'élève dispose des 7 pièces découpées du « tangram » reproduit et non de celui du manuel…

• Notons pour mémoire les résultats attendus :

Aire T = $\frac{3}{16}$; Aire V = $\frac{5}{16}$; Aire W = $\frac{1}{2}$.

Pour répondre à cette question 3, il faut avoir résolu la question 2 du document. L'unité d'aire étant l'aire du « tangram », les réponses sont :

pièce A (aire : $\frac{1}{4}$) ; **B** ($\frac{1}{4}$) ; **C** ($\frac{1}{8}$) ; **D** ($\frac{1}{8}$) ; **E** ($\frac{1}{16}$) ; **F** ($\frac{1}{8}$) ; **G** ($\frac{1}{16}$).

Remarque : Une pièce peut servir plusieurs fois, ce qui n'est pas le cas des tangrams classiques.

L'élève doit donc trouver les pièces du tangram qui constituent les pièces **T**, **V** et **W**.

Il peut effectuer cette recherche mentalement ou en utilisant le crayon et la règle pour délimiter les différentes pièces :

– pour la **pièce T**, il est assez facile de découvrir les deux pièces qui la constituent car elles sont pratiquement tracées ;

– pour la **pièce W**, c'est un peu plus délicat ;

– pour la **pièce V**, c'est plus difficile car c'est une pièce pour laquelle le parallélogramme n'est pas très facile à délimiter.

• **Les élèves ne peuvent pas se servir des pièces du tangram** qu'ils ont construites dans la mesure où les figures ne sont pas à la même échelle que le tangram.

b. Choix d'une autre unité d'aire

Pour répondre à la question 1, on a montré que les pièces **C**, **F** et **D** pouvaient être pavées à l'aide des pièces **E** ou **G**.

De manière assez simple (pavage de **A** ou **B** à l'aide des pièces **D**, **G** et **E**, sachant que **D** est pavé par **E** et **G**), l'élève s'apercevra que chacune des pièces du puzzle a une aire qui est un nombre entier de fois l'aire de **E** ou de **G**.

Sachant que les pièces **T**, **U** et **W** peuvent être pavées à l'aide des pièces du puzzle, on est ainsi assuré qu'en choisissant l'aire de **E** ou **G** comme unité d'aire, les réponses à la question 3 du manuel seront des nombres entiers.

❹ Exercice 5

CONSEIL MÉTHODOLOGIQUE

Rappelons qu'en didactique un « **obstacle** » est une connaissance qui est source d'erreurs persistantes. On distingue deux obstacles principaux :

• Les « **obstacles épistémologiques** » qui sont constitutifs de la connaissance elle-même (il s'agit alors souvent de conceptions que l'on retrouve dans l'histoire de la connaissance).

• Les « **obstacles didactiques** » en lien direct avec l'enseignement reçu.

➤ Chap. 4 *L'analyse d'erreurs et les dispositifs de remédiation.*

Penser que l'aire et le périmètre d'une figure « varient dans le même sens » est un **obstacle épistémologique**. Il se manifeste par diverses erreurs :

– « La surface A à une aire plus grande que B, donc A a un plus grand périmètre que B. » ;

– « La surface A a même aire que la surface B, donc elle a le même périmètre que B. » ;

– « On ne peut pas construire une surface qui a même aire qu'une surface donnée et qui a un périmètre plus grand. »...

On trouve des erreurs identiques en « partant » des périmètres.

La simple transmission du savoir correct ne suffit généralement pas à aider les élèves à dépasser un obstacle. Pour la plupart d'entre eux, c'est la prise de conscience du fait que leur connaissance conduit à une contradiction qui va leur permettre de la remettre en cause et de s'approprier par la suite le savoir correct.

Dans la seconde possibilité, les élèves, qui pensent que l'aire et le périmètre varient dans le même sens, vont répondre qu'il n'est pas possible de construire une surface qui a même aire que la surface A et un périmètre plus petit. On peut penser que certains élèves vont arriver à trouver des figures qui répondent à la question, cela devrait permettre à ceux qui ont mobilisé la connaissance erronée de prendre conscience d'une contradiction et donc de remettre en cause cette connaissance.

En revanche, avec la **première possibilité**, les élèves peuvent répondre correctement aux questions de l'exercice 5 sans jamais mobiliser leur connaissance erronée. Dans ce cas, ils ne percevront évidemment pas son insuffisance.

CORRIGÉ ANALYSE DE DOSSIER 2

Énoncé p. 458

1 Analyse de l'étape 1

a. Réponse de l'expert

Il n'est évidemment pas possible de répondre à cette question dans la mesure où les auteurs de cette question n'ont pas précisé à quelle grandeur ils font référence : l'aire, le périmètre, la plus grande distance entre deux point de la surface. Or, suivant les grandeurs envisagées, on n'obtient pas les mêmes réponses : c'est la surface C pour laquelle la distance entre deux points est la plus grande, par contre c'est la surface B qui a la plus grande aire.

b. Pourquoi utiliser les termes « petite » et « grande » dans la question ?

Il s'agit de faire prendre conscience aux élèves que les termes flous comme « petite » et « grande » doivent être précisés : longueur du tour, place occupée, quantité de matière nécessaire pour réaliser ces surfaces... Ces précisions permettent d'approcher la notion de grandeur (périmètre, plus grande dimension, aire, encombrement). Il s'agit aussi d'aider les élèves à prendre conscience que ces grandeurs associées au même objet (une surface) ne varient pas dans le même sens.

c. Les rectangles

Ces rectangles sont bien choisis car :

– leur classement n'est pas le même suivant la grandeur qui leur est associée ;

– les comparaisons des aires (qui est la grandeur sur laquelle on souhaite finalement travaillée ici) peut se faire pour certaines surfaces par comparaison directe (A et B) et pour d'autres par un découpage/recollement « simple » (A et C par exemple).

Dans tous les cas, le recours à la mesure n'est pas nécessaire.

❷ Analyse de l'étape 2

a. Critères de comparaison

On peut envisager deux types de critères :

- **Critères « non explicités » :** ce rectangle est plus grand que celui-ci sans autre précision. Ce type de réponse sera certainement invalidé par les élèves car l'enseignent demande d'expliquer les réponses.
- **Critères plus explicites :** les aires ; les périmètres ; la plus grande dimension ; l'encombrement (c'est-à-dire la plus grande distance entre deux points de la surface).

b. Conclusion que l'on peut tirer de cette première phase

Deux conclusions peuvent être tirées :

– La consigne n'est pas précise. Il faut expliciter ce qu'on entend par « petite » et « grande ».

– Suivant les critères retenus, on n'obtient pas les mêmes rangements.

❸ Analyse de l'étape 3

a. Autre tâche à proposer

On pouvait aussi leur proposer les deux tâches suivantes :

- **Tâche 1 :** On désire peindre chacun de ces rectangles. Quel est celui qui nécessite le plus de peinture ?
- **Tâche 2 :** On souhaite recouvrir chaque rectangle avec des gommettes rectangulaires. Quel est le rectangle qui nécessite le plus de gommettes ? »

La **première tâche** suppose que les élèves mobilisent en acte la propriété suivante : « La quantité de peinture utilisée pour recouvrir une surface est proportionnelle à l'aire de cette surface ».

La **seconde tâche** guide l'élève vers la mesure de l'aire sans qu'il passe par des procédures de comparaison directe du type « superposition » ou « découpage/recollement » qui sont essentielles pour installer le sens de la notion d'aire.

b. Procédures correctes possibles

- **Comparaison par superposition :** c'est possible pour les figures **A** et **B**.
- **Comparaison par « découpage /recollement » :** cette procédure permet de comparer **A** et **C** d'une part, et **B** et **C** d'autre part.

Ce « découpage/recollement » peut se faire :

– soit effectivement : les élèves découpent le rectangle **C** pour le faire « rentrer » dans **A** ;

– soit par le dessin : dans le rectangle **A** on peut dessiner le rectangle **C** découpé en deux ;

– soit par le calcul : on peut découper le rectangle **C** en deux rectangles superposables de 10 cm × 4 cm, ce qui permet en recollant les morceaux d'obtenir un rectangle de 10 cm × 8 cm qui est totalement contenu dans le rectangle **A** qui a pour dimension 10 cm × 9 cm.

c. Pourquoi demander de découper les rectangles suivant leur contour ?

Cela évite de bloquer la procédure du « découpage/recollement » effectif qui est une étape importante pour certains élèves avant de passer à une étape plus géométrique ou calculatoire (cf. procédures décrites ci-dessus).

❹ Analyse de l'étape 4

CONSEIL MÉTHODOLOGIQUE

• Pour juger de la pertinence du choix des dimensions des rectangles, il faut tout d'abord expliciter l'objectif visé à travers cette nouvelle étape.

• Objectif visé

Il s'agit ici de faire prendre conscience aux élèves que la procédure de comparaison des aires de deux surfaces en s'appuyant sur la perception visuelle, l'inclusion ou la superposition ne sont pas générales parce qu'elles ne permettent pas de comparer certaines aires de rectangle et qu'il est nécessaire de comparer ces aires en s'appuyant sur un « découpage/recollement » effectif.

• Choix des dimensions des rectangles

Les dimensions choisies des rectangles :

– ne permettent effectivement pas la comparaison par inclusion ou par superposition ;

– permettent facilement le recours au « découpage/recollement » : le découpage du rectangle **D** en deux rectangles de 9,5 cm × 8 cm ou du rectangle **E** en deux rectangles de 8 cm × 10 cm permet, après recollement, de constater que **E** a une plus grande aire que **D** ;

– permettent de constater que le rangement suivant les périmètres ne correspond pas à celui des aires.

❺ Analyse de l'étape 5

Au cours de cette étape, les élèves ne peuvent plus utiliser les procédures de superposition **effective** ou de « découpage /recollement » **effectif** (puisque qu'ils n' ont plus de ciseaux). Ils sont donc obligés de passer par des procédures fondées sur des critères mathématiques : modéliser la situation par exemple en schématisant les rectangles, puis par raisonnement sur les dimensions de ces rectangles.

Par exemple, on peut faire apparaître un rectangle de 20 cm sur 30 cm pour chacun des deux rectangles : dans **F** il reste alors un rectangle de 10 cm sur 20 cm et dans **G** il reste un rectangle de 10 cm sur 30 cm, ce qui permet de conclure.

L'objectif consiste donc à développer des procédures de comparaison d'aires fondées sur des critères mathématiques, sans mesures d'aires, c'est à dire par inclusion **fictive** ou décomposition **fictive**.

REMARQUE PÉDAGOGIQUE

• **La procédure « calcul de l'aire avec la formule »** ne sera pas acceptée par les correcteurs puisqu'elle n'a pas encore été enseignée.

Énoncé p. 460

CORRIGÉ — ANALYSE DE DOSSIER 3

❶ Analyse de l'annexe 1

a. Deux difficultés que peuvent rencontrer les élèves pour l'exercice 1

– Avoir une idée de la masse de ces différents objets : le fait que certains objets soient familiers aux élèves ne leur permet pas pour autant d'avoir toujours une idée de l'ordre de grandeur de leur masse.

– Avoir une représentation correcte des différentes masses proposées : difficile pour un élève de faire la différence entre une masse de 1 g et de 5 g ou même de 25 g !

– Ne pas avoir de connaissances suffisantes sur les objets représentés (pièce, stylo, pile et bébé).

b. Difficultés que peuvent rencontrer les élèves pour l'exercice 2a

Comparer la masse du poulet et celle du rôti revient à comparer une masse exprimée en g et une masse exprimée en kg et en g.

Les difficultés, pour exécuter cette tâche, peuvent apparaitre au sujet de :

– l'exécution de la procédure : l' élève peut rencontrer des difficultés pour convertir soit 1 kg 250 g en g, soit 1 300 g en kg et g ;

– l'utilisation des signes < et >.

❷ Analyse de l'annexe 2

a. Exercices 1 et 2

L'élève de façon systématique considère que la masse en g est supérieure à la masse exprimée en kg et en g. Quelle procédure l'élève met-il en place pour arriver à ce résultat ?

On propose ici trois hypothèses :

- **Hypothèse 1 :** Il convertit les masses données en kg et g en g en écrivant le nombre de kilos et de grammes l'un à côté de l'autre. Par exemple :

2 kg 500 g = 2 500 g   ou   4 kg 8 g = 48 g.

- **Hypothèse 2 :** L'élève compare les nombres placés à gauche de la première unité qu'il rencontre. Ainsi, par exemple, pour 2 kg 40 g et 2 400 g, il compare 2 avec 2 400.

- **Hypothèse 3 :** Il compare les grammes entre eux. Par exemple, pour la première comparaison, il compare 40 g avec 2 400 g ; pour la deuxième il compare 500 g avec 3 500 g...

b. A la suite de l'exercice 3, proposer un autre exercice

Il suffit de proposer à l'élève l'exercice suivant :

26 500 g = … kg … g   ou bien   260 g = … kg … g

Si l'élève applique la règle implicite décrite dans l'énoncé, alors il répondra :

26 500 g = 2 kg 6 500 g   ou bien   260 g = 2 kg 60 g

Ces réponses sont évidemment fausses et permettent ainsi de savoir si l'élève a effectivement appliqué la règle implicite.

❸ Analyse de l'annexe 2 (suite)

a. **Faire prendre conscience à l'élève de son erreur quand il écrit : 2 kg 40 g = 240 g**

Il suffit de disposer de deux masses d'un kilo, de deux masses de 20 g par exemple.

Dans un 1er **temps**, on demande à l'élève d'écrire en kg et en g la masse correspondant à la masse totale présentée.

Dans un 2e **temps**, on place ces masses sur la balance à affichage digital, ce qui permet à l'élève de prendre conscience d'une contradiction entre l'égalité qu'il a écrite et ce qu'il lit sur la balance.

b. **Aide que l'enseignant peut apporter**

On suppose que l'élève a pris conscience de son erreur. Il s'agit de l'aider à mettre en place une procédure correcte.

On propose ici trois aides possibles.

- **Aide 1 :** passer par la conversion 1 kg = 1 000 g.

Ainsi 2 kg 40 g = 2 × 1 000 g + 40 g = 2 040 g.

- **Aide 2 :** utiliser des masses marquées pour réaliser 2 kg 40 g (soit des masses de 1 kg, 1 kg, 20 g, 20 g), puis remplacer chaque masse par sa valeur en g (soit 1 000 g, 1 000 g, 20 g, 20 g) et enfin demander de calculer la masse totale en g par addition.

- **Aide 3 :** éventuellement passer par un tableau de conversion, mais il ne permet pas de visualiser aussi bien les équivalences de masses utilisées.

INDEX

INDEX

E

F

G

I

L

M

N

O

P

Q

R

S

T

V

POUR COMPLÉTER VOTRE FORMATION COLLECTION

ENSEIGNER À L'ÉCOLE PRIMAIRE

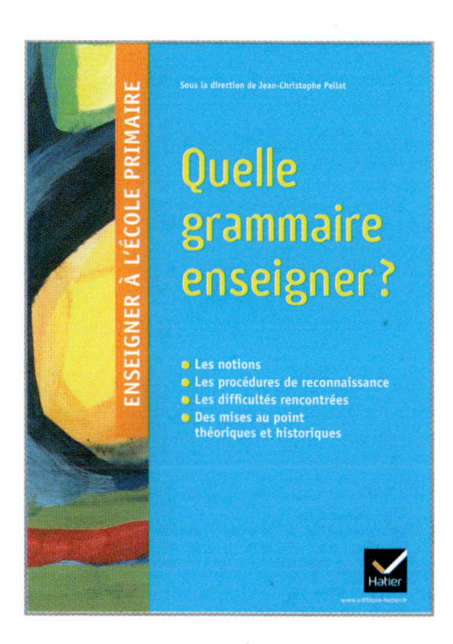

Toutes les notions indispensables pour enseigner la grammaire, l'orthographe et le vocabulaire.

Les auteurs

Sous la direction de **JEAN-CHRISTOPHE PELLAT**, professeur de Linguistique française, une équipe d'enseignants de l'université de Strasbourg

- Comment aborder plus efficacement l'enseignement de l'orthographe ?
- Comment éviter que les mêmes erreurs persistent de l'école au lycée ?

Les auteurs

CATHERINE BRISSAUD, professeure à l'université Joseph Fourier (laboratoire Lidilem) et **DANIÈLE COGIS**, maitre de conférences à l'université Paris-Sorbonne (laboratoire MoDyCo)

Avec la contribution de : **MICHEL FAYOL**, psychologue spécialiste des apprentissages, professeur à l'université de Clermont-Ferrand, **JEAN-PIERRE JAFFRÉ**, linguiste spécialiste des systèmes d'écriture, et **JEAN-CHRISTOPHE PELLAT**, linguiste et historien de l'orthographe, professeur à l'université de Strasbourg.

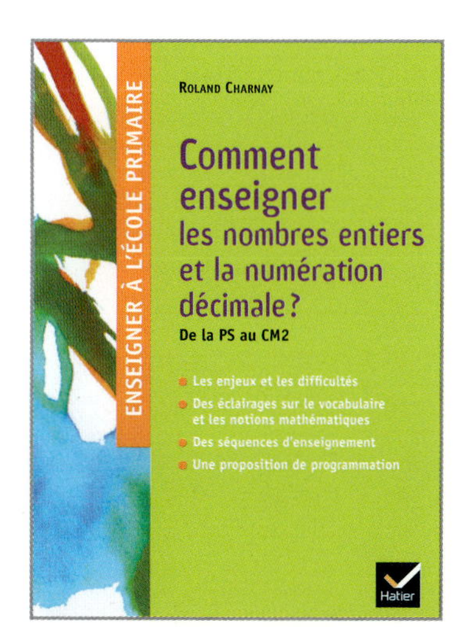

- Quelles difficultés les élèves rencontrent-ils dans leur apprentissage de notre système de numération décimale et dans le passage du système verbal au système chiffré, tout au long de l'école primaire ?
- Quels outils et quelles démarches didactiques sont les plus susceptibles de conduire les élèves vers une bonne maitrise de ces systèmes de désignation des nombres ? Quel matériel utiliser ?

L'auteur

ROLAND CHARNAY, formateur à l'IUFM de l'académie de Lyon

Achevé d'imprimer en Italie par L.E.G.O. S.p.A. - Lavis (TN)
Dépôt légal : 05761-6/01 - Mai 2019